Beierlein/Hagenbruch
Taschenbuch Mikroprozessortechnik

## Herausgeber

Prof. Dr.-Ing. Thomas Beierlein, Hochschule Mittweida
Prof. Dr.-Ing. Olaf Hagenbruch, Hochschule Mittweida

## Autoren


| | |
|---|---|
| Prof. Dr.-Ing. Thomas Beierlein<br>Hochschule Mittweida | Kapitel 1, 9 |
| Prof. Dr.-Ing. habil. Helmut Beikirch<br>Universität Rostock | Kapitel 6 |
| Dipl.-Ing. Andreas Bayer<br>Ingenieurbüro für Digitale Signalverarbeitung<br>Düsseldorf | Kapitel 8 |
| Prof. Dr.-Ing. Martin Bayer<br>Fachhochschule Augsburg | Kapitel 4 |
| Dipl.-Kfr. Solvig Blankenburg<br>Intel GmbH München | Kapitel 12 |
| Dipl.-Phys. Volker Burgdorf<br>Philips Semiconductors Hamburg | Kapitel 12 |
| Dipl.-Ing. Martin Burghardt<br>Arizona Microchip Technology GmbH, München | Kapitel 12 |
| Prof. Dr.-Ing. Gerd Dost<br>Hochschule Mittweida | Kapitel 11 |
| Prof. Dr.-Ing. Olaf Hagenbruch<br>Hochschule Mittweida | Kapitel 1, 7 |
| Dr.-Ing. Göran Herrmann<br>Technische Universität Chemnitz | Kapitel 11 |
| Prof. Dr.-Ing. Constans Lehmann<br>Deutsche Telekom Fachhochschule Leipzig | Kapitel 2 |
| Prof. Dr. rer. nat. Michael Lutz<br>Fachhochschule Augsburg | Kapitel 4 |
| Prof. Dr.-Ing. Christian Märtin<br>Fachhochschule Augsburg | Kapitel 5 |
| Prof. Dr. rer. nat. Christian Siemers<br>Fachhochschule Westküste, Heide | Kapitel 3 |
| Dr. rer. nat. Wilhard von Wendorff<br>Infineon Technologies AG München | Kapitel 10, 12 |
| Dr.-Ing. Gerd Teepe<br>Motorola GmbH München | Kapitel 12 |

# Taschenbuch Mikroprozessortechnik

herausgegeben von

**Prof. Dr.-Ing. Thomas Beierlein und**
**Prof. Dr.-Ing. Olaf Hagenbruch**

Mit 253 Bildern und 111 Tabellen

**Fachbuchverlag Leipzig**
im Carl Hanser Verlag

Die Deutsche Bibliothek – CIP-Einheitsaufnahme

**Taschenbuch Mikroprozessortechnik** / hrsg. von Thomas Beierlein und Olaf Hagenbruch. - München ; Wien : Fachbuchverl. Leipzig im Hanser-Verl., 1999

ISBN 3-446-21049-0



Fachbuchverlag Leipzig
im Carl Hanser Verlag


http://www.fachbuch-leipzig.hanser.de

Satz: Dr. Steffen Naake, Chemnitz
Datenbelichtung: PrintConsult Ing. Katrin Hösel, Chemnitz
Druck und Binden: Druckhaus „Thomas Müntzer“ GmbH, Bad Langensalza
Printed in Germany

# Vorwort

Mikroprozessoren in unterschiedlichsten Ausführungen und in zahllosen Anwendungen bestimmen zunehmend unser Lebensumfeld. Problemstellungen in der Kommunikations- und Automatisierungstechnik oder bei der Simulation von Prozessen sind ohne den Einsatz von Mikroprozessoren meist nicht mehr lösbar. So führte z. B. der Einsatz von mikroprozessorgesteuerten Komponenten zu Kraftfahrzeugen mit völlig neuen Sicherheitsstandards, zu ökologischeren Motorisierungen und zu integrierten Telematikfunktionen.

Die Mikroprozessortechnik – als komplexes und sehr breites Wissensgebiet – befaßt sich mit der Architektur, der Entwicklung, der Implementierung, dem Bau, der Programmierung und der Anwendung von Mikroprozessoren. Immer kürzere Innovationszyklen in diesen Teilbereichen, die relativ hohe Komplexität des Wissensgebietes und die in der Literatur meist verteilte Darstellung der Teilgebiete erschweren oft den Zugang zu dieser Zukunftstechnologie. Das Taschenbuch Mikroprozessortechnik soll beitragen, diesen Zugang zu erleichtern und den interessierten Leser in kompakter Form zu informieren. Es wendet sich an Studenten von Fachhochschulen, Universitäten und Berufsakademien, an Lehrer und Schüler von Berufs- und Technikerschulen, an Ingenieure und Techniker in der Praxis und an alle Interessierten, die ein kompaktes Nachschlagewerk zur Mikroprozessortechnik benötigen.

Der fest vorgegebene Umfang des Taschenbuches führte unvermeidbar zu einer straffen Darstellung des Stoffes und zu Einschränkungen in der fachlichen Breite. So konnte z. B. im Kapitel 12 nur eine sehr kleine Auswahl konkreter Mikroprozessoren vorgestellt werden. Das umfangreiche Literaturverzeichnis und die angegebenen Internetadressen ermöglichen jedoch dem Interessenten den Zugang zur Spezialliteratur und zum weiterführenden Studium.

Anregungen, Wünsche und Hinweise zur Verbesserung des Taschenbuches sind jederzeit willkommen.

Die Herausgeber bedanken sich, stellvertretend für alle beteiligten Autoren, sehr herzlich bei Frau Dipl.-Ing. Erika Hotho vom Fachbuchverlag Leipzig und Herrn Dr. Steffen Naake, Chemnitz, für die stets sehr gute Zusammenarbeit.

Mittweida im August 1999

Thomas Beierlein
Olaf Hagenbruch

# Inhaltsverzeichnis

# 1 Einführung



Mikroprozessoren sind das zentrale Bauelement eines jeden Mikrocomputers. Sie stehen in verschiedenen Ausführungen und für unterschiedliche Anwendungen zur Verfügung und bestimmen zunehmend unser Lebensumfeld. Waren in der Vergangenheit Mikroprozessoren hauptsächlich für numerische Berechnungen im Einsatz, so sind viele neue Applikationen, z. B. im Bereich der Kommunikations- und Automatisierungstechnik, in Kraftfahrzeugen und bei Chipkarten, erst mit diesen hochintegrierten elektronischen Bauelementen möglich geworden. Grenzen dieser Entwicklung im Sinne von Anwendungsmöglichkeiten und Leistungsfähigkeit sind gegenwärtig nicht erkennbar. Für bestimmte Anwendungsbereiche ist eine Spezialisierung von Mikroprozessoren erfolgt, was in unterschiedlichen Architekturen und deren Implementierung zum Ausdruck kommt.

## 1.1 Gegenstand der Mikroprozessortechnik /1.1/, /1.2/, /1.3/, /1.4/, /1.8/, /1.10/

Als dominante Form der Datenverarbeitung hat sich die *digitale elektronische Datenverarbeitung* durchgesetzt. Die Darstellung der Daten erfolgt dabei in binärer Form entsprechend den Regeln der *binären Digitaltechnik* (→ 2).

Zur Verarbeitung werden Daten in digitalisierter Form über das *Eingabesystem* einer *zentralen Verarbeitungseinheit* zugeführt. Entsprechend einem *Programm* (Verarbeitungsalgorithmus), das in einem *Programmspeicher* abgelegt ist, führt die Verarbeitungseinheit die Regeln des Programms aus. Ein *Arbeitsspeicher* dient dabei zur temporären Zwischenspeicherung von Ein- und Ausgabedaten, Parametern und Zwischenergebnissen. Ergebnisse der Verarbeitung werden in digitaler Form über ein *Ausgabesystem* einer weiteren Nutzung zur Verfügung gestellt. Durch den Austausch des Programms kann die Arbeitsweise der gesamten Datenverarbeitungseinrichtung ohne eine Veränderung der Hardware modifiziert werden (→ Bild 1.1).

> Programmgesteuerte Datenverarbeitungsanlagen werden im weitesten Sinne als **Rechner** oder **Computer** bezeichnet.

▶ *Anmerkung*: Computer sind in unterschiedlichsten Ausführungen und Anwendungen im Einsatz. So unterscheiden sich Großrechner, Prozeßrechner, Personalcomputer, PDAs und Chipkarten als beispielhaft ausgewählte Anwendungsfälle in ihrem Volumen, der Portabilität, der Datenverarbeitungsgeschwindigkeit und in vielen weiteren Eigenschaften.

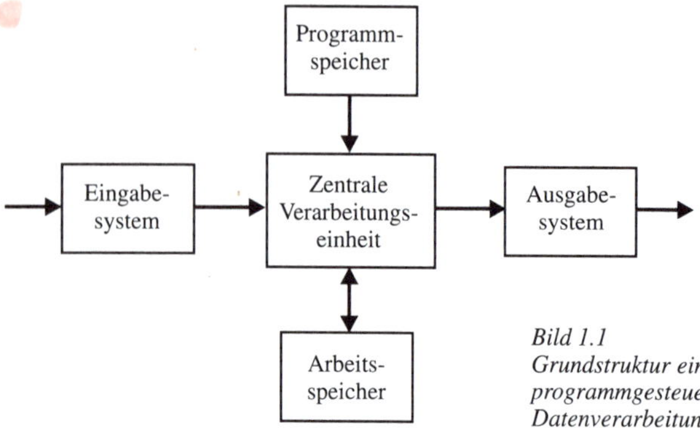


*Bild 1.1*
*Grundstruktur einer programmgesteuerten Datenverarbeitungsanlage*

Der Kern eines Computers ist die **zentrale Verarbeitungseinheit** (*Central Processing Unit, CPU*). Diese besteht im wesentlichen aus den Komponenten Steuerwerk, Rechenwerk, mehreren Registern und einem Verbindungssystem zur Ankopplung von Speicher- und Peripheriekomponenten (→ Bild 1.2, → 1.3).

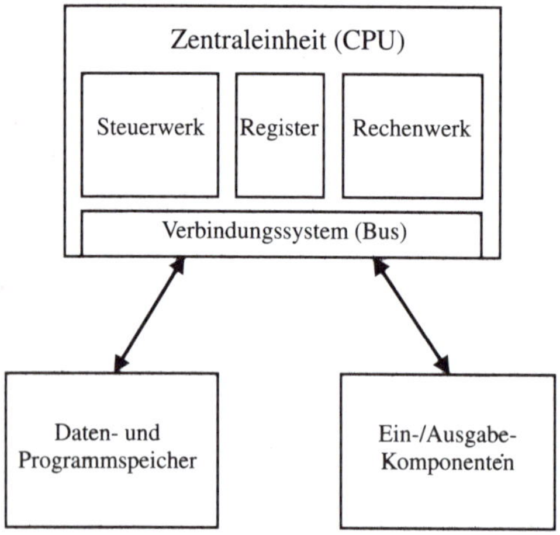


*Bild 1.2*
*Prinzipieller Aufbau eines Computers*

Die Arbeitsweise der CPU und der angekoppelten Ein-/Ausgabe-Komponenten ist bestimmt durch ein *Computerprogramm*, welches für eine konkrete Anwendung des Computers generiert wurde.

Unter einem **Computerprogramm** (*Computer Program*) versteht man dabei eine Folge von Anweisungen oder Befehlen, die direkt oder indirekt im Computer benutzt werden, um gezielt ein bestimmtes Resultat herbeizuführen.

Ende der 60er Jahre führten Fortschritte in der Halbleitertechnologie, eine zunehmende Dezentralisierung bei der Steuerung von Maschinen und Anlagen und der Drang zu weiterer Miniaturisierung von Bauelementen zu Impulsen für die Realisierung einer vollständigen Verarbeitungseinheit auf einem Chip (→ Bild 1.3).

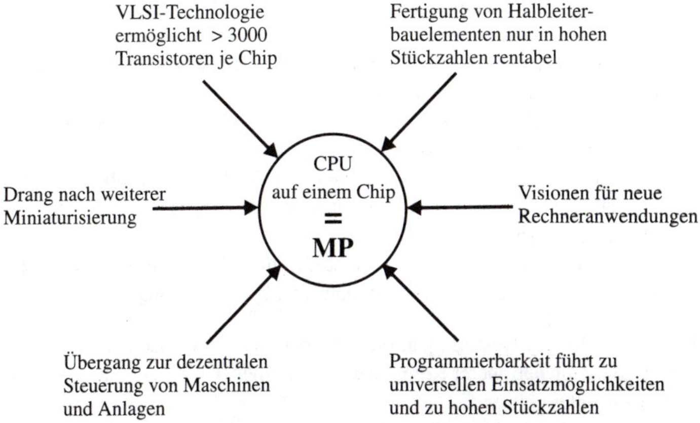


*Bild 1.3 Anstöße zur Entwicklung des Mikroprozessors (MP)*

Ein **Mikroprozessor** (*Microprocessor*) ist die auf einem Chip realisierte CPU eines Computersystems.

► *Anmerkung*: Es sind Einzellösungen bekannt, bei denen ein Mikroprozessor aus mehreren Chips besteht.

Beim Entwurf von Mikroprozessoren führten unterschiedliche Ansätze, technologische Varianten und unterschiedliche Anwendungsrichtungen zu verschiedenen *Architekturen* und deren Ausführung (Implementierung). Zu den Architekturmerkmalen eines Mikroprozessors gehören z. B. der Registersatz, der Befehlssatz, das Speichermodell und der Adreßraum. Wie diese Funktionalität durch Hardware, Datenpfade und Logik für den konkreten Mikroprozessor ausgeführt ist, wird durch die Implementierung einer gewählten Architektur spezifiziert. Mikroprozessoren mit gleicher Architektur sind binärkompatibel, verschiedene Implementierungen können zu unterschiedlichen Verarbeitungsgeschwindigkeiten führen (→ 3 und 10).

Die **Mikroprozessortechnik** (*Microprocessor Technology*) befaßt sich mit der Architektur, der Entwicklung, der Implementierung, dem Bau, der Programmierung und dem Einsatz von Mikroprozessoren.

Rechner bzw. Computer, bei denen Mikroprozessoren zum Einsatz kommen, werden als **Mikrorechner** bzw. **Mikrocomputer** (*Microcomputer*) bezeichnet.

Die zunehmende Dezentralisierung von Mikrocomputeranwendungen und die Fortschritte bei der Hochintegration führten zu einer Spezialisierung von Mikroprozessoren, so daß folgende Klassifizierung vorgenommen werden kann:

- *Standardmikroprozessoren* für den allgemeinen Einsatz (z. B. für Personalcomputer, Drucker, Protokollumsetzer),
- *Hochleistungsmikroprozessoren* für Computer mit sehr hoher Verarbeitungsleistung (z. B. für Großrechner, Workstations),
- *Mikrocontroller* (MC) für Anwendungen im Bereich des Embedded-Control (z. B. für das Motormanagement in Kraftfahrzeugen, Steuerung von Haushaltsgeräten),
- *Digitale Signalprozessoren* (DSP) für die digitale Verarbeitung analoger Signale (z. B. für Signalsynthese, Sprach- und Bilderkennung).

Fortschritte bei der Hochintegration Mitte der 70er Jahre machten die zusätzliche Integration peripherer Komponenten auf einem Chip möglich, so daß der Mikrocontroller entstand.

**Mikrocontroller** (*Microcontroller*) sind vollständige Mikrocomputersysteme auf einem Chip. Neben der CPU sind Speicher und Peripheriekomponenten mit auf dem Chip integriert (→ 7).

Während bei Mikrocontrollern die On-Chip integrierte Funktionalität im Mittelpunkt steht, ist bei Hochleistungsmikroprozessoren und digitalen Signalprozessoren die Verarbeitungsgeschwindigkeit der Hauptparameter.

**Digitale Signalprozessoren** (*Digital Signal Processor*) sind Spezialprozessoren für die sehr schnelle Verarbeitung von mathematischen Befehlen zur Bearbeitung komplexer Algorithmen der analogen Signalverarbeitung.

Speziell zum Aufbau leistungsfähiger Mehrprozessorsysteme wurde der Transputer konzipiert, der On-Chip zusätzlich zur CPU Komponenten zum schnellen Datenaustausch zwischen mehreren Transputern enthält.

**Transputer** (*Transputer*) dienen dem Aufbau von Parallelrechnern und bestehen aus einer schnellen CPU, SRAM, einer programmierbaren Schnittstelle für externen Speicher und mehreren seriellen Kommunikationsschnittstellen.

## 1.2 Historische Entwicklung /1.3/, /1.5/, /1.6/, /1.7/, /1.9/, /1.10/

Die Idee der Integration einer CPU auf einem einzigen Chip setzte Ende der 60iger Jahre auf dem erreichten Entwicklungsstand der Computertechnik, den Möglichkeiten der Halbleitertechnologie und der Zielstellung auf, die Computertechnik auch außerhalb reiner Rechenaufgaben einzusetzen (→ Tabelle 1.1).

*Tabelle 1.1 Wichtige Etappen bei der Entwicklung der Computertechnik*

| Zeitraum | Entwicklung |
|---|---|
| 30er Jahre | Anfänge digitaler Techniken und maschinellen Rechnens |
| 1941 | erster arbeitsfähiger programmgesteuerter Rechenautomat von Konrad Zuse (Z3), elektromechanisch mit Relais realisiert |
| 1944 | programmgesteuerter elektromechanischer Rechenautomat Mark1 von Howard H. Aiken |
| um 1945 | Formulierung der Von-Neumann-Prinzipien durch John von Neumann |
| 1944 | Realisierung des ersten Computers auf elektronischer Basis mit Elektronenröhren (ENIAC) |
| 1948 | Erfindung des Transistors |
| 1955 | erster Computer mit Transistoren (TRADIC) |
| 1958 | erster integrierter Schaltkreis von Jack S. Kilby |
| 60er Jahre | Entwicklung leistungsfähiger Großrechner, Beginn der Dezentralisierung von Rechentechnik, integrierte Schaltkreise mit zunehmendem Integrationsgrad |
| 1971 | erster Mikroprozessor von INTEL, der i4004 mit 2300 Transistoren in p-Kanal-MOS-Technologie |
| ab 1974 | rasche Entwicklung immer leistungsfähigerer Mikroprozessoren |
| 80er Jahre | breiter Einsatz von Mikroprozessoren für dezentrale personengebundene Computer, industrielle Steuerungen und Konsumgüterelektronik |
| 90er Jahre | Mikroprozessoren erschließen neue Einsatzgebiete im Bereich von Hochleistungsrechnern, Workstations, Embedded-Control und digitaler Signalverarbeitung |

Waren bisher Rechenmaschinen die Hauptanwendungsrichtung der Chipentwürfe gewesen, so wurde im Oktober 1969 das Konzept einer universell einsetzbaren Rechnerarchitektur entworfen, die aus einer 4-bit-CPU, einem ROM (2048 bit), einem RAM (320 bit) und einem Peripheriechip (10-bit-Ein-/Ausgabeschieberegister) bestand. Im Februar 1971 war die 4000er-Familie produktionsreif und der erste Mikroprozessor, der Intel 4004 (i4004), verfügbar /1.3/.

► *Hinweis*: Weitere Details zur Vorgeschichte der Computertechnik sind in /1.5/ dargestellt.

In unmittelbarer Folge nach der Markteinführung des i4004 entstanden Mikroprozessoren mit unterschiedlichen Architekturen und verschiedener Leistungsfähigkeit (→ Tabelle 1.2). Die Programmierbarkeit dieser MP, ihr geringes Volumen, der niedrige Energiebedarf und die relativ hohe Rechenleistung führten zu neuen Anwendungen und zum Masseneinsatz insbesondere im Bereich des *Embedded-Control*.

► *Anmerkung*: Auch wenn die Leistungsfähigkeit der ersten Mikroprozessoren gering war, so ermöglichten diese erstmals den breiten Einsatz elektronischer Steuerungen für eine Vielzahl technischer Anwendungen. Die geringe Leistungsfähigkeit wurde zum Teil durch eine Dezentralisierung der Steuerungsaufgaben kompensiert.

*Tabelle 1.2 Beispiele für die Markteinführung von Mikroprozessoren bis 1985*

| Verarbeitungs-breite | MP-Typ | Hersteller | Fertigung ab etwa | Anmerkungen |
|---|---|---|---|---|
| 4 bit | 4004 | Intel | 1971 | erster MP |
| | TMS1000 | Texas Instruments | 1974 | erster MC |
| 8 bit | 6800 | Motorola | 1974 | MP |
| | 8748 | Intel | 1976 | MC mit EPROM |
| | Z80 | Zilog | 1977 | MP |
| | 6805 | Motorola | 1978 | MC |
| | 8051 | Intel | 1981 | MC |
| | 68HC11 | Motorola | 1984 | MC |
| 16 bit | TMS9000 | Texas Instruments | 1976 | MP |
| | 8086 | Intel | 1978 | MP |
| | Z8000 | Zilog | 1979 | MP |
| | 68000 | Motorola | 1979 | MP |
| | 2920 | Intel | 1979 | erster DSP |
| 32 bit | IMS T400 | INMOS | 1983 | erster Transputer |
| | 68020 | Motorola | 1984 | MP |
| | 80386 | Intel | 1985 | MP |

► *Anmerkung*: Im Hinblick auf die Verarbeitungsleistung, On-Chip-Funktionalität und weitere Zieleigenschaften erfolgte eine ständige Weiterentwicklung in den einzelnen Klassen der Verarbeitungsbreite. Ab etwa 1987 wurden 64-bit-Mikroprozessoren realisiert. Beispiele für die Entwicklung dieser 64-bit-Hochleistungsprozessoren sind der 29000 (AMD), der Alpha AXP (DEC), der i960 (Intel) und der R10000 (MIPS/Silicon Graphics).

Während für MP in Hochleistungs-PCs und Workstations die Erzielung einer maximalen Verarbeitungsleistung im Mittelpunkt steht, so ist für den Bereich des *Embedded-Control* eine maximale Funktionalität des zum Einsatz kommenden Chips von größerer Bedeutung.

Aus dieser anwendungsorientierten Betrachtungsweise heraus ergab sich bereits kurze Zeit nach dem Entstehen des ersten MP eine Spezialisierung in MC und DSP. Eine Aufsplittung in *RISC*- und *CISC-Architekturen* (→ 3) setzte etwa 1980 ein. Diese scharfe Abgrenzung ist seit etwa 1995 nicht mehr gegeben, da CISC-MP auch RISC-Features nutzen (→ Bild 1.4).

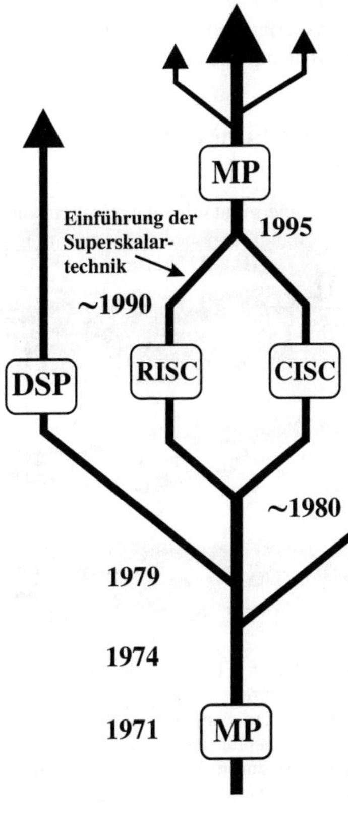


*Bild 1.4 Stammbaum der MP-Entwicklung (nach /1.7/)*

Fortschritte bei der Steigerung der Verarbeitungsgeschwindigkeit wurden insbesondere möglich durch eine schnellere Taktung der Mikroprozessoren, eine Erhöhung der Datenverarbeitungsbreite und den Einsatz optimierter Architekturen. So führte z. B. die Nutzung der parallelen Befehlsausführung (*Superskalartechnik*) vor etwa 10 Jahren zu einem Schub in der Verarbeitungsgeschwindigkeit. Mit Verfahren zur Sprungvorhersage und dem Einsatz von Cache-Speichern konnte eine weitere Steigerung der Verarbeitungsleistung erreicht werden. Weiterführende Ansätze werden diskutiert und zum Teil bereits umgesetzt (→ 3).

Die Integration eines vollständigen Rechnersystems auf einem Chip als Mikrocontroller basiert nicht primär auf der Zielsetzung einer hohen Verarbeitungsleistung, sondern auf der Erzielung einer maximalen funktionellen Integration bei geringen Systemkosten. Für bestimmte Anwendungen sind neben der erforderlichen On-Chip-Funktionalität auch hohe Verarbeitungsleistungen notwendig, so daß bei einigen Mikrocontrollerfamilien Architekturprinzipien von Hochleistungsmikroprozessoren Anwendung finden (→ 7).

## 1.3 Prinzipieller Aufbau und Funktion eines Mikrorechners

Den grundsätzlichen Aufbau eines Mikrorechners und seine wichtigsten Komponenten zeigt Bild 1.5. Man kann die drei Hauptkomponenten Verarbeitungseinheit, Speicher und Ein-/Ausgabeeinheiten erkennen.

**CPU**. Die zentrale Verarbeitungseinheit, kurz als **CPU** (*Central Processing Unit*) oder Prozessor bezeichnet, übernimmt sowohl die eigentliche Datenverarbeitung als auch die Koordination aller rechnerinternen Aktivitäten (→ 1.3.1).

**Speicher**. Er nimmt die zu verarbeitenden Daten, das Programm und weitere Informationen über den Programmablauf auf und stellt diese auf Anforderung zur Verfügung. Oft sind die verschiedenen Informationen in einem gemeinsam genutzten Speicher untergebracht (→ 1.3.2).

**Ein- und Ausgabeeinheiten** (auch *E/A-Geräte* oder *I/O-Devices*) dienen als Schnittstelle zur Außenwelt. Anzahl und konkrete Konfiguration hängen stark vom Verwendungszweck des Rechners und den angeschlossenen peripheren Geräten ab (→ 1.3.4, → 6).

❑ *Beispiel*: Ein PC oder eine Workstation benötigen z. B. für die Kommunikation mit einem Bediener eine Tastatur, einen Bildschirm und eine Maus sowie einen externen Massenspeicher zur Auslagerung von Datenbeständen bzw. zur Bereitstellung von Programmen. Bei einem Steuerrechner für eine Anlage oder ein Gerät kommen Sensoren zur Erfassung von Prozeßzuständen und Aktoren zu deren Beeinflussung hinzu.

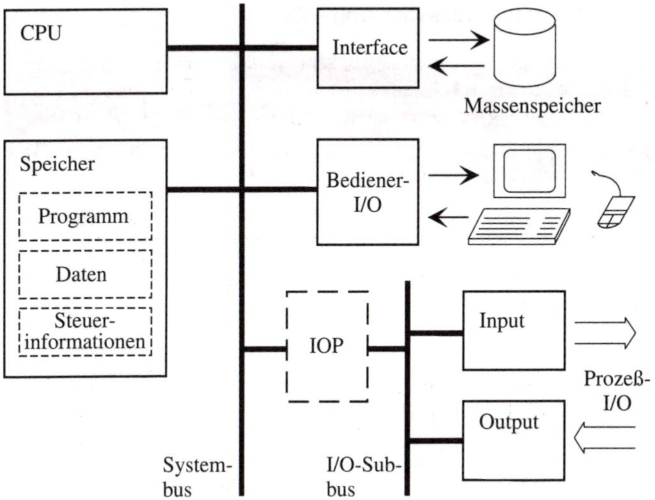


*Bild 1.5 Prinzipieller Aufbau eines Rechnersystems*

**I/O-Prozessoren** (IOP) sind programmgesteuerte Logikeinheiten, die eigenständige Datenein- und -ausgaben durchführen, um die CPU zu entlasten. Sie erhalten von der CPU einen entsprechenden Auftrag und melden dieser den Abschluß des Datentransfers zurück.

Das **Bussystem** realisiert die Datenübertragung zwischen den einzelnen Baugruppen mittels gemeinsam genutzter Datenpfade, an die alle Komponenten gleichzeitig angeschlossen werden. Die Koordinierung von Übertragungsrichtung und zeitlichem Ablauf sowie die Auswahl von Sender und Empfänger erfolgt über besondere Steuersignale (→ 1.3.3, → 5).

**Master-Slave-Prinzip**. Der gesamte rechnerinterne Ablauf unterliegt einem festen Regime. Die CPU steuert als Master aktiv alle Abläufe und Datentransporte. Speicher und periphere Komponenten arbeiten als Slave, d. h., sie sind stets passiv und werden nur auf Aufforderung der CPU hin aktiv.

Das **Interrupt-Konzept** ist eine Erweiterung des Master-Slave-Prinzips, bei der periphere Slave-Einheiten eine Bedienforderung (*Interrupt-Request*) bei der CPU anmelden können. Allein die CPU entscheidet über die Berücksichtigung dieser Anforderung und den Zeitpunkt der Bearbeitung.

### 1.3.1 Central Processing Unit – CPU

Eine CPU besteht im wesentlichen aus einer *Recheneinheit*, die die eigentliche Datenverarbeitung vornimmt, sowie einem *Steuerwerk*, welches sowohl die Arbeit der Recheneinheit als auch die Aktivitäten der übrigen Rechnerbestandteile kontrolliert (→ Bild 1.6). Zur Recheneinheit gehören die **ALU** (*Arithmetic Logical Unit*) und der **Registersatz**.

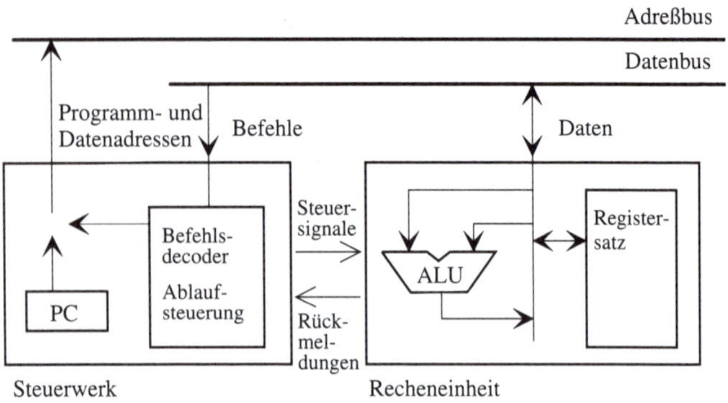


*Bild 1.6 Prinzipieller Aufbau einer CPU*

#### 1.3.1.1 Registersatz

Unter **Registern** versteht man CPU-interne Speicherstellen, die im Gegensatz zum externen Speicher besonders schnell ansprechbar sind.

**Universalregister** (*General Purpose Register*)

Sie dienen der direkten Datenablage. Sie stellen Operanden für arithmetische und logische Operationen bereit und nehmen die Ergebnisse der Verarbeitung auf. Teilweise werden Universalregister auch für komplexe Adreßberechnungen benutzt.

► *Hinweis*: Jede CPU besitzt mindestens ein Universalregister. Dieses wird als **Akkumulator**, kurz Akku, bezeichnet. Existieren mehrere Universalregister, so können oft mehrere die Funktion des Akkumulators übernehmen.

► *Anmerkung*: Die Anzahl binärer Stellen (**Bits**) in jedem Universalregister entspricht der Verarbeitungsbreite der ALU und ist ein Maß dafür, welche Informationsmenge der Prozessor mit einem Befehl verarbeiten kann. Sie beträgt typisch 4, 8, 16 oder 32 bit. Breitere Register bedeuten i. d. R. eine höhere Leistungsfähigkeit und erlauben einen größeren Bereich darzustellender Informationen in einem Register.

**Adreßzeigerregister** (*Pointer* bzw. *Index-Register*)

Sie stellen Adreßinformationen für Zugriffe auf Speicherzellen bzw. periphere Komponenten bereit. Unter Verwendung der ALU ermöglichen sie eine flexible Berechnung von Operandenadressen während des Programmablaufes. Sie sind oft in eingeschränktem Maße für Datenmanipulationen oder die Zwischenspeicherung von Ergebnissen einsetzbar.

► *Anmerkung*: Durch die Bitbreite der Adreßzeigerregister ist die maximale Anzahl möglicher Adreßkombinationen und damit die Anzahl eineindeutig ansprechbarer Speicherplätze bestimmt.

**Spezialregister (Special Function Registers)**

Sie übernehmen besondere Aufgaben bei der Steuerung der Befehlsabarbeitung und der gesamten Arbeit des Prozessors. Zu den wichtigsten gehören:

- **Befehlszähler** (*Program Counter* (*PC*) oder *Instruction Pointer*)
  Er enthält die Speicheradresse der als nächstes einzulesenden Befehlsinformation.
- **Flag-Register** (*Flags*)
  Die Flags nehmen binäre Informationen über Sonderfälle bei der letzten ALU-Operation auf und stellen diese zur weiteren Auswertung bereit.
- **Stapelzeiger** (*Stackpointer* (*SP*))
  Er adressiert den Ort, an dem Rückkehrinformationen bei Prozeduraufrufen bzw. temporäre Daten im Speicher abgelegt wurden.
- **Control-Register**
  Sie dienen der Konfiguration der Arbeitsweise des Prozessors, z. B. der Einstellung von Testmodii der Funktion eines Coprozessors, der Behandlung von Breakpoints oder der Arbeitsweise einer Speicherverwaltung.

► *Anmerkung*: Praktisch alle Prozessoren verfügen über einen Program-Counter (PC), einen Stackpointer (SP) und ein Flag-Register.

❑ *Beispiel*: Bild 1.7 zeigt die Registersätze einiger verbreiteter Mikroprozessoren im Vergleich. Während der 6800 von Motorola, Mitte der 70er Jahre entstanden, nur jeweils ein 8 bit breites Universal- und ein Indexregister besitzt, verfügen modernere Prozessoren, wie z. B. der 68000 oder der 8086 und dessen Nachfolger, über wesentlich mehr und breitere Register (der 68000 z. B. über acht 32-bit-Universal- und acht 32-bit-Adreßzeigerregister). Man spricht daher beim Motorola 6800 und beim Intel 8080 von 8-bit-Prozessoren, bei den anderen beiden von 16- bzw. 32-bit-Maschinen.

PC und SP sind bei 6800 und 8080 jeweils 16 bit breit und ermöglichen damit, $2^{16} = 65\,536$ verschiedene Speicherzellen anzusprechen. Die entsprechenden Register am 68000 stellen 32 bit und damit $2^{32}$ Adressen zur Ansprache eines 4 GByte großen Speichers zur Verfügung.

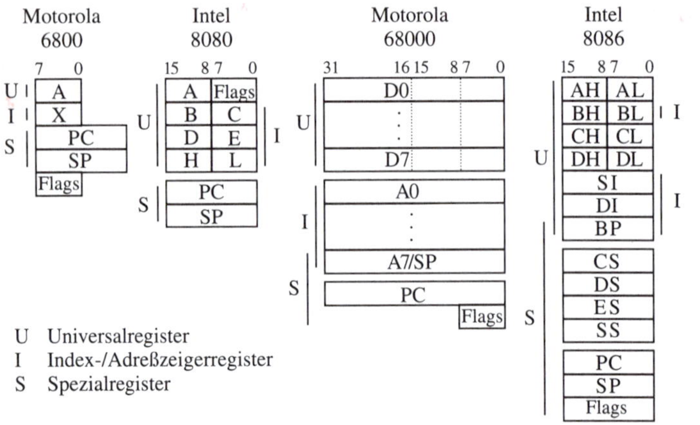


*Bild 1.7 Beispiele für Registersätze*

### 1.3.1.2 ALU

Die **arithmetisch-logische Einheit** (*ALU*) übernimmt die eigentliche Datenverarbeitungsfunktion. Sie kann meist nur einfache Elementaroperationen mit maximal zwei beteiligten Operanden ausführen; komplexere Operationen sind aus einer Folge einfacher Aktionen zusammenzusetzen.

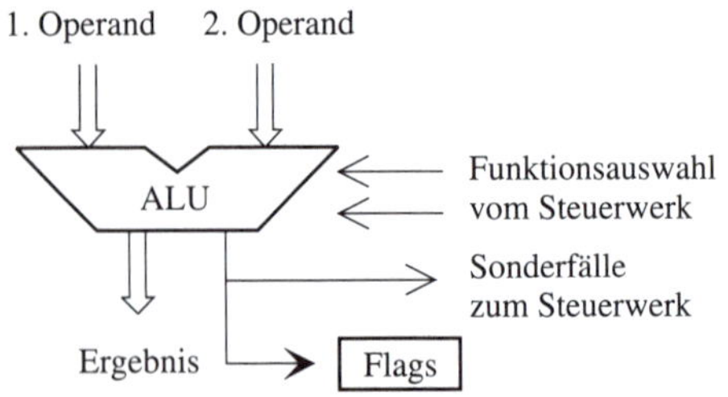


*Bild 1.8 Die ALU verarbeitet jeweils ein oder zwei Operanden und liefert ein numerisches Ergebnis sowie binäre Flags*

Die ALU (→ Bild 1.8) führt typisch folgende Operationen mit Operanden im binären Festkommaformat aus:

- arithmetische Operationen (Addition, Subtraktion, Vergleich),
- logische Verknüpfungen (AND, OR, XOR),
- Verschiebungen um eine oder mehrere Bitstellen nach links bzw. rechts.

► *Hinweis*: Berechnungen mit Gleitkommazahlen können mit Festkommaoperationen Software-mäßig nachgebildet, d. h. emuliert, werden. Teilweise werden separate Gleitkommaeinheiten (*Floating Point Units* – FPU) eingesetzt. Sie arbeiten i. d. R. parallel zur ALU und ermöglichen eine Beschleunigung rechenintensiver Programme.

Die Auswahl der konkreten Funktion, je nach aktuell bearbeitetem Befehl, erfolgt durch das Steuerteil. Am Ausgang der ALU stehen das numerische Ergebnis der Operation sowie einige binäre Informationen bereit.

**Flags** sind binäre Informationen, die besondere Ergebniszustände kennzeichnen. Sie werden im Flag-Register für eine nachfolgende Auswertung bereitgestellt. Außerdem werden sie dem Steuerteil zur Behandlung eventueller Sonderfälle, z. B. bei Division durch Null, übergeben.

Wichtige Flags:

- **Zero-Flag**
  Das Ergebnis der Verarbeitung ist genau Null.
- **Sign-Flag**
  Das Resultat ist negativ, wenn es als Zweierkomplementzahl interpretiert wird.
- **Carry-Flag**
  Bei der Verarbeitung ist ein Übertrag aufgetreten, d. h., das Ergebnis läßt sich nicht mit der vorhandenen Verarbeitungsbreite darstellen.

Das Flag ist jeweils aktiv, d. h. gesetzt, wenn die genannte Bedingung erfüllt ist, anderenfalls gelöscht. Weitere Flags, z. B. *Overflow* und *Parity*, können vorhanden sein.

**Bereitstellung der Operanden und Ablage des Ergebnisses**. Operanden und Ergebnis können vor bzw. nach der Verarbeitung in Registern oder in Speicherstellen untergebracht sein bzw. teilweise direkt dem Befehl entnommen werden (→ 3.2.2, 4.1.3).

### 1.3.1.3 Steuerwerk

Das **Steuerwerk** (*Control Unit Controller*) organisiert und kontrolliert die gesamte Arbeit sowohl der CPU als auch des Rechnersystems als Ganzes.

Es stellt ein durch einen externen Takt gesteuertes Schaltwerk dar, welches entsprechend den auszuführenden Befehlen konkrete Folgen elementarer Transport- und Verarbeitungsaktionen auslöst. Die konkrete Funktion und der Ablauf eines Befehls sind konstant und reproduzierbar und werden bei der Herstellung des Prozessors fest vorgegeben.

**Aufgaben des Steuerwerks**:

- *Steuerung prozessorinterner Abläufe*, d. h. die Organisation von Datentransporten innerhalb des Rechenwerkes zwischen Registern, ALU und Datenbus sowie die Auslösung und Auswertung von Operationen der ALU,
- *Bereitstellung von Adreßinformationen* für Befehls- und Datentransporte über das Bussystem,
- *Steuerung externer Abläufe* bei der Kommunikation des Prozessors mit dem Speicher bzw. mit Ein-/Ausgabeeinheiten.

Wesentliche *Bestandteile des Steuerwerks* sind der *Program-Counter* (*PC*), der die Adresse des nächsten auszuführenden Befehls bereitstellen kann, und der *Befehlsdecoder*. Das Steuerwerk fordert zur Befehlsbearbeitung jeweils den nächsten Befehl an, decodiert diesen und löst eine passende Sequenz von Teilschritten zur Befehlsbearbeitung aus (→ 3.2.1).

**Ablauf der Befehlsbearbeitung**. Die Befehlsbearbeitung ist ein unendlicher, vom Ein- bis zum Ausschalten des Rechners ständig wiederholter Zyklus. Er besteht aus folgenden Schritten (→ Bild 1.9):

1. Einlesen des ersten Teils der Befehlsinformation:
   a) Ausgabe des Inhaltes des Program-Counters PC auf dem Adreßbus,
   b) Einlesen des Inhaltes der angesprochenen Speicherzelle in den Befehlsdecoder,
   c) Inkrementieren des PC um eine Adreßeinheit.
2. Decodieren der eingelesenen Information und Festlegung des weiteren Ablaufs.
3. Einlesen der restlichen Bestandteile des Befehls:
   a) Ausgabe des PC auf dem Adreßbus,
   b) Einlesen des Inhaltes der Speicherstelle in den Befehlsdecoder,
   c) Inkrementieren des PC,
   d) Wiederhole ab a), bis Befehl komplett eingelesen ist.
4. Ausführung des Befehls:
   a) Bereitstellung der Daten am Eingang der ALU,
   b) Ausführung der ALU-Operation,
   c) Ablage des Ergebnisses.

► *Hinweis*: Befinden sich im Schritt 4a) die Operanden im Speicher, so muß durch die CPU für jeden Operanden ein entsprechender Speicherzugriff erzeugt werden, d. h., die entsprechende Speicheradresse wird auf dem Adreßbus ausgegeben und der Operand vom Datenbus eingelesen. Analoge Überlegungen gelten in 4c) für die Ablage des Ergebnisses.

**Konsequenzen für den Programmaufbau**:

- Befehle werden linear in lückenlos aufsteigender Folge dem Speicher entnommen und durch den Prozessor abgearbeitet.

- Soll der Programmfluß von diesem linearen Schema abweichen, so ist dies über entsprechende Befehle vom Programmierer explizit anzuweisen.

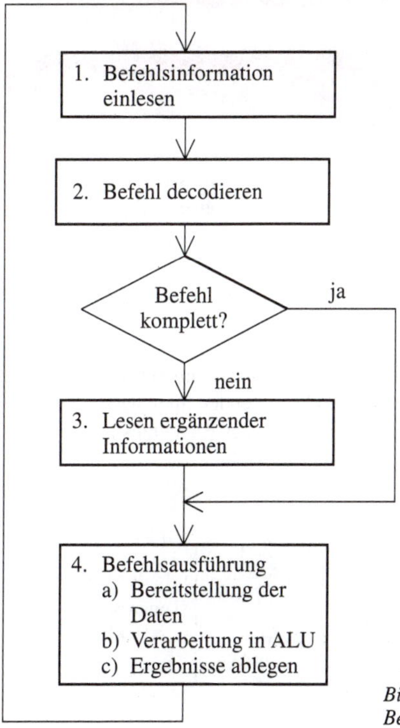


*Bild 1.9 Ablauf der Befehlsbearbeitung*

## 1.3.2 Speicher

Der **Hauptspeicher** (*Central Memory*) eines Rechnersystems dient zur Ablage und Bereitstellung von Programm- und Dateninformationen. Zur Gewährleistung einer schnellen Informationsbereitstellung, wie sie von der CPU benötigt wird, werden Halbleiterspeicher eingesetzt.

► *Hinweis*: Ist die Zugriffszeit des Speichers höher als die vom Prozessor geforderte Zeit zur Bereitstellung von Programm- und Dateninformationen, müssen geeignete Vorkehrungen getroffen werden, damit der Prozessor nicht unzulässig gebremst wird. Kapitel 5 diskutiert mögliche Gegenmaßnahmen.

**Adresse** (*Address*). Sie besteht aus einer Kombination mehrerer binärer Stellen, **Adreßbits**, zur Angabe und *eineindeutigen Auswahl* einer konkreten Speicherstelle.

► *Hinweis*: Die Anzahl vorhandener Adreßbits bestimmt die maximale Größe des Speichers. Mit $n$ Adreßbits lassen sich $m = 2^n$ verschiedene Bitkombinationen, d. h. Adressen, darstellen. Typische Adreßbreiten moderner Prozessoren sind 16, 20, 24 oder 32 bit.

Die **Datenbreite** (*Data Capacity*) einer Speicherstelle wird in bit angegeben. Sie verdeutlicht, wieviel binäre Einheiten in genau einer Speicherstelle untergebracht sind.

► *Hinweis*: In den meisten Fällen ist der Speicher byteweise organisiert, d. h., jede Speicherstelle hat eine Breite von 8 bit (1 Byte).

Zur Speicherung von Daten mit einer größeren Anzahl binärer Stellen werden diese in Byte aufgespalten und in aufeinanderfolgenden Speicherstellen abgelegt. Als Adresse des Datenblocks wird stets die des Elementes mit der niedrigsten Adresse verwendet.

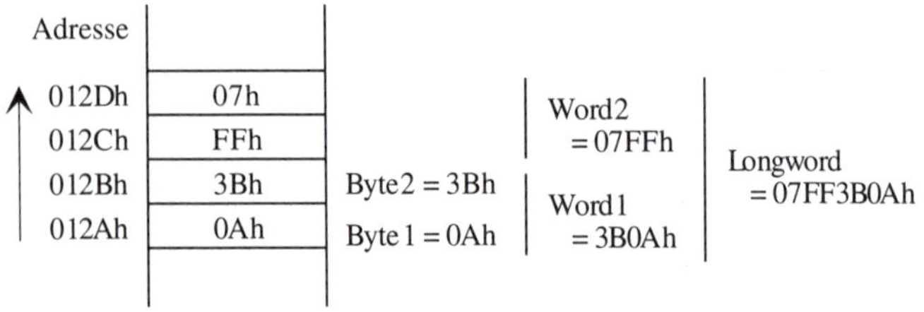


*Bild 1.10 Byte, Word und Longword beim Little-Endian-Format*

Es existieren zwei verschiedene, gleichberechtigte Reihenfolgen der Ablage der einzelnen Bytes. Beim **Little-Endian-Format** werden die Bytes mit der niedrigeren Wertigkeit auf den niederen Adressen abgespeichert (→ Bild 1.10), gefolgt von den höherwertigen Bytes. Beim **Big-Endian-Format** ist die Reihenfolge genau umgekehrt.

Aus technischer Sicht unterscheidet man verschiedene Arten von Halbleiterspeichern:

**Festwertspeicher** (*ROM – Read Only Memory*). Er kann vom Prozessor nur gelesen werden. Sein Speicherinhalt wird bei der Herstellung oder in einem separaten Programmierprozeß erzeugt und bleibt im energielosen Zustand erhalten.

**Schreib-/Lesespeicher** (*RAM – Random Access Memory*). Er erlaubt sowohl das Einschreiben als auch das Lesen von Informationen. Im energielosen Zustand gehen diese Informationen jedoch verloren.

► *Hinweis*: ROMs werden z. B. eingesetzt, um feste, stets wiederkehrende Programme oder Tabellen mit Funktionswerten aufzunehmen und diese sofort nach dem Einschalten des Rechners bereitzustellen. RAMs dienen als Arbeitsspeicher zur Aufnahme von Daten und Zwischenergebnissen bzw. zur Bereitstellung wechselnder Programminformationen.

### 1.3.3 Bussystem

Das **Bussystem** verbindet die verschiedenen Einheiten eines Rechnersystems (Speicher, CPU, periphere Einheiten) miteinander und vermittelt den Datenaustausch zwischen ihnen. Alle Komponenten nutzen einen gemeinsamen Transportweg, den **Bus**, an den sie parallel angeschlossen sind. Die Koordination der Übertragung, d. h., die Auswahl von Sender und Empfänger und die zeitliche Synchronisation, wird über zusätzliche *Steuersignale* geregelt. Die Bussteuerung geschieht i. d. R. zentralisiert durch einen **Bus-Master** (meist die *CPU*) (→ 5).

► *Hinweis*: Aus Geschwindigkeitsgründen kommt dabei nur eine parallele Übertragung dieser Signale über mehrere Leitungen gleichzeitig in Frage. Im Idealfall wird je Signal eine Leitung benutzt. Zur Reduzierung des Aufwands können Signalgruppen teilweise doppelt genutzt werden, um Informationen nacheinander zu übertragen. Man setzt dieses Prinzip häufig für gemeinsame Adreß- und Datenleitungen ein.

Entsprechend den zu übertragenden Informationen kann man eine funktionelle Trennung des Bussystems in Teilbusse vornehmen:

- Der **Adreßbus** stellt die Ziel- bzw. Quelladresse des Datentransfers bereit.
- Der **Datenbus** überträgt die eigentlichen Daten.
- Der **Steuerbus** übernimmt die Koordinierung des Datentransfers hinsichtlich zeitlichem Ablauf und Auswahl der Übertragungsrichtung.

Bild 1.11 zeigt den prinzipiellen Ablauf eines Datentransfers auf dem Bus:

1. Der Bus-Master stellt eine Adresse zur Auswahl eines Kommunikationspartners auf dem Adreßbus bereit. Der ausgewählte Partner erkennt dies und geht in Bereitschaft.
2. Durch die Aktivierung eines Steuersignals (*/Read* für einen Lesezugriff oder */Write* für einen Schreibzugriff) bestimmt der Master die Übertragungsrichtung. Der so bestimmte Sender legt die Daten auf den Datenbus.
3. Der Master führt den Datentransfer aus und signalisiert den Abschluß des Datentransfers, indem er das Lese- bzw. Schreibsignal deaktiviert. Der Bus wird in den Ausgangszustand versetzt und ist für den nächsten Transfer bereit.

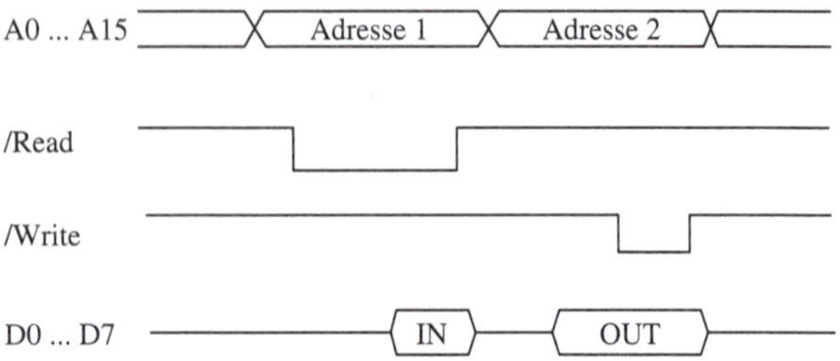


*Bild 1.11 Prinzipieller Ablauf des Datentransfers am Z80 für Lese- und Schreibzugriffe*

### 1.3.4 Ein- und Ausgabeeinheiten

Die **Ein- und Ausgabeeinheiten** (*Input Unit, Output Unit*) eines Rechners dienen als Schnittstelle zur Außenwelt. Über sie werden zu verarbeitende Daten in den Rechner eingespeist, können Kommandos zur Steuerung des Ablaufes gegeben und Verarbeitungsergebnisse ausgegeben werden (→ 6).

Ein- und Ausgabeeinheiten (I/O) bestehen aus zwei Teilen: dem eigentlichen peripheren Gerät und der technischen Realisierung der Ankopplung an den Rechner.

**Periphere Geräte** (*Input-Output Device*). Aufgabe der peripheren I/O-Geräte ist die Wandlung von Signalen, Meßgrößen und Kommandos in eine elektrische Signalform bzw. die Rückwandlung in dem Einsatzfall angepaßte physikalische Größen.

❑ *Beispiel*: Ein Steuerrechner muß z. B. die Werte von Spannungen, Drücken, Fließgeschwindigkeiten oder chemischen Konzentrationen erfassen und Ventile, Signallampen oder Motoren ansteuern. Periphere Geräte für Workstations und PCs dienen vor allem der alphanumerischen und graphischen Eingabe von Kommandos und Daten durch den Bediener, der Visualisierung der Ergebnisse und der dauerhaften Dokumentation und Präsentation auf Folie, Papier o. ä.

**Schnittstellen** (*Interface*). Aus Sicht des Rechners ist die Realisierung des Anschlusses dieser peripheren Geräte an das interne Bussystem die eigentliche Ein-/Ausgabeeinheit. Zur Unterscheidung soll diese Ankopplung im weiteren als **I/O-Schnittstelle** bezeichnet werden.

Die Aufgabe dieser Schnittstellen besteht in der Anpassung zwischen rechnerinternen und -externen Signalen. Angepaßt werden:

- elektrische Größe und Wertebereich,
- Datenübertragungsbreite,

- zeitlicher Ablauf der Übertragung,
- Übertragungs- und Quittungsprotokoll.

Die Vielfalt möglicher Kombinationen läßt sich im wesentlichen nach Übertragungsrichtung, Datenart, Übertragungsbreite, zeitlichem Ablauf und zur Übertragung verwendetem Protokoll einteilen.

- **Übertragungsrichtung**
  *Unidirektionale Schnittstellen* erlauben nur die Ein- oder Ausgabe, *bidirektionale* sind dagegen für die Ein- und Ausgabe verwendbar.
- **Datenart**
  Man unterscheidet die Verarbeitung *digitaler* und *analoger* Signale.
- **Übertragungsbreite**
  Bei *serieller* Übertragung werden alle Bits zeitlich nacheinander über eine Leitung übertragen. Die *parallele* Übertragung verwendet mehrere Leitungen zur gleichzeitigen Übertragung aller Bits.
- **Zeitlicher Ablauf**
  Als *synchron* bzw. *getaktet* bezeichnet man eine Übertragung, die von einem Signal begleitet wird, welches die Bereitstellung neuer Daten anzeigt. Die *asynchrone* Übertragung arbeitet ohne ein solches Synchronsignal.
- **Protokoll**
  Ein Protokoll dient zur Sicherung einer korrekten Datenübertragung. Dazu gehören z. B. die einfache Sicherung mittels Überwachung der Parität, aber auch komplexe Verfahren, wie z. B. die Verwendung von Prüfsummen (CRC) u. a.

Neben vielen spezialisierten Formen haben sich einige Schnittstellen und Protokolle als universell verwendbar erwiesen und sind teilweise Standard geworden (→ 6).

# 2 Technische Grundlagen

## 2.1 Elemente der binären Logik

### 2.1.1 Signaldefinitionen

Die Begriffsfestlegungen der digitalen Informationsdarstellung beziehen sich vor allem auf die Einteilung der Signale /2.3/. Bild 2.1 zeigt eine Übersicht der Signalarten mit Betonung der diskreten Signale.

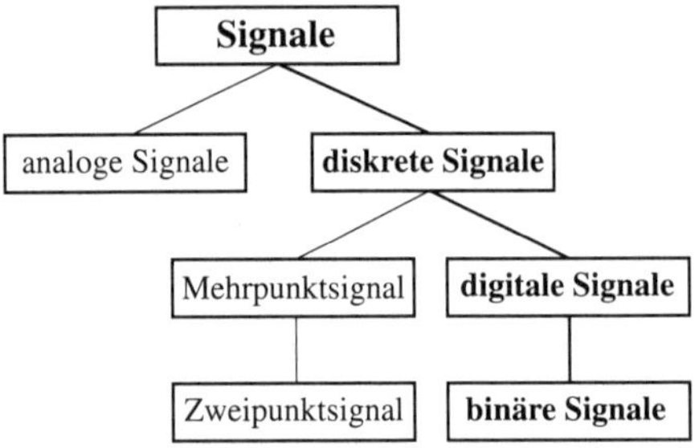


*Bild 2.1 Signalarten*

**Signal**. Darstellung von Information (Nachrichten oder Daten) durch physikalische Größen.

**Informationsparameter** (*Signal Parameter*). Kenngröße des Signals, dessen Wert die Information beinhaltet. Der Informationsparameter einer Wechselspannung als Signalträger kann z. B. die Amplitude, die Frequenz oder der Phasenwinkel sein.

**Analoges Signal** (*Analog Signal*). Signal, dessen Informationsparameter innerhalb festgelegter Grenzen jeden beliebigen Wert annehmen können.

**Diskretes Signal** (*Discrete Signal*). Signal, dessen Informationsparameter nur bestimmte Werte, diskrete Werte genannt, einer endlichen Menge annehmen können.

**Mehrpunktsignal** (*Multipoint Signal*). Diskretes Signal, dessen Informationsparameter jeweils mehrere diskrete Werte ($k \geqq 2$) annehmen können, die nicht Zeichen oder Worten zugeordnet sind. Ein häufiger Sonderfall ist das Zweipunktsignal mit zwei diskreten Werten ($k = 2$).

**Digitales Signal** (*Digital Signal*). Diskretes Signal, bei dem den Werten der Informationsparameter Zeichen (Worte) entsprechen. Die Wortzuordnung wird als Codierung bezeichnet.

**Zeichen** (*Character*). Element aus einer zur Darstellung von Informationen vereinbarten endlichen Menge von Objekten.

**Wort** (*Word*). Endliche Folge (geordnete Menge) von Zeichen, die als Einheit betrachtet wird und erst in ihrer Gesamtheit eine Bedeutung besitzt.

**Binäres Signal** (*Binary Signal*). Diskretes Signal, dessen Informationsparameter genau zwei Werte annehmen kann. Entsprechend dem binären Zahlensystem (Dualsystem) werden die beiden Werte als Signalwert 0 und Signalwert 1 bezeichnet (Binärzeichen).

**Binärzeichen, Bit** (*Binary Character, Bit*). Jedes Zeichen aus einem Zeichenvorrat von genau zwei Zeichen.

► *Beachte*: Das „bit" (klein geschrieben) ist im Gegensatz zum „Bit" (groß geschrieben) die Sondereinheit für die von Null verschiedene Anzahl von Binärentscheidungen.

**Digitale Signalverarbeitung** ist zumeist eine Binärsignalverarbeitung. Die Digitaltechnik ist eine „binäre Digitaltechnik", wenn alle Datenkonstruktionen aus einem Zeichenvorrat von genau zwei Zeichen bestehen.

Bild 2.2 zeigt die lineare Abbildung des analogen Zahlenbereichs 0 . . . 7 über 8 diskrete Zahlenwerte (Stufen 0; 1; 2; . . . 7) in den digitalen Zahlenbereich (Binär-Codierung im 4-bit-Format).

► *Beachte*: Der analoge Zahlenbereich umfaßt kontinuierlich und lückenlos alle Werte. Der diskrete Zahlenbereich ist dagegen gequantelt. Die Zahl der Quantisierungsstufen bestimmt die Auflösung einer Analog-/Digital-Umsetzung (hier z. B. 3 Bits).

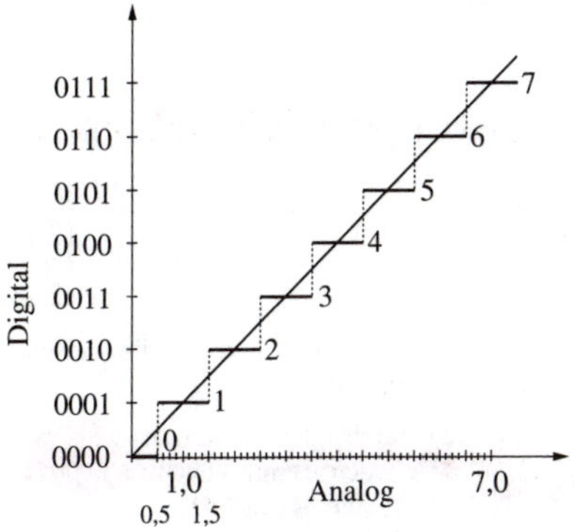


*Bild 2.2 Abbildung eines analogen Wertebereichs auf diskrete Werte*

### 2.1.2 Logische Funktionen

**Logische Elementarfunktionen** (Schaltfunktionen) dienen zur mathematischen Beschreibung von Schaltnetzen. Das dazu verwendete Regelwerk wird als *Schaltalgebra* (→ 2.1.3) bezeichnet.

**Beschreibungsformen für Schaltfunktionen** sind u. a.:
- Funktionsmatrix (Schaltbelegungstabelle, Wahrheitstabelle, Logiktabelle),
- Logikgleichung (Boolesche Gleichung; Schaltfunktion: DIN 5 474, DIN 66 000; Schaltzeichen: EN 60 617, IEC 617, DIN 40 900, DIN 44 700),
- Karnaugh-Tafel (KV-Tafel: Karnaugh-Veitch-Tafel),
- Kontaktnetz,
- Venn-Diagramm (Mengendarstellung).

#### 2.1.2.1 Logische Grundfunktionen

Aus **logischen Grundfunktionen** können alle komplexeren logischen Funktionen hergeleitet werden.

**Negation**

Jeder Logikzustand wird umgekehrt (aus 0 wird 1; aus 1 wird 0).

$$\boxed{y = \neg x} \qquad \text{(lies: } y = \text{nicht } x\text{)} \tag{2.1}$$

$$y = \overline{x} \tag{2.2}$$

► *Merke*: Die Schreibweise in Gl. (2.1) ist nach den geltenden Normen zu bevorzugen. Die zweite Form (Gl. (2.2)) ist ebenfalls zulässig und wird wegen ihrer Übersichtlichkeit im weiteren Text oft verwendet.

**Konjunktion** (UND-Verknüpfung)

Wenn die eine und die andere Variable gleich 1 sind, ist auch y = 1 (→ Tabelle 2.1).

$$\boxed{y = x_1 \wedge x_0} \qquad \text{(lies: } y = x_1 \text{ und } x_0\text{)} \tag{2.3}$$

$$y = x_1 \cdot x_0 = x_1 x_0 \tag{2.4}$$

► *Beachte*: Die zweite Schreibweise (Gl. (2.4)) weist darauf hin, daß die logische Konjunktion mit der algebraischen Multiplikation verwandt ist.

► *Hinweis*: Die UND-Verknüpfung kann auch durch eine Reihenschaltung von Schließern (Arbeitskontakte) veranschaulicht werden. Damit ein Verbraucher $y$ eingeschaltet ist, müssen die Kontakte $x_1$ *und* $x_2$ geschlossen sein.

**Disjunktion** (ODER-Verknüpfung; Adjunktion)

Wenn die eine oder die andere Variable oder beide gleich 1 sind, ist auch $y = 1$ (→ Tabelle 2.1).

$$\boxed{y = x_1 \vee x_0} \qquad \text{(lies: } y = x_1 \text{ oder } x_0\text{)} \tag{2.5}$$

$$y = x_1 + x_0 \tag{2.6}$$

► *Beachte*: Die veraltete Form (Gl. (2.6)) weist darauf hin, daß die logische Disjunktion mit der algebraischen Addition verwandt ist.

► *Hinweis*: Die ODER-Verknüpfung kann auch durch die Parallelschaltung von Schließern veranschaulicht werden. Um einen Verbraucher $y$ einzuschalten, genügt es, wenn die Kontakte $x_1$ *oder* $x_2$ geschlossen werden.

### 2.1.2.2 Abgeleitete Logikfunktionen

Aus den Grundfunktionen ergeben sich weitere Logikfunktionen mit genormten Bezeichnungen (→ Tabelle 2.1):

*Tabelle 2.1 Logische Funktionen*

| Funktionsbezeichnung<br><br>Logikgleichung | Funktionsmatrix (TTL-Bausteine)<br>$x_0$ 0 1 0 1<br>$x_1$ 0 0 1 1 | Schaltzeichen |
|---|---|---|
| **Negation** $x_0$ (NOT)<br>$y = \neg x_0$<br>$y = \overline{x_0}$ | $y$ 1 0 1 0<br>1/6 (7404) | 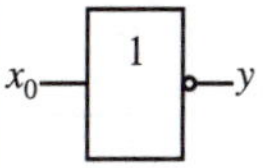 |
| **Konjunktion**, UND (AND)<br>$y = x_1 \wedge x_0$<br>$y = x_1 x_0$ | $y$ 0 0 0 1<br>1/4 (7408) | 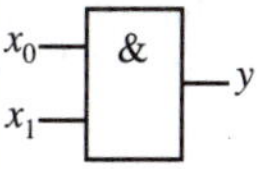 |
| **Disjunktion**, ODER (OR)<br>$y = x_1 \vee x_0$ | $y$ 0 1 1 1<br>1/4 (7432) | 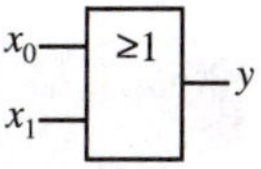 |
| **Negiertes UND** (NAND, NOT AND)<br>$y = x_1 \overline{\wedge} x_0$<br>$y = \neg(x_1 \wedge x_0)$<br>$y = \overline{x_1 x_0}$ | $y$ 1 1 1 0<br>1/4 (7400) | 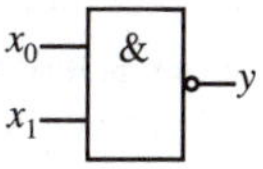 |

*Tabelle 2.1 Logische Funktionen (Fortsetzung)*

| Funktionsbezeichnung<br><br>Logikgleichung | Funktionsmatrix (TTL-Bausteine)<br>$x_0$ 0 1 0 1<br>$x_1$ 0 0 1 1 | Schaltzeichen |
|---|---|---|
| **Negiertes ODER** (NOR, NOT OR)<br>$y = x_1 \overline{\vee} x_0$<br>$y = \neg(x_1 \vee x_0)$<br>$y = \overline{x_1 \vee x_0}$ | $y$ 1 0 0 0<br><br>1/4 (7402) | 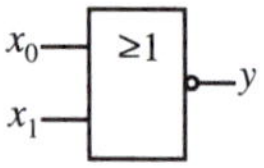 |
| **Äquivalenz** (XNOR, Exclusive NOR)<br>$y = x_1 \leftrightarrow x_0$<br>$y = x_1 \wedge x_0 \vee \neg x_1 \wedge \neg x_0$<br>$y = x_1 x_0 \vee \overline{x_1}\,\overline{x_0}$ | $y$ 1 0 0 1<br><br>1/4 (7486) + 1/6 (7404) | 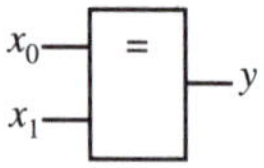 |
| **Antivalenz** (XOR, Exclusive OR)<br>$y = x_1 \not\leftrightarrow x_0$<br>$y = x_1 \wedge \neg x_0 \vee \neg x_1 \wedge x_0$<br>$y = x_1 \overline{x_0} \vee \overline{x_1} x_0$ | $y$ 0 1 1 0<br><br>1/4 (7486) | 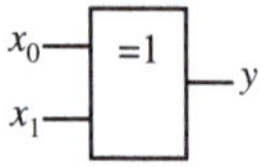 |
| **Implikation** $x_0$<br>$y = x_1 \rightarrow x_0$<br>$y = \neg x_1 \vee x_0$<br>$y = \overline{x_1} \vee x_0$ | $y$ 1 1 0 1<br><br>1/6 (7404) + 1/4 (7432) | 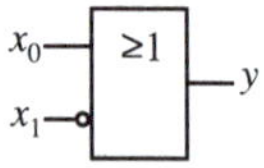 |
| **Inhibition** $x_0$<br>$y = x_1 \rightarrow\!\rightarrow x_0$<br>$y = \overline{x_1} x_0$<br>$y = \neg x_1 \wedge x_0$ | $y$ 0 1 0 0<br><br>1/6 (7404) + 1/4 (7408) | 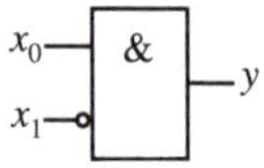 |

► *Hinweis*: In Tabelle 2.1 wurden nicht aufgeführt:
Einsfunktion ($y = 1$), Nullfunktion ($y = 0$), Identität 1 ($y = x_0$), Identität 2 ($y = x_1$), Negation $x_1$, Implikation $x_1$ und Inhibition $x_1$.

## 2.1.3 Schaltalgebra

Die **Schaltalgebra** (Boolesche Algebra: G. Boole, 1815–1864, *Boolean Algebra*) ist die mathematische Basis der Digitaltechnik. Ihre Anwendung setzt binäre (zweiwertige) Logik voraus.

**Aufgaben der Schaltalgebra**:

- Beschreibung von Signalverknüpfungen in digitalen Schaltungen,
- Schaltungsentwurf bei vorgeschriebener Funktion,
- Minimierung des technischen Aufwandes.

#### 2.1.3.1 Rechenregeln

▶ *Beachte*: Die Rechenregeln der Schaltalgebra stimmen nicht in allen Fällen mit den Rechenregeln der gewöhnlichen Algebra überein. Auf Abweichungen wird durch (!) besonders hingewiesen.

2

**Rechenregeln für Konstanten** (Postulate)

▶ *Hinweis*: Zum Verständnis der Postulate sind Kontaktnetze geeignet. Die Signalwerte 0 sind dabei als Unterbrechungen und die Signalwerte 1 als Leitungen zu betrachten.

❑ *Beispiele*:

$0 \vee 1 = 1$ entspricht einer Parallelschaltung ($\vee$) aus Unterbrechung (0) und Leitung (1). Das Ergebnis ist die Leitung (1).

$0 \wedge 1 = 1$ entspricht einer Reihenschaltung ($\wedge$) aus Unterbrechung (0) und Leitung (1). Das Ergebnis ist die Unterbrechung (0).

**Rechenregeln für Verknüpfungen mit einer Variablen** (Theoreme)

Das Negation der Negation führt zur Identität.

$$\bar{\bar{x}} = x \tag{2.7}$$

In konjunktiver Verknüpfung ist

$$\begin{array}{ll} 0 \wedge x = 0; & x \wedge x = x \\ 1 \wedge x = x; & x \wedge \bar{x} = 0 \end{array} \quad (!) \tag{2.8}$$

In disjunktiver Verknüpfung ist

$$\begin{array}{ll} 0 \vee x = x; & x \vee x = x \\ 1 \vee x = 1; & x \vee \bar{x} = 1 \end{array} \tag{2.9}$$

**Rechenregeln für Verknüpfungen aus zwei oder mehr Variablen** (Gesetze)

*Kommutatives Gesetz* (Vertauschungsgesetz)

Wie in der gewöhnlichen Algebra können die Variablen vertauscht werden.

$$\begin{array}{l} x_1 x_2 = x_2 x_1 \\ x_1 \vee x_2 = x_2 \vee x_1 \end{array} \tag{2.10}$$

*Assoziatives Gesetz* (Verbindungsgesetz)

Klammern können bei gleichrangigen Operationen beliebig gesetzt oder weggelassen werden.

$$\begin{array}{rll} x_1 x_2 x_3 = x_1(x_2 x_3) & = (x_1 x_2) x_3 \\ x_1 \vee x_2 \vee x_3 = x_1 \vee (x_2 \vee x_3) & = (x_1 \vee x_2) \vee x_3 \end{array} \tag{2.11}$$

*Distributives Gesetz* (Verteilungsgesetz)

Gemeinsame Variablen können „ausgeklammert“ werden.

$$
\begin{aligned}
x_1(x_2 \vee x_3) &= x_1x_2 \vee x_1x_3 \\
x_1 \vee (x_2x_3) &= (x_1 \vee x_2)(x_1 \vee x_3) \quad (!)
\end{aligned}
\tag{2.12}
$$

*Absorptionsgesetz* (!)

Mehrere Reduktionsformeln zur Vereinfachung (Minimierung) von Booleschen Ausdrücken:

$$
\begin{aligned}
x_1 \vee x_1x_2 &= x_1 \\
x_1(x_1 \vee x_2) &= x_1 \\
x_1(\overline{x_1} \vee x_2) &= x_1x_2 \\
x_1 \vee \overline{x_1}\,x_2 &= x_1 \vee x_2
\end{aligned}
\tag{2.13}
$$

*Negationregeln* (Theoreme von de Morgan, 1806–1871)

Die NAND-Verknüpfung kann durch eine ODER-Verknüpfung der negierten Variablen ersetzt werden. Bei der NOR-Verknüpfung kann die Ersetzung durch ein UND-Verknüpfung der negierten Variablen erfolgen.

$$
\begin{aligned}
\overline{x_1x_2} &\quad \overline{x_1} \vee \overline{x_2} \\
\overline{x_1 \vee x_2} &= \overline{x_1}\,\overline{x_2}
\end{aligned}
\tag{2.14}
$$

*Vorrangregeln*

Sind keine Klammern gesetzt, so ist die Rangfolge der Operationen:
1. Negation,
2. Konjunktion,
3. Disjunktion.

2. vor 3. entspricht in der gewöhnlichen Algebra der Regel „Punktrechnung vor Strichrechnung“.

---

### 2.1.3.2 Normalformen

> **Normalformen** sind Darstellungen von Schaltfunktionen, die ausschließlich die logischen Grundfunktionen (UND, ODER, NICHT) verwenden:

- Disjunktive Normalform (DNF): Funktion aus disjunktiv verknüpften Elementarkonjunktionen.

- Konjunktive Normalform (KNF): Funktion aus konjunktiv verknüpften Elementardisjunktionen.
- Kanonische Normalformen (KDNF, KKNF) bestehen aus Mintermen (Vollkonjunktionen) oder Maxtermen (Volldisjunktionen).



▶ *Merke*: Eine vollständige Schaltfunktion mit $n$ Variablen hat $2^n$ Minterme und $2^n$ Maxterme (→ Tab. 2.2).

*Tabelle 2.2 Minterme und Maxterme bei 3 Variablen*

| $x_2$ | $x_1$ | $x_0$ | Minterme | Maxterme | $y_{\text{(Beispiel)}}$ |
|---|---|---|---|---|---|
| 0 | 0 | 0 | $\overline{x_2}\,\overline{x_1}\,\overline{x_0}$ | $x_2 \vee x_1 \vee x_0$ | 0 |
| 0 | 0 | 1 | $\overline{x_2}\,\overline{x_1}\,x_0$ | $x_2 \vee x_1 \vee \overline{x_0}$ | 1 |
| 0 | 1 | 0 | $\overline{x_2}\,x_1\overline{x_0}$ | $x_2 \vee \overline{x_1} \vee x_0$ | 1 |
| 0 | 1 | 1 | $\overline{x_2}\,x_1x_0$ | $x_2 \vee \overline{x_1} \vee \overline{x_0}$ | 1 |
| 1 | 0 | 0 | $x_2\overline{x_1}\,\overline{x_0}$ | $\overline{x_2} \vee x_1 \vee x_0$ | 0 |
| 1 | 0 | 1 | $x_2\overline{x_1}\,x_0$ | $\overline{x_2} \vee x_1 \vee \overline{x_0}$ | 1 |
| 1 | 1 | 0 | $x_2x_1\overline{x_0}$ | $\overline{x_2} \vee \overline{x_1} \vee x_0$ | 0 |
| 1 | 1 | 1 | $x_2x_1x_0$ | $\overline{x_2} \vee \overline{x_1} \vee \overline{x_0}$ | 0 |

❑ *Beispiel*: Aus Tabelle 2.1 ergeben sich die kanonischen (vollständigen) Normalformen:
1) KDNF $y = \overline{x_2}\,\overline{x_1}\,x_0 \vee \overline{x_2}\,x_1\,\overline{x_0} \vee \overline{x_2}\,x_1x_0 \vee x_2\,\overline{x_1}\,x_0$
2) KKNF $y = (x_2 \vee x_1 \vee x_0)(\overline{x_2} \vee x_1 \vee x_0)(\overline{x_2} \vee \overline{x_1} \vee \overline{x_0})(\overline{x_2} \vee \overline{x_1} \vee \overline{x_0})$

▶ *Hinweis*: Die kanonischen Formen sind redundant und lassen sich vereinfachen (→ 2.1.3.3).

### 2.1.3.3 Minimierung mit KV-Tafel

Die **KV-Tafel** (Karnaugh, 1953; Veitch, 1952) ist ein halbgrafisches Verfahren zur Minimierung von Schaltfunktionen.

▶ *Hinweis*: Die Methode bleibt übersichtlich, wenn die Zahl der Variablen 6 nicht übersteigt. Wir beschränken uns hier auf die Darstellung des Prinzips.

Gl. (2.15) verdeutlicht die Minimierung bei 2 Variablen:

$$\overline{x_1}x_0 \vee x_1x_0 = x_0(\overline{x_1} \vee x_1) = x_0 \tag{2.15}$$

Die KV-Tafel einer Schaltfunktion mit $n$ Variablen besteht aus einer Matrix aus $2^n$ Feldern. Jedem Feld ist ein Minterm oder ein Maxterm zugeordnet. Das Ordnungsprinzip besteht darin, daß sich zwischen benachbarten Zeilen bzw. benachbarten Spalten jeweils nur eine Variable ändert (einschrittiger Code). Die Funktionswerte ($y = 1$) sind als Einsen, die Funktionswerte ($y = 0$) als Nullen in die jeweiligen Felder einzutragen.

▶ *Hinweis*: Bei unvollständig definierten Funktionen werden die unbestimmten Zustände als Joker ($x$) behandelt.

### Auswertung der KV-Tafel

Durch Zusammenfassen der 1-Felder (oder auch der 0-Felder) zu rechteckigen Blöcken wird die Variablenzahl gekürzt. Bei Blöcken aus $2^m$ Feldern mit $m \leqq n$ entfallen $m$ Variablen, deshalb ist es zweckmäßig, möglichst große Blöcke zu bilden (zulässig sind 2er-, 4er-, 8er-Blöcke). Die Blöcke dürfen sich überlappen oder auch über die Ränder der KV-Tafel hinaus gebildet werden.

► *Hinweis*: Die Joker ($x$) werden im Interesse großer Blöcke wahlweise mit Eins oder Null belegt.

❑ *Beispiel*: Boolesche Funktion mit drei Variablen nach Tabelle 2.2 (→ Bild 2.3).

Ergebnis als DNF: $y = \overline{x_2}x_1 \vee \overline{x_1}x_0$
Ergebnis als KNF: $y = (x_1 \vee x_0)(\overline{x_2} \vee \overline{x_1})$

Bild 2.4 zeigt den Schaltplan der minimierten Funktion als DNF.

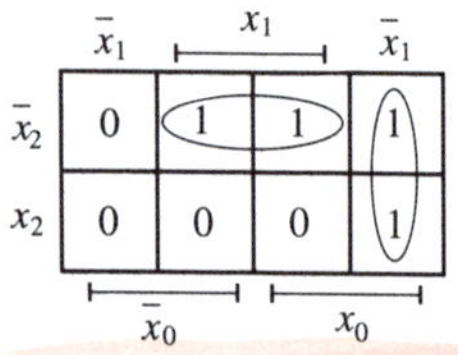


*Bild 2.3 KV-Tafel bei 3 Variablen (für Ergebnis als DNF)*

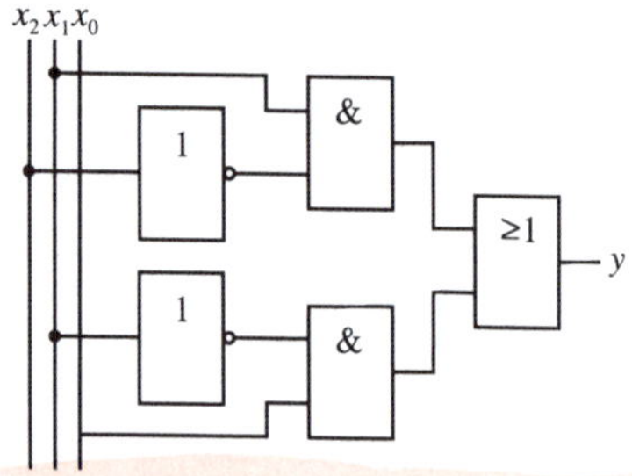


*Bild 2.4 Beispiel eines Schaltnetzes in DNF*

► *Hinweis*: Liegt die zu minimierende Funktion als Gleichung vor, so ist der direkte Einstieg in die KV-Tafel möglich, wenn die Gleichung zuvor in eine kanonische Form gebracht wird. In allen Termen muß die Variablenzahl gleich groß sein. Die fehlenden Variablen sind über die Operation $x \vee \overline{x} = 1$ (Gl. (2.9)) zu ergänzen.

## 2.2 Schaltkreissysteme

Ein **digitaler Integrierter Schaltkreis** (*Digital Integrated Circuit, IC*) ist ein integrierter elektronischer Baustein zur Erzeugung, Übertragung oder Verarbeitung digitaler (binärer) Signale.

Die Verarbeitungsfunktionen digitaler Systeme werden mit komplexen digitalen Schaltungen (ICs, Module, Leiterkarten) realisiert.

**Digitale Schaltkreise** werden in verschiedenen Technologien gefertigt. Daraus resultieren mehrere Schaltkreisfamilien und Baureihen. Im wesentlichen wird zwischen bipolaren und unipolaren Strukturen unterschieden.

**Standard-Schaltkreise** werden vom Hersteller entwickelt und vollständig konfektioniert. Ihre technischen Parameter sind international weitgehend genormt. Der Anwender kann die Schaltkreiskonzeption nicht beeinflussen.



**Anwenderspezifische Schaltkreise** (*ASIC: Application Specific IC*) werden für spezifische Anwendungsfälle entworfen. Der Entwurf erfolgt entweder auf Kundenwunsch voll beim Hersteller (*Full Custom IC*) oder unter Mitwirkung des Anwenders (*Semi Custom IC*). Dafür stellt der Schaltkreishersteller geeignete CAD-Software zur Verfügung.

### 2.2.1 Logische Pegel

Den binären Signalen mit den Signalwerten 0 und 1 werden Bedeutungen zugemessen, die dem jeweiligen Anwendungsfall entsprechen (→ Tab. 2.3).

*Tabelle 2.3 Bedeutung der binären Signalwerte*

| | Signalwert 1 | Signalwert 0 |
|---|---|---|
| Schalter | geschlossen | offen |
| Potential | Hoch (*High* = *H*) | Tief (*Low* = *L*) |
| Magnetisierung | positive Sättigung | negative Sättigung |
| Impuls | Impuls vorhanden | kein Impuls vorhanden |
| Wahrheitsgehalt | wahr | falsch |

Durch eine definierte Zuordnung entsteht ein logischer Zusammenhang zwischen der mathematischen Signaldefinition und der jeweiligen Anwendung.

Nach der Zuordnung „binäre Signalwerte ⇔ logische Pegel“ unterscheidet man

- *positive Logik* (H ≙ 1; L ≙ 0): Anwendung z. B. bei TTL und CMOS
- *negative Logik* (H ≙ 0; L ≙ 1): Anwendung z. B. bei ECL

Die binären Signalwerte (0; 1) werden durch Gleichspannungswerte (Logikpegel) ausgedrückt. Fertigungstoleranzen und Belastungsspielräume erfordern die Festlegung von Toleranzbereichen:

$$\begin{aligned} &\textit{hoher Pegel (High Level)}: && U_{\mathrm{H\,min}} \leqq U_{\mathrm{H}} \leqq U_{\mathrm{H\,max}} \\ &\textit{tiefer Pegel (Low Level)}: && U_{\mathrm{L\,min}} \leqq U_{\mathrm{L}} \leqq U_{\mathrm{L\,max}} \end{aligned} \quad (2.16)$$

Die *TTL-Logikpegel* werden universell verwendet (TTL-Kompatibilität). Zur Einhaltung einer geforderten Störsicherheit müssen sich Eingangs- und Ausgangspegel in den Werten unterscheiden (→ Tab. 2.4).

*Tabelle 2.4 Logikpegel verschiedener Schaltkreisfamilien und Baureihen*

| IC-Fam. | BR | $U_B$ in V | $U_{IL}$ in V | $U_{IH}$ in V | $U_{OL}$ in V | $U_{OH}$ in V |
|---|---|---|---|---|---|---|
| TTL | 74 | +5 | 0...+0,8 | +2...+5 | 0...+0,4 | +2,4...+5 |
| TTL | 74 LS | +5 | 0...+0,8 | +2...+5 | 0...+0,5 | +2,7...+5 |
| CMOS | 4000B | +5 | 0...+1,5 | +3,5...+5 | 0...+0,05 | +4,95...+5 |
| CMOS | 4000B | +15 | 0...+4 | +11...+15 | 0...+0,05 | +14,95...+15 |
| CMOS | 74 HCT | +5 | 0...+0,8 | +2...+5 | 0...+0,1 | +4,9...+5 |
| ECL | 100K | −7 | −1,81...−7 | 0...−0,88 | −1,81...−7 | 0...−0,88 |

Weitere pegelbezogene, **statische Kennwerte** sind:

*Logikhub* (Übertragungsweite) $W$

$$W = U_{\mathrm{H\,min}} - U_{\mathrm{L\,max}} \tag{2.17}$$

*Störabstand* (statische Störsicherheit) $M$

$$\begin{aligned} M_{\mathrm{H}} &= U_{\mathrm{OH\,min}} - U_{\mathrm{IH\,min}} \\ M_{\mathrm{L}} &= U_{\mathrm{IL\,max}} - U_{\mathrm{OL\,max}} \end{aligned} \tag{2.18}$$

$U_O$ Ausgangsspannung (*Output Voltage*)
$U_I$ Eingangsspannung (*Input Voltage*)

### 2.2.2 TTL-Schaltkreise

Die **TTL** (**Transistor-Transistor-Logik**, *Transistor-Transistor-Logic*) ist die bekannteste bipolare Schaltkreisfamilie. Die integrierten Strukturen bestehen aus bipolaren Transistoren (npn/pnp), Dioden und Widerständen. Das Typensortiment umfaßt viele Varianten in mehreren Baureihen (→ Tab. 2.5)

**Allgemeine Merkmale**:

- günstiger Kompromiß zwischen Verlustleistung $P_v$ und Verzögerungszeit $t_P$ (*Propagation Delay*), besonders bei weiterentwickelten TTL-Baureihen (→ Tab. 2.5)
- mittelgroßer Eingangswiderstand (kΩ-Bereich), niedriger Ausgangswiderstand (< 100 Ω)
- Betriebsspannung (+5 V) und TTL-Signalpegel (→ Tab. 2.4) sind international genormt

► *Hinweis*: Die Baureihen 74 und 74L wurden inzwischen weitgehend durch die weiterentwickelten Baureihen ersetzt. Im allgemeinen ist die Funktions- und PIN-Kompatibilität bei gleicher Baustein-Nummer gewährleistet. Die Schaltkreise 74xyz können bedenkenlos durch solche vom Typ 74LSxyz ersetzt werden. Listen der TTL-Bausteine findet der Leser in /2.7/, /2.17/.

*Tabelle 2.5 Kennwerte zum Vergleich von TTL-Baureihen (bezogen auf ein Logikgatter)*

| TTL-Baureihe | Verzögerungszeit $t_P$ in ns | Verlustleistung $P_V$ in mW | Leistungs-Zeit-Produkt $P_V t_P$ in pJ |
|---|---|---|---|
| 74ALS | 4,5 | 1,2 | 5,4 |
| 74F | 2,3 | 4 | 9,2 |
| 74LS | 9,5 | 2 | 19 |
| 74AS | 1,5 | 22 | 33 |
| 74L | 33 | 1 | 33 |
| 74S | 3,5 | 19 | 66,5 |
| 74 | 10 | 10 | 100 |

74ALS Advanced Low Power Schottky TTL (weiterentwickelte LS-TTL)
74F Fast TTL (schnelle S-TTL)
74LS Low Power Schottky TTL (S-TTL mit niedriger Verlustleistung)
74AS Advanced Schottky TTL (weiterentwickelte S-TTL)
74L Low Power TTL (TTL mit niedriger Verlustleistung)
74S Schottky TTL (schnelle TTL)
74 TTL (Standard-TTL)



#### 2.2.2.1 Statische Eigenschaften

**Statische Eigenschaften** werden durch Kennwerte, Grenzwerte, Kennlinien und Lastfaktoren beschrieben.

**Stromgrenzwerte** (→ Tab. 2.6)

Dies sind die maximalen Ströme, bei denen die Logikpegel noch garantiert werden („*Worst-Case*“-Grenzen). Für L-Pegel und H-Pegel ergeben sich unterschiedliche Stromrichtungen. Wie bei Transistoren werden Ströme, die in ein Gatter hineinfließen, als positiv bezeichnet, und solche die aus einem Gatter herausfließen, kennzeichnet man als negativ.

**Lastfaktoren** $N$ (→ Tab. 2.7)

Hierbei handelt es sich um die Zahl der Gattereingänge, die maximal an den Gatterausgang eines Schaltkreises der gleichen Baureihe angeschlossen werden können, ohne die Einhaltung der Logikpegel zu gefährden. Die Lastfaktoren ermöglichen eine schnelle Beurteilung des zulässigen Verknüpfungsgrades, ohne daß dazu die Stromgrenzwerte bekannt sein müssen.

❑ *Beispiel*: Bei einem Eingangslastfaktor $N_I = 1$ und einem Ausgangslastfaktor $N_O = 20$ können an einen Gatterausgang maximal 20 Gattereingänge angeschlossen werden.

*Tabelle 2.6 Stromgrenzwerte von TTL-Gattern verschiedener Baureihen*

| TTL-Baureihe | $-I_{OH}$ in µA | $I_{OL}$ in µA | $I_{IH}$ in µA | $-I_{IL}$ in µA |
|---|---|---|---|---|
| 74LS | 400 | 8 000 | 20 | 400 |
| 74L | 200 | 3 600 | 10 | 180 |
| 74S | 1 000 | 20 000 | 50 | 2 000 |
| 74 | 400 | 16 000 | 40 | 1 600 |

*Tabelle 2.7 Vergleich zwischen TTL-Baureihen nach Lastfaktoren*

| 1 TTL-Gatter der Baureihe treibt max. | Anzahl der TTL-Eingänge in der Baureihe | | | | | | |
|---|---|---|---|---|---|---|---|
| | 74ALS | 74F | 74AS | 74LS | 74L | 74S | 74 |
| 74ALS | 20 | 20 | 10 | 20 | 40 | 10 | 10 |
| 74F | 25 | 25 | 10 | 25 | 48 | 10 | 12 |
| 74AS | 50 | 50 | 10 | 50 | 100 | 10 | 10 |
| 74LS | 20 | 50 | 8 | 20 | 40 | 10 | 5 |
| 74L | 10 | 10 | 1 | 10 | 20 | 1 | 2 |
| 74S | 50 | 50 | 10 | 50 | 100 | 10 | 12 |
| 74 | 20 | 20 | 8 | 40 | 40 | 8 | 10 |

**Interne Endstufenkonzepte**:

- Gegentakt-Endstufen (*TP: Totem Pole*), keine Parallelschaltung von Gatterausgängen zulässig (z. B.: 74LS37: 4 NAND-Leistungsgatter mit 2 Eingängen)
- Endstufen mit offenem Kollektor (*OC: Open Collector*), Parallelschaltung zulässig (z. B.: 74LS136: 4 XOR-Gatter mit 2 Eingängen)
- Tristate-Endstufen (*TS*), sperrbarer Ausgang, im gesperrten Zustand hochohmig (z. B. 74S134: NAND-Gatter mit 12 Eingängen)

### 2.2.2.2 Dynamische Eigenschaften

**Schaltzeiten**. Die Schaltzeiten sind vor allem vom IC-Baustein (Baureihe) sowie von der kapazitiven Belastung (Verknüpfungsgrad) abhängig.

*Verformungszeiten der Schaltflanken*:

- Anstiegszeit $t_{LH}$, Abfallzeit $t_{HL}$

*Laufzeiten des Schaltimpulses*:

- Verzögerungszeit der LH-Flanke $t_{PLH}$, Verzögerungszeit der HL-Flanke $t_{PHL}$, mittlere Verzögerungszeit $t_P$ (arithmetisches Mittel aus $t_{PLH}$ und $t_{PHL}$)

► *Hinweis*: In den Datenblättern der Hersteller wird noch zwischen typischen Werten und garantierten Maximalwerten (*Worst Case*) unterschieden.

Bei Schaltungen aus mehreren ICs addieren sich die Einzelzeiten zur gesamten Durchlaufzeit $t_{\mathrm{P\,ges}}$.

*Maximale Taktfrequenz*

$$\boxed{f_{C\,\mathrm{max}} \approx \frac{1}{2t_{\mathrm{P\,ges}}}} \tag{2.19}$$

2

❑ *Beispiel*: Bei einem 74LS-Gatter, das mit $N_{\mathrm{O}} = 20$ und einer Kapazität von $C_L = 15$ pF belastet wird, betragen die typischen Schaltzeiten:

$$t_{\mathrm{P\,HL}} \approx 7\ \mathrm{ns}; \quad t_{\mathrm{P\,LH}} \approx 11\ \mathrm{ns}; \quad t_{\mathrm{HL}} \approx 5\ \mathrm{ns}; \quad t_{\mathrm{LH}} \approx 10\ \mathrm{ns}$$

Zum Vergleich ein 74AS-Gatter unter gleichen Meßbedingungen:

$$t_{\mathrm{P\,HL}} \approx 1{,}5\ \mathrm{ns}; \quad t_{\mathrm{P\,LH}} \approx 1{,}5\ \mathrm{ns}; \quad t_{\mathrm{HL}} \approx 1{,}8\ \mathrm{ns}; \quad t_{\mathrm{LH}} \approx 2{,}3\ \mathrm{ns}$$

► *Hinweis*: Durch unterschiedliche Gatterlaufzeiten können in einem Schaltnetz fehlerhafte Signalzustände (*Hazards*) entstehen, die z. B. störende Nadelimpulsspitzen (*Spikes*) zur Folge haben.

## 2.2.3 CMOS-Schaltkreise

Die **CMOS (komplementäre MOS-Logik)** ist die bekannteste unipolare Schaltkreisfamilie. Die integrierten Strukturen bestehen aus Feldeffekttransistoren (MOSFET).

Das Typensortiment umfaßt viele Varianten in mehreren Baureihen. Wegen ihrer vorteilhaften Eigenschaften hat der Marktanteil gegenüber anderen Logikfamilien eine steigende Tendenz.

**Allgemeine Merkmale**:

- extrem niedrige statische Verlustleistung
- hohe statische Störsicherheit (35 . . . 45 % von $U_{\mathrm{B}}$)
- großer Ausgangs-Signalhub (96 . . . 98 % von $U_{\mathrm{B}}$)
- großer Betriebsspannungsbereich (3 . . . 15 V)
- TTL-Kompatibilität bei einigen Baureihen (HCT, ACT)
- sehr hoher statischer Eingangswiderstand
- Schutzmaßnahmen gegen statische Aufladung erforderlich (Gateschutz)

### 2.2.3.1 Kennwerte im Überblick

Die technische Entwicklung führte zu mehreren *CMOS-Baureihen* mit unterschiedlichen Kennwerten (→ Tab. 2.8).

*Tabelle 2.8 Kennwerte von CMOS-Baureihen ($U_B$ = 5 V; $\delta$ = 25 °C)*

| Kennwert | 4000B | 74HC | 74HCT | 74AC | 74ACT |
|---|---|---|---|---|---|
| $U_{IL\,max}$ in V | 1,5 | 1,0 | 0,8 | 1,35 | 0,8 |
| $U_{IH\,min}$ in V | 3,5 | 3,5 | 2,0 | 3,5 | 2,0 |
| $U_{OL\,max}$ in V | 0,05 | 0,1 | 0,1 | 0,1 | 0,1 |
| $U_{OH\,min}$ in V | 4,95 | 4,9 | 4,9 | 4,9 | 4,9 |
| $U_B$ in V | 5 ... 15 | 2 ... 6 | 4,5 ... 5,5 | 2 ... 6 | 4,5 ... 5,5 |
| $I_{OL}$ in mA | 0,44 | 5 | 5 | 24 | 24 |
| $I_{OH}$ in mA | 0,44 | 5 | 5 | 24 | 24 |
| $t_P$ in ns (15 pF) | 16 ... 35 | 8 | 8 | k. A. | k. A. |
| $t_P$ in ns (50 pF) | 35 ... 60 | 10 | 10 | 3 ... 5 | 3 ... 5 |
| $f_{C\,max}$ in MHz | 12 | 50 | 50 | 125 | 125 |

4000B Gepufferte CMOS (LOCMOS: *Local Oxidation of Silicon*)
74HC Schnelle CMOS (*High Speed CMOS*)
74HCT TTL-kompatible High-Speed-CMOS
74AC Weiterentwickelte CMOS (*Advanced CMOS*)
74ACT TTL-kompatible Advanced-CMOS

### 2.2.3.2 Dynamische Eigenschaften

**Schaltzeiten**. Wie bei TTL-Bausteinen sind die Schaltzeiten vom IC-Baustein (Baureihe) sowie von der kapazitiven Belastung (Verknüpfungsgrad) abhängig. Es gelten vergleichbare Definitionen.

*Maximale Taktfrequenz*
Für $f_{C\,max}$ gilt ebenfalls Gl. (2.19).

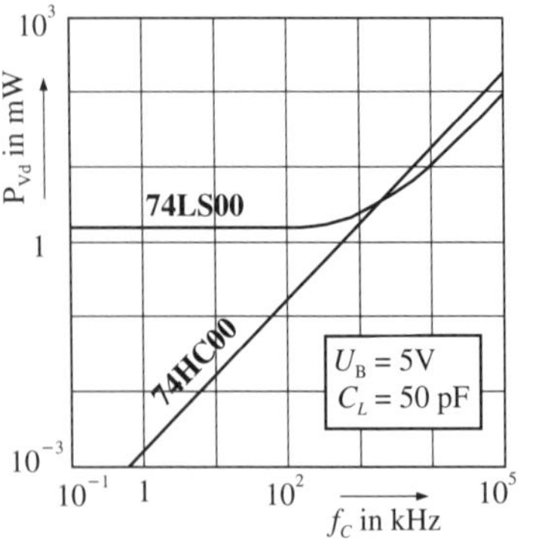


*Bild 2.5 Dynamische Verlustleistung in Abhängigkeit von der Taktfrequenz*

**Dynamische Verlustleistung**. Blindleistung bei getakteten Schaltungen, hervorgerufen durch periodisches Umladen der parasitären Kapazitäten.

► *Hinweis*: Die statische Verlustleistung (Gleichstromleistung) ist bei CMOS extrem klein (Größenordnung: Nanowatt), deshalb dominiert die dynamische Verlustleistung $P_{\mathrm{Vd}}$.

$$P_{\mathrm{Vd}} = U_{\mathrm{B}}^2 C_L f_C \tag{2.20}$$

Im Bild 2.5 wurde ein LS-TTL-Gatter mit einem funktionell identischen HC-Gatter verglichen. Bei niedrigen Taktfrequenzen ($f_C < 1$ MHz) hat das CMOS-Gatter die geringere Verlustleistung.

### 2.2.4 Ausgewählte Schaltnetze

**Schaltnetze** (kombinatorische Schaltungen) sind speicherfreie digitale Schaltungen; sie lassen sich ausschließlich auf logische Grundelemente (Logikgatter) zurückführen.

Speicherfreiheit bedeutet: Die Ausgangssignale eines Schaltnetzes sind den Eingangssignalen eindeutig zugeordnet. Die Ausgangszustände sind von der Schaltfolge der Eingangszustände unabhängig. Häufig benötigte Schaltnetze sind als Standard-IC (TTL, CMOS) verfügbar.

#### 2.2.4.1 Multiplexer

**Multiplexer** (MUX) sind adressengesteuerte elektronische Umschalter mit mehreren Dateneingängen und einem Datenausgang.

Die elementare Logikstruktur eines 4-auf-1-Multiplexers ist im Bild 2.6 dargestellt.

Die zugehörige *Logikfunktion* lautet bei freigegebenen Eingängen ($\overline{EN} = 0$):

$$y = \overline{A_1}\,\overline{A_0}\,D_0 \vee \overline{A_1}\,A_0 D_1 \vee A_1\,\overline{A_0}\,D_2 \vee A_1 A_0 D_3 \tag{2.21}$$

Bei gesperrten Eingängen ($\overline{EN} = 1$) ist konstant $y = 0$.

► *Hinweis*: Bei MUX mit TS-Ausgängen (z. B. 74LS253) werden im Sperrzustand die Ausgänge hochohmig ($y \to \infty$). Dadurch ist eine direkte Parallelschaltung mehrerer MUX-Ausgänge möglich.

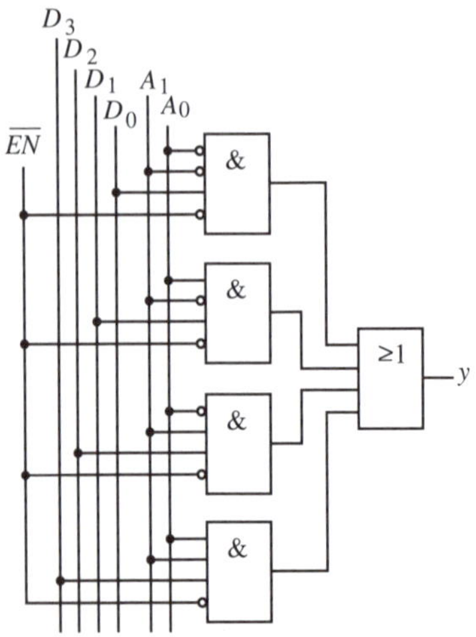


*Bild 2.6 4-auf-1-Multiplexer aus Grundgattern*

### 2.2.4.2 Demultiplexer/Decoder

**Demultiplexer** (DX) sind adressengesteuerte elektronische Umschalter mit einem Dateneingang und mehreren Datenausgängen. Bei konstanter logischer Eingangsbelegung sind DX zugleich Decoder, die den Dualcode an den Adreßeingängen in den 1-aus-*m*-Code wandeln (→ 2.3.2).

Ein Binärsignal am Dateneingang *D* wird in Abhängigkeit von einer Dualadresse auf einen von mehreren Ausgängen geschaltet. Die *Logikgleichungen* eines 1-auf-4-DX lauten:

$$\begin{aligned} y_0 &= \overline{A_1}\,\overline{A_0}\,D \\ y_1 &= \overline{A_1}\,A_0\,D \\ y_2 &= A_1\,\overline{A_0}\,D \\ y_3 &= A_1\,A_0\,D \end{aligned} \tag{2.22}$$

Aus Gl. (2.22) folgt: Für $(A_1A_0) = 00$ ist $y_0 = D$; für $(A_1A_0) = 01$ ist $y_1 = D$; usw.

❑ *Beispiel*: Der TTL-Baustein 74LS138 ist ein 1-auf-8-DX mit negierten Ausgängen. Mit L-Pegel am negierten Dateneingang wird der an den Adreßeingängen liegende 3-bit-Dualcode in den L-aktiven 1-aus-8-Code gewandelt (die 7 inaktiven Ausgänge liegen auf H-Pegel, der jeweils aktive Ausgang auf L-Pegel).

► *Anwendungshinweis*: *Serielle Datenübertragung im Zeitmultiplex.*
Die parallel anliegenden Daten verschiedener Sender (Datenquellen) werden bitseriell (zeitlich nacheinander) über eine Leitung übertragen und am Empfangsort wieder auf die zugehörigen Empfänger (Datensenken) parallel verteilt. Die taktgesteuerte Umschaltung von Multiplexer und Demultiplexer muß synchron ablaufen.



## 2.2.5 Ausgewählte Schaltwerke

**Schaltwerke** (sequentielle Automaten, Folgeschaltungen, *sequential Logic Systems*) sind speicherhaltige digitale Schaltungen; sie enthalten neben logischen Grundelementen auch elementare Speicherbausteine (z. B. Flipflop).

Die Ausgangsvariablen sind nicht nur von den Eingangsvariablen, sondern auch von zwischengespeicherten Schaltzuständen abhängig.

### 2.2.5.1 Flipflop

**Bistabile Kippglieder** (Flipflop) sind die Grundbausteine sequentieller Automaten. Ein Flipflop vermag 1 bit (zwei Schaltzustände 0; 1) temporär zu speichern.

Die *Gliederung der Flipflop* (FF) ergibt sich aus
- dem logischen Verhalten (→ Tab. 2.9),
- der Taktsteuerung (ungetaktet; zustandsgesteuert; flankengetriggert) und
- der Speicherstruktur (Einspeicher-FF; Zweispeicher-FF; Master-Slave-FF).

**Beschreibungsformen für das logische Verhalten** sind:
- Zustandstabelle (Zustandsfolgetabelle),
- Automatentabelle (Übergangstabelle, Synthesetabelle), alternativ dazu der
- Automatengraph,
- Logikgleichung (charakteristische Gleichung),
- Logikschaltung und
- Impulsdiagramm.

► *Hinweis*: Bei getakteten FF gelten die in Tabelle 2.8 stehenden Gleichungen und Tabellen für den aktiven Taktzustand oder die aktive Taktflanke.

► *Anwendung*: Binärteiler mit JK-FF (1/2 74LS113). Das FF schaltet auf der 1/0-Flanke des Taktes ($f_1$). Bei $J = K = 1$ (H-Pegel) folgt aus Gl. (2.24) (→ Tab. 2.9) die Gl. (2.26). Jeder Zustand $Q$ wird nach erfolgter Initialisierung ($INI$) mit der nächsten aktiven Flanke von $C_1$ negiert.

*Tabelle 2.9 Logisches Verhalten von bistabilen Kippgliedern (Flipflop)*

| Typ | Logikgleichung | | Automatentabelle | | | | Merkmale |
|---|---|---|---|---|---|---|---|
| RS | $Q^+ = S \vee \overline{R}Q$<br>$S \wedge R \neq 1$ | (2.23) | $Q\rightarrow$ | $Q^+$ | $S$ | $R$ | *Basis-Flipflop* |
| | | | 0 | 0 | 0 | $x$ | irregulärer Zustand bei |
| | | | 0 | 1 | 1 | 0 | $S \wedge R = 1$ |
| | | | 1 | 1 | $x$ | 0 | Grundbaustein elementarer Automaten |
| | | | 1 | 0 | 0 | 1 | |
| JK | $Q^+ = J\overline{Q} \vee \overline{K}Q$ | (2.24) | $Q\rightarrow$ | $Q^+$ | $J$ | $K$ | *Zähl-Flipflop* |
| | | | 0 | 0 | 0 | $x$ | universell einsetzbar, |
| | | | 0 | 1 | 1 | $x$ | Grundbaustein integrierter Zähler |
| | | | 1 | 1 | $x$ | 0 | |
| | | | 1 | 0 | $x$ | 1 | |
| D | $Q^+ = D$ | (2.25) | $Q\rightarrow$ | $Q^+$ | | $D$ | *Register-Flipflop* |
| | | | 0 | 0 | | 0 | Datenpuffer, Auffang-FF, Grundbaustein von Schieberegistern |
| | | | 0 | 1 | | 1 | |
| | | | 1 | 1 | | 1 | |
| | | | 1 | 0 | | 0 | |

$S; R; J; K; D$ FF-Eingänge; Logikbelegungen der Bedingungseingänge
$Q$ FF-Ausgang; Ausgangszustand vor dem Schaltvorgang (Takt)
$Q^+$ Ausgangszustand nach dem Schaltvorgang (Takt)
$x$ Joker; Belegung wahlweise 1 oder 0

Das Bild 2.8 zeigt das Impulsdiagramm mit idealisierten Flanken.

$$Q^+ = \overline{Q} \tag{2.26}$$

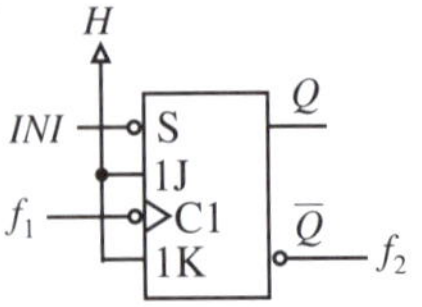


*Bild 2.7 Binärteiler (Frequenzteiler 2 : 1)*

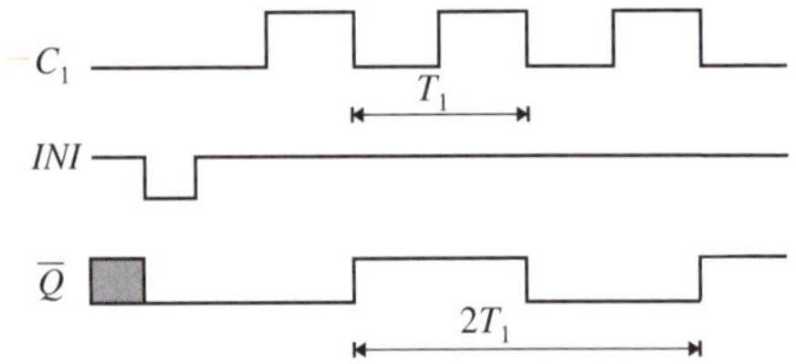


*Bild 2.8 Taktdiagramm des Binärteilers*

### 2.2.5.2 Zähler

**Zähler** (*Counter*) sind sequentielle Schaltungen zum Zählen von Impulsen. Typisch ist der Ablauf einer Zustandsfolge (codierte Zählerzustände) in Abhängigkeit von der Taktimpulszahl.

Zähler werden als integrierte Bausteine in vielfältigen Varianten angeboten. Die internen Schaltungsstrukturen bestehen im wesentlichen aus bistabilen Kippgliedern (Zähl-Flipflop).

**Unterscheidungsmerkmale**:

- Art der Taktung (Serientaktung: *Asynchronzähler*; Paralleltaktung: *Synchronzähler*)
- Codierung der Zählerzustände (Dualcode: *Dualzähler*; BCD-Code: *Dezimalzähler*)
- Zählrichtung (*Vorwärtszähler* (*Up Counter*); *Rückwärtszähler* (*Down Counter*))

Die **Zählkapazität** $c$ eines Dualzählers beträgt bei $n$ Stufen:

$$\boxed{c = 2^n - 1} \tag{2.27}$$

Werden durch interne Schaltmaßnahmen $k$ Zustände übersprungen, so verbleiben $m$ *Zählerzustände*:

$$\boxed{m = 2^n - k} \tag{2.28}$$

Ein auf $m$ Zustände begrenzter Zähler wird als *Modulo-m-Zähler* bezeichnet.

❑ *Beispiel*: Die Zustandszahl eines Dualzählers aus vier Flipflop beträgt $m_1 = 2^4 = 16$. Der Zähler zählt vorwärts von $0 \ldots 15$. Durch Überspringen der letzten sechs Zustände ($k = 6$) entsteht ein Dezimalzähler mit $m_2 = 16 - 6 = 10$. Die Zählung erfolgt von $0 \ldots 9$. Mit dem 10. Takt ergibt sich wieder der Zustand $z = 0$ und gleichzeitig ein Übertrag zur nächsten Dekade.

## Asynchronzähler

Bei **asynchronen Zählern** werden die Zählimpulse dem Takteingang des ersten Flipflop zugeführt. Die Taktung der nächsten Flipflop erfolgt jeweils durch die vorherigen.

*Vorteil*: einfacher Schaltungsaufbau
*Nachteil*: Asynchronzähler sind langsamer als vergleichbare Synchronzähler

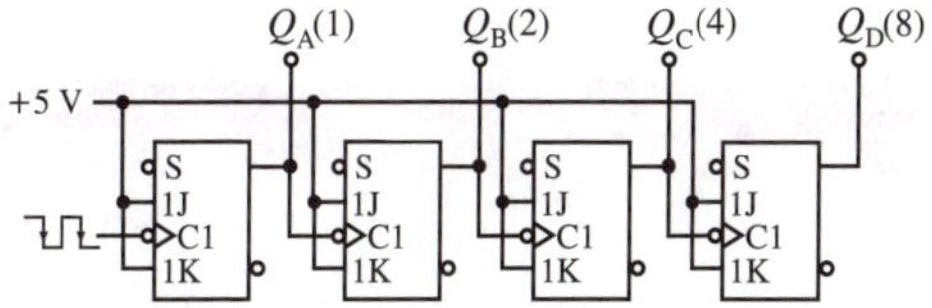


*Bild 2.9 Asynchroner 4-bit-Vorwärtszähler*

Bild 2.9 zeigt einen Asynchronzähler für 4 bit. Die Schaltung wurde aus negativ flankengetriggerten JK-Flipflop (z. B. 74LS113A) aufgebaut. Jede Stufe arbeitete als Binärteiler (→ Bilder 2.7 und 2.8). Beim Vorwärtszähler ist jeder $Q$-Ausgang mit dem nächsten Takteingang verbunden. Beim Rückwärtszähler sind die negierten $Q$-Ausgänge zu verwenden.

**Synchronzähler**

Bei **synchronen Zählern** werden die Zählimpulse parallel und damit gleichzeitig allen Flipflop zugeführt.

*Vorteil*: schneller als vergleichbare Asynchronzähler
*Nachteil*: höherer interner Schaltungsaufwand

Integrierte Zählerbausteine werden in allen TTL-und CMOS-Logikbaureihen in vielen Varianten angeboten. Intern arbeiten sie je nach Typ als Synchron- oder Asynchronzähler. Zusätzlich sind sie mit einer umfangreichen Steuerlogik ausgestattet. Dadurch können diese Bausteine vielseitig genutzt werden. Einzelheiten zu Funktionen und Anschlußbelegungen sind den einschlägigen Bauelementekatalogen zu entnehmen.

❑ *Beispiel*: Funktionen eines synchronen Vorwärts-/Rückwärts-Dezimalzählers (z. B. 74LS190, → Tab. 2.10):

*Tabelle 2.10 PIN-Belegung (DIL 16)*

| 16 | 15 | 14 | 13 | 12 | 11 | 10 | 9 |
|---|---|---|---|---|---|---|---|
| $U_{CC}$ | $A$ | *Takt* | *RCO* | *MAX/MIN* | *LOAD* | $C$ | $D$ |
| $B$ | $Q_B$ | $Q_A$ | *EN* | *UP/DOWN* | $Q_C$ | $Q_D$ | *GND* |
| 1 | 2 | 3 | 4 | 5 | 6 | 7 | 8 |

- *Vorwärtszählen* (0 ... 9). L/H-Taktflanke an PIN 14 ist zählwirksam, PIN 5 auf L (*UP*), PIN 4 auf L (*ENABLE*)
- *Rückwärtszählen* (9 ... 0). L/H-Taktflanke an PIN 14 ist zählwirksam, PIN 5 auf H (*DOWN*), PIN 4 auf L (*ENABLE*)
- *Voreinstellen*. Mit PIN 11 auf L (*LOAD*) wird der Zähler mit der BCD-Zahl an den Eingängen ($D$; $C$; $B$; $A$) asynchron geladen ($Q_A := A$, $Q_B := B$, $Q_C := C$, $Q_D := D$)
- *Serieller Übertrag*. Während des Zählerendstandes (9 bei *UP*; 0 bei *DOWN*) geht PIN 13 auf L (*RCO*)
- *Paralleler Übertrag*. Mit Erreichen des Zählerendstandes (9 bei *UP*; 0 bei *DOWN*) geht PIN 12 auf H (*MAX/MIN*)

**Mehrstufige Zähler** (Zähldekaden). Zusammenschaltungen aus einzelnen Zählerschaltkreisen zur Vergrößerung der Zählkapazität. Bei allen Varianten müssen Überträge gebildet und an nachfolgende Bausteine weitergegeben werden. Schaltungsvarianten:

- Asynchrone Taktung – Serieller Übertrag (*RCO*: *Ripple Carry Output*)
- Synchrone Taktung – Serieller Übertrag (→ Bild 2.10)
- Synchrone Taktung – Paralleler Übertrag (*MAX/MIN*)

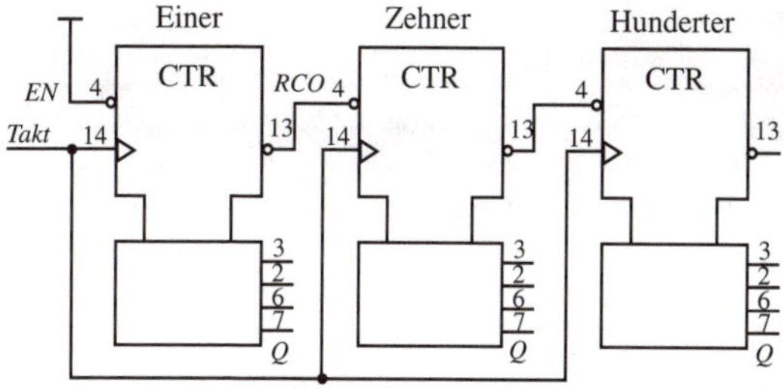


*Bild 2.10 Dreistufige synchrone Zähldekade (vereinfachte Darstellung)*

Die Zähldekade würde als Aufwärtszähler (*Count Up*) nach Initialisierung (Voreinstellen auf 000, im Bild nicht dargestellt) von 0 . . . 999 zählen. Die Freigabe (*EN*) der 2. Stufe erfolgt durch den Übertrag (*RCO*) der 1. Stufe.

### 2.2.5.3 Register

**Register** sind schnelle Halbleiterspeicher für geringe Datenmengen ($n$ = 4 . . . 64 bit). Die kurzzeitige Speicherung der Daten erfolgt in Anordnungen aus $n$ Speicherzellen.

Die Bestimmung des Speicherplatzes erfolgt durch eine feste zeitliche Reihenfolge von Datenein- und -ausgabe (Gliederung nach Tab. 2.11). Register benötigen daher keine Adresse zum Schreiben und Lesen der Daten.

*Tabelle 2.11 Gliederung der Register nach dem Datenformat*

| Registertyp | Dateneingabe | Datenausgabe |
|---|---|---|
| Speicherregister | parallel | parallel |
| Schieberegister (*SR*) | seriell | seriell |
| *SR* als Serien-Parallelwandler | seriell | parallel |
| *SR* als Parallel-Serienwandler | parallel | seriell |

*Speicherregister* (Parallelregister)

Register mit parallelem Datentransfer. In $n$ unabhängigen Speicherzellen werden gleichzeitig $n$ bit gespeichert. Sie dienen als Auffangregister für parallel übertragene Daten (Datenpuffer), als Bustreiber und als Ein-/Ausgabetore für Mikrocontroller. Speicherregister, die zum Anschluß an einen Mikrorechnerbus vorgesehen sind, bestehen aus $n$ Speicherzellen (D-Flipflop), Ausgangstreibern mit Tri-State-Verhalten und einer Ansteuerlogik.

► *Hinweis*: Programmierbare Mikrorechnerschaltkreise verfügen intern über unterschiedliche Registersätze, auf die über Software zugegriffen wird.

*Schieberegister (SR: Shift Register)*

Register mit seriellem Datentransfer. Sie bestehen im wesentlichen aus $n$ miteinander gekoppelten Speicherzellen. Die im Register befindlichen Daten werden taktsynchron von Speicherzelle zu Speicherzelle weitergeleitet. Integrierte *SR*-Bausteine ermöglichen zumeist auch die Wandlung des Datenformats (→ Tab. 2.10).

*Schieberegister aus Flipflop*

Bild 2.11 zeigt eine Grundschaltung aus $n = 3$ positiv flankengetriggerten D-Flipflop (z. B. 74LS174). Die Signalfolge am seriellen Eingang (*ES*) wird mit $n$ Schiebetakten (*CLK*) eingeschrieben und steht dann parallel an den Ausgängen ($Q_C$; $Q_B$; $Q_A$). Mit weiteren $n$ Takten kann die Information am seriellen Ausgang (*AS*) ausgelesen werden. Das zuerst eingeschriebene Bit wird dabei zuerst ausgelesen (*FIFO-Organisation*: *First In-First Out*). Zum taktunabhängigen Löschen des Registers (*CLEAR*) ist *CLR* kurzzeitig an Masse zu legen.

► *Hinweis*: Bei Einflankensteuerung muß die aktive Taktflanke kürzer als die Verzögerungszeit des Flipflop sein. Ungeeignet sind zustandsgesteuerte Flipflop (*Latches*), da mit dem aktiven Taktzustand alle Flipflop gleichzeitig umschalten würden.

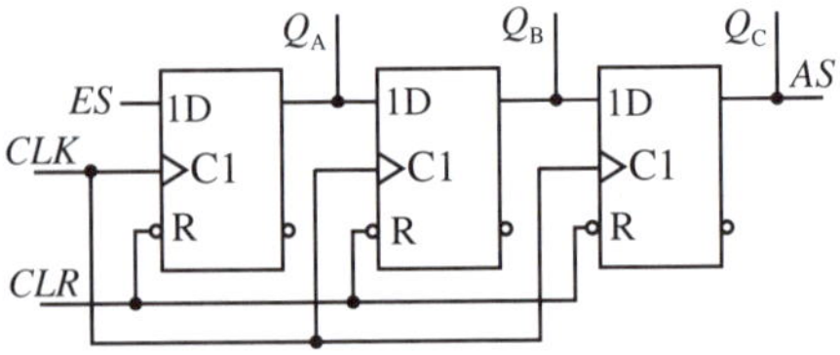


*Bild 2.11*
*3-bit-Schieberegister aus positiv flankengetriggerten D-FF*

**Anwendungen**:

- *Umlaufspeicher*. Das seriell eingegebene Bitmuster rotiert im Speicher, solange der Takt wirksam ist.
- *Ringzähler*. Umlaufspeicher mit 1-aus-*m*-Code. Im Speicher darf nur ein Bit auf H (logisch 1) liegen. Bei dem 3-bit-SR im Bild 2.11 ist $Q_C$ mit *ES* zu verbinden und das Bitmuster (H, L, L) zu laden. Es ergibt sich der 1-aus-3-Code.
- *Mehrphasen-Taktgeber*. Aus Schieberegistern mit Rückführungen über Schaltnetze lassen sich aus einem Muttertakt mehrere zeitlich verschobene Einzeltakte erzeugen.
- *Pseudo-Zufallsgeneratoren* (*Scrambler*). Bei Verwendung von Antivalenzgattern in den Rückführungen von Schieberegistern entstehen Pseudo-Zufallsgeneratoren. Eine Pseudo-Zufallsfolge ist eine vom eingeschriebenen Bitmuster abhängige Zufallsfolge, die sich periodisch wiederholt.

## 2.3 Zahlensysteme und Codearten

### 2.3.1 Zahlensysteme

2

Ein **Zahlensystem** (*Number System*) ist eine geordnete Menge von Ziffern zur Darstellung der natürlichen Zahlen.

Alle modernen Zahlensysteme sind Stellenwertsysteme, d. h., der Wert einer Ziffer $a_i$ hängt von der Basis $b$ und ihrer Position $i$ innerhalb der Zahl $Z$ ab.

$$Z = a_n b^n + a_{n-1} b^{n-1} + \ldots + a_1 b^1 + a_0 b^0 + a_{-1} b^{-1} + \ldots \quad (2.29)$$

❑ *Beispiele*: Die Zahl 431 in verschiedenen Zahlensystemen

1. *Dualsystem* ($b = 2$):

$$110101111_{(2)} = 1 \cdot 2^8 + 1 \cdot 2^7 + 0 \cdot 2^6 + 1 \cdot 2^5 + 0 \cdot 2^4 + 1 \cdot 2^3 + 1 \cdot 2^2 + 1 \cdot 2^1 + 1 \cdot 2^0$$

2. *Oktalsystem* ($b = 8$):

$$657_{(8)} = 6 \cdot 8^2 + 5 \cdot 8^1 + 7 \cdot 8^0$$

3. *Dezimalsystem* ($b = 10$):

$$431 = 4 \cdot 10^2 + 3 \cdot 10^1 + 1 \cdot 10^0$$

4. *Hexadezimalsystem* ($b = 16$):

$$1AF_{(16)} = 1 \cdot 16^2 + 10 \cdot 16^1 + 15 \cdot 16^0$$

*Tabelle 2.12 Zahlensysteme (Liste der natürlichen Zahlen 0...21)*

| Dez. ($b = 10$) | Dual ($b = 2$) | Oktal ($b = 8$) | Hex. ($b = 16$) | Dez. ($b = 10$) | Dual ($b = 2$) | Oktal ($b = 8$) | Hex. ($b = 16$) |
|---|---|---|---|---|---|---|---|
| 0 | 0 | 0 | 0 | 11 | 1011 | 13 | B |
| 1 | 1 | 1 | 1 | 12 | 1100 | 14 | C |
| 2 | 10 | 2 | 2 | 13 | 1101 | 15 | D |
| 3 | 11 | 3 | 3 | 14 | 1110 | 16 | E |
| 4 | 100 | 4 | 4 | 15 | 1111 | 17 | F |
| 5 | 101 | 5 | 5 | 16 | 10000 | 20 | 10 |
| 6 | 110 | 6 | 6 | 17 | 10001 | 21 | 11 |
| 7 | 111 | 7 | 7 | 18 | 10010 | 22 | 12 |
| 8 | 1000 | 10 | 8 | 19 | 10011 | 23 | 13 |
| 9 | 1001 | 11 | 9 | 20 | 10100 | 24 | 14 |
| 10 | 1010 | 12 | A | 21 | 10101 | 25 | 15 |

#### 2.3.1.1 Zahlenkonvertierung

**Umwandlung von Dezimalzahlen in ein beliebiges Zahlensystem** (*Reste-Methode*)

Die Dezimalzahl wird so lange durch die Basis $b$ dividiert, bis das Ergebnis Null ist. Die entstehenden Reste ergeben in umgekehrter Folge die gesuchte Zahl.

❑ *Beispiel*: Dezimal → Dual

| | | |
|---|---|---|
| 431 : 2 = 215 R. 1 | 215 : 2 = 107 R. 1 | 107 : 2 = 53 R. 1 |
| 53 : 2 = 26 R. 1 | 26 : 2 = 13 R. 0 | 13 : 2 = 6 R. 1 |
| 6 : 2 = 3 R. 0 | 3 : 2 = 1 R. 1 | 1 : 2 = 0 R. 1 |

*Ergebnis*: $431 = 110101111_{(2)}$.

**Umwandlung Dualzahlen ⇔ Oktalzahlen**

Die Dualzahl wird, von rechts (bzw. vom Komma) beginnend, zu Dreiergruppen zusammengefaßt. Die äußere Gruppe ist dabei ggf. von links mit Nullen aufzufüllen. Zu jeder Gruppe wird dann mit Tabelle 2.11 die entsprechende Oktalziffer bestimmt.

❑ *Beispiel*:

| | | | |
|---|---|---|---|
| 110 / | 101 / | 111 | Dual |
| 6 | 5 | 7 | Oktal |

**Umwandlung Dualzahlen ⇔ Hexadezimalzahlen**

Statt Dreiergruppen sind Vierergruppen (Tetraden) zu bilden.

❑ *Beispiel*:

| | | | |
|---|---|---|---|
| 0001 / | 1010 / | 1111 | Dual |
| 1 | *A* | *F* | Hex. |

**Umwandlung Dezimalzahlen ⇔ BCD-Zahlen**

Bei binär codierten Dezimalzahlen (*BCD*: *Binary Coded Decimal*) wird jede Dezimalziffer stellenrichtig durch eine Binärtetrade dargestellt.

❑ *Beispiel*:

| | | | |
|---|---|---|---|
| 4 | 3 | 1 | Dez. |
| 0100 / | 0011 / | 0001 | BCD |

---

#### 2.3.1.2 Darstellung relativer Dualzahlen

**Zweierkomplementdarstellung mit Vorzeichenbit**

Der Vorzeichenwechsel einer *Dualzahl* $Z$ erfolgt durch die Bildung des Zweierkomplements:

$$\boxed{-Z = Z^{(2)}} \tag{2.30}$$

Das *Zweierkomplement* (*Two's Complement*) einer Dualzahl Z entsteht durch die Addition von Eins zum Einerkomplement. Das Einerkomplement ergibt sich durch die Negation aller Stellen des Betrages der Dualzahl.

$$Z^{(2)} = \neg |Z| + 1 \tag{2.31}$$

2

Als *Vorzeichenbit* (*Sign Bit*) dient das höchstwertige Bit (*MSB*: *Most Significant Bit*):

$$MSB = 0 \text{ kennzeichnet positive Dualzahlen } (Z > 0)$$

$$MSB = 1 \text{ kennzeichnet negative Dualzahlen } (Z < 0)$$

❑ *Beispiel*: Die Dezimalzahl −52 ist durch eine 8-bit-Dualzahl (Zweierkomplement mit Vorzeichenbit) auszudrücken.

*Ergebnis*:

$$\begin{aligned} |z| &= 00110100 \quad \Leftrightarrow +52 \\ \neg|z| &= 11001011 \\ + & \phantom{= 1100101}1 \\ z^{(2)} &= 11001100 \quad \Leftrightarrow -52 \end{aligned}$$

**Offset-Binär-Darstellung** (*Offset Binary*)

Die Mitte des darzustellenden Zahlenbereiches wird als Null definiert (*Offset*). Die Offset-Binär-Darstellung ergibt sich durch die Negation des Vorzeichenbits in der Zweierkomplementdarstellung (→ Tab. 2.13).

*Tabelle 2.13 Relative Dualzahlen mit Vorzeichenbit und 4 Betragsbits*

| Dual<br>Dez. | Vorzeichen und Betrag | Einer-komplement | Zweier-komplement | Offset-binär |
|---|---|---|---|---|
| +0 | 00000 | 00000 | 00000 | 00000 |
| −0 | 10000 | 11111 | 00000 | 00000 |
| −1 | 10001 | 11110 | 11111 | 01111 |
| −2 | 10010 | 11101 | 11110 | 01110 |
| −3 | 10011 | 11100 | 11101 | 01101 |
| −4 | 10100 | 11011 | 11100 | 01100 |
| −5 | 10101 | 11010 | 11011 | 01011 |
| −6 | 10110 | 11001 | 11010 | 01010 |
| −7 | 10111 | 11000 | 11001 | 01001 |
| −8 | 11000 | 10111 | 11000 | 01000 |
| −9 | 11001 | 10110 | 10111 | 00111 |
| −10 | 11010 | 10101 | 10110 | 00110 |
| −11 | 11011 | 10100 | 10101 | 00101 |
| −12 | 11100 | 10011 | 10100 | 00100 |
| −13 | 11101 | 10010 | 10011 | 00011 |
| −14 | 11110 | 10001 | 10010 | 00010 |
| −15 | 11111 | 10000 | 10001 | 00001 |
| −16 | | | 10000 | 00000 |

❑ *Beispiel*: Im 8-bit-Format sind 256 Zeichen codiert. Bei Verwendung des Zweierkomplementes mit Vorzeichenbit wird der Zahlenbereich $-128 = 10000000_2 \ldots + 127 = 01111111_2$ erfaßt.

### 2.3.1.3 Darstellung gebrochener Dualzahlen

**Festkomma-Dualzahlen** (*Fixed Point Numbers*)

Ein Dualbruch ist durch negative Zweierpotenzen definiert (Gl. (2.29)). Eine gemischte Festkomma-Dualzahl besteht aus dem *Vorzeichenbit* (*S*: *Sign*), einem *ganzzahligen Anteil* (*I*: *Integer*) und einem *gebrochenen Anteil* (*F*: *Fraction*). Die Stellenzahl rechts vom Komma ($F$) wird im Zahlenformat ($N$) fest vereinbart.

$$\boxed{N = S + I + F; \qquad N \text{ in bit}} \tag{2.32}$$

Der darstellbare *Zahlenbereich* beträgt

$$2^{-F} \leqq |Z| \leqq (2^{I} - 2^{-F}) \tag{2.33}$$

❑ *Einfaches Beispiel*: $01010{,}101_2$ ($N = 8$ Bits; $S = 1$ Bit; $I = 4$ Bits; $F = 3$ Bits)

► *Vorteil*: Einfache Umwandlung in ganze Zahlen durch Multiplikation der Festkommazahlen mit dem Reziprokwert der Zweierpotenz des niedrigstwertigen Bit (*LSB*: *Least Significant Bit*). Im Beispiel wäre das $2^F = 8$.

**Gleitkomma-Dualzahlen** (*Floating Point Numbers*)

Zur internen rechentechnischen Verarbeitung großer Zahlen sind exponentielle Darstellungen unerläßlich. Dabei werden Zweierpotenzen verwendet (die externe wissenschaftliche Zahlennotation benutzt dagegen Zehnerpotenzen).

Eine *Gleitkomma-Dualzahl* besteht allgemein aus der *Mantisse* ($M$) und dem *Exponenten* ($E$):

$$\boxed{Z = M \cdot 2^{E}} \tag{2.34}$$

❑ *Einfaches Beispiel*: Der Festkomma-Dualzahl 01010,101 entspricht die Gleitkomma-Dualzahl 0,1010101 *E* 100.

Die digitale Datenverarbeitung verwendet genormte Notationen nach dem *IEEE-Standard P 754*. Das kleinste Format ist die 32-bit-Darstellung (Einfache Genauigkeit: *Single Precision*). Es sieht bei 32 bit Wortbreite 1 Bit für das Vorzeichen, 8 Bits für den Exponenten und 23 Bits für die Mantisse vor (→ Bild 2.12).

$S$ (1 Bit)

$E$ (8 Bits) $M$ (23 Bits)

| | | |
|---|---|---|
| $S$ | $e_7$ •••••• $e_0$ | $m_1$ ••••••••••••••••••••• $m_{23}$ |

*Bild 2.12 Aufbau einer Dualzahl im 32-bit-Gleitkommaformat*

*Berechnung der Mantisse* (die Ziffer $m_0 = 1$ ist verborgen und muß ergänzt werden):

$$M = 1 + m_1 \cdot 2^{-1} + m_2 \cdot 2^{-2} + \ldots + m_{23} \cdot 2^{-23} \tag{2.35}$$

$$1 \leqq M < 2$$

Bei der *Berechnung des Exponenten* wird das Vorzeichen durch eine *Offsetangabe* (*OS*) berücksichtigt. Bei 32 bit ist $OS = 2^7 - 1 = 127$.

*Berechnung einer Gleitkommazahl* (→ Gl. (2.34)) nach IEEE:

$$Z = (-1)^S \cdot M \cdot 2^{E-OS} \tag{2.36}$$

Der darstellbare *Zahlenbereich* beträgt dual: $1 \cdot 2^{-127} \leqq |Z| \leqq (2 - 2^{-23}) \cdot 2^{127}$; dezimal: $5{,}877 \cdot 10^{-39} \leqq |Z >| \leqq\approx 3{,}403 \cdot 10^{38}$.

## 2.3.2 Elementare Rechenoperationen

**Rechenoperationen** (Addition, Subtraktion, Multiplikation und Division) können vom *Rechenwerk* eines Mikroprozessors direkt ausgeführt werden. Dafür sind entsprechende Befehle implementiert. Addition und Subtraktion lassen sich auch mit einfachen Hardware-Grundschaltungen ausführen (Addierer; Arithmetik-Logik-Einheit).

### 2.3.2.1 Addition von Festkommazahlen

**Addierer** (*Adder*) sind digitale Rechenglieder zur Addition (und Subtraktion) von Dualzahlen. Die Subtraktion wird zumeist auf die Addition zurückgeführt.

*Halbaddierer* (*Half Adder*)

Grundschaltung zur Addition von zwei 1-bit-Zahlen ohne Eingangsübertrag. Die Summe ergibt sich aus einer Antivalenz, der Übertrag aus einer Konjunktion der Summanden:

$$\begin{aligned} s_i &= a_i \nleftrightarrow b_i \\ c_{i+1} &= a_i b_i \end{aligned} \tag{2.37}$$

*Tabelle 2.14 Addition von 1-bit-Zahlen*

| $a_i$ | $b_i$ | $c_{i+1}$ | $s_i$ |
|---|---|---|---|
| 0 | 0 | 0 | 0 |
| 0 | 1 | 0 | 1 |
| 1 | 0 | 0 | 1 |
| 1 | 1 | 1 | 0 |

*Tabelle 2.15 Addition von 1-bit-Zahlen mit Eingangsübertrag $c_i = 1$*

| $a_i$ | $b_i$ | $c_i$ | $c_{i+1}$ | $s_i$ |
|---|---|---|---|---|
| 0 | 0 | 1 | 0 | 1 |
| 0 | 1 | 1 | 1 | 0 |
| 1 | 0 | 1 | 1 | 0 |
| 1 | 1 | 1 | 1 | 1 |

*Volladdierer (Full Adder)*

Bei der Addition von mehrstelligen Dualzahlen müssen die Überträge $c_i$ aus den nächstniedrigen Stellen mit addiert werden (→ Tab. 2.15). Für jedes Bit ($i$) ist ein Addierer mit drei Eingängen erforderlich.

Für $c_i = 0$ gilt Tab. 2.14. Aus beiden Tabellen ergeben sich die *Gleichungen des Volladdierers* (→ Gl. (2.38)).

$$\begin{aligned} s_i &= (a_i \leftrightarrow b_i)c_i \vee (a_i \not\leftrightarrow b_i)\overline{c_i} \\ c_{i+1} &= (a_i \vee b_i)c_i \vee a_i b_i \end{aligned} \tag{2.38}$$

Die logische Struktur des Volladdierers wird zumeist auf zwei Halbaddierer zurückgeführt (→ Bild 2.13).

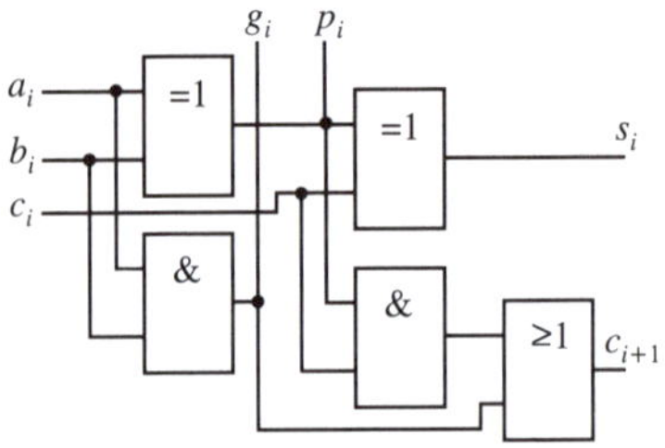


*Bild 2.13 1-bit-Volladdierer*

▶ *Hinweis*: Die Signale $g_i$ (*Generate*) und $p_i$ (*Propagate*) werden in der ALU (*Arithmetic Logic Unit*) zur vorausschauenden Übertragsbildung (*Look Ahead Carry*) verwendet.

### 2.3.2.2 Subtraktion von Festkommazahlen

Die *Subtraktion* kann unter Verwendung der *Zweierkomplementdarstellung* (→ 2.3.1.2) auf die Addition zurückgeführt werden:

$$\begin{aligned} d_i &= a_i - b_i = a_i + (-b_i) \\ d_i &= a_i + \neg\,|b_i| + 1 \end{aligned} \tag{2.39}$$

**Mehrstellige Subtrahierer** mit seriellem Übertrag (*Ripple Carry*) bestehen aus 1-bit-Volladdierern, Negationen für die Zweierkomplemente sowie einer Antivalenz zur Erkennung des Zahlenüberlaufs (*ofl*: *Overflow*), (→ Bild 2.14).

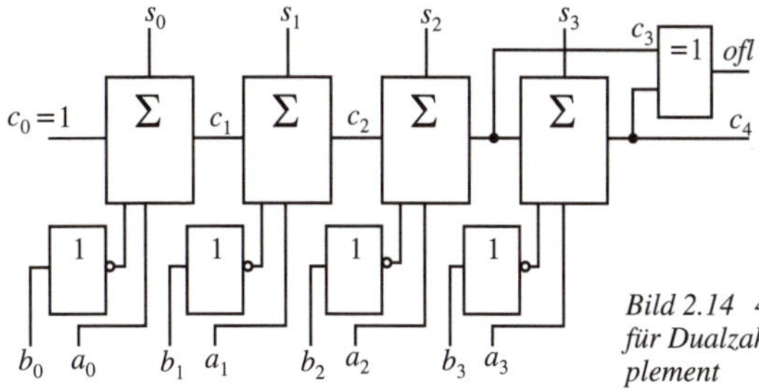


*Bild 2.14 4-bit-Subtrahierer für Dualzahlen im Zweierkomplement*

## 2.3.3 Codearten

Ein **Code** (C) ist eine Vorschrift für eine eindeutige Zuordnung zwischen zwei Mengen von Zeichen.

- Eindeutige Zuordnung (*Codierung*): nicht notwendig umkehrbare Zuordnung
- Zeichen (*Character*): Element aus einer vereinbarten Menge von Objekten

**Numerische Codes**. Sie dienen zur Darstellung von Ziffern und Zahlen. Bei *Zifferncodes* wird jede Ziffer einer Zahl getrennt codiert (z. B. BCD-C.), bei *Wortcodes* wird jede Zahl als Ganzes codiert (z. B. Dual-C.). Bei *Positionscodes* ist die Bitposition innerhalb des Wortes von Bedeutung. Bei *bewertbaren* C. hat jede Bitposition $i$ eine definierte Wertigkeit $w_i$ (z. B. 8-4-2-1-Codes), bei *Anordnungscodes* wird ein definiertes Bildungsgesetz verwendet (z. B. 3-Exzess-C.). *Einschrittige* C. haben eine konstante *Hamming-Distanz* von $D = 1$ (zwischen zwei benachbarten Werten ändert sich jeweils nur 1 Bit). *Gleichgewichtete* C. ($m$-aus-$n$-Codes) enthalten bei $n$ Ziffernstellen $m$ Einsen, das Gewicht ist konstant $g = m$ (z. B. 1-aus-10-Code). *Fehlererkennungs*-C. sind so aufgebaut, daß Abweichungen zwischen den Zeichen der Urmenge und der Bildmenge erkannt werden (z. B. Dual-C. mit Paritätsbit). *Fehlerkorrektur*-C. ermöglichen die Erkennung und die Korrektur falscher Bits (z. B. Hamming-C.).

**Alphanumerische Codes**. Sie dienen zur Darstellung von Ziffern, Buchstaben und Sonderzeichen (z. B. *ASCII-C*). Der 7-bit-ASCII-C. (*American Standard Code for Information Interchange*) wird zumeist durch ein Paritätsbit zum

8-bit-ASCII-C. ergänzt. Neben den *Sonderzeichen* (z. B. %, &) sind noch *Steuerzeichen* enthalten, die zur Einstellung und Sychronisierung peripherer Geräte dienen (z. B. ACK (*Acknowledge*) = positive Rückmeldung, ESC (*Escape*) = Codeumschaltung).

---

#### 2.3.3.1 Ausgewählte Definitionen

**Nachrichtenmenge** $N$

$$\boxed{N = 2^n} \tag{2.40}$$

$n$ Zahl der Bitstellen

**Mindestwortlänge** $m$

$$\boxed{m = \operatorname{ld} v \approx 3{,}322 \lg v} \tag{2.41}$$

$v$ Zahl der zu codierenden Zeichen

**Redundanz** $R$

$$\boxed{R = m_c - m} \tag{2.42}$$

$m_c$ Wortlänge des redundanten Codes

▶ *Hinweis*: Zur Fehlererkennung muß die Wortlänge $m_c$ des Codes größer als die Mindestwortlänge $m$ sein ($R \geqq 1$ bit).

**Parität** (*Parity*) $P$

Zur Erkennung von Einfachfehlern (1 falsches Bit) wird 1 Prüfbit ergänzt.

- *gerade Parität* (*Parity Even*),
- *ungerade Parität* (*Parity Odd*).

Bei gerader Parität wird die Zahl der Einsen im Codewort zur geraden Zahl ergänzt.

▶ *Hinweis*: Die Anzahl der erforderlichen Prüfbits $p$ wächst mit der Datenwortbreite $m$.

**Hamming-Distanz** $D$

$$\boxed{D = g\{w_1 \nleftrightarrow w_2\}} \tag{2.43}$$

$g$ Gewicht (Zahl der Einsen)
$w_1, w_2$ benachbarte Wörter
$\nleftrightarrow$ Antivalenzverknüpfung

❑ *Beispiel*: $w_1 = 0111$; $w_2 = 1000$; $w_1 \nleftrightarrow w_2 = 1111$; $D = 4$

**Erkennbare Fehlerzahl $F$**

$$\boxed{F = d - 1} \tag{2.44}$$

$d$ minimale Hamming-Distanz

❑ *Beispiel*: Ein 4-bit-Dualcode, ergänzt um 1 Prüfbit, ergibt $d = 2$ und somit $F = 1$ Bit.

### 2.3.3.2 Tetradische Codes

**Tetradische Codes** werden zur Zifferncodierung verwendet. Jede Dezimalziffer wird durch eine Tetrade (4 bit) ausgedrückt.

In Tab. 2.16 sind vier BCD-orientierte Codes dem Dualcode (NBC, natürlicher Binärcode) gegenübergestellt. Die Unterschiede reduzieren sich damit auf die unterschiedlichen Positionen der *Pseudo-Tetraden* (PT).

*Tabelle 2.16 Auswahl tetradischer Codes*

| Code | Dual (NBC) | BCD | Aiken (BCD) | 3-Exzeß (BCD) | Gray (BCD) |
|---|---|---|---|---|---|
| Wertigkeit | 8421 | 8421 | 2421 | ohne | ohne |
| 0 | 0000 0 | 0000 0 | 0000 PT | 0 | 0000 |
| 1 | 0001 1 | 0001 1 | 0001 PT | 1 | 0001 |
| 2 | 0010 2 | 0010 2 | 0010 PT | 3 | 0010 |
| 3 | 0011 3 | 0011 3 | 0011 0 | 0011 2 | 0011 |
| 4 | 0100 4 | 0100 4 | 0100 1 | 0100 7 | 0100 |
| 5 | 0101 5 | 0101 PT | 2 | 0101 6 | 0101 |
| 6 | 0110 6 | 0110 PT | 3 | 0110 4 | 0110 |
| 7 | 0111 7 | 0111 PT | 4 | 0111 5 | 0111 |
| 8 | 1000 8 | 1000 PT | 5 | 1000 PT | |
| 9 | 1001 9 | 1001 PT | 6 | 1001 PT | |
| 10 | 1010 PT | PT | 7 | 1010 PT | |
| 11 | 1011 PT | 5 | 1011 8 | 1011 PT | |
| 12 | 1100 PT | 6 | 1100 9 | 1100 8 | 1100 |
| 13 | 1101 PT | 7 | 1101 PT | 9 | 1101 |
| 14 | 1110 PT | 8 | 1110 PT | PT | |
| 15 | 1111 PT | 9 | 1111 PT | PT | |

### 2.3.3.3 Nichttetradische Codes

Tabelle 2.17 zeigt eine Auswahl unterschiedlicher Codes. Der *1-aus-10-Code* ist ein typischer *Dezimalcode*. Der *2-aus-5-Code* wird als *Lochstreifencode* genutzt. Der *7-Segment-Code* wird bei LED/LCD-Anzeige-Displays verwendet. Die Buchstaben $a \ldots g$ sind den 7 Segmenten zugeordnet.

*Tabelle 2.17 Auswahl nichttetradischer Codes*

| Dez. | 1 aus 10 | 2 aus 5 (7-4-2-1-0) | 7-Segment-Anzeigecode a | b | c | d | e | f | g |
|---|---|---|---|---|---|---|---|---|---|
| 0 | 0000000001 | 11000 | 0 | 0 | 0 | 0 | 0 | 0 | 1 |
| 1 | 0000000010 | 00011 | 1 | 0 | 0 | 1 | 1 | 1 | 1 |
| 2 | 0000000100 | 00101 | 0 | 0 | 1 | 0 | 0 | 1 | 0 |
| 3 | 0000001000 | 00110 | 0 | 0 | 0 | 0 | 1 | 1 | 0 |
| 4 | 0000010000 | 01001 | 1 | 0 | 0 | 1 | 1 | 0 | 0 |
| 5 | 0000100000 | 01010 | 0 | 1 | 0 | 0 | 1 | 0 | 0 |
| 6 | 0001000000 | 01100 | $x$ | 1 | 0 | 0 | 0 | 0 | 0 |
| 7 | 0010000000 | 10001 | 0 | 0 | 0 | 1 | 1 | 1 | 1 |
| 8 | 0100000000 | 10010 | 0 | 0 | 0 | 0 | 0 | 0 | 0 |
| 9 | 1000000000 | 10100 | 0 | 0 | 0 | $x$ | 1 | 0 | 0 |

$x = 1$ oder 0, je nach Darstellung der Ziffern 6 und 9

#### 2.3.3.4 Fehlerprüfbare Codes

Durch zusätzliche *Prüfbits* erhöht sich die *Hamming-Distanz* zwischen den Codewörtern (Redundanz), so daß Bitfehler erkennbar werden (→ 2.3.2.1). Bei Wortlängen von 4 bit lassen sich Einfachfehler mit einem Prüfbit erkennen. Mit drei Prüfbits können die Einfachfehler lokalisiert und korrigiert werden (Hamming-Code, → Tab. 2.18).

*Tabelle 2.18 Auswahl fehlerprüfbarer Codes*

| Dezimalzahl | Dualcode mit Prüfbit (gerade Parität) | | | | Hamming-Code (3 Prüfbits: $k_0$; $k_1$; $k_2$;) | | | | | | |
|---|---|---|---|---|---|---|---|---|---|---|---|
| Wertigkeit | 8 | 4 | 2 | 1 | p | $k_0$ | $k_1$ | 8 | $k_2$ | 4 | 2 | 1 |
| 0 | 0 | 0 | 0 | 0 | 0 | 0 | 0 | 0 | 0 | 0 | 0 | 0 |
| 1 | 0 | 0 | 0 | 1 | 1 | 1 | 1 | 0 | 1 | 0 | 0 | 1 |
| 2 | 0 | 0 | 1 | 0 | 1 | 0 | 1 | 0 | 1 | 0 | 1 | 0 |
| 3 | 0 | 0 | 1 | 1 | 0 | 1 | 0 | 0 | 0 | 0 | 1 | 1 |
| 4 | 0 | 1 | 0 | 0 | 1 | 1 | 0 | 0 | 1 | 1 | 0 | 0 |
| 5 | 0 | 1 | 0 | 1 | 0 | 0 | 1 | 0 | 0 | 1 | 0 | 1 |
| 6 | 0 | 1 | 1 | 0 | 0 | 1 | 1 | 0 | 0 | 1 | 1 | 0 |
| 7 | 0 | 1 | 1 | 1 | 1 | 0 | 0 | 0 | 1 | 1 | 1 | 1 |
| 8 | 1 | 0 | 0 | 0 | 1 | 1 | 1 | 1 | 0 | 0 | 0 | 0 |
| 9 | 1 | 0 | 0 | 1 | 0 | 0 | 0 | 1 | 1 | 0 | 0 | 1 |
| 10 | 1 | 0 | 1 | 0 | 0 | 1 | 0 | 1 | 1 | 0 | 1 | 0 |
| 11 | 1 | 0 | 1 | 1 | 1 | 0 | 1 | 1 | 0 | 0 | 1 | 1 |
| 12 | 1 | 1 | 0 | 0 | 0 | 0 | 1 | 1 | 1 | 1 | 0 | 0 |
| 13 | 1 | 1 | 0 | 1 | 1 | 1 | 0 | 1 | 0 | 1 | 0 | 1 |
| 14 | 1 | 1 | 1 | 0 | 1 | 0 | 0 | 1 | 0 | 1 | 1 | 0 |
| 15 | 1 | 1 | 1 | 1 | 0 | 1 | 1 | 1 | 1 | 1 | 1 | 1 |

# 3 Mikroprozessorarchitekturen

Der Begriff **Mikroprozessorarchitektur** wird nach /3.1/ für die übergreifende, d. h. von den Einzelheiten abstrahierende, Darstellung des inneren Aufbaus von Mikroprozessoren verwendet. Ziel ist es dabei, das *Operationsprinzip* des Prozessors sowie das Programmiermodell in Form eines blockartigen Aufbaus darzustellen. Das Operationsprinzip definiert hierbei das *funktionelle Verhalten* des Prozessors, indem die Kontrollstruktur für die Interpretation der Informationen und den Ablauf der Operationen festgelegt und zugleich die Informationsstruktur durch die verschiedenen (semantischen) Datentypen bestimmt wird.

Das **Programmiermodell** umfaßt nur einige Aspekte der Prozessorarchitektur, da es das für den Assemblerprogrammierer sichtbare Modell des Prozessors darstellt, ohne auf die Einzelheiten der Ausführung einzugehen. Mikroprozessor- und Rechnerarchitektur sind teilweise eng miteinander verbunden, beispielsweise über die Speicherkonzepte (→ 5).

## 3.1 Grundsätzliche Fragen der Mikroprozessorarchitektur

Neben dem Programmiermodell, das in der Regel für jeden Mikroprozessortyp eine eigenständige Ausprägung besitzt, existieren übergreifende **Architekturmerkmale** für Mikroprozessoren, deren jeweilige Ausprägung bestimmend für eine Klassifizierung ist. Die Bildung verschiedener *Architekturklassen von Mikroprozessoren* hat dabei sowohl historische als auch technologische Gründe.

Die Mikroprozessorarchitektur liefert Anhaltspunkte, aber keine quantitativen Aussagen zur Leistungsfähigkeit des jeweiligen Prozessors.

Diese vom Anwender immer wieder gewünschte Aussage kann nur im Zusammenhang mit der Compilertechnologie und der jeweiligen Applikation getroffen werden. Die in Abschnitt 3.1.3 dargestellten Klassifizierungsschemata stellen daher keine Geschwindigkeits-, sondern eine Architekturklassifizierung dar.

### 3.1.1 Ziele von Mikroprozessorarchitekturen

Das wesentliche Ziel der verschiedenen Mikroprozessorarchitekturen besteht darin, die jeweilige Applikation möglichst performant auszuführen, ohne das **Programmierparadigma** gegenüber dem Anwendungsprogrammierer wesentlich zu verändern. Dieses Paradigma besteht – dies ist eine Konsequenz des Von-Neumann-Prozessormodells – im wesentlichen in einer *sequentiellen Bearbeitung des Befehlsstroms*. Nachfolgende Operationen können demnach die Ergebnisse der vorangestellten verwenden.

Eine Mikroprozessorarchitektur muß daher selbst bei interner Parallelität der Ausführung (→ 3.4) die Reihenfolge der Ergebnisse beachten, um die Transparenz gegenüber dem Anwender zu erhalten. Das Ziel einer Mikroprozessorarchitektur liegt demnach darin, ein gegebenes, beliebiges Anwenderprogramm möglichst schnell ausführen zu können. Hierbei muß entweder die *Transparenz* gegenüber der Befehlssequenz erhalten bleiben, oder es muß dem Anwender explizit ein neues Programmierparadigma mit ggf. einer neuen Programmiersprache mitgeteilt werden.

### 3.1.2 Von-Neumann- und Harvard-Architektur

Das **Von-Neumann-Rechnermodell**, 1946 von Burks, Goldstine und von Neumann als grundlegendes Modell für die nächste Rechnergeneration formuliert, ist seitdem jedoch als eines der grundlegenden Rechnermodelle insbesondere aufgrund des inneliegenden *Operationsprinzips* bekannt. Gemäß /3.2/ ist es durch folgende Beschreibung charakterisiert:

1. Ein (zentralgesteuerter) Rechner besteht aus den drei Grundbestandteilen
   - *Zentraleinheit* (*Central Processing Unit, CPU*),
   - *Speicher* (*Memory*),
   - *Ein-/Ausgabeeinheit* (*Input/Output*).

   Die Verbindung zwischen diesen Einheiten erfolgt durch ein *Bussystem* (→ Bild 3.1).
2. Die Struktur des Rechners ist unabhängig von einem speziellen, zu bearbeitenden Problem. Um dies zu erreichen, wird für jedes neue Problem ein eigenes Programm geladen, so daß der Name *programmgesteuerter Universalrechner* (*Stored-Program Machine*) berechtigt ist.
3. Programm und Daten stehen in demselben Speicher. Dieser Speicher verfügt über Plätze mit fester Wortlänge, die über feste Adressen einzeln angesprochen werden. Die Unterscheidung, ob der Inhalt einer Speicherzelle zum Programm oder zu den Daten gehört, kann nur im Programmkontext getroffen werden.

Wichtiger noch als die Struktur ist das **Operationsprinzip** des Von-Neumann-Rechners, das aus dieser Architektur resultiert. Die Zentraleinheit ist ihrerseits

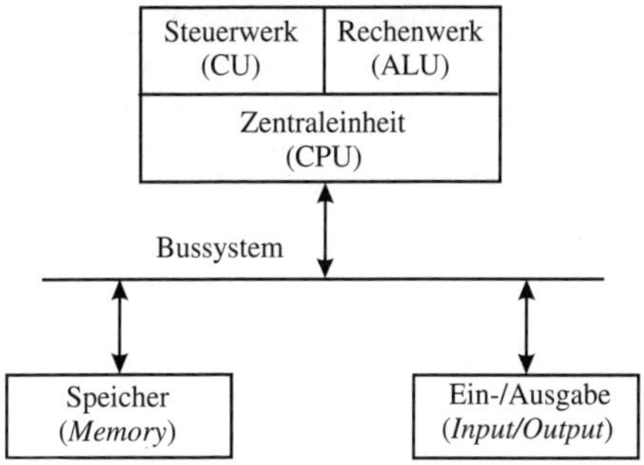


*Bild 3.1 Struktur eines Von-Neumann-Rechners*

in ein *Steuerwerk* (*Control Unit, CU*) und ein *Rechenwerk* (*Arithmetical Logical Unit, ALU*) unterteilt. Dies korrespondiert direkt mit der sequentiellen Abarbeitung von Instruktionen in zwei Phasen.

In der ersten Phase wird der Befehl aus dem Speicher in das **Steuerwerk** geladen. Hierzu wird ein Zählwerk in der CPU, der *Programmzähler*, genutzt, der bei Reset (Kaltstart) auf einen definierten Wert gesetzt wird und mit dem Programmfluß weiterzählt.

Die zweite Phase betrifft die Bearbeitung des Befehls. In dieser Phase werden die entsprechend benötigten Daten in das **Rechenwerk** geladen und dem Befehlscode gemäß verarbeitet einschließlich einer abschließenden Speicherung. Im Anschluß hieran kann dann der nächste Befehl aus dem Speicher geladen und verarbeitet werden. Dieses sequentielle Operationsprinzip dient vielen Klassifizierungsschemata als Ausgangspunkt für die Darstellung und Abgrenzung innovativer oder modifizierter Architekturen.

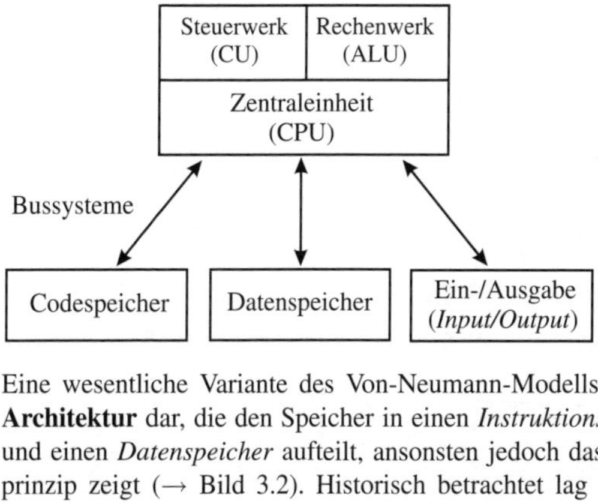


*Bild 3.2 Struktur des Harvard-Modells*

Eine wesentliche Variante des Von-Neumann-Modells stellt die **Harvard-Architektur** dar, die den Speicher in einen *Instruktions-* oder *Codespeicher* und einen *Datenspeicher* aufteilt, ansonsten jedoch das gleiche Operationsprinzip zeigt (→ Bild 3.2). Historisch betrachtet lag der Vorteil der Von-

Neumann-Architektur darin, daß selbstmodifizierender Code möglich (und auch notwendig) war, während die Harvard-Architektur die Speicherbereiche gegenseitig trennt. Spezialprozessoren (→ 8) werden häufig gemäß dem (modifizierten) Harvard-Modell konzipiert, wobei insbesondere eine Nutzung der erweiterten Bandbreite des Bussystems durch einen parallelen Daten- und Befehlszugriff im Vordergrund steht.

### 3.1.3 Klassifizierungsschemata

Die **Klassifizierungsschemata** einerseits für Rechner-, andererseits für Prozessorarchitekturen werden im wesentlichen nicht unterschieden, obwohl innerhalb von Mehrprozessorsystemen dies eigentlich erfolgen müßte, da zumindest hier Prozessor und Gesamtrechner in verschiedener Weise klassifizierbar sind. Jede Klassifizierung der Prozessor- bzw. Rechnerarchitektur versucht dabei, zugleich ein (ggf. qualitatives) Maß für die Rechengeschwindigkeit anzugeben.

#### 3.1.3.1 Klassifizierung nach Flynn

Die erste in größerem Umfang benutzte Klassifizierungsmethode stammt von Flynn /3.3/. Diese Methode stellt eine Bewertung der Effektivität verschiedener Organisationsformen in den Vordergrund, ohne die expliziten Lösungen für Befehlssätze (→ 3.1.5), innere Struktur (→ 3.1.6) oder Ein-/Ausgabesysteme zu betrachten.

Gemäß Flynn stellen Rechner Operatoren auf dem *Instruktionsstrom* und dem *Datenstrom* dar (→ Tabelle 3.1). Die daraus resultierende zweidimensionale Klassifizierung beruht auf folgenden Merkmalen:

1. Ein Rechner bearbeitet zu einem gegebenen Zeitpunkt einen (SI) oder mehrere Befehle (MI).
2. Ein Rechner bearbeitet zu einem gegebenen Zeitpunkt einen (SD) oder mehrere Datenwerte (MD).

*Tabelle 3.1 Klassifizierung nach Flynn*

| | einfacher Instruktionsstrom | mehrfacher Instruktionsstrom |
|---|---|---|
| einfacher Datenstrom | SISD (Von-Neumann-Architektur) | SIMD (Vektorprozessoren) |
| mehrfacher Datenstrom | MISD (–) | MIMD (Mehrprozessorrechner) |

Die Rechnerklassen SISD (klassische Von-Neumann-Architekturen), SIMD (Vektorprozessoren bzw. -rechner) und MIMD (Mehrprozessorrechner) entsprechen real vorkommenden Architekturen, während die Klasse MISD leer bleibt, da hier mehrere Instruktionsströme zur Bearbeitung eines einzelnen Datenstroms notwendig wären.



### 3.1.3.2 Erlanger Klassifikationssystem ECS

Das **Erlanger Klassifikationssystem ECS** (*Erlanger Classification System*) beruht gemäß /3.4/ auf einer präziseren Notation des internen Parallelismus eines Prozessors (→ Bild 3.3). Es werden drei verschiedene Ebenen unterschieden sowie jede Ebene in eine echte Nebenläufigkeit und ein Pipelining unterteilt. Die entstehende *Tripelnotation* wird durch eine Reihe von Operatoren, die zusammengesetzte Strukturen beschreiben, modifiziert. Sie ergibt ein Maß sowohl für die *Leistungsfähigkeit* (maximaler Parallelismus) als auch die *Flexibilität* (Anzahl der verschiedenen Arbeitsmodi).

**Serialität**. Bezogen auf ein bestimmtes Abstraktionsniveau liegt *Serialität* vor, wenn die auf diesem Niveau definierten Aktionen nicht gleichzeitig ausführbar sind, d. h. wenn höchstens genau eine Aktion ausgeführt werden kann.

**Parallelität**. Bezogen auf ein bestimmtes Abstraktionsniveau liegt *Parallelität* dann vor, wenn zu einem gewissen Zeitpunkt mehr als eine Aktion durchgeführt werden kann.

**Nebenläufigkeit**. Die Parallelität wird als *Nebenläufigkeit* bezeichnet, wenn die Ressourcen des zu beschreibenden Rechners das gleichzeitige Ausführen vollständiger auf diesem Niveau definierter Aktionen erlauben.

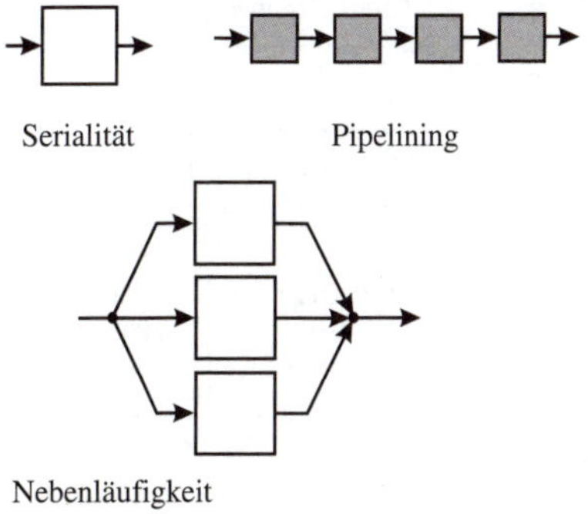


*Bild 3.3 Serialität, Nebenläufigkeit und Pipelining*

**Pipelining**. Die auf dem bestimmten Abstraktionsniveau definierte Aktion wird in $k$ Teilaktionen unterteilt, die alle nacheinander zu durchlaufen sind.

Während für eine beliebige Aktion gerade eine bestimmte Teilaktion $m$ durchlaufen wird, liegt *Pipelining* genau dann vor, wenn eine andere Aktion eine von $m$ verschiedene Teilaktion zeitgleich durchlaufen kann.

ECS definiert die Grobstruktur von Rechnern bzw. Prozessoren durch die Hardware-Elemente mit steuernden Programmelementen:

- **Leitwerk** zur Interpretation eines gegebenen Maschinenprogramms durch sequentielle Bearbeitung der Instruktionen
- **Rechenwerk** zur Durchführung einer einzelnen Instruktion (beispielsweise durch Mikroinstruktionen, → 3.2, oder in festverdrahteter Form, → 3.3)
- **Elementare Stelle** im Rechenwerk bzw. Datenwort, welche die Operationen auf genau einer Bitstelle im Datenwort ausführt.

Jeder Rechner bzw. Prozessor besteht aus einer bestimmten Zahl $k$ von *Leitwerken*, die ihrerseits eine bestimmte Zahl $d$ von *Rechenwerken* mit einer bestimmten Zahl $w$ von *elementaren Stellen* umfassen. Die Zahlen $k$, $d$, $w$ definieren dabei den Umfang der Nebenläufigkeit des Rechners auf der jeweiligen Betrachtungsebene.

Für Pipelineorganisationen können $k'$ spezialisierte Teilleitwerke, $d'$ spezialisierte Teilrechenwerke und $w'$ spezialisierte elementare Teilwerke zusammenarbeiten (→ Bild 3.4). ECS faßt diese 6 Faktoren zu der Typbeschreibung

$$t_{\text{Rechnertyp}} = (k * k', d * d', w * w') \tag{3.1}$$

zusammen.

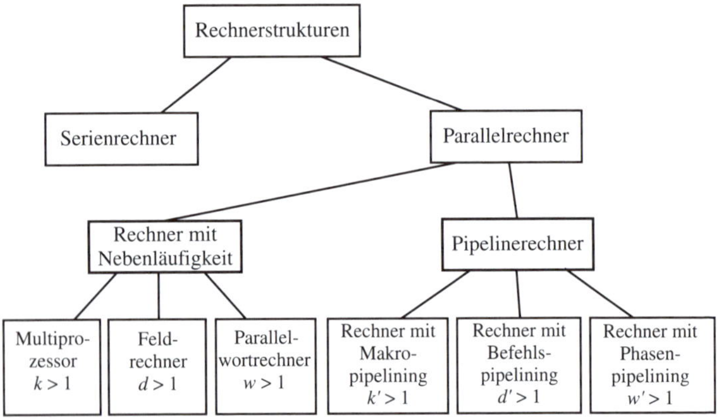


*Bild 3.4 ECS-Klassifikation von Prozessoren*

(3.1) dient der Beschreibung homogener Prozessor- und Rechnerstrukturen und nutzt den Konkatenationsoperator „*", der eine echte, sich nicht gegenseitig beeinflussende Parallelität der jeweiligen Hardware-Komponenten beschreibt. Der Operator „+" wird beispielsweise verwendet, falls sich Strukturen gegenseitig in der Nutzung ausschließen, also echt alternativ arbeiten. Der Operator „*v*" beschreibt im ECS die Variabilität der Hardware-Nutzung, also etwa rekonfigurierbare Prozessoren.



#### 3.1.3.3 Taxonomie nach Giloi

In der **Taxonomie** nach Giloi /3.1/ werden zwei wesentliche Gesichtspunkte zur Einteilung der Rechner unterschieden: das *Operationsprinzip* und die *Hardware-Struktur*.

Im **Operationsprinzip** (→ 3), das das funktionelle Verhalten des Prozessors bestimmt, werden drei Gruppierungen unterschieden: die *Von-Neumann-Operationsprinzipien*, die *Operationsprinzipien des impliziten Parallelismus* und die *Operationsprinzipien des expliziten Parallelismus*.

Bei den **Von-Neumann-Operationsprinzipien** existiert ein starres Zweiphasenschema der Programmabarbeitung (→ 3.1.2 und 3.1.4), das nur die streng sequentielle Ausführung der Anweisungen eines Programms zuläßt. In der ersten Phase wird der Befehl aus dem Speicher geladen und als Instruktion interpretiert, in der zweiten Phase werden dann die aufgrund der Interpretation notwendigen Daten geladen und gemäß der Befehlsvorschrift verarbeitet.

Bei den **Operationsprinzipien des impliziten Parallelismus** nutzt man die in den Programmen gegebenen Möglichkeiten zur parallelen Ausführung. Diese Aktivitäten können hierbei auf verschiedenen Ebenen (*Operationsebene*, *Anweisungsebene*, *Prozeßebene* oder *Benutzerprogrammebene*) angelegt sein.

Bei den **Operationsprinzipien des expliziten Parallelismus** werden die Programm- und Datenstrukturen so angelegt, daß die Parallelarbeit unmittelbar vorgezeichnet ist.

Bei der **Hardware-Struktur** existieren nach Giloi fünf Alternativen:

- *Einprozessorsysteme* (den Von-Neumann-Prozessoren entsprechend),
- *Arrays von gleichartigen Bearbeitungselementen* (Prozessorteile mit echter Parallelität),
- *Pipelines aus verschiedenartigen Verarbeitungselementen* (spezialisierte Prozessorteile, die zeitgleich nutzbar sind, aber verschiedene Aufgaben ausführen) sowie
- *homogene* und
- *inhomogene Multiprozessorsysteme*.

Die zweidimensionale Matrix von Operationsprinzip und Hardware-Struktur führt dann zu einer entsprechenden Klassifizierung (→ Tabelle 3.2).

*Tabelle 3.2 Taxonomie nach Giloi*

| | Von-Neumann-Architektur | impliziter Parallelismus | expliziter Parallelismus |
|---|---|---|---|
| Einprozessorsyst. | (CISC) | | (d-Paradigma, CCM) |
| Array | | (Superskalarer Proz.) | |
| Pipeline | | (RISC) | |
| homogene MP | | | |
| inhomogene MP | | | |

### 3.1.4 Bearbeitungsphasen bei Befehlen

Eine Pipeline mit verschiedenen Verarbeitungselementen wird möglich, wenn die Verarbeitung selbst in mehrere Phasen mit disjunkten und nacheinander durchführbaren Inhalten einteilbar ist. Dieses **Phasenpipelining** wird durch das ECS (→ 3.1.3.2) bereits klassifiziert. In der praktischen Realisierung werden die zwei Phasen des Von-Neumann-Modells (*Befehlsholung* und *Befehlsbearbeitung*) weiter unterteilt, da sich diese Einteilung als zu grob im Sinne eines Pipelining erweist. In der Regel sind fünf Phasen der Befehlsbearbeitung zu identifizieren, die in RISC-basierten Prozessoren (→ 3.3) so oder in variierter Anzahl implementiert werden:

**Fetch**. In der Fetch-Phase wird der Instruktionscode aus dem Speicher in ein internes Prozessorregister geladen.

**Decode**. Die Decode-Phase besteht in der ersten Verarbeitung der im Befehlscode stehenden Informationen. Hier werden insbesondere die Anzahl der zu ladenden Operanden, die Adressierungsart (→ 3.2.2) und weitere Zusatzsignale bestimmt, die die nachfolgenden Phasen beeinflussen.

**Load**. In der Load-Phase werden alle benötigten Operanden aus dem Speicher bzw. den Registern in den Prozessor geladen, um die nachfolgenden Phasen mit den Datenwerten durchlaufen zu können.

**Execute**. Die Ausführung der Rechenoperationen entsprechend den im Befehl codierten Vorschriften obliegt der Execute-Phase. Die Operation selbst sowie die dabei in Anspruch genommenen Teile des Prozessors sind dementsprechend von der Art des Befehls abhängig.

**Write Back**. Die letzte Phase betrifft das Speichern des Ergebnisses einschließlich von Zusatzsignalen wie beispielsweise Flags in den korrekten Registern oder dem Speicher. Mit dieser Phase ist die Bearbeitung einer Maschineninstruktion beendet.

### 3.1.5 Einteilung der Prozessoren nach Befehlsformaten

Für die Ausführung der Rechenoperationen müssen in der Befehlscodierung des Prozessors Angaben zur Auswahl der Operanden sein. Die Form dieser Codierung steht dabei in engem Zusammenhang mit der *Codedichte*, d. h. der mittleren Anzahl der Befehle pro Speichereinheit, auch als *statische Länge* bezeichnet, sowie der Leistungsfähigkeit durch flexible Adressierung im Sinne der Gesamtausführungszeit (*dynamische Länge*).



Die maximal benötigte Anzahl von Adreßinformationen bei Operationen mit zwei Quelloperanden (binäre Operationen) beträgt gemäß /3.5/ vier. Hierzu zählen zwei Adressen für die Quelloperanden, eine für den Zieloperanden sowie eine zusätzliche Information für die nächste auszuführende Operation. Diese Prozessoren werden $(3 + 1)$-*Adreß-Prozessoren* genannt, bei mehr als zwei Quelloperanden $(n + 1)$-*Adreß-Prozessoren.*

Unter der Annahme, daß die auf den aktuellen Befehl folgende Instruktion im Anschluß auszuführen ist, ist die Zusatzinformation implizit enthalten und kann fortgelassen werden. Diese Annahme wird in der Praxis für alle Prozessoren vorliegen, Befehle mit Kontrollflußänderung außerhalb des einfachen Inkrements sind dann gesondert gekennzeichnet (etwa als Jump- oder Branch-Befehle). Prozessoren mit $n$ bzw. 3 Adressen in der Befehlscodierung werden $n$- bzw. 3-Adreß-Prozessoren genannt.

Das Fortlassen der expliziten Angabe des Zieloperanden und die implizite Übereinstimmung des Zieloperanden mit einem der Quelloperanden schafft den 2-*Adreß-Prozessor*. Der größeren Codedichte als wesentlichem Vorteil steht eine geringere Flexibilität (und ggf. Laufzeiterhöhung) durch die Überschreibung eines der Quelloperanden als Nachteil entgegen.

Die weitere Verringerung zum 1-*Adreß-Prozessor* bedingt die Einführung eines ausgezeichneten Registers, meist als *Akkumulator* bezeichnet. Dieses Register wird dann bei allen relevanten Operationen implizit sowohl als eines der Operandenregister als auch als das Zielregister verwendet, so daß nur noch der zweite Quelloperand anzugeben ist. 1-Adreß-Prozessoren sind daher nur im Zusammenhang mit einer bestimmten Architekturklasse (Akkumulator-Architektur, → 3.1.6) möglich.

Innerhalb des Adressierungsformats selbst muß weiterhin zwischen *kurzen* (oder *verkürzten*) sowie *langen Adressen* unterschieden werden. Interne Register als Ziel- und Quelloperanden lassen eine kurze Adreßcodierung in wenigen Bits zu; Speicheroperanden können in verkürzter Form durch eine StackAdressierung (siehe 3.1.6) oder mit Hilfe spezieller Adreßregister erreicht werden, oder die Adresse muß komplett im Befehlscode als lange Adresse codiert sein. Die letztere Variante führt insbesondere bei mehreren Operanden pro Befehl zu erhöhten Codelängen.

In der Praxis werden bei einem Prozessor für verschiedene Befehlsgruppen häufig verschiedene Adreßcodierungen, die Anzahl und Länge betreffend, eingeführt. Diese Codierungsanpassung bedeutet, daß ein Optimum zwischen benötigter Information und Codedichte erzielt werden kann. Für RISC-Prozessoren wird in Abschnitt 3.3.8 eine Anzahl von 4 verschiedenen Befehlsformaten angegeben, die möglichst nicht überschritten werden sollte.

### 3.1.6 Architekturklassen bei Prozessoren

Als letztes Architekturmerkmal kann eine Klassifizierung von Prozessoren gemäß ihrem **internen Speichermodell** angegeben werden (→ Tabelle 3.3). Dieses interne Speichermodell steht in engem Zusammenhang mit dem Codierungsformat aus dem vorhergehenden Abschnitt und trifft Aussagen darüber, wie die für Datenoperationen, beispielsweise eine Addition, notwendigen Operanden vor und nach der Operation im Zugriffsbereich des Prozessors liegen. Hierbei können drei grundsätzliche Methoden unterschieden werden:

- Im Rahmen einer **Stack-Architektur** werden die Quell- und Zieloperanden auf dem Stack gespeichert, und es wird dort auf sie zugegriffen. Der Zugriff seitens des Prozessors kann hierbei sehr implizit erfolgen, etwa in einer exakt festgelegten Reihenfolge.
- Die **Akkumulator-Architektur** zeichnet sich hingegen durch einen, ggf. wenige Akkumulatoren als zentrale(s) Register aus. Dies bedeutet, daß in der Befehlscodierung bereits implizit festgelegt wird, welches Register als Quelle und ggf. Ziel zur Operation genutzt wird.

*Tabelle 3.3 Vor- und Nachteile von Prozessorklassen*

| Typ | Vorteile | Nachteile |
|---|---|---|
| Stack (1-, 2- und 3-Adreß-Prozessor) | keine explizite Angabe von Operanden notwendig, daher minimale OpCodelänge für Arithmetikbefehle | umfangreiche Austauschoperationen vom und zum Stack notwendig, d. h. ggf. wachsende Codegröße |
| Akkumulator (1-Adreß-Prozessor) | teilweise implizite Operandenangabe möglich; einfachste Architektur, Verzicht auf Stack möglich | zentrales Register wird sehr stark genutzt, daher ggf. Engpaß mit Notwendigkeit zur Zwischenspeicherung |
| Register-Speicher (2- und 3-Adreß-Prozessor) | Daten können ohne Ladezugriff für Operationen genutzt werden | Ladezugriffe im Speicherbereich benötigen wesentlich mehr Zeit, daher ggf. Verzögerung gegenüber Registerzugriff |
| Register-Register (*Load/Store*) | schnellstmögliche Operationen durch Registeroperanden | explizite Ladezugriffe notwendig, Codegröße wächst |

- Die (**General-Purpose-)Register-Architektur** wiederum bezieht ebenfalls mindestens einen Operanden aus einem internen Prozessorregister, dieses Register muß jedoch im Befehl explizit angegeben werden.
  - **Register-Speicher-Architekturen** stellen eine Erweiterung der Akkumulator-Architektur dar. Bei Befehlen dieser Prozessorsubklasse wird sowohl das Register als auch die Speicheradresse explizit angegeben.
  - **Load-Store-Architekturen** besitzen ein ausschließliches Interface zwischen internem Prozessorregister und externem Speicher zum Datenaustausch zwischen diesen. Operationen zur Verknüpfung von Daten wirken zwischen Registerinhalten.



## 3.2 CISC-Prozessoren und Mikroprogrammierung

Seit dem Beginn der Entwicklung von Prozessoren etwa Mitte der 40er Jahre und zunächst auch für Mikroprozessoren (seit 1971) gültig zeigte sich bis etwa 1980 die ausgeprägte Tendenz, die Universalprozessoren mit immer **umfangreicheren** und **komplexeren Maschinenbefehlssätzen** auszustatten.

Folgende Gründe können für die Entwicklung dieser Klasse von Prozessoren angegeben werden:

- Der **Geschwindigkeitsunterschied** zwischen Prozessor und Hauptspeicher läßt es sinnvoll erscheinen, möglichst viele, miteinander zusammenhängende Aktionen in einem Maschinenbefehl zu codieren.
- Die **kompakte Codierung** spart zugleich Hauptspeicherplatz für das Programm.
- Die für die komplexen Befehlssätze häufig verwendete Technologie der **Mikroprogrammierung** (→ 3.2.1) ermöglicht eine Aufwärtskompatibilität in Prozessorfamilien bei gleichzeitiger leichter Erweiterbarkeit.
- Mit Hilfe speziell angepaßter Befehle kann die **Compilertechnologie** unterstützt werden.

Die **CISC-Rechner** zeigen daher viele Gemeinsamkeiten bei den Architekturprinzipien:

- Die Möglichkeiten der *Mikroprogrammierung* werden häufig genutzt.
- Es erfolgt eine Umsetzung von Aufgaben der Compiler in die Mikroprogramme.
- Komplexe Software-Operationen wie *kombinierte arithmetische Befehle* werden in einem einzigen Befehl zusammengefaßt.
- Der *Maschinenbefehlssatz* ist umfangreich, um verschiedene Applikationsklassen zu unterstützen.
- Der *Programmcode* selbst ist kompakt.
- Es sind *wenig Register* im Programmiermodell vorhanden, da die explizite Angabe dieser den Programmcode wiederum vergrößern würde.

### 3.2.1 Mikroprogrammierung

Gemäß /3.1/ ist ein **Mikroprogramm** (*Micro-Program*) die Darstellung eines Hardware-Algorithmus eines Prozessors, d. h. eines Algorithmus, der von den Funktionseinheiten der Prozessor-Hardware ausgeführt wird und damit eine Maschinenoperation durchführt.

Das *Mikroprogramm* kann *festverdrahtet* (*hardwired*) oder *programmierbar* (im *Control Store*) sein, im Extremfall sogar durch den Anwender. Es besteht aus der sequentiellen Abfolge von *Mikrooperationen* auf Wortbasis, die sich ihrerseits aus Steuersignalen, auch als **Picobefehle** /3.1/ bezeichnet, zusammensetzen. Ein Mikrobefehlsformat wird als *horizontal* definiert, wenn die Picobefehle in uncodierter Form im Mikrocode vorhanden sind, ansonsten als *vertikal*. Eine übliche Form der Mikroprogrammierung besteht aus Tabellen, die den Picocode enthalten und durch den Mikrobefehl indiziert werden (sog. *Nanobefehlsebene* /3.1/, → Bild 3.5).

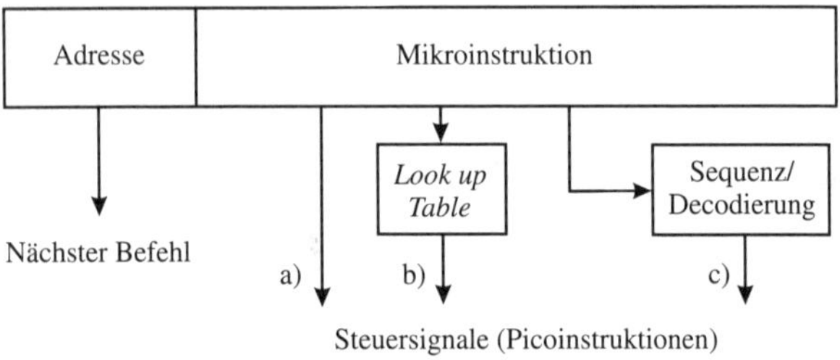


*Bild 3.5 Mikroprogrammierung*
*a) horizontales Format, b) quasi-horizontales Format durch Nanoprogrammierung, c) vertikales Format*

Der größte Vorteil der *Mikroprogrammierung* besteht in der Flexibilität dieses Ansatzes, da nahezu beliebige Instruktionen in dieser Form realisierbar sind. Nachteilig ist jedoch die sehr *fehleranfällige Programmierung* auf Mikroinstruktionsebene.

### 3.2.2 Adressierungskonzepte

Als **Adressierungsart** wird der Algorithmus bezeichnet, der aus einer im Programm gegebenen Information den tatsächlichen Ort berechnet, an dem sich das Datum befindet oder gespeichert werden soll (/3.1/ und /3.2/).

Einhergehend mit der wachsenden Mächtigkeit der Befehle sind auch die *Adressierungsarten* in *CISC-Prozessoren* vielfältig und von wachsender Komplexität. Insbesondere die Anzahl der *Indirektionen* bei der Adressierung sowie der integrierten Rechenoperationen wie automatisches Inkrement oder Offsetberechnung ergeben einen zusätzlichen Zeitbedarf.



Während die Einführung immer komplexerer Befehle zu einer geringeren Belastung am Prozessorbus führen kann, da immer mehr Operationen in einem Befehl codiert sind, kann die Verwendung komplexerer Adressierungsarten das Gegenteil bewirken, da mehrere Operationen am Bus notwendig sein können. Die Nutzung *komplexer* (*mehrteiliger*) *Adressierung* ist insbesondere dann zeitsparend, wenn größere Datenmengen, die strukturiert im Speicher stehen, bearbeitet werden.

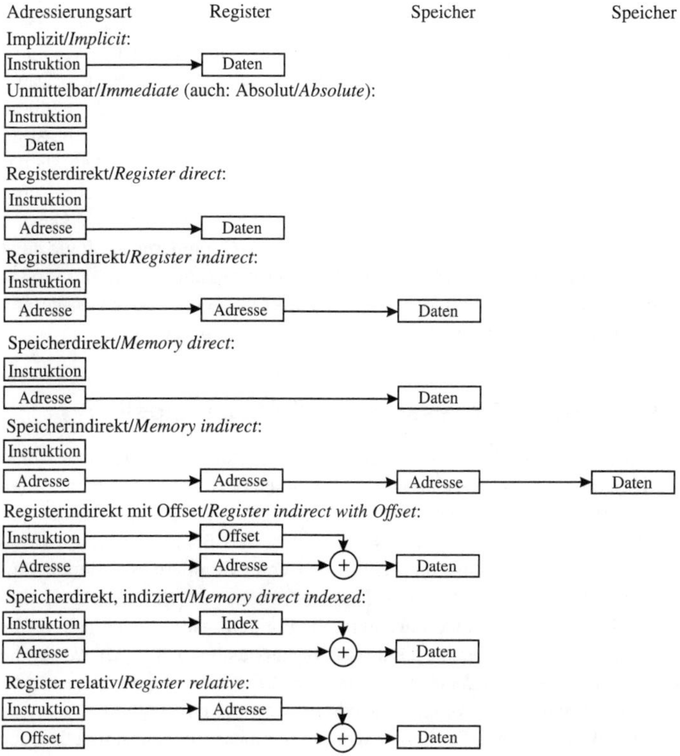


*Bild 3.6 Adressierungsarten*

Bild 3.6 gibt einen Überblick zu den grundlegenden Adressierungsarten, basierend auf folgenden Operationen:

- **Indirektion**: Durch den Operator ( ) wird dargestellt, daß das Datum nicht in der Speicherzelle direkt enthalten ist, sondern diese eine Referenz (Adresse) auf das Datum enthält.
- **Indizierung**: Die Kombination + <Wert> stellt dar, daß zur Adreßberechnung ein Index zu addieren ist, um die endgültige Adresse zu erhalten.
- **Implizierung**: Die Adresse ist im Operationscode <OpCode> implizit enthalten.

### 3.2.3 CISC-Prozessoren

Mikroprozessoren, die als Universalprozessoren ausgebildet sind und im wesentlichen den Architekturprinzipien aus 3.2 genügen, insbesondere jedoch eine *Mikroprogrammierung* beinhalten, werden im allgemeinen als **CISC-Prozessoren** bezeichnet. Kennzeichnend für diese Klasse von Universalprozessoren ist dabei, daß sowohl mehrfache Operationen auf wenigen Daten (durch komplexe Befehle) als auch auf strukturierten Datenfeldern (durch komplexe Adressierungsarten) unterstützt werden. Das CISC-Konzept ist jedoch an die Grenzen der *Weiterentwicklungsmöglichkeiten* gestoßen, da der Geschwindigkeitsvorteil des Prozessors gegenüber dem Hauptspeicher durch neue Speichertechnologien reduziert wurde. Hierdurch entfiel der Gewinn durch die Befehlskomplexität /3.6/. Die derzeitige Compilertechnologie nutzt weiterhin nur „gängige“ Befehle aus. Die Mikroprogrammierung des großen Befehlssatzes benötigt viel Platz auf dem Mikroprozessor, so daß insgesamt die Nachteile zumindestens einer Weiterentwicklung überwiegen.

## 3.3 RISC-Prozessoren und Phasenpipelining

Mit dem Ende der Weiterentwicklungsmöglichkeiten von CISC-Prozessoren wurden Anfang der 80er Jahre intensive Studien bezüglich einer veränderten Prozessorphilosophie begonnen (/3.6/ bis /3.9/). Ausgangspunkt war das Resultat einer IBM-Studie, die für einen etwa 200 Befehle großen Instruktionssatz (IBM 370) feststellte, daß in den von Compilern generierten Programmen 10 Befehle 80 % des Programmcodes, 21 Befehle 95 % und 30 Befehle 99 % ausmachten, während die übrigen Instruktionen nahezu nie vorkamen. Als Konsequenz hieraus sowie aus anderen Studien wurde die **RISC-Philosophie** (*Reduced Instruction Set Computer*) geboren, die für die zukünftigen Mikroprozessoren folgende Entwurfsziele formuliert:

- **Ein-Zyklus-Befehle**: Pro Takt soll ein Maschinenbefehl ausgeführt werden (*CPI, Clocks per Instruction*).
- **Verzicht auf Mikroprogrammierung**: Um den Decodier- und Steueraufwand und damit Chipfläche einzusparen, soll die Mikroprogrammierung entfallen. Die Bearbeitung der Befehle erfolgt festverdrahtet.

- **Einheitliches Befehlsformat**: Alle Maschinenbefehle sollen das gleiche Format benutzen. Dies bedeutet zwar, daß die Programmgröße wächst, andererseits vereinfacht es auch die interne Bearbeitung durch weniger Fallunterscheidungen.
- **Load/Store-Architektur**: Gemäß der Klassifizierung in 3.1.5 sollen die RISC-Prozessoren nach dem Load/Store-Prinzip arbeiten, um die Kopplung zwischen Speicher und Prozessorregistern auf wenige Befehle zu beschränken.
- **Unterstützung von höheren Programmiersprachen**: Compiler und Mikroprozessorbefehlssatz sollen derart aufeinander abgestimmt sein, daß die manuelle Generierung des Codes nur noch wenige Vorteile ergibt.



Die wesentlichen Konsequenzen für die RISC-Architektur bestehen in der Einführung des *Phasenpipelinings* zur (theoretischen) Erreichung der *CPI-Rate* von 1 Takt/Instruktion sowie der Einführung von Maßnahmen, diesem Wert in der Praxis möglichst nahezukommen. Zu letzterem zählen die Vermeidung bzw. Überwindung von Störungen im Ablauf sowie die Reduzierung der Busbelastung.

Das Phasenpipelining hingegen kann durch eine *interne Taktvervielfachung* und Bearbeitung aller Befehlsphasen in einem (externen) Takt ersetzt werden.

## 3.3.1 Phasenpipelining

Die Grundidee zum **Phasenpipelining** basiert auf den Bearbeitungsphasen für eine beliebige Instruktion (→ 3.1.4). Diese Einteilung in Phasen – eine ausführliche Darstellung ist z. B. in /3.7/ und /3.8/ gegeben – läßt sich auf jeden Befehl anwenden, wobei im Einzelfall Phasen ohne weitere Aktion leer verlaufen.

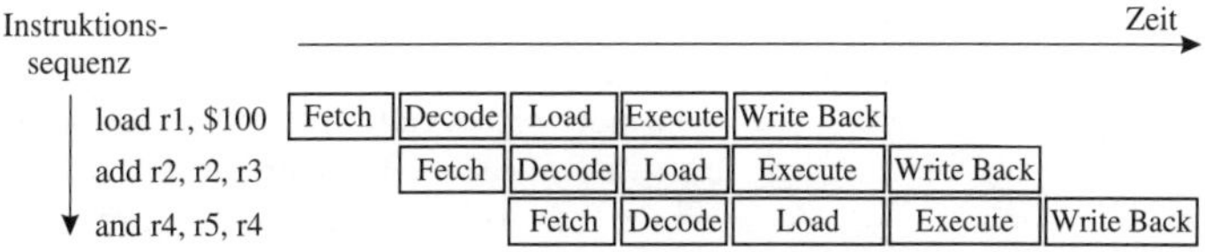


Befehlsformat: <OpCode> <Ziel>, <Quelle> [, <Quelle2>]

*Bild 3.7 Phasenpipelining bei 5 Bearbeitungsphasen*

Die **praktische Einteilung** in verschiedene Bearbeitungsphasen muß nun so gewählt sein, daß *pro Phase in etwa die gleiche Zeit* benötigt wird. Außerdem müssen die pro Phase benutzten Teile exklusiv dieser zuordnungsfähig sein. Unter diesen Voraussetzungen lassen sich mehrere Befehle quasi gleichzeitig in der Befehlsbearbeitung des Prozessors halten, wobei jede Instruktion sich exklusiv in einer Phase und damit einem exklusiv zugeordneten Teil des Prozessors befindet. Bild 3.7 zeigt dies für eine Pipeline mit 5 Bearbeitungsphasen (eine alternative Architektur mit 5 Bearbeitungsphasen siehe /3.10/ und /3.11/).

Bei einer Dimensionierung der Zykluszeit entsprechend der Bearbeitungszeit einer einzelnen Phase läßt sich mit Hilfe des Phasenpipelinings eine *CPI-Rate von 1 Takt/Instruktion* erreichen, obwohl die Anzahl der Takte, die ein Befehl benötigt, weiterhin bei 5 Takten liegt. Für dieses Phasenpipelining erhält der Prozessor innerhalb des ECS den Faktor $w' = 5$.

### 3.3.2 Optimierung der Phasen der Befehlsausführung

Die Kopplung der Geschwindigkeit des Prozessortakts an die maximale Bearbeitungszeit innerhalb der Befehlsphasen bedeutet, daß eine nahezu beliebige Geschwindigkeitserhöhung durch die stetige Verkleinerung des Phaseninhalts bei gleichzeitiger Erhöhung der Anzahl der Pipelinestufen erreicht werden kann. Derartige Prozessoren, die mehr als 10 Stufen enthalten, werden als **Superpipelining-Prozessoren** bezeichnet.

Zwei Effekte begrenzen die Möglichkeiten des **Superpipelining** (/3.7/ bis /3.9/). Zum einen sind Buszugriffe bei Architekturen, die das Von-Neumann-Modell zugrunde legen und ein gemeinsames Bussystem zu allen Speicherbausteinen nutzen, nicht weiter unterteilbar, da die Leitungen während des Speicherzugriffes exklusiv genutzt werden. Das **Geschwindigkeitsverhältnis** zwischen Speicherzugriffen und internen Operationen im Prozessor zuungunsten des Speichers verhindert zudem eine beliebige Beschleunigung der Busoperationen.

Zum anderen existieren (→ 3.3.3 und 3.3.4) im Programm **Daten-** und **Kontrollflußabhängigkeiten** zwischen den Befehlen, die eine vollständig unabhängige Ausführung der aufeinanderfolgenden Instruktionen verhindern (/3.6/ bis /3.9/). Die Abhängigkeiten in der Ausführung stellen jedoch *Störungen des geordneten Ablaufs der Phasen* dar, wobei der Aufwand im Prozessor zur Behebung oder auch nur Minderung mit dem Abstand in der Pipeline wächst.

In der Praxis hat es sich daher als günstiger erwiesen, die Anzahl der Phasen eher kleiner zu halten, um eine *konsequente Behandlung der Abhängigkeiten* zu ermöglichen. Bild 3.8 zeigt die Geschwindigkeitssteigerung in Abhängigkeit von der Anzahl der Pipelinestufen (nach /3.7/). Diese Grafik entspricht den Verhältnissen in tatsächlichen Programmen inklusive Floating-Point-Operationen.

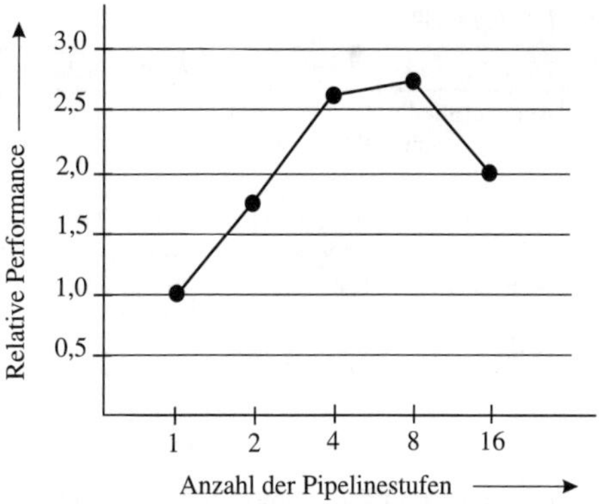


*Bild 3.8 Relative Geschwindigkeit in Abhängigkeit von Pipelinetiefe /3.7/*



Die tatsächliche **Geschwindigkeitserhöhung** (*Speedup*) eines Prozessors mit Pipelining im Vergleich zum gleichen Typ ohne Pipelining läßt sich durch

$$\boxed{Speedup = \frac{CPI\ unpipelined}{1 + Pipeline\ stall\ cycles\ per\ instruction}} \tag{3.2}$$

darstellen. Die Größen **CPI** (*Clocks per Instruction*) und **Pipeline-Stall-Cycles** stellen Durchschnittswerte dar. Für den einfachsten Fall der Ausführung aller Instruktionen in einem Takt ergibt sich

$$\boxed{Speedup = \frac{Pipeline\ Depth}{1 + Pipeline\ stall\ cycles\ per\ instruction}} \tag{3.3}$$

mit **Pipeline-Depth** als die Anzahl der Pipelinestufen.

### 3.3.3 Pipelinevariante I: 4 Phasen der Befehlsbearbeitung

Die bei RISC-Prozessoren der 1. Generation sowie jetzigen Typen ohne integrierte Floating-Point-Operationen häufig verwendete Pipelinevariante beinhaltet 4 Phasen der Befehlsbearbeitung, und zwar *Fetch*, *Decode/Load*, *Execute* und *Write-Back*. Da in einer Load/Store-Architektur die Befehle in drei Gruppen (*arithmetisch-logische Befehle*, *Load/Store-* und *Kontrollflußbefehle*) eingeteilt werden können, müssen für diese Gruppen die wesentlichen Ablaufmerkmale in den einzelnen Phasen festgestellt werden, → Tabelle 3.4.

Die Tabelle 3.4 geht dabei davon aus, daß die Adresse der jeweiligen Operanden bereits während der Fetch-Phase geladen wurde, im wesentlichen also im Befehlsformat selbst codiert ist. Für **arithmetisch-logische** und **Kontrollflußbefehle** wird bei dieser Voraussetzung tatsächlich nur ein Buszyklus benötigt, um alle Informationen in den Prozessor zu laden und den Befehl auszuführen.

*Tabelle 3.4 Zuordnung von Befehlsgruppen und Phasen*

| Befehlsgruppe | Fetch | Decode/Load | Execute | Write-Back |
|---|---|---|---|---|
| Arithmetisch-logisch | Befehl aus Speicher laden | Registerinhalte für ALU laden | ALU-Operationen durchführen | Ergebnis in Register schreiben |
| Load/Store | Befehl aus Speicher laden | Registerinhalt laden; Offset berechnen | Adresse für Load/Store berechnen | Load: Daten in Register Store: Daten in Speicher |
| Kontrollfluß | Befehl aus Speicher laden | PC laden | Sprungadresse berechnen | neue (Programm-)Adresse in PC |

**Load/Store-Befehle** müssen hingegen grundsätzlich zwei Buszyklen ausführen, da die Daten vom oder zum Hauptspeicher transferiert werden. Ist dem Von-Neumann-Modell entsprechend nur ein Bussystem für alle zu transferierenden Größen (Code sowie Daten) vorhanden, so bedeutet dies die Einfügung eines Wartezyklus aufgrund des *Ressourcenkonflikts*. Dies wird als *struktureller Hazard* bezeichnet, der Wartezyklus auch als *Pipelinestillstand* (*Pipeline Stall*). Die Lösung dieses Ressourcenkonflikts besteht in der Einführung getrennter Bussysteme für Code und Daten (modifiziertes Harvard-Modell, → 3.5) oder der Nutzung genereller Multiports zwischen Prozessor und Speicher. In realen Rechnersystemen werden hierzu sowohl Daten- als auch Code-Cachespeicher (→ 5) eingesetzt.

Im übrigen muß beachtet werden, daß Buszyklen und interne Operationen wie das Lesen der Register mit vergleichbaren Geschwindigkeiten ablaufen müssen, um eine *balancierte Auslastung* der Phasen zu erreichen und die maximale Taktfrequenz nutzen zu können.

### 3.3.4 Datenhazards und Data-Forwarding

Neben den *strukturellen Hazards*, deren Herkunft in den Ressourcenkonflikten liegt, treten **Datenabhängigkeiten** auf, die ebenfalls zum Stillstand der Pipeline führen können. Der Grund hierfür liegt in der Nutzung von Registern und Registerinhalten für verschiedene, zeitlich aufeinanderfolgende Anweisungen, die dementsprechend auch eine logische Abhängigkeit voneinander besitzen. Hierbei müssen folgende Fälle unterschieden werden:

- **Read-After-Write-Hazard** (RAW): Diese Abhängigkeit bedeutet, daß Daten gelesen (und verwendet) werden sollen, kurz nachdem sie berechnet und in dem Register gespeichert wurden.
- **Write-After-Write-Hazard** (WAW): Diese Abhängigkeit fordert von der Reihenfolge der Schreiboperationen, daß sie exakt eingehalten wird – eine

zunächst widersinnig erscheinende Forderung, da ein RISC-Prozessor die Werte dem sequentiellen Befehlsstrom entsprechend berechnet, dessen Sequenz dann auch in dem äquivalenten Datenstrom zum Ausdruck kommen sollte.

Gemäß /3.7/ kann der *WAW-Hazard* genau dann vorkommen, wenn die Execute-Phase (oder andere Phasen) für unterschiedliche Befehle in der Dauer variiert. Dies kann für Floating-Point-Instruktionen oder *Multiplikationen/Divisionen bei Integer-Operationen* der Fall sein, da diese Berechnungen wesentlich zeitintensiver ablaufen, verglichen mit einfachen arithmetischen Operationen wie etwa einer Integer-Addition. In diesem Fall tritt die Bearbeitung der Write-Back-Phase nicht in der Reihenfolge der Befehle ein.



**WAW-Hazards** können durch eine entsprechende *Compilertechnologie* weitgehend verhindert werden, indem keine aufeinanderfolgenden Schreiboperationen auf dasselbe Register codiert werden. Sie müssen dennoch im Prozessor aufgelöst werden, da sie durch Programmverzweigungen oder nichtoptimale Programmierungen auftreten können /3.7/. Die Auflösung erfolgt durch eine Detektierung gleicher Registernummern bei Schreibvorgängen und die Einfügung von Wartezyklen.

Datenabhängigkeiten der Form Write-After-Read (WAR, → 3.4) können in RISC-Prozessoren nicht auftreten, da die Registerinhalte auch für Befehle mit verlängerter Ausführungszeit in der Decode-Phase gelesen werden, so daß der Inhalt grundsätzlich vor einem nachfolgenden Schreibvorgang bekannt ist.

**RAW-Hazards** treten wesentlich häufiger auf und müssen in einem Prozessordesign grundsätzlich beachtet werden. Gemäß Bild 3.7 und Tabelle 3.4 gilt im Rahmen einer vierstufigen Pipeline für unmittelbar aufeinanderfolgende Befehle, daß der Lesevorgang eines Registers (Decode/Load-Phase) zwei Takte vor dem Schreibvorgang in das gleiche Register (Write-Back-Phase) erfolgt, so daß nachfolgende Befehle mit falschen Datenwerten rechnen können (→ Bild 3.9a).

Diese Datenabhängigkeit muß unbedingt gelöst werden, da ansonsten die Programmsequenz mit falschen Ergebnissen durchlaufen werden kann. Die Lösung läßt sich hierbei durch Einfügung von Wartezyklen erzielen (Bild 3.9a), allerdings mit der Konsequenz einer erheblichen Verschlechterung der realen Instruktionsrate.

Wesentlich besser – da die theoretische Performance erhaltend oder zumindest den Verlust verringernd – ist die Einführung eines **Data-Forwarding** (→ Bild 3.9b). Dies besteht aus zusätzlichen Datenpfaden im Prozessor sowie der Detektierung von RAW-Abhängigkeiten, um ggf. das *Data-Forwarding* auch nutzen zu können. Bild 3.9b zeigt hierbei für den Fall (2), daß dieses Forwar-

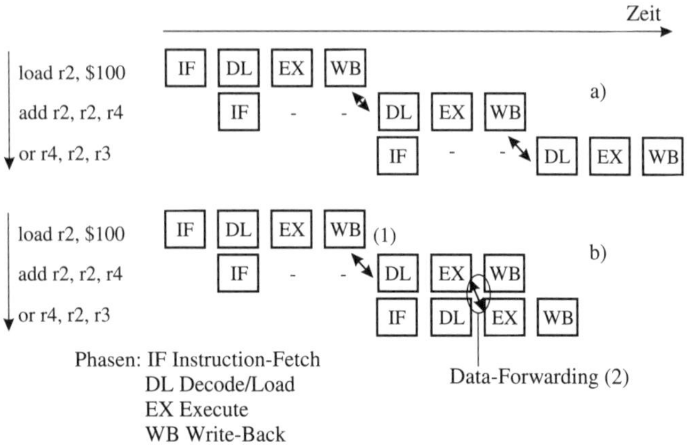


*Bild 3.9 RAW-Abhängigkeiten*
*a) Einfügung von Wartezyklen, b) teilweise Auflösung durch Data-Forwarding*

ding zu einer Auflösung des Pipelinestillstands führt, im Fall (1) jedoch nicht, da auf das Ergebnis des Speicherzugriffs tatsächlich gewartet werden muß.

Bei entsprechender Compilertechnologie können durch die Umstellung von Instruktionen (*Compiler Scheduling*) die Auswirkungen der RAW-Hazards weiter gemindert werden.

### 3.3.5 Kontrollflußhazards

Ein besonderes Problem im Rahmen eines Prozessors mit *Phasenpipelining* stellen *Verzweigungs-(Branch-)* und *Sprung(Jump-)*befehle dar, deren Wirkung auf der ggf. bedingten Änderung des Programmzählers beruht. Nach /3.7/ und /3.8/ sind durchschnittlich 20 % aller Befehle bei Programmen mit Integer-Arithmetik von diesem Typ, so daß die **Kontrollflußänderung** im Vergleich zu Datenabhängigkeiten wesentlich häufiger erfolgt.

Gemäß Tabelle 3.4 wird der Programmzähler durch die *Kontrollflußbefehle* erst in der Write-Back-Phase geändert, so daß insbesondere bei *konditionierten* Sprüngen auf diesen Zeitpunkt gewartet werden muß, um mit Sicherheit den nächsten „richtigen" Befehl im Kontrollfluß laden zu können. Dadurch entstehen zwei Wartezyklen sowie die Wiederholung des Fetch des nachfolgenden Befehls, wie in Bild 3.10a dargestellt wird.

Die aus den drei Wartezyklen sowie einer Häufigkeit von 20 % resultierende Verringerung des *Speedups* von 4 auf 2,5 (gemäß Gl. (3.3)) allein durch Sprung- und Verzweigungsbefehle ist nicht akzeptabel. Folgende Maßnahmen

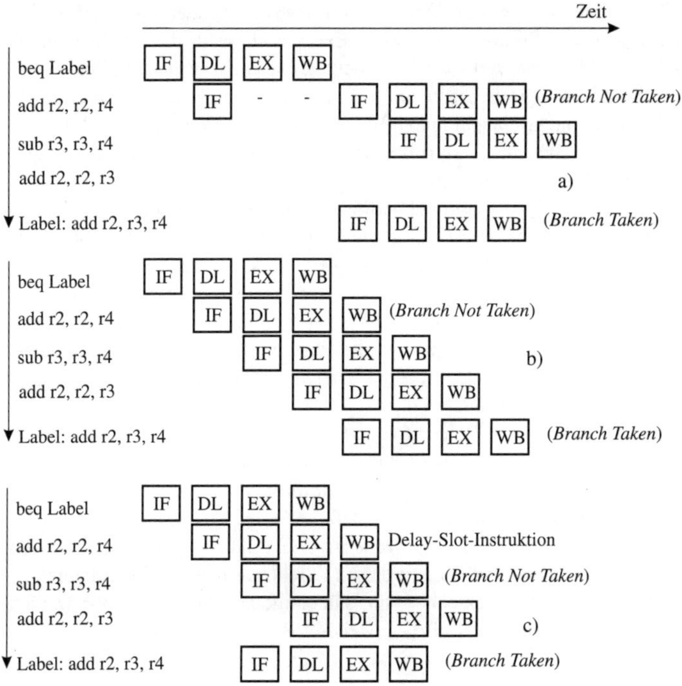


Phasen: IF Instruction-Fetch
DL Decode/Load
EX Execute
WB Write-Back

*Bild 3.10 Wartezyklen bei Branch- und Jump-Befehlen*
*a) Pipeline wartet immer, b) Statische Vorhersage: kein Sprung, c) Branch mit Delay-Slot-Instruktion und Look-Ahead-Resolution*

können in Pipeline-Prozessoren getroffen werden, um die Anzahl der *Wartezyklen* für bedingte und unbedingte Sprünge zu reduzieren:

- Über alle Sprung- und Verzweigungsbefehle (auch die unkonditionierten) gemittelt verzweigen etwa zwei Drittel aller Fälle, während ein Drittel den Kontrollfluß nicht ändert. Im Rahmen einer **statischen Sprungvorhersage** wird im einfachsten Fall daher angenommen, daß sich der Kontrollfluß nicht ändert. Die nachfolgenden Befehle werden ausgeführt, die Ergebnisse jedoch erst gespeichert, wenn sicher ist, daß die Verzweigung nicht eingetreten ist. Im anderen Fall werden alle Operationen nachträglich als „No Operation“ deklariert und die Ergebnisse verworfen.

- Zur Minderung der drei Wartezyklen im verzweigenden Fall wird die Berechnung des Sprungziels aus der Execute-Phase in die Fetch- oder die Decode-Phase vorverlegt. Dies bedeutet, daß nicht mehr der Addierer der arithmetisch-logischen Einheit, sondern ein *zusätzlicher Addierer* in der Hardware integriert sein muß (/3.7/ und /3.8/). Die Verlegung in die Fetch-Phase kann dabei laufzeitkritisch sein, so daß eine Verminderung des maximalen Takts die Folge wäre.
- Die Auswertung der Sprungkondition erfolgt soweit möglich ebenfalls in der Decode-Phase. Hierzu muß die Vergleichseinheit zusätzlich in der zu dieser Phase gehörenden Hardware integriert sein, oder der Verzweigungsbefehl bezieht sich auf ein Statusregister (*Condition Code Register*), wobei dann die darin stehenden Flags ggf. auch mit einem zusätzlichen Data-Forwarding belegt sein müssen. Die Einführung dieser als **Look-Ahead-Resolution** bezeichneten Technik bedeutet im Verzweigungsfall lediglich einen Takt Verzögerung.
- Der auf den Branch-Befehl folgende Befehl kann in der **Delay-Branch-Technik** in jedem Fall ausgeführt werden (im sogenannten *Delay-Slot*). In Zusammenhang mit der *Look-Ahead-Resolution-Technik* führt dies zu keiner Verzögerung, bedeutet jedoch, daß die Befehlsausführung in jedem Fall erlaubt sein muß. Die *Delay-Branch-Technik* muß im Zusammenhang mit einer Compilertechnologie, die diesen Befehl automatisch korrekt nutzt, gesehen werden. Es kann dabei sein, daß einige Befehle im Delay-Slot nicht zulässig sind (beispielsweise ein weiterer Branch-Befehl).

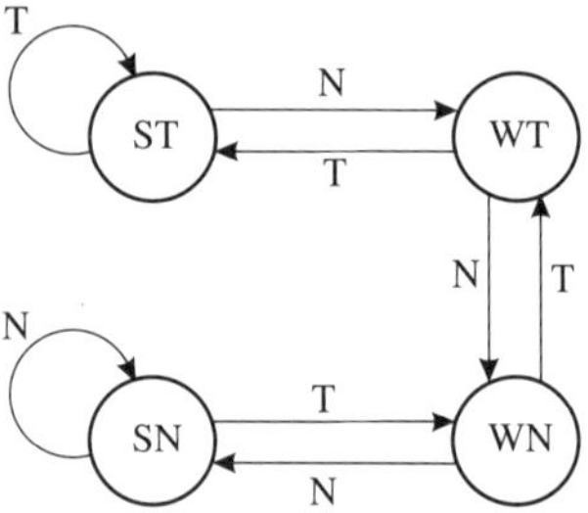


Zustände: ST *Strong Taken* (Vorhersage: Branch verzweigt)
WT *Weak Taken* (Vorhersage: Branch verzweigt)
WN *Weak Not Taken* (Vorhersage: Branch verzweigt nicht)
SN *Strong Not Taken* (Vorhersage: Branch verzweigt nicht)

Übergänge: T *Branch Taken*
N *Branch Not Taken*

*Bild 3.11 Zustände zur Sprungvorhersage*

- In Form einer **dynamischen Sprungvorhersage** (*Branch Prediction*) und eines internen Speichers für das letzte Sprungziel (*Branch Target Cache*) ist eine weitere Verringerung der mittleren Wartezeit durch *Kontrollflußhazards* möglich. Die Sprungvorhersage wird häufig in Form eines Zustandsautomaten mit den Zuständen Strongly-Taken, Weakly-Taken, Weakly-Not-Taken und Strong Not Taken realisiert (→ Bild 3.11).



Aufwendige Algorithmen zur Sprungvorhersage sowie zusätzliche Hardware in dem Prozessor ermöglichen letztendlich eine Wahrscheinlichkeit von $< 5$ %, daß ein Wartezyklus durch einen *Kontrollflußhazard* hervorgerufen wird. Mit diesen Zusätzen kann der interne Aufbau eines Prozessors mit einem vierstufigen Phasenpipelining entsprechend Bild 3.12 angegeben werden.

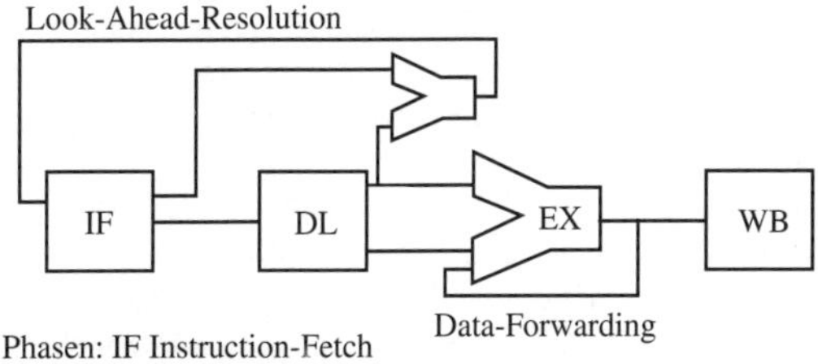


Phasen: IF Instruction-Fetch
DL Decode/Load
EX Execute
WB Write-Back

*Bild 3.12 Blockdarstellung: Prozessor mit vierstufigem Phasenpipelining*

### 3.3.6 Ausnahme- und Interrupt-Request-Behandlung

**Unterbrechungen** (*Interrupt Requests*) und **Ausnahmen** (*Exceptions*) treten in Programmabläufen in synchroner wie asynchroner Weise auf. Zur Behandlung müssen gemäß /3.7/ und /3.8/ einige Fälle unterschieden werden:

- **Asynchrone Unterbrechungen**, die aus externen Quellen mit Hilfe von IRQ-Leitungen zum Prozessor gelangen, können mit Hilfe einer Trap-Instruktion behandelt werden. Die *Trap-Instruktion* veranlaßt alle Hardware-Elemente in der Pipeline, den Zustand zu sichern (beispielsweise auf dem Stack) und unterbricht die weitere Ausführung der bisherigen Befehle zugunsten der Service-Routine. Am Ende der Routine wird die Pipeline wieder exakt in den Zustand vor der Unterbrechung versetzt und gestartet. Die Einführung von Sonderbehandlungen für Branch-Befehle (→ 3.3.5) erfordert auch hier zusätzliche Speicherplätze, um alle Informationen zu sichern.
- **Synchrone Ausnahmebehandlungen** wie Betriebssystemaufrufe können äquivalent behandelt werden, verhalten sich aber aufgrund der Synchronität zum Programm ähnlich wie Unterprogrammaufrufe.

- **Ausnahmebehandlungen** aufgrund von **Hardwarefehlern**, **fehlerhaften Operationscodes** oder **unzulässigen Datenwerten** etwa bei Floating-Point-Zahlen müssen im Prozessor detaillierter behandelt werden, da ein *Restart der Pipeline* mit diesen Werten nicht möglich ist oder im Fall der Floating-Point-Operationen der auslösende Fall vielleicht schon gespeichert ist. Hierfür werden Hardware-Operationen im Zusammenhang mit den Service Routinen angeboten, die auch die Pipeline zurücksetzen können und damit einen definierten Zustand im Prozessor erreichen.

### 3.3.7 Pipelinevariante II: 8 Phasen der Befehlsbearbeitung

Die Integration von Floating-Point- sowie komplexeren Integer-Operationen erfordert die **Verlängerung der Pipeline**, falls nicht für weniger komplexe Instruktionen, die sich in der Ausführung befinden, Warteschleifen eingelegt werden sollen. Nach der ersten Generation von Prozessoren mit Phasenpipelining, die zumeist etwa vier Stufen besaßen, wurden daher Prozessoren mit mehr Stufen entwickelt, beispielsweise acht (MIPS R4000). Die erhöhte Anzahl der *Pipelinestufen* bedeutet zugleich eine Erhöhung des mögliches Takts (MIPS R4000: 100 . . . 200 MHz), da die Ausführungszeiten der Teiloperationen sinken. Im Beispiel R4000 (/3.7/ und /3.8/) besitzen die einzelnen Taktphasen die Bezeichnungen IF (*Instruction-Fetch, First Half*), IS (*Instruction-Fetch, Second Half*), RF (*Instruction-Decode* and *Register-Fetch*), EX (*Execute*), DF (*Data-Fetch, First Half*), DS (*Data-Fetch, Second Half*), TC (*Tag-Check*) und WB (*Write-Back*) (→ Bild 3.13).

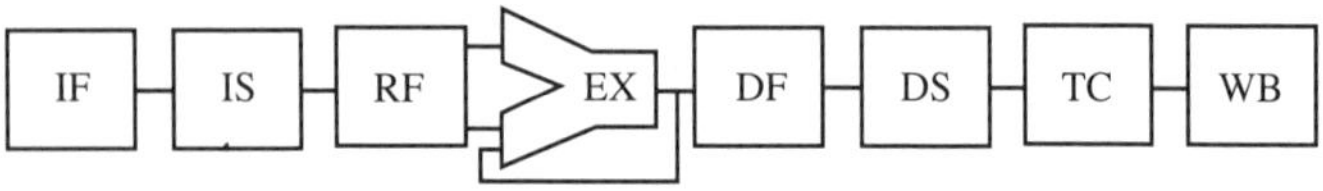


Phasen: IF Instruction-Fetch (1)
IS Instruction-Fetch (2)
RF Instruction-Decode and Register-Fetch
EX Execute
DF Data-Fetch (1)
DS Data-Fetch (2)
TC Tag-Control
WB Write-Back

*Bild 3.13 RISC-Prozessor mit 8stufiger Pipeline*

Die **Floating-Point-Pipeline** ist im allgemeinen von diesem Schema abweichend, enthält beim R4000 aber ebenfalls 8 Stufen, so daß eine Gleichgewichtung für Integer- und (32-bit-)Floating-Point-Operationen eintritt. *64-bit-Floating-Point-Operationen* sowie aufeinanderfolgende FP-Operationen bewirken hingegen Wartezyklen durch die Mehrfachnutzung von Pipelinestufen (strukturelle Hazards, → 3.3.3).

Der Aufwand für die achtstufige Pipeline, Data-Forwarding und die Behandlung der Branch-Befehle betreffend, ist wesentlich größer, verglichen mit der vierstufigen Pipeline. Obwohl hierbei wesentlich mehr Wartezyklen entstehen können, bleibt insgesamt ein Geschwindigkeitszuwachs, in Takten gemessen (→ Bild 3.8), vorhanden, der im Zusammenhang mit der Erhöhung des Takts für einen Performancegewinn sorgt.



### 3.3.8 Definition von RISC-Prozessoren

Eine allgemein anerkannte, einfache Definition der Klassifizierung **RISC-Prozessor** existiert zwar nicht, jedoch kann ein Kriterienkatalog angegeben werden, der von einer Architektur in 5 von 8 Fällen erfüllt sein sollte, um als RISC-Prozessor zu gelten. Diese Kriterien sind:

1. Anzahl der Maschinenbefehle $\leqq 150$
2. Anzahl der Adressierungsmodi $\leqq 4$
3. Anzahl der Befehlsformate $\leqq 4$
4. Anzahl der allgemeinen CPU-Register $\geqq 32$
5. Ausführung aller oder der meisten Maschinenbefehle in einem Zyklus
6. Speicherzugriff nur über Load/Store-Befehle
7. Festverdrahtete Steuerung
8. Unterstützung höherer Programmiersprachen

Abweichungen von diesen Kriterien sind natürlich möglich und sollten entsprechend bewertet werden. **RISC** ist dementsprechend mehr als **Entwurfsphilosophie** zu sehen, weniger als Architekturklasse.

## 3.4 Superskalare und VLIW-Prozessoren

Die *RISC-Architekturen* werden aufgrund ihres Ziels, einen Befehl pro Takt auszuführen, als *skalare Architekturen* bezeichnet. Die Überschreitung dieser Grenze ist dementsprechend als **Superskalarität** charakterisiert. Prozessoren, die mit Hilfe entsprechender interner Einheiten mehr als einen Befehl pro Takt verarbeiten bzw. ein $CPI < 1$ erreichen (können), werden als **superskalare Prozessoren** bezeichnet.

Es besteht allerdings auch die Möglichkeit, die Zusammenfassung mehrerer Instruktionen durch den Compiler ausführen zu lassen und dem entsprechend ausgelegten Prozessor den zusammengesetzten Befehl als **Very-Long-Instruction-Word** (**VLIW**) zu codieren. Diese Technologie bedeutet, daß sowohl im Compiler als auch im *VLIW-Prozessor* Anpassungen vorzunehmen sind. Insgesamt bleibt festzustellen, daß sowohl für superskalare als auch für VLIW-Prozessoren ein stark erhöhter Aufwand im Vergleich zu RISC-Prozessoren notwendig ist, um die theoretisch mögliche Performance in der Praxis auch annähernd zu erreichen (/3.7/ bis /3.9/).

### 3.4.1 Superskalare Prozessoren

Die superskalare Ausführung eines Programms durch einen Mikroprozessor bedeutet, daß mehr als eine Instruktion pro Takt auszuführen ist, so daß intern zwei oder mehrere Befehle in **echter Nebenläufigkeit** zueinander verarbeitet werden müssen. Diese scheinbar einfache Schlußfolgerung hat zur Konsequenz, daß ein wesentlicher Inhalt des Von-Neumann-Paradigmas verworfen wird.

Innerhalb eines *RISC-Prozessors* befinden sich mehrere Befehle quasi-parallel in der Ausführung, allerdings in verschiedenen zeitlich aufeinanderfolgenden Phasen. Dieses *Phasenpipelining* und die Maßnahmen zur Erhaltung der Datenkonsistenz (im Extremfall die Einfügung von Wartezyklen) erreichen, daß die Instruktionen weiterhin in sequentieller Reihenfolge ausgeführt werden. Die superskalare Ausführung des Programms bedeutet jedoch, daß Instruktionen zur gleichen Zeit abgearbeitet werden, im Extremfall sogar in **invertierter zeitlicher Reihenfolge** (*out of order Execution*). Um dennoch die bekannten Programmsprachen und -paradigmen einsetzen zu können, wird für superskalare Prozessoren die *Befehlssequentialität* durch die *Ergebnissequentialität* ersetzt: Die berechneten Ergebnisse müssen denjenigen entsprechen, die mit dem gleichen Programm von einem Prozessor mit Instruktionssequentialität berechnet werden.

Diese Philosophieänderung läßt sich auch dadurch ausdrücken, daß das Maschinenprogramm nicht mehr aussagt, *in welcher Reihenfolge etwas berechnet* wird, sondern nur noch, *wie etwas berechnet* wird (siehe hierzu auch /3.12/). Für den Aufbau eines superskalaren Prozessors ergibt sich daraus die Forderung nach zusätzlichen Hardware-Einheiten zur Kontrolle der korrekten Berechnungsreihenfolge. Bild 3.14 zeigt die Blockarchitektur innerhalb eines *superskalaren Prozessors.*

Die (optionale) *Predecode-Unit* erzeugt zusätzliche Informationen für die aus dem Hauptspeicher geladenen Instruktionen, um im Instruktionscache bereits teilweise decodierte Befehle zu speichern. Dies erfolgt lediglich, um in den späteren Phasen benötigte Informationen frühzeitig zur Verfügung zu stellen. Zwischen *Instruktionscache* und *Instruktionsbuffer* sind bereits mehrere Datenpfade vorgesehen, um die benötigte Anzahl an Befehlen pro Takt in die Verarbeitung laden zu können. Diese Anzahl muß mindestens der *internen Parallelität* (z. B. Anzahl der ALUs) entsprechen, da ansonsten die theoretische Instruktionsrate nicht erreichbar wäre. Während im *Instruktionscache* Blöcke

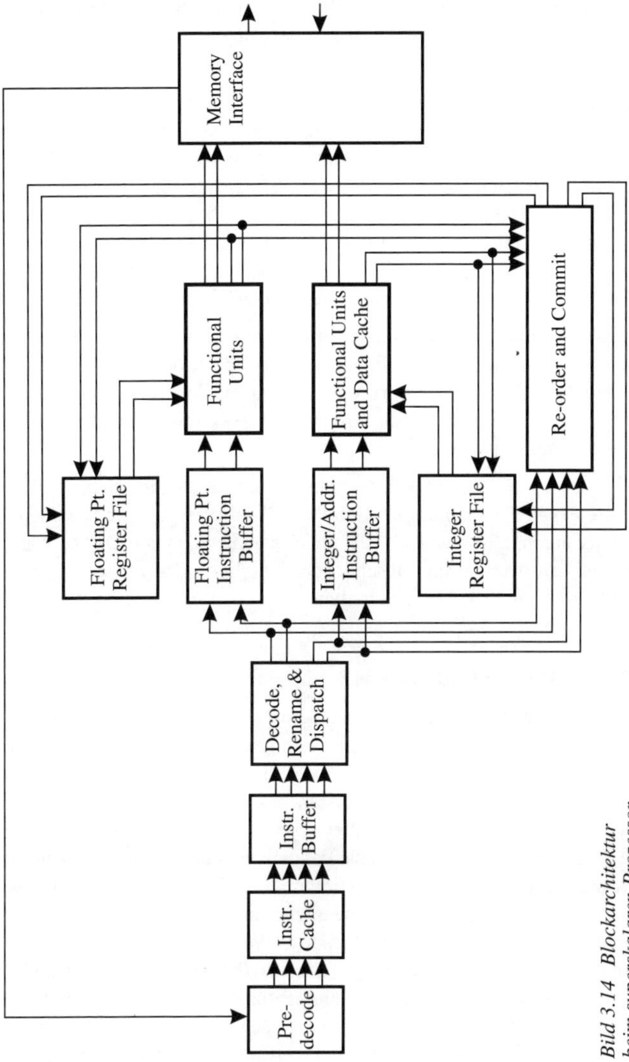


*Bild 3.14 Blockarchitektur beim superskalaren Prozessor*

von Instruktionen mit aufeinanderfolgenden Adressen stehen, lädt der Prozessor diese Instruktionen in logischem Zusammenhang in den Buffer. Diese doppelt gepufferte Anordnung wird eingeführt, um möglichst viele Möglichkeiten zum Ausgleich von Fehlzugriffen (*Cache Misses*) oder Instruktionsflußänderungen zu haben.

Die *Decode-*, *Rename-* und *Dispatch-Einheit* führen in Zusammenarbeit mit dem Instruktionsbuffer eine erste Bearbeitung von Kontrollflußänderungen durch. Insbesondere für bedingte Sprünge bzw. Verzweigungen muß hier entschieden werden, wie der Prozessor den Verlauf des Programms weiterverfolgen soll (→ 3.4.2). Weiterhin sind in dieser Einheit die Kontrolle von *Datenabhängigkeiten* (→ 3.4.3) sowie Maßnahmen zur Behebung dieser integriert (→ 3.4.4). Abschließend werden gemäß einem *Zuteilungsalgorithmus* (→ 3.4.5) die Instruktionen an die ausführenden Einheiten übergeben.

Die **ausführenden Einheiten** selbst bestehen aus *arithmetisch-logischen Einheiten* (ALU) für Integer- und Floating-Point-Operationen sowie *Load-* und *Store-Pipelines* für Speicherzugriffe. Abhängig von der speziellen Architektur können diese Einheiten, insbesondere die ALUs, jeweils komplett oder eingeschränkt ausgeführt sein.

Die *Reorder-* und *Commit-Einheit* ist letztendlich verantwortlich für die bereits erwähnte *Ergebnissequentialität*. Sämtliche Ausführungen von Befehlen, die spekulativ durchgeführt wurden bzw. im Zusammenhang mit Datenabhängigkeiten standen, werden hier abschließend bestätigt oder verworfen, um die Korrektheit der Berechnung zu erhalten.

### 3.4.2 Kontrollflußhazards

**Sprung-** und **Verzweigungsbefehle** ändern den Kontrollfluß des Programms. Während dies bei unkonditionierten Sprungbefehlen im schlimmsten Fall zu einem Cache-Miss im Instruction-Cache führt, müssen *bedingte Verzweigungsbefehle* wie für RISC-Prozessoren besonders behandelt werden. Die einfache Einfügung einer Wartezeit erweist sich bei superskalaren Prozessoren als unzumutbar, da sich durch die Parallelität der Ausführung der zeitliche Effekt wesentlich stärker auswirkt. Hierdurch bleiben innerhalb der Hardware des Prozessors zwei Varianten zur Bearbeitung:

1. Für die Ausführung des konditionierten Verzweigungsbefehls wird eine **dynamische Sprungvorhersage** (*Branch Prediction*) entsprechend den Ausführungen in Abschnitt 3.3.5 durchgeführt. Dies bedeutet, daß bei fehlerhafter Vorhersage die Ausführung der nachfolgenden Befehle verworfen werden muß (*Commit Unit*) und daß hierfür alle Befehle bis zur endgültigen Klärung der korrekten Verzweigung in ihrer Wirkung umkehrbar sein müssen.

2. Es wird alternativ hierzu versucht, **beide Wege** zu verfolgen. Dies bedeutet die mindestens *doppelte Auslegung aller Ressourcen* im Prozessor, um diese Wege parallel zueinander verfolgen zu können. Weiterhin sind bei aufeinanderfolgenden Verzweigungen die Möglichkeiten zur parallelen Ausführung ab einer bestimmten Verzweigungsebene erschöpft, so daß dieser Weg nur additiv zur *spekulativen Ausführung* unter 1. sein kann.



Die Behandlung der **Kontrollflußhazards** ist insgesamt nicht optimal. Eine bessere Lösung kann jedoch im Zusammenspiel von *superskalarem Prozessor* und *Compilertechnologie* (→ 3.4.7) erreicht werden, indem sich durch die Einführung von bedingt auszuführenden Befehlen im Prozessor Verzweigungsbefehle vermeiden lassen.

### 3.4.3 Datenhazards

Das Problem von **Datenabhängigkeiten** im Instruktionsfluß, in 3.3.4 bereits diskutiert, wird im Rahmen einer superskalaren Ausführung noch wesentlich verschärft. Neben den dort diskutierten Abhängigkeiten RAW und WAW tritt ein dritter Fall eines *Datenhazards* auf, der durch die *parallele* und ggf. *Out-Of-Order-Ausführung* ebenfalls betrachtet werden muß:

- Der **Write-After-Read-Hazard** (WAR), auch als **Anti-Dependancy** bezeichnet, bedeutet, daß im Programmkontext ein schreibender Zugriff auf ein Register vorkommt, dessen Inhalt zuvor im Rahmen eines anderen Befehls gelesen werden soll.

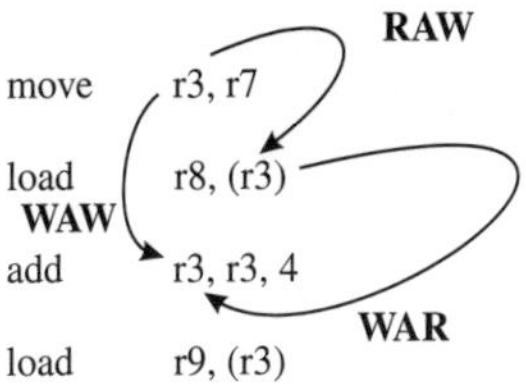


*Bild 3.15 Beispiel für Datenabhängigkeiten*

Bild 3.15 zeigt einige Datenabhängigkeiten, die zunächst die parallele Ausführung behindern werden. Zur Behebung dieser Blockierung sind zwei unterschiedliche Strategien einzusetzen:

- *WAW* und *WAR* werden als **virtuelle Hazards** bezeichnet, da sie durch die Angabe des Zielregisters in *Überschneidung* mit einem vorherigen Ziel- oder Quellregister entstehen. Die ersatzweise Angabe eines anderen Registers löst diesen Hazard auf. Innerhalb des Prozessors wird demnach für Ziel- und Quellregister ein (*Runtime-*)*Register-Renaming* durchgeführt, das den im Programm angegebenen (logischen) Registern ein im Prozessor vorhandenes (physikalisches) Register zuordnet. Hierdurch ist eine Auflösung der Abhängigkeit möglich.

Diese *Registerzuordnung* wird intern meist als Tabelle verwaltet, kann jedoch recht aufwendig sein, da alle im Programm geführten Register zugeordnet werden müssen. Dies steht auch im Zusammenhang mit den Algorithmen zur Zuteilung der Befehle an die ausführenden Einheiten (→ 3.4.5). Die (Rückwärts-)Zuordnung von physikalischem und logischem Register nach der Ausführung der Befehle obliegt der *Commit-Einheit*.

- *RAW* gilt weiterhin als realer Datenhazard und kann nur durch ein *Data-Forwarding* gemildert werden. Eine parallele Ausführung von Befehlen mit RAW-Abhängigkeiten ist jedoch meist ausgeschlossen, da sich die Laufzeit der Instruktionen verlängern würde. *Data-Forwarding* wird aus Aufwandsgründen meist nur teilweise, ggf. sogar überhaupt nicht im Prozessor integriert. Der Laufzeiteffekt durch RAW-Abhängigkeiten läßt sich durch ein geeignetes *Scheduling der Instruktionen*, z. B. eine *Out-Of-Order-Ausführung*, vermindern.

### 3.4.4 Register-Renaming

Wie bereits erwähnt wird zur Auflösung der *virtuellen Hazards WAR* und *WAW* ein **(Runtime-)Register-Renaming** zur Laufzeit des Programms durchgeführt. Dies bedeutet, daß alle Registerangaben im Maschinenprogramm als logische Register angesehen werden, denen man mit Hilfe einer *Zuordnungstabelle* (*Mapping Table*) ein physikalisches Register zuordnet. Die Anzahl der physikalischen Register sollte daher die der logischen übersteigen.

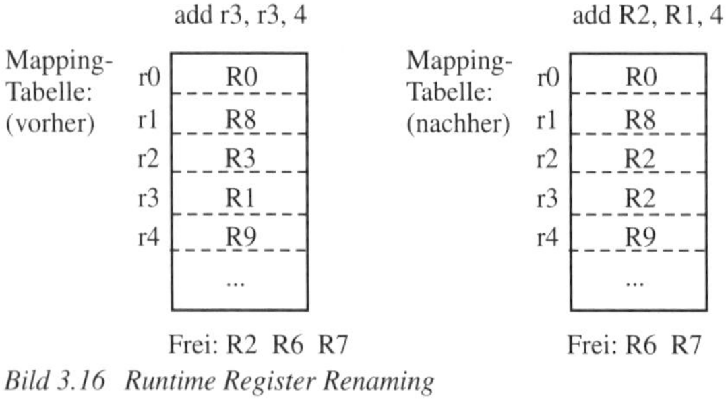


*Bild 3.16 Runtime Register Renaming*

Bild 3.16 zeigt ein einfaches Beispiel hierfür. Die *Zuordnung* eines physikalischen Registers bleibt für das Programm so lange erhalten, bis das entsprechende logische Register wieder beschrieben wird. Es wird als frei gekennzeichnet, wenn der letzte lesende Vorgang hierfür abgeschlossen ist. Eine andere Lösung für das *Renaming* geht von einer (1 : 1)-Zuordnung zwischen logischen und physikalischen Registern aus, nutzt jedoch einen *Reorder-Buffer* in Ringstruktur mit wahlfreiem Zugriff als Zwischenpuffer für die Ergebnisse.

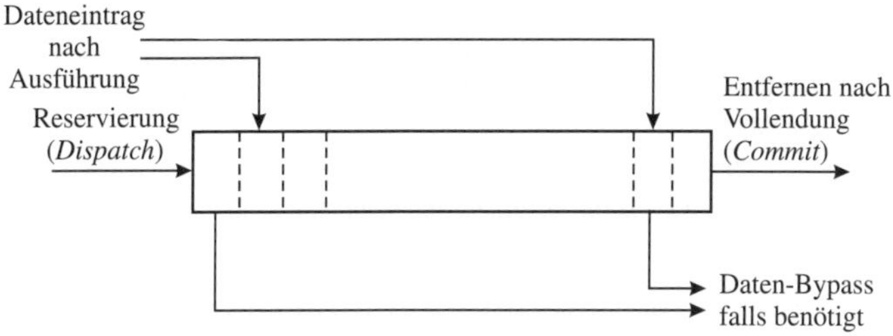


*Bild 3.17 Reorder Buffer*

Jede auszuführende Instruktion belegt in diesem Puffer einen Speicherplatz für das Resultat, der bei der Bestätigung der Ausführung (*Commit-Einheit*) wieder freigegeben wird (→ Bild 3.17).

### 3.4.5 Algorithmen zur dynamischen Parallelisierung

Eine **statische Parallelisierung** liegt in einem superskalaren Prozessor vor, wenn die Decoding-, Renaming- und Issueing-Einheit die Instruktionen in ihrer im Programm stehenden Reihenfolge bearbeitet und dabei in der parallel arbeitenden Ausführungseinheit ohne *Veränderung dieser Sequenz* zum Ablauf bringt. Dies bedeutet, daß eine Datenabhängigkeit eines Maschinenbefehls alle nachfolgenden Instruktionen ebenfalls stoppt.

Gleichzeitig werden jedoch bei zentraler Steuerung der Instruktionen (eine Warteschlange) alle Maßnahmen zum *Register-Renaming* unnötig, so daß eine Vereinfachung der Hardware die Folge ist.

Die **dynamische Parallelisierung** ist für eine möglichst optimale Ausnutzung der *Instruction-Level-Parallelität* (ILP) von großer Bedeutung. Hierbei wird versucht, die zeitlichen Auswirkungen der Datenabhängigkeiten eines Maschinenbefehls durch die vorzeitige Ausführung (*Out Of Order Execution*) der nachfolgenden zu mildern oder sogar komplett zu verhindern. Hierzu sind jedoch umfangreiche Vorkehrungen im Prozessor zu treffen, um die erwähnte Ergebnissequentialität beizubehalten.

Der ältere, durch eine zentral wirkende Instanz gekennzeichnete Algorithmus wird mit **Scoreboarding** bezeichnet. Das *Scoreboard* (erstmalig in der CDC6600 verwendet) kontrolliert hierbei zentral alle Datenabhängigkeiten und kann dadurch die Instruktionen zur Ausführung freigeben. Der neuere Algorithmus, nach seinem Erfinder **Tomasulo-Algorithmus** genannt, kombiniert den *Reorder-Buffer* (→ 3.4.4) und Elemente aus dem *Scoreboard* zu *Reservation-Stations* (→ Bild 3.18). In diesen Listenelementen einer Ringstruktur werden nun die Instruktion, die notwendigen Adressen und Daten sowie die Gültigkeitsmerkmale (beispielsweise durch die Commit-Einheit) eingetragen. Dieser dezentrale Algorithmus erzeugt demnach Einträge, die bezüglich der Ausführbarkeit jederzeit abfragbar sind.

| | | | | | | | |
|---|---|---|---|---|---|---|---|
| operation | source 1 | data 1 | valid 1 | source 2 | data 2 | valid 2 | destination |

*Bild 3.18 Reservation-Station im Tomasulo-Algorithmus*

Befehle in Reservation-Stations, bei denen alle Daten als gültig markiert sind, können durch den Dispatcher zur Ausführung gebracht werden.

### 3.4.6 Auswirkungen auf die Compilertechnologie

Alle Maßnahmen im superskalaren Mikroprozessor dienen letztendlich dazu, den durchschnittlichen *Parallelitätsgrad* der ausgeführten Instruktionen zu erhöhen bzw. den tatsächlichen **CPI-Wert** zu erniedrigen. Insgesamt ist jedoch die große Anzahl an (bedingten) Verzweigungsbefehlen in den Programmen, bei denen der Verlauf nur vorhergesagt werden kann, dafür verantwortlich, daß die *realen Performance-Werte* weit unter den theoretisch möglichen bleiben.

Eine weitere Steigerung der real auszuführenden **Instruktionsparallelität** ist mit Hilfe der *Compilertechnologie* möglich /3.12/. Hierzu sind folgende Schritte notwendig:

1. Ein superskalarer Prozessor kann um so besser arbeiten, je größer die Anzahl der Instruktionen ist, die ohne Unterbrechung durch einen Sprung- oder Verzweigungsbefehl durchlaufen werden. Ein derartiger Block von Instruktionen mit nur einem Eintritts- und einem Austrittspunkt wird als **Basisblock** bezeichnet (→ Bild 3.19b).
2. Innerhalb des Compilerlaufes kann versucht werden, die Basisblöcke möglichst groß zu gestalten oder durch die Kopie von Teilen des Codes größere **Superblöcke** zu schaffen (→ Bild 3.19c).
3. Eine bessere Möglichkeit insbesondere bei komplexen Programmstrukturen besteht darin, diejenigen Verzweigungsbefehle, die aus einer If-Bedingung stammen, in *bedingte Befehle* (*Predicated Instructions*) umzuwandeln. Diese Befehle, beispielsweise `movp` aus Bild 3.19d, werden ausgeführt, wenn das Bedingungsflag erfüllt ist, ansonsten werden sie zu „No Operation“ umgewandelt, verändern jedoch nicht den Programmfluß. Diese Wandlung ist als If-Conversion bekannt und für Verzweigungen im Sourcecode

möglich, nicht jedoch für Schleifenkonstrukte. Die If-Conversion benötigt die Ausführbarkeit in dem Mikroprozessor. Die hieraus entstehenden Blöcke werden als **Hyperblöcke** bezeichnet.

4. Für Schleifen kann ein **Loop-Unrolling** durchgeführt werden. Zwei oder mehrere Durchläufe einer Schleife, die für sich beispielsweise einen Hyperblock bilden, werden zu einem größeren Block zusammengefaßt. Hierbei ist aufgrund der Datenabhängigkeiten ein *(Compiletime-)Register-Renaming* durchzuführen.



a)
```
if( a > 0 )
   b = a;
else
   b = c;
```

```
L0:  load r0, a
     cmp  r0, #0
     ble  L2
L1:  mov  r1, r0
     bra  L3
L2:  mov  r1, c
L3:  store b, r1
```

```
L0:  load r0, a
     cmp  r0, #0
     ble  L2
L1:  store b, r0; (L3)
     bra  L4
L2:  mov  r1, c
     store b, r1; (L3')
L4:
```

```
L0:  load  r0, a
     load  r1, c
     pgt   r0, #0, p1
     movp r2, r0, p1; Bedingter Move
     movp r2, r1, /p1;
     store b, r2
```

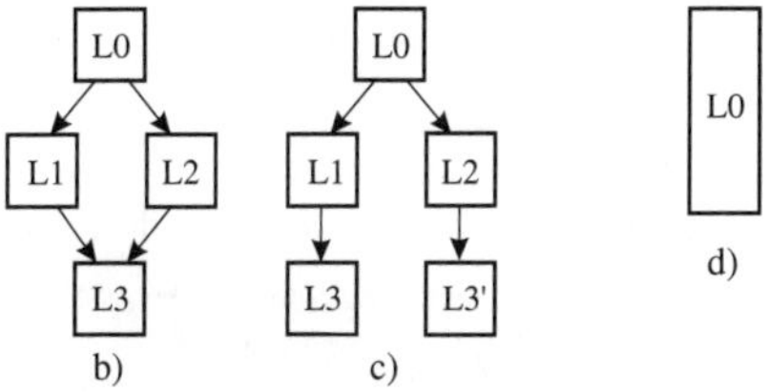


*Bild 3.19 Codeoptimierung für superskalare Prozessoren*
*a) C-Sourcecode, b) nichtoptimierte Basisblöcke, c) Superblöcke, d) Hyperblock*

## 3.4.7 VLIW-Prozessoren

**Very-Long-Instruction-Word-Prozessoren** (VLIW) können als Variation der superskalaren Prozessoren gelten, die in der Lage sind, mehrere in einem Wort codierte Maschinenbefehle parallel zueinander auszuführen. Der Ansatz hierzu entstammt den Algorithmen zur *dynamischen Parallelisierung* in superskalaren Prozessoren und verlagert diesen Vorgang in den Compiler.

Die Vorteile des VLIW-Ansatzes bestehen einerseits in der Verminderung des Aufwands im Prozessor, andererseits in der Möglichkeit des Compilers, eine mehr globale Sicht auf den erzeugten Maschinencode zu haben und daraus mehr ausführbare Parallelität durch eine Out-of-Order-Ausführung zu generieren. Im Gegensatz zum Prozessor, der zur Laufzeit nur eine beschränkte Sicht auf den Code haben kann, ist eine Analyse zur Compilezeit auf dem gesamten Programm möglich.

*VLIW-Prozessoren* benötigen demnach einen entsprechenden Compiler mit integrierten Optimierungsmöglichkeiten. Die meisten Mikroprozessoren dieser Klasse haben ein Instruktionsformat fester Länge, seit neuestem existieren jedoch auch VLIW-Prozessoren mit *variablem Codeformat*, bei dem das Ende durch besondere Bitmuster kenntlich gemacht wird.

### 3.4.8 Zusammenfassung der Kontrollfluß- und Datenabhängigkeiten

Die folgende Tabelle 3.5 faßt nochmals die diversen Kontrollfluß- und Datenhazards sowie mögliche Abhilfen in superskalaren Mikroprozessoren zusammen.

*Tabelle 3.5 Kontrollfluß- und Datenabhängigkeiten*

| Ursache | Abhilfen |
|---|---|
| Bedingte Sprünge | Dynamische Sprungvorhersage<br>Bedingte Befehle (If-Conversion)<br>Loop-Unrolling (Reduktion der Anzahl der Branches) |
| Virtuelle Datenhazards (WAR, WAW) | Dynamisches Scheduling (Out-of-Order-Ausführung) mit Runtime-Register-Renaming |
| RAW-Hazard | Dynamisches Scheduling mit Reservation-Stations oder Scoreboarding |

## 3.5 Signalprozessoren

Neben den in den vorangegangenen Abschnitten dargestellten *General-Purpose-Prozessoren* existieren auch **Special-Purpose-Prozessoren**, deren Architektur auf bestimmte Applikationsklassen zugeschnitten ist. Ein Beispiel für diese Spezialprozessoren stellen die *Signalprozessoren* dar, die für den Bereich der Signalverarbeitung optimiert wurden.

Bestimmendes Moment dieser Applikationsklasse sind die großen Datenmengen, die etwa für Filterberechnungen, Transformationen oder die Bildverarbeitung sowohl als Quelldaten wie als Ergebnisdaten anfallen. Im Gegensatz zu General-Purpose-Prozessoren und -Applikationen, die die Daten aus Performance-Gründen möglichst lange im Register-File halten, ist dieses *Datenlokalitätsprinzip* für **Signalprozessoren** nicht möglich.

Konsequenterweise erhalten die digitalen Signalprozessoren (DSP) eine erhöhte Bandbreite im Interface zwischen Prozessor und Speicher, so daß sich sowohl die grundlegende Architektur als auch der Befehlssatz der DSPs gegenüber den General-Purpose-Prozessoren ändert.

Für eine ausführliche Darstellung der Signalprozessoren sei auf das Kapitel 8 verwiesen. In den folgenden Abschnitten werden die Unterschiede zwischen General-Purpose- und Signalprozessoren aus architektonischer Sicht behandelt.



### 3.5.1 Modifizierte Harvard-Architektur für digitale Signalprozessoren

Die **Architektur von digitalen Signalprozessoren** im Gesamtrechner muß eine Balance zwischen arithmetischen Berechnungs- und Datenzugriffskapazitäten finden. Generell kann man davon ausgehen, daß pro auszuführendem Befehl im DSP 1 bis 2 Daten aus dem Speicher zu laden bzw. zu speichern sind. Dadurch wird ersichtlich, daß DSPs gemäß der *Harvard-Architektur* konzipiert werden müssen.

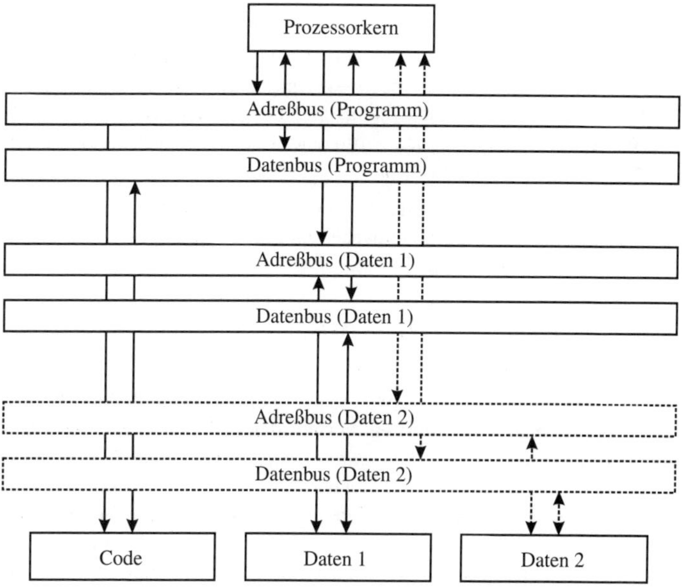


*Bild 3.20 Harvard-Architektur für DSPs*

Wie aus Bild 3.20 hervorgeht, werden für Anwendungen mit sehr hohem Datenaufkommen sogar *mehrere, voneinander getrennte Datenbereiche* inte-

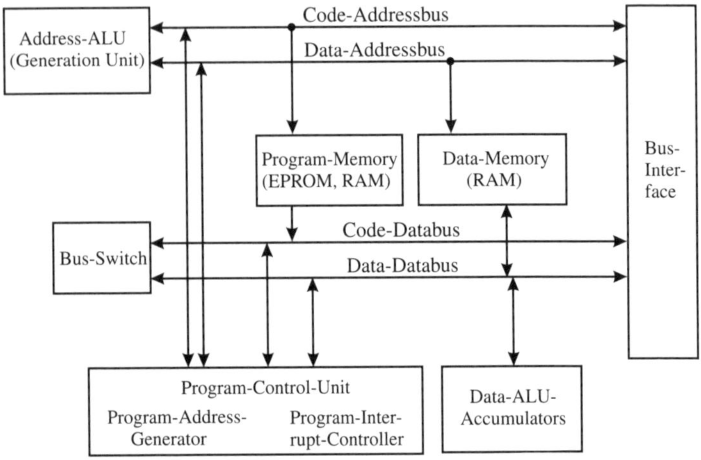


*Bild 3.21 DSP-Mikroarchitektur*

griert. Dies kann bei einem ausschließlich externen Daten- und Programmspeicher bedeuten, daß sehr umfangreiche Bussysteme auf der Rechnerplatine vorzusehen sind. Da außerdem externe Bussysteme durch Treiberschaltungen und Leitungslängen nicht die Geschwindigkeit aufweisen, die für moderne DSPs ohne Wartezyklen notwendig ist, wird zumeist der Weg einer **modifizierten Harvard-Architektur** beschritten.

Bild 3.21 zeigt den tatsächlichen Aufbau von DSPs (einfachste Variante). Die internen Speicherbereiche sind entweder als Cache integriert oder fungieren als komplette Speicherbereiche.

### 3.5.2 Mikroarchitektur und Befehlssatz von Signalprozessoren

Die bereits erwähnte Balance zwischen arithmetischen und Zugriffskapazitäten zeigt sich auch im **internen Aufbau der DSPs**. Während bei RISC-Architekturen aufgrund des *Phasenpipelinings* bereits eine (beschränkte) arithmetische Kapazität in die Adreßberechnung integriert werden mußte (→ 3.3.5), müssen in DSPs aufwendige und vor allem schnelle *Adreß-ALUs* in der Zugriffseinheit vorhanden sein (→ Bild 3.21). Die Algorithmen der Signalverarbeitung zeigen eine parametrisierbare Zugriffsstruktur auf die Daten (*Discrete Cosine Transformation* (JPEG/MPEG): indizierte Adressierung mit Auto-Inkrement, *Fast Fourier Transformation*: *Bit Reverse Shuffling* („Schmetterlingsalgorithmus")), so daß beim Ablauf des Programms automatisch die Adresse des nächsten Datenelements berechnet werden kann.

Die **Daten-ALU** ist meist mit Kapazitäten zur Multiplikation und zur *MAC-Operation* (*Multiply Accumulate*) ausgestattet, da diese Operationen sehr häufig vorkommen.

Im Rahmen des Befehlssatzes wird für DSPs der Tatsache Rechnung getragen, daß diese Prozessoren gleichzeitig arithmetische und Transferoperationen ausführen können. Dementsprechend können beide Aktionen unabhängig voneinander in einem Assemblerbefehl codiert werden. So bedeutet der Befehl

$$\text{add}\, y_1, a \qquad x{:}\ (r_0)+\ , y_1$$

daß gleichzeitig der Registerinhalt von $y_1$ zum Akkumulator $a$ addiert wird und $y_1$ mit dem Inhalt des Datenelements, auf das das Adreßregister $r_0$ zeigt, über den $x$-Datenbus geladen wird. $r_0$ wird anschließend inkrementiert. Die Komplexität dieser Maschinenbefehle läßt für den Bereich der Signalverarbeitung sehr kompakte und schnell auszuführende Codierungen (in Assembler!) zu. Andererseits liegt hierin jedoch der Grund, weshalb sich die Compilertechnologien für RISC-Prozessoren nur schwerlich auf digitale Signalprozessoren übertragen lassen.

## 3.6 Trends

### 3.6.1 RISC-Architekturen

Die **RISC-Architektur** wurde und wird häufig im Zusammenhang mit einem *Phasenpipelining* genannt. Den Darstellungen in 3.3 zufolge ist dieses Pipelining aufgrund der *Daten-* und *Kontrollhazards* nicht unproblematisch, da zur Behebung oder Minderung ein erheblicher Aufwand in der Hardware des Prozessors getrieben werden muß.

Neue Entwicklungen auf dem Sektor der Mikrocontroller basieren bei allerdings moderaten Taktfrequenzen auf einem anderen Prinzip. Um beispielsweise im Rahmen einer vierphasigen Befehlsausführung ohne integriertes *Phasenpipelining* trotzdem einen Befehl pro Takt auszuführen, wird intern der Takt vervierfacht (DLL-Schaltung), so daß alle Phasen innerhalb des externen Takts durchlaufen werden. Eine andere Variante besteht darin, die einzelne Phase nicht während eines kompletten Takts, sondern nur zu bestimmten Taktphasen ablaufen zu lassen, so daß dann auch intern der komplette Befehl in einem Takt bearbeitet wird.

Der Vorteil dieser Konzeption liegt darin, daß das Prozessordesign durch die Abwesenheit des *Data-Forwarding* und der frühzeitigen Behandlung von Verzweigungs- und Sprungbefehlen stark vereinfacht wird. Nachteilig wirkt sich bei dieser Architektur die *Limitierung des Takts* aus. Der auf die Zeit bezogene Instruktionsfluß ist deutlich geringer als derjenige bei Designs mit Phasenpipelining.

### 3.6.2 Superskalare und VLIW-Architekturen

Trotz umfangreicher Maßnahmen zur spekulativen Ausführung von Code, zum Ersatz von Verzweigungsbefehlen und zur Auflösung von Datenabhängigkeiten bleibt die reale Geschwindigkeitssteigerung von *superskalaren* und *VLIW-Prozessoren* meist weit unter den theoretischen Möglichkeiten. Ansätze zur Verbesserung sind hier **superspekulative Architekturen**, die die Verfolgung von vielen (bis zu 256) verschiedenen Verzweigungen im Kontrollfluß ermöglichen, sowie Ansätze zur Unterstützung von Multithreading.

Die gleichzeitige Ausführung mehrerer **Threads** (Kontrollfäden) im superskalaren Prozessor beinhaltet den großen Vorteil, daß zwischen diesen keine Datenabhängigkeiten existieren können. Hierdurch wird die Auslastung der parallel vorhandenen Ressourcen wesentlich verbessert, andererseits muß die Verfolgung mehrerer Threads auch durch eine Mehrfachauslegung des Programmzählers unterstützt werden. *Multithreadingfähige Prozessoren* befinden sich zur Zeit im Forschungsstadium.

## 3.7 Alternative Konzepte

Während die General-Purpose-Prozessoren grundsätzlich gemäß dem Von-Neumann-Modell, ggf. abweichend im Harvard-Modell durch Nutzung getrennter Instruktions- und Datenbusse, aufgebaut sind, kann im applikationsspezifischen Bereich der Einsatz von alternativen Konzepten und Modellen sehr sinnvoll sein. Generelle Modelle existieren in diesem noch neuen Gebiet nicht, allerdings lassen sich Trends identifizieren.

Mikroprozessoren mit neuen Ablaufmodellen können als *Stand-Alone-Prozessor* oder als *Coprozessor* konzipiert sein. Die erste Gruppe wird meist als **applikationsspezifische Instruktionssatz-Prozessoren** (*Application Specific Instruction Set Processor*, **ASIP**) bezeichnet. Hierin kommt zum Ausdruck, daß nicht unbedingt das Ablaufmodell gegenüber dem Von-Neumann-Modell geändert sein muß, sondern daß ggf. eine Angleichung des Instruktionssatzes genügt, um den Prozessor an die gewählte Applikationsklasse anzupassen. Die Gruppe der Coprozessoren wird häufig als **Hardware-Beschleuniger** (*Hardware Accelerator*) bezeichnet. Durch die Wahl eines *Coprozessors*, der nur in Verbindung mit einem (General-Purpose-)Prozessor funktionsfähig ist, wird ein Freiheitsgrad in der Architektur und im Ablaufmodell erreicht, der noch größere Geschwindigkeitsvorteile ermöglicht.

Alternative Konzepte wie **Datenflußprozessoren**, die generell vom Kontrollflußprinzip des Von-Neumann-Modells abweichen und auf experimenteller Basis für Großrechenanlagen realisiert worden sind, haben bislang auf die verfügbaren Mikroprozessorarchitekturen nur mittelbaren Einfluß ausgeübt. Eine direkte Umsetzung ist nicht erfolgt, insbesondere da das Programmierparadigma dieser Prozessorklasse sehr von dem Von-Neumann-Paradigma abweicht.



### 3.7.1 Applikationsspezifische Instruktionssatz-Prozessoren (ASIP)

Der ursprüngliche Ansatz für applikationsspezifische Befehlssätze führte in den *CISC-Prozessoren* (→ 3.2) zu additiven Instruktionen, deren Ablauf in Form einer *Mikroprogrammierung* in den Prozessor integriert werden konnte. Diese neuen Befehle sollten Programme beschleunigen, letztlich erwies sich die ständige Erweiterung jedoch als Irrweg.

Im Gegensatz hierzu entstammt der **ASIP-Ansatz** dem Forschungsgebiet **Hardware-Software-Co-Design** /3.13/. Diese *integrierende Designmethode* versucht, eine vorzeitige Teilung in (unflexible) Hardware und (flexible) Software zu verhindern. Hierzu wird eine den Möglichkeiten adäquate Aufteilung der Funktionalitäten auf Hardware und Software vor der Auswahl der Realisierungsplattform durchgeführt, was durch neue Designmethoden und insbesondere durch die Verfügbarkeit feldprogrammierbarer Hardware sehr gefördert wird.

Der applikationsspezifische Befehlssatz eines *ASIP* entstammt daher der genauen Analyse der *Applikationsklasse*, beispielsweise von Multimedia- oder Grafikapplikationen. Dieser Instruktionssatz wird dann einschließlich der benötigten ggf. ebenso applikationsspezifischen Adressierungsarten nach modernen (RISC- oder superskalaren) Prozessorentwurfsmethoden integriert. ASIPs entsprechen demnach sehr häufig den bekannten Ablaufmodellen und erreichen ihre Geschwindigkeit durch den optimierten Befehlssatz in Verbindung mit einer angepaßten Compilertechnologie.

### 3.7.2 Hardware-Beschleuniger

Der **Coprozessoransatz** für applikationsspezifische Prozessoren ist weitaus flexibler, da kein vollständiger Instruktionssatz integriert werden muß. Coprozessoren als **Hardware-Beschleuniger** mit einer einzigen oder wenigen Instruktionen sind sehr gut denkbar.

Derartige Coprozessoren werden häufig als **Customized-Computing-Machines (CCM)** bezeichnet. Auch hier stammt der Ansatz aus dem Gebiet des *Hardware-Software-Co-Designs*, allerdings müssen ggf. nur Teilbereiche der

Applikation, deren Laufzeit verkürzt werden soll, analysiert und in den Coprozessor integriert werden. Hierzu ist dann ein Interface zwischen Prozessor und CCM zu definieren, so daß die Applikation anschließend teilweise im Coprozessor ablaufen kann.

Für das Design von CCMs, die sowohl als fertige VLSI-ICs (*Very Large Scale Integration Integrated Circuits*) als auch in feldprogrammierbaren Logikbausteinen (*Field Programmable Logic Devices, FPLD*) denkbar sind, existieren einige Architekturvorschläge, für die stellvertretend der **Xputer** /3.14/ dargestellt wird. Bild 3.22 zeigt den generellen Aufbau des Xputers, bestehend aus dem Speicher, der *rekonfigurierbaren ALU* (*rALU*) und dem Datensequenzer mit dem *Generic-Address-Generator* (*GAG*).

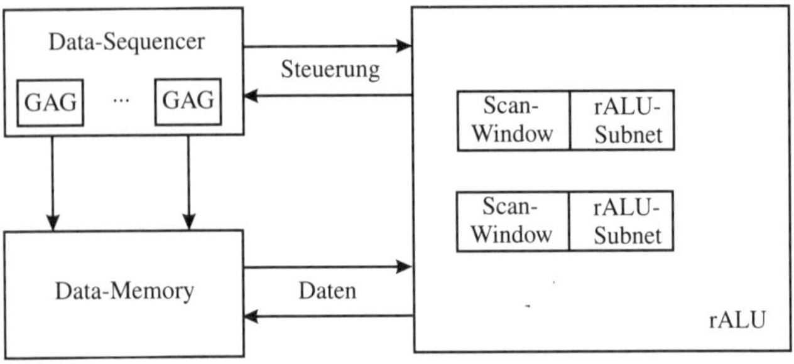


*Bild 3.22 Aufbau eines Xputers*

Der Ablauf eines Algorithmus im **Xputer** beruht auf den konfigurierbaren Komponenten *rALU* und *GAG*. Hierzu wird bei der Übersetzung (C-Sourcecode mit Einschränkungen) nicht mehr eine Folge von Maschinenbefehlen wie im Von-Neumann-Modell generiert, sondern vielmehr die Konfiguration der *rALU* erzeugt sowie eine Folge von Datenzugriffen extrahiert. Die *rALU* beinhaltet somit eine Zusammenfassung der notwendigen Datenoperationen, während die *Adreßgeneratoren* auf die Datensequenz konfiguriert werden und die Schleifenstrukturen abbilden.

Der Xputer zählt damit zu der Unterklasse der **Procedurally-Data-Driven-Customized-Computing-Machines** (PDD-CCM). Das Ausführungsparadigma unterscheidet sich grundlegend von dem Von-Neumann-Modell, für den Anwender ändert sich jedoch insofern nichts, da die Programmierung des Algorithmus weiterhin in C erfolgen kann. Analyse und Generierung der Konfiguration obliegen dem speziellen *XC-Compiler*.

Der Xputer zeigt stellvertretend für alle CCMs, daß mit Hilfe von Hardware-Beschleunigern und neuen Ausführungsparadigmen wesentliche Beschleunigungen zu erreichen sind. Für den Xputer werden für einige Applikationen Faktoren bis etwa 100 genannt, verglichen mit superskalaren Prozessoren.

# 4 Programmiermodell eines Mikroprozessors



Dieses Kapitel enthält keine vollständige Beschreibung des Programmiermodells eines einzelnen Prozessors (z. B. keinen vollständigen Befehlssatz). Es befaßt sich allgemein mit der Programmierung von Mikroprozessoren und demonstriert an Beispielen (68000, 80x86, C16x) einzelne Eigenschaften. Die allgemeine Beschreibung kann natürlich nicht alle Mikroprozessoren umfassen; so wird auch nicht auf die Progammierung von Fuzzy-Controllern eingegangen. Die Beispiele sollen einige Features von Prozessoren beschreiben und können bei der Wahl eines Mikroprozessors helfen.

Die meisten Aussagen gelten für 8-bit- und 16-bit-Prozessoren, die heutzutage noch in vielen Steuerungen enthalten sind. Auf dem PC-Sektor haben sich in der Zwischenzeit die 32-bit-Prozessoren durchgesetzt; bis zum Jahre 2000 werden wohl die ersten PCs mit 64-bit-Prozessoren („Intel Merced" oder „Intel McKinley" oder „21264 Alpha" (von Digital)) auf dem Markt sein. Viele Hersteller bieten „Free Demo Software" mit „Support Tools, Microcontrollers" an. Deswegen wurden im Literaturverzeichnis einige Internet-Adressen aufgenommen.

Der Mikroprozessor stellt dem Anwender zur Programmierung Maschinencode zur Verfügung.

**Maschinencode** besteht aus Bitfolgen, die der Prozessor als Befehle interpretiert, auswertet und danach Aktionen ausführt (→ 4.3.2). Die Befehle sind dual codiert. Für die Programmierung ist der Maschinencode praktisch ungeeignet; er ist schwer lesbar, wenig übersichtlich, fehleranfällig und kaum änderbar.

Besser eignen sich **maschinenorientierte Sprachen** (**Assembler**), die das Programmieren durch einprägsame Abkürzungen (**mnemonics**) erlauben. Zudem gestatten sie das Programmieren mit symbolischen Adressen und Makrobefehlen.

Bei hardwarenaher Programmierung in einer **Assemblersprache** (→ 4.3.2). sieht der Programmierer von einem Prozessor das **Registermodell** und den **Befehlssatz** (*Instuction Set*). Bei Anwendungsprogrammen interessiert den Entwickler die Hardware des Mikroprozessors nicht mehr; im Gegenteil, er möchte die Programme so gestalten, daß sie auf mehreren Prozessoren ablaufen können. Solche Programme basieren auf den Sprachelementen der verwendeten **höheren Programmiersprache** wie C, C++, Cobol, JAVA oder Perl und den Funktionen des **Betriebssystems** (*Operating System*). Die Programme werden dann mit einem **Übersetzer** (*Compiler*) /4.35/ oder einem **Interpre-**

**ter** in die Maschinen- oder Assemblersprache übersetzt. Die Hardware-Eigenschaften bemerkt der Programmierer dann nur indirekt, wenn sein Programm zu langsam abläuft oder an Speichergrenzen stößt.

Nach dem Übersetzen in Maschinencode (durch den Assemblierer) muß das Programm in der Regel noch gebunden werden (*Linker*); es wird damit für den Start in dem jeweiligen Betriebssystem vorbereitet. Zum Testen von Programmen stehen ebenfalls Werkzeuge zur Verfügung. Diese **Debugger** erlauben es, Maschinenprogramme befehlsweise auszuführen. Man kann die Auswirkungen eines Befehls nachvollziehen. (9.3 befaßt sich ausführlich mit Entwicklungsumgebungen.)

Die fertigen Programme werden in nichtflüchtigen Speichern (z. B. das Boot-Programm in einem PROM oder die Anwender- und Systemprogramme auf Platte) abgelegt und von dort vor der Ausführung in den Hauptspeicher kopiert.

**Pipeline-Prozessoren** führen einen Befehl in mehreren Taktschritten aus, die in der Regel parallel ablaufen (Fließbandprinzip).

**Superskalare Prozessoren** zeichnen sich dadurch aus, daß sie aus mehreren Fließbändern bestehen. Eine CD mit einer Visualisierungshilfe, die z. B. das Pipelining und die Superskalarität beim Pentium-Prozessor erläutert, ist in dem Buch von Lutz/Schmitt /4.35/ enthalten.

**RISC-Prozessoren** (*Reduced Instruction Set Computer*) verwenden viele Register und wenige, einfache Befehle.

**CISC-Prozessoren** (*Complex ISC*) enthalten dagegen meist wenige Register und dafür viele, mächtige Befehle. RISC-Prozessoren benötigen wenige komplexe Schaltkreise und die Mikrocodeumwandlung entfällt. Sie sind dadurch in der Regel auf der Befehlsebene schneller als CISC-Prozessoren, benötigen aber mehrere Befehle für komplexere Aufgaben. Moderne CISC-Prozessoren enthalten auch Elemente von RISC-Architekturen.

Die folgenden Kapitel beschäftigen sich weitgehend mit der Sicht des Programmierers bei hardwarenaher Programmierung von CISC-Prozessoren in Assembler. Manche höheren Sprachen wie C oder Perl erlauben auch eine hardwarenahe Entwicklung.

Vor der eigentlichen Programmierung muß zunächst eine sorgfältige **Problemanalyse** durchgeführt werden. Es ist zu untersuchen, welche Aufgaben das Programm zu erfüllen hat. Danach sollte ein **Programmentwurf** mit Hilfe von Software-Engineering-Methoden erstellt werden. Daraus entsteht dann z. B. ein Struktogramm oder ein Programmablaufplan. Nach der Programmentwicklung muß noch ein detaillierter Test durchgeführt werden.

► *Hinweis*: Die Tabellen in den nachfolgenden Kapiteln erheben keinen Anspruch auf Vollständigkeit.

## 4.1 Allgemeiner Befehlsaufbau

### 4.1.1 Registermodell

Im Prozessor befindet sich eine Reihe von Registern. Diese sind zum Teil für den internen Ablauf eines Prozessors bestimmt und dem Programmierer nicht (direkt) zugänglich, zum anderen Teil stehen Register dem Programmierer zum Lesen und Beschreiben mit Daten zur Verfügung. Diese sichtbaren Register bezeichnet man als das **Registermodell** oder den **Registersatz** (*Register Set*) eines Prozessors. (Das Visualisierungsprogramm aus Lutz/Schmitt /4.35/ demonstriert das Registermodell des Pentium-Prozessors.)



Die meisten Prozessoren können in verschiedenen Modi betrieben werden. Unterschieden wird dabei meist zwischen dem **Usermode** für Anwendungsprogramme und dem **Supervisormode** für Programme des Betriebssystems. Abhängig von der Betriebsart bekommt der Programmierer den vollen Zugang zu allen Registern (im Supervisormode ) oder es bleiben ihm privilegierte Spezialregister versperrt. Einige Prozessoren, wie z. B. der **Pentium-Prozessor** (und seine Nachfolger), bieten mehr als zwei Privilegebenen und/oder Modi an (z. B. *Protected-Mode*, *Real-Address-Mode* und *Virtual-8086-Mode* (→ 4.1.2)).

Typischerweise existieren folgende Klassen von Registern:

**Akkumulator**. Dies ist bei einfachsten Prozessoren oft das einzige Register (→ Tabelle 4.1). Bei Rechenoperationen dient der Akkumulator in der Regel als Speicher für einen Operanden und als Speicher für das Ergebnis. Vor jeder Datenverknüpfung muß daher der Akkumulator geladen und nach der Rechenoperation das Ergebnis vom Akkumulator zum Speicher kopiert werden.

*Tabelle 4.1 Bezeichnungen für den Akkumulator*

| Prozessorfamilie | Bezeichnung |
|---|---|
| C511 | ACC |
| 80x86 | AX bzw. EAX |

**Datenregister** (*Data Register*). Diese Klasse von Registern dient zum Speichern und zur Bereitstellung von Daten für die aktuellen Rechenoperationen (→ Tabelle 4.2).

**Adreßregister** (*Address Register*). Dieser Registertyp dient zum Speichern von Adressen, die zum Adressieren von Operanden verwendet werden (→ Tabelle 4.3). Eine Reihe von **Adressierungsarten** benützt diese Adreßregister. Adreßregister werden vom Programmierer direkt beschrieben, sie werden aber auch bei bestimmten Adressierungsarten (z. B. Postincrement, Predecrement) vom Prozessor automatisch verändert.

*Tabelle 4.2 Bezeichnungen für Datenregister*

| Prozessorfamilie | Bezeichnung |
|---|---|
| 80x86 | BX bzw. EBX<br>CX bzw. ECX<br>DX bzw. EDX |
| 680x0 | D0 … D7 |

*Tabelle 4.3 Bezeichnungen für Adreßregister*

| Prozessorfamilie | Bezeichnung |
|---|---|
| 680x0 | A0 … A7 |
| C511 | R0, R1 |

► *Hinweis*: Bei der 80x86-Familie existieren keine speziellen Adreßregister; die meisten Register können sowohl als Daten- als auch als Adreßregister benutzt werden. Die Adressierung erfolgt bei der Intel-Familie zweistufig: Durch ein Segmentregister wird ein spezielles Segment (ein Ausschnitt aus dem Hauptspeicher) angesprochen; durch ein weiteres Register wird dann innerhalb eines Segments adressiert (→ Bild 4.1).

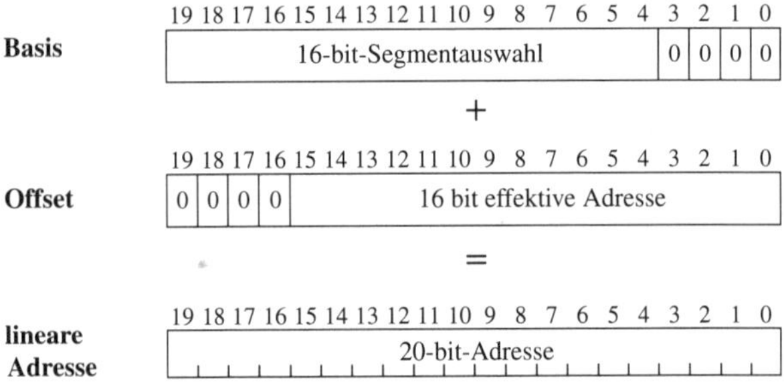


*Bild 4.1 Segmentierung im Real-Mode (80x86)*

**Register mit Spezialaufgaben**. Bei der 80x86-Familie übernehmen einige Register Spezialaufgaben wie die Indizierung oder die Segmentauswahl (→ Tabelle 4.4).

*Tabelle 4.4 Spezialregister der 80x86-Familie*

| Aufgabe | Bezeichnung | Bedeutung |
|---|---|---|
| Adressierung in Tabellen und bei String-Befehlen | DI bzw. EDI<br>SI bzw. ESI | Indexregister |
| Adressierung von Segmenten | CS<br>DS<br>SS<br>ES | Code-Segment<br>Daten-Segment<br>Stapel-Segment<br>Extra-Segment |

Bei Mikrocontrollern wie z. B. bei der C511-Familie übernehmen Spezialregister (*Special Function Register*, *SFR*) die Kommunikation mit den On-Chip-Peripherie-Bausteinen. Beispiele dafür sind die Register TMOD (*Timer Mode Register*), SBUF (*Serial Channel Buffer Register*) oder P0 (*Port 0*).

**Stapelregister** (*Stackpointer*). Ein Stapelregister ist ein spezielles Adreßregister, das vom Prozessor bei Unterprogrammaufrufen und bei Unterbrechungen zum Retten des aktuellen Prozessorzustands und des aktuellen Befehlszählers automatisch auf den neuesten Stand gebracht wird (→ Tabelle 4.5). Es zeigt auf einen reservierten Teil des RAM-Speichers, der als **Kellerspeicher** (*stack*) – beim Einspeichern wird an das oberste Element ein weiteres eingefügt, beim Ausspeichern wird das oberste Element entnommen – verwaltet wird. Zudem kann es vom Programmierer zur Ablage von Daten benutzt werden.



*Tabelle 4.5 Bezeichnungen für Stapelregister*

| Prozessorfamilie | Bezeichnung |
|---|---|
| 80x86 | SP bzw. ESP |
| C511 | SP |

► *Hinweis*: Prozessoren der 680x0-Familie verwenden das Adreßregister A7 als Stapelregister.

**Befehlszähler** (*Program Counter*, *PC*, oder *Instruction Pointer*, *IP*). Der Befehlszähler ist ein spezielles Adreßregister, das immer die Adresse des nächsten auszuführenden Befehls enthält. Dieses Register wird üblicherweise nicht vom Programmierer, sondern nur vom Prozessor verwaltet. Der Programmierer ändert den Befehlszähler indirekt durch die Anwendung von Sprungbefehlen oder bei Unterprogrammaufrufen. Der Befehlszähler kann bei bestimmten Adressierungsarten als Adreßregister verwendet werden.

**Statusregister**. Das Statusregister besteht aus einer Menge einzelner Bits mit bestimmten Bedeutungen (*Flags*). Ein Teil der Bits dient dazu, den Prozessor in verschiedene Modi zu schalten; dieser Teil wird als **Control-Register** bezeichnet (→ Bilder 4.2, 4.3 und 4.4).

Ein anderer Teil der Bits nimmt eine Bewertung der vorhergehenden Rechenoperation vor und dient als Kriterium für bedingte Sprünge, um z. B. Verzweigungen oder Schleifen zu realisieren. Diesen Teil des Statusregisters bezeichnet man als **Condition-Code-Register** (**CCR**).

Typische Flags sind (→ Tabelle 4.6):

- **Negative Flag** (N bei 680x0, S für Sign bei 80x86): Die vorige Rechenoperation lieferte ein negatives Ergebnis.
- **Zero Flag** (Z): Das Ergebnis der vorigen Rechenoperation lieferte den Wert „Null“.

- **Overflow Flag** (V bei 680x0, O bei 80x86): Durch die vorige Rechenoperation wurde der darstellbare Zahlenbereich überschritten.
- **Carry Flag** (C): Bei der vorigen Rechenoperation entstand ein Übertrag (Carry), der bei der nächsten Operation verwendet werden kann (z. B. Addition einer 32-bit-Zahl mit einem 16-bit-Mikroprozessor).

Das Control-Register bietet die Möglichkeit, den Prozessor in unterschiedliche Betriebsarten zu schalten. So kann z. B. vom Usermode in den Supervisormode geschaltet werden, der typischerweise den Programmen des Betriebssystems vorbehalten ist (→ 4.2.7). Ebenso kann durch das Setzen von sogenannten Trace-Flags erreicht werden, daß der Prozessor nach jeder Ausführung eines Befehls einen Trap auslöst. So kann ein Programm im Single-Step-Betrieb getestet werden (→ 4.2.6). Des weiteren wird im Control-Register die Interrupt-Maske gesetzt. Mit der Interrupt-Maske wird festgelegt, ab welcher Prioritätsebene das aktuelle Programm von Interrupts unterbrochen werden kann.

*Tabelle 4.6 Flag-Register des Pentium-Prozessors*

| Flag | Bit | Name | Bedeutung |
|---|---|---|---|
| S | 0 | C | Carry Flag, höchstwertiges Bit eines Ergebnisses |
| S | 2 | P | Parity Flag, das niederwertige Byte des Ergebnisses hat eine gerade Anzahl von gesetzten Bits |
| S | 4 | A | Auxiliary Flag gibt den Übertrag von Bit 3 nach Bit 4 an (Benutzung bei BCD-Arithmetik) |
| S | 6 | Z | Zero Flag, gibt an, ob das Ergebnis 0 ist |
| S | 7 | S | Sign Flag, gibt an, ob das Ergebnis negativ ist |
| X | 8 | T | Trap Flag (benutzt für Debugger, Interrupt-Aufruf) |
| X | 9 | I | Interrupt Enable Flag (zum Sperren von Interrupts) |
| C | 10 | D | Direction Flag, gibt die Arbeitsrichtung bei String-Befehlen an |
| S | 11 | O | Overflow Flag, gibt an, ob ein Überlauf aufgetreten ist |
| X | 12–13 | IOPL | I/O Privilege Level (Privileg-Ebene im Protected-Mode) |
| X | 14 | N | Nested Task (Hinweis auf Aufrufertask) |
| X | 16 | R | Resume Flag |
| X | 17 | VM | Virtual 8086 Mode |
| X | 18 | AC | Alignment Check |
| X | 19 | VI | Virtual Interrupt Flag |
| X | 20 | VIP | Virtual Interrupt Pending |
| X | 21 | ID | ID Flag |

S gibt an, daß es sich um ein Status-Flag handelt
C gibt an, daß es sich um ein Control-Flag handelt
X gibt an, daß es sich um ein System-Flag handelt

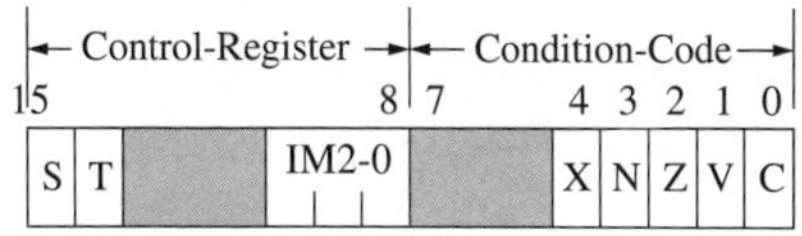


X-Flag: eXtended-Carry
S: Supervisor-Mode
T: Trace-Flag
IM: Interrupt-Maske

*Bild 4.2 Statusregister des 68000*

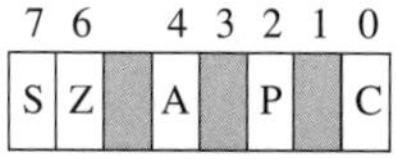


*Bild 4.3 Statusregister des 8085*



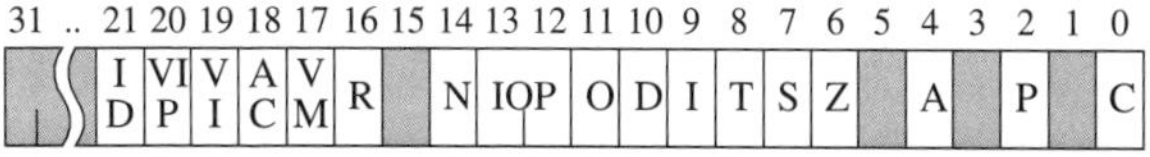


*Bild 4.4 Statusregister des Pentium*

► *Hinweis*: Die nicht angegebenen Bitpositionen sind reserviert und dürfen nicht geändert werden.

Der Akkumulator, die Daten- und Adreßregister sowie die Register mit Spezialaufgaben werden in der Regel vom Programmierer geändert; die anderen Register wie Status- oder Stapelregister und Befehlszähler werden durch den Programmablauf beeinflußt. Bei modernen Prozessoren können fast alle Register Akkumulator- und Spezialaufgaben übernehmen (→ Bild 4.5).

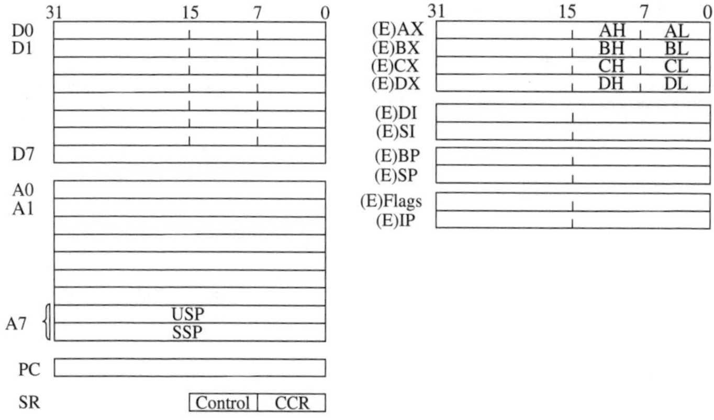


Registermodell 68000

Registermodell Pentium

*Bild 4.5 Registersatz des Pentium-Prozessors (ohne Segmentregister) und des 68000*

Einige Prozessoren (z. B. der Z80 oder die C511-Familie) stellen dem Programmierer mehrere **Registersätze** zur Verfügung; beim Programmwechsel oder auch beim Unterprogrammaufruf kann der Entwickler die Register wechseln.

### 4.1.2 Befehlsformat

Ein Befehl eines Prozessors enthält mehrere Angaben. Zum einen wird die auszuführende Operation (*OpCode*) bezeichnet, zum anderen müssen die Operanden, auf die sich diese Operation bezieht, bestimmt werden (**Operandenadresse**). Wenn wir zunächst eine arithmetische Rechenoperation aus einer Programmierhochsprache (z. B. PASCAL) betrachten, wie z. B. „*ERG* := *Wert1* + *Wert2*", so stellen wir fest, daß zur Ausführung der Anweisung vier Angaben erforderlich sind:

- die Art der Operation (OpCode) (z. B. ADD, MOVE)
- die Adresse oder der Inhalt des 1. Operanden
- die Adresse oder der Inhalt des 2. Operanden
- Adresse des Resultats

Die direkte Umsetzung führt damit zu einem 3-Adreß-Befehl (→ Bild 4.6, Tabelle 4.7).

**3-Adreß-Befehl**

| | | | |
|---|---|---|---|
| OpCode | Adresse 1. OP | Adresse 2. OP | Adresse Resultat |

*Bild 4.6 Struktur eines 3-Adreß-Befehls*

*Tabelle 4.7 3-Adreß-Befehle*

| Prozessor | Befehl | Bedeutung [1)] |
|---|---|---|
| RISC | ADD r1,r2,r3 | Addiere r1 und r2 und lege die Summe in r3 ab |
| TriCore | ADDX d3,d1,d2 | Addiere d1 und d2 und lege die Summe in d3 ab |
| Pentium | CMPXCHG m,r | Falls Akkumulator = m, dann setze das Zero-Flag (Z) und lade den Akkumulator mit m, sonst Z = 0 und Akkumulator = r |

[1)] *Genauer müßte es heißen*: Addiere den Inhalt von Register r1 und den Inhalt von Register r2, und lege die Summe im Register r3 ab. Es wird jedoch jeweils bei der Bedeutung der Befehle eine Kurzbeschreibung bevorzugt.

Eine solche Befehlsstruktur ist leicht zu verstehen, die Befehle werden jedoch sehr lang, wenn jede Adresse als Speicheradresse mit z. B. 32 bit eingesetzt wird. Durch die vielen Speicherzugriffe beim Laden des Befehls wird die Verarbeitungsgeschwindigkeit herabgesetzt. Daher kommen 3-Adreß-Befehle nur bei RISC-Prozessoren mit großem Registerfeld zur Anwendung, wobei als Operandenadressen nur kurze Registeradressen erlaubt sind. Die meisten CISC-Prozessoren bevorzugen kurze Befehlslängen.

Die Befehlslänge läßt sich reduzieren, wenn als Zieladresse für das Ergebnis die Adresse eines der beiden Quelloperanden benutzt wird. Dies führt auf den 2-Adreß-Befehl (→ Bild 4.7, Tabelle 4.8).

### 2-Adreß-Befehl

| OpCode | Adr. 1. OP/Resultat | Adresse 2. OP |
|---|---|---|

*Bild 4.7 Struktur eines 2-Adreß-Befehls*



Dieses Befehlsformat ist bei CISC-Prozessoren am weitesten verbreitet. Die Einschränkung, daß ein Operand durch das Ergebnis überschrieben wird, kommt oft nicht zum Tragen oder kann sogar dazu genutzt werden, um das Ergebnis einer Rechenoperation als Operand für die nächste Rechenoperation zu verwenden.

*Tabelle 4.8 2-Adreß-Befehle*

| Prozessor | Befehl | Bedeutung |
|---|---|---|
| 80x86 | ADD BX,CX | Addiere CX zu BX |
| 680x0 | ADD $1000, D0 | Addiere Inhalt von Adresse 1000 zu D0 |

Die Befehlslänge kann noch weiter reduziert werden, wenn festgelegt wird, daß für einen Operanden und für das Ergebnis immer ein bestimmtes Register, der Akkumulator, verwendet wird. Der Akkumulator braucht im Befehl nicht mehr spezifiziert zu werden, und es bleibt nur mehr die Adresse des 2. Operanden übrig. Man erhält damit das Befehlsformat des 1-Adreß-Befehls (→ Bild 4.8, Tabelle 4.9).

### 1-Adreß-Befehl

| OpCode | Adresse 2. Op |
|---|---|

*Bild 4.8 Struktur eines 1-Adreß-Befehls*

Dieses Befehlsformat kommt bei Mikrocontrollern mit einem einfachen Prozessorkern zum Einsatz. Der Nachteil bei 1-Adreß-Prozessoren besteht im häufigen Laden und Sichern des Akkumulatorinhalts.

*Tabelle 4.9 1-Adreß-Befehle*

| Prozessor | Befehl | Bedeutung |
|---|---|---|
| 80x86 | INC AX | Erhöhe AX um 1 |

Auch dieser Befehl (INC AX) enthält im Prinzip drei Operanden, die Quelloperanden AX und 1 und den Zieloperanden AX.

Nicht bei allen Operationen werden drei Operanden benötigt. Bekannte Befehle dieser Art sind NOP (*No Operation*) – der Befehl kann z. B. in Warteschleifen benutzt werden – oder WAIT (Warte) – dieser Befehl dient dazu, auf Signale von anderen Prozessoren zu warten.

► *Achtung*: Die gängigen CISC-Prozessoren benutzen ein variables **Befehlsformat** (*Variable Instruction Format*) mit 0, 1 oder 2 Adressen. Dies hat den Vorteil, daß man viele Befehle auch mit wenigen Bytes, auch nur mit 1 Byte, codieren kann. Zur Vermeidung von langen Befehlen, und auch Hardware-bedingt, lassen einige Prozessoren keine Speicher-Speicher-Befehle zu. RISC-Prozessoren benutzen dagegen einheitliche Befehlslängen, je nach Bedarf mit bis zu 3 Operanden. Dies hat den Vorteil, daß das Pipelining Hardware-mäßig leichter realisiert werden kann.

### 4.1.3 Adressierungsarten

Ein Mikroprozessor bietet meist eine Reihe von Möglichkeiten, die Operanden für eine Rechenoperation zu bestimmen (= adressieren). Diese Möglichkeiten bezeichnet man als **Adressierungsarten**.

Dabei wird die tatsächliche Adresse eines Operanden (**effektive Adresse**) während der Befehlholphase vom Prozessor ermittelt. Die effektive Adresse ist entweder eine Speicheradresse oder eine Registeradresse, wobei ein Befehl, dessen Operanden sich in Registern des Prozessors befinden, in der Regel deutlich schneller bearbeitet wird. Das ergibt sich zum einen aus der kürzeren Zugriffszeit auf die internen Register gegenüber der Zugriffszeit auf einen externen Speicher, zum anderen wird die Befehlholphase kürzer, da die kurzen Registeradressen meist im OpCode untergebracht sind und der Befehl so mit nur einem Speicherzugriff geladen werden kann. So belegt der Befehl ADD AX, BX aus dem Beispiel 5.1c 2 Byte im Maschinencode (03 C3), der Befehl ADD BX, STEP benötigt 3 Byte (83 C3 01).

Durch den geschickten Einsatz von Adressierungsmethoden lassen sich Programmieraufgaben oft sehr effizient und elegant lösen. Im folgenden werden typische Adressierungsarten beschrieben. Je nach Prozessortyp variieren die prozessorspezifischen Adressierungen, wobei auch Kombinationen der beschriebenen Methoden zum Einsatz kommen. Beim 68000 beziehen sich die Adressen auf den kompletten Speicher, beim 80x86 auf ein Segment.

#### 4.1.3.1 Unmittelbare Adressierung (Immediate)

Bei dieser Adressierungsart ist der Operand eine Konstante, die direkt hinter dem OpCode im Speicher steht (→ Bild 4.9 und Tabelle 4.10).

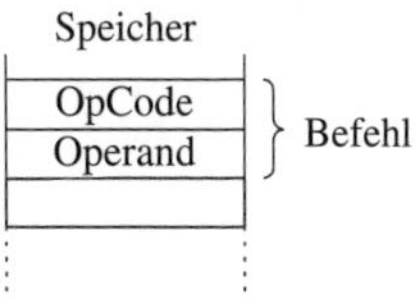


*Bild 4.9 Unmittelbare Adressierung*

*Tabelle 4.10 Befehlsbeispiele für die unmittelbare Adressierung*

| Prozessor | Befehl | Bedeutung |
|---|---|---|
| 80x86 | ADD AX,5 | Addiere 5 zu AX |
| 680x0 | MOVE #123,D1 | Lade D1 mit 123 |

Eine Konstante kann nur als Quelloperand auftreten, nie als Ergebnis einer Rechenoperation. Häufig wird diese Adressierung verwendet, um Register des Prozessors mit Startwerten oder Adressen vorzubelegen. In Assemblerschreibweise wird der Konstanten beim 68000 das Zeichen # vorangestellt.

### 4.1.3.2 Absolute Adressierung (Direct, Absolute)

Die effektive Adresse des Operanden befindet sich als absolute Adresse direkt im Anschluß an den OpCode im Speicher. In der Assemblersyntax (68000) steht die Adresse ohne spezielle Kennzeichnung als Zahlenwert direkt hinter dem OpCode (→ Bild 4.10 und Tabelle 4.11).

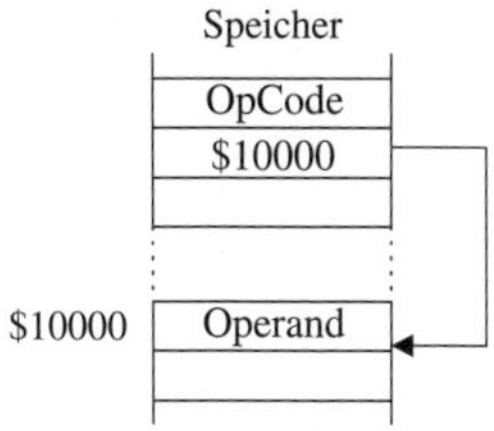


*Bild 4.10 Absolute Adressierung*

*Tabelle 4.11 Befehlsbeispiele für die absolute Adressierung*

| Prozessor | Befehl | Bedeutung |
|---|---|---|
| 80x86 | MOV BX,L | Lade BX mit dem Wort an der Adresse L |
| 680x0 | MOVE $10000,D2 | Lade D2 mit dem Wort an Adresse 10000 |

### 4.1.3.3 Registeradressierung (Register Direct)

Der Operand steht in einem der Prozessorregister. Die Adresse steht als kurze Registeradresse (z. B. mit 3 bit bei 8 Registern) im OpCode. Als Register können universelle Register wie z. B. Datenregister oder Adreßregister, aber auch spezielle Register wie Stackpointer, Statusregister usw. angesprochen werden (→ Bild 4.11 und Tabelle 4.12).

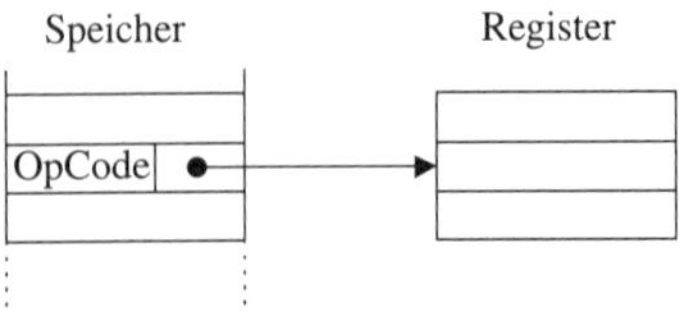


*Bild 4.11 Registeradressierung*

*Tabelle 4.12 Befehlsbeispiele für die Registeradressierung*

| Prozessor | Befehl | Bedeutung |
|---|---|---|
| 80x86 | INC CX | Erhöhe CX um 1 |
| 680x0 | CLR D1 | Lösche D1 |

### 4.1.3.4 Registerindirekte Adressierung (Register Indirect)

Die effektive Adresse steht in einem Register, üblicherweise in einem Adreßregister, der Operand steht im Speicher. Diese Adressierungsart hat gegenüber der absoluten Adressierung den Vorteil, daß beim Holen des Befehls die Operandenadresse nicht gelesen werden muß. Sie wird eingesetzt, wenn innerhalb eines Programmteils häufig auf dieselbe Operandenadresse zugegriffen wird (→ Bild 4.12 und Tabelle 4.13). In Assemblersyntax wird der Name des zur Adressierung verwendeten Registers in Klammern geschrieben (beim 680x0 (A1), beim 80x86 [SI]).

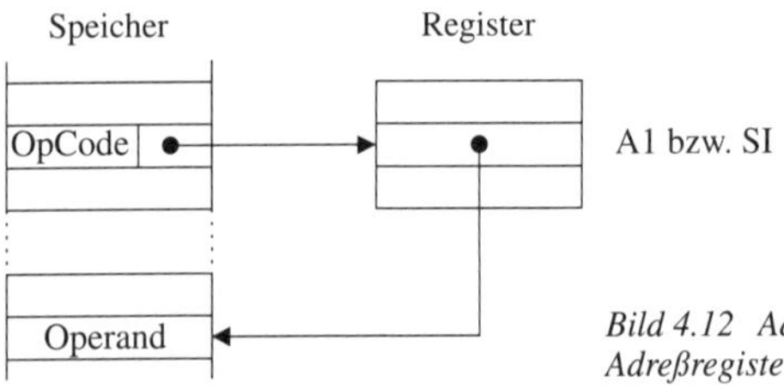


*Bild 4.12 Adressierung mit Adreßregister (Register Indirect)*

*Tabelle 4.13 Befehlsbeispiele für die unmittelbare Adressierung*

| Prozessor | Befehl | Bedeutung |
|---|---|---|
| 80x86 | CMP DX,[SI] | Vergleiche DX mit dem Wort an der Adresse, die durch SI gegeben ist |
| 680x0 | MOVE D1,(A1) | Lade die Speicherstelle mit der Adresse in A1 mit D1 |

### 4.1.3.5 Registerindirekte Adressierung mit Postinkrement

Basierend auf der Adressierung über ein Adreßregister existieren eine Reihe von Erweiterungen. Eine wichtige Variante sind die Adressierungen mit Postinkrement bzw. Prädekrement. Beiden ist gemeinsam, daß bei der Adressierung der Inhalt des verwendeten Adreßregisters verändert wird. Beim Postinkrement wird *nach der Verwendung der Adresse* der Inhalt des Registers inkrementiert, wobei das Inkrement abhängig von der Datenbreite des adressierten Operanden die Werte 1, 2 oder 4 annehmen kann (→ Bild 4.13 und Tabelle 4.14). Diese Anpassung der Schrittweite nennt man **Skalierung**, da das Inkrement mit dem skalaren Faktor 1, 2 oder 4 multipliziert wird. Wird zum Beispiel mit dem Befehl `MOVE.B D1,(A1)+` ein Byte vom Datenregister D1 in den Speicher kopiert, so wird A1 anschließend um den Wert 1 erhöht. Wird mit `MOVE.L D1,(A1)+` ein Langwort, also 4 Byte, kopiert, so wird A1 entsprechend um den Wert 4 inkrementiert. Nach der Befehlsausführung zeigt daher das Adreßregister immer auf das nächste Datenwort im Speicher. Die bisherigen Ausführungen bezogen sich auf den 68000. Beim 80x86 wird diese Adressierungsart nur von String-Befehlen benutzt. Die C16x-Familie kennt jedoch eine Reihe von Befehlen mit dieser Adressierungsform.

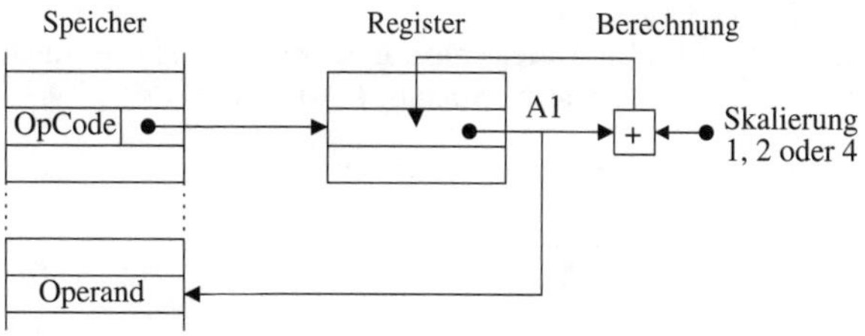


*Bild 4.13 Registerindirekte Adressierung mit Postinkrement*

Diese Adressierungsart eignet sich für die Bearbeitung von Datenfeldern in einer Schleife, wie das Beispiel 5.5 zeigt. Soll das Feld nicht byteweise, sondern wortweise mit 1 belegt werden, so muß nur `move.b` durch `move.w` ersetzt werden, die Adreßberechnung paßt sich automatisch an.

❑ *Beispiel 4.1*: Im folgenden Programmausschnitt werden die Elemente eines Feldes mit dem Wert 1 vorbelegt.

```
FELDANF equ     10000        ;Startadresse des Feldes
FELDEND equ     FELDANF+100  ;Endadresse des Feldes

        move.l  #FELDANF,A1  ;Startadresse ins Register
                             ;A1
```

```
LOOP    move.b  #1,(A1)+      ;1 in das akt. Feldelement
        cmp.l   FELDEND, A1  ;Vergleich auf Feldende
        ble     LOOP          ;Verzweigung zu LOOP,
                              ;falls Feldende noch nicht
                              ;erreicht ist
```

*Tabelle 4.14 Befehlsbeispiele für die registerindirekte Adressierung mit Postinkrement*

| Prozessor | Befehl | Bedeutung |
|---|---|---|
| 80x86 | MOVSB | Lade das Byte an der Adresse DI mit dem Byte an der Adresse SI und erhöhe/vermindere SI/DI jeweils um 1 |
| 80x86 | MOVSW | Wort statt Byte und 2 statt 1, sonst wie MOVSB |
| 80x86 | MOVSD | Doppelwort statt Byte und 4 statt 1, sonst wie MOVSB |

#### 4.1.3.6 Registerindirekte Adressierung mit Prädekrement (68000)

Das Gegenstück zum Postinkrement ist die Adressierung mit Prädekrement (→ Bild 4.14). Hierbei wird *vor dem Speicherzugriff* der Inhalt des Adreßregisters dekrementiert. Diese Adressierungsart wird durch ein Minuszeichen vor dem Adreßregister symbolisiert. Wird als Adreßregister der Stackpointer verwendet, so ersetzen diese beiden Adressierungsarten bei einigen Prozessoren die Befehle PUSH und POP zur Stackverwaltung (→ 4.2.5).

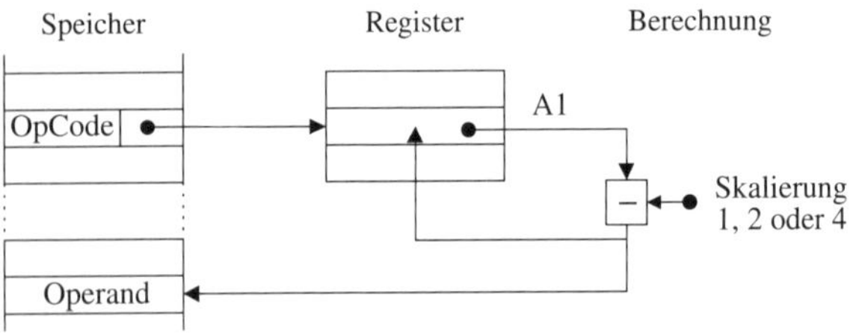


*Bild 4.14 Registerindirekte Adressierung mit Prädekrement*

#### 4.1.3.7 Registerindirekte Adressierung mit Displacement

Bei der Adressierung mit Displacement wird die effektive Adresse aus dem Inhalt eines Adreßregisters und einer konstanten **Adreßdistanz** (*Displacement*) berechnet (→ Bild 4.15 und Tabelle 4.15). Das Displacement ist vorzeichenbehaftet (2er-Komplement) und erlaubt so eine positive und negative Adreßdistanz zur Basisadresse im Adreßregister. Diese Methode wird beim Zugriff auf Daten verwendet, die in einer festen Struktur im Speicher vorliegen, wie

z. B. Directory-Einträge im Dateiverwaltungssystem oder Register eines Peripheriebausteins. Durch das Ändern der Basisadresse im Adreßregister wird so auf das gleiche Element im nächsten Datensatz zugegriffen, bzw. es kann eine variable IO-Basisadresse berücksichtigt werden. In der Assemblersyntax wird das Displacement durch eine Zahl vor dem Adreßregister (68000) angegeben, beim 80x86 in [ ] zusammen mit dem Register.

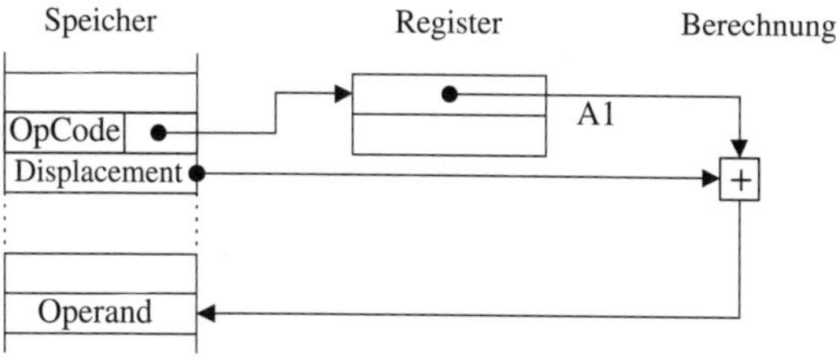


*Bild 4.15 Registerindirekte Adressierung mit Displacement*

*Tabelle 4.15 Befehlsbeispiele für die registerindirekte Adressierung mit Displacement*

| Prozessor | Befehl | Bedeutung |
|---|---|---|
| 80x86 | MOV DX,[SI+10H] | Lade DX mit dem Wort an der Adresse SI+10H |
| 680x0 | MOVE D1,$10(A1) | Lade die Speicherstelle an der Adresse A1+10 mit D1 |

### 4.1.3.8 Indizierte Adressierung

Wird statt einer konstanten eine variable Adreßdistanz benötigt, die erst zur Laufzeit eines Programms feststeht, so wird die indizierte Adressierung verwendet (→ Bild 4.16 und Tabelle 4.16). Die effektive Adresse wird hier aus der Basisadresse in einem Adreßregister und einem Adreßversatz aus einem weiteren Register berechnet. Bei manchen Prozessoren ist dafür ein spezielles Indexregister vorhanden. Angewendet wird die indizierte Adressierung z. B. beim Zugriff auf Tabellen, wobei der Index erst zur Laufzeit ermittelt wird. Wie in Bild 5.18 gezeigt, wird der Index abhängig von der Breite des verwendeten Datenworts skaliert. Im Indexregister steht dann beim Zugriff auf ein Element eines Datenfeldes direkt der Index des Elements, unabhängig von der Datenbreite der Feldelemente. In der Syntax des Assemblers wird das Adreßregister und das Indexregister in Klammern eingeschlossen.

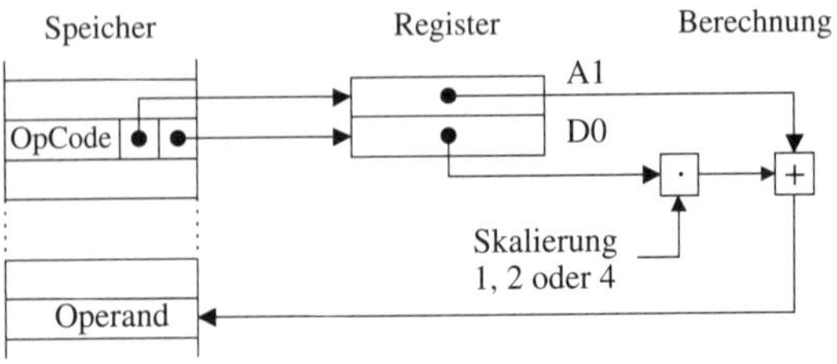


*Bild 4.16 Indizierte Adressierung*

*Tabelle 4.16 Befehlsbeispiele für die indizierte Adressierung*

| Prozessor | Befehl | Bedeutung |
|---|---|---|
| 80x86 | MOV DX,[SI+BX] | Lade DX mit dem Wort an der Adresse SI+BX |
| 680x0 | MOVE D1,(A1,D0) | Lade die Speicherstelle an der Adresse A1+D0 mit D1 |

#### 4.1.3.9 Indizierte Adressierung mit Displacement

Eine Kombination der beiden vorigen Methoden ist die indizierte Adressierung mit Displacement (→ Bild 4.17 und Tabelle 4.17). Hier wird die effektive Adresse aus einer Basisadresse, einem konstanten und einem variablen Adreßanteil ermittelt.

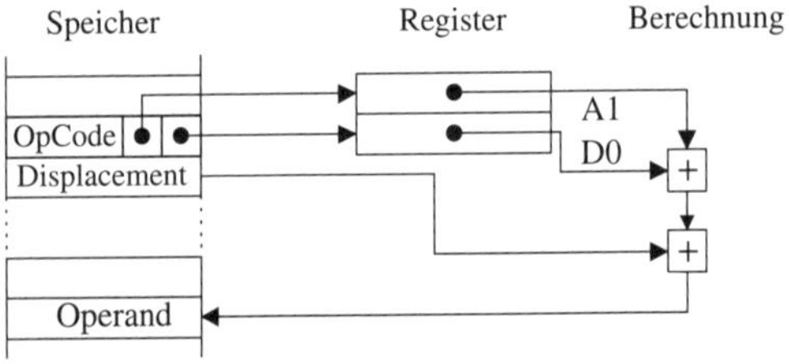


*Bild 4.17 Indizierte Adressierung mit Displacement*

*Tabelle 4.17 Befehlsbeispiele für die indizierte Adressierung mit Displacement*

| Prozessor | Befehl | Bedeutung |
|---|---|---|
| 80x86 | MOV DX, [BX+SI+10H] | Lade DX mit dem Wort an der Adresse BX+SI+10H |
| 680x0 | MOVE D1,$10(A1,D0) | Lade die Speicherstelle an der Adresse A1+D0+10 mit D1 |

#### 4.1.3.10 Implizite Adressierung

Einige Befehle benutzen implizit Operanden, d. h. ohne ausdrückliche Operandenangabe im Befehl (→ Tabelle 4.18). So verwenden viele arithmetische Befehle implizit den Akkumulator; die PUSH- und POP-Befehle sowie Unterprogrammaufrufe benutzen implizit den Stackpointer.

*Tabelle 4.18 Befehlsbeispiele für die implizite Adressierung*

| Prozessor | Befehl | Bedeutung |
|---|---|---|
| 80x86 | MUL BX | Multipliziere AX mit BX und lege das Ergebnis in DX:AX ab |
| 80x86 | STC | Setze das Carry-Flag auf 1 |
| C16x | DIVU R4 | Dividiere das MD-Register durch R4 |



#### 4.1.3.11 PC-relative Adressierung

Eine interessante Variante ist die Verwendung des Befehlszählers (*Program Counter*) als Adreßregister (→ Bild 4.18). Die effektive Adresse wird hier immer mit Bezug zum aktuellen Befehlszähler gebildet, d. h., alle Adressen werden nur mehr als relativer Adreßabstand zum Befehlszähler abgespeichert. Die befehlszählerrelative Adressierung ermöglicht es, ein übersetztes Programm mitsamt Daten und Konstanten im Speicher zu verschieben. (Dies nutzt z. B. auch der Linker aus.) Der Befehlszähler darf dabei natürlich nicht verändert werden, da sonst das Programm nicht mehr korrekt ablaufen würde. Von den bisher vorgestellten Methoden eignen sich daher nur die indizierte Adressierung oder die Adressierung mit Displacement zur PC-relativen Adressierung. Die Assemblersyntax verwendet die bereits besprochene Schreibweise, statt einem Adreßregister steht in Klammern das Symbol PC für ProgramCounter (beim 68000).

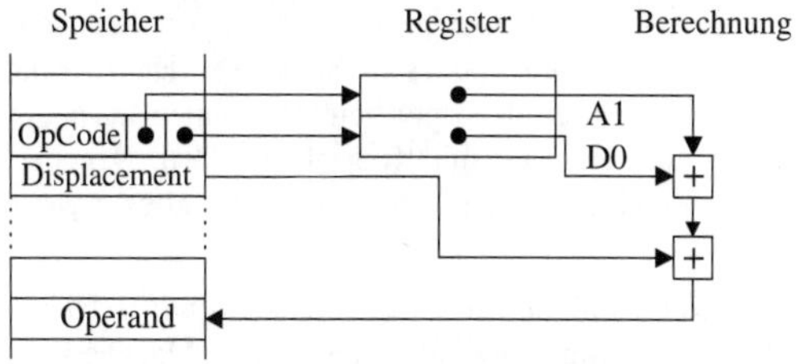


*Bild 4.18 PC-relative Adressierung*

#### 4.1.3.12 Spezielle Adressierungsarten

Da der 80x86 unter anderem ein segmentiertes Speichermodell anbietet, benötigt er auch spezielle Adressierungsarten. Die bisher beschriebenen Adressierungen bezogen sich jeweils (in der Regel) auf das Datensegment. Zur Adressierung anderer Segmente bietet der 80x86 eine sogenannte **Präfix** an, die es erlaubt, für einen Befehl die Zuordnung Adresse – Datensegment zu ändern (in Assembler z. B. CS: oder ES:). Diese Präfix muß vor einem Befehl codiert werden und gilt genau für einen Befehl.

Durch das Laden der Segmentregister (z. B. MOV DS,BX) oder bestimmte Verzweigungsbefehle kann der Programmierer auch andere Speicherbereiche im Hauptspeicher ansprechen.

## 4.2 Befehlsgruppen

Der *Befehlsvorrat* (*Instruction Set*) kann in **Befehlsgruppen** unterteilt werden.

Die folgenden Abschnitte erläutern beispielhaft einzelne Befehle, die verschiedenen Befehlsgruppen zugeordnet sind.

► *Hinweis*: Teilweise werden die Beispiele mit konkreten Registern und Namen angegeben und teilweise mit Bezeichnern, die stellvertretend für Register oder Speicherzellen benutzt werden. Diese werden zunächst kurz erklärt:

| | |
|---|---|
| mem | Speicherzelle |
| *n* | (positive) Binärzahl |
| op | Operand |
| reg | Register |

### 4.2.1 Datentransport

Die häufigsten Befehle in einem Programm beziehen sich auf den Transport von Daten.

Mit Transportbefehlen werden Daten von Speicherzellen in Register geladen, Registerinhalte in andere Register kopiert oder in Speicherzellen zurückgeschrieben (→ Tabelle 4.19). Zu den Transportbefehlen zählen auch die Befehle, die Speicherzellen oder Register mit Konstanten laden. Daneben unterscheidet man noch die Befehle, die den Inhalt oder die Adresse einer Speicherzelle laden.

Die meisten Prozessoren bieten zumindest den Datentransport auf Byteebene an. In der Regel sind die Quell- und Zielfelder gleich groß. Manche Prozessoren erlauben es auch, daß die Quelle kleiner als das Ziel ist, die Quelle wird dann „verlängert", entweder gemäß dem Vorzeichen oder mit Nullen. Die PUSH- und POP-Varianten entsprechen auch Datentransfers. Sie legen Daten im Stack ab oder laden Daten aus dem Stack.

*Tabelle 4.19 Befehlsbeispiele für den Datentransport*

| Prozessor | Befehl | Bedeutung |
|---|---|---|
| 8085 | XTHL | Tausche das Registerpaar H&L mit der durch den Stackpointer adressierten Speicherzelle (eXchange Top of stack with H&L) [1] |
| | XCHG | Tausche H&L mit D&E (eXCHanGe) |
| 80x86 | MOV AH,5 | Lade AH (1 Byte) mit 5 |
| | LEA reg,mem | Lade reg mit der Segmentadresse von mem (Load Effective Address) |
| | MOV reg,mem | Lade reg mit dem Inhalt der Speicherzelle mem |
| C16x | MOVBZ op1,op2 | Lade op1 (Wort) mit op2 (Byte); die höheren 8 bit von op1 werden auf 0 gesetzt. (MOVe Byte Zero extend) |
| 680x0 | MOVE D0, $100 | Kopiere Inhalt von D1 auf die Speicherzelle $100 |
| | MOVEM D0-D7, -(SP) | Kopiere Inhalt der Register von D0 bis D7 auf den Stack |
| RISC | SETU op1, op2 | Lade das obere Halbwort von op2 mit op1 (SET Upper halfword of register) |

[1] *Genauer müßte es heißen*: Tausche den Inhalt der Register H&L mit dem Inhalt der durch den Stackpointer adressierten Speicherzelle. Es wird jedoch jeweils bei der Bedeutung der Befehle eine Kurzbeschreibung bevorzugt. Teilweise ist auch die englische Bezeichnung der Befehle angegeben; diese erläutert die mnemotechnische Abkürzung.

### 4.2.2 Logik und Arithmetik

Je nach Prozessor enthält diese Befehlsgruppe die Untergruppen
- logische Operationen,
- binäre arithmetische Operationen,
- dezimale arithmetische Operationen,
- Vergleichsoperationen,
- Shift-Operationen und
- Rotate-Operationen.

Da z. B. Vergleichsoperationen intern auf Subtraktionen zurückgeführt und Shift-Operationen für Multiplikationen und Divisionen verwendet werden, sind alle diese Befehle zu einer Befehlsgruppe zusammengefaßt.

**Logische Operationen**. In der Regel bieten alle Prozessoren die logischen Operationen UND (AND), ODER (OR), Exklusiv-Oder (XOR) und NICHT (NOT) an; meist steht auch noch ein Befehl zum Berechnen des 2er-Komplements (NEG, *Negate*) zur Verfügung (→ Tabelle 4.20).

*Tabelle 4.20 Befehlsbeispiele für logische Operationen*

| Prozessor | Befehl | Bedeutung |
|---|---|---|
| 80x86 | AND AX,CX | Führe eine Und-Operation mit AX und CX durch (Ergebnis in AX) |
| | NEG SI | Bilde das 2er-Komplement von SI |
| 680x0 | NOT D0 | Invertiere alle Bits des Registers D0 |
| C16x | BXOR op1, op2 | Führe eine Exklusiv-Oder-Operation der beiden durch op1 und op2 adressierten Bits aus und lege das Ergebnis bei op1 ab |

**Binäre arithmetische Operationen**. Fast alle Prozessoren bieten die arithmetischen Operationen „addieren“ und „addieren mit Übertrag“ sowie entsprechende Subtraktionsbefehle an (→ Tabelle 4.21). Daneben gibt es häufig noch Multiplikations- und Divisionsbefehle und zwar für ganze positive Zahlen und Zahlen im 2er-Komplement. Einige Prozessoren bieten auch Extrabefehle für die Addition (Subtraktion) mit 1 oder 2 an.

*Tabelle 4.21 Befehlsbeispiele für binäre arithmetische Operationen*

| Prozessor | Befehl | Bedeutung |
|---|---|---|
| 8085 | INR H | Erhöhe Register H um 1 [1)] |
| 80x86 | MUL BX | Multipliziere AX mit BX und lege das Ergebnis in DX:AX ab [1)] |
| | IMUL BX | Multipliziere AX mit BX und lege das Ergebnis in DX:AX ab [2)] |
| C16x | ADDC op1, op2 | Addiere op1 und op2 und das Carry-Flag und lege das Ergebnis in op1 ab [1)] |
| | ADD op1, op2 | Addiere op1 und op2 und lege das Ergebnis in op1 ab [1)] |
| 680x0 | ADDQ n, reg1 | Addiere die Konstante $n$ ($n = 1 \dots 8$) zu reg1 (ADD Quick) [1)] |
| RISC | ADD reg1, op2, reg2 | Addiere reg1 und op2 und lege das Ergebnis unter reg2 ab [1)] |

[1)] Die Zahlen werden als positive Binärzahlen aufgefaßt.

[2)] Die Zahlen werden als Binärzahlen mit Vorzeichen (2er-Komplement) betrachtet.

**Dezimale arithmetische Operationen**. Einige Prozessoren bieten für die BCD-Arithmetik eigene Befehle an; diese erlauben z. B. ein leichtes Rechnen in der BCD-Arithmetik und eine einfache Umwandlung von ASCII-Zahlen in BCD-Zahlen und umgekehrt (→ Tabelle 4.22). Für diese Operationen benötigt man beim Pentium das A-Flag (*Auxiliary Carry Flag*) im Statusregister, das den Übertrag von Bit 3 auf Bit 4 anzeigt (→ Tabelle 4.6).

*Tabelle 4.22 Befehlsbeispiele für dezimale arithmetische Operationen*

| Prozessor | Befehl | Bedeutung |
|---|---|---|
| 80x86 | DAA | 1. Ist der Wert der 4 niederwertigen Bits in AL größer als 9 oder ist das A-Bit gesetzt, so addiere 6 zu AL und setze A auf 1<br>2. Ist der Wert der 4 höherwertigen Bits größer als 9 oder ist das C-Bit gesetzt, so addiere 60H zu AL und setze C auf 1 |
| 680x0 | ABCD op1, op2 | Addiere gepackte BCD-Zahlen unter Berücksichtigung des Carry-Flags |



Der Befehl DAA existiert auch beim 8085.

**Vergleichsoperationen**. Vergleiche werden Hardware-mäßig in der Regel auf Subtraktionsbefehle zurückgeführt; der eigentliche Vergleich erfolgt mit 0. Deshalb werden die Vergleichsbefehle auch in der Gruppe Logik und Arithmetik aufgeführt (→ Tabelle 4.23).

*Tabelle 4.23 Befehlsbeispiele für Vergleichsoperationen*

| Prozessor | Befehl | Bedeutung |
|---|---|---|
| 80x86 | CMP AX,7 | Vergleiche AX mit 7 |
| 680x0 | CMP op1, reg1 | Vergleiche op1 mit reg1 |
| C16x | CMPD2 op1, op2 | Vergleiche op1 und op2 und setze die Flags; anschließend wird op1 um 2 erniedrigt (ohne weitere Flag-Änderung) (CoMPare and Decrement by 2) |

**Shift- und Rotate-Operationen**. Befehle dieser Untergruppe unterscheiden sich dadurch, daß bei Shift-Befehlen in der Regel ein festes Bit nachgeschoben wird, wohingegen bei Rotate-Befehlen die Bits, die herausgeschoben werden, wieder nachzuschieben sind. Mit Shift-Operationen können sehr einfach Divisionen oder Multiplikationen mit Zweierpotenzen realisiert werden (→ Tabelle 4.24). Eine Division durch Rechtsschieben liefert bei einer negativen Zahl in der Zweierkomplement-Darstellung nur dann das korrekte Ergebnis, wenn statt einer „0“ eine „1“ von links nachgeschoben wird. Daher bieten Prozessoren oft neben logischen Schiebebefehlen noch arithmetische Schiebebefehle an, bei denen automatisch das Vorzeichen berücksichtigt wird.

*Tabelle 4.24 Befehlsbeispiele für Shift- und Rotate-Operationen*

| Prozessor | Befehl | Bedeutung |
|---|---|---|
| 80x86 | ROL reg, n | Rotiere den Inhalt des Registers um *n* Bitpositionen nach links (Rotate Left) |
| 680x0 | ASR n, reg1 | Schiebe reg1 um *n* Stellen nach rechts, fülle dabei von links vorzeichenrichtig auf (Arithmetic Shift Right) |
| C16x | SHR op1, op2 | Verschiebe die Bits in op1 um op2 Stellen nach rechts; fülle dabei von links mit 0 auf (Shift Right) |

### 4.2.3 Bit- und String-Verarbeitung

Die meisten Prozessoren bieten Befehle an, mit denen die Standarddatentypen wie Byte, Wort oder Doppelwort bearbeitet werden können. Daneben benötigt man zur Programmierung auch oft Bitfelder (1 . . . *n* Bits) oder String-Felder (1 . . . *n* Bytes). Dafür stellen Prozessoren häufig eigene Befehle zur Verfügung (→ Tabelle 4.25).

*Tabelle 4.25 Befehlsbeispiele für Bit- und String-Verarbeitung*

| Prozessor | Befehl | Bedeutung |
|---|---|---|
| 80x86 | REP MOVSW | Wiederhole CX-mal:<br>Lade das Wort an der Adresse DS:DI mit dem Wort an der Adresse ES:SI und erhöhe/vermindere SI/DI jeweils um 2 (am Ende CX = 0) |
| | BTC op1,op2 | Speichere das Bit, dessen Adresse durch op1 und dessen Offset durch op2 gegeben ist, im Carry-Flag und komplementiere das Bit (Bit Test and Complement) |
| 680x0 | BCLR n, reg1 | Setze Bit n in reg1 auf 0 (Bit CLear) |
| C16x | BSET op1 | Setze das Bit, das durch op1 spezifiziert wird, auf 1 (Bit SET) |

### 4.2.4 Ein-/Ausgabe

Jedes Rechnersystem muß Daten, die verarbeitet werden, von der Peripherie mit den E/A-Bausteinen einlesen und die Ergebnisse wieder an die Peripherie ausgeben.

Dazu werden unterschiedliche Techniken angewandt. Die erste Möglichkeit besteht darin, die Außenwelt über Speicheradressen anzusprechen (**Memory-**

**Mapped-I/O**). In diesem Fall liest/schreibt man den Inhalt von Registern eines E/A-Bausteins über die angegebenen Adressen. Bei der 68000-Familie ist dies die einzige mögliche Ein-/Ausgabemethode, es gibt daher keine speziellen E/A-Befehle.

Die zweite Art besteht darin, Bausteine über spezielle E/A-Befehle anzusprechen (→ Tabelle 4.26). Dabei muß man in der Regel ein Register mit Werten laden und diesen Wert dann über einen Spezialbefehl an den Baustein weitergeben. Einige Prozessoren sind auch über spezielle Leitungen direkt mit der Außenwelt verbunden; so lassen sich die Bausteinregister wieder mit Spezialbefehlen manipulieren.



*Tabelle 4.26 Befehlsbeispiele für die Ein-/Ausgabe*

| Prozessor | Befehl | Bedeutung |
|---|---|---|
| 80x86 | MOV AX, 1<br><br>OUT 20H | Gib an dem Baustein mit der E/A-Adresse 20H den Wert 1 aus<br>(Spezialbefehl) |
| 8085 | RIM | Kopiere das am seriellen Eingang anliegende Bit in die höchstwertige Stelle des Akkumulators |

### 4.2.5 Steuerung des Programmablaufs

Neben den bisher behandelten Befehlsgruppen, die sich auf die Verknüpfung bzw. den Transport von Daten bezogen, existiert eine weitere Gruppe von Befehlen, die den Ablauf von Programmen steuern (→ Tabelle 4.27). Die normale sequentielle Abarbeitung von Befehlen erfolgt automatisch durch die Hardware, d. h., der Befehlszähler wird vom Steuerwerk des Prozessors automatisch inkrementiert. Vom Programmierer kann dieser sequentielle Ablauf durch Sprung- bzw. Verzweigungsbefehle unterbrochen werden. Man unterscheidet zwischen **unbedingten Verzweigungen** und **bedingten Verzweigungen**, mit denen sich z. B. Programmschleifen mit variabler Anzahl von Schleifendurchläufen realisieren lassen. Die Verzweigungsbedingung ergibt sich aus den Bits des Statusregisters (*Condition Code* (→ Bilder 4.2 bis 4.4)); ist die Bedingung erfüllt (z. B. das Ergebnis eines vorhergehenden Vergleichs war Null), so erhält der Programmcounter die neue Programmadresse und die Verzweigung wird ausgeführt. Im anderen Fall läuft das Programm sequentiell weiter.

Zusätzlich kann der sequentielle Befehlszyklus durch den Aufruf von **Unterprogrammen** (*Subroutine*) unterbrochen werden. Wiederkehrende Befehlsfolgen sollten als Unterprogramme realisiert sein, um insbesondere Entwicklungs- und Testaufwand zu sparen. Man spart zusätzlich Speicher; die Programme werden übersichtlicher; Unterprogramme können zum Teil unabhängig vom Hauptprogramm übersetzt und in einer Bibliothek mehreren Entwicklern zur Verfügung gestellt werden.

Die Adressierung erfolgt in der Regel direkt – die Zieladresse folgt dem Op-Code – oder indirekt – die Zieladresse befindet sich in einem Register (Speicherplatz).

Unterprogramme werden von verschiedenen Stellen des Programms aus angesprungen. Beim Unterprogrammaufruf wird daher die aktuelle Adresse im Stack abgespeichert; mit einem **Return-Befehl** kann man dann wieder zum aufrufenden Programm zurückkehren. Es ist darauf zu achten, daß vor einem Return-Befehl ein Unterprogrammaufruf durchgeführt wird; im anderen Fall entnimmt der Prozessor falsche Daten aus dem Stack.

► *Hinweis*: Die Anzahl der Aufrufe und Rücksprünge muß gleich groß sein!

Bei Sprungbefehlen erfolgt keine Speicherung der aktuellen Adresse im Stack. Eine einfache Rückkehr ist damit nicht möglich.

Wie bei Verzweigungen gibt es auch bedingte Unterprogrammaufrufe; der Sprung in ein Unterprogramm erfolgt nur, wenn bestimmte Bedingungen erfüllt sind, z. B. wenn bestimmte Flags gesetzt oder nicht gesetzt wurden.

Unterprogramme beinhalten in der Regel Algorithmen, die mit verschiedenen Parametern durchgeführt werden können. Das aufrufende Programm muß daher die aktuellen Parameter an das Unterprogramm übergeben. Die **Parameterübergabe** kann auf verschiedene Arten erfolgen:

- wenige Parameter oft in Registern (die Parameter stehen dem Unterprogramm so unmittelbar zur Verfügung),
- viele Parameter in einem Parameterblock, dessen Adresse in einem Register abgelegt wird oder der unmittelbar auf den Unterprogrammaufruf im Hauptprogramm im Code folgt (das Unterprogramm kann die Parameter mit Hilfe des Registers oder über den Stackpointer adressieren),
- die Parameter werden an festen Speicheradressen abgelegt,

*Tabelle 4.27 Befehlsbeispiele für die Befehlsablaufsteuerung*

| Prozessor | Befehl | Bedeutung |
|---|---|---|
| 80x86 | JCXZ Adresse | Verzweige an Adresse, falls CX = 0 (Jump CX Zero) |
| C16x | JMPI op1, op2 | Verzweige an Adresse op2, falls op1 = 1 (JuMP Indirect conditional) |
| | JMPA | Verzweige nach Adresse op2, falls op1 = 1 (JuMP Absolute conditional) |
| 680x0 | JSR up2 | Verzweige zum Unterprogramm up2; die Rückkehr aus up2 ist mit dem Befehl RTS möglich |

- im Stack (das Unterprogramm kann die Parameter über den Stackpointer adressieren).

In vielen Fällen ist es sinnvoll, auch die Anzahl der Parameter zu übergeben.

Einige Prozessoren speichern die Rückkehradressen in separaten Systemstacks oder auch in sogenannten Returnstacks, wie z. B. der MMX-Prozessor.

### 4.2.6 Ausnahme- und Unterbrechungsbehandlung



Ein spezieller Mechanismus des Prozessors erlaubt es, auf Sonderfälle zu reagieren, die während des Ablaufs eines Programms auftreten. Diese Sonderfälle werden mit dem Begriff **Exceptions** bzw. **Ausnahmen** bezeichnet, sie unterbrechen den normalen Programmablauf. Ursachen sind entweder eine Fehlersituation (*Trap*) oder eine Anforderung eines Ein-/Ausgabebausteins (*Interrupt*). Die Behandlung solcher Ausnahmesituationen erfolgt durch spezielle Programme, sogenannte **Exception-Handler**. Sie haben die Aufgabe, auf die spezielle Unterbrechung zu reagieren und entsprechende Aktionen durchzuführen.

Bei den Ursachen für Exceptions unterscheidet man zwischen internen und externen Ursachen. Interne Exceptions, sogenannte **Traps** (= engl. Falle), werden vom gerade laufenden Programm ausgelöst und sind meist die Reaktion auf eine Fehlersituation im Programmablauf. Typische Auslöser für Traps sind:
- „Division durch Null“,
- „undefinierter OpCode“,
- „Adressfehler“ (z. B. beim Zugriff auf eine ungerade Adresse bei einer Langwortverarbeitung),
- „Privilegverletzung“ (Zugriff im Usermode auf privilegierte Befehle),
- „Stacküberlauf“ usw.

Beim Auslösen eines Traps schaltet der Prozessor automatisch in den Supervisormode. Die Trap-Routine kann dann z. B. ein Programm abbrechen, das einen Fehler verursacht hat. Diese Eigenschaft des Trap-Mechanismus wird ausgenützt, um aus einem nicht privilegierten Programm (Usermode) in den Supervisormode umzuschalten. Dazu existieren im Befehlssatz des Mikroprozessors TRAP-Befehle, mit denen ganz gezielt ein Trap und damit ein Umschalten der Betriebsart des Prozessors ausgelöst werden kann. Diese Befehle dienen zum Aufruf des Betriebssytems, sie werden daher auch als **Supervisor-Call**, **System-Call** oder **Software-Interrupt** bezeichnet.

Externe Exception-Ursachen sind in der Regel Interrupts, die asynchron zum gerade laufenden Programm von externer Peripherie ausgelöst werden. Dazu verfügt der Prozessor über einen oder mehrere Interrupt-Eingänge. Der Interrupt-Mechanismus erlaubt es, gezielt auf externe Anforderungen zu reagieren und nicht durch permanentes aktives Nachfragen (*Polling*) auf eine Aktion der Peripherie warten zu müssen. Als Reaktion auf einen Interrupt wird das gerade laufende Programm unterbrochen und eine diesem Interrupt zugeordnete **Interrupt-Service-Routine** (**ISR**) aufgerufen.

Im Gegensatz zum Unterprogrammaufruf, bei dem das aufrufende Programm ja die Startadresse des Unterprogramms kennt, erfolgt die Ermittlung der Startadresse einer Interrupt- oder Trap-Routine mit Hilfe der Hardware des Prozessors. Jede Unterbrechungsursache erfordert eine spezifische Reaktion und somit eine spezifische Programmroutine. Die Startadressen aller Exception-Routinen werden in einer Tabelle im Speicher des Prozessors abgelegt. Die Startadressen bezeichnet man als **Vektoren** (= Zeiger auf die Routinen) und die Tabelle als **Vektortabelle** (→ Tabelle 4.28). Die Vektortabelle liegt bei einigen Prozessoren an einer vordefinierten Stelle im Speicher, bei anderen verweist ein Vektorbasisregister auf den Beginn der Tabelle. Wird ein Trap ausgelöst, so unterbricht der Prozessor automatisch das aktuelle Programm, lädt den Programmzähler und den Prozessorstatus auf den Stack und erzeugt eine dem Trap zugeordnete **Vektornummer**. Der zugehörige Vektor wird aus der Vektortabelle in den Programmzähler geladen, und die entsprechende Trap-Routine wird gestartet.

Sehr ähnlich läuft dieser Vorgang bei einem Interrupt ab. Allerdings wird die Vektornummer nicht vom Prozessor generiert, sondern von dem auslösenden Ein-/Ausgabebaustein über den Datenbus an den Prozessor gemeldet. Somit verfügt jede Interrupt-Quelle über ihre eigene Interrupt-Vektornummer, allerdings erfordert dieses Vorgehen eine aufwendigere Hardware seitens der Peripheriebausteine.

Bei gleichzeitigen Interruptanforderungen (*Interrupt-Requests*) von mehreren Interrupt-Quellen wird eine definierte Bearbeitungsreihenfolge durch die Vergabe von Interrupt-Prioritäten sichergestellt. Ein Interrupt mit höherer Priorität wird vor einem Interrupt mit niederer Priorität bearbeitet. Durch Setzen der **Interrupt-Maske** im Control-Register des Prozessors auf eine bestimmte Prioritätsebene kann vom Programmierer festgelegt werden, ob und ab welcher Priorität ein Interrupt zugelassen wird. Um zu verhindern, daß eine Interrupt-Routine von einem neuen Interrupt mit gleicher oder niederer Priorität unterbrochen wird, wird automatisch beim Start einer Interrupt-Routine die Interrupt-Maske auf den Wert der aktuellen Priorität gesetzt und beim Ende der Routine auf den alten Wert zurückgebracht.

Wie erwähnt erfordert die Verwaltung und Übermittlung der Vektornummer auf der Seite der Ein-/Ausgabebausteine eine aufwendigere Hardware. Zur Vereinfachung des Vektorverfahrens bei Rechnersystemen mit wenigen Interrupt-Quellen bieten die meisten Mikroprozessoren ein **Autovektorverfahren**. Dazu wird für jede Prioritätsebene vom Prozessor eine Interrupt-

Vektornummer fest vorgegeben und nicht mehr vom Peripheriebaustein übertragen.

*Tabelle 4.28 Vektortabelle des M68000-Prozessors*

| Vektornummer | Exception-Vektor |
|---|---|
| $00 | RESET (SSP) |
| $01 | RESET (PC) |
| $02 | Bus-Fehler |
| $03 | Adreß-Fehler |
| $04 | Illegaler-Befehl |
| $05 | Ganzzahlige Division durch Null |
| $06 | CHK-Befehl |
| $07 | TRAPV-Befehl |
| $08 | Privilegverletzung |
| $09 | Trace |
| $0A | Nichtimplementierter OP-Code $Axxx |
| $0B | Nichtimplementierter OP-Code $Fxxx |
| $0C bis $0E | reserviert |
| $0F | Nicht initialisierter Interrupt |
| $10 bis $17 | reserviert |
| $18 | Falscher Interrupt |
| $19 | Autovektor (Ebene 1) |
| $1A | Autovektor (Ebene 2) |
| $1B | Autovektor (Ebene 3) |
| $1C | Autovektor (Ebene 4) |
| $1D | Autovektor (Ebene 5) |
| $1E | Autovektor (Ebene 6) |
| $1F | Autovektor (Ebene 7) |
| $20 bis $2F | TRAP #0 bis TRAP #15 |
| $30 bis $3F | reserviert |
| $40 bis $FF | Interrupt-Vektoren |

Tabelle 4.29 zeigt einige Befehlsbeispiele.

Aus der Sicht des Programmierers erfolgt bei der Verwendung von Interrupts zunächst eine Initialisierung durch das Belegen der Vektortabelle mit der Startadresse und die Freigabe der entsprechenden Prioritätsebene. Bei der Programmierung der Interrupt-Routine muß beachtet werden, daß vor ihrer Verwendung alle Registerinhalte auf den Stack gerettet werden. Nach der Bearbeitung der Interrupt-Anforderung werden die Registerinhalte wieder vom Stack zurückgeschrieben und mit einem speziellen Return-Befehl die Interrupt-Routine verlassen. Der Prozessor setzt dann das unterbrochene Programm an der Stelle der Unterbrechung fort.

*Tabelle 4.29 Befehlsbeispiele für die Unterbrechungsbehandlung*

| Prozessor | Befehl | Bedeutung |
|---|---|---|
| 80x86 | DI | Sperre Unterbrechungen |
| | IRET | Kehre aus der Unterbrechungsroutine zurück |
| | INT n | Rufe Unterbrechungsroutine *n* auf |
| 8085 | RST n | Rufe Unterbrechungsroutine *n* auf |
| 680x0 | Trap n | Löse Trap *n* aus |
| | RTE | Kehre aus der Unterbrechungsroutine zurück (Return from Exception) |
| C16x | ATOMIC op1 | Lasse für op1 Befehle keine Unterbrechung zu |

### 4.2.7 Gleitkommaunterstützung

**Gleitkommaoperationen** (*Floating Point Operation*) werden entweder einem eigenen Gleitkommaprozessor, der parallel zum Mikroprozessor Befehle abarbeiten kann, übertragen, oder im Mikroprozessor werden neben den üblichen Einheiten wie Decodern weitere Einheiten für die Gleitkommaarithmetik integriert.

Bei der Intel-Familie 80x86 wurde zunächst das erste Konzept verfolgt und in neueren Prozessoren (ab der Pentium-Familie) das zweite Konzept realisiert. Es werden dabei intern immer Gleitkommazahlen mit 80 bit verwandt. Nach außen kennt der Prozessor verschiedene Binärzahlen (2er-Komplement), 18stellige BCD-Zahlen und verschiedene Realzahlen.

*Tabelle 4.30 Befehlsbeispiele für die Gleitkommaunterstützung*

| Prozessor | Befehl | Bedeutung |
|---|---|---|
| 80x87 | F2XM1 | Berechne $2^x - 1$ |
| | FCOS | Berechne $\cos(x)$ |
| | FRNDINT | Runde auf Integer (in Abhängigkeit vom Kontrollwort) |
| | FXTRACT | Berechne Exponent und Signifikant |
| | FYL2X | Berechne $y \cdot \log_2 x$ |
| 68881 | FDIV | Dividiere eine Gleitkommazahl |
| | FSINCOS | Berechne gleichzeitig $\cos(x)$ und $\sin(x)$ |

Dabei reichen die Befehle von einfachen arithmetischen Operationen bis hin zu komplexen Funktionen. Einige Beispiele sollen dies verdeutlichen (→ Tabelle 4.30). Neben den Befehlen kennen die Gleitkommaprozessoren eigene Register – beim Pentium acht 80-bit-Datenregister, die als Stack verwaltet werden, und Status-, Kontroll- und Error-Pointer-Register.

### 4.2.8 Multimediaunterstützung

Im Jahre 1997 brachte Intel den MMX-Prozessor auf den Markt. MMX steht dabei für „MultiMedia eXtension". Dieser neue Prozessor, der 64-bit-Register zur Verfügung stellt, soll Grafik- und Soundaufgaben übernehmen. Dazu wurde die **SIMD**-Technik integriert: Ein Befehl – ADD, OR, ... – wird auf mehrere Daten angewandt (*Single Instruction Multiple Data*). So kann man z. B. in einem Befehl in 8 Pixeln, die jeweils in 8 bit gespeichert sind, gleichzeitig ein Bit setzen, etwas addieren usw., ohne daß z. B. ein Übertrag von einem zum anderen Byte erfolgt.



Für die Bearbeitung der MMX-Register, die bei einigen Prozessoren den FPU-Registern entsprechen, gibt es eine Reihe neuer Befehle, die in folgende Befehlsgruppen unterteilt werden können:

- Datentransfer,
- Packen, Entpacken,
- Logik und Arithmetik inkl. der Schiebe- und Vergleichsbefehle.

Dabei wird unterschieden zwischen dem **Wrap-Around** ($\text{ffh} + 1 = 0$ und $0 - 1 = \text{ffh}$), so wie man es von der normalen Arithmetik her gewohnt ist, und der **Sättigung** (*Saturation*), bei der $\text{ffh} + 1$ wieder zu ffh wird und $0 - 1 = 0$ bleibt. („Weiß kann damit nicht weißer werden".)

Gegenüber herkömmlichen Prozessoren spart man dadurch einige Befehle (z. B. das Abfragen und evtl. das Setzen). Die Befehle PACKUS und PACKSS verkürzen 32-bit-Werte zu 16-bit-Werten (bzw. 16 zu 8 bit), jeweils mit Sättigung. Damit kann man diese Befehle z. B. bei Kompressionstechniken wie JPEG anwenden.

Zusätzlich werden 3-D-NOW-Instruktionen für die 3-D-Bildverarbeitung und 3-D-Spiele angeboten.

► *Anmerkung*: Beim K7-Prozessor von AMD können bis zu drei FPU/Media-Einheiten parallel arbeiten, von denen zwei wahlweise Gleitkomma-, MMX- oder 3-D-NOW-Befehle ausführen können.

---

### 4.2.9 Betriebssystemunterstützung

> Einige Prozessoren stellen Befehle und weitere Features zur Unterstützung von **Betriebssystemen** (*Operating System*) zur Verfügung. Diese Befehle sind meist nur im Supervisor-Modus oder in der höchsten Privilegebene anwendbar.

So bietet die 80x86-Familie Befehle für die Speicherverwaltung an. Sie liefert z. B. bei der Adressierung von Seiten, die sich nicht im Hauptspeicher befinden, sondern auf der Platte ausgelagert sind, eine Unterbrechung (*Exception*) **Page-Fault** (Seitenfehler). Das Betriebssystem kann auf diese Exception reagieren und die entsprechende Seite nachladen. (Natürlich muß man von der Software-Seite aus darauf achten, daß die Bits in den entsprechenden Tabellen gemäß der Konvention gesetzt werden.)

Die Verwaltung der Segmente erfolgt beim 80x86 über lokale und globale **Deskriptortabellen**. In diesen Tabellen befinden sich Informationen über das Segment wie die Privilegebene, die Lage im Hauptspeicher, die Länge, etc. Zum Aufbau der Tabellen stellt der Prozessor Befehle zur Verfügung (→ Tabelle 4.31).

*Tabelle 4.31 Befehlsbeispiele für die Betriebssystemunterstützung*

| Prozessor | Befehl | Bedeutung |
|---|---|---|
| 80x86 | LGDT Adresse | Lade das Register für die lokale Deskriptortabelle mit Adresse |

Moderne Betriebssysteme sind zumindest **multitaskingfähig**, d. h., es können mehrere Programme quasi gleichzeitig ablaufen, indem z. B. ein Programm Wartezeiten eines anderen ausnutzt oder indem Round-Robin-Strategien verwendet werden. Daraus ergeben sich einige Taskwechsel; zur Unterstützung dieser Wechsel speichern moderne Prozessoren, z. B. mit dem Aufruf „call task", die gesamte Umgebung (insbesondere alle Register) einer Task im Speicher und laden die Umgebung der aufgerufenen Task. Dazu bietet z.B die 80x86-Familie ein **Task-Register**, das jeweils auf die aktuelle Task zeigt, und sogenannte **Task-Status-Segmente** an. In diesen Segmenten wird jeweils die gesamte Taskinformation gespeichert.

Zum Schutz vor unerlaubten Ein- und Ausgaben und vor Speicherzugriffen auf unerlaubte Bereiche bieten die Prozessoren mehrere Privilegebenen an. Nicht auf allen Ebenen ist dann I/O erlaubt. Zudem führen Zugriffe außerhalb des „eigenen Bereichs" zu einer Exception, die dann vom Betriebssystem, insbesondere bei Multitaskingsystemen, bearbeitet werden muß. Zudem liefert der Prozessor eine Unterbrechung, wenn auf ein Nur-Lese-Segment (z. B. Code) schreibend zugegriffen werden soll.

Daneben bieten Prozessoren auch die Möglichkeit, mit Software den Cachezustand zu beeinflussen. So kennzeichnet der INVD-Befehl (INValDate) des Pentium-Prozessors alle internen und externen Caches als ungültig. Der WBINVD-Befehl (Write Back INVD) schreibt zunächst alle modifizierten Zeilen, bevor er den Cache markiert.

### 4.2.10 Prozessorsteuerung

In manchen Fällen muß der Prozessor angehalten werden, auf andere Prozessoren warten oder in einen anderen Modus versetzt werden. Für diese Fälle gibt es auch eine Reihe von Befehlen (→ Tabelle 4.32).

*Tabelle 4.32 Befehlsbeispiele für die Prozessorsteuerung*

| Prozessor | Befehl | Bedeutung |
|---|---|---|
| 80x86 | HLT | Halte den Prozessor an |
| | WAIT | Warte auf ein Signal |
| | RSM | Resume from System Management Mode |
| C511 | ORL PCON, #00000001B | Setze im Register PCON das Idle-Bit und sorge damit dafür, daß der Prozessor in den Idle-Mode übergeht (*Power Saving Mode*). Der Prozessorstatus bleibt erhalten. Die Peripherie ist unbeeinflußt. Erst durch einen Interrupt oder ein Reset geht der Prozessor wieder in den „normalen" Mode über. |
| 680x0 | STOP | Halte die Verarbeitung an |
| C16x | EINIT | Zeige das Ende der Initialisierung nach einem Reset an |
| | SRST | Software-Reset |



Daneben existieren Befehle, die für die Software eine eindeutige CPU-ID liefern (z. B. beim Pentium-Prozessor den Befehl CPUID). Diese Nummer kann dazu benutzt werden, Software eindeutig einem Rechner zuzuordnen und das Benutzen von Raubkopien zu erschweren.

Multiprozessorsysteme benutzen einen gemeinsamen Bus und gemeinsame Speicher; da darauf nicht gleichzeitig zugegriffen werden kann, muß der Zugriff zumindest für kurze Zeit gesperrt werden. Dazu bieten Prozessoren den **Lock**-Befehl an, der für die Dauer zumindest eines Befehls Speicherzugriffe sperrt.

Bei Multiprozessorsystemen erfolgt die Kommunikation zwischen den Prozessoren durch Schreib- und Lesezugriffe auf gemeinsame Speicherbereiche. Um Dateninkonsistenzen zu verhindern, müssen die Zugriffe der Prozessoren auf diese Bereiche synchronisiert werden. Zur Unterstützung solcher Synchronisationen bieten Prozessoren spezielle Befehle, wie z. B. den Befehl TAS (*Test And Set*) des 680x0-Prozessors. Dieser Befehl erlaubt das Lesen, Überprüfen und eventuelle Setzen eines Flags in *einem* Buszyklus; so ist sichergestellt, daß nicht nach dem Lesen und während des Vergleichs das Flag von einem anderen Prozessor verändert werden kann.

### 4.2.11 Debug-Unterstützung

Die meisten Prozessoren bieten als Debug-Unterstützung den Trap-Mechanismus an. Dabei wird bei der Ausführung eines Befehls eine Unterbrechungsroutine aufgerufen, die dann die Auswirkungen des Befehls interpretieren und anzeigen kann. Verschiedene Prozessoren bieten darüber hinaus weitergehende Features an; so enthält der Pentium-Prozessor einige Debug-Register:

- **Debug-Address-Register**: Sie enthalten die Adressen, an denen ein Programm angehalten werden soll (Setzen von **Breakpoints**).
- **Debug-Control-Register**: Es spezifiziert die Art des Breakpoints: das Ausführen eines Befehls, das Lesen bzw. Schreiben von Daten.
- **Debug-Status-Register**: Enthält den Status einer Unterbrechung.

Die Register können im privilegierten Modus mit MOV-Befehlen gelesen und geändert werden.

## 4.3 Einführung in die Programmierung

### 4.3.1 Befehlssatz und Assembler

Der **Befehlssatz** (*Instruction Set*) eines Prozessors ist die Menge der Befehlscodes, die der entsprechende Prozessor direkt, d. h. ohne weitere Konvertierung oder Interpretierung ausführen kann.

Die Befehlscodes (**Operation Code**, **Opcode**) bestehen aus Bitmustern; ein Programm ist somit aus der Sicht eines Prozessors eine Abfolge solcher Codes, die im Speicher abgelegt sind. Da diese Befehle direkt vom Prozessor (= Verarbeitungsmaschine) ausgeführt werden, bezeichnet man die Befehlscodes als **Maschinenbefehle** bzw. **Maschinensprache**.

**Assemblersprache**

Ein Programm in Maschinensprache, also in Binär- bzw. Hexadezimalcodes, ist für den Menschen nur schwer verständlich und eine Programmentwicklung auf dieser Ebene daher umständlich und fehleranfällig. Aus diesem Grund werden die Befehlscodes eines Prozessors durch einprägsame Abkürzungen (**Mnemonics**) ersetzt. Diese Art der Programmierung bezeichnet man als Assemblerprogrammierung. Ein Assemblerprogramm wird vor der Programmausführung durch ein Übersetzungsprogramm, den **Assembler**, in die Bitfolgen des **Maschinencodes** umgesetzt. Ein symbolischer Befehl der Assemblersprache entspricht genau einem Maschinenbefehl, die Assemblersprache ist im Gegensatz zu höheren Programmiersprachen wie z. B. C, Pascal, Cobol, C++, JAVA etc. prozessorspezifisch.

Neben der Code-Umsetzung bietet ein Assembler weitere Unterstützung bei der Programmentwicklung. Dazu gehören:

- die Verwendung von Namen für Sprungadressen (*Label*),
- die Verwendung von Namen für Konstanten,
- die Berechnung von Adreßdistanzen bei Sprungbefehlen,
- die Verwendung von Kommentaren, die nicht übersetzt werden und zur Dokumentation eines Programms dienen,

- die Reservierung von Speicherplatz für Variablen (diese Variablen werden im Assemblerprogramm mit einem Namen bezeichnet, der Assembler ersetzt die Namen mit den aktuellen Adressen).

Ein Assemblerprogramm besteht aus
- **Assemblerdirektiven** (dies sind Anweisungen für den Übersetzer, die in der Regel nicht in Maschinenbefehle übersetzt werden).
- **Datendefinitionen** für die Reservierung und teilweise Vorbelegung von Speicherplätzen (*Declaration*, *Vereinbarung*), auch für Angaben wie die Art und Dimension der Variablen,
- **Assemblerbefehlen** (*Statement*, *Anweisung*), die in Maschinenbefehle übersetzt werden, und
- **Makrobefehlen** (dies sind Anweisungen, die in der Regel mit einem Namen aufgerufen und in mehrere Maschinenbefehle expandiert werden).



Ein einzelner Assemblerbefehl kann in mehrere Elemente zerlegt werden:
- das **Markenfeld** (symbolischer Name für eine Variable oder ein Sprungziel),
- das **Operationsfeld** (mnemotechnische Bezeichnung für den OpCode oder die Art des Datenfeldes),
- das **Operandenfeld** (Angabe der Operanden, Festlegung von Werten),
- das **Kommentarfeld** (zur besseren Lesbarkeit).

### 4.3.2 Beispiele

Beispiel 4.2 zeigt eine einfache Programmaufgabe; es werden alle Zahlen beginnend bei einem Startwert bis zu einem Endwert aufaddiert und das Ergebnis im Speicher abgelegt (→ Bild 4.19). Das Programm wird in Assemblersprache für den Motorola-Prozessor 680x0 und für den Intelprozessor 8086 vorgestellt. Parallel dazu wird die Speicherbelegung der Maschinencodes für dieses Programm dargestellt. Die Zeilennummern des Maschinencodes entsprechen den Zeilennummern im Assemblercode.

Neben dem augenscheinlichen Effekt, daß ein Maschinenprogramm gegenüber dem Assemblerprogramm für den Menschen unverständlich erscheint, läßt sich an diesem Beispiel eine Reihe der beschriebenen Assemblereigenschaften zeigen.

#### Beschreibung des 68000-Programms

Zeile 1 des Assemblerlistings enthält einen Kommentar, der nicht assembliert wird. Die Assembleranweisung `org $10000` (Zeile 2) setzt die Startadresse des Programmes auf die hexadezimale Adresse \$10000. Mit der Anweisung `STEP equ 1` (Zeile 3) wird eine Konstante mit dem Wert 1 vereinbart, im weiteren Programm wird diese Konstante immer mit ihrem Namen angespro-

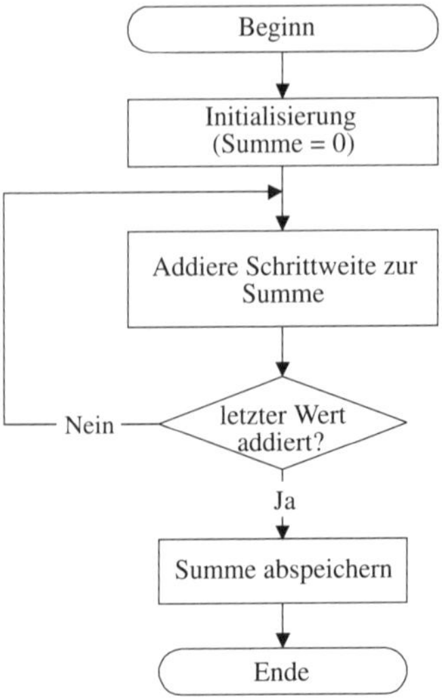


*Bild 4.19 Ablaufplan des Beispielprogramms 4.2*

chen. Am Ende des Programms wird mit der Anweisung `FIRST dc.w 1` (Zeile 14) ein Speicherplatz für eine Variable reserviert und mit dem Wert 1 vorbelegt. Dieser Variablen wird der Name FIRST zugewiesen, unter dem sie dann im Programm angesprochen wird. Im übersetzten Maschinencode wird der Name der Variablen durch ihre Adresse ersetzt. Der Name SCH (Zeile 7) steht in dem Beispielprogramm für eine Sprungadresse (Label), auf die mit dem Befehl `ble SCH` (ble steht für *Branch Lower And Equal*) verzweigt wird. Beim Vergleich dieses Befehls mit dem Maschinencode stellt man fest, daß die mit SCH markierte Sprungadresse nicht im Maschinencode erscheint. Statt dessen wird mit FFF2 (= $-14$ in 2er-Komplementdarstellung) die relative Adreßdistanz zum Befehlszähler angegeben. Diese Berechnung wird vom Assembler durchgeführt.

Neben der besseren Lesbarkeit durch die Verwendung von Namen für alle diese Adressen bietet der Assembler den Vorteil, daß bei Modifikationen des Programms und daraus resultierenden Adreßverschiebungen die Adressen im Maschinencode wieder automatisch richtig berechnet werden.

❑ *Beispiel 4.2a*:

**Assemblerprogramm 68000**

```
1  ;Es werden alle Zahlen von einem Startwert bis zu einem
   ;Endwert addiert
2        org  $10000   ;Startadresse des Programms
3  STEP  equ  1        ;Schrittweite wird als Konstante
4                      ;vereinbart
```

```
5          clr  D0         ;Register D0 wird gelöscht
6          move FIRST,D1   ;Startwert ins Register D1
7   SCH    add  D1, D0     ;D1 wird zu D0 addiert,
                           ;Ergebnis in D0
8          add  #STEP,D1   ;D1 wird um Schrittw. inkrementiert
9          cmp  LAST, D1   ;Vergleich von D1 mit dem Endwert
10         ble  SCH        ;Verzweigung zu SCH, falls Endwert
                           ;noch nicht erreicht ist
11         move D0, SU     ;Ergebnis wird in Speicher kopiert
12         stop #0
13
14  FIRST  dc.w 1          ;Speicherplatz für Startwert
15  LAST   dc.w 100        ;und Endwert
16  SU     ds.w 1          ;Speicherplatz für Ergebnis
17
18         end             ;Ende des Programms
```



❑ *Beispiel 4.2b*:

**Maschinencode 68000 im Speicher** in hexadezimaler Schreibweise

| Zeilennr | Adresse | OpCode | Operandenadresse |
|---|---|---|---|
| 5 | 10000 | 4240 | |
| 6 | 10002 | 3239 | 0001 0020 |
| 7 | 10008 | D041 | |
| 8 | 1000A | D27C | 0001 |
| 9 | 1000E | B279 | 0001 0022 |
| 10 | 10014 | 6F00 | FFF2 |
| 11 | 10018 | 33C1 | 0001 0024 |
| 12 | 1001E | 4E72 | 0000 |
| 13 | | | |
| 14 | 10020 | 0001 | |
| 15 | 10022 | 0064 | |
| 16 | 10024 | 0000 | |
| 17 | | | |
| 18 | | | |

❑ *Beispiel 4.2c*:

**Assemblerprogramm 80x86**

```
1   ;Es werden alle Zahlen von einem Startwert bis zu einem
    ;Endwert addiert
2   CODE   segment           ;Anzeige Beginn Codesegment
3          assume CS:CODE
4          assume DS:CODE    ;Datensegment = Codesegment
5          org    100H       ;Startadresse im Segment
6   STEP   equ    1          ;Schrittweite wird als Konstante
                             ;vereinbart
7   BEG:                     ;Hinweis für den Übersetzer auf
                             ;den Programmstart
8          mov    AX,CS
```

```
9          mov    DS,AX      ;Segmentregister richtig stellen
10         mov    AX,0       ;Register AX wird gelöscht
11         mov    BX,FIRST   ;Startwert ins Register BX
12 SCH:    add    AX,BX      ;BX wird zu AX addiert,
                             ;Ergebnis in AX
13         add    BX,STEP    ;BX wird um Schrittweite
                             ;inkrementiert
14         cmp    BX,LAST    ;Vergleich von BX mit dem Endwert
15         jne    SCH        ;Verzweigung zu SCH, falls Endwert
                             ;noch nicht erreicht ist
16         mov    SU,AX      ;Ergebnis wird in den Speicher
                             ;kopiert
17         mov    AX,4C00H   ;OpCode Programmende (DOS)
18         int    21H        ;Programm beenden
19
20 FIRST   dw     1          ;Speicherplatz für Startwert
21 LAST    dw     100        ;und Endwert
22 SU      dw     1          ;Speicherplatz für Ergebnis
23
24 CODE    ends              ;Ende des Codesegments
25         end               ;Ende des Programms
```

❑ *Beispiel 4.2d*:

**Maschinencode 80x86 im Speicher** in hexadezimaler Schreibweise

| Zeilennr | Adresse | OpCode | Operandenadresse |
|---|---|---|---|
| 8 | 100 | 8CC8 | |
| 9 | 102 | 8ED8 | |
| 10 | 104 | B8 | 0000 |
| 11 | 107 | 8B1E | 1E01 |
| 12 | 10B | 03C3 | |
| 13 | 10D | 83C3 | 01 |
| 14 | 110 | 3B1E | 2001 |
| 15 | 114 | 75 | F5 |
| 16 | 116 | A3 | 2201 |
| 17 | 119 | B8 | 004C |
| 18 | 11C | CD | 21 |
| 19 | | | |
| 20 | 11E | 0100 | |
| 21 | 120 | 6400 | |
| 22 | 122 | 0000 | |

### 4.3.3 Entwicklungsaspekte

Die Programme zeigen einige Unterschiede, die bei der Programmierung von Mikroprozessoren berücksichtigt werden müssen. 9.2 diskutiert ausführlich die Programmerstellung für Mikroprozessorsysteme.

**Mnemotechnische Abkürzungen**. Für Transportbefehle werden meist die Bezeichnungen mov oder move benutzt; für Sprungbefehle verwendet man die Abkürzungen J für JUMP (z. B. JNE Springe, falls nicht gleich, not equal) oder B für BRANCH (z. B. BLE *Branch Lower And Equal*).

**Konstantenbezeichnungen**. In der Regel geben Zahlen wie 10 oder 23 *Dezimalzahlen* an. Für die Bezeichnung von Hexadezimalzahlen werden Zusätze wie $ oder H benutzt, wie z. B. $100 (256) oder 10H (16).

**Little-/Big-Endian-Format**. Beim 80x86 werden im Speicher an der niederen Adresse das niederwertige Byte und an der höheren Adresse das höherwertige Byte abgelegt (Little-Endian-Format). Beim 68000 ist dies umgedreht.



**Operandenauswahl**. Beim 68000 folgt auf den OpCode jeweils zunächst der Quelloperand und anschließend der Zieloperand, beim 80x86 ist die Reihenfolge umgekehrt.

**Operandenbezeichnung**. Zur Auswahl des *Operandeninhalts* benutzt man meist nur den Namen des Operanden; zur Ermittlung der *Operandenadresse* verwendet man Zusätze wie z. B. offset operand.

**Speicheraufbau**. Der 68000 betrachtet den Speicher als „ein großes Feld", die Adressierung bezieht sich so in der Regel auf den gesamten Speicher; der 80x86 teilt den Speicher in Segmente, er adressiert dann in der Regel innerhalb eines Segments. Deswegen benötigt der 80x86 auch spezielle Adressierungsarten (→ Bild 4.1).

Wegen spezieller Buszugriffe ist es häufig notwendig oder zumindest sinnvoll, Daten an speziellen Adressen abzulegen (z. B. 4-Byte-Daten (Doppelworte) an 4-Byte-Grenzen, 2-Byte-Daten (Worte) an 2-Byte-Grenzen). Dies bezeichnet man auch mit **Datenausrichtung** (*Data Alignment*).

### 4.3.4 Datentypen

Bytes, Words, Doublewords und Quadwords sind **Standarddatentypen**.

Ein **Byte** besteht aus acht Bits, welche von null bis sieben durchnumeriert sind. Bit null ist das **Least-Significant-Bit** (*LSB*).

Ein **Wort** (*Word*) sind zwei Bytes, die im Speicher aufeinander folgen. Die Bits sind von null bis fünfzehn durchnumeriert. Das Byte, das die Bits 0 . . . 7 beinhaltet, wird auch **Low-Byte** genannt. Es steht im Speicher an der niedrigeren Adresse. Die Adresse des Low-Bytes ist auch die Adresse des Worts. (Die letzten beiden Aussagen gelten für das Intel-Endian-Format.) Die Adresse der oberen Hälfte des Worts wird nur verwendet, wenn das **High-Byte** gesondert angesprochen werden muß.

Ein **Langwort** (*Doubleword*) besteht aus vier aufeinander folgenden Bytes im Speicher. Die Bits sind von 0 bis 31 numeriert. Die unteren 16 Bits (0 ... 15) stellen das **Low-Word** dar und die anderen das **High-Word**. Das Low-Word steht in den 2 Bytes mit der niedrigeren Adresse im Speicher und ist zugleich die Adresse des Doublewords.

Ein **Quadword** besteht aus acht Bytes, die, wie beim Doubleword, im Speicher aufeinander folgen müssen. Die Bits sind numeriert von 0 bis 63. Die unteren 32 Bits stellen das Low-Doubleword dar und sind in den vier Bytes mit den niedrigeren Adressen gespeichert. Das Low-Doubleword gibt die Adresse des Quadwords an.

Zu beachten ist, daß die Datentypen (→ Bild 4.20) nicht an gewissen Adressen ausgerichtet sein müssen. So ist es nicht notwendig, daß ein Quadword an einer Adresse beginnt, die durch acht teilbar ist. Dies bietet eine große Flexibilität für die Nutzung des Speichers. Man sollte aber bedenken, daß dann unter Umständen mehrere Zyklen zur Befehlsabarbeitung notwendig sein können (→ 4.3.2).

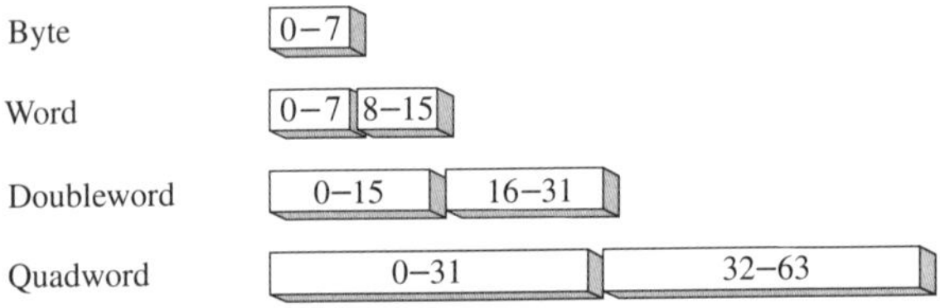


*Bild 4.20 Standarddatentypen*

**Informationsdarstellung**. Informationen werden in Computern binär (dual) codiert. Je nach der Anwendung benutzt man unterschiedliche Codierungen. So werden Zeichen meist im **ASCII-Code** (*American Standard Code of Information Interchange*) abgelegt und belegen dabei in der Regel ein Byte.

Für Zahlen gibt es mehrere unterschiedliche Darstellungen.

**Positive ganze Zahlen** (**Binärzahlen**) verwenden wie das Dezimalsystem ein Stellenwertsystem; der Wert $X$ ergibt sich nach der Formel:

$$X = \sum a_i 2^i$$

wobei $a_i$ das Bit an der Position $i$ in einem Byte, Wort oder Doppelwort bezeichnet, die Numerierung von links nach rechts durchgeführt wird und mit 0 beginnt.

❑ *Beispiel*: 0101 hat den Wert $X = 0 \cdot 2^3 + 1 \cdot 2^2 + 0 \cdot 2^1 + 1 \cdot 2^0 = 5$

**Vorzeichenbehaftete ganze Zahlen** werden unterschiedlich codiert. Man unterscheidet das 1er- und das 2er-Komplement: Beim **1er-Komplement** (Einerkomplement) werden alle Bits der positiven ganzen Zahl komplementiert.

❑ *Beispiel*: Aus 0101 = 5 ergibt sich 1010 = −5.

Beim **2er-Komplement** (Zweierkomplement) wird zu der Bitkombination des 1er-Komplements noch 1 addiert.

❑ *Beispiel*: Aus 0101 = 5 wird zunächst 1010 und durch die Addition von 1 ergibt sich 1011 = −5.

4

In der Regel benutzen Assemblerprogramme für arithmetische Darstellungen das 2er-Komplement. Beim 2er-Komplement kann man dann z. B. mit 1 Byte den Zahlenbereich von −128 bis +127 und mit 2 Byte den Bereich von −32 768 bis 32 767 darstellen.

Daneben benutzt man auch noch das **BCD-Format** (*Binary Coded Decimal*). In diesem Format wird jede Ziffer durch 4 Bits dargestellt, gemäß der Wertigkeit bei positiven ganzen Zahlen. In diesem Fall spricht man von *gepackten* BCD-Zahlen; ein Byte enthält 2 Ziffern. Werden die Zahlen im ASCII-Code dargestellt, so belegt jede Ziffer 1 Byte; man spricht dann auch von *ungepackten* Zahlen.

Für die Darstellung von **gebrochenen Zahlen** hat sich das **IEEE-Format** durchgesetzt (*IEEE = Institute of Electrical and Electronics Engineers*). Es verwendet z. B. für die Darstellung von sogenannten „**Short Real**"-Zahlen 32 Bits:

Bit 31: Vorzeichen (0 positiv, 1 negativ)
Bit 30–23: Exponent zur Basis 2 (zwischen −127 und 128) (sog. BIASED-Exponent, d. h., es wird Exponent +128 gespeichert)
Bit 22–0: Normalisierte Mantisse
(Die Darstellung der Real-Zahl wird jeweils so normalisiert, daß der Exponent die Form 1.XXX...X (X 0 oder 1) besitzt. Dabei wird die 1 weggelassen, also nur XXX...X gespeichert.)

80-bit-Real-Zahlen:
Bit 79: Vorzeichen (0 positiv, 1 negativ)
Bit 78–64: BIASED-Exponent zur Basis 2
Bit 63–0: Normalisierte Mantisse

Eine ausführliche Diskussion der Codierung enthält 2.3.

# 5 Speicherhierarchie und Bussysteme

Dieses Kapitel beschreibt die Struktur, Organisation und Funktion des Prozessor-Speicher-Bus-Systems. Im Mittelpunkt stehen Cache-, Hauptspeicher- und CPU-nahe Bussysteme mit ihren Komponenten und Steuerungselementen. Das Kapitel behandelt auch prozessorinterne Funktionselemente, die im Zusammenhang mit Speicher- oder Buszugriffen stehen oder wichtig für das Zusammenspiel der CPU mit anderen Systemkomponenten sind. Weitere Eigenschaften der internen Prozessorarchitektur werden in Kapitel 3 dieses Werkes behandelt, periphere Systemkomponenten in Kapitel 6.

## 5.1 Prozessor-Speicher-Bus-System

Die Anforderungen an die Architektur von Standard-Mikrorechnersystemen werden heute weitgehend durch datenintensive Anwendungssoftware bestimmt. Multimedia-, Web-, Echtzeit-Video- und 3-D-Grafik-Applikationen erfordern eine hohe Prozessorleistung, große Adreßräume und physikalische Speicherkapazitäten sowie hohe Datentransferraten zwischen CPU, Grafik-Controllern, Hauptspeicher und externer Speicherperipherie.

Um diese Anforderungen zu erfüllen, ordnen moderne Rechnersysteme sowohl den Systemspeicher als auch das Bussystem hierarchisch an. Geeignete Steuerbausteine koordinieren die beteiligten Systemkomponenten. Weil viele moderne CPUs innerhalb ihrer Mikroarchitektur Parallelverarbeitung in Form von Pipelining und superskalaren Funktionseinheiten leisten (→ 3), müssen sie häufig auf mehrere Befehle und Datenoperanden gleichzeitig zugreifen. Die meisten CPU-Mikroarchitekturen stellen daher getrennte „breite" Busse für Befehle und Datenoperanden bereit, über die separate interne Caches (→ 5.2) für Befehle und Daten angesprochen werden.

### 5.1.1 Leistungsmaße und Leistungsanforderungen

Als Maß für die Beschreibung der Anforderungen an das Speichersystem eines bestimmten Prozessors P kann die Speicherbandbreite $S_P$ verwendet werden /5.9/. Dieses Maß betrifft auch das Bussystem, über das der Speicher bzw. seine Hierarchieebenen und Einzelkomponenten angesprochen werden.

**Speicherbandbreite $S_P$**

$$S_P = L_P \cdot SB_P \tag{5.1}$$

$L_P$ Leistung eines Prozessors P in MIPS (**M**illionen **I**nstruktionen **p**ro **S**ekunde)
$SB_P$ Speicherbedarf pro Durchschnittsbefehl des Prozessors P in Bytes

**Speicherbedarf pro Durchschnittsbefehl**: Die Zahl von Bytes, die typischerweise pro Prozessorbefehl zwischen Speicher und Prozessorkern transportiert werden muß.

Dazu gehören der Befehl selbst, die Operanden und das Ergebnis. Für 32-bit-CISC-Prozessoren wurde statistisch der Wert $SB_{32\text{-bit-CISC}} = 8{,}6$ Bytes ermittelt /5.12/. Davon entfielen durchschnittlich 5,3 Bytes auf Daten (Operanden und Ergebnisse) und 3,3 Bytes auf den Befehl selbst. Näherungsweise kann man trotz architektonischer Unterschiede von ähnlichen $SB_P$-Werten auch für 32-bit-RISC-CPUs ausgehen. Bei 64-bit-CPUs verdoppelt sich die Länge der Operanden. Die Befehlslänge bleibt bei 4 Bytes, so daß man von einem geschätzten $SB_{64\,\text{bit}}$ von etwa 12 Bytes ausgehen kann. Im Einzelfall können jedoch nur Messungen Aufschluß über einen spezifischen $SB_P$-Wert geben.

5

**Leistung $L_P$ in MIPS**

$$L_P = \frac{1}{CPI_P \cdot T_P} \tag{5.2}$$

$T_P$ Taktzyklus des Prozessors in µs
$CPI_P$ Zahl der Taktzyklen pro Durchschnittsbefehl des Prozessors P (Cycles per Instruction)

$CPI_P$ kann statistisch oder abhängig von bestimmten Programmen ermittelt werden. Da heutige Prozessoren oft superskalar implementiert sind, ergeben sich zunehmend $CPI_P$-Werte unter 1,0 (→ 3).

► *Hinweis*: MIPS-Zahlen verschiedener CPU-Architekturen sind nur bedingt miteinander vergleichbar (→ 10).

❑ *Beispiel*: Heute übliche 32-bit-Standard-Mikroprozessoren besitzen typische Speicherbandbreiten im Bereich von mehreren GByte/s.

## 5.1.2 Gesamtstruktur des Prozessor-Speicher-Bus-Systems

Bild 5.1 zeigt die Einzelkomponenten eines für Arbeitsplatzrechner typischen Prozessor-Speicher-Bus-Systems. Im folgenden werden die hierarchische Struktur und das Zusammenspiel der Komponenten im Überblick dargestellt.

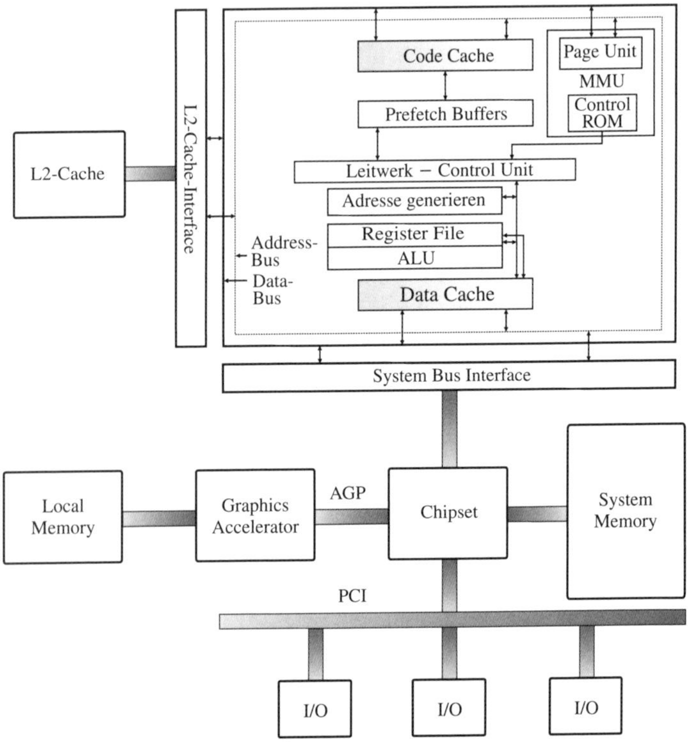


*Bild 5.1 Struktur des Prozessor-Speicher-Bus-Systems*

#### 5.1.2.1 Prozessorkern

Die Hauptkomponenten des **Prozessorkerns**, der auch als **CPU** (*Central Processing Unit*) bezeichnet wird, sind das **Leit-** oder **Steuerwerk** (*Control Unit*) und das **Rechenwerk** (**ALU** – *Arithmetic Logic Unit*) mit den dazugehörigen Registersätzen und Steuerregistern. Auf diese Komponenten wird an anderer Stelle eingegangen (→ 1, 3).

**Weitere Komponenten**

**Level-1-Code-Cache** (Abkürzung: L1-Code-Cache). Zwischenspeicher im Prozessorkern, der den sehr schnellen Zugriff auf wiederholt auftretende Befehle und Befehlsfolgen erlaubt (→ 5.2).

**Level-1-Datencache** (Abkürzung: L1-Datencache). Zwischenspeicher im Prozessorkern, der den sehr schnellen Zugriff auf wiederholt benötigte Datenoperanden erlaubt.

❑ *Beispiel*: Heute übliche L1-Code- und Datencaches besitzen Speicherkapazitäten zwischen 16 KByte und 64 KByte. Für bestimmte Hochleistungs-Mikroprozessoren werden aber schon L1-Caches mit Kapazitäten zwischen 0,5 MByte und 1 MByte realisiert /5.4/.

**Befehlspuffer (Prefetch Buffers)**. Ein oder mehrere Pufferbereiche, die der *Fetch-Unit* (Befehlshol-Einheit) der CPU zugeordnet sind. Sie enthalten die Befehle, die zuletzt ab einer oder mehrerer voneinander unabhängiger physikalischer Speicheradressen aus dem L1-Code-Cache geholt wurden. Jeder Pufferbereich kann *n* (typisch: 16 oder mehr) Einzelbefehle aufnehmen, die später an die *Decode-Unit* (Decodier-Einheit) der CPU weitergereicht werden.



**Memory Management Unit (MMU)**. Die MMU übersetzt in einem mehrstufigen Prozeß logische Befehls- oder Operandenadressen in physikalische Speicheradressen. Die Implementierung der MMU ist davon abhängig, ob der Prozessor Segmentierung, Paging oder beide Varianten der virtuellen Adressierung unterstützt (→ 5.6). Dafür muß die MMU jeweils entsprechende Tabellenstrukturen wie Translation-Lookaside-Buffers (TLBs), Basisregister für Übersetzungstabellen im Hauptspeicher und die Steuerungsfunktionalität bereitstellen.

**Systembus/L2-Cache-Schnittstelle**. Hochleistungs-Mikroprozessoren erlauben heute häufig einen gleichzeitigen Zugriff auf den Level-2-Cache und den Hauptspeicher, um unnötige Wartezeiten zu vermeiden (*Dual Independent Bus* /5.6/). Neuere Prozessorkerne besitzen deshalb zwei unabhängige, breite Busschnittstellen, die den parallelen Zugriff auf den L2-Cache-Bus und den Systembus erlauben. Spricht man heute vom Systembus, sind damit oft die beiden über die Bus-Schnittstelle der CPU erreichbaren Busse (→ 5.1.2.2, 5.1.2.3) gemeint.

### 5.1.2.2 Level-2-Cache und Level-2-Cache-Bus

**Nutzen von L2-Caches**. Erfolglose Zugriffe (*Cache Misses*) auf einen in seiner Kapazität begrenzten L1-Cache erfordern, daß mit der gleichen Adresse anschließend auf den relativ langsamen DRAM-Hauptspeicher zugegriffen wird. Die schnellsten heute üblichen DRAM-Speicher bremsen aber die Arbeitsgeschwindigkeit der CPU selbst dann empfindlich ab, wenn von allen L1-Cache-Zugriffen 96 bis 98 % erfolgreich (*Cache Hits*) sind (→ 5.3.3, → 5.5.1). Leistungsfähige Mikrocomputer setzen daher einen großen in SRAM-Technik realisierten L2-Cache als eigene Stufe der Speicherhierarchie zwischen L1-Caches und Hauptspeicher ein.

L2-Caches werden meist gemeinsam für Befehle und Daten benutzt. Ihre Kapazitäten reichen von 256 KByte bis zu mehreren Megabytes. Der L2-Cache-Bus ist typischerweise zweimal bis viermal breiter als die Prozessor-Wortbreite (also bis 128 bit bei einer 32-bit-CPU und 256 bit bei einer 64-bit-CPU). Die L2-Cache-Zugriffszeiten liegen um ein Vielfaches unter denen des Hauptspeichers, so daß sich der Aufwand für ein komplexeres Gesamtsystem lohnt.

**Skalierbarkeit**. Je nach zugrundegelegter Entwurfsphilosophie ist der L2-Cache-Bus mit der Taktfrequenz *skalierbar* oder nicht. Das bedeutet, daß bei einer späteren 300-MHz-Implementierung eines zunächst mit 200 MHz getakteten CPU-Kerns auch der Cache-Bus um 50 % schneller werden kann oder nicht. Einige CPUs erlauben auch nicht ganzzahlige Verhältnisse des CPU-Taktes zum Bustakt (*Fractional Processor-To-Cache Clock Ratio*). Mit diesem Verfahren kann die Zahl der Prozessor-Taktzyklen zur Zahl der Buszyklen nicht nur in einem Verhältnis 1 : 1; 2 : 1; 3 : 1; … , sondern auch in einem Verhältnis 3 : 2; 4 : 3; 5 : 2; 5 : 3; 5 : 4; … stehen. Das erleichtert die Implementierung von flexiblen Speichersystemen erheblich, da die Prozessorfrequenzen im allgemeinen schneller steigen als die Zugriffsgeschwindigkeiten auf Cache- und Hauptspeicherbausteine sinken.

**Hauptspeicher-Zugriff**. Nur wenn auch der Zugriff auf den L2-Cache fehlschlägt, muß noch auf den Hauptspeicher zugegriffen werden. Um den zeitlichen Aufwand für solche Fälle zu verringern, verwenden manche CPUs parallele Busse für L2-Cache- und Hauptspeicher-Zugriff. Zugriffe auf beide Speicherhierarchie-Ebenen können in diesem Fall gleichzeitig und unabhängig voneinander gestartet werden. Intel bezeichnet dieses Konzept als *DIB* (*Dual Independent Bus*). Bei erfolglosem L2-Cache-Zugriff kann so immerhin parallel bereits am Hauptspeicher-Zugriff gearbeitet werden.

#### 5.1.2.3 Systembus

> Der **Systembus** (*System Bus*) verbindet den Prozessorkern direkt oder über zwischengeschaltete Steuerbausteine mit dem Hauptspeicher (→ 5.4).

Über ein vom Prozessorkern definiertes Busprotokoll wird über den Systembus auf den Hauptspeicher und gegebenenfalls auch auf den L2-Cache zugegriffen.

#### 5.1.2.4 Chip-Sets

> **Chip-Sets** koordinieren das Zusammenspiel der Teilsysteme (CPU, L2-Cache, Hauptspeicher, Speicher- und Peripheriebusse) in einem Mikroprozessorsystem.

Der Chip-Set übernimmt unter anderem die effiziente Ansteuerung des Hauptspeichers (DRAM Controller), paralleler und serieller Peripheriebusse (z. B. PCI, USB) und des Plattenlaufwerks (z. B. Bus Master IDE).

Chip-Sets sind häufig an Busstandards angelehnt. Das bedeutet, daß sie die proprietären Protokolle der CPUs in Standardbus-Protokolle umsetzen (z. B. Systembus, PCI, ISA-Bus). Sie sind auch dafür verantwortlich, Prioritätssteuerungs- und Buszuteilungsaufgaben (Arbitrierung) für die Teilsysteme des Rechners zu übernehmen. Beispielsweise ermöglichen sie den Hauptspeicherzugriff neben der CPU auch DMA-fähigen Peripheriegeräten. Aktuelle Chip-Sets erfüllen die speziellen Anforderungen, die (3-D-)Hochleistungsgrafik- und Multimedia-Systeme an Mikroprozessorsysteme stellen (→ 5.7).



Die Chip-Set-Funktionalität kann auch die Hardware-Steuerung symmetrischer Multiprozessor-Systeme (SMP) unterstützen, die zwei, vier oder mehr speichergekoppelte CPUs enthalten und vor allem für Server-Plattformen benötigt werden. Dabei geht es vor allem um die effiziente Ansteuerung des gemeinsamen Hauptspeichers, die Nutzung des gemeinsamen Systembusses und die Bewahrung der Cache-Kohärenz (→ 5.3.3).

#### 5.1.2.5 Lokaler Peripheriebus

Ein **lokaler Peripheriebus** bietet ein standardisiertes, CPU-unabhängiges Protokoll an, um Peripheriegeräte mit relativ schnellen Datenraten mit der CPU kommunizieren zu lassen.

Der ursprünglich von Intel eingeführte PCI-Bus hat sich mit seinen Chip-Sets als Architektur-Rückgrat für moderne PC-Systeme etabliert (→ 5.7.4). Durch Verdopplung der Busbreite und Taktfrequenz wird er auch in Zukunft einen Großteil der Ein-/Ausgabeanforderungen neuer Peripheriegeräte und Techniken erfüllen können.

#### 5.1.2.6 Peripheriebus

Klassische **Peripheriebusse** wie der 16-Bit-ISA- und der 32-bit-EISA-Bus werden auch heute noch für die Ansteuerung von E/A-Geräten mit niedrigen Datenraten oder zur Realisierung preiswerter spezialisierter Mikroprozessor-Systeme verwendet.

Hochleistungssysteme greifen typischerweise nicht direkt auf diese Busse zu, sondern über PCI/EISA/ISA-Bridges, die durch PCI-Chip-Sets unterstützt werden.

### 5.1.3 Zusammenspiel der Teilkomponenten

**Zugriff auf Befehle**. Die für moderne 32- oder 64-bit-Mikroprozessoren erforderliche hohe Gesamtspeicherbandbreite kann nur erreicht werden, wenn bereits im Prozessorkern alle Maßnahmen zur Steigerung der Datentransferrate zwischen Caches und Prozessor-Funktionseinheiten genutzt werden. Je mehr Befehle ein Prozessor gleichzeitig verarbeiten kann, desto mehr Befehle müssen pro CPU-Taktzyklus gleichzeitig aus dem L1-Code-Cache geholt und an die Befehlspuffer übergeben werden. Der L1-Code-Cache wird daher an der entsprechenden Programmstelle adressiert. Bei Cache-Misses muß über den Systembus oder einen separaten L2-Cache-Bus auf den L2-Cache zugegriffen werden. Von dort werden dann die benötigten Befehle beschafft und in den L1-Code-Cache übertragen.

**Befehlspufferzugriff**. Die CPU holt während der Befehlsholphase typischerweise bis zu acht aufeinanderfolgende Befehle über eine bis zu 256 bit breite Schnittstelle aus dem L1-Code-Cache und schreibt sie in die Befehlspuffer. Dort können sich auch bereits früher geholte Befehle befinden, die bisher noch nicht bearbeitet wurden. Neu eingetroffene Sprungbefehle werden als solche erkannt und zunächst einer Sprung-Vorhersage-Prozedur unterzogen (→ 3). Jeweils eine bestimmte Anzahl (z. B. vier) der Befehle aus den Befehlspuffern wird anschließend gleichzeitig decodiert.

**Zugriff auf Operanden**. Die benötigten Operanden befinden sich etwa zur Hälfte bereits in Prozessorregistern. Die andere Hälfte wird aus dem L1-Datencache geholt und in CPU-Register geladen. Der L2-Cache muß dabei nur bei L1-Datencache-Misses über den L2-Cache-Bus adressiert werden. In diesem Fall werden die Operanden aus dem L2-Cache beschafft und in die Zielregister und parallel dazu auch in den L1-Datencache übertragen.

Bei L2-Cache-Misses muß für das Laden von Befehlen ebenso wie bei Operanden der DRAM-Hauptspeicher über den Systembus adressiert werden. Das ist vor allem dann erforderlich, wenn neue Programme oder Programmteile geladen werden, wenn erstmals an eine bestimmte Programmstelle verzweigt wird oder das Betriebssystem einen Prozeßwechsel auslöst.

**Adreßübersetzung**. Der Zugriff auf den Hauptspeicher erfordert stets die Umsetzung der logischen Befehls- oder Operandenadressen in physikalische Hauptspeicheradressen. Die MMU des Prozessors ist für die Teilschritte der Adreßübersetzung (Segmentierung und/oder Paging) zuständig. Befinden sich die gesuchten Daten nicht im Hauptspeicher, wird in Zusammenarbeit mit dem Betriebssystem ein Zugriff auf externe Speichermedien erforderlich. In diesem Zusammenhang kommen auch die durch Chip-Sets gesteuerten CPU-nahen Peripheriebusse (z. B. PCI) und die daran angeschlossenen Peripherie-

Controller und -Adapter zum Einsatz. Bildschirminhalte, die als Operanden angesprochen werden, können aus dem Hauptspeicher über entsprechende Schnittstellen mit hoher Geschwindigkeit in den Bildschirmspeicher geladen werden.

**Befehlsausführung**. Bestehen keine Datenabhängigkeiten zwischen den neu decodierten und den bereits in Bearbeitung befindlichen Befehlen, so werden die decodierten Befehle zur Ausführung an Funktionseinheiten des benötigten Typs übergeben, sofern diese Ressourcen frei und entsprechende Ergebnisregister vorhanden sind. Die Ausführungsphase wird gestartet und die gleichzeitig benötigten Operanden aus den Registern in die Eingaberegister der Funktionseinheiten des Rechenwerks geladen.



**Ergebnisse schreiben**. Nach Abschluß der Ausführungsphase werden die Ergebnisse der gleichzeitig verarbeiteten Befehle in ihren Zielregistern oder unter der Zieladresse im L1-Datencache abgelegt. Eine Aktualisierung weiterer Speicherhierarchieebenen ist nur bei bestimmten Aktionen des Betriebssystems (z. B. beim Prozeßwechsel) erforderlich. Auch in Multiprozessorsystemen kann es erforderlich sein, aktuelle L1-Datencache- oder L2-Cache-Inhalte in den Hauptspeicher zurückzuschreiben, wenn andere CPUs auf dieselben Operanden zugreifen wollen. Zur Konsistenzerhaltung der Speicherdaten sind Hardware-unterstützte Cache-Kohärenz-Protokolle erforderlich (→ 5.3.3).

## 5.2 Caches

**Cache**. Schneller Zwischenspeicher innerhalb der CPU oder in CPU-Nähe, der Befehle und/oder Operanden von Programmen bereithalten soll, auf die in einem bestimmten Zeitraum häufig zugegriffen werden muß. Jeder Cache besteht aus einem *Datenbereich* und einem *Tag-Bereich* (Identifikations-Bereich). Die Kapazität des Cache-Datenbereichs ist in der Regel deutlich kleiner als die Hauptspeicherkapazität. Der Tag-Bereich enthält den Teil der CPU-Adressen, die die Herkunft eines Cache-Eintrags aus dem Hauptspeicher eindeutig identifizieren. Für einen Cache sind *strukturelle Parameter*, eine *Organisationsform* und eine *Ersetzungsstrategie* festzulegen.

**Cache-Hierarchieebenen**. Caches innerhalb der eigentlichen CPU werden als L1-Caches bezeichnet. Separate L1-Caches für Befehle und Daten (Operanden und Ergebnisse) sind heute üblich. Sie arbeiten mit CPU-Geschwindigkeit, sind aber in ihrer Kapazität beschränkt (typisch: 16 KByte bis 64 KByte). Viele Computersysteme besitzen eine zweite Cache-Ebene (*L2-Cache*). L2-Caches sind zwar langsamer als L1-Caches, besitzen aber die zehn- bis zwanzigfache Speicherkapazität von L1-Caches (typisch: 256 KByte bis einige Megabyte). Ein L2-Cache wird im allgemeinen für Befehle und Daten gemeinsam genutzt. Seine Zugriffsgeschwindigkeit ist höher als die des Hauptspeichers, weil schnellere SRAM-Bausteine verwendet werden und der L2-Cache.Bus oft breiter ist als der Systembus. In Ausnahmefällen können noch weitere Cache-Hierarchieebenen eingesetzt werden. Caches sind typischerweise in SRAM-Technik implementiert.

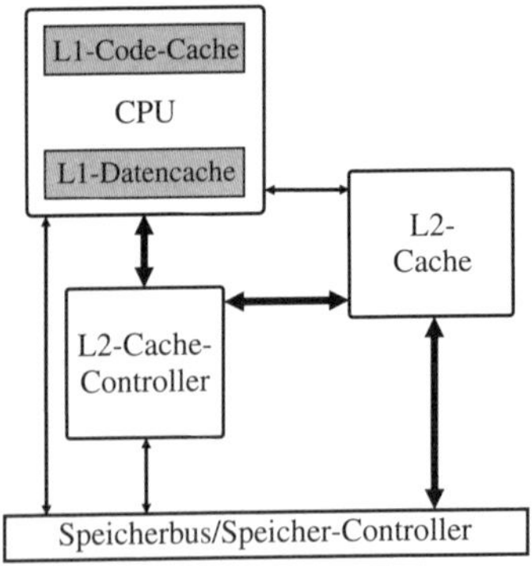


*Bild 5.2*
*System mit separaten L1-Caches und gemeinsamem L2-Cache*

Bild 5.2 zeigt ein Rechnersystem mit separaten L1-Caches für Befehle und Daten und einem L2-Cache, der Befehle und Daten enthalten kann.

### 5.2.1 Aufgaben von Caches

Auf Grund immer höherer Taktfrequenzen (> 300 MHz) und superskalarer Verarbeitung (→ 3) nehmen die Geschwindigkeit und die Speicherbandbreite von CPUs stetig zu. Die durch neue DRAM-Technologien (→ 5.5) erzielbaren Geschwindigkeitssteigerungen reichen bei weitem nicht aus, um die Anforderungen moderner CPUs an die Speicherbandbreite zu erfüllen. Mit einem relativ kleinen, aber sehr schnellen SRAM-Cache oder einer Hierarchie von Cache-Speichern kann mit vernünftigem Aufwand erreicht werden, daß sich ein System mit einem großen, aber langsamen DRAM-Hauptspeicher in seiner Verarbeitungsgeschwindigkeit ähnlich verhält wie ein System, dessen gesamter Hauptspeicher mit schnellen SRAM-Bausteinen realisiert ist.

### 5.2.2 Cache-Organisation

Die Wahrscheinlichkeit, benötigte Daten oder Befehle im Cache zu finden, hängt von der Datenkapazität des Cache, seiner Hardwarestruktur und insbesondere seiner Organisationsform ab. Bei vorgegebener Datenkapazität bestimmt die Organisationsform, in welche Cache-Einträge ein bestimmter

Hauptspeicherblock der Größe *m* Bytes jeweils übertragen werden kann und wie er beim Cache-Zugriff identifiziert wird.

**Cache-Eintrag**. Der Datenbereich eines Cache setzt sich aus Cache-Einträgen zusammen. Ein Cache-Eintrag (*Cache Line* oder *Cache Block*) ist eine feste Zahl *m* von aufeinanderfolgenden Daten- oder Befehlsbytes. Die Zahl *m* wird als *Eintragsgröße* (*Block Size* oder *Line Size*) bezeichnet.

Die Eintragsgröße sollte nicht zu klein gewählt werden. Beim ersten Zugriff auf einen Cache-Eintrag wird dieser an einer bestimmten Stelle, dem *Byte-Offset* (auch *Block-Offset* oder *Byte-Enable*), für den benötigten Befehl oder Operanden adressiert. Je größer der Eintrag, desto wahrscheinlicher befindet sich auch der nachfolgende Befehl oder Operand in diesem Eintrag. Die Eintragsgröße sollte auch nicht zu groß gewählt werden, da im Falle eines *Cache-Miss* (erfolgloser Cache-Zugriff) der Eintrag immer komplett von der nächstniedrigeren Speicherhierarchie-Ebene beschafft werden muß, wofür gegebenenfalls zahlreiche Zugriffe erforderlich sind. Die dazu benötigte Zeit wird oft als *Miss-Penalty* bezeichnet. Mit zunehmender Eintragsgröße sinkt außerdem die Zahl der Einträge, die gleichzeitig in einem Cache gegebener Größe untergebracht werden können.

**Index**. Jedem Cache-Eintrag ist ein *Index* (*Eintragsnummer*) zugeordnet, über den er angesteuert wird.

**Set**. Verweist ein Index auf mehrere Einträge, dann werden diese Einträge als *Set* (*Eintragsgruppe*) bezeichnet.

**Tag**. Jedem Cache-Eintrag ist ein *Tag* (*Identifikator*) zugeordnet, das eindeutig festlegt, aus welchem Teil des Hauptspeichers der Cache-Eintrag stammt. Tags werden im Tag-Bereich des Cache abgespeichert.

Bei einer Cache-Aktualisierung werden jeweils *m* Bytes aus der nächsttieferen Speicherhierarchie-Ebene in einen Cache-Eintrag übertragen, wobei *m* meist ein ganzzahliges Vielfaches der Busbreite ist. Der zuständige Bus arbeitet dabei meist im *Burst-Modus* (→ 5.4.1).

#### 5.2.2.1 Voll-assoziative Organisation (Fully Associative Cache Organization)

**Prinzip**. Jeder Hauptspeichereintrag der Größe *m* Bytes, der an einer Adresse beginnt, die ohne Rest durch die Eintragsgröße teilbar ist, kann in jedem beliebigen Cache-Eintrag abgelegt werden (→ Bild 5.3).

5

**Funktion und Aufbau**. Um einen Eintrag zu identifizieren, wird bei einem vollassoziativen Cache die Hauptspeicher-Adresse jedes Cache-Eintrags im Tag-Bereich des Cache gespeichert. Die letzten $l$ Bits der Adresse spezifizieren jeweils ein Byte innerhalb eines Cache-Eintrags. Dieser *Byte-Offset* braucht nicht im Tag-Bereich des Cache abgelegt zu werden. Für die Eintragsgröße in Bytes gilt: $m = 2^l$. Für ein Tag, das zum Auffinden eines Cache-Eintrags bei einem vollassoziativen Cache benötigt wird, auf den ein Hauptspeicher der Maximalgröße $S_M = 2^w$ abgebildet werden soll, sind daher $w - l$ Bits erforderlich.

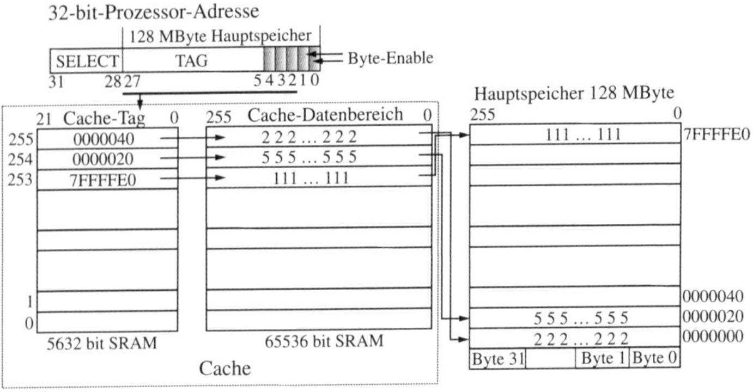


*Bild 5.3 Vollassoziative Cache-Organisation*

Um für eine CPU-Adresse festzustellen, ob die adressierten Informationen sich im Cache befinden, muß der Tag-Anteil der CPU-Adresse gleichzeitig mit allen Tags im Cache verglichen werden. Dieser Vergleich wird assoziativ ausgeführt /5.9/, /5.14/. Dazu ist eine spezielle Vergleichslogik erforderlich, die einen relativ hohen Aufwand verlangt und sich deshalb nur für kleine Caches eignet.

Um eine Übereinstimmung feststellen zu können, benötigt man pro Cache-Tag ein 1-bit-Trefferregister, das vor dem Vergleich auf eins gesetzt wird. Bei einem assoziativen Vergleich wird der Tag-Anteil aus der CPU-Adresse gleichzeitig mit allen Cache-Tags verglichen (→ Bild 5.4). Jedes Bit des CPU-Adreß-Tags wird durch die Logik parallel (*vertikal*) mit dem entsprechenden Bit aller Cache-Tags verglichen. Dieser assoziative Vergleich kann wortparallel (schnell, aber teuer) auf der vollen Breite des Tags oder wortseriell (langsam, aber billiger) für je eine Spalte von Bits durchgeführt werden. Für alle Tags, die sich in mindestens einer Bit-Stelle vom CPU-Adreß-Tag unterscheiden, wird das Trefferregister auf null zurückgesetzt. Bei einem Cache-Hit verbleibt nach dem assoziativen Vergleich eines der Trefferregister auf eins.

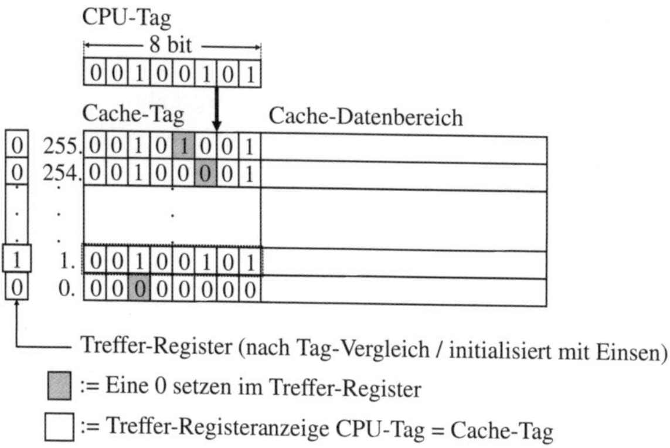


*Bild 5.4 Struktur eines Assoziativspeichers*

Dessen Nummer ist gleichzeitig die Nummer des Cache-Eintrags mit dem gesuchten Inhalt.

❑ *Beispiel*: Der 32 KByte große Befehlscache des Power3-Prozessors von IBM /5.13/ ist vollassoziativ organisiert und besitzt eine Eintragsgröße von 128 Bytes.

### 5.2.2.2 Direkt abbildende Organisation (Direct-Mapped Cache Organization)

**Prinzip**. Jeder Hauptspeicher-Eintrag kann bei dieser einfach zu realisierenden Organisationsform nur auf einen bestimmten Cache-Eintrag abgebildet werden.

**Funktion und Aufbau**. Ein Hauptspeicher mit der Maximalgröße $S_M = 2^w$ [Bytes] wird dazu in $s$ gleich große, aufeinanderfolgende Teilsegmente unterteilt, wobei die Segmentgröße $S_M/s$ der Größe des Cache-Datenbereichs $S_C$ entspricht und $s = S_M/S_C$ ist. Jedes Segment enthält $S_M/(s \cdot m) = 2^i$ Einträge, wobei $m$ die im Cache verwendete Eintragsgröße ist.

Jeder Eintrag innerhalb eines Segments wird durch einen Index adressiert, für den $i$ Bytes benötigt werden. Jedes Segment besitzt die gleiche Folge von Indizes, ebenso der Cache-Datenbereich. Zur eindeutigen Zuordnung des Dateninhalts eines Cache-Eintrags zu einem Hauptspeichersegment ist zu jedem Cache-Eintrag dessen *Adreß-Tag* in einem Tag-Bereich abgespeichert. Das Tag wird über den gleichen Index adressiert wie der zugehörige Cache-Eintrag. Das Adreß-Tag ist der Teil der Hauptspeicheradresse, der die Nummer des Segments darstellt, aus dem der Cache-Eintrag stammt (→ Bild 5.5).

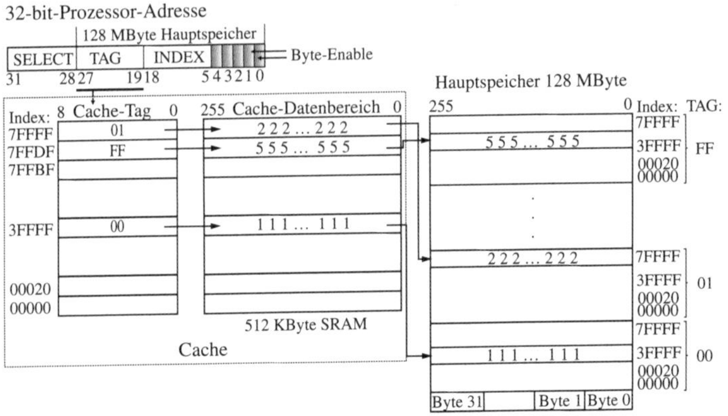


*Bild 5.5 Adreßabbildung bei einem Direct-Mapped-Cache*

Ein Hauptspeicher-Eintrag kann immer nur in den Cache-Eintrag mit dem gleichen Index übertragen werden. Es konkurrieren daher $s$ Einträge um genau eine Stelle im Cache, an der sie abgespeichert werden können. Beim Zugriff braucht das Tag der CPU-Adresse nur mit dem Cache-Tag verglichen zu werden, das den gleichen Index besitzt wie die CPU-Adresse. Bei Übereinstimmung liegt ein Treffer (*Hit*) vor. Anderenfalls (*Miss*) wird der benötigte Eintrag aus dem L2-Cache oder dem Hauptspeicher nachgeladen und überschreibt den vorhandenen Cache-Eintrag.

❑ *Beispiel*: Beide L1-Caches des DECchip 21064, der ersten Implementierung der 64-bit-DEC-Alpha-Architektur, sind direkt abbildende Caches der Größe 8 KByte. Die 8 KByte sind jeweils in 256 Einträge unterteilt, die eine Länge von 32 Bytes besitzen.

**Lese- und Schreibzugriffe**. Bei erfolgreichen Lese-Zugriffen (*Read Hit*) wird mit der vollständigen Adresse (inklusive Byte-Offset) auf die adressierten Daten oder Befehle zugegriffen. Diese werden in die Befehlspuffer beziehungsweise Datenregister oder Datenpufferbereiche der CPU geladen.

Die Daten können zur *Geschwindigkeitsoptimierung* bereits während des Tag-Vergleichs in einen Zwischenpuffer gelesen werden. Bei Übereinstimmung der Adreß-Tags lassen sich die gelesenen Daten sofort nutzen. Anderenfalls werden sie verworfen. Bei *erfolglosen Lesezugriffen* (*Read Miss*) werden die gesuchten Daten unter Verwendung der implementierten Ersetzungsstrategie aus der nächsten Speicherhierarchie-Ebene beschafft.

**Write Hit**. Erfolgreicher Schreibzugriff, der die Daten, die verändert werden sollen, in einem Cache-Eintrag vorfindet und direkt dort überschreibt.

Die verwendete Logik muß sicherstellen, daß Cache-Einträge, die während ihres Aufenthalts im Cache schreibend verändert wurden, in den Hauptspeicher zurückgeschrieben werden, bevor man sie durch Einträge mit anderen Adressen ersetzt. Ein *Dirty-Bit* zeigt für jeden Eintrag an, ob der Eintrag seit dem Laden verändert wurde. Einträge mit gesetztem Dirty-Bit müssen spätestens dann, bevor sie durch andere Einträge ersetzt werden, in die nächsttiefere Speicherhierarchie-Ebene zurückgeschrieben werden.

**Write-Back-Strategie**. Strategie, die veränderte Cache-Inhalte nur dann im L2-Cache oder Hauptspeicher aktualisiert, wenn sie aus dem Cache verdrängt werden. Write-Back minimiert L2-Cache- oder Hauptspeicher-Zugriffe. Bei Multiprozessor-Systemen oder Rechnern mit DMA-Logik müssen bei einem Write-Back geeignete Protokolle für die Konsistenz von Cache- und Hauptspeicherinhalten sorgen.



**Write-Through-Strategie**. Dabei wird ein Cache-Eintrag nach jedem *Write Hit* sofort auch in der nächsttieferen Speicherebene aktualisiert, was die Systemleistung insgesamt senkt. Write-Through ist jedoch einfach zu implementieren und verhindert Inkonsistenzen.

**Write Miss**. Bei einem erfolglosen Schreibzugriff (*Write Miss*) kann zwischen zwei alternativen Implementierungstechniken gewählt werden /5.5/:

- **Fetch On Write** oder **Write Allocate**. Der Eintrag, der verändert werden soll, wird aus tieferen Ebenen der Speicherhierarchie geholt, in den Cache geschrieben und dort wie beim Write-Hit verändert. In Verbindung mit einer Write-Back-Strategie finden nachfolgende Cache-Zugriffe den nachgeladenen Eintrag für weitere Veränderungen im Cache vor.
- **Write Around** oder **No-Write Allocate**. Da der Eintrag, der verändert werden soll, nicht direkt von der CPU benötigt wird, wird er nur in der nächsttieferen Speicherhierarchie-Ebene verändert.

**Thrashing**. Bei direkt abbildenden Caches konkurrieren viele Hauptspeicher-Einträge miteinander um jeweils einen Cache-Eintrag. Es kann daher zu zyklischen Ein-/Auslagerungen (*Thrashing*) von Befehlen und/oder Daten kommen, die gemeinsam von einem Programm benutzt werden, den gleichen Index besitzen, sich aber in unterschiedlichen physikalischen Hauptspeicher-Segmenten befinden. Auch in Multi-Tasking-Umgebungen mit häufigem Kontextwechsel tritt dieses Verhalten gelegentlich auf. Um den Effekt abzuschwächen, kann man entweder eine aufwendigere Organisationsform wählen, Daten- und Befehlscaches getrennt voneinander realisieren oder einen *Victim-Cache* einführen.

**Victim Cache** /5.5/. Enthält eine kleine Anzahl von Cache-Einträgen, die nach einem Cache-Miss verdrängt wurden. Bei einem erneuten erfolglosen Cache-Zugriff wird überprüft, ob der benötigte Eintrag im Victim-Cache steht.

Falls ja, wird der gefundene Eintrag mit dem derzeitigen Cache-Eintrag vertauscht.

### 5.2.2.3 *n*-Wege-assoziative Organisation (*n*-Way Set Associative Cache Organization)

**Prinzip**. Ein bestimmter Hauptspeicherblock kann bei dieser Organisationsform in eine Gruppe von $n$ verschiedenen Cache-Einträgen übertragen werden, womit ein Mittelweg zwischen einfacher Implementierbarkeit und akzeptabler Flexibilität beschritten wird. Pro Hauptspeicher-Eintrag gibt es jeweils $n$ Cache-Einträge, in denen der Eintrag abgelegt werden kann.

**Funktion und Aufbau**. Um für einen Hauptspeicher der Maximalgröße $S_M$ (wie beim direktabbildenden Cache) einen $n$-Wege-assoziativen Cache mit einer vorgegebenen maximalen Datenbereichsgröße $S_C$ zu realisieren, unterteilt man den Datenbereich des Cache in $n = 2^k$ Partitionen der Größe $S_C/n$ und den Hauptspeicher in $n \cdot s$ gleich große, aufeinanderfolgende physikalische Segmente der Größe $S_C/n$. Jedes dieser Segmente enthält dann $S_M/(s \cdot n \cdot m) = 2^{i-k}$ Einträge, wobei $m$ die im Cache verwendete Eintragsgröße ist.

Jeder Eintrag innerhalb eines Segments wird durch einen Index adressiert, für den $i - k$ Bytes benötigt werden. Jedes Segment besitzt die gleiche Folge von Indizes, ebenso die $n$ Partitionen des Cache-Datenbereichs. Jeder Index verweist bei dieser Organisationsform auf $n$ Cache-Einträge. Damit der Dateninhalt eines Cache-Eintrags eindeutig einem Hauptspeichersegment zugeordnet werden kann, ist zu jedem Cache-Eintrag dessen *Adreß-Tag* in einem Tag-Bereich abgespeichert. Das Tag wird über den gleichen Index adressiert wie der zugehörige Cache-Eintrag (→ Bild 5.6).

Bei einem Cache-Zugriff wird der Tag-Teil der Adresse mit den Tags der $n$ Cache-Einträge verglichen, die den gleichen Index besitzen. Dieser Vergleich wird je nach Implementierung gleichzeitig oder nacheinander durchgeführt. Wenn eines der Cache-Tags mit dem Adreß-Tag übereinstimmt, liegt ein Cache-Treffer vor. Sonst muß der benötigte Eintrag aus dem L2-Cache oder dem Hauptspeicher beschafft und in einem der $n$ Cache-Einträge abgelegt werden.

❑ *Beispiel*: Der L1-Datencache der PA-8500-CPU von Hewlett-Packard /5.4/ ist 2-Wege-assoziativ implementiert. Bei einer Gesamtgröße des Datenbereichs von 1 MByte besteht jede Partition aus 512 KByte. Auf Grund dieser beachtlichen Größe kann für viele System-Implementierungen auf einen L2-Cache verzichtet werden.

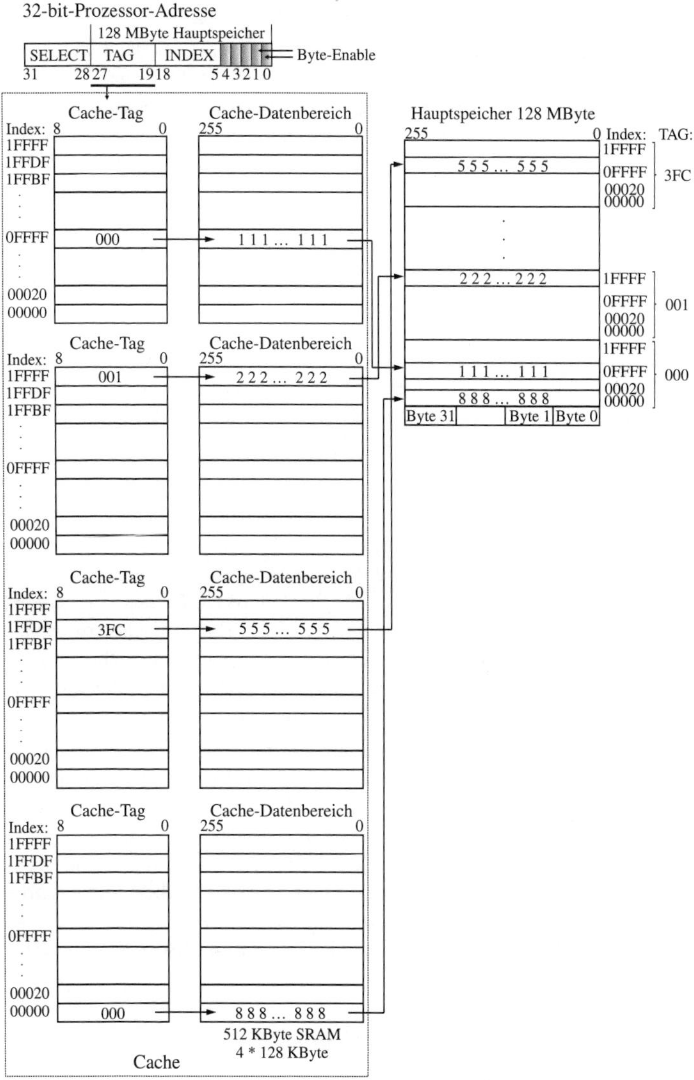


*Bild 5.6 Adreßabbildung bei einem n-Wege-assoziativen Cache*

### 5.2.3 Zusammenspiel von L1-Cache, L2-Cache und Hauptspeicher

**Einsatz von L2-Caches**. L2-Caches sind nur sinnvoll, wenn damit die durchschnittliche Speicherzugriffszeit gegenüber einem System ohne L2-Cache deutlich gesenkt wird. Wenn 95 % aller Zugriffe auf CPU-interne L1-Caches Treffer sind, die in einem oder zwei CPU-Takten bearbeitet werden, müssen nur die verbleibenden 5 % an die tieferliegenden Speicherhierarchie-Ebenen weitergereicht werden. L2-Caches brauchen wegen ihrer höheren Kapazität ein Vielfaches der L1-Cache-Zugriffszeit, obwohl sie ebenfalls in SRAM-Technik realisiert sind. Durch Verbreiterung des Datenbusses zwischen CPU und L2-Cache läßt sich die L2-Cache-Zugriffszeit senken. Ein effizienter L2-Cache muß so konzipiert sein, daß nahezu alle Zugriffe erfolgreich bearbeitet werden können. Gesamttrefferquoten von 99 % und mehr beim Einsatz eines L2-Cache lassen sich erreichen durch L2-Cache-Datenkapazitäten in Größenordnungen von bis zu mehreren Megabytes, höhere Assoziativität als beim L1-Cache und/oder größere L2-Cache-Einträge (typisch sind Längen bis 256 Bytes).

**Inhalte von L2-Cache und L1-Caches**. L2-Caches können so implementiert sein, daß sie die Inhalte des L1-Cache stets als Teilmenge enthalten. In diesem Fall muß der Cache-Controller dafür sorgen, daß L1-*Write-Hits* auch im L2-Cache nachvollzogen werden. Eine *Write-Through*-Implementierung des L1-Cache vereinfacht dies und läßt die Möglichkeit offen, für den langsameren L2-Cache eine *Write-Back*-Implementierung zum Hauptspeicher zu wählen /5.5/. Die Cache-Steuerlogik muß sicherstellen, daß unterschiedliche Eintragsgrößen und Assoziativitätsgrade von L1- und L2-Cache beim Datenaustausch zwischen beiden Ebenen keine Probleme verursachen.

L2-Misses treten insbesondere bei Kontextwechseln und beim erstmaligen Laden von Programmcode und -daten auf. Es ist daher sinnvoll, den Zugriffspfad zum Hauptspeicher parallel zum L2-Cache-Zugriffspfad zu realisieren. Speicheradressen können so gleichzeitig an den L2-Cache-Bus und den Systembus angelegt werden, wobei sich im Falle eines L2-*Cache-Miss* keine weiteren Verzögerungen für die Hauptspeicheradressierung ergeben. Die Zugriffszeit zum Hauptspeicher beträgt dabei wiederum ein Vielfaches der L2-Cache-Zugriffszeit. Verbesserte DRAM-Techniken für den Hauptspeicher reduzieren schrittweise diese Kluft (→ 5.5).

### 5.2.4 Cache-Ersetzungsstrategien

In $n$-Wege-assoziativen Caches stehen für jeden Hauptspeicher-Eintrag $n$ Plazierungsmöglichkeiten im Cache zur Verfügung. Wenn ein neuer Eintrag in den Cache geladen werden soll, muß zuerst überprüft werden, ob einer der Cache-Einträge frei verfügbar ist oder nicht. Dazu kann man pro Cache-Eintrag ein Gültigkeitsbit verwenden, das nach einem Kontextwechsel oder nach Programmbeendigung von der Systemsoftware auf Null (*invalid*) zurückgesetzt werden kann. Ungültige Einträge können sofort überschrieben werden.

Sind alle $n$ Plätze vergeben, benötigt der Cache eine Ersetzungsstrategie, die einen Eintrag zum Überschreiben auswählt. Typische Strategien sind:

- Eine LRU-Strategie (*Least-Recently-Used-Strategie*). Derjenige der $n$ Einträge, auf den am längsten nicht mehr zugegriffen wurde, wird ersetzt.
- Zufallsgesteuertes Ersetzen (*Random*). Durch zufällige oder pseudozufällige Auswahl wird einer der $n$ Einträge zum Überschreiben freigegeben.

5

**LRU-Strategie**. Je mehr Einträge zur Verfügung stehen, desto aufwendiger wird es, diese Strategie zu implementieren. Man kann beispielsweise pro Eintrag $e_k$ einen Alterungszähler verwenden, der bei jedem Zugriff auf einen der anderen $n - 1$ Einträge hochgezählt und auf null gesetzt wird, wenn direkt auf $e_k$ zugegriffen wird. Der Eintrag mit dem höchsten Zählerstand ist der Ersetzungskandidat. Denkbar sind auch Pseudo-LRU-Verfahren, die ohne Zähler auskommen, aber in manchen Fällen nicht den LRU-Eintrag finden.

**Random-Strategie**. Sie führt bei gleichen Softwareprofilen zu ähnlich guten Treffer-Raten wie LRU, wenn die Caches groß sind (256 KByte) und einen hohen Assoziativitätsgrad ($n \geqq 4$) besitzen /5.5/.

## 5.2.5 Cache-Adressierung

Caches stehen logisch und strukturell zwischen den aktiven Komponenten der CPU (Leitwerk und Rechenwerk) und dem Hauptspeicher. Es ist daher festzulegen, ob ihre Inhalte *virtuell* oder *physikalisch* adressiert werden sollen (→ 5.7). Für L2-Caches, die außerhalb der Chipfläche untergebracht sind, ist eine physikalische Adressierung sinnvoll, da die Adreßübersetzung, die von der MMU auf dem Chip durchgeführt wurde, beim Zugriff bereits abgeschlossen ist.

**Virtuelle Caches**. Hingegen könnte man L1-Caches virtuell adressieren, was Adreßübersetzungszeit sparen und somit die Zugriffszeit verkürzen würde. Dagegen spricht, daß bei virtuellen Caches bei einem Prozeßwechsel die Cache-Inhalte ungültig werden, weil die gleiche virtuelle Adresse bei jedem Prozeß typischerweise auf eine andere physikalische Adresse verweist. Der Cache müßte jedesmal komplett gelöscht werden (*Cache Flushing*) oder jeder Cache-Eintrag zusätzlich mit der Prozeß-ID des zugehörigen Prozesses gekennzeichnet sein, um Verwechslungen zu vermeiden /5.5/. Dafür wären allerdings viele weitere Bits erforderlich, die man besser für höhere Cache-Kapazitäten nutzt. Zusätzlich müßten bei virtuellen Caches Ein-/Ausgabevorgänge vom und zum physikalischen Hauptspeicher berücksichtigen, daß verschiedene virtuelle Cache-Adressen auf dieselbe Speicherstelle verweisen können. Eine solche Komplexitätserhöhung ist nicht wünschenswert.

**Physikalische Caches**. Die virtuelle Adresse wird zuerst in eine eindeutige physikalische Zieladresse übersetzt, mit der Cache und Hauptspeicher zu adressieren sind. Viele ältere Standard-Architekturen trennen Adreßübersetzung und Datenzugriff voneinander, indem sie dafür separate Stufen der Prozessor-Pipeline verwenden. Die Adreßübersetzung betrifft sowohl das Holen von Befehlen als auch das Laden und Speichern von Datenoperanden. Durch die resultierende Verlängerung der Pipeline entstehen immer dann größere Pipeline-Unterbrechungen, wenn der Befehlsfluß durch bedingte Sprünge einen anderen Verlauf nimmt, als während der Sprungdecodierung vorhergesagt wurde (→ 3). Zudem benötigen Ladebefehle dadurch insgesamt mehr Zeit, um Cache-Daten in den CPU-Registern bereitzustellen. Moderne CPUs realisieren deshalb eine Überlappung von Cache-Zugriff und Adreßbildung.

**Überlappung von Cache-Zugriff und Page-Adreßübersetzung** (→ 5.7.2). Dabei werden zunächst nur diejenigen Bits einer Adresse zur Ansteuerung des Cache verwendet, die den *Offset* innerhalb einer Page darstellen und sich durch die Adreßübersetzung nicht verändern. Das setzt voraus, daß die Page-Größe mit der Größe einer Cache-Partition übereinstimmt und die Zahl der Page-Bits der Zahl der Index-Bits entspricht, inklusive der Bits, die die einzelnen Bytes innerhalb der Cache-Line ansprechen (→ Bild 5.7).

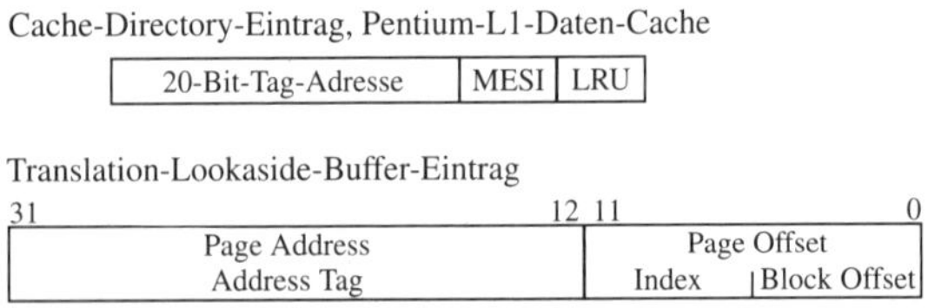


*Bild 5.7 Adreßvergleich bei parallel angesteuertem Cache und TLB*

Mit dem Index wird die zuständige Stelle im Cache angesprochen (→ 5.2.3). Sofern die adressierte Cache-Line gültige Daten enthält, wird deren Tag mit den entsprechenden Tag-Adreßbits aus dem TLB verglichen. Nur bei Übereinstimmung liegt ein Cache-Treffer (*Hit*) vor, und die Daten können verzögerungsfrei aus dem Cache ausgelesen werden. Da die Page-Größen üblicher CPUs meist 4 KByte oder 8 KByte betragen, begrenzt dieses Verfahren bei gegebener Cache-Assoziativität $n$ die Cache-Größe auf die $n$-fache Page-Größe.

**Page Coloring**. Um diese Begrenzung aufzuheben, kann der virtuelle Speicher (→ 5.7) so organisiert werden, daß jede Page nur an $v$ verschiedenen Startadressen des physikalischen Adreßraums beginnen darf. Diese $v$-Wege-assoziative Abbildung des virtuellen auf den physikalischen Hauptspeicher wird als *Page Coloring* bezeichnet /5.5/. Bei einer Pagegröße von 8 KByte ($2^{13}$) und $v = 64$ ($2^6$) stimmen beispielsweise virtuelle und physikalische Adressen stets in den letzten 19 Bits überein. Das hat zur Folge, daß bei direkt abbildenden oder $n$-Wege-assoziativen Caches die Größe einer Cache-Partition bis zu 512 KByte ($2^{19}$ Bytes) betragen darf und dennoch gleichzeitig der Cache indiziert und auf den TLB zugegriffen werden kann. Der TLB liefert die Tag-Adreßbits, mit denen überprüft wird, ob ein Treffer vorliegt.

5

## 5.3 Systemaspekte beim Cache-Entwurf

### 5.3.1 Leistungssteigerung durch Cache-Einsatz

Die Cache-Leistung läßt sich am besten durch ihren Beitrag zur Minimierung der durchschnittlichen Speicherzugriffszeit $T_{\text{Speicherzugriff}/\varnothing}$ quantifizieren.

$$T_{\text{Speicherzugriff}/\varnothing} = T_{\text{Zugriff-Cache}} + r_{\text{Nichttreffer-Cache}} \cdot A_{\text{Nichttreffer-Cache}} \tag{5.3}$$

wobei $T_{\text{Zugriff-Cache}}$ die Cache-Zugriffszeit, $r_{\text{Nichttreffer-Cache}}$ der prozentuale Anteil erfolgloser Cache-Zugriffe und $A_{\text{Nichttreffer-Cache}}$ der zeitliche Zusatzaufwand ist, um bei einem erfolglosen Cache-Zugriff die benötigten Daten aus tieferen Ebenen der Speicherhierarchie zu beschaffen.

Als Maßeinheit für $T_{\text{Speicherzugriff}/\varnothing}$, $T_{\text{Zugriff-Cache}}$ und $A_{\text{Nichttreffer-Cache}}$ kann die Zeit in Sekunden oder die Zahl der Taktzyklen verwendet werden.

Mit Gleichung (5.3) läßt sich anschaulich darstellen, wie stark eine möglichst niedrige durchschnittliche Speicherzugriffszeit von einer möglichst hohen Cache-Trefferquote abhängt.

**Zugriffskonflikte**. Moderne CPUs bearbeiten gleichzeitig mehrere Befehle in ihrer internen Phasenpipeline. Das Holen eines neuen Befehls läuft häufig parallel zum Holen von Operanden oder zum Speichern eines Ergebnisses eines anderen Befehls ab. Wenn nur ein gemeinsam für Daten und Befehle benutzter L1-Cache vorhanden ist, kommt es in solchen Fällen zu Speicherzugriffskonflikten. Der Speicherzugriff eines der bearbeiteten Befehle wird unterbrochen und ein Wartezyklus eingeschoben. Dadurch erhöht sich $T_{\text{Zugriff-Cache}}$.

Zugriffskonflikte können auch entstehen, wenn schreibend auf den Cache zugegriffen werden soll, die Steuerlogik aber noch daran arbeitet, die Daten für einen erfolglosen Lesebefehl aus der nächsttieferen Speicherhierarchie-Ebene zu beschaffen. Abhilfe schafft hier ein *Schreib-Puffer-Register*, das die

Schreib-Daten aufnimmt und sie erst nach Eintreffen der Lese-Daten in den Cache überträgt.

**Getrennte, unabhängige L1-Caches** für Daten und Befehle vermeiden Zugriffskonflikte und erhöhen die Gesamt-Speicherbandbreite. Bei der quantitativen Analyse oder beim Entwurf von Systemen mit getrennten L1-Caches ist darauf zu achten, daß man genaue Angaben für die prozentualen Anteile von Befehls- und Operanden-/Ergebniszugriffen an der Zahl aller Speicherzugriffe zugrunde legt.

**Nutzung eines L2-Cache**. In Systemen mit L1- und L2-Cache kann die Formel (5.3) wie folgt erweitert werden:

$$T_{\text{Speicherzugriff}/\varnothing} = T_{\text{Zugriff-L1}} + r_{\text{Nichttreffer-L1}} \cdot (T_{\text{Zugriff-L2}} + r_{\text{Nichttreffer-L2}} \cdot A_{\text{Nichttreffer-L2}}) \tag{5.4}$$

wobei L1 und L2 für den L1-Cache bzw. den L2-Cache stehen. Mit $r_{\text{Nichttreffer-L2}}$ ist hier der Anteil erfolgloser Zugriffe auf den L2-Cache gemeint, bezogen auf die Gesamtzahl der Zugriffe auf diesen. Auf den L2-Cache wird immer nur dann zugegriffen, wenn der Zugriff auf den L1-Cache ein Nichttreffer war (typisch für $r_{\text{Nichttreffer-L2}}$ ist bei einem L2-Cache der Größe 512 KByte ein Wert von etwa 40 %, der jedoch stark vom jeweiligen Softwareprofil abhängt).

**Prefetching**. Viele Programme halten sich über längere Zeiträume hinweg in bestimmten Codebereichen auf und holen ihre Daten häufig aus den gleichen Adreßumgebungen. Geeignete Hardware kann dafür sorgen, daß bei einem Miss während eines Zugriffs auf eine bestimmte Code- oder Datenadresse nicht nur die direkt benötigten Informationen in den Cache-Eintrag geladen werden, sondern auch der nachfolgende Code- oder Datenbereich im voraus geholt wird. Diese Daten werden je nach Implementierung ebenfalls im Cache oder in separaten Datenpuffern in CPU-Nähe gespeichert, über die sie dem Prozessor bei einem Zugriff sofort zugänglich sind. Die verfügbare Speicherbandbreite muß jedoch ausreichen, um das Prefetching ohne Leistungseinbußen zu verkraften.

**Software-/Compiler-gesteuerte Optimierungstechniken**. Prefetching von Daten kann auch vom Compiler gesteuert und durch eingestreute Befehle realisiert werden. Der Compiler holt Daten, die höchstwahrscheinlich in der Zukunft benötigt werden, wie z. B. bei mehrfach zu durchlaufenden Schleifen, schon vorab und lädt sie in CPU-Register oder den Cache. Bei späteren Zugriffen auf solche Daten werden Cache-Misses vermieden /5.5/.

Compiler können durch Analyse des Quellcodes die Anordnung von Daten und Befehlen im Hauptspeicher so verändern, daß Cache-Einträge typischerweise nur mit solchen Daten und Befehlen gefüllt sind, die auch tatsächlich ausgeführt werden /5.3/. Dadurch kann sich allerdings die Größe von Code- und Datensegmenten im Hauptspeicher drastisch erhöhen. Einige Compiler instrumentieren die übersetzten Programme derart, daß zur Laufzeit Ausführungsprotokolle erstellt werden, die beim erneuten Compileraufruf zur Optimierung des Cache-Verhaltens verwendet werden können /5.9/.

### 5.3.2 Caches und superskalare Befehlsverarbeitung

CPU-interne Caches garantieren nach erfolgter Adressierung Zugriffszeiten von einem CPU-Taktzyklus auf aufeinanderfolgende Befehle oder Datenoperanden. Moderne CPUs können aber pro Taktzyklus mehrere Befehle bearbeiten und ausführen und müssen daher – ohne Wartezyklen einzuschieben – auf alle benötigten Operanden zugreifen können. L1-Caches sind deshalb so organisiert, daß gleichzeitig lesend auf mehrere Befehle und lesend/schreibend auf mehrere Operanden/Ergebnisse zugegriffen werden kann. Neben der Trennung von Befehls- und Datencaches können zur Steigerung der Cache-Leistung die folgenden Maßnahmen beitragen:



**Interleaved Cache** (Banking). Große Cache-Einträge mit einer Länge von beispielsweise 128 Bytes enthalten eine ganze Reihe aufeinanderfolgender Datenoperanden oder Befehle eines Programmes. Es ist sinnvoll, solche Caches in physikalisch unabhängigen Bänken zu organisieren, auf die parallel zugegriffen werden kann. Compilertechniken sorgen dafür, daß Code und Daten in den Caches so angeordnet werden, daß sie vom Banking profitieren.

Die Unterteilung von Caches mit langen Einträgen in physikalische Bänke kann auch dazu genutzt werden, die Wartezeit zu verringern, die entsteht, wenn nach einem *Miss* ein Eintrag aus dem Hauptspeicher nachgeladen werden muß. Die Cache-Logik kann das aktuell benötigte Wort sofort nach seinem Eintreffen an die CPU weiterleiten (*Early Restart*), ohne die komplette Aktualisierung des Cache-Eintrags abzuwarten. Die Cache-Logik ist auch dazu in der Lage, zuerst das vom Programm benötigte Wort zu adressieren, in den Cache zu holen und sofort an die CPU weiterzusenden, während die anderen Worte erst danach geholt und in die entsprechenden Abschnitte des Cache-Eintrags geladen werden (*Critical Word First*).

**Nichtblockierende Cache-Organisation**. Bei einem erfolglosen Befehls- oder Datencache-Zugriff eines Befehls sind weitere Zugriffe auf den Cache möglich, während der Cache-Miss verarbeitet wird. Diese Implementierungstechnik wird auch als *Hit-Under-Miss*-Technik bezeichnet und erfordert einen aufwendigeren Cache-Controller.

### 5.3.3 Cache-Einsatz in Multiprozessor- und Multimaster-Systemen

Beim Einsatz von Caches können die Inhalte einer Speicheradresse gleichzeitig an mehreren Stellen eines Systems vorhanden sein. Bei Einprozessor-Systemen arbeitet die CPU mit den Cache-Daten. Veränderungen der Cache-Daten durch Schreibzugriffe müssen erst im Hauptspeicher nachvollzogen werden, wenn die Cache-Einträge durch Inhalte mit anderen Adressen ersetzt werden sollen oder die Hauptspeicherinhalte selbst ausgelagert werden müssen (→ 5.2.3).

Die Cache-Behandlung wird schwieriger, wenn das Gesamtsystem mehrere aktive Komponenten (CPUs, Controller) enthält, die auf einen gemeinsamen Hauptspeicher zugreifen. Bereits beim *DMA-Zugriff* von Peripherie-Controllern auf Hauptspeicherinhalte, die sich gleichzeitig im Cache der CPU befinden, können Datenkonsistenz-Probleme auftreten. Manche Systeme erklären daher bestimmte Bereiche des Hauptspeichers als nicht Cache-fähig (*Non Cacheable*) und organisieren den Zugriff auf diese Bereiche durch Software-gesteuerte Synchronisationsprimitive. Der Nachteil dieses Ansatzes: Zugriffe auf solche Daten laufen nur mit Hauptspeichergeschwindigkeit ab. Außerdem muß der betroffenen Software bekannt sein, auf welche Bereiche sie ungehindert zugreifen darf.

Die meisten Multiprozessor-Systeme lassen es zu, daß gemeinsam genutzte Daten auch in Caches geladen werden. In diesen Rechnern muß ein sogenanntes Cache-Kohärenz-Protokoll dafür sorgen, daß jede Datenänderung in einem Cache oder im Hauptspeicher allen betroffenen CPUs mitgeteilt wird /5.2/.

> Die **Cache-Kohärenz** ist eine Eigenschaft von Systemen, bei denen sich mehrere Prozessoren und/oder Controller, die zumindest teilweise über Caches verfügen, einen gemeinsamen Hauptspeicher teilen. Sie liegt dann vor, wenn jede Veränderung an gemeinsam genutzten Daten rechtzeitig den nachfolgenden Nutzern mitgeteilt wird.

Ein Cache-Kohärenz-Protokoll ist komplex und kann die Hardware-Leistung herabsetzen, wenn viele CPUs über einen längeren Zeitraum wirklich gleichzeitig mit gemeinsamen Daten arbeiten wollen. Ein Kohärenz-Protokoll überwacht und verändert die Zustände von Cache-Einträgen. Caches (insbesondere Datencaches, auf die auch schreibend zugegriffen wird) benötigen zwei Zustandsbits pro Eintrag (→ Bild 5.7), um den aktuellen Zustand des Eintrags zu speichern. Cache-Kohärenz-Protokolle, wie das MESI-Protokoll /5.2/, /5.7/, das von vielen Hardware-Herstellern unterstützt wird, unterscheiden meist die vier Zustände:

- **M – Modified**. Der Eintrag befindet sich nur in einem Cache, wurde aber bereits schreibend verändert.
- **E – Exclusive**. Der Eintrag befindet sich nur in einem Cache und wurde noch nicht schreibend verändert.
- **S – Shared**. Der Eintrag befindet sich in mehr als einem Cache.
- **I – Invalid**. Der Eintrag ist ungültig oder enthält die adressierten Daten nicht.

Zur Implementierung von Kohärenz-Protokollen benötigen alle Cache-Controller eine sogenannte Schnupper-Logik (*Snooping Logic*), die den Systembus (→ 5.4) überwacht und durch *Snooping*-Zyklen feststellen kann, welche Adressen und Inhalte sich in welchen Caches befinden. In Abhängigkeit von der Art der Cache-Zugriffe auf Einträge mit einem bestimmten Adreß-Tag verändert das Kohärenz-Protokoll die Zustände der betroffenen Einträge derart, daß sich keine Dateninkonsistenzen ergeben können. Man unterscheidet zwei wesentliche Arten von Snooping-Protokollen /5.9/:

5

- **Write Invalidate**. Ein Prozessor *A*, der einen Cache-Eintrag verändern will, muß zunächst die Invalidierung aller Cache-Einträge anderer CPUs mit gleichem Dateninhalt auslösen, bevor er in den eigenen Cache schreibt. Dazu schreibt er ein spezielles Bussignal und die Invalidate-Adresse gleichzeitig auf den Systembus. Die anderen Cache-Controller prüfen ihre Cache-Tags auf das Vorhandensein dieses Eintrags und invalidieren ihn gegebenenfalls. Alle Aktualisierungen der eigenen Cache-Line, die ab diesem Zeitpunkt von *A* durchgeführt werden, verletzen weder die Kohärenz noch benötigen sie weitere Zugriffe auf den gemeinsamen Systembus. Erst wenn ein weiterer Prozessor *B* auf den Eintrag zugreifen will, muß *A* den Hauptspeicher durch Write-Back aktualisieren. Danach kann *B* den durch *Invalid* gekennzeichneten Eintrag durch den aktualisierten Hauptspeicher-Eintrag ersetzen.
- **Write Broadcast**. Aktualisierungen eines Cache-Eintrags werden unmittelbar und gleichzeitig über den Systembus zu allen betroffenen anderen Cache-Einträgen und dem Hauptspeicher übertragen (*Broadcasting*). Eine CPU *A*, die Daten in einem Eintrag verändern will, setzt gleichzeitig mit der Adresse der Daten ein spezielles *Snooping*-Signal auf den Systembus. Die Schnupper-Logik jeder anderen CPU, die die Daten auch enthält, bestätigt das Signal. Wenn eine oder mehrere Bestätigungen vorliegen, führt die anfragende CPU unmittelbar danach einen Broadcast durch und aktualisiert alle betroffenen Einträge (auch den Hauptspeicher). Anderenfalls wird die Aktualisierung nur lokal bei *A* durchgeführt.

Ein Write-Invalidate ist effizienter, wenn ein Eintrag mehrfach hintereinander von der gleichen CPU aktualisiert werden muß, der Eintrag aber selten von anderen CPUs benötigt wird. Ein Write-Broadcast ist im Vorteil, wenn Einträge häufig gemeinsam benutzt werden, aber jede CPU nur wenige Änderungen hintereinander auf diesen Einträgen vornimmt.

**Directory-Technik**. Alternatives Kohärenz-Verfahren in manchen Multiprozessorsystemen. Dabei ist in zentralen oder verteilten, häufig komprimierten Verzeichnissen gespeichert, welche Hauptspeichereinträge sich zu einem Zeitpunkt in welchen Caches des Multiprozessors befinden und welchen Zustand diese Einträge jeweils aufweisen /5.2/, /5.6/. Die Verzeichnisinhalte werden jeweils vom zugreifenden Prozessor aktualisiert.

## 5.4 Systembus

Der **Systembus** (auch CPU-, Prozessor- oder Host-Bus) ist der Bus, über den die CPU mit ihrer direkten Umgebung, also insbesondere mit dem L2-Cache, dem Hauptspeicher und den Ein-/Ausgabe-Ports kommuniziert.

Die hohe Leistung moderner Prozessoren erfordert breitere CPU-Busse und verbesserte Busprotokolle. Häufig beträgt die Busbreite das Doppelte der Prozessor-Wortbreite. Die Taktfrequenz des Systembusses wird heute nicht mehr bei jeder CPU-Modifikation an die Prozessor-Taktfrequenz angepaßt. Die meisten CPUs verfügen daher unter anderem über Schreib- und Lesepuffer, die die Busschnittstelle entlasten, wenn diese mit noch nicht abgeschlossenen Schreib- und Lesezyklen befaßt ist.

**L2-Cache-Bus**. Viele CPU-Hersteller reagieren auf die gesteigerten Bandbreite-Anforderungen, indem sie neben den Systembus einen eigenen L2-Cache-Bus stellen. Dieser ist breiter und schneller getaktet als der eigentliche Systembus und kann meist unabhängig vom Systembus Daten an die CPU-Bus-Schnittstelle auf dem Prozessorchip übertragen (→ 5.2.3). Dadurch wird das Nachladen von Cache-Blöcken vom Hauptspeicher in den L2-Cache sowie vom L2-Cache in die L1-Caches beschleunigt. Die Steuerung des L2-Cache wird häufig von einem Cache-Controller übernommen, der eng mit der Systembus-Schnittstelle kooperiert und zusammen mit dieser auf dem CPU-Chip untergebracht ist.

### 5.4.1 Schreib- und Lesezyklen

**Signale**. Ein 64 bit breiter Bus, der bei 32-bit-Architekturen heute üblich ist, nutzt für Schreib- und Lesezyklen neben den *Datensignalen* $D_{63}$ bis $D_0$, den *Datenparitätsbits* $DP_7$ bis $DP_0$ und den *Adreßsignalen* $A_{31}$ bis $A_3$ des Prozessors eine Reihe von Status- und Steuersignalen, mit denen er die unterschiedlichen Buszyklen anstößt und ausführt. Die Signale können von der CPU, vom Speichersubsystem oder anderen Systembausteinen kommen /5.10/:

- Statussignale $BE_7$ bis $BE_0$. BE steht für *Byte Enable*. Die Statussignale legen fest, ob ein 8-bit-, 16-bit-, 32-bit- oder 64-bit-Transfer stattfinden soll und welche Bytes innerhalb des adressierten 64-bit-Wertes davon betroffen sind. Auch zur Spezifikation von Sonderzyklen werden sie verwendet.
- Externes Taktsignal CLK. Bei einigen CPUs ist es intern nochmals in Teilsignale halber Dauer (CLK2) aufgeteilt.
- Das Steuersignal ¬ ADS zeigt an, daß die Belegung der Adreß- und Steuersignale gültig ist.
- Das Steuersignal ¬ NA ist für die Steuerung des Adreßpipelining zuständig.
- Das Signal W/¬ R, zeigt an, daß geschrieben und nicht gelesen werden soll.
- Das Signal ¬ READY zeigt an, wann ein Schreib- oder Lesevorgang abgeschlossen ist.

5

Bei leistungsfähigeren CPUs kommen weitere Signale hinzu. Beim Intel-Pentium sind das beispielsweise

- ein Signal, das anzeigt, daß die zu lesenden Daten in den L1-Cache übernommen werden sollen (¬ CACHE).
- ein Signal, das anzeigt, daß ein begonnener Lesezyklus zu einem *Burst-Zyklus* erweitert werden soll, um einen kompletten Block des L1-Cache zu füllen (¬ KEN).
- ein Signal (¬ BRDY = Burst Ready), das anzeigt, daß Daten innerhalb eines 32-Byte-Speicherbereichs im Burst-Modus übertragen werden, und das den Wert 0 annimmt, wenn das Speichersubsystem oder adressierte E/A-Geräte einen Datenzugriff abgeschlossen haben. Das Signal wird auf 1 gesetzt, wenn das Zielsystem nicht schnell genug reagiert: Die CPU fügt dann Wartezyklen ein.
- ein Signal, das anzeigt, daß der Hauptspeicher nicht schnell genug ist und damit ein Wartezyklus notwendig wird.

**Burst-Zyklus**. Es wird nur die Anfangsadresse eines Datenpakets auf den Bus gelegt. Die anderen Adressen innerhalb des Datenblockes werden vom Speichersubsystem selbst erzeugt. Ohne Wartezyklen vergehen bis zum Eintreffen der ersten Daten zwei Taktzyklen. Die weiteren Daten folgen nach jeweils einem weiteren Taktzyklus. Die Größe eines Burst-Datenblockes, der in vier aufeinanderfolgenden Paketen übertragen wird, beträgt beim Pentium 32 Bytes. Ein idealer Burst-Zyklus läuft in der Taktfolge 2-1-1-1 ab. Langsamere Speichersysteme erfordern Wartezyklen und benötigen z. B. 3-2-2-2 Takte für 32 Bytes.

Die häufigsten Systembus-Zyklen sind Burst-Zyklen. Sie dienen hauptsächlich dem Nachladen von Cache-Blöcken (*Burst Read*) oder dem Zurückschreiben eines veränderten Cache-Blockes in den Hauptspeicher (*Burst Write*). Bild 5.8

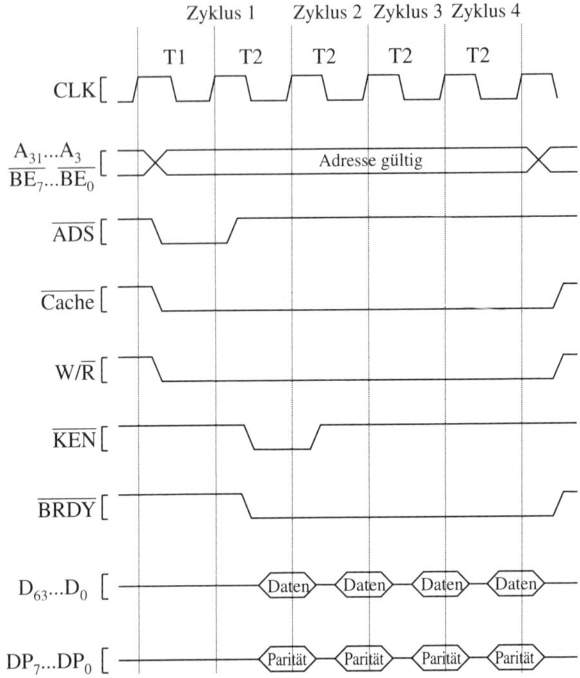


*Bild 5.8 Burst-Lesezyklus über den Systembus*

zeigt einen Burst-Lesezyklus. Ein Burst-Schreibzyklus ist in Bild 5.9 dargestellt. Vom Burst-Lesezyklus unterscheidet er sich nur durch das auf 1 gesetzte W/¬ R-Signal.

Bei einigen CPUs sind auch längere Burst-Transfers möglich. Der Am29000 erlaubt Burst-Zyklen für bis zu 256 32-bit-Worte. Einzige Voraussetzung: Der Burst darf keine Page-Grenze überschreiten /5.9/.

**Systembus-Zyklen mit Adreßpipelining**. Viele moderne CPUs erlauben es, zwei oder mehrere Adressen hintereinander aufzusetzen, ohne daß das Eintreffen der zugehörigen Daten abgewartet werden muß. Die bereits abgesendeten Adressen werden in Zwischenregistern (*Latches*) gespeichert und an das Zielsystem weitergeleitet. Adreßpipelining läßt dem Speichersubsystem einen oder mehrere Takte mehr Zeit, um die Adresse zu decodieren und die ersten Daten bereitzustellen. In Kombination mit dem Burst-Modus und Speichersubsystemen, die Banking implementieren, können Burst-Zugriffe mit Adreß-

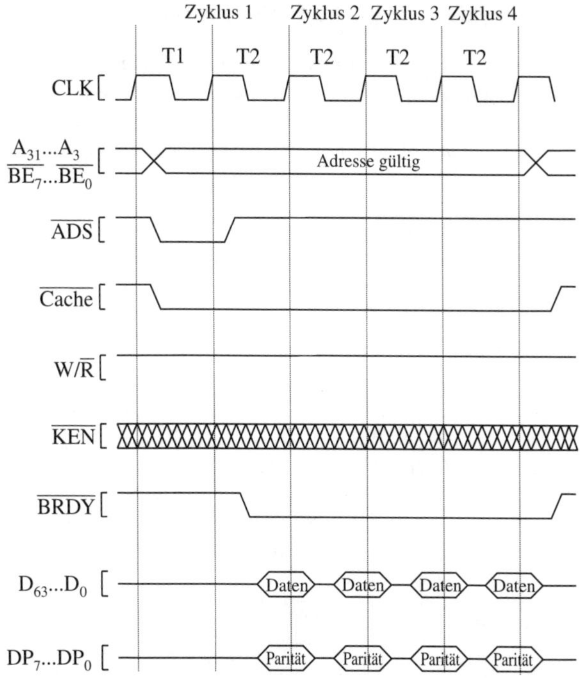


*Bild 5.9 Burst-Schreibzyklus über den Systembus*

pipelining zum raschen Nachladen von mehreren Blöcken des L1-Cache verwendet werden. Dabei benötigt durch die überlappte Ausführung nur der erste Burst etwas mehr Zeit (z. B. die Taktfolge 3-1-1-1 oder 4-1-1-1). Ab dem zweiten Burst-Zyklus kann der Datentransfer in der Taktfolge 1-1-1-1 ablaufen.

**Einzeltransferzyklus**. Dient der Übertragung einzelner Datenwerte zwischen CPU-Registern und dem Speichersubsystem oder CPU-Registern und E/A-Geräten und umgekehrt. Dabei werden alle Datengrößen von einem Byte bis zur Busbreite unterstützt. Bei Prozessoren wie dem Pentium, seinen Nachfolgern und Konkurrenten sind Einzeltransferzyklen heute nur noch die Ausnahme. Burst-Zyklen werden aus Leistungsgründen bevorzugt.

Für einen Einzeltransferzyklus wird dazu das ¬ CACHE-Signal auf 1 (inaktiv) gesetzt, um anzuzeigen, daß kein Burst-Zyklus vom oder zum L1-Cache beginnen soll. Die sonstigen Bussignale entsprechen den Signalen, die bei Burst-Zyklen gesetzt werden.

### 5.4.2 Sonderzyklen und Cache-Protokollzyklen

**Sonderzyklen**. Sie dienen dazu, bestimmte interne Systemaktivitäten zu signalisieren, zum Beispiel Prozessor-Aktionen wie *Halt*, *Shutdown*, Löschen des L1-Cache und andere. Sie werden durch das Setzen spezieller Signale und bestimmter Bitfolgen bei den Signalen $BE_7$ bis $BE_0$ ausgelöst /5.10/.

**Cache-Unterstützungszyklen**. Cache-Verwaltungs- und Cache-Kohärenz-Protokolle wie MESI (→ 5.3.3) erfordern eine aktive Mitwirkung des Systembusses. Über den Systembus kann z. B. mitgeteilt werden, ob Schreib- oder Lesezyklen auf den L1-Cache Treffer waren oder ob Zugriffe auf langsamere Ebenen der Speicherhierarchie erforderlich werden.

In Multiprozessorsystemen, die MESI unterstützen /5.7/, können externe CPUs über den Systembus anfragen, ob ein bestimmter Speicherinhalt im L1-Cache anderer CPUs vorhanden ist. Dazu wird vom anfragenden System die betroffene Speicheradresse auf den Bus gesetzt. Über das Invalidierungssignal INV kann der betroffene Cache-Inhalt des angefragten Systems *invalidiert* (INV = 1) oder als *shared* (INV = 0) markiert werden. Eine Veränderung eines gemeinsam durch mehrere CPUs genutzten Cache-Blockes in einem L1-Cache wird ebenso signalisiert und löst typischerweise einen Burst-Write-Back des Blockes in den Hauptspeicher aus.

## 5.5 Hauptspeicher

Der Hauptspeicher spielt in der Speicherhierarchie eine zentrale Rolle. Er verbindet große Kapazitäten mit zunehmend kürzeren Zugriffszeiten. DRAM-Chips sorgen für große Speicherkapazitäten. Verbesserungen der Zugriffsorganisation auf DRAM-Chips erlauben inzwischen sogar Zugriffszeiten, die mit der schnell voranschreitenden Steigerung der CPU-Taktfrequenzen und der Zugriffsgeschwindigkeit von L1- und L2-SRAM-Caches mithalten können.

### 5.5.1 DRAM-Speicherchips

**Allgemeine Eigenschaften von DRAMs**. DRAMs (*Dynamic Random Access Memories*) sind intern in Zeilen und Spalten organisiert. DRAM-Bausteine /5.11/ benötigen zur Speicherung von einem Informationsbit nur einen oder wenige Transistoren. Ihre Speicherkapazität ist deshalb sehr hoch (1999: 64 bis 256 Mbit). Im Gegensatz zu statischen Speicherchips (SRAMs), die in Caches verwendet werden, haben DRAMs den Nachteil, daß nach einem Lesezugriff das aus der Zelle gelesene Bit erneut geschrieben werden muß, damit der Zelleninhalt stabil bleibt. Man unterscheidet deshalb zwischen der *Zugriffszeit*, nach der ein Dateninhalt an die CPU zurückgeliefert wird, und der DRAM-*Zykluszeit*, die angibt, nach welchem Zeitintervall erneut auf einen Speicherbaustein zugegriffen werden kann. DRAMs benötigen zudem in Intervallen im Bereich einiger Millisekunden *Refresh-Zyklen*, die sicherstellen, daß Dateninhalte nicht verlorengehen, wenn länger nicht auf eine Zelle zugegriffen wurde.

Bedingt durch diese Eigenschaften sind Standard-DRAMs etwa 10mal langsamer (und billiger) als SRAMs, deren Zelleninhalte stabil bleiben. SRAMs benötigen andererseits wegen ihrer komplexeren Zellenorganisation und der deutlich erhöhten Transistorzahl etwa 4- bis 8mal mehr Chipfläche, um die gleiche Zahl von Bits unterzubringen. Der Geschwindigkeitsnachteil von DRAM-Chips kann durch besondere Zugriffsarten teilweise wettgemacht werden.



**DRAM-Zugriffsmodi**. Um Adreßleitungen zu sparen, wird bei den meisten DRAM-Bausteinen die Adresse gemultiplext und in zwei Teilen nacheinander an den Chip übertragen. DRAM-Speicher sind intern als rechteckige Gitter aus Zeilen (*Rows*) und Spalten (*Columns*) aufgebaut. Ein 16-Mbit-DRAM-Speicher könnte intern beispielsweise aus 4 K Zeilen und 4 K Spalten bestehen.

Für jedes adressierte Bit wird nach dem Signal *RAS* (*Row Access Strobe*) über die Adreßleitungen zuerst die Zeile adressiert. Nach dem Signal *CAS* (*Column Access Strobe*) wird über die gleichen Leitungen die Spalte adressiert. Die Zugriffszeit setzt sich also aus der Zeilen- und Spaltenzugriffszeit zusammen. Sie beträgt ohne Optimierungen heute etwa 120 ns. Verschiedene Zugriffsmodi, die bei allen DRAM-Bausteinen Standard sind, beschleunigen den DRAM-Zugriff:

- **Nibble-Modus**. Liefert für jedes gesetzte RAS-Signal die drei nächsten Bits, ohne daß das RAS-Signal erneut gesetzt werden muß.
- **Page-Modus**. Um Daten innerhalb einer Zeile (auch *Page*) anzusprechen, braucht das RAS-Signal nicht jedesmal neu angelegt zu werden. Das erlaubt heute eine Zugriffszeit von etwa 60 ns auf die Bits in einer Page.
- **Static-Column-Modus**. Beim Zugriff auf Daten innerhalb einer Zeile braucht auch das CAS-Signal nicht jedesmal gesetzt zu werden.

**DRAM-Varianten**. In jüngster Zeit sind verschiedene DRAM-Versionen mit verbessertem Zugriffsverhalten vorgestellt worden /5.11/:

- **EDO-RAM**. Diese Variante (*Extended Data Out*) unterstützt Adreßpipelining, weil die adressierten Daten länger am Bus zur Verfügung stehen. Auf die Bits einer einmal adressierten, im Chip gepufferten Zeile kann im Page-Modus schneller zugegriffen werden als bei Standard-DRAMs. EDO-RAMs verkürzen den Zugriff auf Daten innerhalb einer Page auf etwa 25 ns.

- **SDRAM**. Diese sogenannten *synchronen* DRAMs erlauben Burst-Zugriffe einer spezifizierten Länge innerhalb sequentieller DRAM-Bereiche. Dabei sorgen nicht Synchronisationssignale, sondern ein schnelles Clock-Signal für den korrekten Ablauf des DRAM-Zugriffs. Die Datenzugriffszeit verringert sich auf etwa 8 bis 10 ns.
- **RAMBUS**. Die Technik des gleichnamigen Unternehmens verzichtet auf die RAS/CAS-Signale. Ein DRAM-Kern wird stattdessen mit einer neuen 8 bit breiten Bus-Zugriffsschnittstelle versehen, die mit dem CPU-Takt synchronisiert ist. Über die Schnittstelle läßt sich jeder Chip wie eine komplette Speicherbank ansteuern. Aufeinanderfolgende Bytes werden von einem Chip in Abständen von weniger als 2 ns ausgegeben /5.5/. Durch Nutzung mehrerer derartiger Chips können Hauptspeichersysteme mit Bandbreiten von mehreren 100 MByte/s realisiert werden.

**Banking**. Dieses Verfahren wird auch als *Interleaved-Memory* oder *Speicherverschränkung* bezeichnet. Dabei werden *n* aufeinanderfolgende Datenworte in jeweils unterschiedlichen Bänken gespeichert, auf die nacheinander zugegriffen wird. Beim Burst-Zugriff muß in diesem Fall nur die Zugriffszeit und nicht die Zykluszeit berücksichtigt werden. Der DRAM-Controller ordnet aufeinanderfolgende Speicheradressen unterschiedlichen Bänken zu. Erst nach *n* Zugriffen wird erneut auf die erste Bank zugegriffen.

## 5.5.2 Hauptspeicher-Organisation

In Bild 5.10 ist die Gesamtorganisation eines DRAM-Speichersubsystems für ein Mikrocomputer-System dargestellt. Der Hauptspeicher ist aus mehreren gleichartigen DRAM-Chips aufgebaut, die in unterschiedlichen Bänken liegen können. Der DRAM-Controller ermittelt aus der physikalischen Speicheradresse die Bank und die adressierten Einzelchips und liefert anschließend die je nach Zugriffsmodus benötigten Adreßsignale.

Bei einem Zugriff auf den adressierten DRAM-Chip /5.10/ werden an die DRAM-Steuerung das RAS-, CAS- und gegebenenfalls das Write-Enable-Signal übergeben. Das RAS-Signal wird aktiviert. Der Adreßpuffer nimmt die Zeilenadresse auf. Aus der Zeilenadresse ermittelt der Zeilendecodierer die adressierte Zeile im Speicherzellenfeld des Chips, die über eine Wortleitung $WL_j$ angesprochen wird. Anschließend wird das CAS-Signal aktiviert und die DRAM-Steuerung schreibt die Spaltenadresse in den Adreßpuffer. Der Spaltendecodierer ermittelt die gesuchte Spalte innerhalb des Zellenfeldes, die über die Bitleitungspaare $BL_i$ und $\neg BL_i$ angesprochen wird. Bei einem Lesezugriff wird das gefundene Bit von der Speicherzelle ausgegeben, von einem Leseverstärker verstärkt und über ein I/O-Gatter in den Datenausgabepuffer geschrieben. Das gelesene Bit wird über das $D_{out}$-Signal des DRAM-Chips nach außen abgegeben.

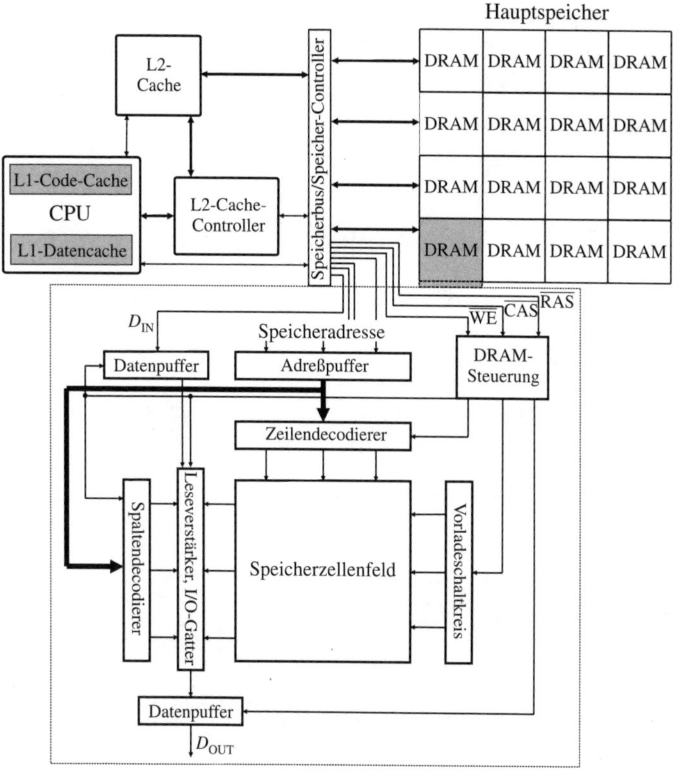


*Bild 5.10 DRAM-Hauptspeicher-Organisation*

Beim Schreibzugriff aktiviert die DRAM-Steuerung das ¬ WE-Signal (*Write Enable*). Die Schreibinformation wird über $D_{in}$ an einen Datenpuffer übergeben. Über das I/O-Gatter und einen Leseverstärker wird die Information an die adressierte Speicherzelle weitergeleitet und gespeichert.

### 5.5.3 Zeitlicher Ablauf von DRAM-Schreib- und Lesezyklen

**Lesen**. Der zeitliche Ablauf beim Lesen des Wertes 0 aus einer DRAM-Speicherzelle ist in Bild 5.11 dargestellt. Der physikalische Hintergrund ist detailliert in /5.10/ beschrieben. Beim Lesen ensteht eine winzige Potentialdifferenz beim Signal der Bitleitung. Bei leerem Kondensator (0) sinkt das Potential etwas ab, sonst (1) steigt es. Der Leseverstärker intensiviert diesen

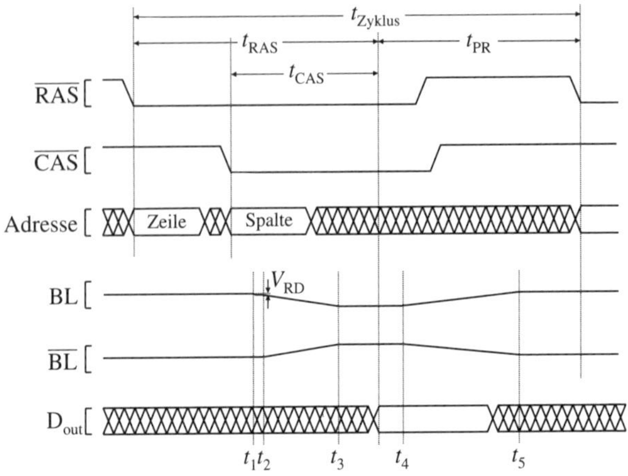


*Bild 5.11 Lesen einer 0 aus einer DRAM-Zelle*

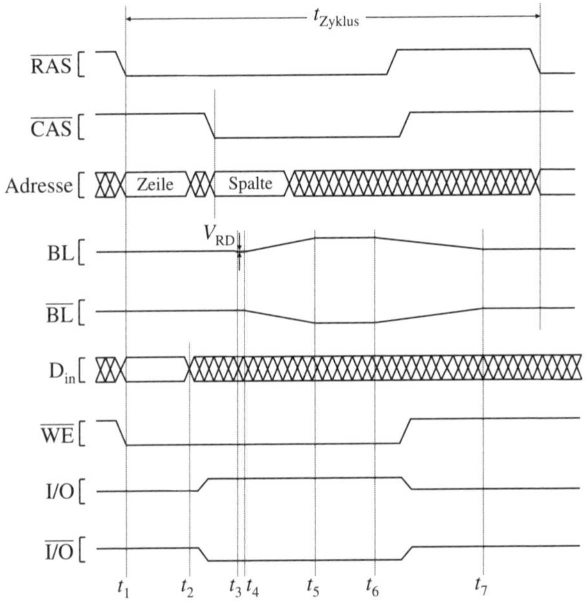


*Bild 5.12 Schreiben einer 1 in eine DRAM-Zelle*

Effekt über beide Bitleitungen in der entsprechenden Richtung. Die Daten stehen nach kurzer Zeit stabil zur Verfügung.

**Schreiben**. Beim Schreiben einer 1 (→ Bild 5.12) werden mit dem ¬RAS-Signal gleichzeitig die Schreibinformation $D_{in}$ und das ¬WE-Signal gesetzt. Im Eingangspuffer wird das Signal verstärkt und an das Leitungspaar I/O und ¬I/O übergeben. Der Zeilendecodierer aktiviert die zuständige Wortleitung. Die gespeicherte Ladung wird zunächst auf alle Bitleitungspaare übertragen. Nachdem das ¬CAS-Signal gesetzt und die an den Adreßpuffer übergebene Spaltenadresse vom Decodierer ermittelt sind, intensiviert der zuständige Leseverstärker das Potential auf den adressierten Bitleitungen $BL_i$ und $\neg BL_i$. Der bisher gespeicherte Wert wird durch das verstärkte neue Signal ersetzt /5.10/. Die Logik der DRAM-Zelle ist so konzipiert, daß gleichzeitig auch alle anderen Zellen der angesteuerten Zeile ihr bereits gespeichertes Signal auffrischen.

5

## 5.6 Virtueller Speicher und Speicherhierarchien

Moderne Betriebssysteme unterstützen Multitasking- oder Mehrprozeß-Betrieb. Dabei arbeitet jeder Prozeß mit seinen Code- und Datenbereichen auf eigenen, voneinander getrennten logischen Adreßbereichen oder Adreßräumen. Der virtuelle Adreßraum umfaßt alle möglichen logischen Adreßräume und die dort bildbaren einzelnen logischen Adressen. Das Betriebssystem bildet mit CPU-Hardware-Unterstützung die logischen Adressen der ablaufenden Programme auf den vorhandenen physikalischen Adreßraum ab. Obwohl bei einem 32-bit-Prozessor der physikalische Adreßraum für den Hauptspeicher eine Maximalgröße von 4 GByte besitzen kann, realisiert man meist DRAM-Hauptspeicher mit nur einigen Dutzend bis einigen Hundert Megabytes. Der physikalische Hauptspeicher bleibt deshalb für jeden Computer eine wertvolle Ressource.

**Anforderungen**. Adäquates Management des virtuellen Speichers umfaßt folgende Anforderungen:

- Schnelles Laden und Starten neu aufgerufener Programme.
- Unterbrochene Programme sollen bei erneuter CPU-Zuteilung die benötigten Code- und Datenbereiche möglichst bereits im Hauptspeicher vorfinden.
- Schutz der Code- und Datenbereiche von Programmen, die sich gleichzeitig im physikalischen Speicher befinden, vor unbeabsichtigten gegenseitigen Datenzugriffen.
- Sicherung der veränderten Daten verdrängter Prozesse, deren physikalischer Speicherplatz von anderen Prozessen beansprucht wird, auf externen Speichermedien.
- Kontextwechsel zwischen Prozessen mit möglichst geringem Overhead.

Im folgenden wird an einem Beispielsystem gezeigt, welche Ebenen des virtuellen Speichers in leistungsfähigen Standardsystemen unterschieden werden und welche Teilaufgaben bei der Adreßübersetzung zu bearbeiten sind.

### 5.6.1 Gesamtübersicht

Betriebssysteme unterteilen die logischen Adreßräume einzelner Prozesse typischerweise in Segmente. Programme können aus Code-, Daten- und Stack-Segmenten unterschiedlicher Größe bestehen, wobei die einzelnen Segmenttypen manchmal auch mehrfach in einem Prozeß auftreten. Die *Segmentierung* dient dazu, die Code-, Daten- und Stackbereiche unterschiedlicher Programme oder Tasks voneinander abzuschirmen. Das bedeutet, daß sie auf dem gleichen Prozessor ablaufen können, ohne sich gegenseitig zu behindern, zu beeinflussen und unberechtigt auf fremde Daten zuzugreifen. Bereits einer der ersten 16-bit-Prozessoren, der Intel 8086, unterstützte bis zu 64 KByte große Segmente innerhalb eines 1-MByte-Adreßraumes. Dieser auf Einfachheit optimierte Modus, der unter anderem eine fest bei Adresse 0 beginnende Interrupt-Tabelle verwendet, wird als Teilbetriebsart *Real-Mode* auch heute noch von den 32-bit-CPUs der Intel-Familie unterstützt.

**Swapping**. Man spricht von *Swapping*, wenn Segmente von einem Betriebssystem beim Programmstart komplett eingelagert und bei Kontextwechseln vollständig auf externe Platten ausgelagert werden müssen, weil der physikalische Speicher knapp wird. Dieser Vorgang ist sehr zeitaufwendig.

**Paging**. Zeitgemäße *Multi-Tasking*-Betriebssysteme unterteilen deshalb ihre variabel großen logischen Segmente in mehrere sogenannte *Pages* oder *Seiten* mit fester Größe. Beim Start eines Programmes oder beim Kontextwechsel werden Code und Daten von Programmen dann nicht segmentweise geladen, sondern nur die Code- und Datenpages, die man unmittelbar benötigt. Bei Speichermangel werden die Segmente unterbrochener Programme nicht mehr komplett ausgelagert oder überschrieben, sondern dies geschieht ebenfalls nur seitenweise. Seiten, die überschrieben werden sollen, unterliegen einer Auswahl nach ähnlichen Strategien wie zu ersetzende Cache-Einträge (z. B. mit LRU-Strategien). Dieses Verfahren nennt man *Demand-Paging*.

Einige Standardprozessoren besitzen *Memory-Management-Units* (MMUs), die gleichzeitig Segmentierung und Paging unterstützen. Andere CPU-Familien konzentrieren sich auf die Realisierung von Hardware-Mechanismen für das Paging und überlassen die Umsetzung der Segmentierung dem Betriebssystem. Bild 5.13 zeigt ein Verfahren zur Übersetzung der logischen in die physikalische Adresse, das sowohl Segmentierung als auch Paging umfaßt. Hardware-Unterstützung für Segmentierung und Paging gab es im

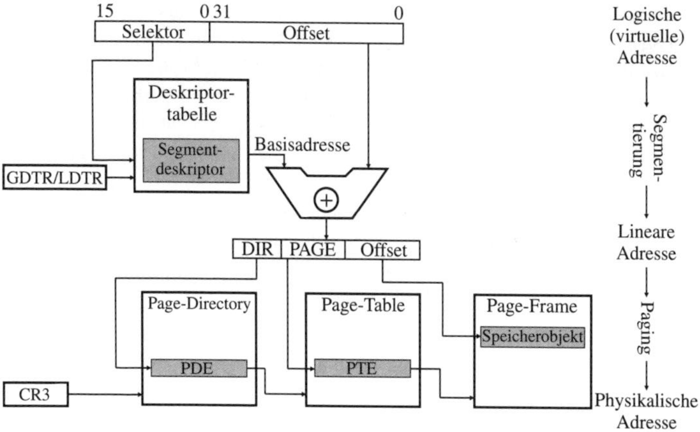


*Bild 5.13 Adreßübersetzung mit Segmentierung und Paging*

5

kommerziellen Bereich erstmals für die IBM-Großrechnerfamilie System /370 /5.9/. Ein weiter verfeinertes Verfahren dieser Art wird bei den 32-bit-CPUs von Intel verwendet. Im folgenden werden die einzelnen Teilschritte der Adreßübersetzung am Beispiel der Intel-CPUs dargestellt.

## 5.6.2 Umsetzung von logischen in physikalische Adressen

32-bit-Prozessoren von Intel (IA-32) realisieren das vollständige Adreßübersetzungs-Verfahren mit dem *Protected-Mode*. Diese Betriebsart unterstützt die Implementierung leistungsfähiger und sicherer System- und Anwendungs-Software und geht von einer 48 bit breiten logischen Adresse aus, die aus einem 16-bit-Selektor und einem 32-bit-Offset besteht. Durch Segmentierung wird die logische in eine lineare 32-bit-Adresse übersetzt. Die anschließende Page-Übersetzung überträgt die lineare Adresse in eine physikalische Byte-Adresse /5.7/. Der Software-Entwickler kann zwischen mehreren Speicherverwaltungs-Varianten wählen:

- **Segmentierung ohne Paging**. Dieses Schema ist für einfachere Multi-Tasking-Betriebssysteme geeignet, bei denen pro Anwendung mehrere Segmente verwendet werden. Der Segmentschutz wird dabei durch vier Zugriffsstufen gewährleistet. Segment-Ein-/Auslagerungen sollten jedoch eher selten vorkommen. Die lineare Adresse ist bei dieser Speicherverwaltungs-Variante bereits die physikalische Adresse.
- **Flat Model**. Die Segmentierung wird dadurch versteckt, daß ein Segment der Größe 4 GByte über den gesamten linearen Adreßraum gelegt wird. Damit steht, wie bei CPUs ohne Segmentierung, ein linearer Adreßraum von

4 GByte zur Verfügung, in dem nur der Paging-Mechanismus genutzt wird. Es ist sinnvoll, die Segmentgröße des *Flat-Models* auf die Größe des physikalisch realisierten Hauptspeichers zu beschränken (*Protected Flat Model*).

- **Segmentierung und Paging**. Diese Variante nutzt die vorhandenen Hardware-Mechanismen für den gesamten Übersetzungsvorgang von der logischen in die physikalische Adresse. Neben den Schutzkonzepten auf Segment-Ebene stehen für jede Page wählbare Schreib-/Lese-Zugriffsschutzkonzepte zur Verfügung. Außerdem kann für jede Page zwischen *User*- und *Supervisor*-Modus unterschieden werden. Die Systemleistung steigt gegenüber Systemen ohne Paging, wenn Kontextwechsel häufig mit Code- und Daten-Ein-/Auslagerungen verbunden sind.

Im folgenden wird der vollständige Übersetzungsvorgang für ein System beschrieben, das Segmentierung und Paging verwendet.

### 5.6.2.1 Segmentierung

**Selektor**. Die ersten 16 bit der 48 bit breiten logischen Adresse, die dem Einstieg in die Adreßübersetzung dienen. Der Selektor enthält einen 13-bit-Index auf einen von maximal 8192 Segment-Deskriptoren. Der Selektor gibt auch an, ob der Index auf die nur einmal vorhandene globale *Deskriptortabelle* (GDT) oder auf eine lokale *Deskriptortabelle* (LDT) verweist. Die Basisadressen der gerade aktuellen Deskriptortabellen sind in speziellen Registern abgelegt. Auch Interrupts werden durch Zugriff auf *Task-Segmente* in einer Deskriptortabelle, der IDT, bearbeitet, die nicht durch den Adreßübersetzungsprozeß, sondern durch den jeweiligen Typ eines generierten Hard- oder Software-Interrupts angesteuert wird. Der Selektor enthält auch Informationen über die Segment-Zugriffsrechte der anfordernden Task. Selektoren werden typischerweise von Linkern und Ladern gesetzt und verändert.

**Deskriptor**. Jeder Deskriptor in einer Deskriptortabelle ist 8 Byte breit und enthält Beschreibungsinformationen für ein Segment aus dem linearen Adreßraum. Neben der 32-bit-Segment-Basisadresse (*BASE*) enthält er das 20-bit-*LIMIT*, das die Segmentgröße angibt. Dabei wird durch ein Granularitätsbit festgelegt, ob das LIMIT direkt als Länge interpretiert (Segmentgrößen bis 1 MByte) oder mit dem Wert 4096 multipliziert wird und damit Segmentgrößen bis 4 GByte unterstützt. Der *Descriptor-Privilege-Level* gibt an, mit welcher Berechtigungsstufe der Zugriff auf das Segment erfolgen muß:

- Level 0: Betriebssystem,
- Level 1, 2: Betriebssystemdienste, Treiber, Systemsoftware,
- Level 3: Anwendungssoftware.

Weitere Informationen im Deskriptor zeigen an, ob auf das Segment lesend, schreibend oder ausführend zugegriffen werden darf und ob es sich um ein

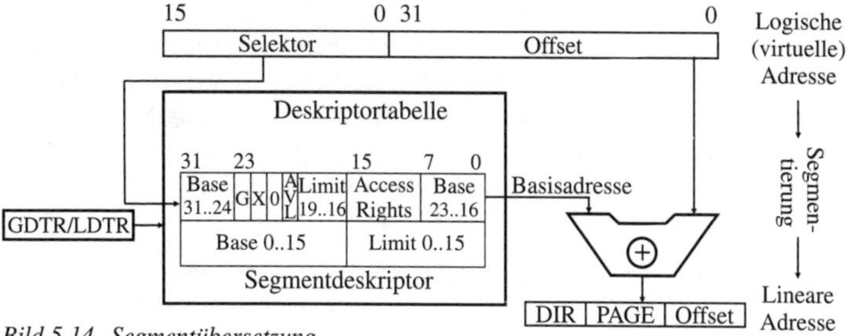


*Bild 5.14 Segmentübersetzung*



System- oder Anwendungssegment handelt. Ein *Present-Bit* gibt an, ob das Segment sich derzeit überhaupt im Hauptspeicher befindet.

**Lineare Adresse**. Zur 32-bit-Basisadresse aus dem Deskriptor wird nun der 32-bit-Offset aus der logischen Adresse addiert. Durch Überprüfung des LIMIT wird festgestellt, ob die so entstandene lineare Adresse im gültigen Adreßbereich des Segments liegt. Falls nicht, wird eine Exception generiert, die durch eine Standard-Interrupt-Task behandelt wird. Bild 5.14 zeigt die Details der Segmentübersetzung.

**Deskriptor-Cache**. Zugriffe auf Deskriptortabellen im Hauptspeicher oder Cache kosten Zugriffszeit und sollten nicht für jeden Speicherzugriff erforderlich sein. Aus Kompatibilitätsgründen sind bei der Intel-Prozessorfamilie die Basisadresse und das LIMIT im Deskriptor fragmentiert. Das Zusammenfügen kostet Zeit. Deshalb verwenden Intel-CPUs zur Beschleunigung der Segmentübersetzung Deskriptor-Caches oder *Hidden-Descriptors*. Beim ersten Zugriff auf einen Segment-Deskriptor in einer Deskriptortabelle wird der Selektor durch den zugreifenden Maschinenbefehl in das passende Segmentregister der CPU geladen. Gleichzeitig werden die aus dem Deskriptor beschaffte Basisadresse, das LIMIT und die Zugriffsinformationen in den für den Programmierer unsichtbaren Teil des Segmentregisters geladen, den sogenannten *Hidden-Part*. Ein erneuter Zugriff auf eine Adresse aus diesem Segment erhält die Adreßinformationen ohne Verzögerung direkt aus dem Hidden-Part des Segmentregisters. Auf die Deskriptortabelle wird erst wieder zugegriffen, wenn ein Kontextwechsel einen Selektor aus seinem Segmentregister verdrängt.

### 5.6.2.2 Paging

Die Interpretation der durch Segmentierung erzeugten linearen Adresse hängt davon ab, ob im System Paging verwendet werden soll oder nicht. Die Intel-Architektur wertet dazu ein *Paging-Bit* in einem Steuerregister aus. Bei deaktiviertem Paging wird die lineare Adresse sofort als physikalische Zieladresse aufgefaßt. Andere 32- oder 64-bit-Architekturen unterstützen das Paging ohne vorherige Segmentübersetzung. Bei solchen Systemen wird die lineare Adresse mit der logischen Adresse gleichgesetzt. Die Paging-Schemata der unterschiedlichen Architekturen sind meist mehrstufig organisiert und untereinander sehr ähnlich. Das im folgenden beschriebene Verfahren lehnt sich wiederum an die Intel-32-bit-Architektur an.

**Organisation**. Mit dem hier dargestellten Page-Übersetzungsschema läßt sich die Vorstellung eines hierarchisch aufgebauten virtuellen Adreßraums verbinden, dessen logisch zusammenhängende Segmente aus vielen Pages fester Größe (z. B. 4 096 Bytes) bestehen, die beliebig im physikalisch realisierten Speicher auf gleich große, sogenannte *Page-Frames* (Rahmen) verteilt sein können. Ein Multitasking-Betriebssystem, das mit Paging arbeitet, wird immer nur die zuletzt benutzten Pages im Hauptspeicher halten. Wenn der verfügbare Speicher zu Ende geht, entscheidet das Betriebssystem, unterstützt von der Hardware, welche der Pages im Hauptspeicher durch die neu benötigten Pages vom Externspeicher überlagert werden können. Eine Page darf nur dann überschrieben werden, wenn ihr Inhalt während des Aufenthalts im Hauptspeicher nicht verändert wurde. Modifizierte Pages müssen in den Externspeicher zurückgeschrieben werden, bevor sie überlagert werden dürfen.

**Page-Übersetzung**. Bei der 32-bit-Architektur von Intel wird die lineare Adresse logisch in drei Felder unterteilt: DIR (10 bit), TABLE (10 bit) und OFFSET (12 bit). Die Page-Übersetzung (→ Bild 5.15) läuft nun wie folgt ab:

1. Der DIR-Anteil zeigt auf einen von 1 024 Page-Directory-Einträgen (PDE) im Page-Directory. Die PDE-Anfangsadresse im physikalischen Hauptspeicher steht in einem Steuerregister (CR3) zur Verfügung.
2. Der 32 bit breite PDE enthält unter anderem ein Pagegrößen-Bit, weil Pages 4 KByte oder 4 MByte groß sein können. Alle Page-Frames sind jeweils auf 4-KByte-Grenzen ausgerichtet. Bei 4 KByte großen Pages enthält der PDE die Anfangsadresse einer Page-Tabelle, deren Einträge individuelle Pages beschreiben. Bei 4-MByte-Pages ist keine weitere Umsetzung mehr erforderlich. Pages dieser Größe kann man z. B. einsetzen, um einen kompletten Grafikbildschirm oder häufig benutzte Betriebssystem-Routinen zusammenhängend zu speichern. Der PDE zeigt in diesem Fall direkt auf den Page-Anfang im Hauptspeicher. Das 10-bit-TABLE-Feld und das 12-bit-OFFSET-Feld aus der linearen Adresse werden zu einem 22-bit-Offset für ein Byte innerhalb einer 4 MByte großen Page verschmolzen. Der Übersetzungsvorgang wird bei Schritt 4 fortgesetzt.
3. Bei einer 4-KByte-Page verweist das TABLE-Feld auf einen von 1 024 Page-Tabellen-Einträgen (PTE) in der Page-Tabelle. Jeder 32-bit-PTE

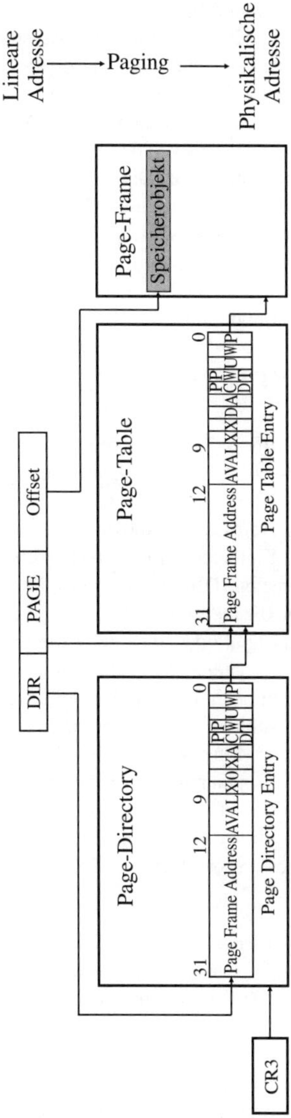


*Bild 5.15 Details der Page-Übersetzung*

enthält die physikalische Anfangsadresse einer Page im Hauptspeicher, sofern sich die Page bereits dort befindet.
4. Ist das Present-Bit nicht gesetzt, löst das Betriebssystem über einen *Page-Fault*-Interrupt das Holen der Page vom Externspeicher aus. Für entsprechende Routinen kann die *Page-Fault-Linear-Address* in einem Steuerregister (CR2) verwendet werden. Betriebssystem-Auslagerungsstrategien (z. B. *Least Recently Used*) werden von den Zugriffsbits *Accessed* (Zugriff) und *Dirty* (Schreibzugriff) unterstützt. Das *Page-Cache-Disable*-Bit (PCD) gibt an, ob Daten aus dieser Page in einen Cache geladen werden dürfen oder nicht. Das *Page-Write-Through*-Bit (PWT) definiert, ob Daten, deren Werte im Cache verändert wurden, sofort auf die Page im Hauptspeicher zurückgeschrieben werden sollen oder nicht.
5. Im letzten Schritt der Adreßbildung wird zur physikalischen Page-Frame-Adresse der 12-bit(oder 22-bit)-Offset aus der linearen Adresse addiert. Die physikalische Adresse liegt nun vollständig vor.

**Translation-Lookaside-Buffers** (TLBs). Der Einsatz von On-Chip-TLBs beschleunigt die Page-Übersetzung bei allen heute gängigen 32- oder 64-bit-CPUs. Ein TLB speichert jeweils die physikalische Anfangsadresse der Page, die durch eine lineare Adresse angesprochen wird, in einer Tabelle mit typischerweise 64 bis 512 Einträgen. In jedem TLB-Eintrag ist auch die Information zum Tabelleneinstieg (DIR, TABLE) aus der linearen Adresse abgespeichert. TLBs sind wie die meisten Caches *n*-Wege-assoziativ organisiert (→ 5.2.2.3). Bei der Übersetzung der linearen in die physikalische Adresse wird immer zuerst überprüft, ob ein entsprechender TLB-Eintrag vorhanden ist. Ist dies der Fall, muß nur noch der OFFSET der linearen Adresse zu diesem Eintrag hinzuaddiert werden. Überprüfung und Addition erfolgen typischerweise im gleichen Taktzyklus. Wenn nicht, werden das Page-Directory und eine Page-Tabelle durchlaufen und die ermittelte Page-Adresse für die zu erwartenden weiteren Zugriffe auf diese Page in den TLB geladen. Stehen keine geeigneten freien TLB-Einträge mehr für eine Page-Adresse zur Verfügung, so wird auch hier eine Ersetzungsstrategie wie LRU, Pseudo-LRU oder Random verwendet.

Gemäß der internen CPU-Organisation mit getrennten Bussen und Caches für Befehle (Code) und Operanden (Daten), ist es notwendig, auch separate Code- und Daten-TLBs bereitzustellen, auf die parallel zu den entsprechenden L1-Caches zugegriffen wird (→ 5.3.1). Bei einigen Prozessoren existieren auch separate TLBs für die Verwaltung von Pages unterschiedlicher Größe (z. B. 4 KByte und 4 MByte). Durch spezielle Maschinenbefehle kann das Betriebssystem den TLB oder bestimmte Einträge invalidieren oder die Invalidierung durch Taskwechsel verhindern.

### 5.6.2.3 Erweiterung des physikalischen Adreßraums

**DEC-Alpha**. Um die Speicheranforderungen zukünftiger Systeme zu erfüllen, werden immer mehr Systeme größere physikalische Adreßräume als die heute üblichen $2^{32}$ Bytes zur Verfügung stellen. In der 64-bit-Alpha-Prozessorfamilie erweitert man dazu schrittweise die virtuelle Adresse von 43 bit über 47 bit und 51 bit auf 55 bit, wobei die Page-Größe von 8 KByte auf bis zu 64 KByte und der physikalische Adreßraum von heute maximal $2^{41}$ Bytes auf bis zu $2^{48}$ Bytes anwachsen werden. Dazu nutzt man bei der Alpha-CPU eine dreistufige Page-Tabellen-Hierarchie mit jeweils 64 bit breiten Tabelleneinträgen /5.5/.

5

**Intel Pentium II und IA-64**. Intel wird in Zukunft neben seiner IA-32-Architektur auch eine 64-bit-Architektur anbieten, die der Forderung nach noch größeren Adreßräumen entgegenkommen wird. Aber bereits in den 32-bit-CPUs Pentium Pro und Pentium II wurde der maximal mögliche physikalische Adreßraum auf $2^{36}$ Bytes erweitert /5.7/. Diese sogenannte *Physical-Address-Extension* (*PAE*) setzt Paging voraus und wird durch das Setzen des PAE-Bits im Steuerregister CR4 aktiviert.

Dazu werden die ersten beiden Bits der linearen Adresse als *Directory-Pointer* (*DP*) für den Einstieg in eine weitere Tabelle aufgefaßt, deren 64 bit breite Einträge auf vier Page-Directories zeigen. Auch die PDEs und PTEs werden unter dieser Adressierungsvariante 64 bit breit. Die Page-Directories und die Page-Tabellen können daher nur noch bis zu 512 Einträge aufnehmen. Die Felder für DIR und TABLE sind nur noch jeweils 9 bit breit. Der OFFSET bleibt 12 bit breit.

Dabei werden wieder zwei Page-Größen unterstützt: 4 KByte und 2 MByte, die durch Auslassen einer Hierarchiestufe und das Aufaddieren eines 21 bit breiten OFFSET entstehen. Die 36 Adreßbits kommen dadurch ins Spiel, daß in den nun 64 bit breiten Tabelleneinträgen 36 bit physikalische Basisadressen auftreten. Nur die ersten 24 bit bzw. 15 bit davon werden für die Adreßbildung benötigt, da die Page-Frames jeweils bei Adressen beginnen, die durch die Page-Größe teilbar sind. Die nicht benötigten niederwertigen Bits nehmen unter anderem die üblichen Verwaltungsbits auf oder sind mit null vorbesetzt. Bei dieser Adressierungsvariante werden in den 64 bit breiten Tabelleneinträgen insgesamt nur jeweils 36 bit benutzt. Die höherwertigen Bits von 63 bis 36 sind für spätere CPU-Typen reserviert und bisher mit 0 vorbesetzt. Das deutet darauf hin, daß durch dieses Adressierungskonzept die Richtung für die IA-64-Adreßübersetzung bereits vorgezeichnet ist.

## 5.7 CPU-nahe Busse

Schnelle CPU-Speichersysteme können auf Dauer nur effizient arbeiten, wenn der rasche Datenaustausch mit externen Geräten wie Festplatten, CD-ROMs, DVDs und Hochleistungsgrafik-Peripherie sichergestellt ist. Hochleistungs-Peripheriegeräte sollen aus Kosten- und Kompatibilitätsgründen nicht direkt über den Systembus angesprochen werden, benötigen aber große Bandbreiten. Nützliche, langsamere Geräte müssen einfach und kostengünstig an das CPU-Speicher-System anzuschließen sein. Peripheriegeräte und -controller sollen nicht zu stark von bestimmten CPU- und Hardware-Umgebungen abhängig sein. Diesen Anforderungen genügen heute geschwindigkeitsabgestufte Bushierarchien. Die CPU-nächste Ebene ist der proprietäre Systembus. Darunter sind mehrere Ebenen von Standard-Bussen angeordnet.

### 5.7.1 Bushierarchien

Für Peripheriekomponenten wie Grafik- und Videoadapter hat sich in den letzten Jahren der zuerst von Intel propagierte PCI-Bus (*Peripheral Component Interconnect*) als Industriestandard durchgesetzt. Dieser sogenannte *lokale Bus* ist über eine *Bridge* mit dem Systembus der CPU verbunden. Er bildet mit einem abgestimmten Chip-Set das Rückgrat für die Entwicklung von Arbeitsplatzrechnersystemen. Über eine Schnittstelle läßt er sich mit älteren Bussen wie dem EISA-Bus, dem ISA-Bus oder dem VME-Bus verbinden.

Es hat sich aber gezeigt, daß für neuere Anwendungen wie 3-D-Grafik, Echtzeit-Video, Computerspiele, Simulationen und andere medienintensive Software-Systeme sogar der PCI-Bus schnell an seine Leistungsgrenze stößt. Statt spezifischer Einzellösungen für den schnellen direkten Datenaustausch zwischen Grafik-Beschleuniger-Hardware und Hauptspeicher, setzen sich zunehmend standardisierte Steuerbausteine durch, die dafür sorgen, daß Grafik-Hochleistungsperipherie den Hauptspeicher mit der vollen Geschwindigkeit des Systembusses ansprechen kann. Für aktuelle Höchstleistungs-3-D-Grafik-Adapter sind seit kurzem Chip-Sets im Einsatz, die den Hochgeschwindigkeits-Datenaustausch zwischen Hauptspeicher und Grafik-Beschleuniger erlauben, ohne den PCI-Bus zu belasten.

**AGP**. Ein Beispiel ist der Accelerated-Graphics-Port (AGP), der von einem Chip-Set mit vier Zugriffspfaden (Ports) unterstützt wird und den Datenaustausch zwischen CPU und Grafik-Controller, CPU und Hauptspeicher sowie Grafik-Controller und Hauptspeicher mit Transferraten von jeweils bis zu 528 MByte/s erlaubt. Über den vierten Port des AGP-Chip-Sets ist die Kommunikation mit dem PCI-Peripheriebus mit der dort unterstützten Geschwindigkeit von bis zu 133 MByte/s (bei 32 bit) möglich.

### 5.7.2 Bustypen und Busprotokolle

**Bus-Entwurfskriterien**. Beim Entwurf oder bei der Auswahl eines Bussystems für ein Zielsystem spielen folgende Kriterien eine Rolle, wobei oft Kompromisse zwischen Durchsatz-und Kosten-Optimierung gefunden werden müssen /5.5/, /5.11/:

- Sollen Adressen und Daten über getrennte Leitungen übertragen werden?
- Wie viele Datenbits werden benötigt?
- Sollen Einzel-, Burst-Transfers oder beide Formen unterstützt werden?
- Soll nur ein oder sollen mehrere Bus-Masters unterstützt werden, wobei letzteres eine gesteuerte Buszuteilung (Arbitrierung) erfordert?
- Soll Adreßpipelining unterstützt werden oder nicht?
- Soll ein synchrones oder ein asynchrones Busprotokoll verwendet werden?



**Asynchrones Protokoll**. Asynchrone, nicht getaktete Busprotokolle steuern Lese- und Schreibzyklen über *Handshaking*. Dazu nutzen sie neben den Datenleitungen Anfrage- (*Request*) und Bestätigungs-Signale (*Acknowledge*). Asynchrone Protokolle erlauben die Integration von Peripheriegeräten unterschiedlichster Geschwindigkeit. Da Signallaufzeiten nicht entscheidend sind, können asynchrone Busse sehr lang sein und viele Geräte aufnehmen. Sie werden häufig für den Zugriff auf langsamere Ein-/Ausgabegeräte eingesetzt.

**Synchrones Protokoll**. Synchrone Busse sind taktgesteuert und vermeiden einen Synchronisations-Overhead. Schreib- und Lesezyklen werden aufgesetzt und durch ein festgelegtes, taktgesteuertes Protokoll überwacht. Dadurch ensteht weniger Overhead und der Busdurchsatz erhöht sich. Sie sind jedoch nicht beliebig skalierbar, da die Signallaufzeiten in einem bestimmten Rahmen bleiben müssen. Die angesprochenen Geräte müssen auch den Geschwindigkeitsanforderungen des Busses genügen. Im CPU-nahen Bereich setzen sich synchrone Busse zunehmend durch.

### 5.7.3 Bus-Standards

Im folgenden werden einige der CPU-nahen Standardbusse näher untersucht.

#### 5.7.3.1 PCI-Bus

Der PCI-Bus ist ein schneller lokaler Peripheriebus, der das CPU-Speicher-Subsystem eines Rechners vom Peripheriesubsystem entkoppelt /5.8/, /5.10/. Der PCI-Bus ist über eine Bridge mit dem Systembus der Host-CPU verbunden. PCI-Bus-Einheiten wie Grafik-Adapter, I/O-Einheiten, LAN- und SCSI-Host-Adapter werden auch als PCI-Agents bezeichnet. PCI-Einheiten können auf dem Motherboard des Rechners untergebracht oder über Erweiterungs-

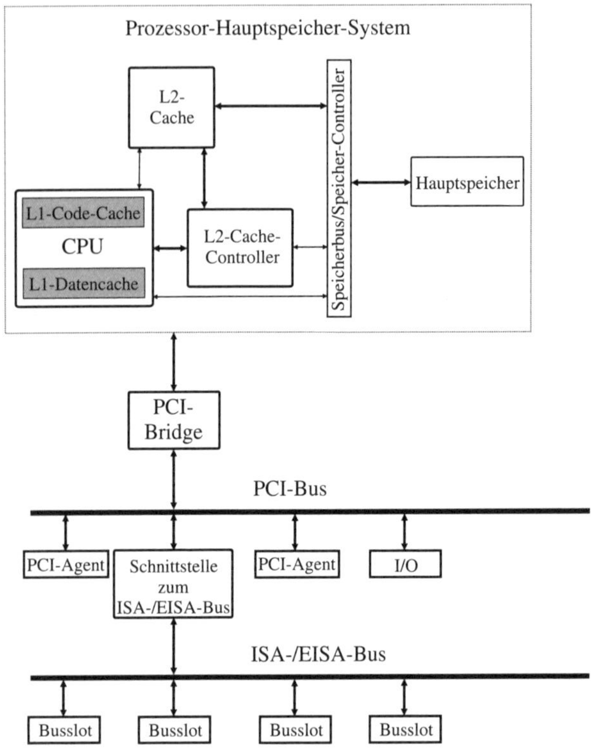


*Bild 5.16 Hierarchischer Aufbau eines PCI-basierten Rechnersystems*

Slots an das System angeschlossen werden. Für die Entwicklung von PCI-basierten Rechnersystemen stehen unterschiedliche Chip-Sets mit der erforderlichen Steuerungsfunktionalität zur Verfügung.

Über eine Schnittstelle zur ISA-/EISA-Buserweiterung kann die CPU auch auf Geräte zugreifen, die über diese seit längerem eingesetzten Peripheriebusse angesteuert werden. Bild 5.16 zeigt den hierarchischen Aufbau eines Rechnersystems mit PCI-Bus. Der PCI-Bus besitzt die folgenden Haupteigenschaften:

- **Durchsatzrate**. Der PCI-Standard unterstützt eine Busbreite von 32 bit oder 64 bit. Um Leitungen zu sparen, werden die Busleitungen abwechselnd als Adreß- und Datenleitungen (Multiplexbetrieb) verwendet. Das synchrone Busprotokoll unterstützt Einzeltransfers und Burst-Ttransfers beliebiger Länge. Bei Taktfrequenzen von 33 MHz oder 66 MHz sind damit maximale Burst-Durchsatzraten von 133 MByte/s bis 512 MByte/s möglich.

- **PCI-Bridge**. Diese Schnittstelle, die den PCI-Bus auch steuert, ist über mehrere Schreib- und Lesepuffer sowohl mit dem Host-Bus als auch mit dem PCI-Bus verbunden. Die PCI-Bridge-Logik setzt selbständig Einzel-Lese- und Schreibtransfers in Burst-Zyklen um. Die Pufferung erlaubt es der PCI-Bridge, parallel zur Host-CPU Daten zwischen zwei PCI-Geräten auszutauschen, während die CPU Speicherzugriffe über ihren Systembus ausführt.

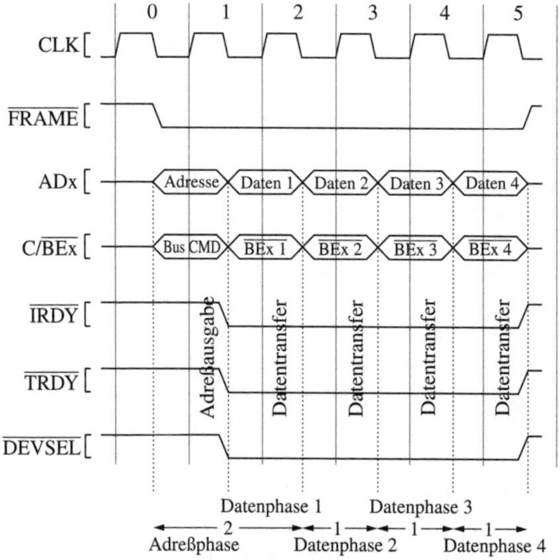


*Bild 5.17 PCI-Schreibtransfer-Burst-Zyklus*

- **Buszyklen**. Die PCI-Bridge kennt 12 unterschiedliche Transfertypen, die als Kombinationen von ¬ BEx-Signalen auf den Bus gesetzt werden. Neben Interrupt-Transfers, Sonderzyklen für Zustandsinformationen und Konfigurationszyklen werden verschiedene Buszyklen-Typen für die Ein-/Ausgabe und für Speicherzugriffe unterschieden. In Bild 5.17 ist als Beispielzyklus ein 2-1-1-1-Schreibtransfer-Burst-Zyklus dargestellt. Man erkennt deutlich die abwechselnde Belegung der ADx-Signale mit der Adresse und den nachfolgenden Daten. Jeder Transfer wird eingeleitet, indem der initiierende Bus-Master (*Initiator*) das Signal ¬ FRAME aktiviert. Das angesprochene PCI-Gerät antwortet mit dem Setzen von ¬ TRDY (*Target Ready*). Der Initiator muß mit ¬ IRDY (*Initiator Ready*) noch anzeigen, daß er Schreibdaten auf die Adreßleitungen ADx (x: 31–0 oder 63–0) gelegt hat oder Lesedaten von dort abholt. Das ¬ DEVSEL-Signal wird von der adressierten PCI-Einheit gesetzt, wenn sie erkannt hat, daß sie das Ziel des eingeleiteten Bustransfers ist. Über die Signale C/¬BE wird der Typ des eingeleiteten Transfers mitgeteilt, bevor die BEx wieder als Byte-Enable-Signale genutzt werden können.

- Die **Busarbitrierung** erfolgt in PCI-Systemen über *Request-Signale* der anfordernden Bus-Masters und *Grant-Signale* einer zentralen Arbitrierungs(Buszuteilungs)-Logik. Das Zuteilungsschema wird vom Standard nicht vorgeschrieben, sondern kann vom Entwickler festgelegt werden. Der zugeteilte Bus muß spätestens nach 16 Bus-Taktzyklen vom anfordernden Master mit einem Transfer belegt werden, sonst wird ein Timeout-Signal erzeugt.
- **DMA**. Direct-Memory-Access von PCI-Geräten auf den Hauptspeicher wird nicht wie in älteren Bussystemen direkt durch Bussignale unterstützt. Vielmehr nutzen intelligente DMA-Controller, die als PCI-Agents realisiert sind, die vorhandenen Bustransfer-Zyklen, um DMAs zu ermöglichen.
- **I/O-Adreßraum**. PCI unterstützt einen 32-Bit oder 64-Bit-I/O-Adreßraum. Der volle Adreßraum kommt nur neuentwickelten PCI-Geräten zugute. PCs nutzen, bedingt durch die IA-32-Architektur von Intel, nur die untersten 64 K des Adreßraums als Port-Adressen. Standard-Port-Adressen, die von PCs in früheren Bussystemen wie ISA/EISA/MCA benutzt wurden, sind für PCI beibehalten worden. Karten dieser Busstandards können neben PCI-Geräten arbeiten, wenn eine entsprechende Schnittstelle zum jeweiligen Bus vorhanden ist.

#### 5.7.3.2 EISA/ISA

Über eine Schnittstelle kann der PCI-Bus mit dem EISA/ISA-Bus verbunden werden. Sie enthält alle Steuerbausteine (EISA-Bus-Controller, Puffer, Timer, Arbiter, DMA-Controller, Interrupt-Controller) für den 32-bit-EISA-Bus und erlaubt so den flexiblen Zugriff von Hochleistungs-CPUs auch auf preiswerte Peripheriegeräte (→ Bild 5.18).

EISA (*Extended Industry Standard Architecture*) ist die 32-bit-Erweiterung des 16-bit-ISA-Busses (AT-Bus) /5.9/:

- Neben der Host-CPU können mehrere Bus-Masters im System vorhanden sein. Bus-Masters können durch den zentralen Bus-Arbiter in der Busnutzung unterbrochen werden, wenn sie nach spätestens 64 Zyklen den Bus nicht freigeben. Der Bus-Arbiter teilt den Bus abwechselnd den DMA-fähigen Karten, den DRAM-Refreshzyklen, den Bus-Master-Zyklen und der Host-CPU des Systems zu. Die Bus-Masters können über die gemeinsame 8,33-MHz-System-Clock synchronisiert sein, die von der Host-Clock abgeleitet wird.
- 32-bit-Adreßbus für Host-CPUs, andere Bus-Masters und DMA-Bausteine. Die aktiven Busbenutzer teilen sich den 4-GByte-Adreßraum.

- 32-bit-Datentransfers für Host-CPU, andere Bus-Masters, E/A- und DMA-Bausteine.
- Synchrone Datentransfers, Durchsatz bis zu 33 MByte/s im Burst-Modus.
- Gleichzeitige Unterstützung von EISA- und ISA-Bus-Masters und Slaves. Autokonfiguration neu gesteckter Karten (DMA-Kanäle und Interrupt-IDs) und Steckplatz-spezifische E/A-Port-Adressen.

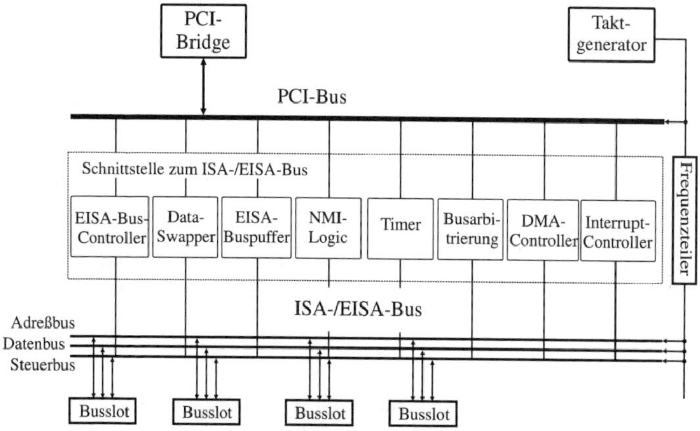


*Bild 5.18 Schnittstelle PCI/EISA*

### 5.7.3.3 Andere Standardbusse

Neben den besprochenen Standard-Bussen existieren weitere verbreitete Bus-Standards. Beispiele sind die Mikrokanal-Architektur (MCA) von IBM, der von Motorola lancierte VME-Bus, der von National Semiconductor propagierte Futurebus und der Multibus II von Intel. Einzelheiten zu diesen älteren Bussystemen finden sich in /5.1/.

## 5.7.4 Busunterstützung für Multiprozessor-Betrieb

Bussysteme wie der PCI-Bus eignen sich durch ihr Multimaster-Konzept auch für den Einsatz in Multiprozessor-Umgebungen. Neben der Multimasterfähigkeit ist dort vor allem der Datendurchsatz entscheidend. In speichergekoppelten Multiprozessor-Systemen muß auch die Cache-Kohärenz sichergestellt werden. Busse können durch spezielle Snooping- und Invalidierungszyklen Mehrprozessorbetrieb direkt unterstützen. Im Multiprozessorbereich setzen sich aber zunehmend Hochleistungstopologien wie Hypercubes, Gitter, 3-D-Torus und SCI (*Scalable Coherent Interface*) durch, die nur noch entfernt an Bussysteme erinnern. Einzelheiten zu Multiprozessorbussen und -topologien werden ausführlich in /5.2/ beschrieben.

# 6 Periphere Systemkomponenten

Periphere Systemkomponenten von Mikroprozessorsystemen haben die Aufgabe, Informationen anderer Systeme bzw. der Umwelt an den Mikrorechner anzupassen. Das geschieht mittels unterschiedlicher Koppelmechanismen. Grundsätzlich wird zwischen der parallelen und der seriellen Signalkopplung unterschieden.

**Interfaces** sind physikalische Schnittstellen (Schaltungen und konstruktive Verbindungen), die Punkt-zu-Punkt-Verbindungen von Systemkomponenten realisieren.

Als Bussysteme bezeichnet man die Anordnung mehrerer Teilnehmer (Busknoten) an einer gemeinsam genutzten Busleitung. Die Busleitung kann bitseriell (zeitliche Folge einzelner Bits – serieller Bus) oder byteseriell (zeitliche Folge einer größeren Bitbreite – paralleler Bus) betrieben werden.

Serielle Busse benötigen nur wenige Leitungen (etwa 2 bis 6), parallele Busse benötigen viele Leitungen (etwa $> 20$).

Neben den *Interfaces* und *Bussystemen*, die für die digitale Kommunikation bedeutend sind, benutzt man für die Verbindung der Mikrorechner zur analogen Umwelt Analog-Digital- bzw. Digital-Analog-Umsetzer mit der dazu notwendigen Anpassungselektronik. Die Schaltungstechnik derartiger Peripheriekomponenten für die Ein- und Ausgabe von Prozeßsignalen wird durch kompakte Geräte oder Einsteckkarten realisiert.

Für die Mensch-Maschine-Kommunikation sind *Eingabegeräte* (z. B. Tastaturen) und *Ausgabegeräte* (z. B. Bildschirmgeräte) notwendig. Diese Standardkomponenten sind Massenartikel, die hauptsächlich durch neue Bauelementetechnologien weiterentwickelt werden.

## 6.1 Parallele und serielle Interfaces

Als **parallele** und **serielle Interfaces** werden physikalische Schnittstellen zur Kopplung digitaler Informationen an den Mikrorechner bezeichnet. Mit der Beschreibung des Interfaces werden Logikpegel, Steckverbinder und Schaltkreisfunktionen definiert.

## 6.1.1 Parallele Interfaces

### 6.1.1.1 Einfache Parallelinterfaces

Die einfachste Methode der Realisierung eines bitparallelen Datenaustausches zwischen Peripherie und Mikrorechner kann mit bidirektionalen Bustreibern bzw. bidirektionalen Latches erfolgen. Neben der Fähigkeit, die digitalen Informationen zwischenzuspeichern, wird zwischen der direkten und invertierenden Übertragung unterschieden (→ Bild 6.1).

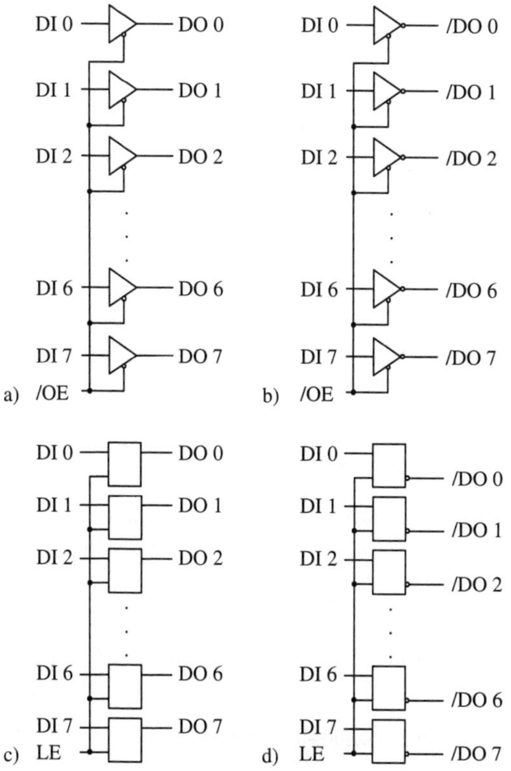


*Bild 6.1 Prinzipien einfacher paralleler Datenein-/ausgabeschaltkreise*
*a) nichtinvertierender Bustreiber, b) invertierender Bustreiber, c) nichtinvertierendes Buslatch, d) invertierendes Buslatch*
*(/OE – Output Enable = „High" → Ausgänge im „Threestate",*
*LE – Latch Enable = „High" → DI ist auf DO durchgeschaltet,*
*LE = „Low" → letzter Zustand an DO bleibt gespeichert)*

Die bidirektionale Wirkungsweise wird durch eine Threestate-Steuerung (Prozessor steuert mit „read“ bzw. „write“-Signal; praktisch als ein Signal R/W) der entsprechenden Richtung erreicht (→ Bild 6.2).

Die Busbreite (Anzahl paralleler Datenleitungen), d. h., die gleichzeitige Übertragung paralleler digitaler Signale, kann durch Kaskadierung von Schaltkreisen verändert werden. Standardformate sind 8, 16, 32 und 64 bit.

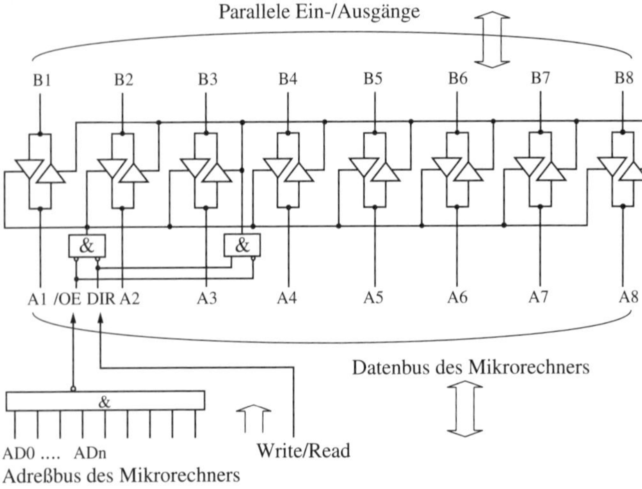


*Bild 6.2 Bidirektionale Ein-/Ausgabeschaltung mit 8-bit-Bustreiber 74HCT245 (vergleichbare ähnliche Schaltkreise: 74LS245, 82C86, 82C87)*

Während Bustreiber lediglich Signale verstärken können, ist mit Latches eine Zwischenspeicherung möglich. Bidirektionale Ein-/Ausgabeschaltungen mit 8-bit-Busregister sind beispielsweise mit den Schaltkreisen 74ALS651 realisierbar. Bei anderen Schaltkreisen muß die bidirektionale Steuerung durch gegenpolige Beschaltung und zusätzliche Threestate-Steuerung ergänzt werden (z. B. 74LS540/541, 74HCT540/541, 74ALS652, 74AS574/575; /6.42/).

### 6.1.1.2 Programmierbare Parallel-Interfaces

Flexibler und weitgehend an jeden beliebigen Prozessor anpaßbar sind programmierbare parallele *Schnittstellenschaltungen*. Sie bestehen im wesentlichen aus *LSI-Schaltkreisen* (→ Tabelle 6.1).

Die innere und äußere Schaltung eines parallelen Interfaces mit dem Schaltkreis SAB8255A zeigt die prinzipielle Hardware-Struktur derartiger Schaltungen. Die eigentlichen Funktionen werden durch Programmierung der internen Register festgelegt (/6.9/, /6.28/, /6.41/).

*Tabelle 6.1 Schaltkreise für programmierbare Parallel-Interfaces (Auswahl)*

| Schaltkreistyp | Hersteller | Eigenschaften/Funktionen |
|---|---|---|
| Z 8420/84C20 | Zilog | zwei 8-bit-In/Out-Ports |
| 8255/82C55 | Intel | drei 8-bit-In/Out-Ports |
| SAB 8255A | Siemens | drei 8-bit-In/Out-Ports |
| 82C255 | Mitsubishi | doppelter 82C55 (Block 0 und 1) |
| 6820/21 | Motorola | zwei 8-bit-In/Out-Ports, Interrupt-Interface |

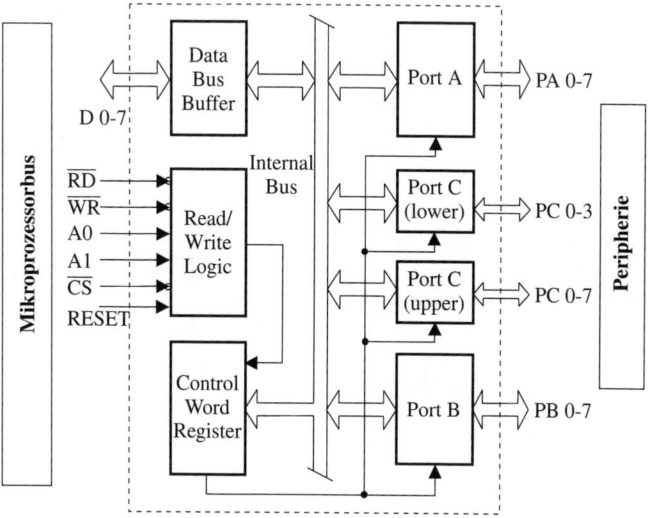


*Bild 6.3 Interfaces-Schaltkreis SAB 8255A*

Die Basiseinstellung des Schaltkreises (Datenflußrichtung und Betriebsart) wird mit der Programmierung des 8-Bit-Control-Word-Registers vorgenommen. In dem Register bedeuten:

D7 Mode Set Flag (MSF); 1 = Mode laden
D6, D5 Mode Port A, obere Bits des Port C
D4 Port A; 0 = Eingabe, 1 = Ausgabe
D3 oberes Nibble des Port C; 0 = Ausgabe, 1 = Eingabe
D2 Mode Port B, Port C untere Bits; 0 = Mode 0, 1 = Mode 1
D1 Port B; 0 = Ausgabe, 1 = Eingabe
D0 unteres Nibble des Port C; 0 = Ausgabe, 1 = Eingabe

Der Aufbau eines parallelen programmierbaren PC-Interfaces gestaltet sich sehr einfach. An die 24 externen Pins der Portleitungen A, B und C können externe Schaltungen im TTL- bzw. CMOS-Pegel angeschlossen werden. Bild 6.4 zeigt für eine Minimalstruktur den Schaltplan. Die Datentransportrichtung wird mittels 74HCT245 vorgenommen. Die unteren beiden Adreßleitungen werden direkt für die Kanalselektion an den PPI-Schaltkreis 8255 (PPI – *Programmable Parallel Interface*) geführt. Die höheren Adreßleitungen werden mittels Komparatorschaltung zur Bildung der Ein-/Ausgabe-Basisadresse verdrahtet.

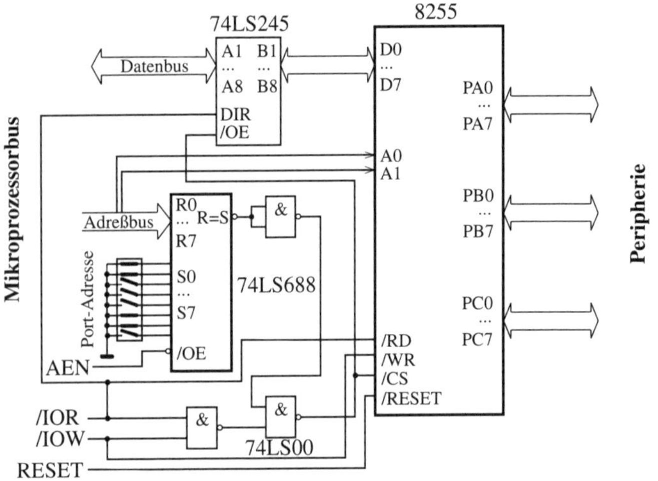


*Bild 6.4 Einfache parallele PC-Interface-Schaltung*

### 6.1.1.3 Centronics-Interface

Die Bezeichnung dieser Schnittstelle entstammt einer Druckerherstellerfirma und bezieht sich auf einen bitparallelen Standardanschluß für Drucker und Plotter (→ Tabelle 6.2). Diese Schnittstelle hat sich als De-facto-Standard im PC-Bereich durchgesetzt (keine DIN-Norm!). Sie realisiert hohe Datenübertragungsraten bei bis zu einigen Metern Leitungslänge (2 . . . 5 m).

Dieses Interface konzentriert sich auf die für Druckersteuerung typische Ausgaberichtung (Byte-Ausgabe). Erst mit einem späteren Standard (→ 6.1.1.4) wurde eine bidirektionale Datenübertragung unterstützt. Das typische verwechslungssichere Steckerlayout 25polig (PC-seitig) und 36polig (druckerseitig) zeigt Bild 6.5.

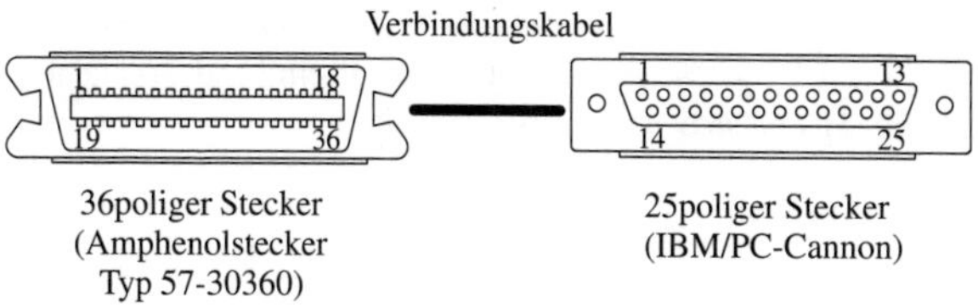


*Bild 6.5 Steckerlayout des Centronics-Interfaces*

*Tabelle 6.2 Kontaktbelegung des Centronics-Interfaces*

| 36pol. Stecker | Signalname | Eigenschaft | Signale von/zu | 25pol. Stecker |
|---|---|---|---|---|
| 1 | Strobe | Daten gültig | PC → Drucker | 1 |
| 2 | D1 | Datenbit 0 | PC → Drucker | 2 |
| 3 | D2 | Datenbit 1 | PC → Drucker | 3 |
| 4 | D3 | Datenbit 2 | PC → Drucker | 4 |
| 5 | D4 | Datenbit 3 | PC → Drucker | 5 |
| 6 | D5 | Datenbit 4 | PC → Drucker | 6 |
| 7 | D6 | Datenbit 5 | PC → Drucker | 7 |
| 8 | D7 | Datenbit 6 | PC → Drucker | 8 |
| 9 | D8 | Datenbit 7 | PC → Drucker | 9 |
| 10 | Acknowledge | Daten übernommen | Drucker → PC | 10 |
| 11 | Busy | keine Empfangsbereitschaft | Drucker → PC | 11 |
| 12 | Paper error | kein Papier | Drucker → PC | 12 |
| 13 | Select | online | Drucker → PC | 13 |
| 14 | Auto feed | „line feed" einfügen | PC → Drucker | 14 |
| 15, 16 | GND/nc | Masse/nicht angeschlossen | | |
| 17 | GND | Masse (Chassis) | | |
| 18 | 5P external | externe 5-V-Speisung | Drucker → PC | |
| 19-30 | GND | Masse | | 19-25 |
| 31 | Init/Reset | Drucker initialisieren | PC → Drucker | 16 |
| 32 | Error | Druckerfehler | Drucker → PC | 15 |
| 33 | extern GND/nc | Masse/nicht angeschlossen | | 18 |
| 34 | nc | | | |
| 35 | 5P/nc | 5-V-Versorgung/nicht angeschlossen | | |
| 36 | Select in | online | PC → Drucker | 17 |

Die technische Realisierung dieses Interfaces stützt sich auf die im vorhergehenden Abschnitt vorgestellte Schaltkreistechnik programmierbarer Parallel-Interface-Schaltkreise. Meist werden 8255-Typen oder dazu kompatible verwendet. Bei den PCs ist für die Vergabe von Druckerschnittstellen die Bezeichnung LPT1 … 4 (LPT – *Line Printer*) üblich. Eine einfache Druckdatenausgabe läuft durch „Handshake“ gemäß Bild 6.6 ab.

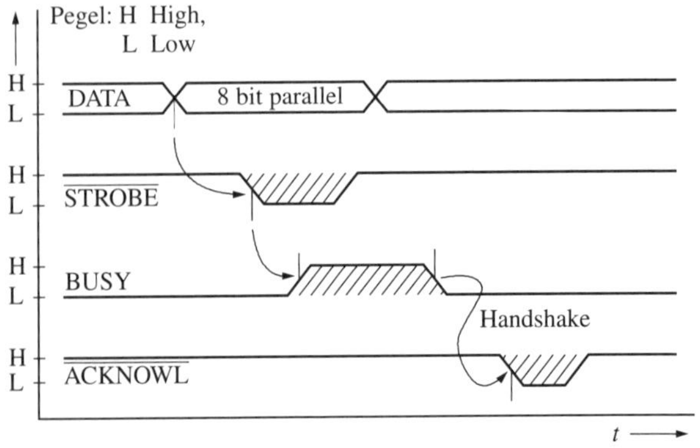


*Bild 6.6 Ablauf einer Datenübertragung zum Drucker (Handshake)*

### 6.1.1.4 Erweitertes programmierbares Parallel-Interface

Die hohe Akzeptanz des Centronics-Interfaces in der PC-Technik führte zur Weiterentwicklung dieses Interfaces und zur Normierung eines erweiterten Funktionsumfangs im Jahre 1994. Mit dem Standard IEEE-1284 (IEEE: *Institute of Electrical and Electronics Engineers*) wurde die Erweiterung auf schnelleren bidirektionalen Datenverkehr mit dem Ziel, eine großen Gerätevielfalt (Drucker, Plotter, Netzwerke, Meßsysteme usw.) bedienen zu können, vorgenommen. Auch in dem erweiterten Interface werden alle Signale massebezogen übertragen. Eine Versorgungsspeisung (z. B. +5 V) wird nicht vom Interface nach außen geführt. In diesem Standard wurden verschiedene Betriebsarten festgelegt.

- **Betriebsart Nibble**:
  Erweiterung der ursprünglichen Centronics-Schnittstelle für den Datenverkehr vom Gerät zum PC durch Benutzung ursprünglicher Steuersignalleitungen; nur 4 bit (D0/4 – Error; D1/5 – Select; D2/6 – Paper error; D3/7 – Busy) gleichzeitig ⇒ ein Nibble
- **Betriebsart Byte**:
  Erweiterung der ursprünglichen Centronics-Schnittstelle durch Nutzung der Datenausgabebits auch für die Dateneingabe; Richtungssteuerung vor der Übertragung durch Programmierung der „Data-Direction“ (High = Read, Low = Write) im Steuerregister (Basisadresse +2); Steuerung der Ausgabe

(PC–Gerät) erfolgt mit HostCLK (vorher Strobe), PtrBusy (vorher Busy), PtrCLK (vorher Acknowledge); Steuerung der Eingabe (Gerät–PC) erfolgt mit HostBusy (vorher Auto-Feed), PtrCLK (vorher Acknowledge)

- **Betriebsart EPP**:
  EPP – Enhanced-Parallel-Port; von Fa. Intel, Xircom, Zenith; weit verbreitete Betriebsart; bidirektionale Übertragung von Daten und Adressen; Unterscheidung Daten/Adressen durch DataStrb (vorher Auto-Feed) /AdressStrb (vorher Select-in); Erweiterung der Datenübertragung mit zusätzlichen Steuersignalen UserDefin1 (vorher Paper-Error), UserDefin2 (vorher Error), UserDefin3 (vorher Select); einfache Programmierung durch BIOS-EPP-Unterstützung (moderne PC-Boards)
- **Betriebsart ECP**:
  EPC – Enhanced-Capability-Port; von Fa. Microsoft und Hewlett Packard; weitgehende Ähnlichkeit mit EPP; besondere Leistung durch Unterstützung einfacher Datenkomprimierung (RLE – *Run Length Encodes*; gleiche aufeinanderfolgende Zeichen werden nur einmal und danach nur als Summe übertragen); Software-Unterstützung notwendig; FIFO (*First-in First-out Memory*) mit DMA (*Direct Memory Access*) und Interruptfähigkeit in Interface integriert

6

Für die Realisierung der vollen Leistungsfähigkeit des IEEE-1284-Standards wurden neue integrierte Schaltkreise notwendig.

Beispielsweise (NS – *National Semiconductor*, TI – *Texas Instruments*):

- P87C332 I/O-Controller für EPP-Mode (NS)
- P87332/334/336/338 Controller Bidirektional-, EPP-, ECP-Mode (NS)
- TL16PIR552 Parallel-Port nach IEEE-1284 (TI)
- AP138B I/O-Controller für EPP-Mode (ASP)

### 6.1.2 Serielle Interfaces

Sollen Mikrorechner oder Geräte über eine größere Entfernung miteinander gekoppelt werden, so ist dies nur sinnvoll und effektiv mit einer bitseriellen Datenübertragung möglich. Meist werden dazu nur 2 … 8 Leitungen benötigt. Solche seriellen Interfaces enthalten Schaltungen, die aus der bitparallelen Datendarstellung des Mikrorechners einen bitseriellen Datenstrom erzeugen (z. B. mit Schieberegistern). Man unterscheidet zwei grundsätzliche Formen der seriellen Datenübertragung.

**Synchrone Datenübertragung**

Daten werden in großen Blöcken (Länge variabel) übertragen; parallel dazu erfolgt die Taktübertragung. Das Synchronisationszeichen (Sync) kennzeichnet Beginn des Telegramms. Nach jedem Datenblock steht ein Zeichen für

Blockende durch ETB (*End of Transmission Block*). Am Telegrammende erfolgt die Kennzeichnung durch EOT (*End of Transmission*).

❑ *Telegrammbeispiel mit drei Datenblöcken:*

| | | | | | | | | |
|---|---|---|---|---|---|---|---|---|
| Sync | Data Block 1 | ETB | Sync | Data Block 2 | ETB | Sync | Data Block 3 | EOT |

**Asynchrone Datenübertragung**

Daten werden als Einzelzeichen in einen Rahmen mit Start- und Stopbit verpackt. Es wird keine separate Taktleitung verwendet. Zur Datensicherung wird ein Paritätsbit mit verpackt. Die Anzahl der Start-, Stop- und Paritätsbits kann vereinbart werden. Standards verwenden feste asynchrone Zeichenrahmen. Komplette Telegramme bestehen aus einer Folge asynchroner Zeichenrahmen (→ Bild 6.8). Der Inhalt bzw. die Pausenlänge zwischen den Zeichen kennzeichnen Telegrammbeginn bzw. -ende.

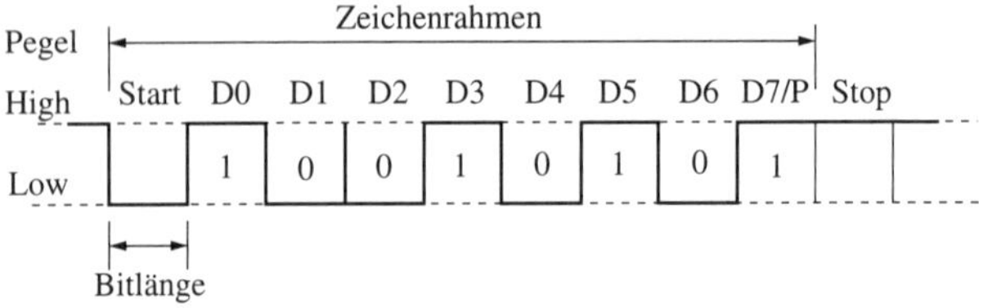


*Bild 6.7 Asynchroner Zeichenrahmen (Beispiel)*

Bild 6.7 stellt die Impulsfolge des Datenzeichens A9 hex ohne Parität dar. Für D7 kann statt des Datenbits auch ein Paritätsbit (gerade oder ungerade) eingefügt werden. Das Startbit ist immer auf Low-Pegel. Stopbits (1 bis 2) sind immer auf High-Pegel. In der zeitlichen Reihenfolge wird immer zuerst das niederwertigste Bit D0 übertragen.

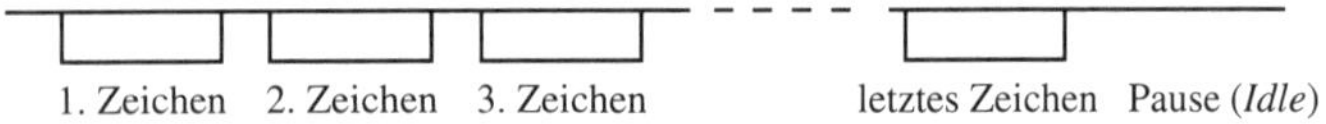


*Bild 6.8 Asynchrones Datentelegramm*

## 6.1.3 Standardisierte serielle Interfaces

International wurden verschiedene serielle Schnittstellen als Standard-Interfaces normiert. Sie unterscheiden sich besonders durch ihre Datenübertragungsrate und die maximale Ausdehnung der Leitungslänge. Bild 6.9 zeigt ein Diagramm mit der Gegenüberstellung der Schnittstellenparameter einiger wichtiger Standards (RS232C, RS422A, RS423A, RS485A; /6.33/). Zum Vergleich ist auch der aus der Fernschreibtechnik bekannte TTY-Standard

(TTY – *TeleTYpes*; DIN 66258; 20-mA-Stromschleife, 0 mA = „0“, 20 mA = „1“, Datenrate max. 9,6 kbit/s, Leitungslänge max. 1 000 m) eingetragen. Verbindungen dieser Art sind besonders bei stark gestörten Übertragungen und Erdpotentialproblemen vorteilhaft.

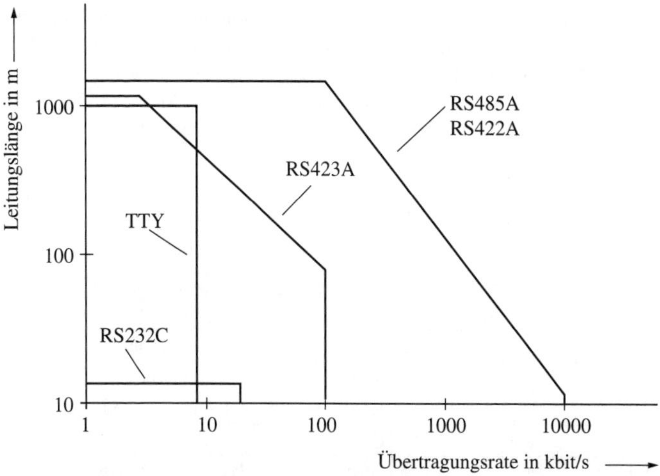


*Bild 6.9 Beziehung Übertragungsrate und Leitungslänge einiger standardisierter serieller Interfaces*



### 6.1.3.1 Standard RS232C

Der Standard RS232C ist am weitesten verbreitet. Er wurde seit 1962 für Modems entwickelt. Auch die Bezeichnung als V.24 ist standardisiert. Seit 1969 existiert die Norm EIA-RS232C (EIA – *Electronic Industries Association*). Diese entspricht der DIN-Norm-66 020/66 021. Die RS232C entwickelte sich zur Standard-Schnittstelle zwischen PC und Geräten wie Maus, Modem, Plotter, Drucker, Meßgeräten. Die Belegung der Steckverbinder zeigt Tabelle 6.3 (25polig und 9polig Sub-D-Stecker/Buchse, nach ISO2110). PCseitig ist immer ein Stecker vorgesehen.

► *Eigenschaften*:
- unsymmetrische Spannungsübertragung;
  logisch „1“ = Low-Pegel (Mark) $\leqq -3$ V;
  logisch „0“ = High-Pegel (Space) $\geqq +3$ V;
  max. $\pm 25$ V,
- Kabellänge max. 15 . . . 20 m,
- Datenrate bis 20 kbit/s (außerhalb der Norm auch bis 115 kbit/s möglich),
- synchrone und asynchrone Übertragung möglich,
- genormte Steckverbinderbelegung.

Verschiedene Betriebsarten bzw. Verbindungsformen (→ Tabelle 6.4) sind üblich, bei denen aber meist nicht alle Signalleitungen benutzt werden. Mit dem BIOS (*Basic Input Output System*) der PCs werden diese seriellen Schnittstellen als COM-Interfaces bzw. COM-Ports (COM 1 … 4 üblich) definiert.

Für die Protokollabwicklung sowie die Organisation des Datenverkehrs werden komplexe programmierbare Interface-Schaltkreise (z. B. I 8250/8251, Z80-SIO, MC 6850, TL 16C550A) verwendet. Für das Treiben der Signalpegel auf der Leitung sind Bustreiberschaltkreise (z. B. MC1488, MC1489, SN75C185, LT1080/1081, MAX232; /6.33/, /6.27/) erforderlich.

Ein Schaltungsbeispiel mit typischer UART-Schaltung (UART – *Universal Asynchron Receiver Transmitter*) wird im Bild 6.10 vorgestellt.

*Tabelle 6.3 Steckverbinderbelegung 25- und 9poliger Sub-D-Steckverbinder*

| 25poliger Steckverbinder | 9poliger Steckverbinder | Signalkürze l | Signalfunktion |
|---|---|---|---|
| 2 | 3 | TXD | Transmit Data |
| 3 | 2 | RXD | Receive Data |
| 4 | 7 | RTS | Request to Send |
| 5 | 8 | CTS | Clear to Send |
| 6 | 6 | DSR | Data Send Ready |
| 7 | 5 | GND | Ground/Bezugspegel |
| 8 | 1 | DCD | Data Carrier Detect |
| 20 | 4 | DTR | Data Terminal Ready |
| 22 | 9 | RI | Ring Indicator |

#### 6.1.3.2 Standard RS422A/RS423A

RS422A wurde 1975 als symmetrische Schnittstelle (V.11 nach CCITT) definiert. Im Gegensatz zu der RS232A wirken sich Erdpotentialdifferenzen nicht mehr störend aus. Deshalb sind Datenraten bis 10 Mbit/s bei Leitungslängen bis 13 m und 100 kbit/s bei max. 1 300 m Leitungslänge möglich (→ Bild 6.9). Die Treiberfähigkeit spezieller integrierter Bausteine erlaubt den Anschluß von bis zu 10 Empfängern an einen Sender. RS423A wurde als vereinfachte unsymmetrische Schnittstelle (V.10 nach CCITT) im Pegelbereich der RS422A definiert (logisch „1“ = Aus → $U_d < -0{,}3$ V; logisch „0“ = Ein → $U_d > +0{,}3$ V). Die maximale Übertragungsgeschwindigkeit ist auf 100 kbit/s begrenzt; Leitungslängen > 100 m sind möglich (→ Bild 6.9). Bild 6.11 zeigt das Leitungstreiberprinzip.

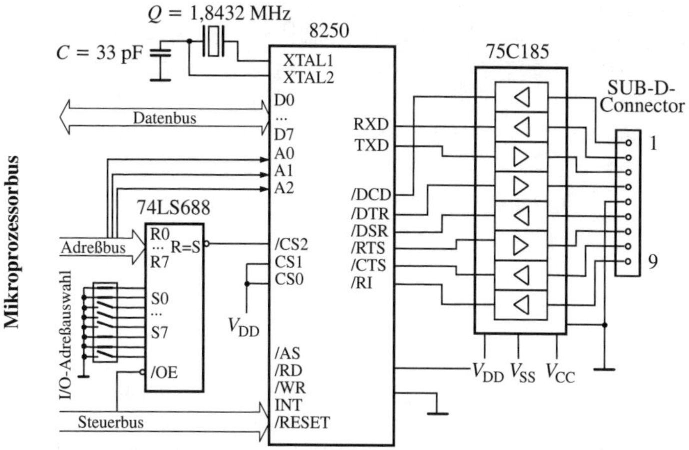


*Bild 6.10 Schaltungsbeispiel einer seriellen Schnittstelle nach Standard RS232C mit Schaltkreis 8250*



*Tabelle 6.4 Einige Verbindungsarten von Standardschnittstellen nach RS232C*

| | |
|---|---|
| einfache direkte Verbindung (Nullmodem) | **PC – Gerät**<br>2 —— 2<br>3 —— 3<br>7 —— 7 |
| einfache gekreuzte Verbindung (Nullmodem) | **PC – PC**<br>2 —— 3<br>3 —— 2<br>7 —— 7 |
| Handshake (größere Ü-Rate) | **PC – Gerät**<br>2 —— 2<br>3 —— 3<br>4 —— 4<br>5 —— 5<br>7 —— 7 |
| Handshake, gekreuzt | **PC – PC**<br>2 —— 3<br>3 —— 2<br>4 —— 5<br>5 —— 4<br>7 —— 7 |
| Handshake wird einseitig kurz geschlossen | **PC – Gerät** oder<br>2 —— 3 2 —— 3<br>3 —— 2 3 —— 2<br>4+5 —— leer 4+5 —— 20<br>6+20 —— leer<br>7 —— 7 7 —— 7 |

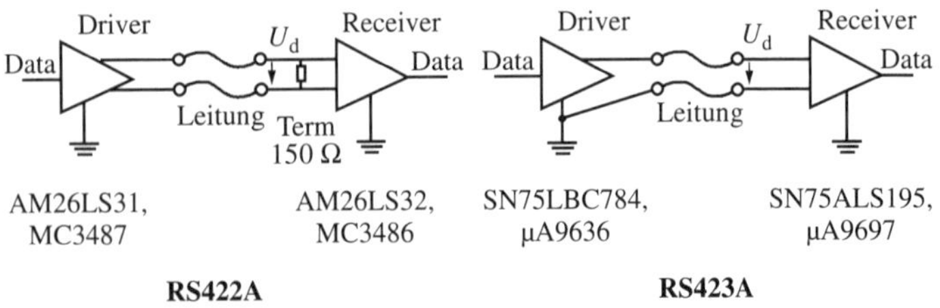


*Bild 6.11 Leitungstreiber nach RS422A und RS423A*

### 6.1.3.3 Standard RS485A

Serielle Interfaces mit dem Standard RS485A gibt es seit 1983. Er ist eine Weiterentwicklung der RS422A und wurde speziell für den Betrieb mehrerer Sender und Empfänger an einem gemeinsamen Leitungspaar konzipiert. Damit wurde eine Basis für die physikalischen Schnittstellen serieller Bussysteme (→ 6.2) geschaffen. Mit integrierten RS485A-Interface-Schaltkreisen können bis zu 32 Teilnehmer (z. B. SN75174/176, SN75ALS176, MAX488/489/490/491, SN75LBC176/179/180), 128 Teilnehmer (z. B. MAX487/1487) bzw. 256 Teilnehmer (z. B. MAX1482/1483/3080/3088) verbunden werden. Konflikte sendender Teilnehmer werden durch Kurzschlußfestigkeit und Tristate-Steuerung der Sendestufen vermieden. Ein Schaltungsbeispiel mit SN75ALS176 ist im Bild 6.12 dargestellt.

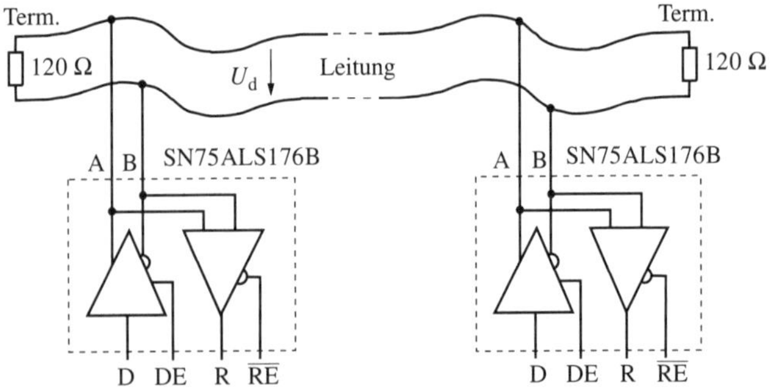


*Bild 6.12 Halbduplexbetrieb mit RS485A-Schaltkreis SN75ALS176B (D – Drive, DE – Drive Enable, R – Receive, /RE – Receive Enable)*

- ► *Daten*:
  - bis 10 Mbit/s
  - bis 1 200 m Leitungslänge
  - Differenzspannung $U_d > 200$ mV
  - $-7 \ldots +12$ V Gleichtaktspannung auf der Übertragungsleitung zulässig
  - 120 Ω Leitungsimpedanz (verdrillte Zweidrahtleitung)

- 60 Ω Lastwiderstand
- Eingangswiderstand der Empf. > 12 kΩ
- Ausgangskurzschlußstrom: max. 150 mA gegen Masse, max. 250 mA gegen −7 ... + 12 V

**Halbduplexbetrieb**. Übertragung von Informationen über eine serielle Leitung in beide Richtungen (bidirektional) zeitlich nacheinander; mit RS485A möglich.

**Vollduplexbetrieb**. Gleichzeitige Datenübertragung in beide Richtungen.

RS485A ist die derzeitig am meisten benutzte serielle Schnittstelle für die Übertragung von Prozeßinformationen.

### 6.1.4 Counter-/Timer-Schnittstellen



Ein-/Ausgabe-Funktionen von Mikroprozessorbausteinen, die vorrangig mit internen Zählern bzw. Zeitgebern verbunden sind, bezeichnet man als **Counter-/Timer-Schnittstellen**.

Diese Zähler und Zeitgeber können nach ihrer Initialisierung prozessorunabhängig arbeiten und auf externe Ereignisse einmalig oder zyklisch reagieren (z. B. Interrupts auslösen oder Impulse ausgeben). Die Taktung ihrer Flipflops kann vom internen direkten oder geteilten Takt bzw. extern erfolgen.

Counter-/Timer-Schnittstellen bestehen aus separaten integrierten Schaltkreisen (z. B. 8253, 8254, 82C54, Z80-CTC) in Mikrorechnersystemen oder aus Funktionsblöcken in Mikrocontrollern. Die jeweiligen Funktionsblöcke oder Schaltkreise sind mehrkanalig (2 bis 4) ausgeführt. Meist kann jeder Kanal eigenständig als Zähler oder Zeitgeber programmiert werden. Typisch ist dabei der Betrieb aller Zählfunktionen als Down-Counter (Abwärtszähler), bei dem der Nulldurchgang ausgewertet wird.

Funktionell wird bei den einzelnen Funktionsblöcken unterschieden nach:
- Zähler- oder Zeitgeberfunktion,
- synchronem oder asynchronem Betrieb (interner Takt mit externer Triggerung),
- Interrupt-Fähigkeit.

Weitverbreitet und sehr einfach in seinem Aufbau ist beispielsweise der programmierbare Timer-Schaltkreis 8253 (ursprünglich von der Fa. INTEL) mit drei 16-bit-Kanälen (Counter 0 ... 2). Seine Daten-, Adreß- und Steuersignalanschlüsse sind für Intel-Prozessoren entworfen und mit fast jedem Mikroprozessorsystem kompatibel (→ Bild 6.13). Mit einem Steuerwort (*Control Word*) wird u. a. die Betriebsart (Mode 0 ... 5) jedem Kanal zugeordnet. Die Steuerung der Zähler erfolgt zum einen softwaremäßig vom Prozessor aus und zum anderen durch die externen Signale GATE0 ... 2 und CLK0 ... 2. Die Taktsignale CLKn können auch aus dem internen Takt generiert werden.

► *Typische Aufgaben*: Baudratengeneratoren, Teiler, Ereigniszähler, Einzelimpulsgenerierung, pulsbreitenmodulierte Signale, Uhrenfunktionen, Rechteckgeneratoren.

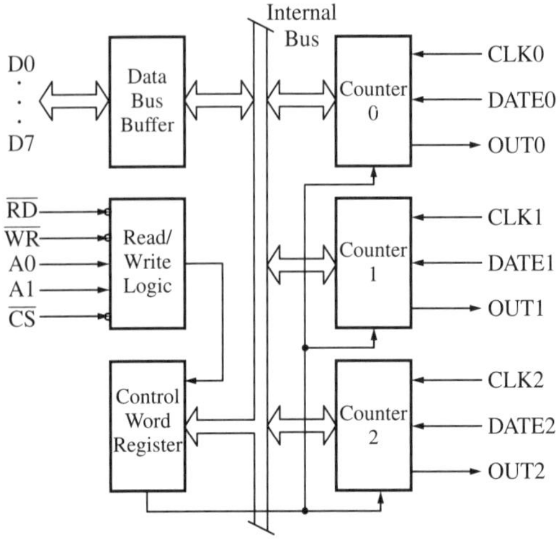


*Bild 6.13*
*Blockstruktur 8253*

**Betriebsarten**

- **Mode 0**: Interrupt on Terminal Count (Interrupt bei Nulldurchgang; Zähler anhalten mit GATE$n$ = Low)
- **Mode 1**: Programmable One-Shot (GATE$n$ = 0 → 1 triggert einmaligen negativen Impuls an OUT$n$; Impulslänge programmierbar; Triggerung kann wiederholt werden; Funktion wie Monoflop)
- **Mode 2**: Rate Generator (Baudratengenerator für Zeitbasis einer seriellen Schnittstelle; Teiler durch $n$; Erzeugung der Bitlänge)
- **Mode 3**: Square Wave Rate Generator (Erzeugung programmierbarer Rechtecksignale an OUT$n$; Erzeugung symmetrischer Ausgangssignale)
- **Mode 4**: Software Triggered Strobe (OUT$n$ = Low bei 0-Durchgang; Zähler wird softwaremäßig gestartet; softwaremäßige Erzeugung eines Einzelimpulses einer Taktlänge; mit GATE$n$ = Low kann Zählerincrement angehalten werden)
- **Mode 5**: Hardware Triggered Strobe (OUT$n$ = Low bei 0-Durchgang; Zähler wird hardwaremäßig mit GATE$n$ = 0 → 1 gestartet; Retriggerbarkeit; mit GATE$n$ = Low kann Zählerincrement angehalten werden).

❑ *Schaltungsbeispiel im Bild 6.14*: Schaltkreis 82C54 mit Counter 0 als Teiler 400 : 1; Taktung erfolgt durch Systemtakt des Mikroprozessors; 100 Hz Takt wird ausgegeben und steuert Counter 1; dieser erzeugt Zeitbasisinterrupt von 1 Hz, Counter 2 summiert externe Ereignisse (z. B. Lichtschrankenimpulse einer Zähleinrichtung).

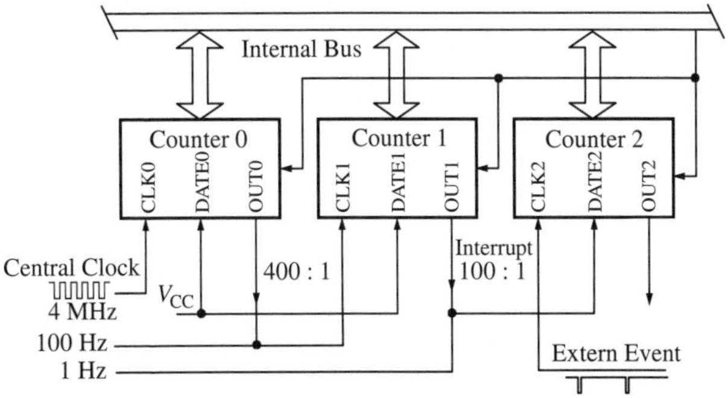


*Bild 6.14 Schaltungsbeispiel von Timer-Funktionen mit 82C54*

## 6.2 Periphere Bussysteme

Forderungen nach effizienten schnellen Zugriffen der Mikrorechner auf periphere Geräte führten zu neuen Schnittstellen mit Buscharakter. Aus der bisherigen logischen *Punkt-zu-Punkt-Verbindung* wird eine *Busverbindung*. Bussysteme sind durch die Betriebsweise mehrerer Teilnehmer (Geräte, Baugruppen, Leiterkarten oder andere Schaltungen) an einem gemeinsamen Bus gekennzeichnet. Werden die Daten bitweise im *Zeitmultiplexbetrieb* übertragen, so liegt ein serielles Bussystem vor. Wird byteweise übertragen, liegt ein paralleles Bussystem vor. Die Anzahl der Busleitungen ist bei seriellen Systemen wesentlich geringer (mindestens zwei Leitungen) als bei parallelen Systemen (bis über 100 Leitungen) und deshalb effizienter für längere Signalwege.

Topologisch wird unterschieden zwischen zwei grundsätzlichen Betriebsweisen (→ Bild 6.15).

**Daisy-chain**. Teilnehmer (Mikroprozessoren, Geräte, Baugruppen) sind in einer verketteten Form hintereinander geschaltet; einen oder mehrere Master; Informationen werden „durchgereicht"; jeder Teilnehmer kann an jeden anderen auf diesem Wege Nachrichten übermitteln;

**Party-line**. Teilnehmer eines Bussystems können unabhängig voneinander auf Informationen zugreifen und Informationen absetzen. Zugriffskonflikte wer-

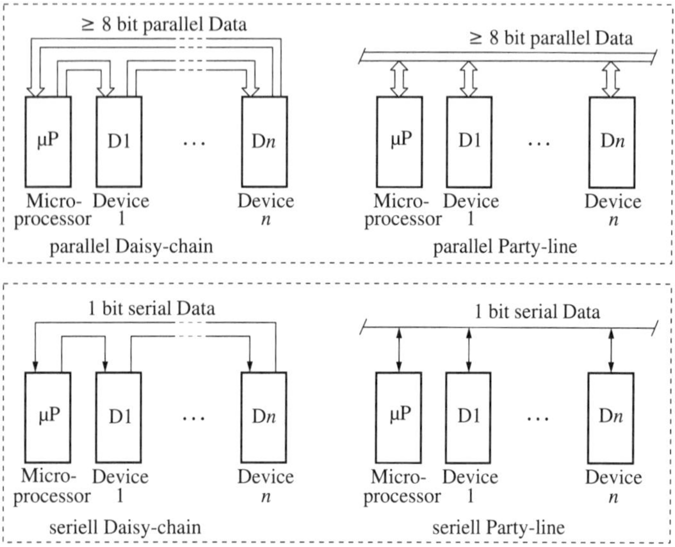


*Bild 6.15 Prinzip Bussysteme (/6.33/)*

den durch Busprotokolle und Systemorganisation behandelt; sowohl Master-Slave- als auch Multi-Master-Strukturen möglich. Hardware-Konflikte werden durch Treiberschaltkreise mit Threestate-Funktionen gelöst.

### 6.2.1 Geräte-Bussysteme

Der Anschluß mehrerer unterschiedlicher Geräte (Drucker, Scanner, Plotter, Meßgeräte, Festplatten, Streamer) an ein Mikrorechnersystem über eine einzige Busschnittstelle erfordert eine leistungsfähige Busorganisation. Die Anzahl solcher Bussysteme wird ständig erweitert, und bestehende Systeme werden verbessert. Tabelle 6.5 zeigt in einer Übersicht typische Daten einiger Systeme.

#### 6.2.1.1 IEC-Bus

Der IEC-Bus ist ein weltweiter Standard zur Kopplung von Meßgeräten/Meßeinrichtungen. Auch ist die Bezeichnung als GPIB (*General Purpose Interface Bus*) bekannt. 8-bit-Daten werden seriell übertragen (bitparallel, byteseriell. Das System arbeitet mit TTL-kompatiblen Steuersignale (aber logisch negativ). Adreßorientierte Verbindungen werden vom Controller verwaltet. Der Nachrichtenaustausch wird durch Handshake-Verfahren abgewickelt. Es existieren zwei Nachrichtentypen:

*Tabelle 6.5 Übersicht einer Auswahl von Gerätebussystemen (/6.9/, /6.33/, /6.31/, /6.26/, /6.13/, /6.15/, /6.40/)*

| | IEC | SCSI | USB | $I^2C$ | VME/VME64 | Multibus II | 1394 |
|---|---|---|---|---|---|---|---|
| Standard | IEEE488, IEC625 | DIN ISO 9316, ANSI X3.131 | Firmenstandard | Philips-Standard | IEEE1014, DIN41494 | IEEE1296 | IEEEE1394 (1394.2) |
| Hauptinitiator | Hewlett-Packard | Seagate (ehem. Shugart) | National Semiconductor | Philips | Motorola, Mostek, Philips | Intel | Apple [4], Texas Instruments |
| Startjahr | 1975 | 1986 | 1995 | etwa 1988 | 1981/1991 | 1983 | (1986 [4]) 1995 |
| Bitübertragung | parallel | parallel | seriell | seriell | parallel | parallel/seriell | seriell |
| Datenbitbreite | 8 bit | 8/16/32 bit | 1 bit | 1 bit | 16/32/64 bit | 8/16/32 bzw. 1 bit | 1 bit |
| Buslänge | max. 20 m | max. 6/3/1,5 m [1] | max. 5 m | | max. 0,5 m | bis 0,5 m/10 m [3] | max. 4,5 m |
| Bustakt | 1 ... 8 MHz | 10 MHz (FAST-20-Mod.) | — | bis 100 kHz | | 10 MHz | — |
| Übertragungs-rate | bis 1 MByte/s bei 0,5 m; 20 kByte/s bei max. Last | 5/10/20 MByte/s [1] bis 20/40/80 MByte/s | 1,5 Mbit/s, 12 Mbit/s [2] | bis 100 kbit/s | bis 80 MByte/s | bis 48 Mbit/s | 100/200/400/ 800 Mbit/s (Plan 3,2 Gbit/s) |
| max. Anzahl der Teilnehmer | 1 Steuergerät +14 weitere Geräte | 8 Geräte | 127 | nicht festgelegt | Anzahl lastabhängig | 32 | bis 64449 Teiln. (1 023 Busse) |
| Busleitungen | 8 Daten, 8 Contr., 5 Power/GND | 8/16/32 Daten, *n* Control/GND | 2 Daten, 2 Power/GND | 1 Daten, 1 Takt, 1 GND | | | 2 Daten, 2 Power/GND |
| Steckverbinder | 24polig (25pol.) | 50/68/110polig | 4polig | | 96polig | 96polig | 4- oder 6polig |
| Controller-/ Treiber-Schaltkreise (IC) | 8291A, 8292, 8293, M68488, MC3488, µPD7210, TMS9914 | NCR53C80, AM53CF94, AM85C80, NCRC300, NCR53C720 | USB97C100, TUSB1000, TUSB2070, TUSB2140, TH6503, 82930A | PCD8584, P82C552 | | BAC84110, MIC84120, 82389, VL82C389 | PDI1394L11, MB8661x, TSB12C01APZ, TSB11C01APZ, TSB21LV03A |
| Bemerkungen | Bezeichnung auch: GPIB – General Purpose Interface Bus | Standard-SCSI, Fast-SCSI, Ultra-SCSI | Spezialkabel [1] | $I^2C$ – Inter Integrated Circuit; Multimaster | VME – Versa Modul Eurocard | parall. (iPSB, iLBX) und serielle (iSBX) Untersyst. [1] | Fire Wire [1]; kein Host erforderlich |

[1] Standard SCSI, [2] Spezialkabel, [3] Untersysteme, [4] bei Apple Bezeichnung als „Fire Wire“

6

- Interface-Nachrichten (Controller steuert Bus und sendet Informationen),
- geräteabhängige Nachrichten ( Informationsaustausch zwischen Teilnehmern).

► *Teilnehmertypen*: Listener (Hörer), Talker (Sprecher), Controller (Steuergerät); Listener/Talker-Funktionen einzelner Teilnehmer kombinierbar und softwaremäßig konfigurierbar (→ Konfigurationsbeispiel Bild 6.16)

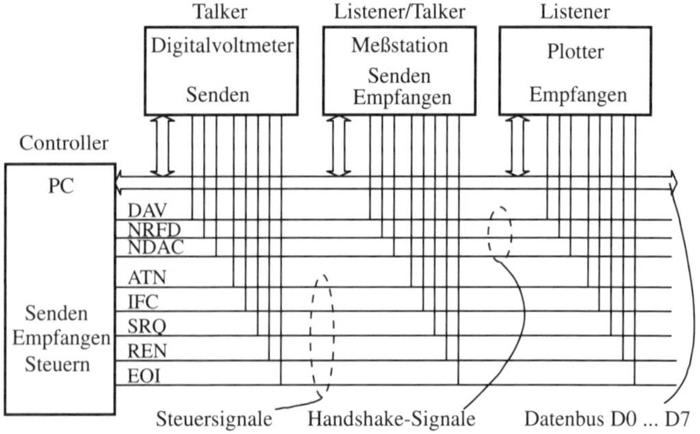


*Bild 6.16 Prinzip eines IEC-Bussystems*
*DAV – Data Valid, NRFD – Not Ready for Data, NDAC – Not Data Accepted, ATN – Attention, IFC – Interface Clear, SRQ – Service Request, REN – Remote Enable, EOJ – End of Identify*

### 6.2.1.2 SCSI-Bus

Der SCSI-Bus (*Small Computer System Interface*) wurde für besonders schnellen Datentransfer (hohe Datenraten) zwischen Prozessor und Computerkomponenten (z. B. Harddisk) entwickelt. Wegen hoher Datenraten ist ein *Leitungsabschluß* unbedingt notwendig (passive Terminierung mit Widerständen, aktive Terminierung mit IC, z. B. DS21S70A; (/6.9/, /6.34/).

Implementierungsstufen:

- **Standard-SCSI** (asynchrone Datenübertragung nach dem Handshake-Verfahren),
- **Fast-SCSI** (synchrone Datenübertragung ohne Handshake),
- **Ultra-SCSI** (Fast-20-SCSI, synchron, kein Handshake, höherer Takt).

Pro Stufe sind Erweiterungen der Datenbitbreite auf 16 oder 32 bit möglich (Wide-SCSI). Jedes Gerät erhält eine SCSI-Bus-Adresse (Jumper, DIP-Switch, Software) und kann bis zu 8 LUNs (*Logical Units*, Unteradressen) benutzen. Der Datenaustausch ist immer nur gleichzeitig zwischen zwei Geräten möglich (ein Initiator und ein Target). Eine Beispielkonfiguration mit jeweils zwei PC-internen und -externen SCSI-Geräten ist im Bild 6.17 dargestellt.

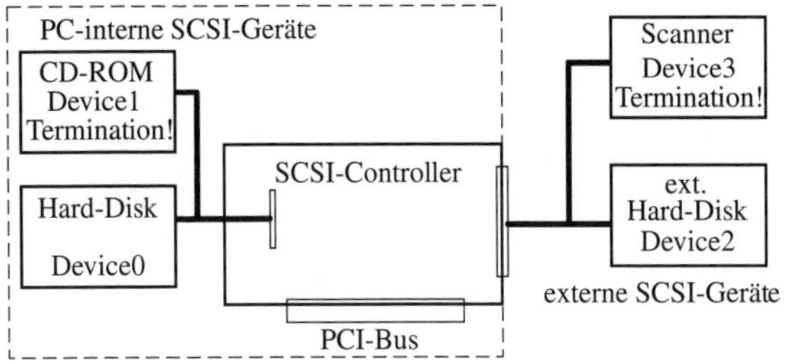


*Bild 6.17 SCSI-Beispiel*



**SCSI-Busphasen**

- **Bus-Free**: keine Kommunikation
- **Arbitration**: mehrere Geräte ermitteln den steuerungsberechtigten Teilnehmer (kann dann als Target oder Initiator beginnen)
- **Selection**: Initiator kann ein Read- oder Write-Kommando auslösen
- **Reselection**: wird vom Target an den Initiator gegeben (für vorzeitigen Abbruch bzw. Neuaufnahme der Datenübertragung); kann nur von arbitrationsfähigen Geräten ausgeführt werden
- **Command**: Target erhält vom Initiator den Aufruf zum Read oder Write von Daten
- **Data**: Phase folgt nach Command zur Ausführung des gegebenen Aufrufs
- **Status**: Statusinformationen werden vom Target an den Initiator gegeben
- **Message**: gegenseitiger Austausch von Statusinformationen zwischen Target und Initiator zur Kommunikationsvereinbarung (Abort – Operation abgebrochen; Command Complete – Kommando ausgeführt; Message Reject – empfangener Befehl kann nicht ausgeführt werden)

### 6.2.1.3 USB (Universal Serial Bus)

Mit dem USB (*Universal Serial Bus*) wurde ein Bussystem für den Anschluß von externen Systemkomponenten des PCs mit hohen Übertragungsraten geschaffen. Über ein einziges Interface kommuniziert der Host (Interface auf PC-Board) mit verschiedenen Geräten (Tastatur, Maus, Drucker usw.). Der USB ergänzt bzw. ersetzt zukünftig einfache parallele und serielle PC-Interfaces (COM, LPT). Einzelne Teilnehmer des USB werden als Devices (Geräte, Geräteteile, Gerätefunktionen) bezeichnet /6.42/. Jeder HUB (Sternverteiler, Distributor) kann mehrerer Funktionen oder Nodes (Devices) verwalten bzw. mit weiteren HUB verbunden werden. Physisch können in einem USB-System Baumstrukturen entstehen. Logisch bestehen Direktbeziehungen zwischen Host und Devices (→ Bild 6.18).

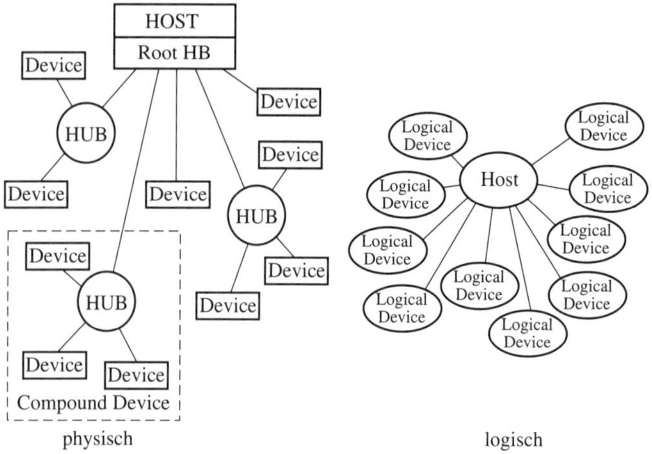


*Bild 6.18 Topologie des USB (physisch und logisch)*

Bild 6.19 zeigt ein Gerätebeispiel in seiner Struktur. Ein PC dient als Host (Protokollverwalter, Initiator). Printer und ein weiterer Verteiler (Hub) sind direkt angeschlossen. Monitor und Keyboard enthalten weitere Verteiler für Mikrofon, Lautsprecher, Maus und Telefon. Logisch sind alle Geräte in einer Sternstruktur mit dem PC verbunden.

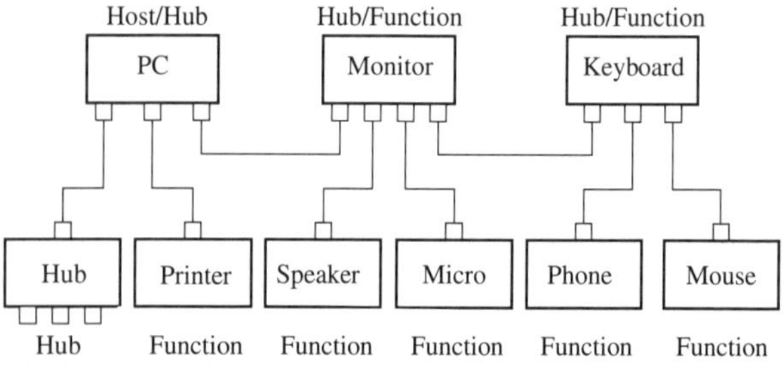


*Bild 6.19 Beispiel eines USB-Systems*

Hohe Datenraten von bis zu 12 Mbit/s und eine effektive Protokollorganisation gewährleisten einen schnellen Datentransfer auf dem USB. Mit einem einzigen verdrillten Leitungspaar werden die Daten (Differenzspannung $> \pm 200$ mV) in synchroner oder asynchroner Betriebsart übertragen. Die Taktrückgewinnung erfolgt aus den Datensignalen (einfügen von Stuffbits bei längeren Gleichpegeln).

**Übertragungsarten**

- **Control-Transfer**
  Bursts für Busmanagement und Initialisierung, wird vom Host organisiert und verwaltet, fehlergesichert, beansprucht nur geringe Bandbreite ($< 10$ %)
- **Bulk-Transfer** (z. B. für Scanner, Drucker, Plotter)
  wird zeitweise benutzt wenn Bandbreite frei ist, meist Burst-Betrieb, garantiert fehlerfreier Verkehr
- **Isochroner Transfer** (z. B. für Video, Audio, Telefonie)
  regelmäßige (zyklische) Datenübertragung, Transfergarantie vorrangig vor Fehlersicherheit, kann bis zu 90 % Bandbreite beanspruchen
- **Interrupt-Transfer** (z. B. für Tastatur, Maus, Joystick)
  Interrupt-Polling durch den Host an Interrupt-fähige Geräte, Burst-Betrieb mit nur geringer Beanspruchung von Bandbreite, mit hoher Fehlersicherheit

6

*Tabelle 6.6 Leistungsstufen des USB*

| Leistung | Übertragungsrate | Teilnehmer, Geräte |
|---|---|---|
| Low Speed (Low Cost) | 10 ... 100 kbit/s | Maus, Keyboard, Game-Devices, Pen |
| Medium Speed (Multiple Peripherals) | 0,5 ... 10 Mbit/s | ISDN, Audio, Video (compressed) |
| High Speed (High Bandwidth) | 25 ... 500 Mbit/s [1)] | Video, Disk, Memory-Devices |

[1)] $>$ 12 Mbit/s in Entwicklung

## 6.2.2 Feldbusse, Sensor-/Aktorbusse

Für den Mikrorechnereinsatz in sensornahen Bereichen sind serielle Vernetzungen entstanden, die mit geringem Aufwand Sensoren, Aktoren und Geräte seriell verbinden (→ *Feldbusse*). Entsprechend ihrem Einsatzgebiet in unmittelbarer Sensornähe existieren dafür auch Bezeichnungen wie *Sensor-/Aktorbusse* oder *Sensorbusse* (serielle Bussysteme, auf Anforderungen sensornaher Funktionalität zugeschnitten).

► *Unterscheidung nach*: Buszugriff, Topologie (Leitungswege, Leitungslänge), Übertragungsgeschwindigkeit (Bitrate, Zykluszeit).

Bei den meisten Feldbussystemen sind die Protokolle nach *OSI-Schichtenmodell* für Kommunikation offengelegt (meist nur Nutzung der *Schicht 1 – Physical-Layer* – und der *Schicht 2 – Data-Link-Layer*; /6.12/, /6.31/). Die Schicht 2 dieses Modells wird bei vielen Systemen (z. B. CAN, INTERBUS-S, Profibus) komplett in Hardware integriert.

#### 6.2.2.1 Übersicht

Aufgrund der Vielfalt von Anwendungsgebieten der *Feldbustechnik* (u. a. Gebäudetechnik, Verfahrenstechnik, Maschinen- und Anlagenbau, Automobiltechnik) hat sich ein breites Spektrum von Bussystemen entwickelt. Tabelle 6.7 zeigt in einer Übersicht Daten der ausgewählten Feldbussysteme Profibus, Controller Area Network (CAN), INTERBUS-S, Local Operating Network (LON), Actuator Sensor Interface (ASI) und Bitbus. Diese kleine Auswahl repräsentiert nur einen Teil der in der Praxis eingesetzten Feldbussysteme (/6.19/, /6.6/, /6.5/, /6.30/).

Vergleicht man charakteristische Eigenschaften wie *Leitungslänge* (räumliche Ausdehnung des Netzwerks), *Übertragungsgeschwindigkeit* (Bitrate) und *Zugriffsverfahren*, so lassen sich darin schon erhebliche Unterschiede zwischen den einzelnen Systemen feststellen. Die optimale Auswahl des für die jeweilige Applikation am besten geeigneten Feldbusnetzwerks ist ein komplexer Prozeß der Gegenüberstellung von Anforderungen (*Anforderungsprofil* der Applikation) und Leistungen (*Leistungsprofil* von Feldbussen, /6.14/).

Zu den vielfach eingesetzten Feldbussystemen zählen u. a. Profibus, CAN und INTERBUS-S.

#### 6.2.2.2 Profibus

Profibus ist ein offenes Bussystem nach DIN-Norm 19 245 (Teil 1–4). Er wird in fast allen Bereichen kommerzieller Automation eingesetzt. Beachtenswert sind seine Anwendungsmöglichkeiten durch verschiedene Ausbau- und Leistungsstufen /6.2/, /6.41/.

**Topologie** (→ Bild 6.20). Sie besteht aus einer Ring- und Linienstruktur. Die Ringstruktur ist nur logisch vorhanden (kein physikalischer Ring). Im logischen Ring befinden sich nur Masterstationen, die untereinander das Senderecht in einem festen Zeitrahmen weitergeben (*Token-Passing*). Slave-Busknoten sind über Busleitungen in Linientopologie angeschlossen. Mindestens eine Masterstation ist notwendig. Die Master-Slave-Kommunikation erfolgt durch Polling. Die Kommunikation orientiert sich an den Schichten 1, 2 und 7 des OSI-Modells. Als Leitungsinterface wird meist das *Standard-Businterface* nach RS-485A eingesetzt. Der Profibus-PA arbeitet mit IEC1158-2-Interfaces. Ebenfalls werden Lichtwellenleiter als Übertragungsmedium genutzt. Die Treiberfähigkeit und Länge der Busleitung bestimmt das Interface (100 ... 1 200 m ohne Repeater). Die Übertragungsgeschwindigkeit ist in Standard-Bitraten von 9,6 bis 12 000 kbit/s gestuft (→ Tabelle 6.7).

**Profibus-FMS** (FMS – *Fieldbus Message Specification*, ISO-Norm 9506). Für komfortable Prozeßabwicklung mit hohem Verwaltungsaufwand.
**Profibus-DP** (DP – *Decentralised Periphery*). Für schnelle Prozeßanforderungen: Datenrate bis 12 Mbit/s und spezifizierter Funktionsumfang (Untermenge FMS).
**Profibus-PA** (PA – *Process Automation*). Für Prozeßautomation (z. B. Verfahrenstechnik); Erweiterung des Profibus-FMS für sensornahe Prozesse; spezielle Interfaces zur Abdeckung von Forderungen der Vernetzung technischer Prozesse bei *Eigensicherheit*, *Explosionsschutz* und *businte grierter Stromversorgung* (Basisdatenrate 31,25 kbit/s).

6

Ein ausgewähltes Telegramm des Profibus-FMS-Protokolls zeigt Bild 6.21. Die 11-bit-Zeichenlänge der Telegrammfelder ist durch die UART-Formatierung bedingt. Nach der Synchronisation und dem Startfeld folgt die Telegrammlängeninformation (wird sofort wiederholt, LE – *Length*, LEr – *Length repeat*). Danach steht dann das Adreßsfeld mit Quell- und Zieladresse. Das Control-Feld enthält u. a. den Telegrammtyp und die -priorität. Das nachfolgende Datenfeld beinhaltet auszuführende *FMS-Dienste* (Anweisungen und Daten). Nach dem *Prüfbyte* (FCS – *Frame Check Sequence*) folgt das Abschlußbyte (End-Kennzeichnung).

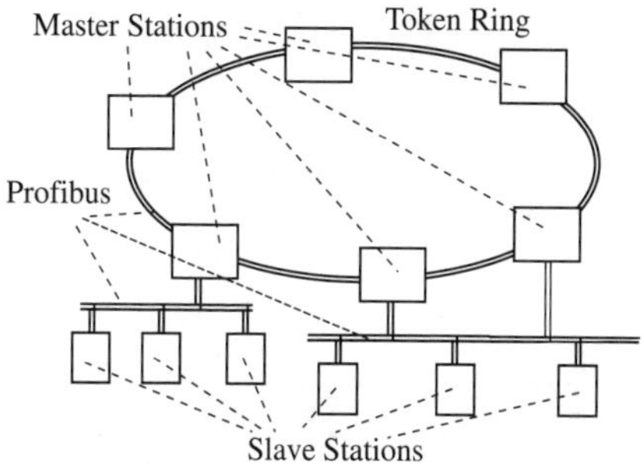


*Bild 6.20 Topologie Profibus*

### 6.2.2.3 CAN

Das CAN (*Controller Area Network*) wurde ursprünglich für die *Automobiltechnik* entworfen. Eine besondere Leistungsfähigkeit bedingt die Multi-Master-Funktionalität. Seine besonders hohe Fehlertoleranz unterscheidet das System von anderen Feldbussystemen. Ein stark zunehmender Einsatz in vielen industriellen Anwendungsgebieten (/6.20/, /6.11/) ist zu beobachten.

*Tabelle 6.7 Übersicht einer Auswahl von Feldbussystemen (/6.33/, /6.19/, /6.12/, /6.30/, /6.20/, /6.2/, /6.1/, /6.11/, /6.14/)*

| | Profibus-FMS, -DP[1], -PA[2] | Controller-Area Network (CAN) | INTERBUS-S | Local Operating Network (LON) | Actuator Sensor Interface (ASI) | Bitbus |
|---|---|---|---|---|---|---|
| Anzahl der Übertragungsleitungen | 2, abgeschirmt | mind. 2, abgeschirmt | 2 × 2, abgeschirmt | mind. 2, abgeschirmt | 2, nicht abgeschirmt, incl. Hilfsenergie 24 $V_=$ | 2 oder 2×2, geschirmt |
| Bustopologie | Linie, Baum | Linie | Ring | Linie, Baum | Linie, Baum | Linie |
| Leitungslänge (mit Repeater) | 100 ... 1 200 m (4 800 ... 12 000 m) | 40 ... 1 000 m; abh. von der Bitrate | 400 m Fernbus, 10 m Peripheriebus (max. 12,8 km) | 500 m (abh. von Ü.-Rate u. Modulation) | 100 m | max. 900 m (13 200 m) |
| Teilnehmerzahl | 32 je Segment; max. 127 mit Repeater | typ. 32; abh. von Treiber u. Busbelastung | 1 ... 512 | bis 127 pro Subnet (1 Domain enthält max. 255 Subnets) | 31 pro Segment | 28 pro Segment; 250 maximal |
| Datenübertragungsrate in kbit/s | 9,6 ... 500; 1 500[1]; 12 000 31,25[2]; (1 000; 2 500) | 10 ... 1 000 | 500 | 2 o. 4 PowerLine; 4,9 Radio; 78/1250 Twisted Pair | 167 | 62,5/375/2400 |
| Buszugriff | Token Passing/ Master-Slave, | CSMA/CA, domin. Pegel | vergl. „Ringschiebe-register“ | CSMA/CD | Master/Slave, Polling | Master/Slave, Polling |
| Datenbyte/ Telegramm | 1 ... 249 | 0 ... 8 < 130 bit/Frame | bis 4 096 bit, ein Frame für alle TN | bis 255 | 4 bit/Frame | 1 ... 255 |
| Businterface | RS 485; Modulator-IC für PA[2] | CAN-Interface mit Transceiver-IC | RS 485, LWL, 2-Draht-Loop | RS485; Twisted-Pair, LWL, PowerLine, Funk | ASI-Interface mit Controller-IC | RS 485 |
| Datensicherung | HD = 4, Parität | HD=4, 2-Byte-CRC | HD=4, 2-Byte-CRC | 2-Byte-CRC | 2 bzw. 1 bit | HD = 4 |
| Bemerkungen | FMS-Dienste, Anwenderprofile; DIN 19 245 Teil 1–4; IEC 1158-2 für Sch. 1[2]; eigensichere Variante | CMS-Dienste, Anwenderprofile; OSI-Sch. 1, 2 u. 7; ISO DIS 11 898; SDS, CAN Open, Device Net | PMS-Dienste; Summenrahmen-telegramm, OSI-Sch. 1, 2, u. 7; DIN E 19 258 | vorrangig Gebäudeautomatisierung; OSI-Schicht 1–7; Neuron-C-Sprach-elemente | spez. Modulationsverfahren mit ungeschirmter Busleitung (Impulse cosinusförmig); | OSI-Sch. 1, 2 u. 7; Echtzeit-BS DCX51; RAC 15 Dienste; IEEE-1118-Standard |

[1] Profibus-DP, [2] Profibus-PA

**Zugriffsverfahren**. *CSMA/CA – Carrier Sense Multiple Access/Collision Avoidance* – Multimastersystem mit stochastischem wahlfreien Buszugriff. Bei der Kollision zweier Telegramme erfolgt eine bitweise Arbitrierung. Das Telegramm mit der höheren Priorität setzt sich durch, der niedriger priorisierte Teilnehmer zieht sich zurück. Der Informationsaustausch erfolgt *objektorientiert*. Ein System kann max. 2032 Objekte nach CAN-Spezifikation 2.0A bei 11-bit-Identifier verwalten. Ein erweiterter Objektumfang kann wahlweise bei 29-bit-Identifier nach CAN-Spezifikation 2.0B genutzt werden. Bild 6.21 zeigt den typischen Telegrammaufbau eines Rahmens nach CAN-Spezifikation 2.0A.

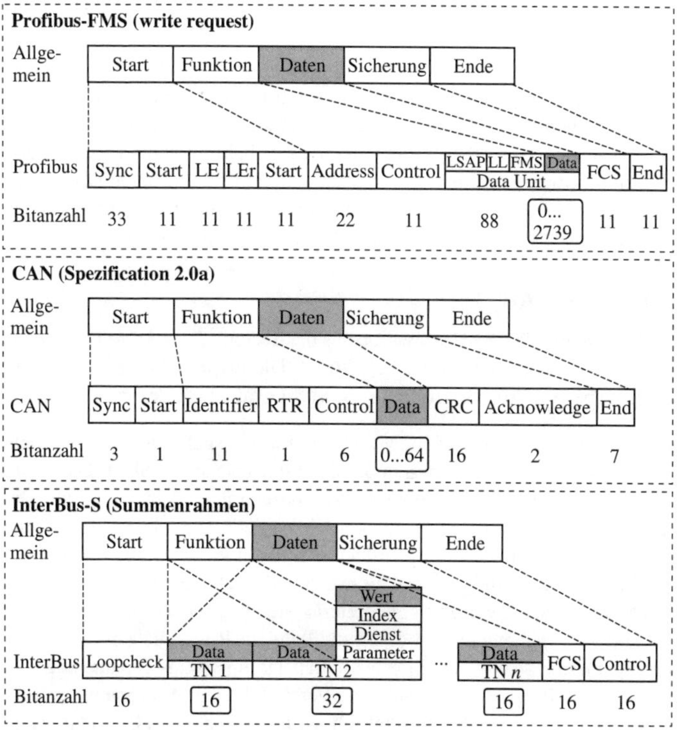


*Bild 6.21 Telegrammaufbau Profibus, CAN und INTERBUS-S*

Das **CAN-Telegramm** enthält:

- *Sync*: rezessiver Pegel; danach kann gesendet werden,
- *Start*: dominantes Startbit; Beginn eines Frames; Synchronisation der Busteilnehmer,

- *Identifier*: Objekt (Adresse) und die Priorität der gesendeten Nachricht,
- *RTR*: *Remote Transmission Request*; in Telegrammen, die eine Aufforderung zum Daten senden, enthalten,
- *Control*: Steuerinformationen; (nachfolgenden Datenlänge),
- *Data*: Datenfeld, (0 . . . 8 Byte),
- *CRC*: Prüfsumme der vorangegangenen Bits mit CRC-Polynom,
- *ACK*: *Acknowledge*; Busteilnehmer quittieren bei korrektem Empfang,
- *End*: 7 rezessive Bits.

Die Anordnung der Busteilnehmer erfolgt in Linienstruktur. Für die Steuerung der Busleitung werden spezielle Leitungstreiberschaltkreise benötigt. Alle Buscontroller enthalten interne Fehlerzähler zur gewichteten Überwachung von Fehlerzuständen (trennt den Controller bei Überlauf des Fehlerzählers vom Bus).

Integrierter Buscontrollerschaltkreise sind in großer Breite verfügbar. Buscontroller sind als Single-Chip oder als Input/Output-Interface direkt auf Mikrocontroller-Chips einsetzbar. Durch einfache Schaltungstechnik und relativ geringen Software-Aufwand für Systembetrieb sind kostengünstige Busknoteninterfaces realisierbar. Der Multimasterbetrieb mit stochastischem Buszugriff spielt bei der Anwendung von CAN die dominierende Rolle.

#### 6.2.2.4 INTERBUS-S

Das Bussystem INTERBUS-S wurde aus der Technik *Speicherprogrammierbarer Steuerungen* (*SPS*) entwickelt (/6.1/). Die ursprünglich parallele Ein- und Ausgabe von Prozeßsignalen in ein SPS-Gerät wurde dezentralisiert.

**Topologie**. Ein *Ringbus* verbindet einzelne Ein-/Ausgabebausteine in einem geschlossenen Ring mit einer zentral angeordneten Steuereinheit. Die Funktion ist vergleichbar mit einem verteilten (dezentralen) Schieberegister. Der Inhalt eines zentralen Registerbereiches wird seriell durch die Empfangs- und Senderegister der im Ring angeordneten Teilnehmer geschoben. Für jeden Teilnehmer im Ring sind je zwei bzw. vier serielle Datenbytes reserviert. Diese Datenbytes können gleichzeitig gelesen und geschrieben werden. Die Adressierung der Teilnehmer erfolgt durch die Lage im Ring. Die zentrale Steuerung (Busmaster) scannt mit Hilfe des Initialisierungszyklus Typ und Lage der Teilnehmer im Ring. Bild 6.22 zeigt die Verbindung und Anordnung der Teilnehmer am INTERBUS-S. Physikalisch wird der Ring durch Busklemmen in Peripheriebus (5-V-Logikpegel) und Fernbus (RS-485A-Interface) getrennt.

Viele Busteilnehmer sind über sehr lange Busleitungen vernetzbar. Der Peripheriebus ist für Ein-/Ausgabe vieler Prozeßsignale mit Leitungen $< 10$ m. Der Fernbus ($< 400$ m in einem Bussegment) verbindet die Peripheriebusse mit dem Master. Das Impulsdelay durch sehr lange Leitungen ist von geringer

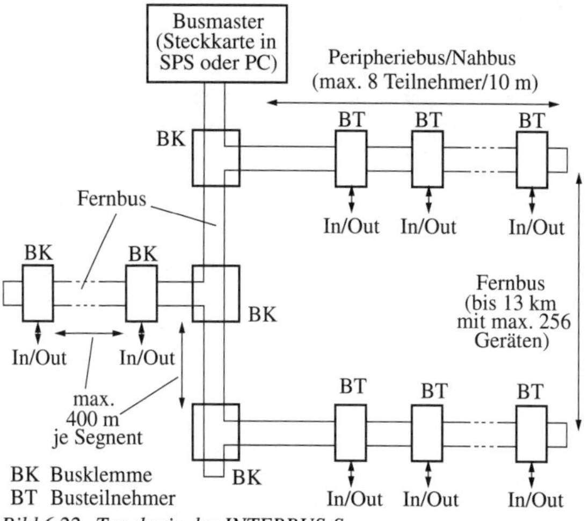


*Bild 6.22 Topologie des INTERBUS-S*

Bedeutung, da serielle Informationen nur in eine Richtung geschoben werden. Für die Adressierung aller Teilnehmer im Ring ist nur ein einziges Summenrahmentelegramm notwendig. Das Telegramm enthält (Aufbau im Bild 6.21) zwischen Sicherungen (*Loopcheck* für Start und FCS – *Frame Check Sequence* für Ende) Datenbytes für die Busteilnehmer. Der Datentransfer erfolgt durch die Zuordnung von jeweils 16 bzw. 32 Bits pro Teilnehmer. Der Austausch von Parametern und Dateninformationen $> 16$ bit wird mit aufeinander folgenden Telegrammen stückweise abgewickelt. Es ergeben sich kurze Übertragungszeiten durch die Bitrate von 500 kbit/s. Besondere Vorteile liegen in der festen Telegrammlänge und der schnellen Zugriffszeit (echtzeitfähig). Sehr effektiv arbeitet der INTERBUS-S bei Anwendungen mit hoher Anzahl binärer Ein- und Ausgabesignale. Preisgünstige Buscontroller-Chips (SµPI – serielles Mikroprozessor-Interface) für Slave-Baugruppen erlauben einen kostengünstigen Systementwurf.

## 6.3 Sensor-/Aktuator-Systemkomponenten

Für die Ankopplung und Verarbeitung von Umweltsignalen müssen *Sensoren* und *Aktuatoren* an Mikrorechner anschließbar sein. Den Schwerpunkt bildet dabei die Digitalisierung analoger Signale, da natürliche Informationen (Temperatur, Druck, Zeit usw.) hauptsächlich in analoger Form auftreten. Größe und Form der Signale müssen an die digitalen Pegel der Prozessortechnik angepaßt werden.

6

### 6.3.1 Signalkette

Das Grundprinzip der Signalerfassung und -ausgabe läßt sich in einer Blockdarstellung erfassen. In der Praxis wird diese Struktur nicht immer vollständig angewandt, da oft nur der Anteil der Signalerfassung oder der Anteil der Signalausgabe getrennt notwendig ist.

Je nach Erfordernissen der *Signaldynamik*, *Umsetzerprinzipien* und *absoluten Signalgrößen* sind die einzelnen Bausteine zu dimensionieren.

Bild 6.23 zeigt das Grundprinzip einer einkanaligen Analogsignalerfassung und -ausgabe. Hier wird nur die Verbindung mit analogen Prozeßsignalen dargestellt. Die Hardware-Struktur zur Ein-/Ausgabe von digitalen Signalen ist wesentlich unkomplizierter und stützt sich auf digitale *Interface-Elektronik*, wie sie im Abschnitt 6.1 vorgestellt wurde.

Zum besseren Verständnis der Funktion einer *Signalkette* wurden Stufen definiert, die bestimmten Funktionen zugeordnet sind.

**Stufe a** Prozeßsignale, Umweltinformationen,
**Stufe b** Sensoren, Aktuatoren,
**Stufe c** Signalaufbereitung für AD-Umsetzung bzw. Aktuatorsteuerung (Verstärken, Filtern, Abtasten),
**Stufe d** Signalumsetzung, Digitalisierung (AD- bzw. DA-Umsetzung),
**Stufe e** Signalverarbeitung im Mikrorechner.

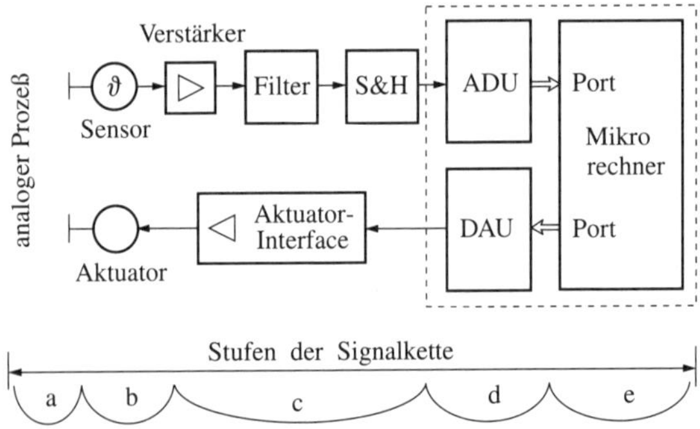


*Bild 6.23 Grundprinzip Meßsignalerfassung und -ausgabe (ADU – Analog-/Digital-Umsetzer, DAU – Digital-/Analog-Umsetzer, S&H – Sample and Hold)*

Bei mehrkanaliger Signalerfassung (→ Bild 6.24) kommt es zu einer Variation des Grundprinzips. Zum einen können die Stufen b, c und d parallel ausgeführt werden, zum anderen ist durch das Einfügen eines *Analogmultiplexers* die Mehrfachnutzung der Stufen c und d möglich. Die Entscheidung für die

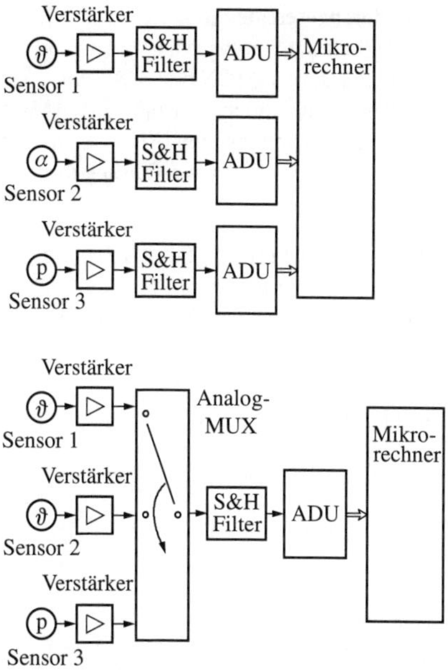


*Bild 6.24*
*Grundstrukturen mehrkanaliger Signalerfassung*



eine oder andere Variante wird durch den Vergleich von Aufwand und Leistung (besonders Sensordynamik, *Abtastrate*) getroffen.

Eine oft notwendige Potentialtrennung ist in der Prinzipdarstellung nicht berücksichtigt. Sie wird gegebenenfalls in einem digitalen Signalweg eingefügt (z. B. zwischen Stufe d und e).

## 6.3.2 Signalverstärkung und -abtastung

**Meßverstärker, Instrumentationsverstärker** (IA – *Instrumentation Amplifier*) sind echte *Differenzverstärker* mit hoher Gleichtaktunterdrückung und einstellbarer bzw. programmierbarer Verstärkung (üblich ist beispielsweise $V_u = 1, 2, 4, 8$ oder $V_u = 1, 10, 100$). Die Meßbereichsveränderung ist häufig auch mittels Mikrocontrollersteuerung möglich.

**Analogmultiplexer** (AMUX). Das Schalten mehrkanaliger analoger Eingangssignale erfolgt mit Analogschaltern oder -multiplexern (AMUX). Das Quellsignal sollte ausreichend groß sein (höherer mV- bis V-Bereich), um Störeinflüsse geringzuhalten. Deshalb sollten Signalverstärker vorgeschaltet werden. Es besteht die Forderung nach großem Sperr-Durchlaß-Verhältnis (gesperrt: Leckstrom im pA-Bereich; durchgeschaltet: $R_{ON}$ einige Ohm). Der AMUX-Ausgang sollte nur hochohmig belastet werden (ON-Widerstand des Schalters bringt Spannungsabfall). Die Basis des AMUX bilden *Analogschalter* (*Transmission-Gates* in CMOS-Technik sind üblich, → Bild 6.25). AMUX sind bidirektional nutzbar (Auswahl oder Verteilung von Analogsignalen). Schaltkreise werden praktisch in 4-, 8- oder 16kanaliger Ausführung oder mit jeweils 2-, 4- oder 8-Differenzkanälen gefertigt.

**Filter**. Die Begrenzung der oberen *Grenzfrequenz* erfolgt durch *Tiefpaßfilter* (1. Ordnung meist ausreichend) → *Antialiasing-Filter*, um Fehlabtastungen durch den nachfolgenden A/D-Umsetzer zu vermeiden. Bei Abtastungen mit größeren Abständen kann der Digitalwert nicht mehr eindeutig dem analogen Signalverlauf zugeordnet werden.

Das Abtasttheorem nach *Shannon* (bei harmonischen Schwingungen gültig) muß eingehalten werden:

$$t_a = n \cdot \frac{\pi}{\omega_s} \qquad \text{mit} \quad n = 1, 2, \ldots, i \tag{6.1}$$

$$t_a < \frac{1}{2} t_s \tag{6.2}$$

$t_a$ Abtastzeit (Zeit zwischen zwei Abtastungen)
$t_s$ Signalfrequenz
$\omega_s$ Signalschwingungsdauer

Oversampling – Überabtastung, prakt. 4- bis 10fache Abtastung gegenüber der Mindestabtastung

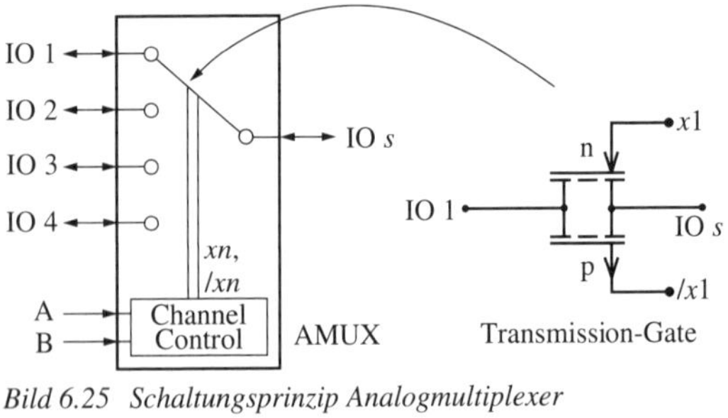


*Bild 6.25 Schaltungsprinzip Analogmultiplexer*

**Sample&Hold (S&H)**. Abtast- und Halteschaltung; die Augenblickswerte des analogen Eingangssignals werden für kurze Zeit gespeichert (Analogwertspeicher). Während der Haltezeit wird das Analogsignal z. B. zum Zweck der Digitalisierung annähernd konstant gehalten. Zur Abtastung mehrerer Analogsignale zu einem gleichen Zeitpunkt sind mehrere S&H-Schaltungen notwendig (→ Bild 6.26).

S&H-Schaltungen als separate monolithische ICs (z. B. AD783, SMP04, AD585, LF198, SHC605) oder in Umsetzerschaltkreisen mit integriert (z. B. MAX156, MAX186, MAX192, AD7774, AD7874, TLC540, SDM863; /6.25/, /6.22/, /6.24/, /6.7/). Für S&H ist auch die Bezeichnung T&H (*Track&Hold*) üblich (je nach Relation zwischen Halten und Freilauf).

### 6.3.3 Signalumsetzer

Zur Verarbeitung analoger Umweltinformationen sind entsprechende Umsetzer zur Digitalisierung bzw. Rückumsetzung notwendig. Analoge Signale werden in ihrer Amplitude quantisiert (1 bit = 1 lsb, *Last Significant Bit* – kleinster unterscheidbarer Amplitudenwert; → Tabelle 6.8) und damit digital verwertbar.

- Für die Signalerfassung: Analog-/Digital-Umsetzer – ADU.
- Für die Signalausgabe: Digital-/Analog-Umsetzer – DAU.



**Auflösung *n*.** Gesamtzahl der Digitalisierungsschritte eines Umsetzers als Binärwort (z. B. 10 bit = 1 024 Schritte); praktisch angewandte Auflösungen bewegen sich zwischen 4 und 24 bit.

**Umsetzzeit $t_u$.** Gesamtzeit für die Umformung eines Analogwerts in einen Digitalwert bzw. umgekehrt; Umsetzrate (samples/s) – max. Anzahl der Umsetzwerte pro Zeit.

Zu den verschiedenen Verfahren und Schaltungen sind in der Literatur umfangreiche Darstellungen zu finden (/6.35/, /6.13/, /6.32/, /6.15/). Mit den Tabellen 6.9 und 6.10 sind die verschiedenen globalen Verfahren mit ihren Besonderheiten dargestellt.

*Tabelle 6.8 Digitalisierungsstufen (lsb – absolut, Dynamikbereich – relativ)*

| Auflösung (*n*) | 8 bit | 10 bit | 12 bit | 14 bit | 16 bit |
|---|---|---|---|---|---|
| Digitalisierungsschritte | 256 | 1 024 | 4 096 | 16 384 | 65 536 |
| Q (lsb) für 10 V FSR [1)] | 39,1 mV | 9,76 mV | 2,44 mV | 610 µV | 153 µV |
| Dynamikbereich | 48,2 dB | 60,2 dB | 72,2 dB | 84,3 dB | 96,3 dB |

[1)] FSR – *Full Scale Range*
(Endausschlag bei Instrumenten = Maximalwert des Analogsignals)

Besonders zeitkritisch sind hochdynamische analoge Sensorsignale, deren Amplitude sich im kHz-Bereich verändert. Ist die Beobachtung mehrerer solcher Signale zu gleichen Zeitpunkten wichtig, muß parallel abgetastet und digitalisiert werden. Als Beispiel sei hier der ADU MAX156 genannt (→ Bild 6.26). Durch acht interne *Abtast- und Halteschaltungen* (T&H) genügt ein einziger ADU für das synchrone Umsetzen mehrerer Analogsignale.

*Tabelle 6.9 AD-Umsetzerverfahren*

| Verfahren | Anzahl Rechenschritte $r$ | Anzahl Normale $h$ | besondere Merkmale |
|---|---|---|---|
| Parallelverfahren | 1 | $2^n - 1$ | sehr schnell, sehr aufwendig |
| Wägeverfahren | $n$ | $n$ | schnell, vertretbarer Aufwand |
| Zählverfahren | $2^n - 1$ | 1 | sehr einfach, lange Umsetzzeit |

*Tabelle 6.10 DA-Umsetzverfahren (auch Kombinationsverfahren möglich)*

| Verfahren | Umsetzzeit | Prinzip | Bemerkung |
|---|---|---|---|
| Parallel-verfahren | kurz | Steuerung dual gestufter Widerstandsketten/Stromquellen | direkt, aufwendig, kostenintensiv |
| serielles Verfahren | lang | Pulsbreitenmodulation und Tiefpaß-Filter | indirekt, einfach, geringe Kosten |

Ein RAM (*Random Access Memory*) ist für die Zwischenspeicherung der Digitalisierungswerte nutzbar.

❑ *Beispiele für die Notwendigkeit zeitsynchroner Digitalisierung*:
- Signalerfassung bei ABS-Systemen (Meßsignalfrequenzen bis 5 kHz, 4 Signalgeber, 4fach Oversampling $t_u < 12{,}5\ \mu s$),
- Momentenaufnehmer bei Robotern (Sensordynamik bis etwa 2 kHz),
- Augenblickswerte bei Netzwechselstrom und -wechselspannung (50/60 Hz Netzfrequenz, $t_u < 400\ \mu s$ bei 50 Samples/Schwingung).

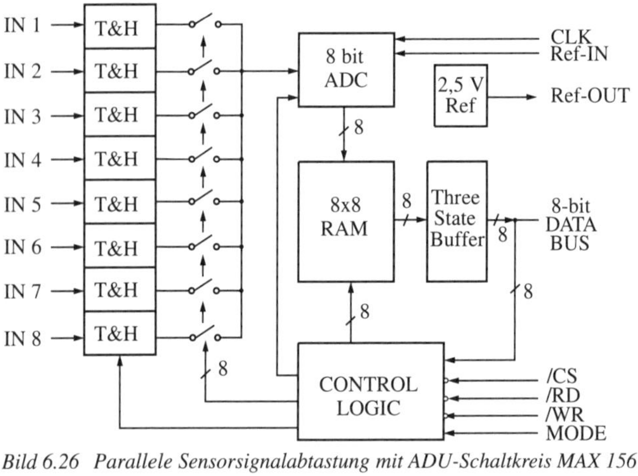


*Bild 6.26 Parallele Sensorsignalabtastung mit ADU-Schaltkreis MAX 156*

### 6.3.4 Meßwerterfassungssysteme

Zur optimalen Meßwerterfassung und -ausgabe gibt es komplexe Baugruppen, die konzentriert auf einem einzigen Board oder in einem einzigen Gerät alle Bausteine der *Signalkette* (→ Bild 6.23 und 6.24) enthalten. Der Mikropro-

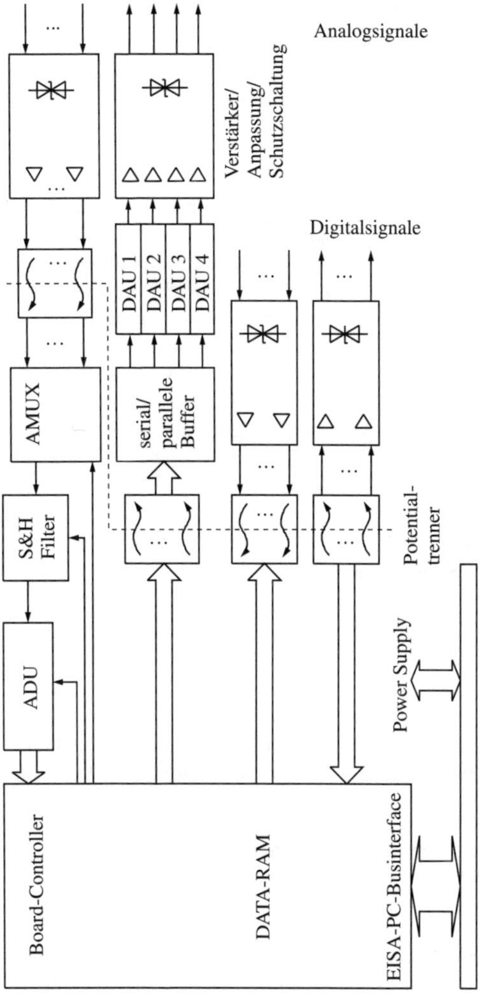


*Bild 6.27 Prinzip einer Multifunktionskarte*

6

zessoranschluß kann bei einer Leiterkartenausführung über den internen Bus (ISA, EISA, PCI usw.) und bei separater Geräteausführung über ein paralleles oder serielles Interface- bzw. Bussystem erfolgen. Gebräuchlich sind in der letzteren Ausführung Interfaces, die Prozeduren der Signalerfassung und -ausgabe unterstützen (z. B. IEC-Bus/GPIB, VME-Bus).

Sehr beliebt bei Anwendern sind sogenannte AD/DA-Karten, die mit einfachen *Plug-and-play-Funktionen* ausgestattet auf PC-Boards gesteckt werden können. Meist mehrkanalig ausgeführt wird neben dem Anschluß von Analogsignalen auch der Anschluß von Digitalsignalen (wesentlich einfacher) realisiert.

Das Hauptproblem der *Potentialtrennung* (Masse des PCs sollte nicht mit der Masse der Sensorsignalgeber u. a. Quellen verbunden werden) wird mit *Trennverstärkern* auf der Analogseite und mit optischen Trennern auf der Digitalseite bewältigt. Bei langsamen digitalen Ausgangssignalen wird auch noch auf die einfache Relaistechnik (mechanische und Halbleiterrelais) zurückgegriffen. *Multifunktionskarten* enthalten sowohl analoge als auch digitale Ein- und Ausgänge. Bild 6.27 zeigt die Struktur (mehrkanalige Analogwerterfassung mit einem ADU; 4kanalige Analogausgabe mit getrennten seriellen DAUs; jeweils mehrkanalige Ausgabe und Aufnahme von Binärsignalen; alles mit Potentialtrennung) einer derartigen industriellen Baugruppe.

## 6.4 Ein-/Ausgabegeräte

Die Ein- und Ausgabegeräte von Mikrorechnern verkörpern hauptsächlich die Verbindung zwischen Mensch und Maschine bzw. Maschine und Umwelt. Die technischen Ausführungsformen und Verfahren der Ein- und Ausgabe von Informationen unterliegen einer rasanten Entwicklung mit immer besseren Eigenschaften (kleinere Abmessungen von Geräten, schnellerer Datentransfer, „intelligente“ Verarbeitung, weniger Energieverbrauch, höhere Digitalisierungsstufungen usw.).

Ein-/Ausgabegeräte dienen vorrangig der Bearbeitung und Archivierung von Dokumenten, der Entwicklung von Programmen, der Darstellung und Speicherung von Informationen.

Inhaltlich unterscheiden sich diese Geräte deutlich von der Interface-Technik nach Abschn. 6.3 (Sensor-/Aktorkomponenten zum Messen, Stellen, Steuern, Regeln) entsprechend ihrem Verwendungszweck.

### 6.4.1 Eingabegeräte

#### 6.4.1.1 Tastaturen

Tastaturen dienen zur alphanumerischen Eingabe von Informationen durch den Menschen (Bediener). Sie unterstützen die interaktive Arbeitsweise mit dem Computer.

**Aufbau**. ergonomisch an den Menschen angepaßt (Lage und Anordnung der Zeichen, Tastenformen und Umfang); Tasten zur Eingabe von ASCII-Zeichen und Sonderzeichen sowie Funktionentasten (Systemfunktionen sowie einstellbare oder softwaremäßig vorgegebene); Statusanzeigen mittels LEDs

**Technologie**. Schaltertasten, Magnetgummitaster, Halltaster, meist Kontaktentprellung notwendig (Funktionsprinzip → Bild 6.28)

6

**Interface**. Spezielles serielles Tastaturinterface mit integrierter Stromversorgung, USB, Infrarot, Funk u. a.

**Tastenanzahl**. Einfache Funktionseingabefelder (etwa 4–32 Tasten); PC/WS-Tastaturen (Multifunktionstastatur MFII mit etwa 85 bis 90 Tasten und separatem Numerikfeld mit 17 Tasten)

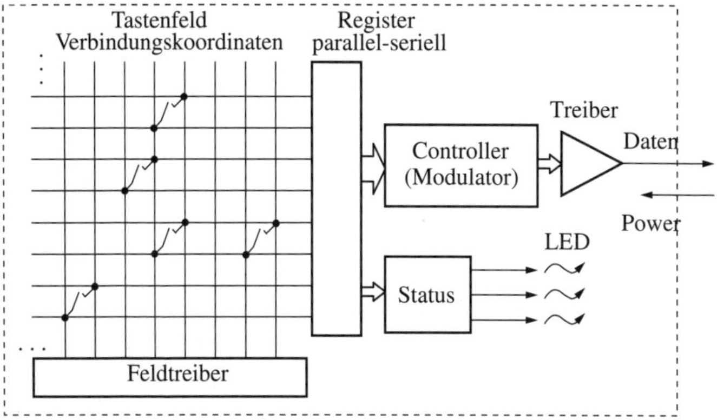


*Bild 6.28 Funktionsprinzip einer Computer-Tastatur*

**Technologische Ausführungen**. Standardtastatur, Tastatur mit Kurzhubtasten, Folientastatur, spritzwassergeschützte Tastatur, Industrietastatur (spezielle Gehäuse und Formen), wasserdichte Tastatur, flexible Tastatur (biegsam) u. a.

#### 6.4.1.2 Maus, Trackball

Die Maus ist ein Eingabegerät zum Verändern von Bildschirmkoordinaten durch gleichzeitiges Schieben des Mauskörpers auf einer ebenen Unterlage in unterschiedlichen horizontalen Richtungen. Die Schiebebewegung erzeugt seriellen Impulsstrom getrennt für $x$- und $y$-Koordinaten einer Ebene. Die Impulszahl dieser beiden Richtungen wird für die Bewegung des Cursors auf dem Bildschirm verwendet. Mit zwei bis drei Tasten auf der Maus können tastaturproportionale Kommandos (z. B. Enter/Ausführen, Escape/Abbrechen, Schift/Hochstellen) ausgelöst werden.

Der Trackball ist spezielle Ausführung der Maus als fester Einbau in mobile Computer (z. B. Notebooks). Statt der Schiebebewegung wird der $x$-$y$-Bewegungsimpulsstrom durch das Rollen einer Kugel (treibt Impulsgeber an) erzeugt.

**Technologie**. Impulsgabe für $x$-$y$-Richtung durch unterschiedliche Verfahren (z. B. optisch, rollende Kugel)

**Interface**. Immer seriell; RS323 (COM-Port); USB; drahtlose Datenübertragung mittels Licht (Infrarotwellen) oder Funk

#### 6.4.1.3 Scanner

Scanner sind Eingabegeräte zur Digitalisierung von Schrift- und Grafikdokumenten. Die Technologie hat sich aus der Kopiertechnik entwickelt. Der Speicherumfang der digitalisierten Datei hängt von der Auflösung (Digitalisierungsstufenzahl), der Farbinformation des Dokuments und des Dateiformats (z. B. BMP, TIF, GIF) ab.

**Auflösung**. Maß für die Tiefe der Digitalisierung des Dokuments; Maßeinheit DPI (*Dot per Inch* – Digitalisierungspunkte pro Zoll); 75 ... 300 DPI für einfache und mittlere Leistungsfähigkeit; ab 600 bzw. 1 200 DPI hohe Qualität; softwaremäßig ist durch Interpolation (Mittelwertbestimmung zwischen zwei bekannten Punkten) eine noch höhere Auflösung darstellbar; Speicherumfang pro Bildpunkt steigt stark bei Digitalisierung von Farbdokumenten (besonders Fotos); Farbstufen: 8 bit, 16 bit (High Color), 24 bit/32 bit (True Color)

**Ausführungsformen**. Einzugsscanner (einfachste Form; Dokument wird über eine Trommel gezogen; keine hohen Auflösungen erreichbar; preiswert) Flachbettscanner (Dokument wird flach eingelegt und von einem sich bewegenden Abtastkopf gleichmäßig überstrichen; qualitativ hochwertige Auflösungen erreichbar); Scanner werden meist im A4/C4-Format hergestellt Interface: Anschluß an Parallel-Interface des Computers (LPT-Port, SCSI-Port); seriell an USB; schnelle Interfaces notwendig, da große Datenmengen schnell transportiert werden müssen (für PC in Leserichtung)

#### 6.4.1.4 Pen

Der Pen (Taststift) kann für mobile Computer (Notebooks, Palmtops usw.) statt der Maus oder des Trackballs benutzt werden. Der elektrisch kontaktierte Stift wird über den Bildschirm (LCD-Schirm) geführt. Bei Berührung des Bildschirms mit dem Pen wird das dargestellte und berührte Kommando ausgeführt. Diese Technologie steht noch am Anfang der Entwicklung. Der Bildschirm (Flachbildschirm) muß dabei als „Touch-Screen" funktionieren. Vielfältige Abwandlungen dieser Technologie substituieren u. a. auch Mausfunktionen bei Notebooks.

### 6.4.2 Ausgabegeräte

Ausgabegeräte haben die Aufgabe, Informationen auszutauschen, die mit dem Computer bearbeitet oder gespeichert wurden. Die grafische bzw. zeichenorientierte Ausgabe erfolgt in Schwarz-Weiß-Darstellung, Graustufen oder Farbe. In der Ausgabeform unterscheidet man das Betrachten (Anzeigen, Bildschirme) oder das Dokumentieren (Drucker, Plotter).



#### 6.4.2.1 Anzeigesysteme

Moderne Elektronik benutzt fast ausschließlich digitale Anzeigen. Derartige Anzeigesysteme sind aus einzelnen digitalen Anzeigeelementen zeilenweise oder in Ebenen zusammengesetzt.

*Anzeigeelemente* basieren auf vielfältigen Technologien. Das digitale Potential bzw. der Stromfluß wird durch optisch deutliche Unterscheidungen dargestellt (z. B. Stromfluß = logisch „1" → leuchten; kein Stromfluß = logisch „0" → dunkel);

**Leuchtsäule, Leuchtpunkt**. Es erfolgt eine Ansteuerung von lichtemittierenden *Halbleiterdioden* (LED – Lumineszenzdiode), die zeilenförmig angeordnet sind. Lichtemittierende Flächen können punkt-, dreieck- oder rechteckförmig ausgebildet sein. Als häufigste Anwendung ist die *Betriebsanzeige* (punktförmig, runde Leuchtfläche) oder *Aussteuerungs-* bzw. *Pegelanzeige* bei Geräten (Beispiel Bild 6.29) bekannt.

**Mehrsegmentanzeige**. Diese Anzeigen enthalten eine Anordnung länglicher sichtbarer Balken aus LED-Elementen oder LCD-Elementen (LCD – Flüssigkristall) zur Darstellung alphanumerischer Zeichen. Bekannt sind u. a. 7-Segment- und 16-Segment-Anzeigen. Bild 6.30 zeigt das Beispiel einer Siebensegmentanzeige mit Dezimalpunkt. Die Segmente sind immer auf der Kathodenseite oder der Anodenseite verbunden. Bei mehrstelligen Anzeigen wird effektiver im Multiplexbetrieb (Segmente aller Anzeigestellen sind

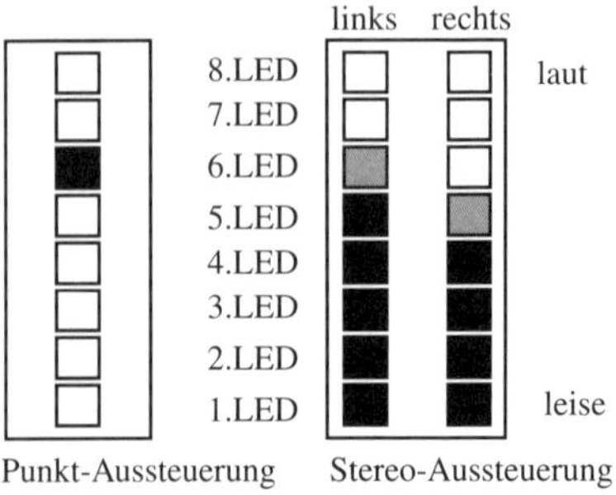


*Bild 6.29 Leuchtsäule und Leuchtpunkt mit Ansteuerschaltung*

verbunden; gemeinsame Elektrode, z. B. Kathode, wird nacheinander eingeschaltet; durch überhöhten impulsartigen Flußstrom erscheint dem Betrachter gleichmäßiges Leuchten) gesteuert.

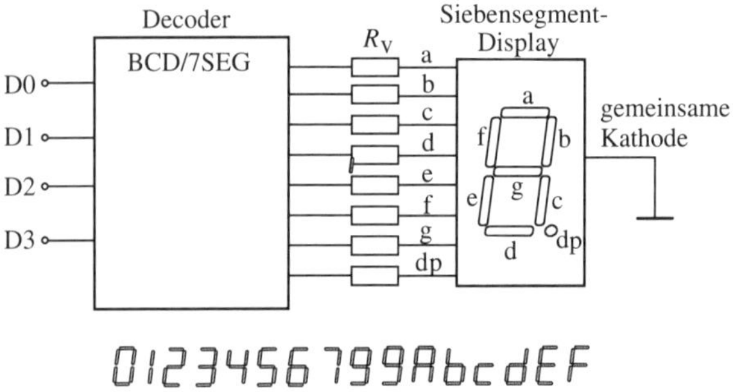


*Bild 6.30 Schaltung einer Siebensegmentanzeige (gemeinsame Kathode) mit Decoder und möglicher Zeichendarstellung (Pseudotetrade)*

**Punktmatrixanzeige**. Die Darstellungen von grafischen Elementen und Zeichen erfolgen durch Flächenanordnungen von Punktanzeigen; beispielsweise 7 × 5 Punkte pro Zeichen zeilenweise oder eine direkte Koordinatenansteuerung einer Anzeigefläche von 128×64 bzw. 240×128 Punkten. Großflächigere Anzeigen werden mit Bildschirmen (→ 6.4.2.3) realisiert.

### 6.4.2.2 Anzeigeelemente (Auswahl)

**LED-Anzeigen** sind Leuchtdioden bzw. lichtemittierende Dioden. Je nach Dotierung und anderen Materialeigenschaften wird bei Flußbetrieb Strahlung in den Farben rot, grün, gelb, blau, weiß oder infrarot bzw. Laserlicht abgegeben. Die Flußspannung $U_F$ (ca. 1,2 . . . 4,5 V) ist je nach Farbe (Lichtwellenlänge) unterschiedlich. Der Flußstrom $I_F$ liegt zwischen 2 und 20 mA (Laserdioden meist> 20 mA). Die Lichtintensität hängt von der Stromstärke ab und wird mit dem Vorwiderstand $R_v$ eingestellt (→ Bild 6.31).

$$\text{Low-aktiver Ausgang:} \qquad R_v = \frac{U_B - U_{A\,Low} - U_F}{I_F} \tag{6.3}$$

$$\text{High-aktiver Ausgang:} \qquad R_v = \frac{U_{A\,High} - U_F}{I_F} \tag{6.4}$$

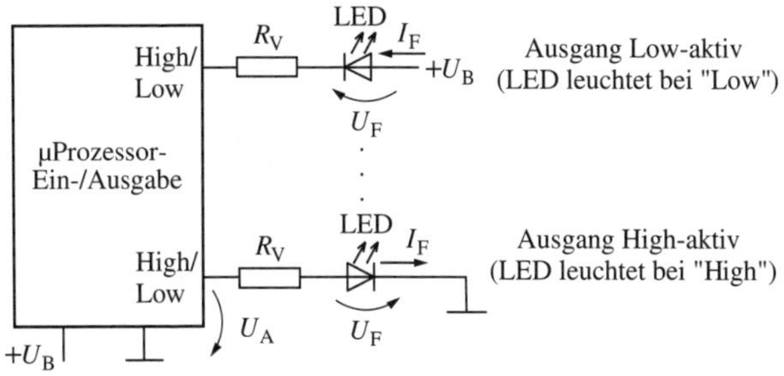


*Bild 6.31 Steuerung einer LED-Anzeige*

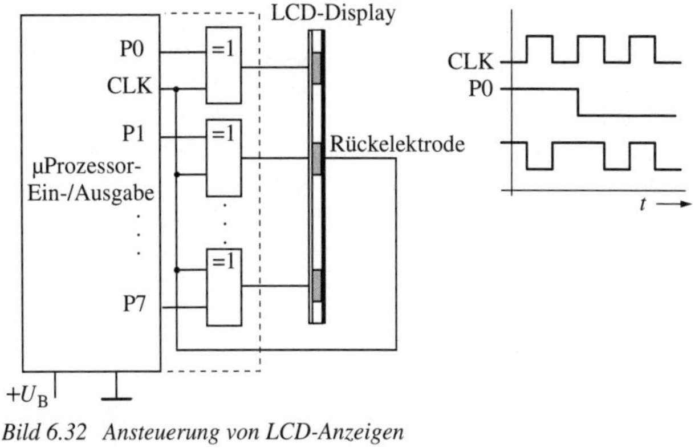


*Bild 6.32 Ansteuerung von LCD-Anzeigen*

**LCD-Anzeigen** sind Flüssigkristallanzeigen. Sie sind passive Strahler, die nur mit Fremdlicht (anstrahlen, durchstrahlen) Zeichen darstellen können. Dabei sind Flüssigkristalle zwischen Glasplatten angeordnet. Zwischen zwei Elektroden wird mit Wechselspannung (um 50 ... 100 Hz) ein elektrische Feld erzeugt. Die Kristalle reflektieren oder lassen Licht durch (erscheint dunkel oder hell). Zur Vermeidung polarisierender Effekte ist ein wechselspannungsmäßiger Betrieb eine und wechselspannungsmäßige gegenpolige Ansteuerung der

Rück- und Steuerelektrode (größerer Steuerungsaufwand) erforderlich. Der *Leistungsverbrauch* ist extrem gering (Verhalten wie Kapazität). Das Steuerungsprinzip zeigt Bild 6.32. Bei Displays mit Farbdarstellung werden jeweils drei Pixel für einen gemeinsamen Farbpunkt (passive u. aktive LCD-Displays) gesteuert.

**VFD-Anzeigen**. Vakuumfluoreszenz-Anzeigen sind kleine steuerbare Vakuumröhren (Kathodenstrahlröhren) mit beheizter Kathode. Punkt- oder streifenförmige Anodensegmente können durch Phosphorbeschichtung bei Stromfluß strahlen. Verschiedene Farben sind durch *Phosphormaterial* und Filter bedingt. Es ist eine aufwendige Beschaltung (Heizspannung 0,5 ... 2 V, Gitterspannung → Steuerspannung; Betriebsspannung von 25 bis über 200 V) notwendig. Mit VFD-Anzeigen ist eine große Helligkeit erzielbar.

### 6.4.2.3 Grafische Bildschirme

Grafische Bildschirme sind Sichtgeräte zur Darstellung grafischer und alphanumerischer Informationen. Die Anzeigefläche wird in Bildpunkte eingeteilt, die über die Einteilung in $m$ Zeilen und $n$ Spalten auswählbar sind. Bei monochromen Bildschirmen enthält jeweils ein Bildpunkt Graustufen, bei Farbbildschirmen jeweils einen Farbpunkt gemischt aus einem Tripel mit den Grundfarben Rot, Grün und Blau. Für die Anzahl und Verteilung der Bildpunkte wurden Grafikstandards (→ Tabelle 6.11; /6.9/, /6.27/, /6.28/, /6.34/) zur Vereinheitlichung von Systemen definiert. Ein universeller Geräteanschluß wurde durch einheitliche Steckverbinder (→ Bild 6.33) definiert.

*Tabelle 6.11 Grafikstandards*

| | HGC | CGA | EGA | VGA | SVGA |
|---|---|---|---|---|---|
| Auflösung (Zeilenzahl × Spaltenzahl) | 720 × 348 | 640 × 200, 320 × 200 | 640 × 350 | 320 × 200, 640 × 480 | 800 × 600, 1024 × 768, 1152 × 864, 1280 × 1024, 1600 × 1200 |
| Textzeichen | 9 × 14 Pkt. | 8 × 8 Pkt. | 8 × 14 Pkt. | 9 × 16 | 9 × 16 |
| Farbinformation | Graustufen | Farbe | Farbe | Farbe | Farbe |

HGC Hercules Graphic Card (1983)
CGA Color Graphic Adapter
EGA Enhanced Graphic Adapter
VGA Video Graphic Array
SVGA Super VGA

## Ausführungsformen

**Elektronenstrahl-Bildröhre.** Sie ist eine Kathodenstrahlröhre (wie Fernsehbildschirme) mit magnetischer Strahlablenkung, die Bildpunkte einer Lochmaskenröhre (Lochabstände von 0,25 ... 0,28 mm) oder Schlitzmaskenröhre (Schlitzabstände von $< 0{,}25$ mm) zum Leuchten bringt. Die Bildpunkte werden zeilenweise erzeugt. Ein flimmerfreies Bild hängt von Schreibgeschwindigkeit (Bildwiderholfrequenz, sollte mind. 75 Hz sein) ab. Die Bildschirmgröße wird in Diagonalabmessung (14, 15, 17, 19 bzw. 21 Zoll) eingeteilt. Die Anzahl möglicher Bildpunkte sollte an die Bildschirmgröße angepaßt werden (subjektiv guter Bildeindruck, z. B. bei 17 Zoll $1\,024 \times 768$). Die Treiberschaltungen (Bildschirmkarten) müssen Bilder mit erforderlicher Farbtiefe und Auflösung zwischenspeichern können (selbständige Bildwiederholung). Die Qualität der gesamten Bilddarstellung wird durch die Größe der Bandbreite ausgedrückt (z. B. $1\,024 \times 768$ Pixel werden mit 85 Hz wiederholt: 768 Zeilen $\times 85$ Hz $= 65{,}28$ kHz Bandbreite).



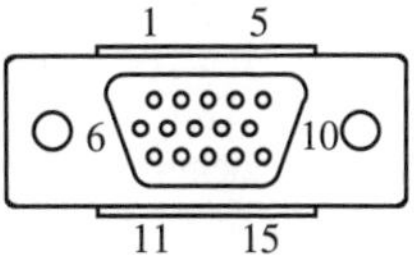


| | | | |
|---|---|---|---|
| 1 | Red | 9 | n. C. |
| 2 | Green | 10 | GND |
| 3 | Blue | 11 | GND/Test |
| 4 | GND | 12 | SDA |
| 5 | Test | 13 | Horiz.-Sync |
| 6 | Red-GND | 14 | Vertik.-Sync |
| 7 | Green-GND | 15 | SCL |
| 8 | Blue-GND | | |

*Bild 6.33 SUB-D-VGA-Stecker*

Kathodenstrahlröhren sind aufwendig zu betreiben (Hochspannung für Strahlablenkung; magnetische Ausrichtung zur Rechteckbildfläche → Entzerrung), haben große räumliche Abmessungen (große Tiefe durch Röhrenhals) und emittieren Strahlung. Sie werden künftig weitgehend durch verlustleistungsarme Flachbildschirme (Flüssigkristallbildschirme u. a.) abgelöst.

**Flüssigkristall-Bildschirme.** Flachbildschirme in LCD-Technik sind Flüssigkristall-Bildschirme. Sie sind besonders energiesparsam und haben kleine Abmessungen (geringe Tiefe). Die Matrixanordnung und Bildpunktverteilung sind wie bei Kathodenstrahlsystemen.

- *Passive LCD-Displays*: einfach herstellbare passive LCD-Pixelelemente werden matrixförmig angesteuert (STN – *Super-Twisted Nematic Technology*); wenig Kontrast; geringe Helligkeit; eingeschränkter Blickwinkel; begrenzte Dynamik (Nachleuten, Schlieren von Mausbewegungen, Bildruckeln);
- *Aktive LCD-Displays*: Aktivmatrix besteht meist aus Dünnfilmtransistoren (TFT – *Thin Film Transistor*) oder Dünnfilmdioden (TFD – *Thin Film Diode*); Aktive Elemente werden auf Glassubstrat aufgetragen; Matrixelemente speichern auch Pixelinformation bis zur nächsten Veränderung; höherer

technolog. Aufwand; größere Dynamik; mehr Helligkeit und Betrachtungswinkel von über 70°; sehr große technische Bedeutung.

**Elektrolumineszenz-Bildschirme**. ELD-Anzeigen (ELD – *Elektrolumineszenz-Display*) sind aktive Strahler. Sie sind in Dick- oder Dünnschichttechnologie hergestellte Mehrschichtkonstruktionen aus Pulver oder Filmmaterial mit aufwendiger Ansteuerung. Matrixelemente bilden Kondensatoren, die an den Kreuzungspunkten von rechtwinklig zueinander verlaufenden Leiterbahnen entstehen. Am Kondensator kann polykristallines Phosphormaterial zum Leuchten angeregt werden. Es ist eine hohe Steuerspannung notwendig. Vorteilhaft ist der große Betrachtungswinkel, nachteilig die mittlerer Dynamik.

**PDP-Anzeigen**. (PDP – *Plasma Display Panel*) sind aktive Strahler. Die Pixel bestehen aus Zellen mit Edelgasfüllung. Die Farbigkeit entsteht durch die Anregung verschiedener Phosphore. Die Intensitätseinstellung wird durch Impulstastverhältnisse erreicht. Es ist eine relativ hohe Betriebsspannung (bis über 100 V), aber eine geringe Leistung erforderlich. Der Betrachtungswinkel ist $> 160°$. Vorteilhaft sind der sehr gute Kontrast, die große Helligkeit, eine hohe Dynamik sowie eine hohe Magnetfeldunempfindlichkeit. Trotz der aufwendigen Technologie haben PDP-Anzeigen eine sehr große technische Bedeutung /6.33/.

### 6.4.2.4 Drucker, Plotter

Dateien und Bildschirminhalte werden auf ein Printmedium (Papier, Folie u. ä.) aufgetragen.

**Drucker**. Drucken von Zeichen oder grafischen Darstellungen nach unterschiedlichen Verfahren und mit unterschiedlichem Feinheitsgrad (Auflösung in Punkte pro Zoll bzw. DPI – Dot per Inch);

- *Typenraddrucker*: veraltet, Schreibmaschinenprinzip, Typenrad wird gedreht und dabei ausgewählte Buchstaben mittels Farbband an das Papier gedrückt
- *Nadeldruck*: mittels miniaturisierten Drucknadeln, 9 oder 24 Stück pro Zeichenfläche, werden grafische Zeichen durch magnetische Nadelauswahl auf den Untergrund gedrückt; Farbband ist erforderlich; begrenzte Grafikfähigkeit
- *Tintenstrahldruck*: vergleichbar Nadeldruck, aber mit einer Matrix von Tintenstrahldüsen im Druckkopf; sehr geräuscharm und mit hochauflösender Grafikfähigkeit; zwei Verfahren:
  - „bubble jet“: Erhitzen und Herausspritzen einer Tintenvorratsblase;

   - Piezo-Effekt: keramisches Röhrchen mit Tintenvorrat wird durch Anlegen einer Spannung zusammengepreßt; Tinte wird dabei herausgeschleudert
- *Thermodruck*: mit Druckkopf werden durch punktförmiges Erhitzen Farbpixel auf Spezialpapier aufgetragen; einfaches Verfahren; wenig Geräteaufwand, aber Spezialpapier notwendig; Papier hat schlechte Licht- und Langzeitbeständigkeit; nur einfarbiger Druck; grafikfähig
- *Laserdruck*: modernstes elektrofotografisches Druckverfahren; Druckbilder werden auf Fotowalze (Trommel) übertragen; elektrisch aufgeladene Walze wird partiell mit einem Laserstrahl entladen; Toner (Farbpulver) wird auf die Walze aufgetragen und haftet unterschiedlich; Papier läuft über die Walze; Druckbild wird thermisch fixiert; bei Farbdruck läuft gleicher Vorgang nacheinander für jede Grundfarbe; hohe Druckgeschwindigkeit; sehr leise; sehr gute Grafikfähigkeit.

▶ *Anmerkung*: Für die Dokumentenoriginalität (Kopiesicherheit von Rechnungsbelegen, Bankauszügen usw.) ist derzeitig immer noch ein Anschlagverfahren (meist Nadeldruck) erforderlich. Neben dem Farbauftrag dienen die Vertiefungen des Nadelanschlags als Nachweis für das Original eines Dokuments. Alle anderen Druckergebnisse sind von Kopien nicht unterscheidbar.

6

**Plotter**. Der Unterschied zu Druckern besteht in der durch ausschließlichen Grafiknutzung. Die Verfahren sind vergleichbar mit dem Tintenstrahldruck. Plotterbreiten von DIN-A3 bis DIN-A0 (ca. 30 ... 120 cm Papierbreite) sind verfügbar. Der Papierdruck im Bannerverfahren (Papierrollenvorrat) erlaubt auch größere nicht genormte Plotausgaben. Bei älteren Plottern wurde mit fester Zeichenfläche und Plotterstiften gearbeitet. Die Stifte wurden über entsprechende Koordinatensteuerung geführt und zum Zeichnen abgesenkt. Einzelpapierbogen sind beispielsweise elektrostatisch fixierbar.

### 6.4.3 Massenspeicher

**Massenspeicher** sind extern am Computer angeschlossene separate Geräte zur Speicherung größerer Datenmengen.

Diese Speicher benutzen hauptsächlich magnetische und optische Verfahren zur Informationsspeicherung.

#### 6.4.3.1 Magnetische Massenspeicher

**Magnetband**. Magnetbandgeräte (Streamer) speichern Informationen auf parallelen Spuren (offene Spulensysteme) oder im Schrägspurverfahren mit rotierenden Köpfen (Magnetbandkasetten) auf magnetisierbarer Folie (1/2 Zoll breit). Sie besitzen eine hohe Speicherkapazität (von Bandgeschwindigkeit und Aufzeichnungsdichte abhängig), haben aber relativ große Zugriffszeiten (mehrer 100 ms). Der Speicherumfang liegt derzeitig etwa bei maximal 2 GByte.

**Festplatten (Hard Disk), Magnetplatten**. Eine oder mehrere magnetisierbar beschichtete Metallplatten mit Durchmesser von z. B. 1,8; 2,5 oder 3,5 Zoll rotieren übereinander in einem Gehäuse. Die Einteilung der Plattenflächen erfolgt in Sektoren und Spuren. Mehrere Datenköpfe sind zum magnetischen Schreiben und Lesen erforderlich. Es lassen sich wesentlich schnellere Zugriffszeiten als beim Magnetband (z. B. um 9 ms) erzielen. Hohe Datentransfergeschwindigkeiten (Lesen und Schreiben aufeinanderfolgender Daten mit bis einigen MByte/s) sichern diesem Medium einen breiten Anwendungsbereich (z. B. PC-Technik). Derzeitig sind Plattenkapazitäten bis 36 GByte /6.36/ bekannt. Wechselplatten bestehen aus austauschbaren Plattenmodulen. Ein besonders hohes Entwicklungstempo ist auf dem Sektor der Kapazitätserweiterung zu beobachten.

**Disketten**. Floppy-Disk-Speicher bestehen aus flexiblen Folienscheiben mit 3,5 Zoll (früher auch 5,5 und 8 Zoll) Durchmesser in einem flachen Plastegehäuse. Sie sind vorrangig für portablen Betrieb bzw. als Datenaustauschmedium geeignet. Das magnetische Speicherprinzip ist wie bei Hard Disk. Die Speicherkapazität ist klein und standardisiert (z. B. IBM-Format 720 kByte/1,44 MByte; ZIP-Disk 100 MByte/250 MByte).

### 6.4.3.2 Optische Massenspeicher

Optische Massenspeicher werden als Optical Disk bezeichnet. Ursprünglich wurden diese in der Audiotechnik eingeführt (etwa 1982). Grundlage ist ein optisches Speicherprinzip (Laserstrahl tastet Oberfläche einer Scheibe mit digitalen Informationen ab). Die Oberflächenbeschichtung und das Abtastverfahren bestimmen die Funktionen der Optical Disk.

**Optical ROM**. Optical ROMs basieren auf einer Plastescheibe mit 12 cm und 8 cm Durchmesser. In einer als Spirale von innen nach außen angelegten Spur werden zur Datenspeicherung sogenannte „Pits" (0,8 . . . 3,5 μm lang) benutzt. Die Oberfläche einer Seite ist mit 700 . . . 800 MByte Daten bei CD-ROM und 4,7 . . . 17 GByte bei DVD (*Digital Video Disk* oder *Digital versatile Disk*) beschreibbar. Sie ist beständig gegenüber Magnetfeldern und hat eine hohe Staub- und Alterungsresistenz.

**Beschreibbare optische Speicher**. CD-R (CD-Recordable) sind einmal beschreibbare optische Speicher (vergleichbar mit den PROM-Halbleiterspeichern). Mit einem Laserstrahl höherer Energie wird die Oberfläche der Plastescheibe thermisch verändert (Daten „Brennen"). Mit einem Laserstrahl geringerer Energie kann beliebig oft ausgelesen werden. Die Speicherformate sind mit der CD-ROM vergleichbar. Auch DVD können nach diesem Prinzip beschrieben werden (bis zu 3,8 GByte). CD-RW (CD-ReWritable) sind erst seit 1997 verfügbar. Die Aufzeichnungsschicht der optischen Platte wird durch zwei verschiedene Temperaturen erhitzt. Je nach Erhitzung entstehen beim Abkühlen unterschiedliche Reflexionsschichten (0-, 1-Speicher → Phasenveränderungstechnik, Phase-Change-Principle). Der Schreibvorgang ist nur begrenzt wiederholbar (um 1 000mal). CD-R ist eine derzeitig bedeutende Technologie.

# 7 Mikrocontroller

Der Erfolg der Mikrocontroller (MC) ist beispiellos. Ausgangspunkt war der Einsatz in programmierbaren Steuerungen und in der Industrieautomation. Inzwischen trifft man in fast allen Lebensbereichen auf MC-Anwendungen, und ständig kommen neue Einsatzbereiche hinzu. Der unmittelbare Einfluß auf die Lebensqualität ist insbesondere durch den Einsatz im Kraftfahrzeugbereich, in der Telekommunikation, in Haushaltsgeräten, in der Medizintechnik, bei Chipkarten und bei der Gebäudeautomatisierung nicht mehr zu übersehen.

MC sind in einer großen Preis- und Leistungsbandbreite verfügbar und ermöglichen kostensensitive Lösungen auch für hochkomplexe und anspruchsvolle Aufgabenstellungen. Leistungsfähige CPUs, neue Speicher- und Peripheriekomponenten – gemeinsam On-Chip – erschließen neue Einsatzgebiete, die vor kurzer Zeit noch undenkbar waren.

## 7.1 Grundsätzliche Fragen

MCs sind das dominierende Bauelement im *Embedded-Control-Bereich*. Die Anwendungsbreite ist riesig, deshalb ist auch die Vielfalt der im Einsatz befindlichen MC-Varianten sehr groß. Bis auf wenige sekundäre Standards (z. B. Kommunikationsschnittstellen, Entwurfswerkzeuge, Standards zur EMV) unterliegt das Design von MCs keiner Standardisierung.

### 7.1.1 Allgemeines

Ein **Mikrocontroller** (*Microcontroller*) ist ein vollständiges Mikrocomputersystem auf einem Chip. Mikrocontrollerkern (*Core*), Speicher, Peripheriekomponenten und Interrupt-System sind gemeinsam auf einem Chip integriert und über einen bzw. mehrere Busse miteinander verbunden (→ Bild 7.1).

► *Hinweis*: Mikrocontroller werden auch als Single-Chip-Mikrorechner, Einchip-Mikrorechner, Einchip-Rechner oder Einchip-Mikrocomputer bezeichnet. Diese Synonyme werden jedoch kaum noch verwendet.

Die Idee der **On-Chip-Integration** (*On-Chip Integration*) basiert primär nicht auf der Zielsetzung einer hohen Verarbeitungsleistung, sondern auf der Erzielung einer maximalen funktionellen Integration bei geringen Systemkosten!

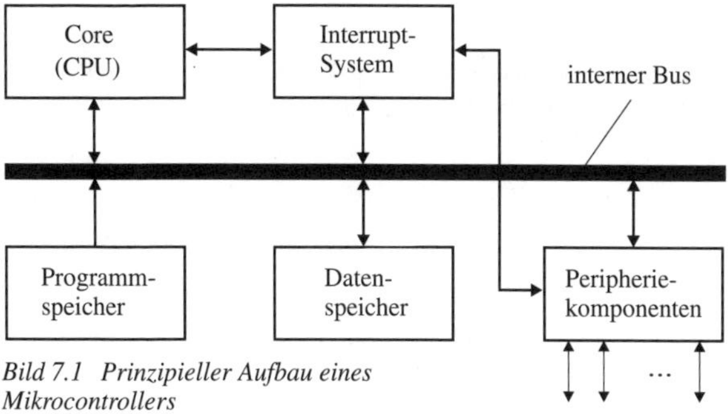


*Bild 7.1 Prinzipieller Aufbau eines Mikrocontrollers*

Der Markt für Mikrocontroller läßt sich in 2 Hauptbereiche, die Standard- und die kundenorientierten Mikrocontroller, einteilen.

**Standardmikrocontroller** (*Standard Microcontroller*) lassen sich keinem bestimmten Marktsegment zuordnen und sind in Abhängigkeit von ihrem Design relativ universell einsetzbar.

**Kundenorientierte Mikrocontroller** (*Custom Microcontroller*) sind jeweils für ein bestimmtes Marktsegment zugeschnitten, werden im Kundenauftrag für konkrete Projekte in hohen Stückzahlen gefertigt und sind nur mit Einschränkungen universell verwendbar.

► *Anmerkung*: Für Standardmikrocontroller ist typisch, daß der Ausnutzungsgrad der vorhandenen On-Chip-Funktionen je nach Anwendung sehr verschieden sein kann und in der Regel 100 % nicht erreicht.

Ein **Mikrocontrollerkern** (*Core*) ist im Sinne eines modularen MC-Konzepts die On-Chip-integrierte CPU. Dieser beinhaltet im wesentlichen ein komplexes Steuerwerk, mehrere Register, eine ALU und eine Bussteuereinheit.

Zusätzlich zum Core und zu den Speicherelementen werden MCs mit *Peripheriekomponenten* (Peripheriekomponenten = *On-Chip-Peripherie*) in unterschiedlichen Ausführungsvarianten ausgestattet.

❑ *Beispiele für die On-Chip-Peripherie*: (→ 7.2):
- Taktoszillator,
- Ein- und Ausgabeports (IO-Ports),
- Timer (verschiedene Timer- und Counter-Funktionen),
- Kommunikationsschnittstellen (UART, $I^2C$, SPI, CAN, ...),
- Analog-Digital-Umsetzer (ADU),
- Digital-Analog-Umsetzer (DAU),
- externe Interrupts,

- RealTimeClock (RTC),
- WatchDogTimer (WDT),
- Ansteuerung von Anzeigebauelementen (LCD-Anzeigen, LED-Anzeigen),
- verschiedene Stromsparfunktionen,
- Debugging-Unterstützung.

Das Bild 7.2 zeigt einen typischen Standardmikrocontroller.

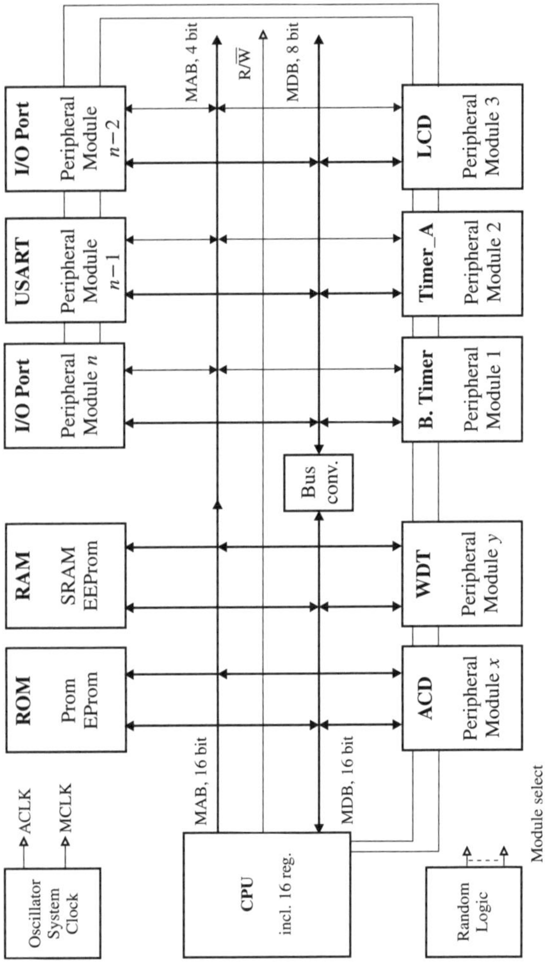


*Bild 7.2 Der MSP430 von TI – ein typischer Standardmikrocontroller /7.61/*

Nahezu alle On-Chip-Komponenten sind Interrupt-fähig. Deshalb ergänzt ein *programmierbares Interrupt-System* die Peripheriefunktionen.

► *Anmerkung*: Abweichend von der eingangs vorgenommenen MC-Definition findet man in der Praxis relativ häufig Applikationen, bei denen die On-Chip-Komponenten eines Standardmikrocontrollers nicht ausreichen und durch extern angeschaltete Bausteine, z. B. durch Speicher, ergänzt werden müssen.

Mikrocontroller mit identischem Core und unterschiedlicher On-Chip-Peripherie bzw. variiertem On-Chip-Speicher bezeichnet man als **Derivate** bzw. als Mitglieder einer MC-Familie.

### 7.1.2 Historische Entwicklung

Mit den Fortschritten in der MOS-Halbleitertechnologie ergab sich in den 70er Jahren mit der Fertigung von Speicherchips, Mikroprozessoren und sonstiger Digitalelektronik die Idee und die Möglichkeit, diese Komponenten gemeinsam auf einem Chip als Einchip-Mikrocomputer zu integrieren (→ Tabelle 7.1). Als Hauptanwendungen wurden in dieser Zeit industrielle Steuerungen, Tisch- und Taschenrechner, elektronische Spiele und digitale Uhren gesehen. Die Programmierbarkeit dieser Chips machte letztendlich die universelle Einsetzbarkeit aus und führte zu einem unerwartet massenhaften Einsatz auch in den Bereichen, an die man bisher nicht dachte /7.26/, /7.60/.

► *Hinweis*: Etwa seit 1976 werden die Begriffe Mikroprozessor (MP) und Mikrocontroller (MC) für verschiedene Designphilosophien verwendet.

► *Anmerkung*: Mit dem 8748 gelang es der Firma Intel erstmalig, einen EPROM mit auf dem Chip zu integrieren.

*Tabelle 7.1 Erfolgreiche Mikrocontroller der ersten Jahre*

| Typ | Hersteller | Einführungsjahr | Verarbeitungsbreite |
|---|---|---|---|
| TMS1000 | Texas Instruments | 1974 | 4 bit |
| 8748 | Intel | 1976 | 8 bit |
| 6801, 6805 | Motorola | 1978 | 8 bit |
| 8051 | Intel | 1981 | 8 bit |
| TMS 7000 | Texas Instruments | 1981 | 8 bit |

Folgende Trends bestimmten im wesentlichen die weitere Entwicklung der MCs:

- Steigerung der *On-Chip-Funktionalität*,
- Durchsetzung *modularer Konzepte*,
- Steigerung der *Verarbeitungsgeschwindigkeiten*,

7

- Schaffung effizienter Möglichkeiten für die Aktualisierung von On-Chip-Programmcode,
- Integration von *On-Chip-Komponenten* für das *Debugging*,
- Entwicklung und Einsatz neuer effizienter *Entwicklungstools* zur Code-Generierung,
- Realisierung von *On-Chip-Funktionalität* durch Software,
- Reduzierung der Leistungsaufnahme.

### 7.1.3 Anmerkungen zur Marktsituation

Eine Analyse der Marktanteile für die verschiedenen MCs ergibt nach wie vor eine *Dominanz* der 8-bit-MCs bezogen auf die Stückzahl und den Umsatz. Auf Grund ihres geringen Marktanteils weisen 32-bit-Mikrocontroller das stärkste Wachstum auf /7.27/.

► *Hinweis*: Registriert wird eine wachsende Vielfalt von Derivaten und eine zunehmende Überschneidung im Preis-Leistungs-Verhältnis zwischen den Architekturklassen, so daß sich dem Anwender mehr Auswahlmöglichkeiten bieten und für die MC-Hersteller die Realisierung einer Kundenbindung schwieriger wird.

Bestimmend für den aktuellen Mikrocontrollermarkt sind die Einbeziehung von *Flash-Speicher*, die weitere *Reduzierung des Leistungsverbrauchs* und die Integration neuer *Peripheriekomponenten* auf dem Chip (→ Tabelle 7.2). Es wird die Tendenz erkennbar, daß *ROM-Versionen* zunehmend durch *OTP-* und *Flash-Versionen* vom Markt verdrängt werden /7.27/.

*Tabelle 7.2 Mikrocontrollermarktentwicklung weltweit /7.12/*

| Architektur | Marktanteile | Veränderung relativ zu 1998 | | |
|---|---|---|---|---|
| | 1998 | 1998/1999 | 1999/2000 | 2000/2001 |
| 4 bit | 12 % | −4 % | −5 % | −3 % |
| 8 bit | 56 % | +10 % | +12 % | +14 % |
| 16 bit | 28 % | +23 % | +30 % | +21 % |
| 32 bit | 4 % | +32 % | +29 % | +29 % |
| Volumen | 9,5 Mrd. $ | +13 % | +16 % | +16 % |

► *Hinweis*: Die enorme Vielfalt der auf dem Markt positionierten Mikrocontroller (→ Tabelle 7.3) und das außerordentlich hohe Innovationstempo stellen den Elektronikentwickler vor schwierige Auswahlprobleme.

*Tabelle 7.3 Beispiele für auf dem Markt positionierte Mikrocontrollerfamilien*

| Architektur | MC-Familie | Hersteller |
|---|---|---|
| 4 bit | SM62<br>MN1500, MN1700<br>μCOM75X | Epson<br>Panasonic<br>NEC |
| 8 bit | PIC16Cxx, PIC17C4x<br>AT89xx, AT90xx<br>MC68-HC05/HC11<br>COP8xx<br>ST62xx, ST90xx<br>SAB C5xx, SAB 80C5xx<br>78K0S<br>80C51FA, 8XC51RA+ | Microchip<br>Atmel<br>Motorola<br>National Semiconductor<br>SGS-Thomson<br>Siemens<br>NEC<br>Philips |
| 16 bit | C16x<br>H8S, H8/300H<br>68HC12, 68HC16<br>AT91<br>80C51XA<br>MCS 251<br>MSP430 | Siemens<br>Hitachi<br>Motorola<br>Atmel<br>Philips<br>Intel<br>Texas Instruments |
| 32 bit | M683xx, MCF5200<br>SuperH<br>TriCore<br>ElanSC400 | Motorola<br>Hitachi<br>Siemens<br>AMD |

7

## 7.2 On-Chip-Komponenten

**On-Chip-Komponenten** stellen die Gesamtheit der integrierten Funktionalität eines Mikrocontrollers dar. Diese Funktionalität erstreckt sich vom Mikrocontrollerkern (*Core*) über Speicherkomponenten bis hin zur On-Chip-Peripherie.

Beim Entwurf eines MCs kann der Designer in der Regel auf einen bereits vorhandenen Vorrat an Modulen von On-Chip-Komponenten zugreifen. Neue Module zur Realisierung weiterer Funktionalität erfordern entsprechenden Beschreibungs- und Entwurfsaufwand (→ 11).

### 7.2.1 Mikrocontrollerkerne

Die bei MC zum Einsatz kommenden *Mikrocontrollerkerne* (*Cores*) weisen bis auf wenige charakteristische Besonderheiten im Grundsatz identische Architekturmerkmale und Eigenschaften im Vergleich zu üblichen Mikroprozessoren auf.

Im wesentlichen wird ein Core durch die *Datenverarbeitungsbreite* (4, 8, 16, oder 32 bit), den zur Anwendung kommenden Bustyp (gemeinsamer oder getrennter Bus für Daten und Befehlscode), den Typ des *Befehlssatzes* (CISC oder RISC) und der implementierten *Adressierungsarten* sowie durch die Geschwindigkeit der Befehlsausführung charakterisiert. Für sehr hohe Anforderungen an die Datenverarbeitungsgeschwindigkeit sind inzwischen MCs mit *superskalaren Architekturen* (mehrere Ausführungseinheiten), z. B. die TriCore-Architektur, auf dem Markt.

**CISC- und RISC-Cores** sind bei Mikrocontrollern gleichermaßen vertreten. RISC-Cores benötigen weniger Chipfläche als CISC-Strukturen und erlauben deshalb dem Designer, mehr Speicher bzw. andere periphere Funktionalität On-Chip zu integrieren. Im Vergleich zu CISC ist bei RISC-Cores der größere Speicherbedarf für den Programmcode bei gleicher Programmfunktionalität von Nachteil, so daß der zuvor genannte Vorteil zum Teil wieder aufgehoben wird.

*Tabelle 7.4 Ausgewählte Eigenschaften einiger MC-Cores /7.37/, /7.40/, /7.31/, /7.1/, /7.61/, /7.58/, /7.35/, /7.17/*

| MC-Familie | Datenbus-breite | Befehls-satz | Adreßraum für Code | $t_{1\,MZ}$ |
|---|---|---|---|---|
| NEC µCOM75X | 4 bit | CISC | bis 64 KByte | 670 ns bei 6 MHz |
| Philips 8XC51 | 8 bit | CISC | bis 64 KByte | 370 ns bei 33 MHz |
| Microchip PIC16CXXX | 8 bit | RISC | bis 8 K × 14 bit | 200 ns bei 20 MHz |
| Atmel AT90SXX | 8 bit | RISC | bis 8 KByte | 100 ns bei 10 MHz |
| TI MSP430 | 16 bit | RISC | bis 64 KByte | 300 ns bei 3,3 MHz |
| Siemens C166 | 16 bit | CISC | bis 16 MByte | 80 ns bei 25 MHz |
| Motorola HC12 | 16 bit | CISC | bis 4 MByte | 120 ns bei 8 MHz |
| Hitachi H8/300H | 16/32 bit | RISC | bis 16 MByte | 125 ns bei 16 MHz |
| NEC V850 | 32 bit | RISC | bis 16 MByte | 60 ns bei 13,5 MHz |

► *Anmerkung*: Die in Tabelle 7.4 angegebenen Zeiten für einen Maschinenzyklus ($t_{1\,MZ}$) sind zur vergleichenden Beurteilung der Verarbeitungsgeschwindigkeit von Cores nur sehr bedingt geeignet (→ 10). Für zulässige niedrigere Betriebsspannungen werden die angegebenen Werte für $t_{1\,MZ}$ in der Regel nicht erreicht.

Im Hinblick auf die Hauptanwendungsbereiche von Mikrocontrollern dominieren gegenwärtig eher Cores mit geringerer Leistungsfähigkeit (*Performance*) bei Datenverarbeitungsbreiten von 8 und 16 bit. Für echtzeitkritische Embedded-Control-Anwendungen – insbesondere für die elektronische Steuerung von Verbrennungsmotoren – gewinnen leistungsfähigere Cores mit geringerem Bedarf an Chipfläche, wie z. B. der 32-bit-RISC-Core ARM7TDMI (→ Bild 7.3), zunehmend an Bedeutung.

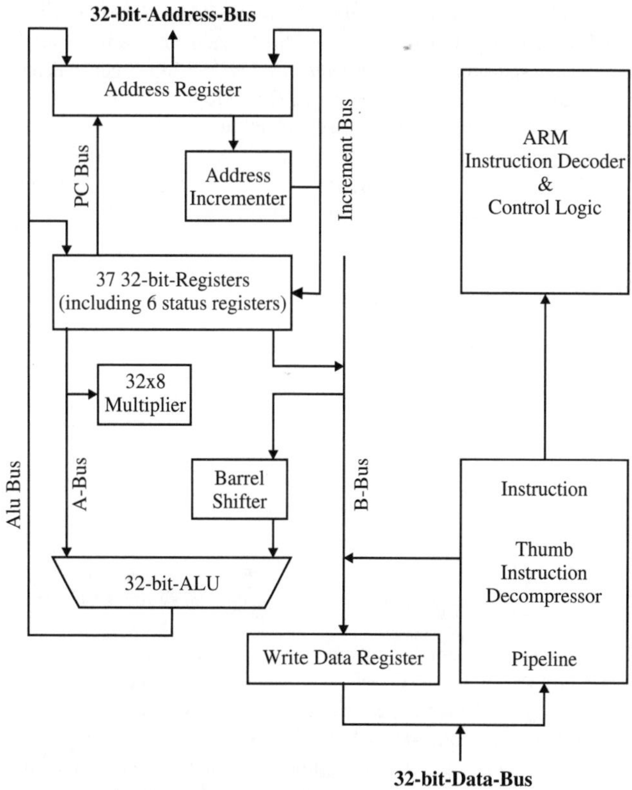


*Bild 7.3 32-bit-RISC-Core ARM7TDMI /7.7/*

Besonderheiten vieler MC-Cores sind:

- ein erweiterter und optimierter Befehlssatz, der Bitmanipulationen und ein einfaches Ansprechen der On-Chip-Peripherie ermöglicht,
- erweiterte Adressierungsarten mit entsprechenden Zeigerregistern,
- umfangreiche Maßnahmen zur Reduzierung der Stromaufnahme, insbesondere durch Sicherstellung der Core-Funktionalität auch bei sehr niedrigen Betriebsspannungen,
- großer möglicher Betriebsspannungsbereich,
- programmierbares Businterface zur flexiblen Anschaltung externer Erweiterungskomponenten,
- Fuzzy-Logik-Unterstützung,
- zusätzliche DSP-Funktionalität.

7

**Bitbefehle**. Viele MC verfügen über einen leistungsfähigen Satz von *Bitmanipulationsbefehlen*. Die direkt adressierten Bits können ohne Maskierung in CPU-Registern, in speziellen *Einzelbitbereichen* des On-Chip-Datenspeichers und im Spezialfunktionsregisterbereich der On-Chip-Peripherie lokalisiert sein. So können in sehr einfacher Weise Einzelbits gesetzt, gelöscht oder komplementiert werden. Für 2 adressierte Bits besteht die Möglichkeit für logische Verknüpfungen verschiedenster Art und zum Bittausch. Weiterhin stehen relative bedingte Sprungbefehle zur Verfügung, die Einzelbits bewerten und manipulieren können.

❑ *Beispiel*: Der 8051-Core verfügt über einen leistungsfähigen Booleschen Prozessor mit einem Bitakkumulator und einem umfangreichen Satz an Bitbefehlen (→ 12). Bild 7.4 zeigt am Beispiel einer Schalterüberwachung die sehr einfache Möglichkeit, externe Komponenten über Bitbefehle anzusprechen.

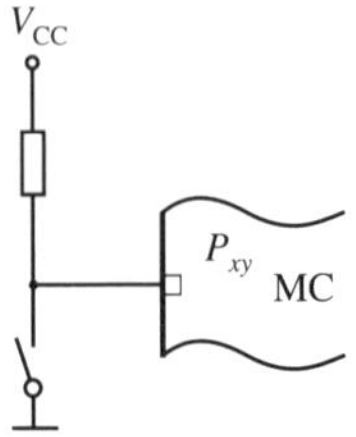


Programmsequenz erst bei geschlossenem Schalter fortsetzen:

```
        ⋮
wait:   jb    Pxy, wait
        ⋮
```

*Bild 7.4 Beispiel zur Anwendung von Bitbefehlen*

**Adressierungsarten**. Die zur Verfügung stehenden Adressierungsarten sind bei den einzelnen MCs z. T. sehr verschieden ausgelegt. Sie stehen unmittelbar im Zusammenhang mit der Art des Befehlssatzes (CISC oder RISC), dem vorhandenen Registersatz, damit, welche Speicher On-Chip sind, ob ein Businterface für externe Erweiterungen zur Verfügung steht und inwieweit Bitbefehle komfortabel unterstützt werden. So orientiert sich die Zeigergröße für die *indirekte Adressierung* von Speicherstellen nach der On-Chip-integrierten Speicherkapazität bzw. nach dem insgesamt zur Verfügung stehenden Adreßraum, der bei einzelnen MCs auch segmentiert sein kann. Auch können verschiedene Zeiger für externen und integrierten Speicher bei der Adressierung von Objekten zum Einsatz kommen. *Spezialfunktionsregister* (SFR) im internen RAM-Bereich sind i. d. R. nur durch eine direkte Adressierung in Byte- bzw. Bitgröße programmierbar.

**Businterface**. Neben dem Zugriff auf On-Chip-Speicher über den integrierten Bus gibt es eine Vielzahl von MCs, die zusätzlich über einen externen Bus verfügen. Hier kann für spezielle Anwendungen externer Speicher ergänzt oder es können externe Peripheriekomponenten, z. B. LCD-Grafikanzeigen mit Businterface, angekoppelt werden. Da die Anschlußressourcen des MCs nicht unbegrenzt zur Verfügung stehen, ist das Businterface oft zeitmultiplex ausgeführt und erfordert deshalb zusätzlichen Schaltungsaufwand zur Zwischenspeicherung von Adreßsignalen. Bei der Ankopplung von mehreren externen Komponenten kann weiterhin der Einsatz von *Decodierelektronik* notwendig sein.

❑ *Beispiel*: Bei den meisten 8051-Derivaten werden der Datenbus (D0–D7) und der niederwertige Teil des 16-bit-Adreßbusses (A0–A7) über Port 0 bereitgestellt. Die Steuerung der Adreßübernahme in ein externes Latch erfolgt über das Bussteuersignal ALE, welches bei der Ausführung eines Zugriffsbefehls auf eine externe Komponente generiert wird. In Abhängigkeit von der Datentransportrichtung werden bei Zugriffen auf den externen RAM die Bussteuersignale /WR bzw. /RD aktiv, bei Zugriffen auf den Codespeicher /PSEN.

**Programmierbares Businterface**. Mikrocontroller mit 16-bit- bzw. 32-bit-Datenverarbeitungsbreite verfügen meist über ein programmierbares Businterface, um für den Anwender bei der Anschaltung externer Speicher eine hohe Flexibilität bereitzustellen (Auswahl von Bustyp und Zugriffstiming, Generierung von Chip-Select-Signalen). Die Programmierung des Businterface erfolgt über Spezialfunktionsregister, oft auch in Kombination mit einer definierten Beschaltung von Portpins.

7

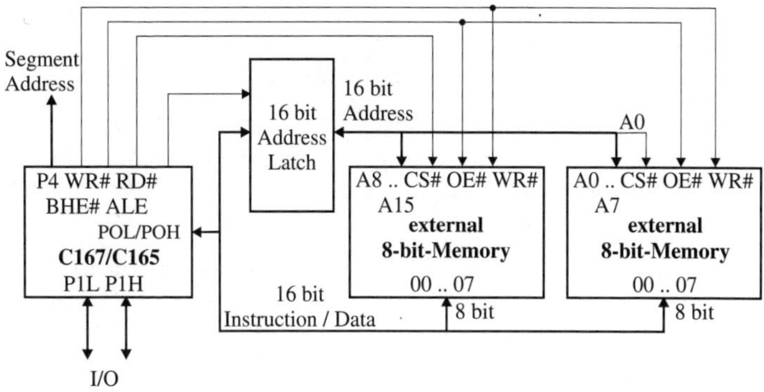


*Bild 7.5 Externe Speicher am programmierbaren C166-Businterface*

❑ *Beispiel*: Das programmierbare Businterface der C166-Familie ermöglicht die Busmodi 16-bit-Daten-Multiplex, 16-bit-Daten-Demultiplex, 8-bit-Daten-Multiplex und 8-bit-Daten-Demultiplex (→ Bild 7.5). Bei den Multiplex-Busmodi gehen weniger Portpins für I/O-Anwendungen verloren, jedoch sind externe Latches für das Zwischenspeichern von Adressen notwendig. Das Businterface stellt weiterhin bis zu 5 konfigurierbare Chip-Select-Leitungen zur Verfügung, so daß externe Decodierlogik für die Ansteuerung von externen Komponenten entfallen kann. Über mehrere SFR kann das Timing für den Bus den Erfordernissen der Applikation angepaßt werden. So läßt sich z. B. die Anzahl der Wait-States und die Länge des ALE-Impulses in weiten Grenzen variieren.

**Stromsparmodi** (*Power Saving Modi*). Insbesondere für portable Anwendungen sind niedrige Stromaufnahmen der eingesetzten MCs wichtig. Neben der Möglichkeit, die Stromaufnahme über eine Reduzierung von Taktfrequenz und Betriebsspannung im Rahmen zulässiger Grenzen zu senken, sind bei den meisten Mikrocontrollern mehrere per Spezialfunktionsregister oder speziellem Software-Befehl einstellbare Stromsparmodi vorgesehen. Tabelle 7.5 zeigt eine Übersicht zu Stromsparmodi, wobei funktionelle Details bei den einzelnen MCs verschieden ausgeführt sein können /7.43/, /7.47/.

*Tabelle 7.5 Übersicht zu Stromsparmodi*

| Modus | Funktion | Aktivierung | Deaktivierung |
|---|---|---|---|
| Idle-Mode | Taktabschaltung für CPU | über IDLE-Befehl | über Interrupt oder Reset |
| Power-Down-Mode | Taktabschaltung für CPU + On-Chip-Komp. | über PWRDN-Befehl + Pinbeschaltung | über Reset |
| Sleep-Mode | CPU ohne Takt | über SLEEP-Befehl | über Interrupt |
| Standby-Mode | On-Chip-Oszillator wird gestoppt | über SLEEP-Befehl/ Pin | über externen Interrupt |
| Module-Stop-Mode (*Off Mode*) | diskretes Abschalten von On-Chip-Komp. | über SFR | über SFR |
| Clock-Gearing (*Power Save Mode*) | Teilung des Taktes | über SFR | über SFR |

❑ *Beispiel*: Bei 3 V und 3 MHz benötigt ein H8S/2245 etwa 4 mA. Im Standby-Modus wird eine Reduzierung der Stromaufnahme auf typisch 0,01 μA erreicht /7.17/.

**DSP-Unterstützung**. Einige Mikrocontroller bieten zusätzliche DSP-Funktionalität in Form einer *MAC-Unit* zur Ausführung einer *MAC-Operation* (*Multiply and Accumulate*) in einem Maschinenzyklus (z. B. NEC-V850-Familie /7.38/, HITACHI-SuperH-Familie /7.18/, Motorola-68HC16-Familie /7.34/). Das Konzept der TriCore-Architektur von Siemens geht weiter und kombiniert in einem Core-Design die Eigenschaften eines echtzeitfähigen RISC-Prozessors, DSPs und Mikrocontrollers. Damit sind z. B. anspruchsvolle Aufgaben im Bereich des Managements für Verbrennungsmotoren lösbar.

**Modernisierung bestehender Core-Architekturen**. Im Markt fest etablierte Cores stoßen für anspruchsvolle Anwendungen in der Regel an ihre Leistungsgrenzen. Auf der Basis dieser eingeführten Architekturen erfolgt relativ häufig eine Optimierung dieser Cores, meist unter Sicherung einer eingeschränkten *Abwärtskompatibilität*. Dies bietet dem Anwender einen begrenzten Schutz für seine bisher getätigten Investitionen und garantiert dem Produzenten Kundenbindung und Marktinteresse. Für den 8051-Bereich sind verschiedene Optimierungen bzw. Weiterentwicklungen bekannt (Tabelle 7.6).

*Tabelle 7.6 8051-Core und abgeleitete Architekturen im Vergleich /7.9/, /7.15/, /7.39/, /7.53/*

| Typ | Daten-Bus | Adreßraum für Code und Daten | Takte je Befehl | Registerarbeit | max. Stack |
|---|---|---|---|---|---|
| 8051-Core | 8 bit | 64 KByte | mind. 12 | Akkumulator-orientiert | 256 Byte |
| C500 | 8 bit | 64 KByte | mind. 6 | Akkumulator-orientiert | 256 Byte |
| DS80C3XX | 8 bit | 64 KByte | mind. 4 | Akkumulator-orientiert | 256 Byte |
| MCS251 | 16 bit | 16 MByte | mind. 2 | Registerfile-Konzept | 64 KByte |
| 8051XA | 16 bit | 16 MByte | mind. 1 | Registerfile-Konzept | 64 KByte |

7

## 7.2.2 On-Chip-Speicherkomponenten

Wie bei üblichen Mikroprozessorsystemen auch wird bei MCs zwischen Speicher für *Programmcode* und Konstanten (*Code-Speicher*) sowie *Datenspeicher* unterschieden. Die technologische Ausführung dieser Speicher und die daraus resultierenden Eigenschaften können sehr verschieden sein.

Die Zielapplikation bestimmt in der Regel die Größe und Ausführung der erforderlichen Speicherkomponenten, wobei die Handhabung und wirtschaftliche Aspekte weitere Randbedingungen für die Auswahl darstellen.

### 7.2.2.1 Programmspeicher

Folgende Ausführungsvarianten kommen für die Unterbringung von Programmcode und Konstanten zum Einsatz:

- maskenprogrammierter ROM (*Read Only Memory*),
- EPROM (*Erasable Programmable ROM*),
- OTP (*One Time Programmable*),
- EEPROM (*Electrically EPROM*),
- Flash-Speicher,
- NOVRAM (*Nonvolatile SRAM*),
- eDRAM (*Embedded DRAM*),
- ohne On-Chip-Code-Speicher (externer Code-Speicher).

Der Bedarf an Code-Speicher kann je nach Applikation sehr unterschiedlich sein und im Bereich von einigen Byte bis zu mehreren 100 KByte liegen. Für viele Anwender stellt sich für kleinere und mittlere Stückzahlen zunehmend die Frage, wie der Programmcode in den Code-Speicher der fertigen Zielapplikation programmiert werden kann und inwieweit nachträgliche Modifizierungen des Codes vor Ort, z. B. beim Endkunden, möglich sind. Erste Lösungen boten MCs mit EEPROM bzw. Nonvolatile-SRAM. Größere Speicherkapazitäten bei günstigeren Kosten sind inzwischen bei MCs mit *integriertem Flash-Modul* möglich (→ Bild 7.6).

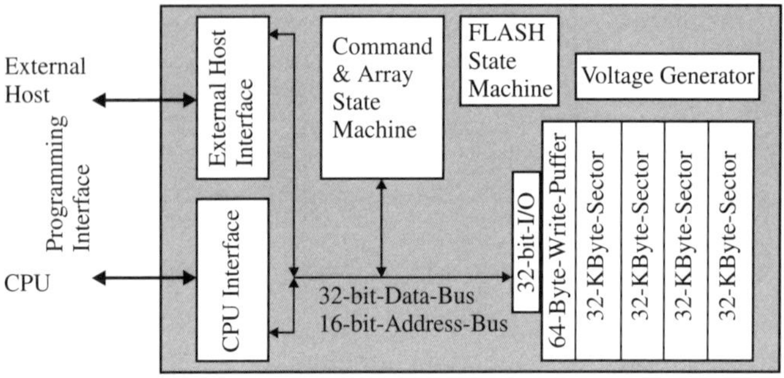


*Bild 7.6 Aufbau des On-Chip-Flash-Moduls beim C163-16F /7.4/*

*Tabelle 7.7 Beispiele für ISP-MCs mit On-Chip-Flash /7.2/, /7.19/, /7.30/, /7.41/, /7.44/, /7.54/*

| Typ | Hersteller | On-Chip-Flash | Programmier-interface | $n_{LPZ}$ | $t_{DR}$ |
|---|---|---|---|---|---|
| AT90S8535 | Atmel | 8 KByte | SPI (3 Pins) | 1000 | 10 Jahre |
| H8/3048F | Hitachi | 128 KByte | SCI (3 Pins) | 1000 | 10 Jahre |
| C163-16F | Siemens | 128 KByte | über 3 Pins | 1000 | 10 Jahre |
| PIC16F84 | Microchip | 1 K × 14 bit | über 5 Pins | 1000 | 40 Jahre |
| 89C51RD+ | Philips | 64 KByte | über 5 Pins | 1000 | 10 Jahre |

$n_{LPZ}$ Anzahl der Lösch- und Programmierzyklen
$t_{DR}$ Data-Retention-Time
Angaben für $n_{LPZ}$ und $t_{DR}$ sind garantierte Mindestwerte der Hersteller /7.2/, /7.19/, /7.30/, /7.41/, /7.44/, /7.54/.

Diese vor Ort programmierbaren MCs (*Field Programmable Microcontroller*) werden aktuell als ISP-MCs (*In System Programming-MCs*) bezeichnet und bieten für die Geräteentwicklung, die Fertigung, den Service und die Wartung sehr komfortable Möglichkeiten für eine Code-Änderung (→ Tabelle 7.7). Über Kommandosequenzen kann der Anwender mit dem Flash-Modul kommunizieren, ohne sich um spezielle Programmieralgorithmen kümmern zu müssen. Als Kommunikationsschnittstelle nutzen die ISP-MCs On-Chip-Schnittstellen (serielle Schnittstelle, parallele Schnittstelle, JTAG-Port, BDM-Schnittstelle).

► *Hinweis*: Aus wirtschaftlicher Sicht können OTP-Versionen eine Alternative zu Flash- und ROM-Versionen darstellen.

► *Anmerkung*: ISP-Funktionalität ohne Flash-Speicher bieten z. B. auch *Soft-Microcontroller* von Dallas Semiconductor. Über die serielle Schnittstelle und über einen integrierten Bootstrap-Loader kann Programmcode in den integrierten Nonvolatile-SRAM geladen werden, der über bis zu 128 KByte Speicherkapazität verfügt /7.9/.

#### 7.2.2.2 Datenspeicher

Folgende Ausführungsvarianten kommen für die Speicherung von variablen Daten zum Einsatz:

- statischer RAM (SRAM),
- eDRAM (*Embedded* DRAM),
- NOVRAM,
- EEPROM,
- externe Ergänzung von Datenspeicher in Form von SRAM oder eDRAM.

7

Die Größe der On-Chip-Datenspeicher reicht je nach MC-Typ von wenigen Byte bis zu einigen KByte. Externe Datenspeicher können für bestimmte Applikationen, z. B. für Datenlogger, bis zu einigen MByte groß sein. Über entsprechende Zeiger werden bei einigen MCs Adreßräume bis zu 16 MByte über eine entsprechende Segmentierung unterstützt.

Funktionell kann man den Datenspeicher wie folgt einteilen:

- allgemeiner Datenbereich (Speicherung von Variablen, Meßwerten, ...),
- Stack-Bereich,
- Bereich für Spezialfunktionsregister (SFR),
- Registerfile (Registerbank).

Je nach MC-Core sind verschieden breite Zugriffe auf den Datenbereich in unterschiedlichen Adressierungsformen möglich. Teile des Datenspeichers sind oft als *Bitarray* angelegt und ermöglichen bitorientierte Zugriffe (z. B. 8051-, H8/300H-, H8S- und C166-Familie).

Der Bereich für *Spezialfunktionsregister* (*Special Function Register*) ist für MCs spezifisch und enthält die für eine Programmierung der On-Chip-Komponenten notwendigen Betriebsartenregister. SFR sind neben einer direkten Adressierbarkeit in voller Breite auch oft bitadressierbar.

Das *Registerfile* ist je nach MC-Typ sehr verschieden ausgeführt. Modernere Designs gehen weg von der Akkumulator-Architektur und bieten ein universelles Registerfile. Mit diesen Registern können alle arithmetischen und logischen Funktionen ausgeführt werden, zusätzlich können Register als Adreßzeiger für Speicherzugriffe dienen (z. B. Registerfile der XA-Architektur, Bild 7.7). Bei einigen MCs ist das Registerfile in den Datenbereich gemappt.

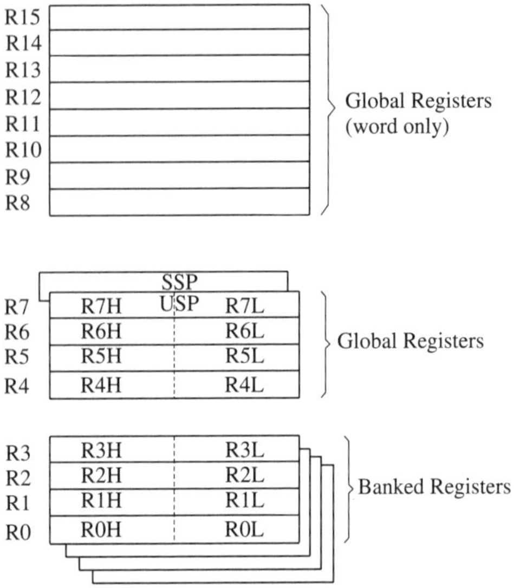


*Bild 7.7 Registerfile der 16-bit-XA-Architektur*

► *Anmerkung*: Viele MCs unterstützen das Ansprechen von Registerbänken (*Register Banking*). Jede Registerbank enthält dabei eine gleich große Anzahl von Arbeitsregistern (meist 8 oder 16 Arbeitsregister). Über ein spezielles Register kann eine von mehreren Registerbänken ausgewählt werden. Mit Register-Banking lassen sich sehr kurze effektive Befehle erzeugen und bestimmte Registerbänke Teilprogrammen, z. B. Interrupt-Serviceroutinen, zuweisen.

### 7.2.3 Ausgewählte On-Chip-Peripheriekomponenten

#### 7.2.3.1 Ports

Über *Portpins* ist der MC mit seiner Außenwelt verbunden. Üblich ist eine Zusammenfassung einzelner Portpins mit gleicher Funktionalität zu *Ports*, z. B. zu 8- oder 16-bit-Ports (→ Bild 7.8). Welche maximale Datenbreite über die Ports digital übertragen werden kann, ist von der Breite des On-Chip-Datenbusses abhängig.

Meist erfolgt mit den Ports eine digitale Ein- bzw. Ausgabe (digitales IO). Analoge Werte können ebenfalls über Portpins übertragen werden, wenn die dafür erforderlichen analogen Peripheriekomponenten (ADU, DAU) On-Chip sind.

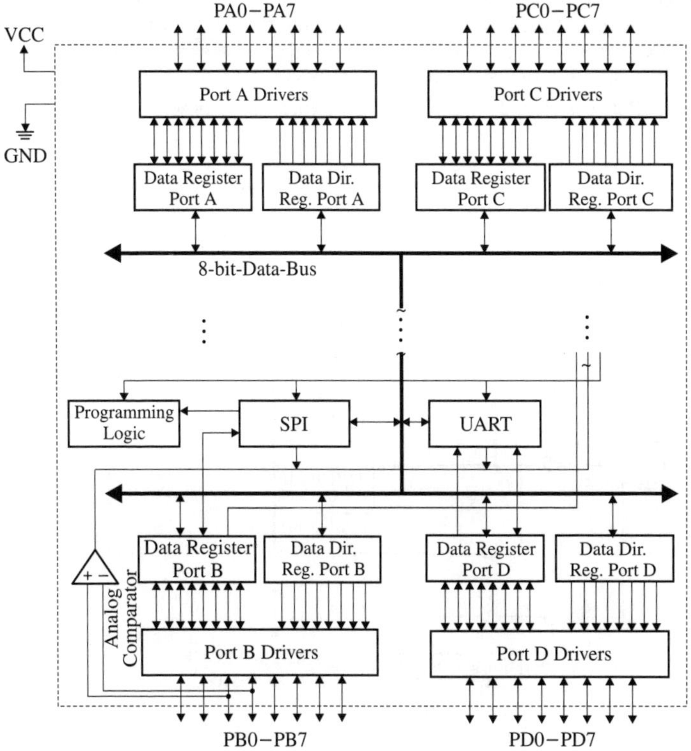


*Bild 7.8 8-bit-Ports beim AT90S8515 /7.2/*

Typisch ist eine Ansteuerung der Ports für digitales IO über *Portregister*. Daten werden über ein Port-Daten-Register (*Port Data Register*) bereitgestellt, die Richtung des Datentransfers bei *bidirektionalen Ports* wird über ein Daten-Richtungs-Register (*Data Direction Register*) definiert. Sind neben digitalem IO *Alternativfunktionen* für Ports bzw. Portpins vorgesehen, so sind zusätzlich meist noch Steuerregister notwendig. Ein Beispiel für Alternativfunktionen zeigt Tabelle 7.8.

Jedes Portpin verfügt primär über einen Flipflop zur Speicherung und Ausgabe der Binärinformation, die über einen Schreibbefehl von der CPU bereitgestellt wird. Dem Flipflop ist ein Ausgangstreiber nachgeschaltet, um den geforderten Ausgangspegel und die notwendige Belastbarkeit zu sichern. Falls das Portpin zusätzlich als Eingang dient, so sorgt ein geeigneter Verstärker für die notwendige Entkopplung zwischen dem Datenbus und der externen Elektronik. Obwohl die konkrete Ausführung der Elektronik für jedes Portpin entsprechend den vorgesehenen Funktionen sehr verschieden sein kann, sind die Pins eines Ports miteinander synchronisiert. Bild 7.9 zeigt ein Beispiel für die Elektronik eines Portpins ohne die Darstellung der Synchronisationselektronik /7.2/.

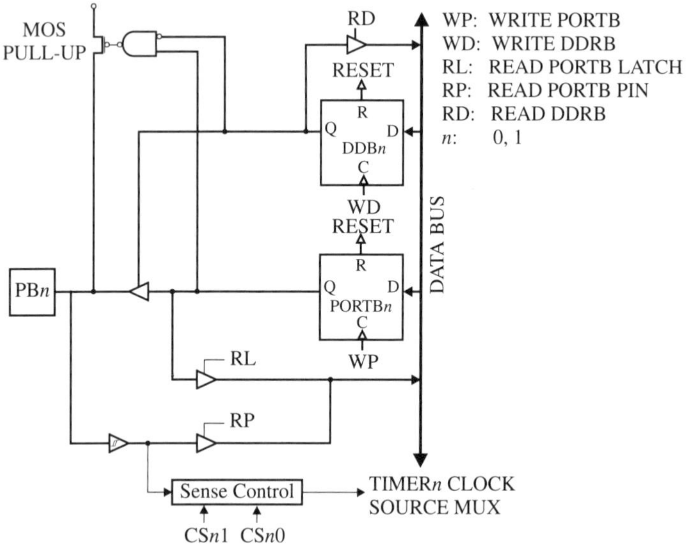


*Bild 7.9 Portelektronik beim AT90S8515 (Port B0)*

*Tabelle 7.8 Beispiel für Alternativfunktionen (AT90S8515, Port B)*

| Port-Pin | Alternativfunktion |
|---|---|
| PB0 | T0 (externer Zählereingang) |
| PB1 | T1 (externer Zählereingang) |
| PB2 | AIN0 (Analogkomperator, positiver Eingang) |
| PB3 | AIN1 (Analogkomperator, negativer Eingang) |
| PB4 | /SS (SPI, *Slave Select Input*) |
| PB5 | MOSI (SPI, *Master Output/Slave Input*) |
| PB6 | MISO (SPI, *Master Input/Slave Output*) |
| PB7 | SCK (SPI, *Seriell Clock*) |

Als Ausgangsstufen findet man *Open-Drain-*, *Pull-Up-* und *Open-Kollektor-Stufen*. Zusätzlich wird *Tristate-Verhalten* vorgesehen, wenn die Ports alternativ einen externen Daten-/Adreßbus bereitstellen.

► *Anmerkung*: Einige MCs bieten sog. Read-Modify-Write-Befehle, mit denen portbezogen logische Verknüpfungen mit dem Ziel der Modifizierung von Portdaten ausgeführt werden können. So wird z. B. bei einer logischen ODER-Verknüpfung von Portdaten mit einer Maske zuerst der Inhalt des Portlatch (nicht der Pinzustand!) gelesen, anschließend mit der Maske ODER verknüpft und abschließend in das Portlatch zurückgeschrieben (z. B. ORL P1,A).

#### 7.2.3.2 Timer

Als **Timer** werden On-Chip-Peripheriekomponenten bezeichnet, die in ihrer Hauptfunktion als Zähler (*Counter*) oder Zeitgeber (*Timer*) verwendet werden können.

7

► *Anmerkung*: Der Begriff Timer wird sowohl für die Bezeichnung eines Bauelements als auch für eine seiner Funktionen – die Timer-Funktion – verwendet.

Timer haben eine außerordentlich hohe Bedeutung für die Realisierung von MC-Applikationen. Deshalb ist nahezu jeder MC mit einem bzw. mehreren Timer-Modulen, die verschiedene Betriebsarten ermöglichen, bestückt.

► *Hinweis*: Timer arbeiten nach ihrer Initialisierung unabhängig von der CPU. Nur bei einer Veränderung der Betriebsart bzw. bei der Auslösung von Interrups durch Timer-Funktionen wird CPU-Rechenzeit benötigt.

Als **General-Purpose-Timer** werden Timer bezeichnet, die für alle gängigen Anwendungen zur Verfügung stehen.

Folgende Hauptfunktionen sind realisierbar:

- Zählung von Impulsen,
- Messung von Zeiten und Frequenzen,
- Erzeugung von Impulsen,
- Generierung von PWM-Signalen,
- zyklische Erzeugung von Interrupts.

Zentrales Element eines jeden Timers ist ein *Zählregister*, dessen Eingang je nach Funktion (Zähler oder Zeitgeber) mit einem externen Zähleingang oder mit dem geteilten Oszillatortakt des MCs verbunden ist.

Es sind Timer bekannt, bei denen das Zählregister inkrementiert oder dekrementiert werden kann. Der Zählumfang liegt meist im Bereich von 8 bis 24 bit. Eine Kaskadierung mehrerer Timer ist möglich.

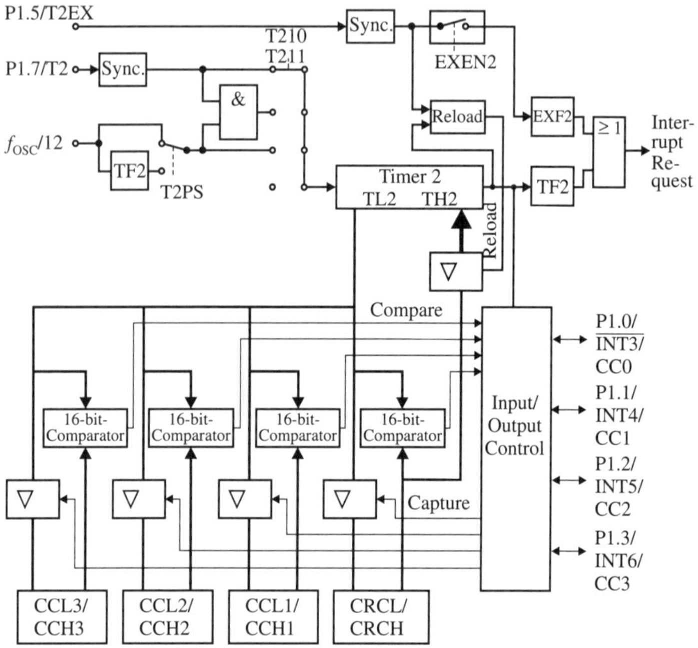


*Bild 7.10 Struktur eines Timers mit Compare- und Capture-Funktion /7.56/*

Ein Über- bzw. Unterlauf des Zählregisters führt zum Setzen eines Kennzeichenbits, welches zur Generierung von Interrupts benutzt wird. Bild 7.10 zeigt eine Timer-Struktur mit inkrementierendem Zählregister und einer Zählbreite von maximal 16 bit. An Hand dieses Timers sollen einige typische Funktionen näher vorgestellt werden:

**Funktion Zeitgeber**. Das Zählregister erhält sein Eingangssignal über den geteilten *Oszillatortakt* des MCs. So ergibt sich z. B. bei einem Oszillatortakt von 12 MHz und einer Teilung durch 12 ein Eingangstakt von 1 MHz (1 µs). Mit einem *Zählumfang* von 16 bit wird demnach die Zeit bis zum Überlauf 65 535 µs betragen. Diese *Periodenzeit* kann über ein Vorladen des Zählregisters verkürzt werden. Allerdings beginnt die nächste Zählperiode nach einem Überlauf wieder bei 0. Dies läßt sich über ein Nachladen am Ende jeder Zählperiode, z. B. im Rahmen der *Interrupt-Behandlung* des Timer-Überlaufs (Software-Reload) oder über die Aktivierung eines *Auto-Reload* (Hardware-Reload), verhindern. Beim Auto-Reload wird der gewünschte Reload-Wert in ein speziell dafür vorgesehenes *Autoreload-Register* geladen und anschließend die Betriebsart Autoreload aktiviert (→ Bild 7.11). Mit jedem Timer-Überlauf wird nun der Inhalt des Reload-Registers durch die Hardware in das Zählregister kopiert.

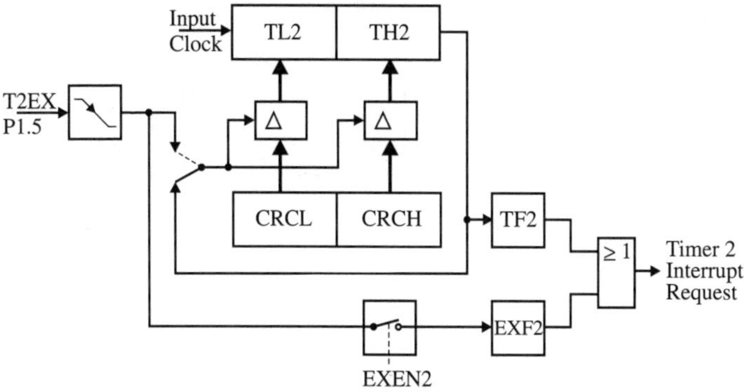


*Bild 7.11 Timer im Autoreload-Modus /7.56/*



**Funktion Zähler**. Der Eingang des Zählregisters wird als *externer Zähleingang* benutzt und ist mit einem Anschlußpin des MCs direkt verbunden. Synchronisation und weitere Eigenschaften der Eingangselektronik begrenzen die maximal erfaßbare Eingangsfrequenz. Sie liegt für das Beispiel und bei einer Oszillatortaktfrequenz von 12 MHz bei 500 kHz.

► *Hinweis*: Zeitgeber- und Zählermodus werden oft mit weiteren Zusatzfunktionen kombiniert. So bietet z. B. der Gating-Control-Modus die Möglichkeit, über eine Torsteuerung per Portpin die Taktzuführung für das Zählregister zu beeinflussen. Komplexere Timer-Strukturen bieten zusätzlich Compare- und Capture-Modi für die PWM-Signalerzeugung bzw. Zeitmessungen.

**Compare-Modus**. Beim Compare-Modus wird der Inhalt des Zählregisters ständig über eine initialisierte Hardware des Timers mit dem Inhalt eines vorgeladenen *Compare-Registers* verglichen (→ Bild 7.12). Ein Compare-Ereignis tritt ein, wenn der Inhalt von Zähl- und Compare-Register übereinstimmen. Das Compare-Register kann zur Erzeugung eines Pegelwechsels an einem Portpin und zur Generierung eines Interrupts genutzt werden. Mit Hilfe des Compare-Modus lassen sich somit PWM-Signale erzeugen, wobei der Inhalt des Compare-Registers das *Tastverhältnis* und der Inhalt des Autoreload-Registers die Periodendauer des Signals bestimmen.

Die Schwingungserzeugung läuft nach erfolgter Initialisierung ohne Beteiligung der CPU ab. Nur für eine Änderung der Parameter sind die erforderlichen SFR neu zu laden (→ Programmbeispiel). Für einen Timer kann die Ausgabe von PWM-Signalen parallel für mehrere Kanäle erfolgen, wobei die Frequenzen der Ausgangssignale übereinstimmen, aber jeweils verschiedene

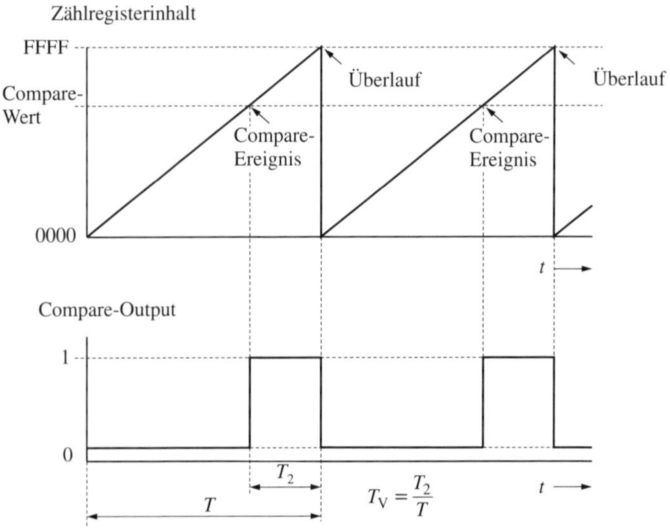


*Bild 7.12 Zeitlicher Verlauf beim Compare-Modus 0 (80C515)*

Tastverhältnisse für die Kanäle einstellbar sind.

❑ *Programmbeispiel*: Generierung eines PWM-Signals mit einer Frequenz von 1 KHz und einem Tastverhältnis von 20 % für einen 80C535, PWM-Ausgang ist P1.3 (CC3).

```
; Wertzuweisungen
RELOAD_WERT    = -1000    ; 1000 µs bis zum Überlauf, für 1 KHz
COMP_WERT      = -200     ; 200 µs für Dauer des 1-Pegels,
                          ; Tastverhältnis 20 %

; Unterprogramm zur Initialisierung des PWM-Signals
; Timer war bereits gestoppt
PWM_INIT: MOV CRCH,#HIGH RELOAD_WERT   ; Reloadwert laden
          MOV CRCL,#LOW  RELOAD_WERT
          MOV CCH3,#HIGH COMP_WERT     ; Comparewert laden
          MOV CCL3,#LOW  COMP_WERT
          MOV TH2,#HIGH  RELOAD_WERT   ; Zählregister f. erste
          MOV TL2,#LOW   RELOAD_WERT   ; Timer-Periode laden
          MOV CCEN,#01000000B          ; Comparekanal 3
                                       ; zuweisen
          MOV T2CON,#00001001B         ; Timer 2 mit
                                       ; Autoreload und
                                       ; Comparemodus 0

          RET
; Ende der PWM-Initialisierung
```

► *Anmerkung*: Die zeitliche Auflösung für das PWM-Signal hängt unmittelbar vom programmierten Zählumfang des Zählregisters und vom anliegenden Eingangstakt ab. Für kurze Zählperioden lassen sich nur geringe Auflösungen erzielen.

Einige Timer bieten die Möglichkeit, daß ein Compare-Ereignis gleichzeitig auf eine Gruppe wählbarer Portpins wirkt und vorprogrammierte Pegelwechsel ausgegeben werden. Diese Betriebsart wird *Concurrent-Compare-Modus* genannt.

**Capture-Modus**. Beim Capture-Modus wird durch ein Capture-Ereignis, welches ein *externer Pegelwechsel* an einem Portpin oder ein bestimmter Befehl sein kann, der momentane Inhalt des Zählregisters in einem *Capture-Register* aufgefangen. Mit der Triggerung auf externe Pegeländerungen an einem Portpin läßt sich z. B. der zeitliche Abstand zwischen 2 Impulsen messen. Eine weitere Anwendung besteht darin, die Laufzeit von Programmsequenzen über einen Auffangbefehl zu bestimmen. Das Prinzip dieser Messung ist in Bild 7.13 dargestellt.

7

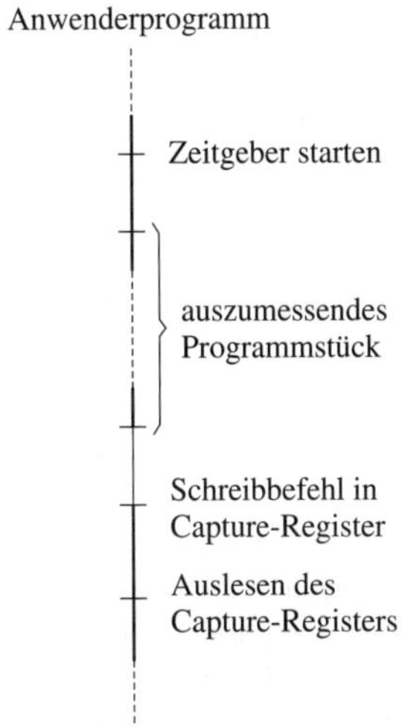


*Bild 7.13 Bestimmung der Programmlaufzeit mittels Capture-Modus*

❑ *Anwendungsbeispiel*: Eine typische Anwendung für die Compare- und Capture-Funktionalität ist die Generierung von Zündimpulsen für einen Verbrennungsmotor in Abhängigkeit von mehreren Sensorsignalen. Bild 7.14 zeigt das Prinzip für das elektronische Motormanagement eines Mehrzylinder-Verbrennungsmotors. Falls das Klopfverhalten des Motors in die Steuerung einbezogen werden soll, steigen die Anforderungen an die Rechenleistung des Cores für die erforderliche Signalverarbeitung stark an.

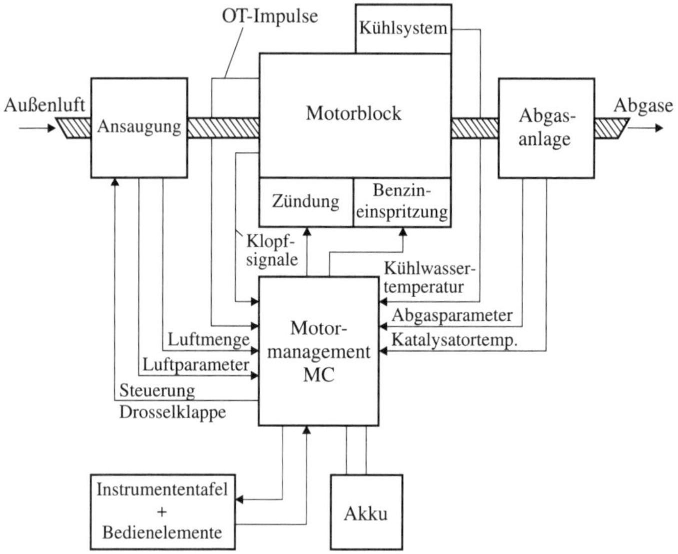


*Bild 7.14 Elektronisches Motormanagement eines Verbrennungsmotors mit MC*

### 7.2.3.3 Serielle Kommunikationsinterfaces

Bis auf wenige MCs im unteren Preissegment sind serielle Kommunikationsinterfaces bei den meisten MCs On-Chip.

Bedingt durch die Vielfalt der existierenden Interfaces sind Standardmikrocontroller oft mit mehreren verschiedenen und programmierbaren Kommunikationsinterfaces ausgerüstet.

Besonders komfortabel sind Interfaces, die eine Auswahl aus unterschiedlichen Protokollen (z. B. UART, HDLC, Ethernet) erlauben. Die Bezeichnung der programmierbaren Interfaces erfolgt durch die MC-Produzenten unterschiedlich. Üblich sind z. B. SCC (*Serial Communication Channel*), SCI (*Serial Communication Interface*), ASC (*Asynchronous/Synchronous Channel*) und USART (*Universal Synchronous/Asynchronous Receiver/Transmitter*).

**Asynchrone Kommunikationsinterfaces**. Zur bitseriellen zeichenorientierten Datenübertragung sind die meisten MCs mit einem asynchronen Standardinterface ausgerüstet, welches mit dem *UART-Protokoll* arbeitet. Die Synchronisation erfolgt für jedes zu übertragende Zeichen über ein Startbit. Entsprechend dem festzulegenden Datenformat für die Zeichenübertragung werden u. a. am Zeichenende je 1 bis 2 Stoppbits zur Einstellung des Pausenpegels zwischen 2 zu übertragenden Zeichen gesendet. Ein *Baudratengenerator* (BRG) bzw. ein entsprechend programmierter Timer sorgen für eine korrekte zeitliche Generierung des Signals auf der Sendeseite bzw. für eine korrekte Abtastung des Empfangssignals. Einige Interfaces unterstützen auch eine *automatische Baudratenerkennung* auf der Empfangsseite.

In der Regel sind die asynchronen Interfaces für eine Übertragung im *Halb-Duplex-Mode* oder im Vollduplex-Mode ausgelegt. Bild 7.15 zeigt die Sendeseite einer On-Chip integrierten asynchronen Schnittstelle, die für die Voll-Duplex-Übertragung geeignet ist /7.2/.

► *Hinweis*: Falls der MC über einen integrierten BRG verfügt, gestaltet sich die Programmierung der asynchronen seriellen Schnittstelle sehr einfach. Neben der Definition des Datenformats über Einstellungen in einem SFR ist der BRG mit der gewünschten Baudrate zu initialisieren. Üblich sind Baudraten im Bereich von 2 400 ... 115 200 Baud, mit einzelnen Interfaces sind bis zu 1,25 Mbit/s möglich.



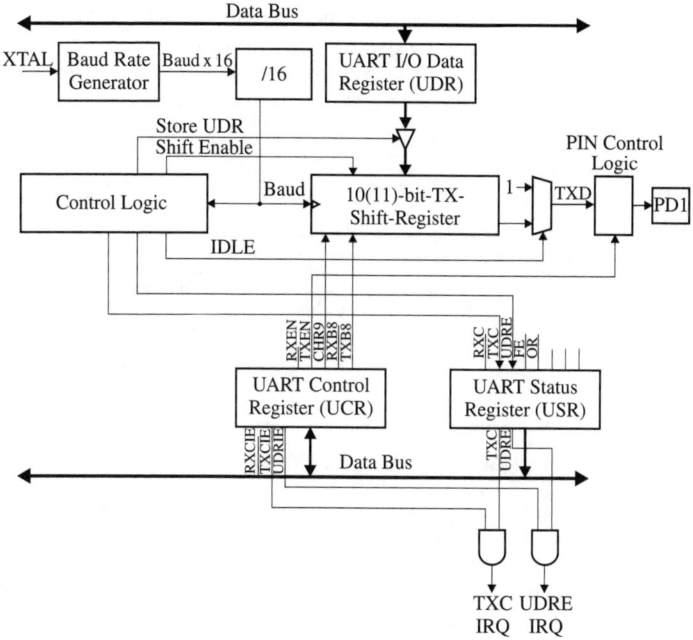


*Bild 7.15 Struktur einer programmierbaren UART-Schnittstelle (Sendeseite) /7.2/*

**Synchrone Standardinterfaces**. Bei der Ausführung von synchronen Interfaces als On-Chip-Komponenten dominieren Verfahren zur *zeichenorientier-*

*ten Übertragung*. Eine Variante besteht darin, die zu übertragenden Zeichen in Blöcke bzw. Pakete einzuteilen und mit *Synchronisationszeichen* und weiteren Blockkennzeichen zu versehen (z. B. Verwendung des bitorientierten HDLC-Protokolls). Eine andere Variante liefert für jedes zu übertragende Einzelzeichen auf einer weiteren Leitung Taktsignale zur Synchronisation auf jedes Einzelbit. Bei diesem Verfahren kann bei vielen MCs oft nur halbduplex übertragen werden. Synchrone Interfaces stellen in der Regel Datenübertragungsraten bis zu 5 Mbit/s bereit.

**SPI-Schnittstelle**. Zu den zeichenorientierten synchronen Interfaces gehört die SPI-Schnittstelle (*Synchronous Serial Interface*). Sie ermöglicht eine schnelle serielle Datenübertragung von bis zu 1 Mbit/s zwischen ICs auf einer Leiterplatte bzw. zwischen Komponenten in einem Gerät bei Entfernungen bis ca. 15 m. Für eine vollduplexe Übertragung werden 2 serielle Datenleitungen (MOSI, MISO) und eine Taktleitung benötigt. Eine Komponente arbeitet als Master, welcher den Takt für die Übertragung nach dem *Schieberegisterprinzip* bereitstellt. Die anderen Komponenten sind Slaves, die auf Masteranforderung ihre Daten ausgeben. Eine dynamische Bestimmung des Masters ist möglich. Da jede SPI-Komponente über ein Aktivierungspin (*Slave Select*) verfügt, lassen sich sehr einfach busähnliche Strukturen aufbauen (→ Bild 7.16).

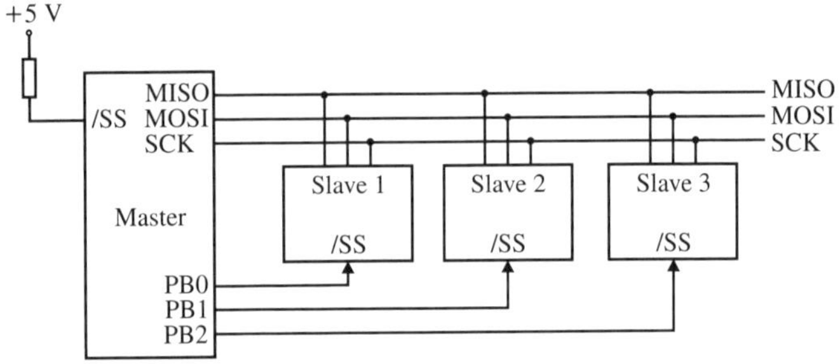


*Bild 7.16 Variante zur Anschaltung mehrerer ICs am SPI-Interface*

**I²C-Bus**. Mit Hilfe des I²C-Busses (*Inter Integrated Circuit Bus*) lassen sich ebenfalls serielle Verbindungen zwischen ICs auf einer Leiterplatte bzw. von Baugruppen in einem Gerät realisieren. Die serielle taktsynchrone Bitdatenübertragung erfolgt über 2 Busleitungen (*Serial Data Line* und *Serial Clock Line*), wobei Datenübertragungsraten bis zu 100 kbit/s erreicht werden. Das Übertragungsverfahren ist eine Mischung aus synchroner und asynchroner Übertragung. Mittels *Start-* und *Stoppbedingung* wird jeweils auf die Übertragung eines Datentelegramms synchronisiert (→ Bild 7.17). Für die einzelnen Bits einer Übertragung erfolgt die Synchronisation über das Taktsignal.

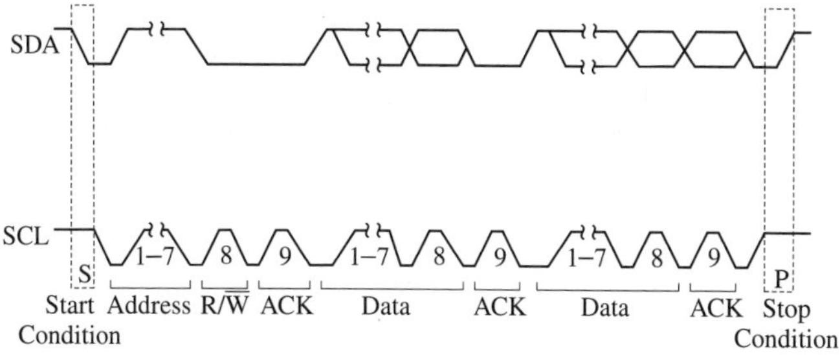


*Bild 7.17 Format des I²C-Datentelegramms*

**Ethernet**. Das Ethernet ist ein Protokoll aus dem *LAN-Bereich*. Es arbeitet rahmenorientiert und enthält im *Rahmen* u. a. die Quell- und Zieladresse sowie Angaben zum Protokolltyp im Datenfeld und zu dessen Länge (→ Bild 7.18). Ethernet verwendet eine asynchrone Übertragung, wobei jede Arbeitsstation ihren eigenen Takt in den Datenbitstrom integriert. Somit obliegt der Empfangsstation die Trennung von Takt und Daten.

Einige MCs bieten mit ihren programmierbaren seriellen Interfaces sowohl die *Ethernet-Rahmengenerierung* mit Taktintegration als auch das *CSMA-CD-Verfahren* (*Carrier Sense Multiple Access – Collision Detect*) als Zugriffsmethode auf den LAN-Bus, so daß mit Hilfe externer Leitungsinterfaces eine Einbindung der MC-Applikation in bestehende LAN erfolgen kann.

| Preamble | Start Delimiter | Ziel-Adresse | Quell-Adresse | Typ/ Länge | Daten ... | Frame Check Sequence |
|---|---|---|---|---|---|---|
| 7 Byte | 1 Byte | 6 Byte | 6 Byte | 2 Byte | 46 ... 1500 Byte | 4 Byte |

*Bild 7.18 Aufbau eines Ethernet-Rahmens*

**CAN**. Der ursprünglich für den Kraftfahrzeugbereich entworfene CAN-Bus (*Controller Area Network*) hat inzwischen beim Aufbau von Feldbussystemen eine so wichtige Position eingenommen, daß nahezu jeder MC-Produzent Derivate mit CAN-Funktionalität anbietet.

Hauptkennzeichen des CAN-Busses sind (→ 6, /7.11/):

- asynchrone Datenübertragung mit Nachrichtenrahmen,
- maximale Datenübertragungsraten bis 1 Mbit/s,
- Multimasterfähigkeit,
- reduzierte Übertragungsraten bei Busausdehnungen > 40 m,
- meist Zweidrahtleitung als Übertragungsmedium (differentielle Übertragung),
- umfangreiche Vorkehrungen für hohe Übertragungssicherheit,
- Buszuteilung über priorisierte Nachrichten.

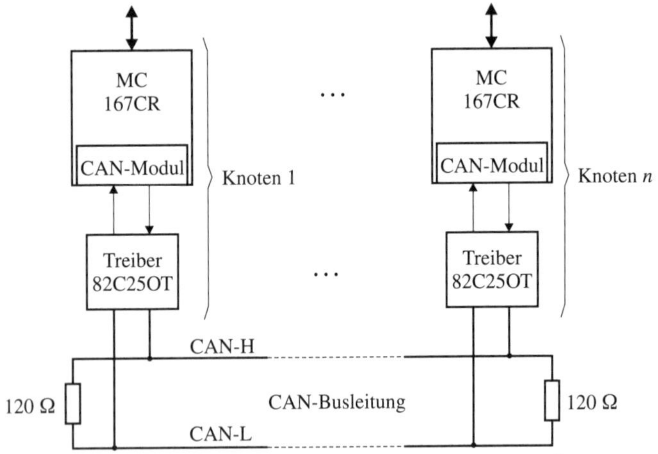


*Bild 7.19 Beispiel für eine CAN-Busankopplung (CAN High Speed)*

► *Anmerkung*: Die Zustellung von Daten an bestimmte Busteilnehmer erfolgt nicht über eine Adressierung von Busknoten, sondern objektorientiert. So enthält der Nachrichtenrahmen einen Identifier für die Kennzeichnung des Nachrichtenobjekts (z. B. Temperaturwert an Meßstelle 5). Jeder Busteilnehmer prüft ankommende Identifier auf Relevanz und entscheidet selbst über eine Nachrichtenübernahme.

Entsprechend den standardisierten CAN-Varianten (CAN 1.2A/CAN 2.0A und CAN 2.0B) sind die integrierten *CAN-Controller* differenziert ausgestattet bzw. programmierbar. Neben unterschiedlichen Größen für die *Identifier* im *Nachrichtenrahmen* (11 bzw. 29 bit) sind auch die Verfahren für die Auswertung des Identifiers verschieden. Nach CAN 2.0B spezifizierte CAN-Controller verfügen über mehrere *Sende-* und *Empfangspuffer* und eine Hardware zur *Nachrichtenerkennung*, so daß die CPU entlastet wird. Zur Nutzung dieser Vorteile werden in jüngster Zeit meist CAN-Controller mit

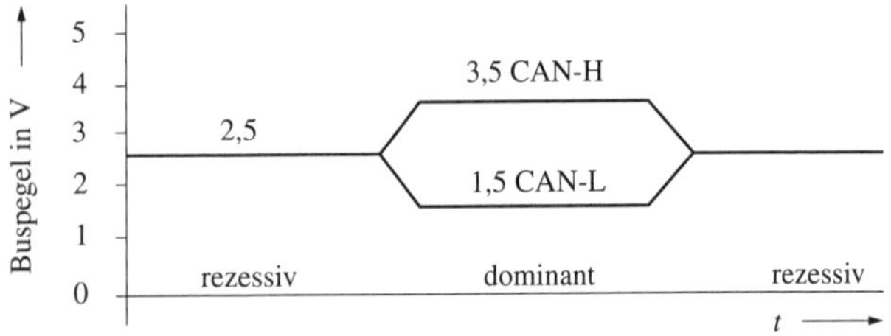


*Bild 7.20 Nominelle Buspegel nach ISO-DIS 11898*

der Funktionalität nach CAN 2.0B (Full-CAN-Controller) integriert (z. B. Siemens C167CR und C505CA, Mitsubishi-M16C-Familie). Bild 7.19 zeigt ein Beispiel für eine Busankopplung entsprechend ISO-DIS 11898 (CAN-High-Speed). Im Bild 7.20 sind die entsprechenden Buspegel für das Beispiel dargestellt.

**IrDA**. Einige MCs unterstützen mit ihren seriellen Schnittstellen die unteren Protokollschichten des *IrDA-Standards* (*Infrared Data Association*, /7.21/).

Hauptkenndaten der *Bitübertragungsschicht* nach IrDA 1.0 sind:
- eine Wellenlänge des Lichtes im Bereich von 850 ... 900 nm,
- ein Abstrahlwinkel der Sendediode im Bereich von ±15 ... ± 30°,
- die Datenübertragung im Halbduplexverfahren,
- ein Zeichenformat nach 10-bit-UART-Protokoll,
- Datenübertragungsraten bis 115,2 Kbit/s,
- die Übertragung von logisch 0 mit Lichtimpuls, von logisch 1 ohne Lichtimpuls,
- eine Impulsbreite von mindestens 1,6 μs oder 3/16 der Bitzeit.

7

IrDA 1.0 bietet Bitraten bis 115,2 Kbit/s, IrDA 1.1 (*Fast Infrared* – FIR) erreicht Bitraten bis 4 Mbit/s. Während IrDA 1.1 in der Bitübertragungsschicht HDLC-Elemente verwendet (Rahmen, Prüfsummenbildung), wird bei IrDA 1.0 in dieser Schicht mit dem Datenformat der asynchronen seriellen Schnittstellen gearbeitet. Damit eine vertretbare Leistungsbilanz bei der Ansteuerung der Infrarot-Sendediode entsteht, wird hier eine *Impulsverkürzung* in Kombination mit einer *RZI-Codierung* vorgenommen (→ Bild 7.21).

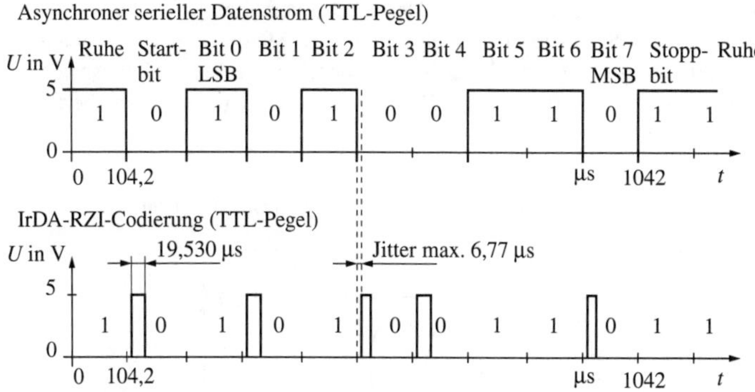


*Bild 7.21 Beispiel für Impulsverkürzung und RZI-Codierung (Zeichen „e")*

Höhere Protokollschichten des *IrDA-Protokollstack* werden in der Regel in Software realisiert. Ausnahmen bilden neuere MCs, die Komponenten zur

Fehlersicherung On-Chip anbieten. Um IrDA auch in MCs mit kleinem Adreßraum implementieren zu können, wurde eine Mindestmenge von Leistungsmerkmalen der Schichten 2 und 3 (*Link Access Protocol* und *Link Management Protocol*) als *IrDA-Lite* definiert. Das Bild 7.22 zeigt alternative Auswahlmöglichkeiten.

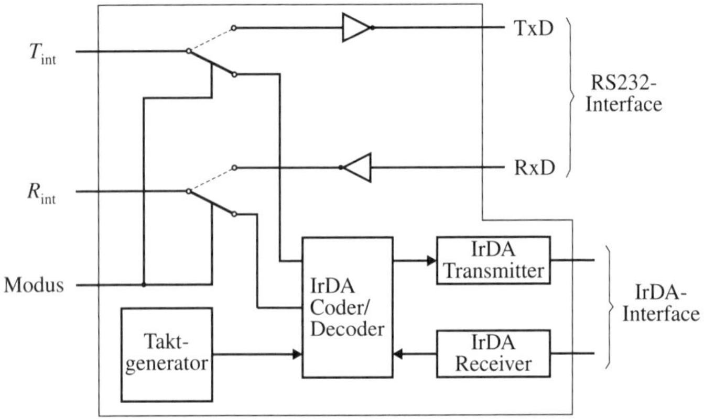


*Bild 7.22 Alternative Auswahlmöglichkeit: RS232- oder IrDA-Interface*

**USB**. Seit der Einführung des USB (*Universal Serial Bus*) für die Ankopplung von externen Geräten an einen PC sind auch MCs mit USB-Funktionalität auf dem Markt und somit für den Aufbau von Kommunikationskanälen von Embedded-Komponenten verfügbar. Der USB unterstützt 3 Geschwindigkeitsklassen (Low-Speed bis maximal 1,5 Mbit/s, Medium-Speed bis maximal 12 Mbit/s, High-Speed bis 500 Mbit/s). Über ein verdrilltes Leitungspaar werden die Daten mit differentiellen Pegeln synchron oder asynchron übertragen (→ Bild 7.23).

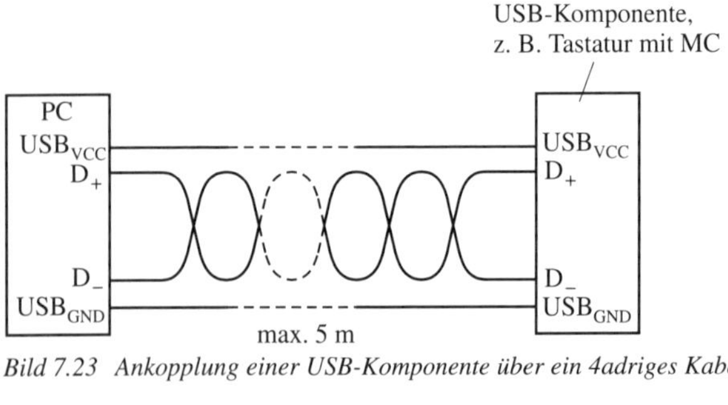


*Bild 7.23 Ankopplung einer USB-Komponente über ein 4adriges Kabel*

Der USB verwendet eine mehrschichtige *Stern-Topologie* (*Tiered Star Topology*) mit bis zu 7 Ebenen, wobei sich im Zentrum eines jeden Sterns ein Hub befindet. Wichtig für die Auswahl eines MCs mit USB-Funktionalität ist neben der möglichen Übertragungsgeschwindigkeit die Frage, ob ein Endgerät oder ein Hub (Verteiler) realisiert werden soll. Ein Beispiel für einen MC mit *USB-Hub-Funktion* ist der ST926x von SGS-Thomson /7.51/. Das Bild 7.24 zeigt eine Low-Speed-USB-Schnittstelle.

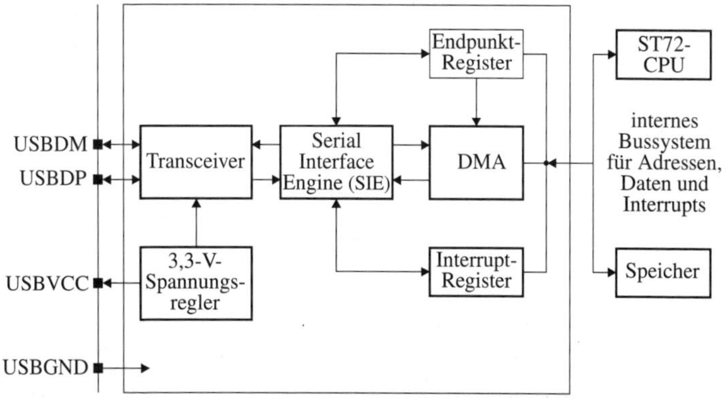


*Bild 7.24 Aufbau der Low-Speed-USB-Schnittstelle beim ST7263 /7.50/*

### 7.2.3.4 Wandlerkomponenten

**Analog-Digital-Umsetzer (ADU).** Typische MC-Applikationen schließen oft die Messung analoger Eingangssignale, die von angekoppelten Sensoren bereitgestellt werden, ein. Deshalb sind viele MCs On-Chip mit ADU ausgestattet. Integrierte ADU bieten *Auflösungen* im Bereich von 8 bis 12 bit, höhere Auflösungen müssen in der Regel über externe Wandler realisiert werden. Ein *Analogmultiplexer* ermöglicht die Selektion zwischen mehreren Analogeingängen des ADU, wobei aber nur ein Wandlersystem vorhanden ist.

Zur Wandlung wird sehr häufig das Verfahren der *sukzessiven Approximation* eingesetzt. Es bietet bei relativ geringem Realisierungsaufwand akzeptable Umsetzzeiten im Bereich von einigen Mikrosekunden. Für den Betrieb des ADU ist eine externe Referenzspannung erforderlich, die in die erreichbare Genauigkeit der Messung unmittelbar eingeht. Einige ADU bieten die Möglichkeit, die aus der *externen Referenzspannung* abgeleitete *interne Referenzspannung* über ein Spezialfunktionsregister zu programmieren. Damit ist das Meßfenster, in dem die Wandlerauflösung wirkt, einstellbar und über eine sequentielle zweistufige Wandlung für höhere Auflösungen nutzbar (→ Bild 7.25).

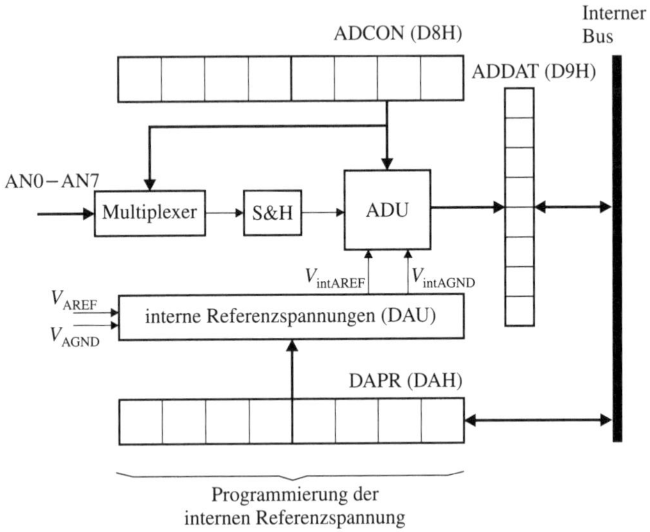


*Bild 7.25 ADU mit programmierbarer interner Referenzspannung /7.56/*

**Digital-Analog-Umsetzer (DAU).** Als On-Chip-Komponenten sind DAU relativ selten zu finden. Beispielsweise bietet Hitachi innerhalb der H8S- und H8/300H-Familien (16-bit-MCs) einige Derivate mit 8-bit-DAU für 2 Kanäle an. Diese DAU erreichen Umsetzzeiten von 10 µs bei Ausgangsspannungen im Bereich von 0 V bis zur Referenzspannung /7.17/.

► *Hinweis*: Falls beim Zielcontroller kein On-Chip-DAU zur Verfügung steht, so kann mit Hilfe eines PWM-Signals, welches sich durch Unterstützung von integrierten Timer-Modulen unkompliziert erzeugen läßt, eine einfache Analogwandlung erfolgen. Über die Einstellung des Tastverhältnisses für das PWM-Signal an einem Portpin lassen sich mit nachgeschalteter Integrationsstufe (RC-Glied oder OPV) brauchbare Ergebnisse erzielen.

#### 7.2.3.5 Taktoszillatoren

Teile des Taktoszillators sind auf dem MC-Chip integriert, aber durch externe frequenzbestimmende Komponenten zu ergänzen. Folgende Varianten für die Schwingungserzeugung sind prinzipiell möglich:

- mit Schwingquarz,
- mit Keramikresonator,
- mit RC- oder LC-Beschaltung,
- über die Einspeisung eines externen Taktsignals.

Der *Quarzgenerator* bietet im Hinblick auf die Stabilität und Genauigkeit des erzeugten Taktsignals die besten Eigenschaften. Falls die Anforderungen der MC-Applikation hier größere Toleranzen zulassen, so stellen der *Keramikresonator* und die RC-Beschaltung die wirtschaftlichere Alternative insbesondere bei hohen Stückzahlen dar.

Bei der Verwendung von Schwingquarzen ist der unterschiedliche Beschaltungsaufwand für *Grundwellen-* und *Oberwellenquarze* zu beachten. Bild 7.26 zeigt die sehr einfache und typische Beschaltung für einen Taktoszillator mit einem Grundwellenquarz.

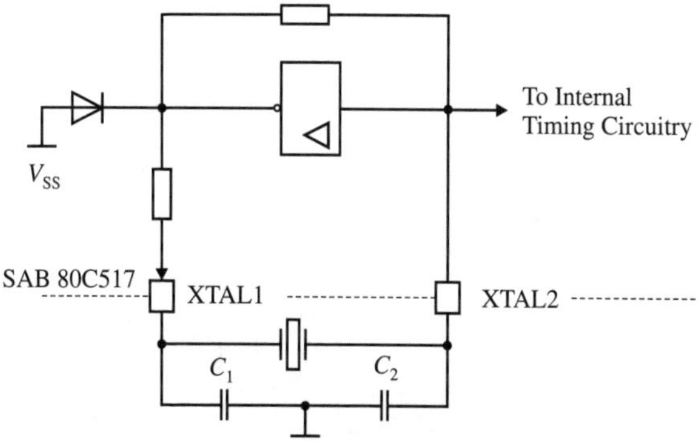


*Bild 7.26 Typische Beschaltung eines Taktgenerators mit Grundwellenquarz*

► *Anmerkung*: Da die Dimensionierung der externen Komponenten für einen Taktoszillator nicht unproblematisch ist, sollten unbedingt die Applikationshinweise des Herstellers für die entsprechende MC-Familie Beachtung finden.

Einige MCs verfügen über eine integrierte und programmierbare *PLL-Funktion* für die Takterzeugung. Durch die PLL wird der extern zugeführte Takt mit einem programmierbaren Faktor multipliziert. So läßt sich über ein SFR der für die Komponenten des MCs notwendige Takt z. T. auch während des Programmlaufs variieren. Nachteilig ist das für PLL-Schaltungen typische Jitter, welches für viele Applikationen allerdings ohne Bedeutung bleibt.

❑ *Beispiel*: Der C163-16F bietet einen On-Chip-Oszillator mit einer programmierbaren PLL, die die Quarzfrequenz mit den Faktoren 1/2, 1, 2, 3 und 4 multipliziert. Somit kann für einen CPU-Takt von 20 MHz ein 5-MHz-Quarz eingesetzt werden.

### 7.2.3.6 Interrupt-System

Die Auslegung eines Interrupt-Systems für einen MC wird durch die integrierten Interrupt-fähigen Peripheriekomponenten bestimmt.

Folgende Eigenschaften sind für viele Interrupt-Systeme zutreffend:

- jede *Interrupt-Quelle* verfügt über ein eigenes *Enable-Flag*,
- über ein *globales Enable-Flag* kann die Weiterleitung von Interrupt-Anmeldungen an den Core gesperrt werden,
- nach einem RESET ist eine *Grundpriorität* der Interrupt-Quellen eingestellt,
- es bestehen umfangreiche Möglichkeiten zur *Einstellung der Prioritäten*,
- unterschiedliche Interrupts benutzen z. T. den gleichen *Interrupt-Vektor*,
- auftretende Interrupt-Ereignisse werden in *Request-Flags* gespeichert,
- Request-Flags können auch zum *Polling* benutzt werden.

► *Hinweis*: Der in die Interrupt-Vektortabelle einzutragende Interrupt-Vektor für die entsprechende On-Chip-Komponente ist bei vielen MCs die direkte Startadresse der Interrupt-Serviceroutine (ISR) und kein Sprungbefehl zur ISR.

Tastendruck löst externen Interrupt aus
Nutzfunktion → Komplementieren
des LED-Zustandes

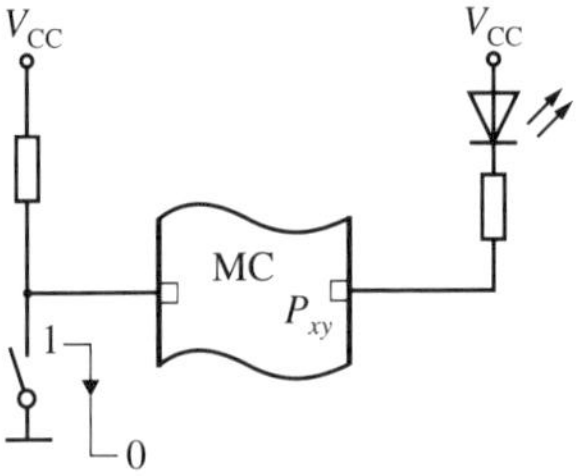


```
; Interrupt-Vektor eintragen
 CSEG        AT     POS_IV
             LJMP   ISR_EXT  ; Interrupt-Vektor
; Hauptprogramm
 CSEG        AT     MAIN
 START:      CALL   INIT_EXT; Interrupt initialisieren
             SETB   EAL      ; Interrupts im System zulassen
             SJMP   $
; Interrupt-Serviceroutine
 ISR_EXT:    CPL    Pxy      ; LED-Ansteuerung
             CALL   ZEIT     ; Maßnahmen zur
             CLR    IRQ_BIT  ; Entprellung des Schalters S1
             RETI
; Initialisierung des ext. Interrupts
 INIT_EXT:   SETB   FLANKE   ; Interrupt auf 1-0-Flanke
             SETB   EX       ; ext. Interrupt zulassen
             RET
```

*Bild 7.27 Beispiel zur Aktivierung eines Interrupts*

Für die Aktivierung und Nutzung eines Interrupts sind folgende Einstellungen notwendig (→ Bild 7.27):

- Eintrag des Interrupt-Vektors in die *Interrupt-Vektortabelle*,
- Definition der Betriebsart für die Interrupt-auslösende Komponente,

- Einstellung der notwendigen *Interrupt-Priorität*,
- Zulassen des Interrupts für die On-Chip-Komponente,
- Erlauben von Interrupts im System,
- Programmierung der *Interrupt-Serviceroutine* (→ Bild 7.27).

Nicht alle MCs bieten die komfortable Möglichkeit der automatischen Registerrettung bei Eintritt in die Interrupt-Behandlung. Die dann notwendige Sicherung der innerhalb der ISR verwendeten Register auf dem *Stack* erfordert zusätzlichen Befehls- und Zeitaufwand, so daß die resultierende Reaktionszeit auf das Interrupt-Ereignis vergrößert wird.

Übliche Interrupt-Reaktionszeiten liegen im Bereich einiger *Maschinenzyklen*. Sehr schnell getaktete Systeme bieten Reaktionszeiten im Bereich von einigen 100 ns, so daß anspruchsvolle *Echtzeitanforderungen* erfüllt werden können.

| D7 | D6 | D5 | D4 | D3 | D2 | D1 | D0 | |
|---|---|---|---|---|---|---|---|---|
| | WTDS | IP0.5 | IP0.4 | IP0.3 | IP0.2 | IP0.1 | IP0.0 | Interrupt-Prioritätsregister IP0 und IP1 |
| | | IP1.5 | IP1.4 | IP1.3 | IP1.2 | IP1.1 | IP1.0 | |

Gegebene paarweise Zuordnung der Interrupt-Quellen zur Bitposition:

| Bitposition | vorgegebenes Interrupt-Paar | Basispriorität |
|---|---|---|
| 0 (D0) | ext. Interrupt 0 + ADU-Interrupt | High |
| 1 | Interrupt-Timer 0 + ext. Interrupt 2 | ↓ |
| 2 | ext. Interrupt 1 + ext. Interrupt 3 | ↓ |
| 3 | Interrupt-Timer 1 + ext. Interrupt 4 | ↓ |
| 4 | Interrupt SIO + ext. Interrupt 5 | ↓ |
| 5 (D5) | Interrupt-Timer 2 + ext. Interrupt 6 | Low |
| Basispriorität | High ⟶ Low | |

Auswahl von 4 verschiedenen Prioritätsstufen über IP1.x/IP0.x:

| IP1.x/IP0.x | Interrupt-Priorität |
|---|---|
| 00 | Stufe 0 (niedrigste) |
| 01 | Stufe 1 |
| 10 | Stufe 2 |
| 11 | Stufe 3 (höchste) |

*Bild 7.28 Einstellung der Interrupt-Priorität beim 80C515*

Die Einstellung der Priorität für das Interrupt-System erfolgt über ein oder mehrere SFR. Bild 7.28 zeigt ein Beispiel dafür, wie die Priorität einer On-Chip-Komponente, ausgehend von festen *Basisprioritäten*, mit Hilfe von zwei SFR (IP0 und IP1) variiert werden kann. Den fest definierten Interrupt-Paaren kann hier eine von 4 möglichen Prioritätsstufen zugewiesen werden.

**Hardware-Traps**. Eine Besonderheit bei der Prioritätenzuweisung stellen bei einigen MCs Hardware-Traps dar, die als spezielle Interrupts mit höchster Priorität eingeordnet sind und sich nicht sperren lassen. Hardware-Traps sind z. B. Core-nahe Fehlermeldungen zum Stack-Überlauf.

**Peripheral-Event-Controller**. Zum schnellen Datentransfer, z. B. zum Laden des Senderegisters der seriellen Schnittstelle, sind einige MCs mit einem PEC (*Peripheral Event Controller*) ausgerüstet. Der PEC ist eine initialisierbare On-Chip-Hardware, die innerhalb eines Maschinenzyklus 8-bit- oder 16-bit-Datentransfers ohne weitere CPU-Belastung ausführt. Ausgelöst wird der Transfer durch einen Interrupt. Quell- und Zieladresse und die Anzahl der PEC-Transfers lassen sich zuvor initialisieren.

### 7.2.3.7 Sicherheitskomponenten

Viele MCs bieten On-Chip eine Reihe von Komponenten, die zur Vermeidung von Fehlfunktionen und zu einer hohen Systemverfügbarkeit führen. Eine Auswahl von On-Chip-Sicherheitskomponenten ist nachstehend aufgeführt.

**Watchdog-Timer**. Ein Watchdog-Timer (WDT) besteht aus einem frei laufenden Zähler, der kurz vor seinem Überlauf durch das aktuelle Programm zurückgesetzt wird. Erfolgt das Rücksetzen nicht rechtzeitig, so wird durch den Zähler ein Reset oder ein Interrupt ausgelöst, wodurch das System in einen definierten Ausgangszustand versetzt wird. Innerhalb einer fehlerfrei laufenden Applikationssoftware läßt sich sicherstellen, daß der WDT vor seinem Überlauf zurückgesetzt wird. Ein Fehler in der Programmabarbeitung wird zu einem *WDT-Reset* für den MC führen.

► *Anmerkung*: Es sind weiterhin WDT bekannt, die der Überwachung von externen Busaktivitäten dienen. Wenn ein Buszyklus zu lange dauert, wird ein Busfehler gemeldet (z. B. MC683xx).

**Brown-Out-Protection**. Diese Funktion stellt sicher, daß bei geringen Einbrüchen der Betriebsspannung das Reset erst dann aufgehoben wird, wenn die Betriebsspannung wieder innerhalb der zulässigen Toleranzgrenzen liegt.

**Oszillator-Watchdog**. Einige MCs verfügen über eine Überwachungsschaltung für den Oszillator-Takt (*Clock Monitoring*). Dieser Oszillator-Watchdog (OWD) vergleicht ständig die Frequenz eines unabhängigen Taktgenerators mit dem Takt des On-Chip-Oszillators. Sollten dabei größere Abweichungen auftreten, so wird ein Statusbit (i. d. R. ein Interrupt-Requestbit mit sehr hoher Priorität) gesetzt und ein Reset veranlaßt. Die Freigabe des Oszillator-Watchdog erfolgt durch ein entsprechend zu beschaltendes Pin. Bild 7.29 zeigt den grundsätzlichen Aufbau des OWD beim 80C517.

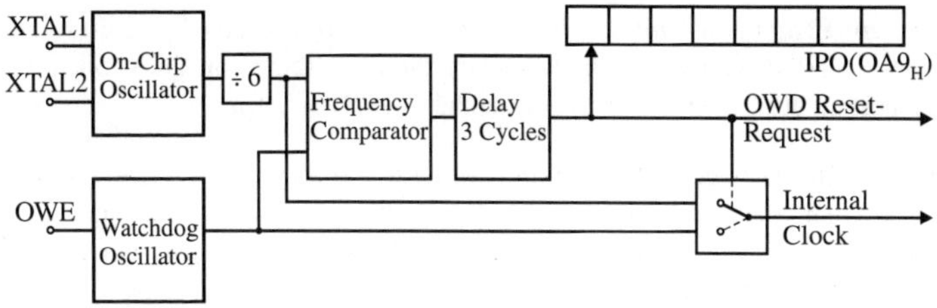


*Bild 7.29 Aufbau des Oszillator-Watchdog beim 80C517 /7.55/*



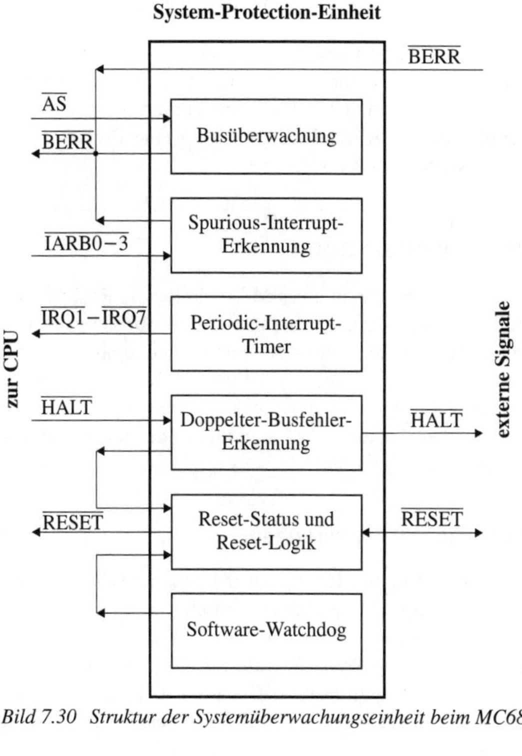


*Bild 7.30 Struktur der Systemüberwachungseinheit beim MC68332 /7.32/*

**Oszillator-Safe-Guard**. Beim Absinken der Versorgungsspannung reduziert der Oszillator-Safe-Guard (OSG) die Taktfrequenz auf den für die vorhandene Spannung zulässigen Maximalwert. Weiterhin überwacht der OSG die Funktion des Hauptoszillators und schaltet bei dessen Ausfall einen Hilfsoszillator zu /7.36/.

**System-Protection-Unit**. Die MC683xx-Familie besitzt eine System-Protection-Unit (Systemüberwachungseinheit), die eine Reihe von Funktionen zur Sicherung der Systemverfügbarkeit enthält (→ Bild 7.30).

**Low-Voltage-Detect**. Die Funktion des Low-Voltage-Detect (LVD) überwacht den Spannungsanstieg beim Zuschalten der Betriebsspannung und untersucht zusätzlich im laufenden Betrieb die Versorgungsspannung auf Spannungseinbrüche.

**ESD-Schutz**. Mit entsprechenden On-Chip-Schutzbeschaltungen sind ESD-Festigkeiten (*Electro Static Discharge*) von mehr als 5 000 V erreichbar.

**Stromsparmodi**. Niedrige Betriebsspannungen und On-Chip-realisierte Stromsparmodi leisten einen wesentlichen Beitrag zur Erhöhung der Systemzuverlässigkeit. Zusätzlich kann über die Verminderung der Arbeitsfrequenz eine Reduzierung der Stromaufnahme und damit eine Erhöhung der Zuverlässigkeit erreicht werden (→ 7.2.1).

## 7.3 Externe Erweiterungen

Die On-Chip-realisierten Komponenten eines MCs, die für die Realisierung einer konkreten Applikation zur Verfügung stehen, sind in Abhängigkeit von der konkreten Anwendung mitunter nicht ausreichend und somit extern zu ergänzen. Dies trifft insbesondere auf die Ergänzung von Komponenten zur Erzeugung eines externen Reset, auf Sicherheitskomponenten, auf den zur Verfügung stehenden On-Chip-Speicher für Daten und Code und auf externe Wandlerbausteine zu.

### 7.3.1 Externe Speichererweiterungen

**Speicher am Businterface**. Einige MCs bieten die Möglichkeit, an einen herausgeführten Bus externe Speicherbausteine anzuschließen. Diese Businterfaces sind multiplex ausgeführt, oft programmierbar und teilweise mit der Möglichkeit ausgestattet, *Chip-Select-Signale* für die Peripherie bereitzustellen (→ 7.2). Externer Programmspeicher wird i. d. R. als EPROM, EEPROM oder Flash-Speicher realisiert (→ Bild 7.31). Datenspeicher wird meist als SRAM, DRAM oder EEPROM ausgeführt. Für den externen Anschluß von DRAM verfügen einige MCs über spezielle Businterfaces mit *Refresh-Erzeugung* (z. B. H8S/2655).

**Serielle Kopplung von Speicher.** Für die Speicherung von Parametern bietet sich als ressourcenschonende Variante der Einsatz von EEPROM oder von NOVRAM mit serieller Schnittstelle an. Diese Bausteine verfügen über Parallel-, $I^2C$- oder SPI-Interfaces. Z. B. kann der NOVRAM-Baustein X2444 (Xicor) ohne Zusatzbeschaltung an das UART-Interface eines MCs angekoppelt werden /7.68/.

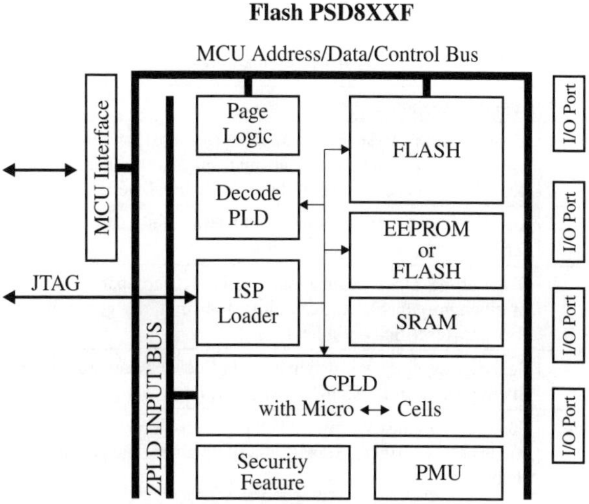


*Bild 7.31 ZPSD8xxF mit Flash und ISP-Funktionalität (nach /7.67/)*

**Programmable-System-Device.** Mit Hilfe von Programmable-System-Device (PSD) können die Ressourcen verschiedener 8- und 16-bit-MC-Familien um Codespeicher, SRAM, Ports und Timer erweitert werden. Zur einfachen Kopplung mit dem MC verfügt jeder PSD über ein programmierbares Businterface, mit dem die Verbindung zwischen externem MC-Bus und PSD ohne *externes Adreßlatch* realisiert werden kann. Weiterhin ist über ein *integriertes PLD-Array* eine anwendungsorientierte Lokalisation aller Komponenten im Adreßbereich des MCs möglich. Mit der Flash-Version PSD8XXF wird zusätzlich *ISP-Funktionalität* bereitgestellt /7.67/.

**SLIC-EEPROM.** Ein SLIC-EEPROM (*Self Loading Integrated Code*) stellt EEPROM, SRAM, 2 Ports und einen Adreßdecoder zur externen Erweiterung bestimmter 8-bit-MCs zur Verfügung. Die Ankopplung erfolgt wie beim PSD über den externen MC-Bus, ohne daß ein externes Adreßlatch benötigt wird. Wesentlich ist die *Down-Load-Funktion* für die Anwendersoftware in den EEPROM, die eine eingeschränkte *ISP-Funktionalität* bietet /7.69/.

### 7.3.2 Überwachungsbausteine

Der Einsatz externer Überwachungsbausteine ist für viele MC-Applikationen zur Erzielung einer hohen Systemzuverlässigkeit unvermeidbar. Die Tabelle 7.9 zeigt eine Übersicht zu typischen Funktionen, die moderne Überwachungsbausteine zur Verfügung stellen /7.49/.

*Tabelle 7.9 Funktionsübersicht zu Überwachungsfunktionen*

| Funktion | Funktionsbeschreibung |
|---|---|
| Power Up/Down Reset | Ausgabe eines Reset-Signals, falls Betriebsspannung unter vorgegebenen Schwellwert absinkt, und Verlängerung der Reset-Dauer nach Überschreitung des Schwellwertes |
| Manual Reset | Auslösung eines Reset-Signals mit Hilfe eines zusätzlichen Schalteingangs am Reset-Generator |
| Low-Line | Generierung eines Warnsignals, falls Betriebsspannung unter einen vorgegebenen Schwellwert absinkt, der geringfügig über der Reset-Schwelle liegt |
| Power Fail Warning | Generierung eines Warnsignals, falls Betriebsspannung unter einem programmierbaren Schwellwert liegt |
| Watchdog Timer | Generierung eines Warnsignals, falls Signalwechsel an einem Pin des MCs (Trigger-Signal) innerhalb einer Zeitspanne ausbleiben |
| Battery Backup Switching | Umschalten der Stromversorgung für CMOS-RAMs zwischen Systemspannung und Batterieversorgung in Abhängigkeit bausteinspezifischer Umschaltkriterien |
| CE Signal Gating | Schnelle Unterbrechung der Chip-Enable-Leitung von CMOS-RAMs, wenn Reset-Bedingung eintritt |

Neben einer Kontrolle der Betriebsspannung hat die Überwachung der Aktivität des MCs eine hohe Bedeutung. Überwachungsbausteine mit integriertem *Watchdog-Timer* kontrollieren ein MC-Pin darauf, ob innerhalb einer vorgegebenen Zeitspanne ein Pegelwechsel auftritt. Bleibt dieses Trigger-Signal aus, so wird das System zurückgesetzt.

Eine Spezialität externer Überwachungsbausteine ist die Bereitstellung eng tolerierter *Reset-Schwellen* für den *Reset-Generator*. Diese eng tolerierten Reset-Schwellen schützen den MC vor einem Betrieb außerhalb seiner Versorgungsspezifikation. So bieten z. B. der MAX801 ±1,5 % und der MAX814 ±1 % Genauigkeit. In absehbarer Zeit werden bei MCs On-Chip diese Genauigkeiten nicht möglich sein.

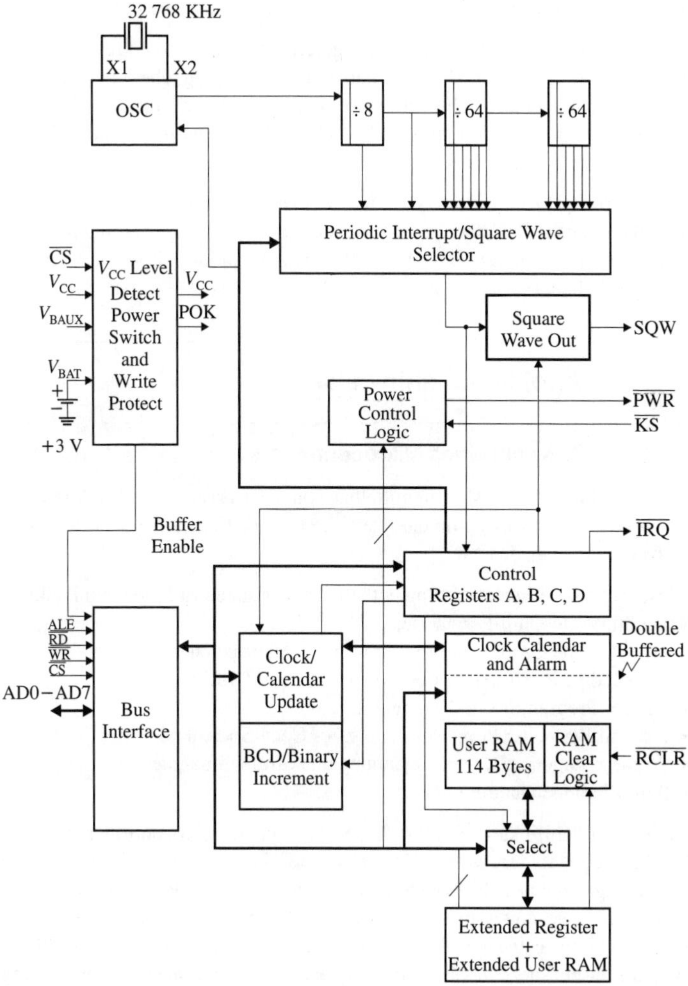


*Bild 7.32 Struktur der RTC DS17285*

### 7.3.3 Real-Time-Clocks

Arbeitet eine MC-Applikation mit Betriebspausen, so müssen für viele Anwendungen externe Real-Time-Clock-Schaltkreise (RTC) eingesetzt werden, um das Datum, die Uhrzeit bzw. eine Systemzeit bereitzustellen. Diese RTC enthalten neben einer vollständigen Uhrenfunktion den Quarzgenerator, einige RAM-Speicherzellen und oft noch einen Kalender mit Alarmfunktion.

Durch die in der CMOS-Technologie gefertigten RTC-Schaltkreise liegt die Stromaufnahme sehr niedrig, so daß eine Versorgung über eine *Backup-Batterie* über mehrere Jahre problemlos möglich ist. Somit können neben der reinen Uhrenfunktion zusätzlich wichtige Parameter des Systems in den RAM-Speicherzellen der RTC ausfallsicher gespeichert werden.

Zur Kopplung kann je nach Typ und Ressourcen des MCs der externe Bus, das $I^2C$- oder SPI-Interface genutzt werden. Bild 7.32 zeigt die funktionellen Einheiten in der Dallas-RTC DS17285. Die Ankopplung dieser RTC an den MC erfolgt über den externen Bus des MCs /7.8/.

## 7.4 Applikationshinweise

### 7.4.1 Auswahl eines Mikrocontrollers

Da die Auswahl eines MCs unmittelbar von der zu realisierenden Applikation abhängt, steht zu Beginn eine detaillierte Spezifizierung der bestehenden Anforderungen an den MC.

Diese technische Spezifizierung enthält u. a. Aussagen zu folgenden Punkten:
- benötigte On-Chip-Peripherie,
- erforderliche Größe von Programm- und Datenspeicher,
- notwendige Performance des Core (*Echtzeitanforderungen*),
- Art der Programmcode-Erzeugung,
- Art und Weise der Programmierung des Code-Speichers,
- Anforderungen an Betriebsspannung und Stromaufnahme,
- Anforderungen an die *EMV*.

Als zweiter Schritt kann die Auswahl eines Standardmikrocontrollers aus dem Marktangebot folgen, wobei Kostenaspekte, die Verfügbarkeit und die zur Verfügung stehenden Entwicklungswerkzeuge zusätzliche Auswahlkriterien darstellen. Insgesamt ist dieser Auswahlprozeß schwierig und im ersten Ansatz meist nicht zu realisieren. Für Zielapplikationen mit entsprechenden Stückzahlen kann ein spezielles *Mikrocontroller-Design* (*Customer-MC*) die Lösung dieses Problems darstellen.

Für die Entwicklungsphase sind u. a. folgende Punkte zusätzlich relevant:

- Qualität und Kosten der Entwicklungswerkzeuge,
- *Debugging-Unterstützung* durch den MC,
- Art der Programmierbarkeit des Code-Speichers im MC,
- Qualität des technischen Supports durch den MC-Hersteller,
- der Einsatz von qualifiziertem Entwicklungspersonal.

Für die Entwicklungsphase und auch für die Prototypenfertigung ist die Möglichkeit, optimierten Code sehr einfach in den Programmspeicher des in der Applikation befindlichen MCs laden zu können, ein wichtiger Auswahlaspekt. MCs mit integriertem Flash bieten i. d. R. diese Möglichkeit des In-System-Programming (ISP) und garantieren damit eine hohe Flexibilität bis zur Serienfertigung des Endproduktes.

Für viele MC-Applikationen sind hohe *Echtzeitanforderungen* kein Thema. Sind diese jedoch gefordert, so ist neben der Auswahl eines geeigneten schnellen Cores auch die Verfügbarkeit eines entsprechenden *Echtzeitbetriebssystemes* mit in die Überlegungen einzubeziehen.



Nicht zur Verfügung stehende ausgewählte On-Chip-Funktionen lassen sich mit Hilfe von sehr schnellen Cores auch per Software realisieren. So bieten z. B. die SX-Mikrocontroller von Scenix mit ihrer hohen Verarbeitungsleistung von 50 Mips dazu gute Voraussetzungen /7.66/.

## 7.4.2 Programmentwicklung und Debugging

Je nach MC und spezifischen Projekteigenschaften wird i. d. R. entweder prozessornah in *Assemblersyntax* oder in der Hochsprache C bzw. C++ programmiert. Mit Hilfe eines Assemblers bzw. Compilers und weiterer Zusatzwerkzeuge erfolgt schließlich die Generierung des auf dem Zielsystem ausführbaren Binärfiles. Dieser nach der ersten Generierung meist fehlerbehaftete Programmcode muß nun mit Hilfe geeigneter Werkzeuge in Betrieb genommen und optimiert werden (*Debugging*).

► *Anmerkung*: Mit zunehmender Bereitstellung von per Software konfigurierbaren On-Chip-Hardware-Elementen wird sich das *Hardware-Software-Co-Design*, als ganzheitliche Designmethode, die eine effiziente Aufteilung der Funktionalität zwischen Hard- und Software unterstützt, in der Praxis zunehmend verbreiten /7.59/.

Übliche Verfahren zur Inbetriebnahme und Optimierung sind:

- *Simulation* des Programmcodes auf einem Host-PC,
- „Crash and Burn" (Neuprogrammieren, bis es funktioniert),
- *Debugging* mit Hilfe eines *Target-Monitors*,
- *On-Chip-Debugging*,
- *In-Circuit-Emulation*.

Jedes dieser Verfahren verfügt in der relativen Bewertung über Vor- und Nachteile. Die Komplexität der Zielapplikation und des zum Einsatz kommenden MCs, die effektive Handhabbarkeit des Werkzeugs und die zur Verfügung stehenden finanziellen Ressourcen sind bei der Auswahl wichtige Entscheidungskriterien.

Zunehmende Bedeutung erlangt das *On-Chip-Debugging* für 16- und 32-bit-MC-Architekturen. Beispiele dafür sind der *Background-Debug-Mode* bei MCs von Motorola (HC12, 683xx) und der *On-Chip-Debug-Support* für die TriCore-Architektur von Siemens /7.32/, /7.57/. On-Chip-Debugging bietet gegenüber den Testanordnungen mit *Target-Monitor* den Vorteil, daß keine Ressourcen des MCs nötig sind und daß das Echtzeitverhalten der Gesamtanordnung kaum beeinflußt wird.

Bei einigen MCs hat der Entwickler die Möglichkeit, über einen *JTAG-Test-Access-Port* (JTAG TAP) auf die On-Chip realisierten Testfunktionen zuzugreifen /7.20/. Diese Art des Zugriffs wird bei der Neuentwicklung von MCs zunehmend realisiert. In diesen Zusammenhang sind globale Bestrebungen vieler MC-Hersteller einzuordnen, ein einheitliches *Embedded-Processor-Debug-Interface* für MC ab einem bestimmten Komplexitätsgrad zu konzipieren und zu standardisieren (Arbeitstitel NEXUS), welches auch funktionell über die bisherigen Möglichkeiten von *BDM*- und *JTAG-Debugging* hinausgeht /7.28/.

Die Inbetriebnahme von MC-Applikationen wird oft durch komplexe externe Beschaltungen erschwert, so daß weitere Hilfsmittel, z. B. Logikanalysatoren, Speicheroszilloskope, Signaturanalysatoren und applikationsspezifische Testhilfsmittel, zum Einsatz kommen.

## 7.5 Entwicklungstrends

Entwicklungsrichtungen werden durch neue technologische Möglichkeiten und durch Anwenderforderungen, z. B. durch neu definierte Zieleigenschaften von Produkten, bestimmt.

Sich abzeichnende neue technologische Möglichkeiten sind:
- die weitere Verringerung der Strukturbreiten
- gemischte Technologien auf einem Chip (eDRAM, Flash, OPVs, ...)
- die zunehmende Bereitstellung von leistungsfähiger programmierbarer Logik (FPGA, CPLD) mit den dazu erforderlichen Entwurfs- und Testwerkzeugen sowie Bibliotheken für eine schnelle Prototypenbereitstellung (*Rapid Prototyping*) und für die Serienfertigung

Aus der Sicht der Anwender werden sich mit diesen technologischen Möglichkeiten u. a. folgende optimierte bzw. neue Gebrauchswerte ergeben:

- eine weitere Reduzierung der Leistungsaufnahme,
- Erhöhung der Taktraten,
- mehrere Cores auf einem Chip,
- Realisierung großer Speicher On-Chip (Flash, eDRAM),
- Komplettsysteme auf einem Chip,
- zunehmende Integration von Testhilfen und deren Standardisierung,
- Integration von Treiberstufen mit hoher Schaltspannung und Treiberleistung,
- Konfigurierbarkeit von MCs.

Wesentliche Impulse bei der weiteren Entwicklung werden von *mobilen Anwendungen* mit ihren spezifischen Anforderungen kommen, bei denen eine Fertigung in großen Stückzahlen zu erwarten ist. Dies trifft insbesondere auf die Bereiche Kommunikationstechnik, *Telematik* und auch auf den Bereich der *elektronischen Kennzeichnung* von Produkten zu.

# 8 Signalprozessoren

## 8.1 Digitale Signalverarbeitung und Signalprozessoren (DSP)

Unter **digitaler Signalverarbeitung** (*Digital Signal Processing*) versteht man die numerische Verarbeitung abgetasteter Signale.

Mit Hilfe digitaler Signalverarbeitung können

- Signaleigenschaften verändert werden (z. B. durch Filterung zur Rauschunterdrückung),
- Signaleigenschaften ermittelt werden (z. B. durch Frequenzanalyse für die Sprach- oder Sprechererkennung),
- Regler realisiert werden (durch Verarbeitung von Führungs-, Fehler- und Ausgangsgrößen zur Erzeugung einer oder mehrerer Stellgrößen).

### 8.1.1 Abtastung

Abgetastete Signale werden durch eine wiederholte Analog-Digital-Umsetzung physikalischer Größen gewonnen. Die Abtastung erfolgt normalerweise in einem gleichmäßigen Zeit- und Amplitudenraster. Jedem wahren Amplitudenwert $A(t = k\Delta T)$ wird der bestmögliche Näherungswert $\hat{A}(k)$ zugeordnet und in einer Zahlenfolge gespeichert /8.7/. Im Bild 8.1 erkennt man insgesamt 9 Quantisierungsstufen.

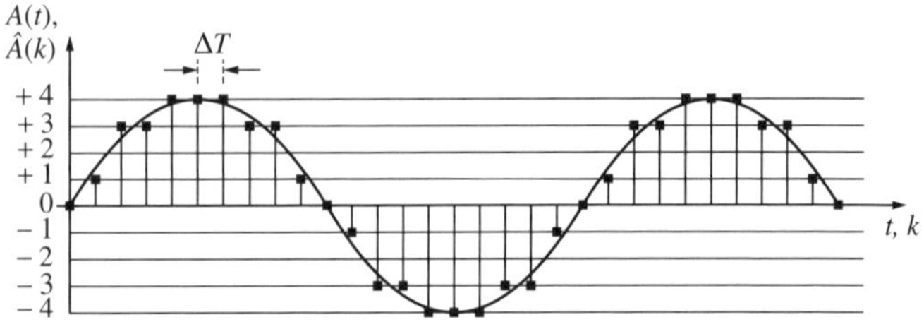


*Bild 8.1 Zeitkontinuierliches $A(t)$ und abgetastetes Signal $\hat{A}(k)$ mit Amplitudenquantisierung*

### 8.1.2 Analog-Digital-Umsetzer (ADC)

Die Abweichung des Wertes $\hat{A}(k)$ vom wahren Wert $A(k\Delta T)$ wird durch die Auflösung des verwendeten Analog-Digital-Umsetzers (ADC = *Analog to Digital Converter*) bestimmt. Der Wert von $\hat{A}(k)$ wird als binäres Datenwort zur numerischen Weiterverarbeitung dargestellt. Handelsübliche Analog-Digital-Umsetzer erzeugen je nach Verwendungszweck Datenworte von 6 bis 24 bit Länge (64 bis 16 Mio. Quantisierungsstufen).

Die Abweichung der Abtastzeitpunkte $k$ vom idealen Zeitraster $k\Delta T$ ($\Delta T$ konstant) hängt im wesentlichen von den Eigenschaften des Zeitgebers ab, der das Zeitraster bestimmt. Auch die Reaktionszeit der Signalerfassung im ADC unterliegt Einschränkungen (*Apertur-Jitter*).

Die **Abtastrate** $f_s$ ergibt sich aus $f_s = 1/\Delta T$. Das gewonnene abgetastete Signal $\hat{A}(k)$ wird als zeit- und wertdiskretes Signal bezeichnet. Ein so gewonnenes Signal kann in der digitalen Signalverarbeitung verwendet werden. Zunächst wird dabei von ideal abgetasteten Signalen ausgegangen. Die Abweichungen hiervon können durch verschiedene Rauschkomponenten zusammengefaßt werden /8.4/.

8

### 8.1.3 Digital-Analog-Umsetzer (DAC)

Die Rückgewinnung eines zeitkontinuierlichen Signals aus einem zeitdiskreten Signal wird durch einen Digital-Analog-Umsetzer (DAC = *Digital to Analog Converter*) vorgenommen (→ Bild 8.2). Solche Digital-Analog-Umsetzer erzeugen aus einem Zahlenwert eine korrespondierende Spannung. Auch hier gilt, daß die Umsetzung der Datenworte in eine Spannung in einem festgelegten Zeitraster stattfindet. Je nach Anwendungszweck werden Digital-Analog-Umsetzer für 6 bis 24 bit Amplitudenauflösung ausgelegt.

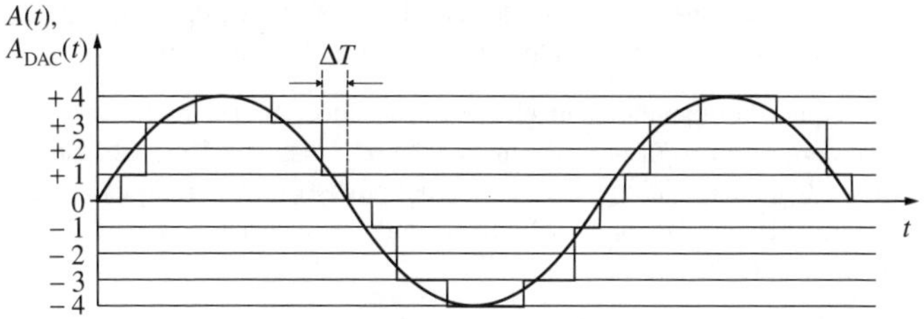


*Bild 8.2 Rekonstruiertes Signal am Ausgang eines D/A-Wandlers*

### 8.1.4 Nyquist-Kriterium

Unter der Voraussetzung idealer Abtastung ($\Delta T$ immer gleich, keine Amplitudenquantisierung) können zeitkontinuierliche, also reale physikalische Signale genau dann ohne Informationsverlust zeitdiskret abgebildet werden, wenn sie dem **Nyquist-Kriterium** (auch Shannon-Theorem) genügen /8.8/.

> Das Nyquist-Kriterium fordert, daß alle Frequenzkomponenten im abgetasteten Signal unterhalb der halben Abtastrate ($f_{\max} < 1/2\Delta T$ = Nyquist-Frequenz) liegen.

Diese Bedingung muß entweder eine vorhandene Eigenschaft des abgetasteten Signals sein oder durch geeignete analoge Filterung erzwungen werden, die alle Frequenzkomponenten oberhalb $f_s/2$ beseitigt. Alternativ kann auch die Abtastrate $f_s$ so weit erhöht werden, daß alle Frequenzkomponenten im Signal unterhalb der Nyquist-Frequenz liegen. Die Beschränkung liegt hierbei in erster Linie darin, daß die Abtastrate nicht beliebig erhöht werden kann. An zwei Beispielen läßt sich die Notwendigkeit der Erfüllung des Nyquist-Kriteriums leicht nachweisen:

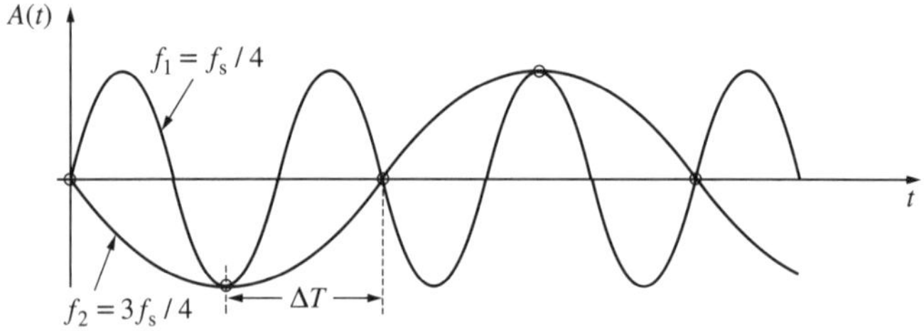


*Bild 8.3 Abgetastete Sinussignale mit $f_1 = f_s/4$ bzw. $f_2 = 3f_s/4$*

In Bild 8.3 erkennt man, daß beide Signale $f_1$ und $f_2$ zu den Zeitpunkten $k\Delta T$ dieselben Abtastwerte liefern, obwohl sie völlig verschieden sind. Während das Signal $f_2$ genau viermal pro Signalperiode abgetastet wird, findet nur eine Abtastung des Signals $f_1$ innerhalb einer dreiviertel Periode statt.

Wenn Frequenzkomponenten in einem abgetasteten Signal enthalten sind, die nicht dem Nyquist-Kriterium genügen, spricht man von **Unterabtastung** (*Aliasing*). Um die eindeutige Zuordnung der Abtastwerte zum Signalverlauf zu gewährleisten, ist also die Beschränkung auf Frequenzanteile unterhalb der halben Abtastrate erforderlich.

Den Grenzfall bildet die erwähnte Nyquist-Frequenz, die genau halb so groß ist wie die verwendete Abtastrate.

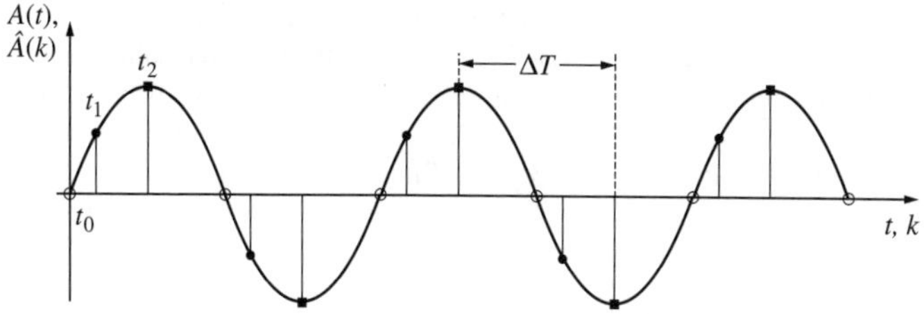


*Bild 8.4 Abgetastetes Sinussignal mit $f = f_s/2$*

Man erkennt in Bild 8.4, daß je nach Lage des ersten Abtastzeitpunkts ($t_0$, $t_1$ bzw. $t_2$) die Abtastwerte bei $t_i + k\Delta T$ beliebige Beträge $|\hat{A}(k)|$ mit wechselndem Vorzeichen annehmen. Diese Beliebigkeit macht eine sinnvolle Weiterverarbeitung unmöglich.

## 8.2 Digitale Signalprozessoren (Digital Signal Processor, DSP)

Als **digitale Signalprozessoren** bezeichnet man spezielle Mikroprozessoren bzw. Mikrocontroller, deren Rechenwerke für die numerische Bearbeitung abgetasteter Signale optimiert sind.



Die folgenden Eigenschaften kennzeichnen einen DSP.

### 8.2.1 Harvard-Speicherarchitektur

Speicherbereiche für Programm und Daten sind bei Harvard-Prozessoren logisch und physikalisch getrennt. Jedem Speicherbereich ist ein Adreßgenerator und ein Datenbus zugeordnet. Durch diese Trennung ist – anders als bei der sogenannten Von-Neumann-Architektur üblicher Mikrocontroller – der gleichzeitige Zugriff auf Programm und Daten möglich. Die Architektur einiger Signalprozessoren erlaubt sogar den gleichzeitigen Zugriff auf den Programmspeicher und **zwei** getrennte Datenspeicherbereiche.

### 8.2.2 Arithmetisch-logische Einheit (Arithmetic Logic Unit, ALU)

Ähnlich wie Mikrocontroller verfügen digitale Signalprozessoren über ein arithmetisch-logisches Rechenwerk (*ALU*), mit dessen Hilfe Addition, Subtraktion und Bitmanipulationen (AND, OR, XOR, NOT) durchgeführt werden können (→ Bild 8.5). Alle Operationen der ALU werden in einem Prozessortakt ausgeführt.

In der Regel verfügen DSPs über keine Divisionsanweisung. Divisionen sind in Software auszuführen, wobei das Ergebnis schrittweise unter Zuhilfenahme der ALU erzeugt wird. Einige Signalprozessoren unterstützen die beschleunigte Berechnung der Wurzel oder des Reziprokwertes durch schnelle Iterationsalgorithmen. Höhere Funktionen (z. B. Sinus-, Tangens- oder Exponentialfunktionen) werden generell nicht direkt unterstützt und müssen durch Reihenentwicklungen bis zur gewünschten Genauigkeit genähert werden /8.2/.

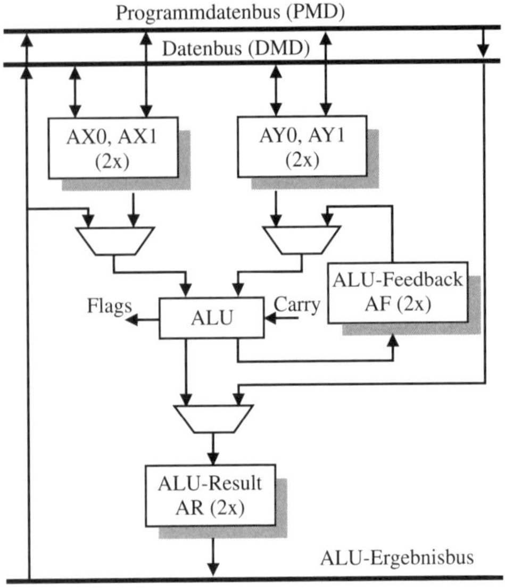


*Bild 8.5 Vereinfachte Darstellung der ALU eines ADSP-218x*

### 8.2.3 Multiplizierer-Akkumulator (Multiplier Accumulator, MAC)

Digitale Signalprozessoren führen Multiplikationen in Maschinengenauigkeit in der Regel in einem einzigen Prozessortakt aus. Anders als bei Mikrocontrollern ist der Multiplizierer nicht als Mikrocode, sondern in Hardware realisiert.

Ein MAC erlaubt die gleichzeitige Multiplikation zweier Zahlenwerte und die Addition oder Subtraktion zum bzw. vom vorherigen Zwischenergebnis. Ausgehend von Bild 8.6 lautet die entsprechende Gleichung etwa:

$$MR(n) = MR(n-1) + MX * MY$$

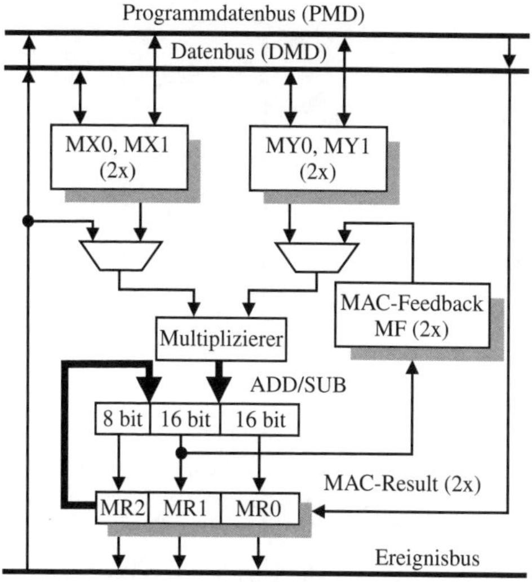


*Bild 8.6 Vereinfachte Darstellung des MAC eines ADSP-218x*



Die Datenwortbreite des MAC ist meist mehr als doppelt so breit wie die übrigen Register. Im Beispiel hat der MAC eine Breite von 40 bit, um mehrfache Multiply-Accumulate-Operationen ohne Überlauf zu ermöglichen. Der Zweck eines MAC wird bei der Betrachtung der Gleichungen in Abschn. 8.4.1 deutlich. Die dort dargestellten digitalen Filter werden ausschließlich durch MAC-Operationen realisiert. Einige neuere Signalprozessoren haben zwei unabhängige MAC-Einheiten. Weitere Daten zur Architektur verschiedener Signalprozessoren → 8.9.

## 8.2.4 Shifter

Logische und arithmetische Schiebeoperationen werden von digitalen Signalprozessoren typischerweise unabhängig von der Anzahl der Bits in einem Takt ausgeführt (→ Bild 8.7). Die hierzu verwendete Recheneinheit bezeichnet man als Barrel-Shifter (bildlich: Faß-).

Im unten gezeigten Beispiel wird eine logische „Shift"-Operation um 2 bit nach rechts dargestellt (→ Bild 8.8). Demzufolge werden zwei Nullen nachgeschoben und die beiden niederwertigen Bits verworfen.

Im Vergleich dazu wird bei einer arithmetischen Shift-Operation das MSB (Vorzeichen „a") in die frei werdenden höherwertigen Bits kopiert (→ Bild 8.9).

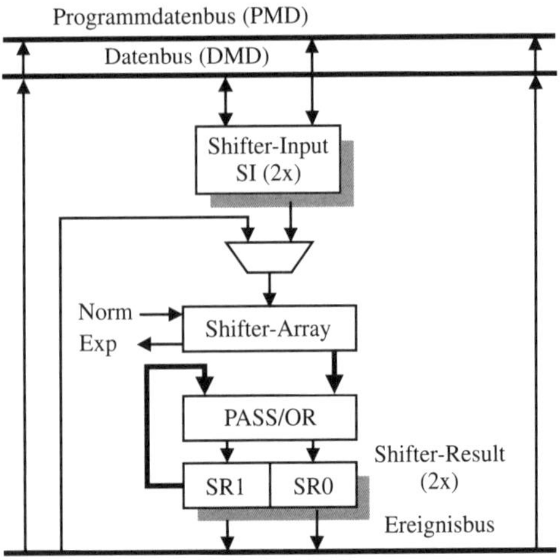


*Bild 8.7 Vereinfachte Darstellung des Shifters im ADSP-218x*

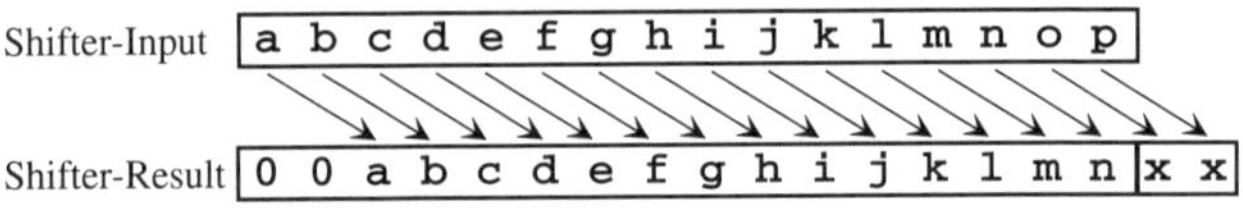


*Bild 8.8 16-bit-Logical-Shift-Operation*

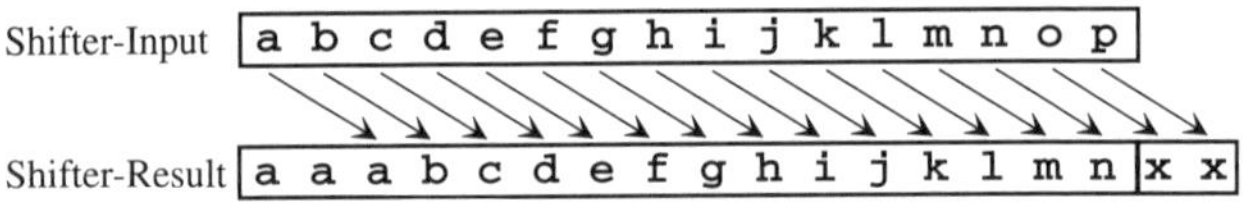


*Bild 8.9 16-bit-Arithmetic-Shift-Operation*

# 8.3 Zahlenformate

## 8.3.1 Festkomma-Datenformat (Fixed-Point)

### 8.3.1.1 16-bit-Format

Das 16-bit-Festkomma-Datenformat ist das in der Welt digitaler Signalprozessoren am weitesten verbreitete Datenformat. Für die meisten traditionellen Aufgaben der digitalen Signalverarbeitung hat sich dieses Datenformat als ausreichend genau bewährt. Die Wertedarstellung erfolgt in drei verschiedenen Varianten:

a) Vorzeichenbehaftetes Integer(Ganzzahl)-Format, Wertebereich −32 768 bis +32 767. Die Multiplikation zweier Integer-Zahlen ergibt 2 Vorzeichen- und 30 Wertebits.
b) Vorzeichenloses Integer(Ganzzahl)-Format, Wertebereich 0 bis 65 535.
c) Fractional-Integer-Format, bei dem der Wertebereich aus a) auf 32 768 bezogen wird (→ Tabelle 8.1).

*Tabelle 8.1 Wertebereich 16-bit-Fractional-Integer*

| Integer | Fractional | Binär | Hex |
|---|---|---|---|
| 32 767 | 0,999 969 48 ... | 0111 1111 1111 1111b | 0x7FFF |
| 16 384 | 0,5 | 0100 0000 0000 0000b | 0x4000 |
| 1 | $3{,}0518\ldots 10^{-5}$ | 0000 0000 0000 0001b | 0x0001 |
| 0 | 0 | 0000 0000 0000 0000b | 0x0000 |
| −1 | $-3{,}0518\ldots 10^{-5}$ | 1111 1111 1111 1111b | 0xFFFF |
| −16 384 | −0,5 | 1100 0000 0000 0000b | 0xC000 |
| −32 768 | −1 | 1000 0000 0000 0000b | 0x8000 |

Die Multiplikation zweier Fractional-Zahlen unterscheidet sich von der vorzeichenbehafteten Integer-Multiplikation dadurch, daß das Ergebnis um ein Bit nach links geschoben wird (1 Vorzeichen-, 30 Wertebits, LSB = 0). Hierdurch ergibt sich eine Wichtung der Bits, die dem Wertebereich der Fractional-Zahlen entspricht (→ Bild 8.10). Alle Signalprozessoren unterstützen diese implizite Formatkorrektur /8.8/.

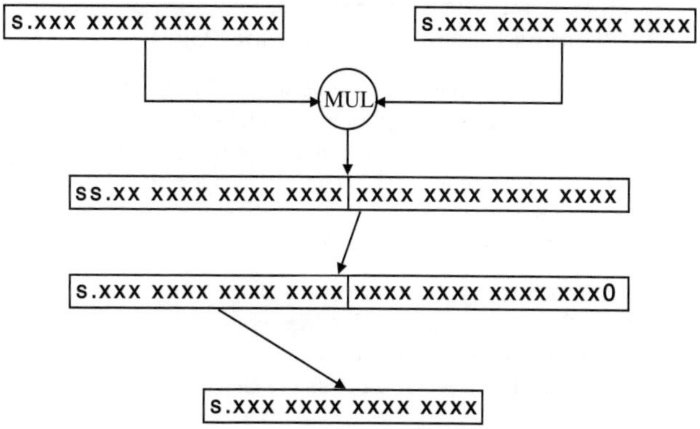


*Bild 8.10 Wirkung des Fractional-Integer-Datenformats in der Multiplikation*

Die Beschränkung auf das 16-bit-Datenformat hat besonders bei Anwendungen in der Telekommunikation Einzug gehalten. Bei derartigen Anwendungen stellt der Preis der Signalprozessoren ein wichtiges Kriterium dar. Die Beschränkung auf 16 bit breite Datenpfade (Busse) verringert die notwendige Chipfläche, die ein maßgebliches Kriterium für die Herstellungskosten darstellt. Die preiswertesten digitalen Signalprozessoren verwenden sowohl für Daten als auch für Instruktionen das 16-bit-Datenformat.

#### 8.3.1.2 24-bit-Format

Insbesondere der Hersteller Motorola setzt mit der DSP56000-Familie auf ein erweitertes Festkommaformat mit einer 24-bit-Datenwortbreite. Prinzipiell entspricht dieses Datenformat dem 16-bit-Festkommaformat, bietet jedoch eine deutlich höhere Präzision, die besonders bei Audioanwendungen erforderlich ist.

#### 8.3.1.3 Andere Datenformate

In seltenen Fällen findet ein von den oben beschriebenen Datenformaten abweichendes Festkommadatenformat Verwendung. Insbesondere bei anwendungsspezifischen Signalprozessoren (*Application Specific Signal Processor*, ASSP) wird das Datenformat exakt auf die erforderliche Rechengenauigkeit abgestimmt. So benutzt der MP3-Decoderchip MAS3507 von ITT-Micronas ein 20-bit-Festkommaformat. Hier steht weniger die allgemeine Verwendbarkeit als die kostengünstige Massenfertigung für einen bestimmten Anwendungszweck bei der Wahl des Datenformats im Vordergrund.

### 8.3.2 Fließkomma-Datenformate (Floating-Point)

Um den darstellbaren Wertebereich zu erweitern, wurden bereits kurz nach dem Erscheinen der ersten echten Festkomma-Signalprozessoren (im Jahre 1981) Fließkommatypen vorgestellt. Wegen der seinerzeit extrem hohen Stückpreise haben sie sich anfänglich nicht auf breiter Basis durchsetzen können. Zu diesen ersten Fließkommaprozessoren gehören Motorola DSP96000, AT&T DSP32 und NEC µPD77230.

Beim Fließkommaformat wird z. B. ein Exponent als 8 bit breiter vorzeichenbehafteter Wert zur Basis 2 der sogenannten Mantisse vorangestellt. Hiermit wird der darstellbare Wertebereich um etwa $\pm 38$ Zehnerpotenzen ($2^{128}$) erweitert. Die Rechengenauigkeit bleibt aber von der Genauigkeit der Mantisse abhängig.

Das Fließkommaformat wird insbesondere dort verwendet, wo ein großer Dynamikumfang in der Arithmetik erforderlich ist. Die Präzision wird ausschließlich von der Anzahl der Mantissenbits bestimmt, d. h., ein Fließkommaprozessor mit 8 Exponentenbits und 24 Mantissenbits (32-bit-Arithmetik) hat dieselbe Rechengenauigkeit wie ein 24-bit-Festkommaprozessor.

#### 8.3.2.1 Datenformat IEEE

Moderne Fließkomma-Signalprozessoren (z. B. Analog Devices SHARC, Texas Instruments TMS320C67xx) verwenden das genormte Datenformat IEEE-754/854. Dies ermöglicht einen problemlosen Austausch von Daten mit anderen Prozessoren (z. B. PC-CPU), da diese dasselbe Datenformat unterstützen. Meist wird ein auf 32 oder 40 bit verkürztes IEEE-Format (*Single Precision*, einfache Genauigkeit) verwendet, das aber kompatibel zu den Formaten mit doppelter (*Double Precision*, 64 bit) oder erweiterter Genauigkeit (*Extended Precision*, 80 bit) ist. Letztere Formate sind bei DSPs nicht üblich.

*Tabelle 8.2 Präzision und Dynamikumfang verschiedener Datenformate*

| Format | Präzision | Dynamik |
|---|---|---|
| Festkomma 16 bit | ca. $3 \cdot 10^{-5}$ | ca. 90 dB |
| Festkomma 20 bit | ca. $2 \cdot 10^{-6}$ | ca. 114 dB |
| Festkomma 24 bit | ca. $1{,}2 \cdot 10^{-7}$ | ca. 138 dB |
| Fließkomma 32 bit | ca. $1{,}2 \cdot 10^{-7}$ | ca. 854 dB |

Die Tabelle 8.2 zeigt einen Vergleich verschiedener Datenformate.

8

#### 8.3.2.2 Andere Datenformate

Im Verlauf der Entwicklung digitaler Signalprozessoren hat sich eine Reihe verschiedener firmenspezifischer Fließkomma-Datenformate etabliert. Nicht normgerechte Fließkomma-Datenformate (z. B. das des Texas Instruments TMS320C30) erfordern üblicherweise einen erheblichen Aufwand bei der Umwandlung in das sonst übliche IEEE-Format, bedeuten aber für reine Signalprozessoranwendungen keine Einschränkung.

## 8.4 Wichtige Algorithmen der Datenverarbeitung mit DSP

### 8.4.1 Digitale Filter

**Digitale Filter** werden zur gezielten Beeinflussung der Übertragungsfunktion eines Kanals eingesetzt /8.3/.

Der Einsatz reicht von der Beseitigung störender Signalkomponenten (z. B. Rückkopplung) bis hin zur Begradigung des Frequenzgangs bei nicht idealen Übertragungskanälen (z. B. Telefonleitungen).

#### 8.4.1.1 Rekursive Filter (Infinite Impulse Response, IIR)

Rekursive (*IIR*-) Filter stellen eine sehr effiziente Methode der Frequenzgangbeeinflussung in abgetasteten Systemen dar. Mit Hilfe der unten beschriebenen Struktur lassen sich beinahe alle aus der Analogtechnik bekannten Filtercharakteristiken nachbilden. Anders als bei ihren analogen Pendants hängt jedoch die erzielte Übertragungsfunktion von IIR-Filtern nicht von Bauteiltoleranzen oder der Temperatur ab, sondern läßt sich exakt vorherbestimmen. Die folgende Gleichung stellt ein rekursives (IIR-)Filter 2. Ordnung dar, Bild 8.11 das zugehörige Signaldiagramm. Die Blöcke „T“ verdeutlichen jeweils eine Verzögerung um einen Abtasttakt.

$$\begin{aligned} y(n) = {} & b_0 x(n) + b_1 x(n-1) + b_2 x(n-2) \\ & - a_1 y(n-1) - a_2(n-2) \end{aligned} \tag{8.1}$$

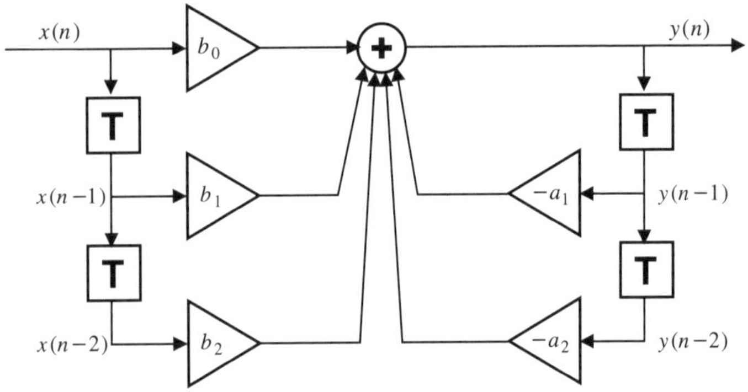


*Bild 8.11 Struktur eines IIR-Filters 2. Ordnung*

#### 8.4.1.2 Transversal-Filter (Finite Impulse Response, FIR)

Transversal-Filter (*FIR*) haben in der analogen Welt kein Gegenstück. FIR-Filter unterscheiden sich von IIR-Filtern durch das Fehlen des Rückkopplungszweiges. FIR-Filter haben die Wirkung einer gewichteten gleitenden Mittelwertbildung. Die folgende Gleichung stellt ein FIR-Filter mit $N$ Abgriffen (*Taps*) dar, Bild 8.12 das zugehörige Signaldiagramm.

$$y(n) = \sum_{k=0}^{N-1} a_k x(n-k) \tag{8.2}$$

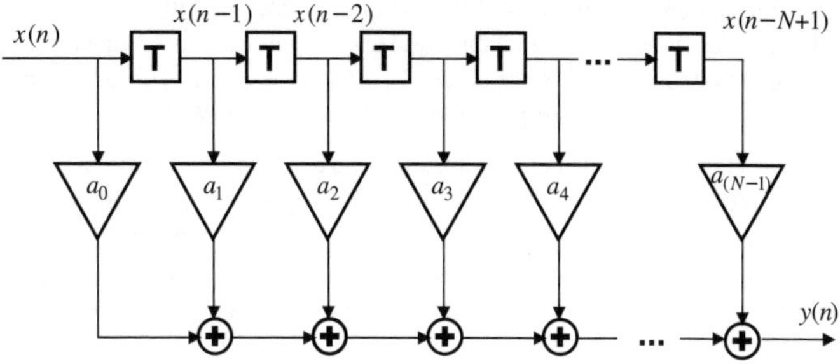


*Bild 8.12 Struktur eines FIR-Filters mit N Taps*

### 8.4.2 Fourier-Transformation und FFT

Mit Hilfe der wert- und zeitkontinuierlichen Fourier-Transformation (Gl. (8.3)) läßt sich ein beliebiges Zeitsignal in den Frequenzbereich abbilden. Umgekehrt ermöglicht die inverse Fourier-Transformation (Gl. (8.4)) die Abbildung eines im Frequenzbereich dargestellten Signals in den Zeitbereich. Beide Darstellungen haben denselben Informationsgehalt und beschreiben ein Signal vollständig und eindeutig.

$$F(\mathrm{j}\omega) = \int_{-\infty}^{\infty} s(t)\,\mathrm{e}^{-\mathrm{j}\omega t}\,\mathrm{d}t = \int_{-\infty}^{\infty} s(t)\cos\omega t\,\mathrm{d}t - \mathrm{j}\int_{-\infty}^{\infty} s(t)\sin\omega t\,\mathrm{d}t \tag{8.3}$$

$$s(t) = \frac{1}{2\pi}\int_{-\infty}^{\infty} F(\mathrm{j}\omega)\,\mathrm{e}^{-\mathrm{j}\omega t}\,\mathrm{d}\omega = \frac{1}{2\pi}\int_{-\infty}^{\infty} F(\mathrm{j}\omega)\cos\omega t\,\mathrm{d}\omega - \frac{\mathrm{j}}{2\pi}\int_{-\infty}^{\infty} F(\mathrm{j}\omega)\sin\omega t\,\mathrm{d}\omega \tag{8.4}$$

Aus der ursprünglichen Integralform der Fourier-Transformation wird durch die Berücksichtigung nur der Abtastwerte zu den Zeitpunkten $n\Delta T$ (Wertefolge am Ausgang eines ADC) eine unendliche Reihe der Form:

$$F(\mathrm{j}\omega) = \int_{-\infty}^{\infty} s_a(t)\,\mathrm{e}^{-\mathrm{j}\omega t}\,\mathrm{d}t = \sum_{n=-\infty}^{\infty} s(n\Delta T)\,\mathrm{e}^{-\mathrm{j}\omega n\Delta T} \tag{8.5}$$

Praktisch umsetzbar ist diese Formel nur, wenn das Signal auf eine endliche Anzahl Abtastwerte reduziert wird, so daß sich die folgende Form ergibt:

$$F(\mathrm{j}\omega) = \sum_{n=0}^{N-1} s(n\Delta T)\,\mathrm{e}^{-\mathrm{j}\omega n\Delta T} \tag{8.6}$$

Es wird hierbei angenommen, daß alle Abtastwerte $n < 0$ und $n \geqq N$ den Wert Null haben. Diese Vereinfachung muß erzwungen werden, wenn von Null verschiedene Abtastwerte außerhalb des Fensters $0 \leqq n < N$ vorliegen. Dies wird durch die sogenannte **Fensterung** (*Windowing*) bewirkt /8.6/.

Die Fourier-Transformierte des abgetasteten und auf $N$ Werte beschränkten Signals ist weiterhin frequenzkontinuierlich. Für die numerische (digitale) Signalverarbeitung ist diese Darstellung unbrauchbar. Vielmehr wird auch im Frequenzbereich eine diskrete (werteweise) Darstellungsform gewünscht. Diese erzielt man durch die Wiederholung des Zeitsignals mit der Periodizität $NT$. Die resultierende Beziehung lautet:

$$F(k) = \sum_{n=0}^{N-1} s(n)\,\mathrm{e}^{-\frac{\mathrm{j}2\pi kn}{N}} \tag{8.7}$$

Dies ist die **Grundgleichung der diskreten Fourier-Tranformation** (*DFT*), aus der die schnelle Fourier-Transformation (*Fast Fourier Transform, FFT*) hergeleitet wird. Sie stellt in der Regel eine Abschätzung der Fourier-Transformierten nach Gl. (8.3) dar. Ähnlich wie bei digitalen Filtern wird hier eine Summe über $N$ Produkte gebildet, die jedoch im allgemeinen komplexwertig sind. Digitale Signalprozessoren sind mit ihren Rechenwerken optimal auf die Lösung solcher Gleichungen (*Multiply Accumulate*) abgestimmt (→ 8.2).

Moderne Signalprozessoren berechnen eine 1024-Punkte-FFT in deutlich weniger als 1 Millisekunde, gleich ob im Festkomma- oder im Fließkommaformat.

## 8.5 Parallelverarbeitung und Adressierungsarten

Die hier gezeigten Beispiele werden vereinfacht dargestellt. Sie sollen dazu dienen, das Prinzip der Arbeitsweise von Signalprozessoren verständlich zu machen. Kommerzielle Produktfamilien weisen zum Teil erheblich komplexere Architekturen auf, die hier nicht behandelt werden können.

### 8.5.1 Parallelverarbeitung (ALU, MAC, SHIFTER, Speicherzugriffe)

Ein wichtiges Merkmal digitaler Signalprozessoren ist die Fähigkeit, verschiedenartige Operationen in einem Befehlszyklus auszuführen. Typisch sind wenigstens eine MAC/ALU/SHIFT-Operation und zwei Speicherzugriffe, die parallel zum Programmspeicherzugriff durchgeführt werden. Die meisten Prozessoren unterstützen zudem die gleichzeitige Modifikation der Adreßzeiger (Indexregister), die auf Speicherzellen zeigen, auf die zugegriffen werden soll.

Eine typische Mehrfachinstruktion hat z. B. folgende Zusammensetzung (Code für Analog Devices ADSP-21xx) /8.1/:

```
MR = MX0 * MY0(SS), MX0 = dm(I0,M0), MY0 = pm(I4,M4);

/* Multipliziere die Inhalte der Register MX0 (signed)
und MY0 (signed), speichere das Ergebnis in MR, lade MX0
und MY0 mit neuen Werten und inkrementiere die Index-
Register I0 (+M0) und I4 (+M4) */
```

Diese Instruktion mit insgesamt fünf Operationen wird in einem einzigen Prozessorzyklus ausgeführt, während gleichzeitig der Maschinencode für die nächste Instruktion aus dem Programmspeicher geholt wird. Die Resultate aller Operationen sind im nächsten Prozessorzyklus gültig (MR enthält das Produkt MX0 $*$ MY0, MX0 und MY0 enthalten neue Werte, I0 und I4 zeigen auf die nächste Speicherstelle).

### 8.5.2 Lineare Adressierung, Modulo-Adressierung, Bitreverse-Adressierung

Zahlreiche Algorithmen in der digitalen Signalverarbeitung erfordern die regelmäßige Adressierung von Speicherstellen. Hierzu kann bei den meisten DSPs die Schrittweite sowie eine Bereichsbegrenzung der Adressierung (**Modulo**) eingestellt werden. Für einen Speicherbereich der Länge 5 können hiermit Daten z. B. aus den Speicherstellen mit den Indizes $0, 3, 1, 4, 2, 0, 3, \ldots$ geholt werden, ohne daß die Adressen explizit berechnet werden müßten (Ringspeicher). Die Adressierung folgt der Regel $\text{index}_{n+1} = (\text{index}_n + 3)$ modulo 5. Das Bild 8.13 gibt die Abfolge der Adressierung wieder.

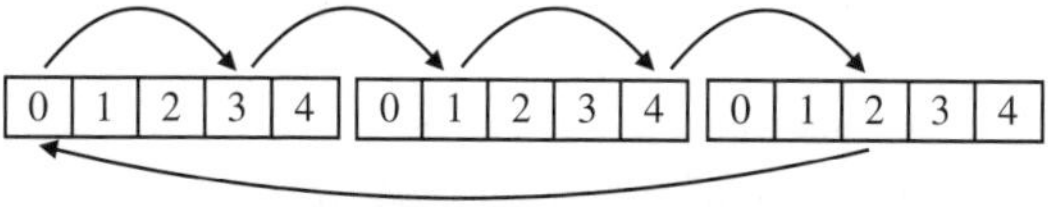


*Bild 8.13 Prinzip der Modulo-Adressierung*

In der Praxis sind folgende Befehle notwendig, um eine solche **Modulo-Adressierung** zu initialisieren:

```
I0 = ^Buffer;        /* Pointer auf Anfang des Buffers */
M0 = 3;              /* Schrittweite */
L0 = 5;              /* Bufferlänge */
```

Die folgenden Instruktionen kopieren in der oben gezeigten Reihenfolge Daten aus dem Speicher in das Register AR:

8

```
AR = dm(I0,M0);        /* AR = Buffer[0] */
AR = dm(I0,M0);        /* AR = Buffer[3] */
AR = dm(I0,M0);        /* AR = Buffer[1] */
AR = dm(I0,M0);        /* AR = Buffer[4] */
AR = dm(I0,M0);        /* AR = Buffer[2] */
AR = dm(I0,M0);        /* AR = Buffer[0] */
```

Eine solche Zugriffsreihenfolge kann beispielsweise zur Trennung mehrerer Signaldatensätze dienen, die von einem ADC eingelesen und unsortiert in einem gemeinsamen Speicherbereich abgelegt wurden.

Auch bei der Realisierung eines FIR-Filters nach Abschnitt 8.4.1 erweist sich die Modulo-Adressierung als hilfreich, wie das folgende Beispiel zeigen soll. Es wird eine Summe über $N$ Produkte (Abtastwerte $x(n-k)$ multipliziert mit den Koeffizienten $a_k$) gebildet.

```
I0 = dm(ptrAbtastwerte); /*Lade Zeiger auf x(n)*/
M0 = 1;                  /*Setze Inkrement = +1*/
L0 = lenFilter;          /*Setze Modulo = Filterlänge*/
I4 = ptrKoeffizienten;   /*Setze I4 auf Koeffizienten*/
M4 = 1;                  /*Setze Inkrement auf = +1*/
MR = 0, MX0 = dm(I0,M0), MY0 = pm(I4,M4);
                         /*Hole x(n) und a0,
                           Lösche MAC*/
CNTR = lenFilter;        /*Setze Schleifenzähler*/
DO FIR UNTIL CE;         /*Wiederhole bis CNTR = 0*/
                         /*Summiere alle x(n-k) * ak,
                           dekrementiere CNTR einmal je
                           Zyklus*/
FIR: MR = MR + MX0 * MY0(ss),
     MX0 = dm(I0,M0), MY0 = pm(I4,M4);

dm(PtrAbtastwerte) = I0; /*Merke Zeiger auf neues x(n)*/
```

❑ *Beispiel*: Praktische Ausführung eines FIR-Filters

In dieser Befehlsfolge wird der Datenzeiger I0 insgesamt $(n+1)$-mal modulo-L0 inkrementiert. Hierdurch wird gewährleistet, daß I0 nach jedem Aufruf der Befehlsfolge auf den aktuellen Abtastwert $x(n)$ zeigt, der den „ältesten" Wert im Ringspeicher $x(n-N+1)$ überschreibt.

Bei der **Bitreverse-Adressierung** wird eine Anzahl von Bits des Adreßgenerators (Zeiger auf den Speicher) in umgekehrter Reihenfolge an den Speicher gelegt. Diese Methode der Adressierung findet ausschließlich bei der Implementierung der schnellen Fourier-Transformation (*FFT*) Verwendung. Die Verkürzung der Ausführungsgeschwindigkeit einer FFT durch die Anwendung der Bitreverse-Adressierung ist beträchtlich /8.5/.

## 8.6 Befehlssatz

Die Befehlssätze verschiedener digitaler Signalprozessoren sind stark von der Prozessorarchitektur abhängig und unterscheiden sich erheblich. Einige Prozessoren haben einen stark registerbezogenen Befehlssatz (ähnlich RISC-Prozessoren), andere wiederum sind bevorzugt unter Verwendung von Speichervariablen zu programmieren.

❑ *Beispiel*: ADSP21xx:

```
mr = mx0 * my0 (ss), mx0 = dm(i0,m0), my0 = dm(i4,m4);
```

❑ *Beispiel*: TMS320C3x:

```
r0 = *ar0++ * *ar2++;
```

### 8.6.1 Registernutzung (dediziert, orthogonal)

Viele digitale Signalprozessoren haben eine ausgeprägte Zuordnung zwischen funktionalen Einheiten (MAC/ALU/SHIFTER) und Arbeitsregistern. So ist z. B. eine Instruktion

```
MR = MX0 * MY0(ss);   /* Multiplikation ist möglich, denn
                        MX0 und MY0 sind MAC-Register */
```

möglich, jedoch nicht eine Instruktion wie

```
AR = MX0 + MY0;       /* ALU-Operationen mit MX0 und MY0
                        sind nicht möglich */
```

Ein Austausch von Daten zwischen den funktionalen Einheiten kann oft nur über den Datenbus erfolgen. Wenn eine solche Operation ausgeführt werden soll, müssen die Register MX0 und MY0 zunächst in ALU-Register kopiert werden.

❑ *Beispiel*:

```
AR = MX0;
AY0 = MY0;
AR = AR + AY0;
```

Neuere Signalprozessorarchitekturen sind zum großen Teil von derartigen Restriktionen befreit. Sie greifen weitgehend wahlfrei auf Daten in einem Registersatz zu, die für alle Arten von arithmetischen Operationen benutzt werden können. Typische Vertreter dieser Art Signalprozessoren sind der ADSP-2106x (SHARC, Fließkomma) von Analog Devices und µPD7711x von NEC (Festkomma, 16 bit). Schon die unspezifischen Namen der Register lassen keine Zuordnung zu den funktionalen Einheiten zu:

❑ *Beispiel*:

```
F0 = F1 * F2;   (SHARC)
F0 = F0 + F3;   (SHARC)
R0 = R1H * R2H; (µPD7711x)
R0 = R0 - R7;   (µPD7711x)
```

8

### 8.6.2 Pipelining (Fetch, Decode, Execute)

Mit steigenden Taktraten bei Signalprozessoren wurde es erforderlich, die Abarbeitung der Instruktionen in mehrere Schritte aufzubrechen. Der Grund hierfür liegt in der Tatsache, daß bei Zykluszeiten von unter 10 Nanosekunden die Laufzeiten der Signale auf dem Siliziumchip größer als zulässig wurden.

Ein üblicher Ansatz ist die Zerlegung einer Instruktion in **Fetch-**, **Decode-** und **Execute-Zyklen** (F, D, X). Diese Methode gibt dem Prozessor 2 Taktzyklen Zeit, bis eine Instruktion tatsächlich ausgeführt (*Execute*) werden muß. Da aber mit jedem Taktzyklus jede der drei Teilinstruktionen ausgeführt wird, „läuft" der Prozessor immer noch mit der vollen Geschwindigkeit.

Lediglich bei Verzweigungen (CALL, JUMP, RET, INT) müssen die in der Pipeline vorhandenen Instruktionen (F, D) verworfen werden (*Pipeline Flush*). Daher dauern diese Instruktionen 3 Zyklen.

Signalprozessoren, wie der ADSP-2106x, verfügen über explizite Anweisungen, die Pipeline nicht zu verwerfen, um die Geschwindigkeit zu maximieren. Die hinter der Verzweigung im Code stehenden zwei Instruktionen verbleiben in der Pipeline und werden vor der ersten Instruktion am Sprungziel ausgeführt.

❑ *Beispiel*:

```
(a) F0 = parameter;   /* Diese beiden Instruktionen */
    F1 = 0;           /* werden vor dem "CALL" ausge-
                      führt */
    CALL subroutine;  /* "CALL" dauert 3 Zyklen */

(b) CALL subroutine(db); /* "CALL" mit delayed
                      branching (db) */
    F0 = parameter;   /* Diese beiden Instruktionen
                      werden */
    F1 = 0;           /* vor der 1. Instruktion in
                      "subroutine" ausgeführt */
```

Die Wirkungsweise beider Befehlssequenzen ist identisch, das Code-Fragment (b) benötigt zur Ausführung jedoch nur 3 statt 5 Zyklen. Vorsicht ist jedoch geboten, da immer die gleiche Anzahl (hier 2) Instruktionen nach einem Delayed-Branching vor dem Verzweigen zum Sprungziel ausgeführt werden.

## 8.7 Peripherie

Signalprozessoren sind üblicherweise mit sehr aufwendiger Peripherie ausgestattet, die für den Hauptanwendungsfall der Signalverarbeitung ausgelegt ist. Anders als bei Mikrocontrollern sind Port-I/O, UART, LCD-Controller und PWM-Kanäle (außer z. B. Texas Instruments TMS320C24x) jedoch selten zu finden. Statt dessen stehen flexible, synchrone serielle Schnittstellen und sogenannte Host-Schnittstellen fast immer zur Verfügung. Letztere, weil digitale Signalprozessoren fast immer in „intelligenter“ Umgebung betrieben, also von einem Mikroprozessor oder Mikrocontroller gesteuert werden.

### 8.7.1 Serielle Schnittstellen

Über die seriellen Schnittstellen können mit Datenraten bis zu 100 Mbit/s Daten mit ADC und DAC ausgetauscht werden. In der Telekommunikationstechnik werden oft serielle Datenkanäle mit 2 oder 4 Mbit/s verwendet, die mit geringem Aufwand an gängige DSPs angeschlossen werden können.

### 8.7.2 DMA-Controller

Zur Entlastung der CPU eines Signalprozessors werden regelmäßig wiederkehrende I/O-Funktionen (z. B. Übertragung von Daten der seriellen Schnittstelle) nicht per Interrupt, sondern durch Direct-Memory-Access-(DMA-)Kanäle realisiert. Diese Datenkanäle reagieren auf Ereignisse, die eine Datenübertragung erforderlich machen (z. B., wenn ein Datenwort von der seriellen Schnittstelle eingelesen werden muß) und melden ihrerseits der CPU, wenn ein besonderes Ereignis aufgetreten ist (z. B., wenn 64 Datenworte im Speicher abgelegt wurden). Die Funktion eines DMA-Kanals wird immer von der CPU programmiert. Die Belastung der CPU beschränkt sich zur Laufzeit auf einen Wartezyklus, falls der Datentransfer des DMA-Kanals mit einem der CPU kollidiert.



### 8.7.3 Host-Interface

Über die Host-Schnittstelle werden Programmdaten zum DSP übertragen (Boot-Funktion) oder im laufenden Betrieb Daten ausgetauscht. Die häufig anzutreffende Symbiose zwischen Mikrocontroller und DSP hat in den letzten Jahren vermehrt hybride Lösungen entstehen lassen, also Mikrocontroller mit DSP-Funktionen (z. B. MAC) oder DSPs mit der Möglichkeit, SDRAM ohne zusätzliche Hardware zu betreiben. Die Hersteller Hyperstone (E1-32) und Hitachi (SH-DSP) haben diesen Trend sehr früh erkannt und liefern heute Hochleistungsmikrocontroller, die auch aufwendige Signalprozessoraufgaben erledigen können. Für extrem hohe Stückzahlen (mind. 100000) eignen sich auch sog. DSP-Cores (z. B. ARM Piccolo), die, in Lizenz gefertigt, von zahlreichen Halbleiterherstellern in ASICs mit Mikrocontrollermomponenten verschmolzen werden.

## 8.8 Entwicklungssysteme

Entwicklungssysteme für digitale Signalprozessoren haben einen Stand erreicht, der solchen für Mikrocontroller kaum nachsteht. Für viele Signalprozessoren gibt es heute integrierte Entwicklungsumgebungen mit komfortablem Editor, Projektmanagement, C-Compiler, Simulator und Debugger.

### 8.8.1 Assembler/Linker

Assembler und Linker gehören zur Minimal-Ausstattung von DSP-Entwicklungstools. Die Assemblerprogrammierung ist im Zweifelsfalle der richtige Weg, um effizienten Code zu erzeugen. Allerdings setzt die Programmierung in Assembler die exakte Kenntnis der verwendeten Prozessorarchitektur voraus.

### 8.8.2 C-Compiler

Für zahlreiche DSPs gibt es C-Compiler, die in vielen Fällen erhebliche Defizite in der Effizienz der Code-Erzeugung aufweisen. Selbst bei den besten Compilern ist mit nicht mehr als 50 % Rechenleistungsausbeute und mit wesentlich vergrößertem Code-Umfang im Vergleich zur Assemblerprogrammierung zu rechnen. Sehr sinnvoll ist die Verwendung von C-Code dann, wenn die Routinen mit dem höchsten Rechenleistungsbedarf in Assembler geschrieben sind und der Objektcode in ein C-Programm eingebunden werden kann.

### 8.8.3 Debugger

Viele moderne DSPs unterstützen die In-Circuit-Emulation durch ein hierfür gedachtes JTAG-Interface. Es gibt jedoch auch einige firmenspezifische Schnittstellen, die in ähnlicher Weise das Debuggen von Software im Zielsystem möglich machen (Motorola: OnCE, Texas Instruments TMS320C3x: MPSD). Alle diese Schnittstellen erlauben den Zugriff auf sämtliche internen und externen Ressourcen des Signalprozessors.

Bei manchen DSPs ist es allerdings nicht immer möglich, während der In-Circuit-Emulation den genauen Programmablauf zu verfolgen. So hat z. B. die Unterbrechung eines Programms bei einem DSP mit tiefer Pipeline den Effekt, daß Ergebnisse noch nicht sichtbar sind, da die unterbrochene Instruktion ihr Resultat noch nicht zurückgegeben hat.

### 8.8.4 Simulator

Um die Unzulänglichkeiten der In-Circuit-Emulation zu umgehen oder um ohne Hardware ein DSP-Programm zu untersuchen, stehen für nahezu alle DSPs Simulatoren zur Verfügung. Wegen der Komplexität der Instruktionen dauert die Ausführung eines DSP-Programms auf einem PC-gestützten Simulator jedoch ohne weiteres mehr als einhundertmal so lang wie im echten System. Einzig NEC bietet bisher einen Hochgeschwindigkeitssimulator an, dessen Kern für die Festkomma-DSP-Familie µPD7701x optimiert wurde. Dennoch liegt die Verarbeitungsgeschwindigkeit des Simulators nur bei einigen MIPS verglichen mit bis zu 75 MIPS der realen DSPs.

## 8.9 Vergleich wichtiger moderner digitaler Signalprozessoren

### 8.9.1 Fixed-Point-Prozessoren

**Analog Devices ADSP-2100**



Diese Festkomma-DSP-Familie basiert auf einem Prozessorkern, der Mitte der 80er Jahre entwickelt wurde. Es handelt sich hierbei um „reinrassige" Signalprozessoren, die alle typischen Merkmale in sich vereinen. Besondere Popularität haben die Prozessoren der Gattung ADSP-21xx durch die fast uneingeschränkte Code-Kompatibilität untereinander und die Konzentration des Herstellers auf RAM-Varianten mit bis zu 256 KByte Onchip-Speicher erzielt. Leistungsmäßig liegen diese Prozessoren etwa gleichauf mit den meisten Konkurrenten (75 MIPS max.).

**Texas Instruments TMS320C5000-Familie**

Signalprozessoren der TMS320C5000 sind aus den ersten kommerziell erfolgreichen DSPs der TMS320C1x-Familie (von 1981) hervorgegangen. Texas Instruments hat wegen der enormen Vielfalt an vorhandener Software bei allen Weiterentwicklungen der 16-bit-Festkommaprozessoren auf Rückwärtskompatibilität des Quellcodes geachtet. Das Ergebnis sind sehr leistungsfähige Prozessoren, die jedoch wegen der vielfältigen Erweiterungen der ursprünglichen Architektur recht aufwendig zu handhaben sind. Eine Programmierung in „C" ist ratsam, wenn es die benötigte Rechenleistung (verfügbar 100 MIPS max.) zuläßt. Der Vorteil der Architektur dieser DSPs ist die extrem kleine benötigte Chipfläche, die eine sehr kostengünstige Fertigung zuläßt. Die TMS320C5000-Familie besteht aus zahlreichen Varianten bis hin zum TMS320VC5420, der zwei weitgehend unabhängige Rechenwerke enthält.

## NEC µPD77100 und µPD77110

Diese Prozessorfamilie wurde Anfang der 90er Jahre vorgestellt. Zu Beginn stellte die µPD7710x-Familie eine der höchstentwickelten Festkomma-Signalprozessoren dar. Im Vergleich bieten die Festkomma-DSPs von NEC auch heute noch die geradlinigste Architektur, was sich in einer komfortablen Programmierbarkeit bei voller Ausnutzung der zur Verfügung stehenden Rechenleistung (75 MIPS max.) niederschlägt.

## Lucent DSP1600 und DSP16000

Früher unter AT&T Microelectronics bekannt, hat Lucent die DSP16xx-Familie konsequent für allgemeine Anwendungen weiterentwickelt. Lucent kann heute Prozessoren liefern, die mit bis zu 120 MIPS an der Spitze der Festkomma-Leistungsklasse stehen. Mit dem DSP16210 steht auch ein Prozessor mit zwei MACs und ebenfalls 120 MIPS zur Verfügung.

Einige DSPs der DSP1600-Familie stehen auch als Flash-ROM-Varianten zur Verfügung. Außer Lucent bietet nur Texas Instruments einige der kleinsten DSPs auch mit Flash-Speicher an.

## Motorola DSP56000, DSP56300 und DSP56600

Mit ihren 24-bit-Festkomma-DSPs hat Motorola von Anbeginn (1985) den Audio- und Studiotechnikmarkt bedient. Spezialisierte Varianten für diese Kategorie ließen diese Anwendungen lange Zeit in fester Hand von Motorola. Der vergleichsweise hohe Preis ließ eine Verwendung in typischen 16-bit-Anwendungen jedoch nicht zu. Die schnellsten Varianten leisten bis zu 100 MIPS.

Heute bietet Motorola mit den Prozessoren der DSP56600-Familie konkurrenzfähige 16-bit-Alternativen mit bis zu 80 MIPS.

## Texas Instruments TMS320C62xx

Texas Instruments hat mit der C6x-DSP-Familie eine für DSPs vollkommen neue Architektur eingeführt. Mit einer Befehlsbreite von 256 Bits wird eine außerordentlich hohe Rechenleistung erzielt. Die Befehle werden in 32-bit-Portionen aufgebrochen, die jeweils eine Recheneinheit steuern. Die Prozessoren der C6x-Familie haben einen recht untypischen Befehlssatz, denn die strikte Trennung von ALU, MAC und Shifter wurde hier nicht realisiert. Sehr problematisch ist die Handhabung der 7stufigen Pipeline, die eine Programmierung in Assembler nahezu verbietet. Dieses Manko wird jedoch durch sehr gute Programmierwerkzeuge (C-Compiler, Assembly-Optimizer) teilweise wettgemacht. Mit bis zu 200 MHz sind die C6x-Prozessoren die derzeit schnellsten am Markt.

*Tabelle 8.3 Eigenschaften ausgewählter DSP*

| Prozessor | Hersteller | MIPS | Datenformat | Speicher intern (max.) | PM/DM | Cache | MAC | ALU |
|---|---|---|---|---|---|---|---|---|
| ADSP-21xx | ADI | 75 | 16 bit Fixed | 256 KByte | 24/16 bit | nein | $16 \times 16 \rightarrow 40$ bit | $16 + 16 \rightarrow 16$ bit |
| ADSP-2106X | ADI | 60 | 32 bit Float | 512 KByte | 48/40 bit | ja | $32 \times 32 \rightarrow 80$ bit | $40 + 40 \rightarrow 40$ bit |
| ADSP-2116X | ADI | 100 | 32 bit Float | 512 KByte | 64/64 bit | ja | $32 \times 32 \rightarrow 80$ bit (x2) | $40 + 40 \rightarrow 40$ bit (x2) |
| DSP16xx | Lucent | 120 | 16 bit Fixed | 64 KByte | 16/16 bit | ja | $16 \times 16 \rightarrow 36$ bit | 32 bit |
| DSP16210 | Lucent | 120 | 16 bit Fixed | 120 KByte | 16/32 bit | ja | $16 \times 16 \rightarrow 40$ bit (x2) | $40 + 40 \rightarrow 40$ bit |
| DSP16410 | Lucent | 200 | 16 bit Fixed | 388 KByte | 16/32 bit | ja | $16 \times 16 \rightarrow 40$ bit (x2) | 32 bit (x2) |
| TMS320C2xx | TI | 40 | 16 bit Fixed | 40 KByte | 16/16 bit | nein | $16 \times 16 \rightarrow 32$ bit | 32 bit |
| TMS320C54x | TI | 100 | 16 bit Fixed | 256 KByte | 16/16 bit | nein | $17 \times 17 \rightarrow 40$ bit (x2) | 40 bit |
| TMS320C62xx | TI | 200 | 16 bit Fixed | 384 KByte | 32/32 bit | ja | $16 \times 16 \rightarrow 32$ bit | 32/40 bit |
| TMS320C3x | TI | 75 | 32 bit Float | 264 KByte | 32/32 bit | ja | $32 \times 32 \rightarrow 40$ bit | 32 bit |
| µPD7701x | NEC | 60 | 16 bit Fixed | 92 KByte | 32/16 bit | nein | $16 \times 16 \rightarrow 40$ bit (x8) | $40 + 40 \rightarrow 40$ bit |
| µPD7711x | NEC | 80 | 16 bit Fixed | 238 KByte | 32/16 bit | nein | $16 \times 16 \rightarrow 40$ bit (x8) | $40 + 40 \rightarrow 40$ bit |
| DSP5600x | Motorola | 48 | 24 bit Fixed | 60 KByte | 24/24 bit | ja | $24 \times 24 \rightarrow 56$ bit | $56 + 56 \rightarrow 56$ bit |
| DSP5630x | Motorola | 80 | 24 bit Fixed | 180 KByte | 24/24 bit | ja | $24 \times 24 \rightarrow 56$ bit | $56 + 56 \rightarrow 56$ bit |

*Tabelle 8.3 Eigenschaften ausgewählter DSP (Fortsetzung)*

| Prozessor | SHIFTER | I/O-Spannung | Core-Spannung | Serial/Host | Besonderheiten |
|---|---|---|---|---|---|
| ADSP-21xx | 16 + 16 bit | 2,5 V/3,3 V/5,0 V | 3,3 V/5,0 V | 2 × 16 bit/16 bit | Shadow-Register für M/A/S, mehr als 10 Derivate |
| ADSP-2106X | 32 bit | 3,3 V/5,0 V | 3,3 V/5,0 V | 3 × 32 bit/32 bit | *) 2 × 16 × 40 bit Register-File für MAC/ ALU/SHIFTER<br>**) Speicheraufteilung konfigurierbar, max. 1 Mbit |
| ADSP-2116X | 32 bit (x2) | 3,3 V/5,0 V | 3,3 V/5,0 V | 2 × 32 bit/32 bit | ***) wie ADSP-2106X, aber zwei separate Recheneinheiten (MAC/ALU/SHIFTER) |
| DSP16xx | 32 bit | 3,3 V/5,0 V | 3,3 V/5,0 V | 2 × 16 bit/16 bit | Kein Barrel-Shifter, mehr als 10 Derivate |
| DSP16210 | 32 bit | 2,5 V | 3,3 V | 2 × 16 bit/16 bit | Multiplizierer (2) und Accumulatoren (8) getrennt, kein Barrel-Shifter |
| DSP16410 | 32 bit (x2) | 2,5 V | 3,3 V | 2 × 16 bit/16 bit | Kein Barrel-Shifter |
| TMS320C2xx | 32 bit | 5,0 V | 5,0 V | 2 × 16 bit/16 bit | UART, kein Host-Port, sondern 16-bit-I/O |
| TMS320C54x | 40 bit | 1,2 V/1,8 V; 2,5 V/3,3 V | 3,3 V | 3 × 16 bit/16 bit | mehr als 10 Derivate |
| TMS320C62xx | 32/40 bit | 1,2 V/1,8 V; 2,5 V/3,3 V | 3,3 V | 2 × 16 bit/16 bit | Hochleistungsprozessor, 2 identische Rechnereinheiten, Instruktionszugriffe 256 bit |
| TMS320C3x | | 3,3 V/5,0 V | 3,3 V/5,0 V | 2 × 32 bit | |
| µPD7701x | 40 bit | 3,3 V | 3,3 V | 2 × 16 bit/8 bit | 8 äquivalente 40-bit-Register für ALU/MAC/SHIFT |
| µPD7711x | 40 bit | 2,5 V | 3,3 V | 2 × 16 bit/16 bit | 8 äquivalente 40-bit-Register für ALU/MAC/SHIFT |
| DSP5600x | 56 bit | 3,3 V/5,0 V | 3,3 V/5,0 V | 2 × 24 bit/8 bit | Kein Barrel-Shifter, UART |
| DSP5630x | 56 bit | 3,3 V | 3,3 V | 2 × 24 bit/8 bit | Varianten mit PCI-Interface |

### 8.9.2 Floating-Point-Prozessoren

**Analog Devices ADSP-2106x (SHARC)**

Basierend auf der Architektur des ADSP-21020, die Ende der 80er Jahre vorgestellt wurde, stehen heute mehrere Varianten mit sehr großem (bis 512 KByte) Onchip-Speicher zur Verfügung. Als besonders herausragende Eigenschaft bringen einige Familienmitglieder ausgeprägte Multiprozessorfähigkeiten mit. Durch einfaches Parallelschalten von bis zu sechs Prozessoren, stellen sich die beteiligten DSPs wechselseitig ihre Speicherressourcen zur Verfügung. Die schnellsten Mitglieder der SHARC-Familie (ADSP-21065L) leisten bis zu 66 MIPS. Eine Besonderheit stellt auch der ADSP-21160 dar: Seine zwei identischen Recheneinheiten führen parallel dieselben Instruktionen aus, arbeiten jedoch mit verschiedenen Daten. Derartige Eigenschaften sind z. B. sinnvoll in der Audiosignalbearbeitung (Stereo) und in der Bildbearbeitung.

**Texas Instruments TMS320C3x und TMS320C4x**

Mit dem TMS320C30 hat Texas Instruments Ende der 80er Jahre den ersten kommerziell erfolgreichen Fließkomma-Signalprozessor entwickelt. Erst in jüngster Zeit wurde mit dem TMS320VC33 eine neue Variante (bis zu 75 MIPS) vorgestellt. TMS320C40 und C44 sind multiprozessorfähige Varianten der TMS320C30-Familie, die überdies zusätzliche Befehle und einen größeren Registersatz bereitstellen, jedoch nur max. 30 MIPS liefern.



Die Eigenschaften ausgewählter Signalprozessoren sind in der Tabelle 8.3 dargestellt.

## 8.10 Ausblick

Die rapide Entwicklung der digitalen Signalverarbeitung mit Singlechip-Signalprozessoren hat in den letzten 10 Jahren zu einem Umbruch in der Informationsverarbeitung geführt. Heute beinhalten alle modernen Telekommunikationssysteme derartige Komponenten. Mobiltelefone, drahtgebundene Telefonsysteme (ISDN), Modems (V.34) und moderne Hifi-Komponenten (MiniDisk, MP3) sind ohne digitale Signalprozessoren nicht realisierbar.

Mit einem prognostizierten jährlichen Wachstum von über 30 % pro Jahr in den kommenden fünf Jahren wird die Verbreitung von Signalprozessoren besonders im Consumer-Bereich stark zunehmen. Mit einer Rechenleistung von mehreren hundert MIPS werden Anwendungen wie digitales Fernsehen (*Settop-Box*) Einzug in den Alltag halten. In den traditionellen Märkten Telekommunikation und Maschinenbau wird der Einsatz von DSP umfassend vorangehen. Auch in der Automobilindustrie werden digitale Signalprozessoren eine zunehmende Rolle spielen, angefangen beim Motormanagement bis hin zu integrierten Entertainment-Systemen (Musikwiedergabe von Flash-Speichermedien, Navigationssysteme). Herkömmliche Mikrocontroller oder -prozessoren werden jedoch von Signalprozessoren nicht verdrängt werden, da in vielen Anwendungen die Rechenleistung einfacher, billiger Mikrocontroller bei weitem ausreicht. Gleichwohl werden die beiden Produktfamilien voneinander profitieren, da in zunehmendem Maße ein Austausch der jeweiligen Wesensmerkmale (z. B. MAC für Mikrocontroller, intelligente Peripherie für DSP) stattfindet.

# 9 Software-Entwicklung

## 9.1 Gegenstand der Software-Entwicklung

Auf Computern kommt Software unterschiedlichster Ausprägung zum Einsatz. Erst Software und Computerhardware bilden zusammen ein sinnvolles Produkt. Der Entwicklung der Software muß daher ebenso wie der der Hardware entsprechende Aufmerksamkeit gewidmet werden.

**Software-Entwicklung** (*Software Development*) umfaßt alle Methoden, Verfahren und Tätigkeiten zum Entwurf, zur Generierung und zur Inbetriebnahme, inklusive Testung, von Software-Produkten.

Da ein großer Teil aller Software-Projekte sehr große und komplexe Systeme bildet, existiert ein Reihe von Besonderheiten gegenüber anderen Ingenieurwissenschaften.[1)] Zur Bewältigung der daraus resultierenden Probleme hat sich in den letzten Jahren ein spezieller Wissenschaftszweig entwickelt:

Das **Software-Engineering** befaßt sich mit *Theorien*, *Methoden* und *Werkzeugen*, die den Prozeß der Software-Herstellung technisch und organisatorisch unterstützen /9.14/, /9.19/, /9.6/.

9

Während in den meisten Veröffentlichungen über Software-Engineering der Schwerpunkt auf der Bewältigung großer Software-Produkte, wie z. B. von Datenbankanwendungen, Buchungssystemen oder hierarchischen Steuerungssystemen, liegt, sollen im weiteren, dem Bezug des vorliegenden Taschenbuches angemessen, hauptsächlich die Probleme diskutiert werden, die bei der Software-Entwicklung im Bereich *eingebetter Systeme* entstehen.

Unter dem Begriff **eingebettete Systeme** (*Embedded Control System*) faßt man alle Systeme zusammen, die einen oder mehrere Computer enthalten, ohne daß diese Computer vom Anwender explizit als solche wahrgenommen werden.

Diese *eingebetteten Rechner* findet man in großen Stückzahlen in Geräten, Maschinen, Anlagen und Haushaltsgütern. Sie übernehmen Steuerungs- und Überwachungsfunktionen und ermöglichen zum Teil die Einführung völlig neuer Eigenschaften dieser Produkte.

---

1) *Sommerville* /9.14/ und *Brooks* /9.3/ diskutieren ausführlich die daraus resultierenden Probleme.

❑ Eine *elektronische Registrierkasse* steuert den Laserscanner zur Identifikation der Waren an, sendet die erfaßte Warennummer über ein Kommunikationsnetzwerk zum zentralen Rechner, der die zugehörigen Preisinformationen aus einer Datenbank entnimmt und zur Kasse zurücksendet. Diese summiert die einzelnen Warenposten, zeigt den Gesamtpreis an, steuert den Druck eines Beleges und berechnet eventuell herauszugebendes Wechselgeld. Weiterhin benachrichtigt sie das Lagerhaltungssystem über die abgekauften Warenmengen und unterstützt die Abrechnung der Umsätze zum Schichtschluß.

❑ *Komplexe Sensoren* für Druckmessungen oder Gaszusammensetzungen weisen i. d. R. eine nichtlineare Kennlinie auf, die u. a. von der Umgebungstemperatur, der Alterung und weiteren Faktoren abhängt. Integriert man einen Mikrocontroller dicht am Sensor, kann man vor Ort eine Kennlinienkorrektur vornehmen. Weitere Eigenschaften, wie z. B. der Selbsttest, die Nullpunktkorrektur oder die Vernetzungsfähigkeit, lassen sich dann leicht hinzufügen; es entsteht ein qualitativ neues Produkt – ein „intelligenter“ Sensor.

## 9.2 Phasen der Software-Entwicklung

Die Erstellung eines Software-Produktes umfaßt eine Reihe verschiedener Aktivitäten, die logisch aufeinanderfolgen:

- **Problemanalyse und Spezifikation**. Diese umfassen die Bestimmung der durch die Software zu erreichenden Ziele und des gewünschten Systemverhaltens einschließlich der einzuhaltenden Randbedingungen.

  ► I. d. R. gipfelt diese Phase in der Erstellung eines *Pflichtenheftes*, d. h. eines gegenseitig akzeptierten Kataloges von Anforderungen und Randbedingungen.

- **Entwurf**. Der Entwurf beinhaltet Erstellung einer Systemarchitektur (Aufteilung zwischen Hard- und Software). Beim Entwurf wird festgelegt, wie das in der Analyse- und Spezifikationsphase bestimmte Verhalten des zu entwickelnden Systems durch eine Hierarchie geeigneter Bearbeitungsstufen – Programmkomponenten – ausgeführt werden soll.
- **Implementierung**. Aufgabe der Implementierung ist die Umsetzung der spezifizierten Bearbeitungsstufen in lauffähige Programme. Tests der einzelnen Komponenten gewährleisten, daß jede den Anforderungen entspricht.
- **Integration und Systemtest**. Diese Vorgänge umfassen das Zusammenfügen der einzelnen Programmkomponenten und den Test des kompletten Systems. Dabei ist nachzuweisen, daß die laut Spezifikation geforderten Parameter, sowohl hinsichtlich funktioneller Korrektheit als auch hinsichtlich der erreichten Leistungen, erfüllt werden.

  ► Nach erfolgreichem Bestehen des Systemtests ist ein Software-Produkt entstanden, welches den Anforderungen des Pflichtenheftes genügt. Es wird an dieser Stelle freigegeben und geht in den normalen Nutzungsprozeß über.

- **Wartung**. Die Wartung eines Software-Systems umfaßt alle Arbeiten an dem System, die nach erfolgter Freigabe für den Nutzer auszuführen sind. Dies betrifft insbesondere die Fehlerbeseitigung, die Verbesserung der Leistung oder anderer Eigenschaften und der Anpassung des Systems an eine veränderte Umgebung.

Zur Darstellung des logischen Zusammenhangs dieser Aktivitäten wurde eine Reihe unterschiedlicher Modelle entwickelt (→ /9.14/, /9.19/). Zwei typische Vertreter werden im folgenden vorgestellt:

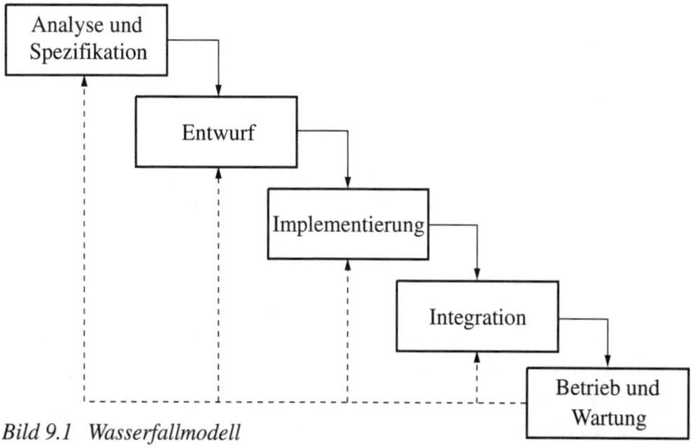


*Bild 9.1 Wasserfallmodell*

**Wasserfallmodell**. Das klassische *Wasserfallmodell* (→ Bild 9.1) versucht eine Relation zwischen diesen einzelnen Aktivitäten herzustellen, die Schritte in eine zeitliche Reihenfolge bringt. Es geht im Idealfall von einer getrennten, rückkopplungsfreien Abfolge der einzelnen Phasen aus. Nach Abschluß jeder Phase wird diese festgeschrieben und mit der nächsten fortgefahren.

In der Praxis überlappen sich die Phasen, und spätere Phasen wirken auf die vorhergehenden zurück. Der scheinbar geradlinige Entwicklungsablauf bildet in Wahrheit eine iterative Schleife, in der die Abfolge Entwurf-Implementierung-Test mehrfach zyklisch durchlaufen wird.

**Evolutionäre Software-Entwicklung**. Die Idee der *evolutionären Software-Entwicklung* (→ Bild 9.2) geht von der Schaffung einer Startimplementierung und der nachfolgenden schrittweisen Verfeinerung und Weiterentwicklung in Zusammenarbeit mit dem Nutzer der Software aus. Die Spezifikation, die Entwicklung und der Test der Software sind keine separaten Phasen, sondern werden gleichzeitig ausgeführt. Dies ermöglicht sehr kurze Rückkopplungszeiten zwischen den einzelnen Aktivitäten.

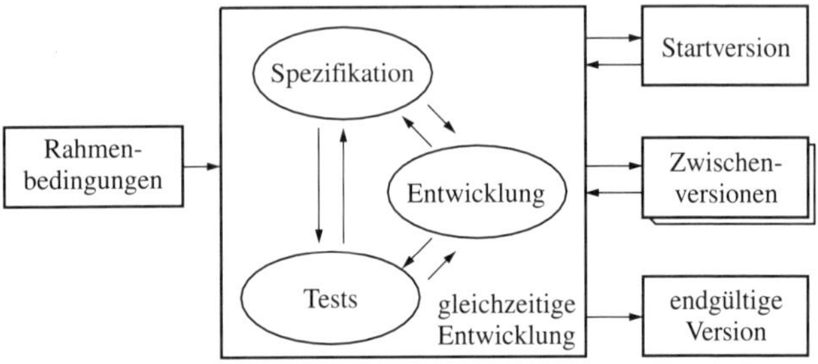


*Bild 9.2 Evolutionäre Software-Entwicklung*

Mit Hilfe der evolutionären Methode ist man i. d. R. sehr schnell in der Lage, dem Nutzer eine erste Version der Software zur Verfügung zu stellen. Die Vermischung der einzelnen Entwicklungsphasen macht diese aber schwer kontrollier- und abrechenbar. Das evolutionäre Modell hat sich daher hauptsächlich bei der Lösung relativ einfacher Software-Aufgaben durch eine kleine Gruppe leistungsfähiger Programmierer bewährt.

**Reale Probleme**. Eine Reihe von Problemen führt dazu, daß insbesondere die im *Wasserfallmodell* vorgeschlagene lineare Abfolge der Entwicklungsphasen nicht strikt eingehalten werden kann:

- Das zu lösende Software-Problem ist seitens des Kunden schlecht spezifiziert; er hat oft nur eine unklare Vorstellung von seinen konkreten Forderungen und den Möglichkeiten der Software-Lösung.
- Im Zuge der Nutzung des ausgelieferten Systems entstehen beim Kunden Anregungen zur Verbesserung (implementierte Eigenschaften lassen sich nur umständlich nutzen, Sonderfälle wurden übersehen, neue Ideen zur Nutzung der Software tauchen auf).
- Das zu lösende technische Problem ist oft unzureichend bekannt bzw. wird nur unvollständig verstanden. Dies betrifft insbesondere beim *Embedded-Control* das Verhalten des anzusteuernden Prozesses.
- Aus Kostengründen ist eine frühzeitige Co-Entwicklung von Hard- und Software wünschenswert. Damit ist die Hardware oft ungenügend getestet, und ihr Verhalten im Zusammenspiel mit dem anzusteuernden Prozeß wird nicht sicher beherrscht.
- Die Lösung anspruchsvoller Steuerungsaufgaben bei minimalem Einsatz von Ressourcen erfordert eine geeignete Aufteilung der Funktionalität zwischen Hard- und Software. Die beste Aufteilung ist meist nicht vorab bekannt und muß mittels geeigneter Tests herausgearbeitet werden.

Zur Bewältigung dieser Probleme ist es sinnvoll, Elemente des *Wasserfallmodells* und der *evolutionären Entwicklung* zu verknüpfen. Experimentelle

**Prototypen** der Software, die sich auf wesentliche Aspekte des zu lösenden Problems konzentrieren, dabei aber Feinheiten (wie z. B. die Fehlerbehandlung, Sonderfälle usw.) ignorieren, ermöglichen eine schnelle Rückkopplung zur Präzisierung des Entwicklungsprozesses (→ /9.15/) und können so die Basis für eine zielgerichtete systematische Erarbeitung der Software bilden (→ Tabelle 9.1).

Programmiersysteme, die ein *Rapid-Prototyping* und eine interaktive Arbeitsweise mit dem Zielsystem unterstützen, können diesen Prozeß wesentlich erleichtern.

*Tabelle 9.1 Lösung von Teilproblemen mittels Prototypen*

| |
|---|
| – Experimente zur Aufteilung der Funktionalität zwischen Hard- und Software |
| – Inbetriebnahme der Hardware |
| – Test einzelner Algorithmen und Software-Komponenten |
| – Bewertung der Leistungsfähigkeit unterschiedlicher Lösungsansätze |
| – Aufdecken von Problemstellen |
| – Test und Konkretisierung des konzipierten Benutzerinterfaces |

## 9.3 Software für Embedded-Systeme

### 9.3.1 Randbedingungen

9

Bild 9.3 zeigt eine vereinfachte Darstellung eines *Embedded-Control-Systems*. Es erfaßt mittels geeigneter Sensoren den Zustand bzw. Zustandsänderungen des zu steuernden Prozesses, leitet mit geeigneten Algorithmen daraus Antworten ab und wirkt bei Bedarf mittels entsprechender Aktoren auf den Prozeß bzw. dessen Umgebung zurück.

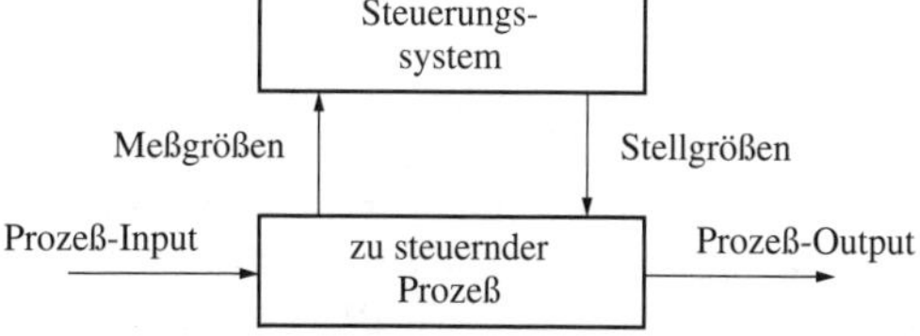


*Bild 9.3 Wechselwirkung zwischen zu steuerndem Prozeß und Embedded-Control-System*

Um den Prozeß korrekt anzusteuern, muß das Steuerungssystem zwei Voraussetzungen erfüllen:

- Eine *deterministische Verhaltensweise* zur korrekten und reproduzierbaren Ansteuerung des Prozesses und

- *schnelle Reaktionszeiten*, um auf Veränderungen am Prozeß rechtzeitig reagieren zu können.

Speziell im Umfeld eingebetteter Steuerrechner kommen oft weitere Forderungen hinzu (→ 7):

- geringes Volumen des Steuergerätes,
- minimaler Energieverbrauch (insbesondere bei Batteriebetrieb),
- minimale Kosten,
- hohe Zuverlässigkeit und
- eine möglichst geringe Anzahl von Komponenten.

---

### 9.3.2 Anforderungen an die Software

Aufgrund der oben angesprochenen Besonderheiten unterscheidet sich die Software-Entwicklung für *Embedded-Control-Systems* in einigen wesentlichen Punkten von der Erstellung üblicher Software-Applikationen für Workstations und Großrechner. Dies betrifft sowohl den Entwicklungsvorgang selbst als auch die Gestaltung der Software. Wesentliche Gründe dafür sind:

**Ressourcenknappheit**. Anwendungen im *Embedded-Control*-Bereich stellen oft hohe Forderungen hinsichtlich minimaler Produktkosten, möglichst geringem Volumen und extrem kleinem Energieverbrauch (z. B. Batteriebetrieb). Daher finden zumeist Mikrocontroller Anwendung, deren technische Ausstattung mit Speicher, Rechenleistung und peripheren Systemkomponenten minimal ist.

❑ Mikrocontroller für Identifikationssysteme arbeiten typisch mit 1 . . . 2 MHz Takt bei 1,5 . . . 3 V Betriebsspannung. Sie verfügen über ca. 1 KByte ROM und 30 . . . 60 Byte RAM. In der Regel genügen 4 . . . 8 binäre Input/Output-Signale.

**Cross-Entwicklung**. Aufgrund der geringen Ressourcenausstattung macht sich eine Trennung von **Entwicklungssystem** (*Host*) und **Zielsystem** (*Target*) erforderlich. Das Entwicklungssystem ermöglicht eine komfortable Arbeit bei der Erstellung, Generierung und dem Test der Software. Die Applikationssoftware läuft ausschließlich auf dem Zielsystem. Verwenden Host und Target unterschiedliche Prozessoren, dann spricht man von *Cross-Compilation*. Besondere Probleme bereiten die Übertragung des generierten Codes zum Zielsystem und das Debugging der Software im Zielsystem (→ 9.5.2).

**Software-Besonderheiten**. Im Vergleich mit der Software für Workstations und Großrechner erfordern die spezifischen Randbedingungen des Einsatzfeldes i. d. R. eine andere Struktur der Software, um die damit im Zusammenhang stehenden Probleme zu bewältigen:

- *Ereignisgesteuerte Arbeitsweise*. Technische Systeme arbeiten i. d. R. ereignisgesteuert (*Event Driven*), d. h., Änderungen des Systemzustandes lösen eine Bewertung mittels eines geeigneten Algorithmus und bei Bedarf eine Antwort entsprechender Aktoren aus. Die Reaktionsroutinen sind in der Regel einfach und laufen nur kurze Zeit.

- *Behandlung mehrerer Aufgaben mit einem Prozessor.* Zumeist ist von einem Steuerungssystem eine Vielzahl unterschiedlicher Sensoren zu überwachen und entsprechende Reaktionen sind nach z. T. unterschiedlichen Algorithmen abzuleiten. Da die Teilaufgaben zumeist in einem gegenseitigen Zusammenhang stehen und entsprechend zu koordinieren sind, ist es sinnvoll, sie gemeinsam in einem einzigen Rechner zu bearbeiten.
- *Einhaltung komplexer Zeitbedingungen.* Die Behandlung mehrerer Aufgaben in einem Prozessor erfordert eine geeignete Verteilung der Ressourcen, insbesondere der zur Verfügung stehenden Rechenzeit, zwischen diesen Aufgaben und eine Priorisierung der Bearbeitung. Das Ziel ist die Einhaltung der durch das zu steuernde System vorgegebenen Reaktionsfristen und ein determiniertes Verhalten des Gesamtsystems. Priorisierte Interrupt-Systeme und Echtzeit-Betriebssysteme (siehe Folgeabschnitte) sind mögliche Lösungen für dieses Problem.
- *Power-Down-Modi.* Praktisch alle Mikrocontroller bieten Betriebsarten mit reduziertem Energieverbrauch. Dazu gehören Möglichkeiten zur dynamischen Einstellung der Taktfrequenz sowie zum teilweisen oder gar kompletten Abschalten des Prozessors (→ 7.2). Sensorsignale können den Prozessor mittels Interrupts reaktivieren. Eine Nutzung dieser Mechanismen bricht allerdings mit der Vorstellung einer kontinuierlichen, zeitlich definierten Programmbearbeitung. Eine systemweite *Zeitbasis* muß durch andere, prozessorunabhängige Mittel herbeigeführt werden.
- *Systemsicherheit und Zuverlässigkeit.* Die Steuerung technischer Geräte und der angestrebte wartungsfreie Betrieb stellen besonders hohe Anforderungen an die Sicherheit und Zuverlässigkeit des Gesamtsystems. Der Einsatz eines Steuerrechners führt zu einer erhöhten Komplexität der Lösung und einer entsprechend größeren Anzahl von Fehlermöglichkeiten. Eine entsprechende *fehlertolerante Gestaltung der Software* kann und muß dies ausgleichen. Zu den verwendeten Maßnahmen gehören Watchdog-Mechanismen, Timeouts, Einschaltdiagnosen und Systemtests im laufenden Betrieb.



### 9.3.3 Begriffsbestimmung

> Ein System (→ Bild 9.4) weist ein **determiniertes Verhalten** auf, wenn zu jedem Satz von inneren Zuständen und zu jedem Satz von Eingangsgrößen genau ein Satz von Ausgangsgrößen gehört.

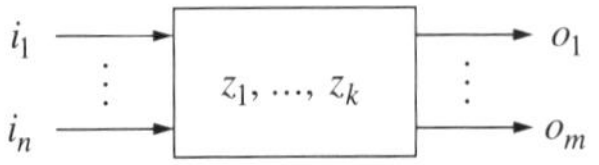


*Bild 9.4 Abstraktion eines Systems*
*Ein System hat einen Satz von einem oder mehreren Eingängen $i_1, \ldots, i_n$, einen oder mehrere innere Zustände $z_1, \ldots, z_k$ und einen Satz von einem oder mehreren Ausgängen $o_1, \ldots, o_m$*

Für eine Realisierung des Steueralgorithmus in der Software lassen sich folgende Zeiten definieren:

Die **Latenzzeit** (*Latency Time*) ist die Zeit vom Auftreten eines externen Ereignisses bis zum Start der Behandlungsroutine.

► Wird das Ereignis in einer Interrupt-Serviceroutine behandelt, setzt sich die Latenzzeit im wesentlichen aus der durch die Prozessorhardware bestimmten Zeit zum Starten eines Interrupts und aus der maximalen Dauer, während der der Interrupt durch andere Software-Abschnitte gesperrt wurde, zusammen.

Die **Ausführungszeit** (*Service Time*) ist die Zeit zur reinen Berechnung einer Reaktion auf ein externes Ereignis. Sie wird durch den auszuführenden Algorithmus und die Geschwindigkeit des Prozessors determiniert vorherbestimmt.

Als **Reaktionszeit** (*Reaction Time*) wird die Zeit bezeichnet, die vom Anlegen eines Satzes von Eingangsgrößen an ein System bis zum Erscheinen eines entsprechenden Satzes von Ausgangsgrößen benötigt wird (→ Tabelle 9.2).

► Die Reaktionszeit setzt sich im wesentlichen aus der Latenzzeit und der Ausführungszeit zusammen.

Die **Frist** (*Dead Line*) kennzeichnet den Zeitpunkt, zu dem die entsprechende Reaktion am Prozeß spätestens zur Wirkung kommen muß. *Dead-Lines* werden durch das Verhalten des zu steuernden Prozesses vorgegeben.

*Tabelle 9.2 Beispiele für geforderte Reaktionszeiten*

| Zu bedienendes System | Geforderte Reaktionszeit in s |
|---|---|
| serielle Schnittstelle mit 19 200 Bd | ca. 0,000 5 |
| Notausbehandlung Werkzeugmaschine | 0,001 ... 0,01 |
| Vermittlungsknoten für Mobilfunk | 0,5 ... 2 |
| Heizungsthermostat Wohnung | 10 ... 100 |
| Datenbankabfrage einer Reisevermittlung | 5 ... 60 |

**Echtzeit**. Ein *Echtzeit-System* ist ein System, welches *explizit vorgegebene*, endliche *Fristen* einhalten muß oder ansonsten ernsthafte Konsequenzen, inklusive Fehlfunktionen, riskiert.

Man unterscheidet nach den Konsequenzen einer Verletzung der zeitlichen Randbedingungen zwei Varianten:

Von **harter Echtzeit** spricht man, wenn eine Verletzung der geforderten zeitlichen Spezifikation zu ernsthaften Fehlfunktionen, bis zum Totalausfall, führt.

Unter **weicher Echtzeit** versteht man Situationen, in denen eine Verletzung der geforderten Reaktionszeiten keine katastrophalen Auswirkungen besitzt, sondern nur zu einer Minderung der Leistungsfähigkeit des System (Soft Degradation) führt.

*Tabelle 9.3 Beispiele für Systeme mit unterschiedlichen Echtzeit-Anforderungen*

| harte Echtzeit | weiche Echtzeit |
|---|---|
| Sicherheitsabschaltung Atomkraftwerk | Platzreservierungssystem |
| Antiblockiersystem und Airbagsteuerung für Kfz | Thermostat für Wohnungsheizung |
| Bahngenerierung für Roboterbewegungen | Bedienung und Anzeige am Autoradio |
| Flugzeugautopilot | automatische Telefonvermittlung |
| Hausalarmanlage | Ampelsteuerung eines Parkhauses |

Tabelle 9.3 zählt Beispiele für beide Varianten von Echtzeit-Systemen auf.



### 9.3.4 Interruptgesteuerte Systeme

Die meisten Mikrocontrollerapplikationen sind als einfache *Foreground-/Background-Systeme* implementiert (→ Bild 9.5).

**Foreground**. Zeitkritische Ereignisse (*Real-Time Events*) lösen über einen geeigneten Mechanismus (z. B. *vektorisierte Interrupts*) direkt eine Behandlung durch entsprechende Programmabschnitte (*Interrupt Service Routinen* – ISR) aus. Diese werden im *Vordergrund* (*Foreground*) abgearbeitet, werten die Ereignisse aus und erzeugen bei Bedarf schnell eine Ausgangsreaktion.

Für die Bearbeitung mehrerer nahezu gleichzeitig auftretender Interrupts gibt es zwei Möglichkeiten (→ Bild 9.6):

**First-Come-First-Serve**. Die Bearbeitung erfolgt in der Reihenfolge des Eintreffens. Jede ISR wird erst vollständig abgearbeitet, ehe eine neue Routine begonnen wird. Für später eintreffende Interrupts vergrößert sich die *Latenzzeit* um die Laufzeit aller zuvor zu beendenden ISR [1)].

**Priorisierte Interrupts**. Interrupts bekommen ihrer zeitlichen Dringlichkeit entsprechend eine *Priorität* zugeordnet. Interrupts mit einer Priorität, die höher als die der gerade laufenden Routine ist, unterbrechen diese und werden vorrangig bearbeitet. Interrupts niedrigerer oder gleicher Priorität werden erst bearbeitet, wenn keine Interrupts höherer Priorität mehr anhängig sind. Ein geeignetes Schema für die Prioritätszuweisung orientiert sich an der Häufigkeit des Auftretens der Interrupts und den entsprechenden einzuhaltenden Fristen.

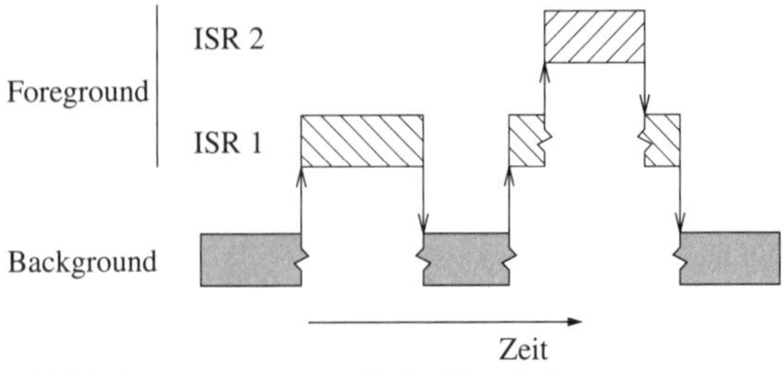


*Bild 9.5 Interruptgesteuerte Ereignisbearbeitung*

**Background**. Eine endlose Programmschleife behandelt im *Hintergrund* (*Background*) zyklisch alle unkritischen Programmaktionen. Die Backgroundroutine kann praktisch jederzeit durch auftretende Interrupts unterbrochen werden. Sie wird dann solange ausgesetzt, bis keinerlei Interrupts mehr zu bearbeiten sind. Dadurch steht der Backgroundroutine nur die Zeit zur Verfügung, die nicht zur Interrupt-Bearbeitung benötigt wird. In einem System mit häufigen Interrupts kann dies zu einer sehr langsamen Hintergrundbearbeitung führen.

**Auslastung durch Interrupts**. Die Auslastung eines Systems $p$ durch die Behandlung von Interrupts kann man wie folgt spezifizieren:

$$p = \frac{t_{\text{int}}}{t_{\text{ges}}} = \frac{t_{\text{int}}}{t_{\text{int}} + t_{\text{Back}}}$$

wobei $t_{\text{int}}$ die Zeit zur Ausführung aller Interrupts, $t_{\text{Back}}$ die zur Ausführung der Backgroundroutine und damit $t_{\text{ges}}$ die gesamte zur Verfügung stehende

1) Für eine Worst-Case-Betrachtung muß man mit der jeweils längsten Laufdauer aller ISR rechnen.

Rechenzeit ist. Diese Auslastung muß stets kleiner 1 sein. Um Schwankungen der Interrupt-Häufigkeit auszugleichen, wird meist eine Auslastung von 50 ... 80 % angestrebt.

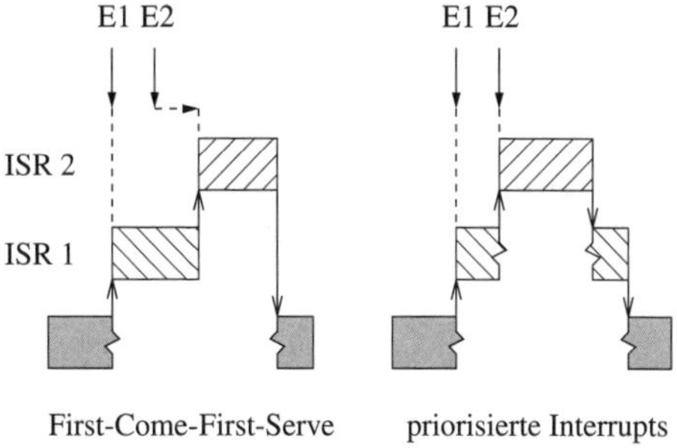


*Bild 9.6 Die Bearbeitung gleichzeitig eintreffender Interrupts kann auf zwei verschiedene Arten erfolgen*

**Kritischer Abschnitt**. Ein kritischer Programmabschnitt, auch *Critical-Section* genannt, ist ein Code-Stück, welches ohne Unterbrechung durch andere Routinen ausgeführt werden muß. Um dies zu garantieren, kann man während der Bearbeitung dieses Programmabschnittes die Bearbeitung von Interrupts sperren oder die aktuelle Interrupt-Priorität (*Interrupt Level*) temporär auf die höchste Dringlichkeit erhöhen.



► Kritische Abschnitte treten z. B. bei der Manipulation von zusammengehörigen Datenstrukturen und der Verwaltung von *geteilten Ressourcen* auf.

Das Foreground-/Background-System weist bei all seiner Einfachheit folgende Nachteile auf:

- Lange ISR-Laufzeiten können die Latenzzeit anderer Interrupts unzulässig verlängern.
- Die Zuteilung der Prioritäten ist teilweise problematisch und zeitlich nicht immer konstant.
- Einige Prozessoren unterstützen keine priorisierten Interrupts.

### 9.3.5 Echtzeit-Multitasking /9.8/, /9.18/, /9.11/, /9.7/

Unter **Multitasking** versteht man die *quasi-gleichzeitige* Bearbeitung mehrerer getrennter Programmaufgaben (*Prozeß* oder *Task*) auf einem Prozessor. Dies geschieht, indem der Prozessor in einer geeigneten Reihenfolge zwischen der Bearbeitung verschiedener Programmaufgaben umgeschaltet wird.

► Multitasking entspricht dem in Abschn. 9.3.4 diskutierten Foreground-/Background-System mit mehreren Backgroundroutinen. Externe Ereignisse lösen wie auch dort Interrupt-Service-Routinen aus. Diese behandeln jedoch nur den zeitkritischsten Teil (z. B. Auslesen eines Hardware-Registers) und aktivieren eine Hintergrundroutine, die die eigentliche Bearbeitung des Ereignisses vornimmt. *Vorteil*: Die ISR können sehr kurz gestaltet werden; das System kann agil auf weitere Ereignisse reagieren.

Ein abgeschlossenes Teilprogramm zur eigenständigen Reaktion auf ein oder mehrere Ereignisse wird als **Prozeß** oder **Task** bezeichnet. Es geht von der Annahme aus, daß es scheinbar die CPU für sich allein besitzt.

Das Konzept des Multitasking erlaubt eine Zerlegung des gesamten Steuerungsproblems in kleinere, übersichtliche Teilaufgaben. Diese Zerlegung erfolgt i. d. R. *funktional orientiert*, wobei eine Minimierung der gegenseitigen Abhängigkeiten bzw. Schnittstellen zwischen den Tasks angestrebt wird.

❑ Eine numerisch gesteuerte Drehmaschine erfordert die Lösung folgender Probleme: Interpretation der Anweisungen des NC-Programms, Generierung entsprechender Zwischenpositionen für den Drehmeißel (in zwei Koordinaten), Lageregelung der entsprechenden Achsantriebe, Drehzahlregelung des Werkstücks, Ansteuerung und Überwachung aller Hilfsmechanismen (Antriebsregler, Schmiermittelpumpen, Positionsüberwachung, ...) sowie Realisierung einer Benutzerschnittstelle zur Visualisierung und Bedienung der Maschine. Eine Zerlegung der Gesamtaufgabe in einzelne Tasks sollte sich sinnvollerweise an den einzelnen genannten Aufgaben orientieren.

Man unterscheidet zwischen einfachen *Echtzeit-Kernen* und ausgebauten *Echtzeit-Betriebssystemen*:

- Ein **Echtzeit-Kern** (engl. *Real-Time Kernel*) implementiert einen minimalen Satz von Mechanismen zur Realisierung eines Multitaskingsystems. Derartige Kerne werden vorangig in kompakten *Embedded-Control*-Lösungen eingesetzt, bei denen es auf minimale Code-Größe und geringe Kosten ankommt.
- Ein *Echtzeit-Kern* läßt sich durch das Hinzufügen zusätzlicher Komponenten zu einem ausgebauten **Echtzeit-Betriebssystem** (engl. *Real-Time Operating System* – RTOS) erweitern. Dazu gehören solche Komponenten wie ein Dateisystem, eine Netzwerkanbindung oder komplexe Debugging-Werkzeuge. Der Übergang zu einem klassischen Betriebssystem ist fließend.

### 9.3.5.1 Aufgaben eines Real-Time-Kernels

Ein *Echtzeit-Kern* implementiert einen minimalen Satz von Mechanismen, die für ein Multitaskingsystem benötigt werden (→ Bild 9.7):

**Prozeßumschaltung**. Der Kernel muß Mechanismen zur Realisierung der *Prozeßumschaltung*, auch *Task-Switching* genannt, bereitstellen. Dazu gehören Routinen zur Auswahl des nächsten zu bearbeitenden Tasks (*Scheduling*) und zur eigentlichen Ausführung der Umschaltung (*Dispatching*) → 9.3.5.3.

**Ressourcenverwaltung**. Unter einer **Ressource** versteht man ein Betriebsmittel, welches vom Task zur Ausführung seiner Funktion benötigt wird. Die Ressourcenverwaltung ordnet den Tasks benötigte Ressourcen koordiniert zu und gewährleistet deren korrekte Nutzung → 9.3.5.4.

**Interprozeßkommunikation und Synchronisation** dienen dem Datenaustausch und der zeitlichen Abstimmung einzelner Bearbeitungsschritte zwischen verschiedenen Tasks. Dies ermöglicht ihre Kooperation bei der Bearbeitung des zu lösenden Gesamtproblems → 9.3.5.4.

**Zeitdienste** bilden einen Teil des Synchronisationsmechanismus. Sie stellen insbesondere allen Tasks eine *gemeinsame Zeitbasis*, die *Systemzeit*, zur Verfügung. Weiterhin generieren sie systeminterne Ereignisse, mit denen sie Aktionen zu bestimmten Zeitpunkten oder nach vorgegebenen Zeitspannen auslösen können.

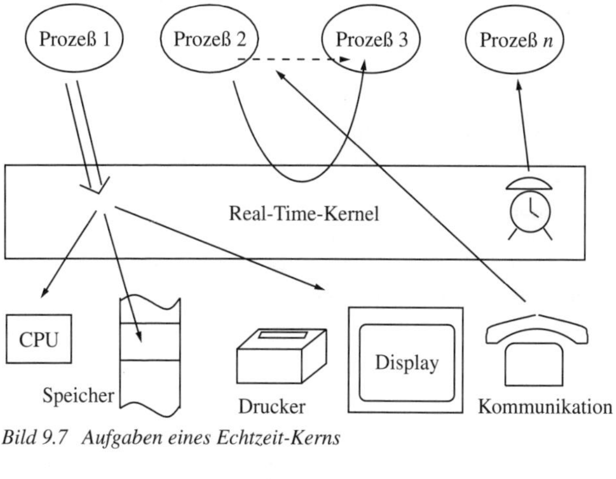


*Bild 9.7 Aufgaben eines Echtzeit-Kerns*

### 9.3.5.2 Prozesse und Tasks

Ein **Task** bzw. **Prozeß** entspricht aus technischer Sicht einem laufenden Programm. Dazu gehören Informationen im Speicher (Programmcode, Datenbereich und Stack), in den Registern und besondere Einstellungen der Hardware (z. B. MMU-Register).

Jedes Task wird durch eine Datenstruktur im Speicher, den **Task-Steuerblock** oder **Task-Control-Block** (kurz TCB), beschrieben (→ Bild 9.8).

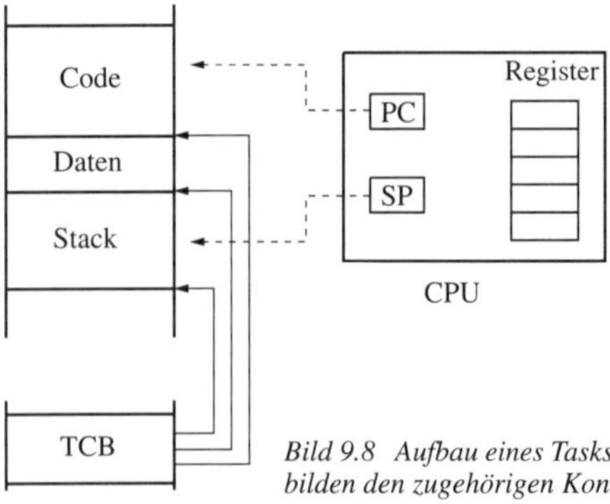


*Bild 9.8 Aufbau eines Tasks: Register- und Speicherinhalte bilden den zugehörigen Kontext, in dem das Task abläuft*

Der **Task-Control-Block** enthält alle Informationen über das Task, die von Scheduler, Dispatcher und weiteren Systemdiensten benötigt werden:

- die Startadresse des Programms,
- die Lage und Größe seines Daten- und Stack-Bereiches im Speicher,
- der momentane Wert des Stack-Pointers,
- der Zustand des Tasks (s. unten),
- die Priorität,
- eventuell weitere ergänzende Informationen (Registerinhalte, verwendete Ressourcen, Name des Tasks, Zeiger zum nächsten Task, ...).

**Task-Zustands-Modell**. Der *Task-Zustand* (engl. *Task State*) beschreibt den momentanen Bearbeitungszustand eines Tasks. Die möglichen Zustände und die zwischen ihnen erlaubten Übergänge lassen sich mittels eines **Task-Zustands-Modells** (engl. *Task State Model*) als Graph beschreiben (→ Bild 9.9).

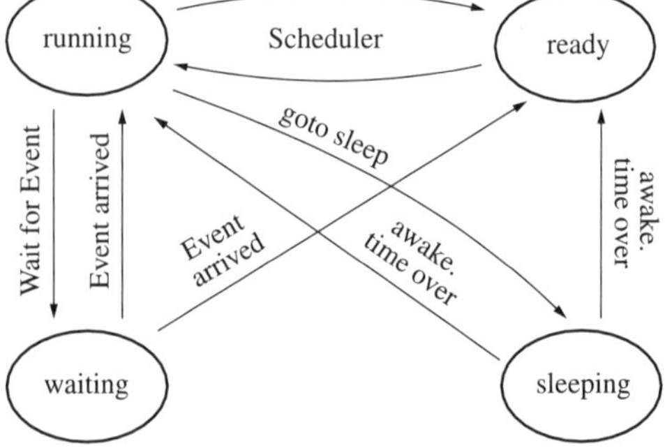


*Bild 9.9 Task-Zustands-Modell eines typischen Echtzeit-Systems*

Die Zustände eines Task:
- *In Ausführung* (auch: *Running*). Das Task wird momentan vom Prozessor bearbeitet.
- *Rechenbereit* (auch: *Ready*). Das Task besitzt alle Voraussetzungen zur Bearbeitung außer der Zuteilung des Prozessors.
- *Aktiv*. Dieser Zustand umfaßt alle Tasks im Zustand *Ready* und *Running*.
- *Schlafend* (auch: *ruhend* oder *Sleeping*). Das Task benötigt momentan keine Rechenzeit.
- *Wartend* (auch: *blockiert*, *suspendiert* oder *Waiting*). Das Task wartet auf die Erfüllung einer bestimmten Bedingung.

Für die *Zuteilung von Rechenzeit* kommen ausschließlich *aktive* Tasks in Frage.

Mögliche Wartebedingungen eines Tasks:
- *Eintreffen externer Ereignisse* (z. B. Abschluß einer I/O-Operation),
- *Zuteilung einer angeforderten Ressource,*
- *Empfang einer Nachricht von einem anderen Task,*
- *Ablauf einer vorgegebenen Zeitspanne,*
- *explizite Reaktivierung durch ein anderes Task.*

#### 9.3.5.3 Task-Switching



Der Vorgang des Umschaltens der CPU von einem Prozeß zum nächsten setzt sich aus zwei unterschiedlichen Teilen zusammen:
1. Auswahl des nächsten zu aktivierenden Prozesses – **Scheduling** und
2. Umschaltung der CPU auf das gerade ausgewählte Task – **Dispatching**.

**Scheduling**. Existieren in einem Softwaresystem mehrere *aktive* Prozesse, so muß bei einem Prozeßwechsel der nächste zu aktivierende Prozeß ausgewählt werden. Dies wird als **Scheduling** bezeichnet. Die Auswahlroutine wird **Scheduler** genannt.

Es existiert eine Vielzahl verschiedener **Scheduling-Disziplinen**, die unterschiedliche Kriterien für die Auswahl des nächsten Prozesses anlegen (z. B. möglichst gleichmäßige Zuteilung von Rechenzeit, gute Auslastung des Prozessors, Gewährleistung von Reaktionszeiten). Der Scheduling-Mechanismus berücksichtigt die relative Priorität der Prozesse, ihren Zustand und die schon erteilte Rechenzeit und wählt entsprechend geeigneter Kriterien den nächsten Prozeß aus der Gruppe der *aktiven Prozesse* aus, der beim folgenden Dispatching den Prozessor zugeteilt bekommen soll.

### Scheduling-Disziplinen für Embedded-Systems

**First Come First Serve**. Die Prozesse werden in der Reihenfolge ihrer Aktivierung vom Scheduler ausgewählt und von der CPU bearbeitet.

**Round-Robin**. Alle Prozesse werden in einer festen Reihenfolge daraufhin geprüft, ob sie rechenbereit sind. Dies gewährleistet, daß alle aktiven Prozesse reihum die CPU zugewiesen bekommen.

**Prioritätsgesteuertes Scheduling**. Alle Prozesse bekommen eine Priorität zugewiesen, die ihre Dringlichkeit ausdrückt. Der Scheduler wählt unter den aktiven Prozessen stets den mit der höchsten Priorität aus.

- Das *First-Come-First-Serve*-Prinzip ist einfach zu implementieren, kann aber i. d. R. keine hohen Anforderungen an die Echtzeit-Fähigkeit erfüllen.
- Der Vorteil des *Round-Robin*-Schemas liegt darin, daß alle aktiven Prozesse garantiert Rechenzeit zugewiesen bekommen. Es kann Echtzeit-Forderungen gut erfüllen, wenn alle Prozesse nur kurze Zeit aktiv sind bzw. in einem kooperativen Verfahren die CPU freiwillig nach kurzer Zeit wieder freigeben.
- *Prioritätsgesteuertes Scheduling* garantiert, daß dringliche Aufgaben vorrangig behandelt werden. Es kann jedoch dazu führen, daß gering priorisierte Prozesse niemals bearbeitet werden – man spricht vom **Verhungern** eines Tasks (*Starvation*).

> Unter **Dispatching** versteht man den Vorgang des Umschaltens des Programmkontextes von einem Prozeß auf einen anderen. Das geschieht unter Vermittlung einer Software-Routine, des **Dispatchers**.

*Bild 9.10 Ablauf des Task-Switching zwischen zwei Prozessen*

Das Dispatching besteht aus den folgenden Schritten (→ Bild 9.10):

1. Der erste Schritt ist das Sichern des Kontextes des aktuell bearbeiteten Prozesses. Dazu gehören alle Informationen, die zur späteren Fortsetzung des Prozesses notwendig sind (CPU-Register, Hardware-Einstellungen, ...). Die Ablage erfolgt entweder im TCB oder auf den Stack des aktuellen Prozesses, wobei der Stack-Pointer im TCB gesichert wird.

2. Der beim vorherigen Scheduling ausgewählte Prozess wird zum aktuellen erklärt.
3. Der Kontext des neu ausgewählten Prozesses, der bei seiner vorherigen Deaktivierung (wie unter 1. beschrieben) gesichert wurde, wird wieder restauriert. Dabei werden alle Hardware-Einstellungen und die Register, insbesondere Stack-Pointer und Program-Counter, wieder auf die alten Werte gesetzt. Damit ist gewährleistet, daß der Prozeß exakt an der unterbrochenen Stelle fortgesetzt wird.

Der **Context** eines Tasks umfaßt alle Datenbestände sowie Hard- und Software-Komponenten, inklusive deren momentaner Einstellungen, die den aktuellen Zustand des Tasks widerspiegeln.

Nach dem das Dispatching auslösenden Faktor kann man folgende Unterscheidung treffen:

**Kooperatives Multitasking**. Alle Prozesse geben *freiwillig* in *kurzen Abständen* die CPU frei und rufen den Dispatcher explizit auf. Die Kontextsicherung im Dispatcher beschränkt sich auf Stack-Pointer und Program-Counter. Andere Informationen werden durch den Prozeß selbst gesichert. Der Vorgang zeichnet sich durch eine sehr schnelle Prozeßumschaltung aus und wird meist in Kombination mit *Round-Robin* für einfache Echtzeit-Systeme eingesetzt.

9

**Zeitscheibengesteuertes Multitasking**. Jedem Task wird die CPU für eine bestimmte Rechenzeit – eine Zeitscheibe (*Time Slice*) – zugeordnet. Nach Ablauf der Zeitscheibe wird dem Prozeß der Prozessor durch den Dispatcher entzogen und einem anderen Prozeß zugeteilt. Der Dispatcher wird durch einen externen Timer aufgerufen. Die Größe der Zeitscheiben kann sowohl von Prozeß zu Prozeß als auch zeitlich variieren. Damit läßt sich die Rechenzeit der einzelnen Prozesse der Systemauslastung anpassen.

► Dieses Verfahren wird meist in klassischen Multitaskingbetriebssystemen (Windows 95, Windows NT oder UNIX) angewendet.

**Interrupt-gesteuertes Multitasking**. Eine Aktivierung von Prozessen durch eintreffende Ereignisse stößt gleichzeitig den prioritätsgesteuerten Scheduler zur Neubewertung der aktiven Prozesse an. Bei Bedarf wird sofort ein Dispatching ausgelöst. Führen Scheduler und Dispatcher auch bei internen Ereignissen, die zu einer Veränderung der aktiven Prozesse führen (*Interprozeßkommunikations*- oder *Synchronisations*dienste), eine Neubewertung der Priorität durch, spricht man von **verdrängendem** oder auch **preemptiven** Multitasking.

► Aufgrund ihrer Leistungsfähigkeit implementieren die meisten kommerziellen Echtzeit-Kerne die *preemptive* Strategie.

#### 9.3.5.4 Interprozeßkommunikation und Synchronisation

Parallele Prozesse in einem Rechnersystem stehen in zwei grundlegenden *Wechselbeziehungen* (*Interactions*) zueinander:

**Konkurrenz**. Parallele Prozesse *konkurrieren* um die gleichen Betriebsmittel (Speicherplatz, Rechenzeit, I/O-Geräte, ...).

**Kooperation**. Parallele Prozesse in Steuerungssystemen sind arbeitsteilig an der Erfüllung einer gemeinsamen Aufgabe beteiligt.

Zur Koordination dieser Wechselbeziehungen muß der *Echtzeit-Kern* einige spezialisierte Mechanismen zur Lösung folgender Aufgaben bereitstellen:

**Ressourcenverwaltung**

Aufgabe der **Ressourcenverwaltung** ist die *koordinierte Vergabe von Nutzungsrechten* und die *Gewährleistung einer exklusiven Nutzung* von Ressourcen.

Unter einer **Ressource** versteht man ein Betriebsmittel, welches vom Task zur Ausführung seiner Funktion benötigt wird. Dazu gehören z. B. Ein-/Ausgabe-Geräte (I/O-Ports, Drucker, Kommunikationskanäle) oder Datenstrukturen im Speicher.

Eine Ressource kann einer Task **exklusiv** zugeteilt sein (engl. *Dedicated Ressource*), oder sie kann von mehreren gemeinsam (*Shared Ressource*) benutzt werden.

**Exklusive Nutzung**. Viele *geteilte Ressourcen* dürfen nur von einem Prozeß zur Zeit genutzt werden. Andere Prozesse müssen an der Nutzung der Ressource bis zu deren Freigabe gehindert werden. Diesen *exklusiven Zugriff* kann man durch **gegenseitigen Ausschluß** (engl. *Mutual Exclusion*) gewährleisten.

**Kritischer Bereich** (engl. *Critical Section*). Dies ist ein Programmabschnitt, der einen Zugriff auf ein zu schützendes Betriebsmittel enthält. I. d. R. existieren für ein Betriebsmittel mehrere *kritische Bereiche*. Zur Gewährleistung des *gegenseitigen Ausschlusses* darf sich nur jeweils ein Prozeß innerhalb des kritischen Bereiches des Betriebsmittels befinden. Solange sich ein Prozeß in einem *kritischen Bereich* befindet, werden weitere Prozesse am Betreten des Bereiches gehindert und müssen warten, bis der erste Prozeß den kritischen Bereich verläßt und das Betriebsmittel freigibt.

❑ Zwei Prozesse müssen jeweils ein ihnen zugeordnetes Bit in einem I/O-Port nutzen.

| Prozeß A | Prozeß B |
|---|---|
| IN AL,Port | IN AL,Port |
| OR AL,8 | XOR AL,1 |
| OUT Port,AL | Out Port,AL |

Erhalten beide Prozesse gleichzeitig die Gelegenheit zur Nutzung der Ressource *I/O-Port*, ist das Ergebnis am Port nicht vorhersehbar. Es hängt vom konkreten Ablauf der Bearbeitung und einer eventuell in die Bearbeitung der Sequenz fallenden Task-Umschaltung ab.

Die jeweiligen Programmsequenzen (Einlesen des Ports, Manipulation des Wertes und Rückschreiben auf das Port) bilden einen *kritischen Bereich* und müssen einen *gegenseitigen Ausschluß* gewährleisten.

## Interprozeßkommunikation

Die **Interprozeßkommunikation** (*Interprocess Communication*) dient der Übertragung von Daten und Nachrichten zwischen verschiedenen Prozessen.

- ❑ Ein Meßprozeß ruft in regelmäßigen Abständen den Zustand einiger Sensoren über eine Modemverbindung ab. Er übernimmt die Verbindungssteuerung sowie Protokoll- und Fehlerbehandlung. Die erfaßten Daten werden einem Auswerteprozeß zur Verfügung gestellt.
- ❑ Ein Bedienprozeß einer Anlagensteuerung nimmt Kommandos über Betriebsarten, Parameter usw. entgegen und stellt sie, nach erfolgter Plausibilitätsprüfung, allen interessierten Prozessen zur Verfügung.

9

**One-to-Many-Kommunikation**. Die von einem Sender (Erzeuger) generierten Daten werden mehreren Empfängern (Verbrauchern) zur Verfügung gestellt. Das Lesen der Daten erfolgt i. d. R. nicht zerstörend, d. h. die Daten können mehrmals ausgelesen werden.

**One-to-One-Kommunikation**. Hierbei handelt es sich um die Übertragung der Daten eines Senders (Erzeuger) zu genau einem Empfänger (Verbraucher). I. d. R. erfolgt das Lesen der übergebenden Daten zerstörend.

**Erzeuger-Verbraucher-Problem**. Dies ist eine häufige Kommunikationsaufgabe, bei der der Verbraucher von Daten warten muß, bis diese vom Erzeuger bereitgestellt werden. I. d. R. existiert eine zweiseitige Abhängigkeit, d. h., auch der Erzeuger muß warten, bis der Verbraucher die Daten übernommen bzw. verarbeitet hat.

► Das Erzeuger-Verbraucher-Problem beinhaltet neben dem Aspekt der Datenübertragung auch wesentliche Anforderungen an die Synchronisation der Prozesse. Diese enge Verbindung von Synchronisation und Kommunikation ist stets vorhanden.

### Synchronisation

Unter **Synchronisation** versteht man die zeitliche Abstimmung der Aktionen zweier oder mehrerer Prozesse, um *Gleichzeitigkeit* bzw. die Umsetzung vorgegebener *Bearbeitungsreihenfolgen* zu erzielen.

**Elementare Synchronisationsprozeduren**:

- *Folgesynchronisation*. Ein bestimmter Verarbeitungsschritt eines Prozesses kann erst begonnen werden, nachdem ein bestimmter Schritt eines anderen Prozesses beendet wurde.
- *Gleichlaufsynchronisation* (*Rendezvous*). Zwei Prozesse warten an entsprechenden Stellen aufeinander und setzen die Bearbeitung ihrer jeweiligen Folgeschritte erst gemeinsam fort.

► Weitere Synchronisationsmechanismen, wie z. B. die Einschiebung eines Schrittes im Prozeß B zwischen die Bearbeitung aufeinanderfolgender Schritte im Prozeß A oder das Warten auf bestimmte Bearbeitungsschritte in mehreren Prozessen, lassen sich aus den elementaren Operationen leicht zusammensetzen.

### Basismechanismen

Es existiert eine Vielzahl unterschiedlicher Mechanismen zur Realisierung von Kommunikation, Synchronisation und Ressourcenverwaltung. Reale Echtzeit-Betriebssysteme implementieren jeweils nur einen kleinen ausgewählten Satz von Mechanismen, da sich die anderen Mechanismen mit diesen nachbilden lassen:

**Monitor**. Dieser Mechanismus bewirkt die direkte Implementierung *kritischer Abschnitte*. Er kapselt Daten und Prozeduren, die für den Zugriff auf die Ressource verwendet werden. Das *Monitorkonzept* garantiert, daß maximal ein Prozeß eine der Monitorroutinen benutzt. Weitere Prozesse werden beim Eintrittsversuch in eine der Routinen deaktiviert, bis der erste Prozeß den Monitor verläßt.

**Semaphore**. Dies ist eine betriebssysteminterne Datenstruktur zur Verwaltung einer Ressource inklusive zugehöriger Operationen zur Manipulation des Semaphors.

Die **Datenstruktur** enthält den *Wert des Semaphors*, der die momentane Anzahl frei nutzbarer Ressourceneinheiten angibt, und eine *Warteschlange* von Prozessen, die auf das Freiwerden der Ressource warten.

Als *Zugriffsoperationen* stehen zwei *atomare Funktionen* zur Verfügung:

- *Request-Semaphor* (auch *P(s)*): Wenn Wert des Semaphors = 0, dann deaktiviere Task, und reihe es in Warteschlange ein. Ansonsten dekrementiere Wert des Semaphors, und fahre in Bearbeitung fort.

- *Release-Semaphore* (auch *V(s)*): Wenn Warteschlange leer, dann inkrementiere Wert des Semaphors. Ansonsten aktiviere nächsten Prozeß aus Warteschlange.

**Event-Flag** (*Ereignis*). Es handelt sich um ein binäres Semaphor. Oft wird es auch zur Synchronisation eingesetzt (Startwert des Event-Flags ist 0, Prozeß A fordert Event-Flag an und wird deaktiviert, bis Prozeß B das Event-Flag signalisiert und damit Prozeß A freigibt).

**Signale** sind numerische Zahlenwerte (*Signal Code*), die von einem Prozeß an einen anderen geschickt werden. Es erfolgt der Aufruf eines speziellen *Signal-Handlers*, d. h. einer Bearbeitungsroutine im empfangenden Prozeß, der der Signal-Code übergeben wird. Der empfangende Prozeß wird bei Bedarf aktiviert, damit er nachfolgend auf das empfangene Signal reagieren kann.

**STOP/WAKE-Dienste**. Dies sind einfache Betriebssystemaufrufe zur Deaktivierung bzw. Aktivierung eines Tasks. Sie erfordern besondere Vorsicht beim Einsatz.

**Shared-Memory**. So bezeichnet man einen globaler Datenspeicher, der mehreren Prozessen lesend und schreibend zugänglich ist. Er realisiert eine einfache Many-to-Many-Kommunikation und erfordert zusätzliche Synchronisation, um die Datenkonsistenz zu wahren. Ein *exklusiver Zugriff* muß über eine Verwaltung mittels *Semaphore* oder *Monitor* realisiert werden.

9

**Mailbox**. Das ist ein vom Betriebssystem verwalteter Speicherbereich zur Übergabe von Daten. Mittels zweier Zugriffsoperationen lassen sich Datenblöcke (*Messages*) in die Mailbox eintragen (*send*) und empfangen (*Receive*). Während die *Receive*-Routine praktisch immer **blockierend** arbeitet, d. h. bei leerer Mailbox auf Daten wartet, findet man die *Send*-Routine sowohl mit *blockierendem* als auch mit **nicht blockierendem** Verhalten implementiert.

► Eine *nicht blockierende* Send-Routine kehrt sofort nach der Übergabe der Daten an die Mailbox zum Aufrufer zurück; eine *blockierende* erst, wenn die Nachricht vom Empfänger in der Mailbox abgeholt wurde.

**Message-Queue** (*Nachrichten-Warteschlange*). So heißt eine Mailbox mit mehreren Einträgen. Eingetroffene Nachrichten können in der Reihenfolge des Eintreffens (First-In-First-Out – FIFO) oder nach der Priorität des Senders oder der Nachricht ausgelesen werden.

**Pipe**. Dies ist eine Message-Queue nach dem FIFO-Prinzip mit 1 Byte/Message. Oft wird sie als Datenpuffer zwischen Erzeuger und Verbraucher eingesetzt.

**Message-Passing**. Dabei handelt es sich um eine Message-Queue mit direkter Übergabe einer Nachricht an den empfangenden Prozeß.

## 9.4 Programmiersprachen für Embedded-Systeme

**Algorithmendarstellung**. Lösungsalgorithmen für Embedded-Control-Anwendungen können auf verschiedene Art und Weise formuliert werden (→ Tabelle 9.4):

- **Assemblerprogramme** bestehen aus mnemonischen Anweisungen, die Maschinenbefehle direkt 1:1 repräsentieren bzw. Datenstrukturen auf einer maschinennahen Ebene deklarieren (Vereinbarung von symbolischen Konstanten, Reservierung und Initialisierung von Speicherplatz). Die Syntax der Assemblerbefehle ist stark prozessorabhängig und damit nur unter hohem Aufwand auf andere Prozessoren zu übertragen. Aufgrund der großen Nähe zum Prozessor ermöglichen Assemblerprogramme eine optimale Nutzung aller seiner Funktionseinheiten.
- **Hochsprachen** (engl. *High-Level-Languages*) abstrahieren vom konkreten Prozessoraufbau. Sie stellen einen definierten Satz von Anweisungen auf einer logisch höheren Ebene bereit und erlauben die Definition komplexer Datenstrukturen, wobei durch den Compiler oft eine strikte Prüfung auf korrekte Verwendung vorgenommen wird. Das höhere Abstraktionsniveau führt zu einer höheren Produktivität des Programmierers und verbessert die Portabilität des Codes. Syntax- und Typprüfungen bei der Übersetzung fangen einen Teil der Programmierfehler schon in einem frühen Entwicklungsstadium ab und verkürzen damit die Zeit für die Inbetriebnahme der Software.
- **Grafische Programmgeneratoren** erlauben die grafische Auswahl und Verknüpfung vorgefertigter Funktionsblöcke zu einer lauffähigen Gesamtapplikation. Die Problembeschreibung verzichtet vollständig auf prozedurale Aspekte des Programmablaufes und beschränkt sich auf die Formulierung des Datenflusses in der Applikation (*datenflußorientierte Problembeschreibung*). Zur Programmerstellung sind praktisch keine Programmierkenntnisse notwendig. Teilweise ist eine Kombination mit prozeduralen Elementen zur Erweiterung um eigene Funktionsblöcke möglich.

**Programmdarstellung**. Für die *rechnerinterne Programmdarstellung* wird eine Reihe unterschiedlicher Verfahren eingesetzt:

- **Maschinencode** (*Native Code*). Es handelt sich um eine Folge binärer Daten, die die auszuführenden CPU-Instruktionen direkt repräsentieren. Dies ist die am häufigsten anzutreffende Variante. Sie bietet insbesondere eine optimale Ausführungsgeschwindigkeit des Codes.
- **Quelltext-Interpreter**. Das Programm enthält neben dem abgespeicherten Quelltext (teilweise in komprimierter Form) ein Laufzeitmodul in

*Tabelle 9.4 Vor- und Nachteile verschiedener Ansätze zur Problembeschreibung*

| | Vorteile | Nachteile |
|---|---|---|
| Assembler-programm | – kompakter Code<br>– zeitoptimale Ausführung | – geringes Abstraktionsniveau<br>– hohe Fehlerhäufigkeit |
| Hochsprache | – höheres Abstraktionsniveau<br>– teilweise portabel<br>– Syntaxfehler werden frühzeitig erkannt | – Code umfangreicher<br>– etwas langsamere Ausführung<br>– nicht alle Prozessorressourcen nutzbar |
| grafische Generierung | – sehr hohe Abstraktion (Datenfluß)<br>– kaum Programmierkenntnisse nötig | – eingeschränkte Flexibilität<br>– nur für wenige Prozessoren verfügbar |

Maschinensprache – den *Quelltext-Interpreter*. Dieser analysiert den gespeicherten Quelltext zur Programmlaufzeit und ruft Unterprogramme auf, die die zugehörige Funktionalität implementieren. Aufgrund des hohen Speicherbedarfs und des großen Zeitoverheads für die Quelltext-Interpretation werden derartige Interpretersysteme praktisch nicht mehr eingesetzt.

- **Gefädelter Code** (engl. *Threaded Code*). Das Programm besteht aus Listen mit *Adreßreferenzen* auf *elementare Maschinenroutinen* (*Primitive*) bzw. andere, vorher definierte Adreßlisten. Ein *Adreßinterpreter* arbeitet diese Listen ab und ruft die zugehörigen Routinen auf.
- **Token-Code**. So nennt man eine Variante des *gefädelten Codes*, bei der anstelle von Adreßreferenzen vordefinierte *Token* (meist 8 bit breit) stehen. Der Bezug zwischen Token und auszuführendem Code wird über eine Tabelle hergestellt. Token-Code ist prozessorunabhängig und sehr kompakt, verursacht aber zeitlichen Mehraufwand bei der Abarbeitung und erfordert zusätzlich einen maschinenspezifischen Interpreter.

9

**Programmiersprachen**. Für Embedded-Systeme kommen vorrangig folgende Programmiersprachen zum Einsatz (→ Tabelle 9.5):

- **Assembler** findet seine Anwendung vor allem zur Erstellung kompakter Programme, insbesondere für Mikrocontroller mit geringen Ressourcen an Speicher und Rechenleistung. Die Sprache erlaubt den Zugriff auf alle vorhandenen Ressourcen des verwendeten Prozessors.
- **C** /9.9/, /9.10/ ist eine weit verbreitete Hochsprache, die praktisch für alle auf dem Markt vorhandenen Controller verfügbar ist. Dank des erzeugten kompakten und effektiven Codes wird C auch häufig zur Programmierung von 8-bit-Mikrocontrollern mit eingeschränktem Programm- und Datenspeicher eingesetzt.
- **C++** /9.5/, /9.16/ ist eine Erweiterung von *C* zur vollen objektorientierten Programmiersprache. Der erzeugte Code ist wesentlich umfangreicher als

bei Assembler, C oder Forth. Dementsprechend erfolgt der Einsatz vorzugsweise bei größeren Projekten (auf 16- und 32-bit-Prozessoren), bei denen die Vorteile des objektorientierten Ansatzes voll zur Geltung kommen und der größere Code-Umfang relativ wenig ins Gewicht fällt.

- **Forth** /9.1/, /9.13/, /9.12/. Es handelt sich um eine erweiterbare Sprache, die auf viele Prozessoren portiert ist. Die Parameter werden in *Postfix-Notation* über einen speziellen *Datenstack* übergeben, was einen sehr modularen Programmcode mit geringem Laufzeitoverhead ermöglicht. Traditionelle Forth-Systeme sind sehr kompakt; in einigen zehn Kilobyte lassen sich komplette Entwicklungssysteme mit integriertem Compiler und Kommandointerpreter implementieren. Sie eignen sich damit hervorragend für die Diagnose und Monitoring-Aufgaben auch bei relativ kleinen Mikrocontrollern. Interaktive Crosscompiler trennen das Entwicklungssystem vom erzeugten Code und ermöglichen damit auch die Generierung extrem kompakter Applikationen. Die interaktive Arbeitsweise macht Forth insbesondere für die Erstellung von Prototypen und Problemstudien hervorragend geeignet.
- **Java** /9.2/, /9.17/, /9.4/ ist eine relativ neue objektorientierte Programmiersprache. Sie erzeugt *Token-Code* (→ Token-Code) für eine *virtuelle Stack-Maschine*, der mittels eines Interpreters zur Laufzeit in aktuelle Code-Sequenzen des ausführenden Prozessors umgesetzt wird. Der erzeugte Code ist maschinenunabhängig und kann ohne Neucompilation auf unterschiedlichen Prozessoren ausgeführt werden. Bedingt durch den notwendigen Token-Interpreter ist der Speicherbedarf relativ hoch (einige 100 KByte), und die Ausführungsgeschwindigkeit liegt deutlich unter der von reinem Maschinencode. Zur Verbesserung der Verarbeitungsleistung können *Just-in-Time-Compiler* eingesetzt werden, die den Token-Code zur Programmlaufzeit einmalig in Maschinencode übersetzen und so mehrfach ausgeführte Programmteile drastisch beschleunigen.

*Tabelle 9.5 Embedded-Control-Software stellt besondere Anforderungen an die zur Generierung eingesetzten Programmiersysteme*

| |
|---|
| – Erzeugung ROM-fähigen Codes, d. h. Trennung von Variablen und Code bzw. konstanten Daten |
| – freie Zuordnung generierter Code- und Datenblöcke zu vorhandenen Speicheradreßbereichen |
| – Sprache muß syntaktische Elemente für Zugriffe auf angeschlossene Hardware bereitstellen (in vielen Hochsprachen nicht vom Sprachstandard abgedeckt) |
| – Deklaration und Zuordnung von Interrupt-Service-Routinen zu Interrupt-Quellen (→ Hardware-Zugriffe) |

Daneben wird eine Vielzahl anderer, zum Teil spezialisierter, Programmiersprachen (allerdings in wesentlich geringerem Umfang) eingesetzt (z. B. *Pascal*, *PEARL* ...). Hauptgrund für die geringe Verbreitung ist die mangelnde Verfügbarkeit von Compilern für eine Vielzahl verschiedener Prozessoren.

## 9.5 Entwicklungswerkzeuge

Im Rahmen der Software-Entwicklung kommen vielfältige Werkzeuge zum Einsatz. Die zu lösenden Hauptaufgaben sind die Generierung des Programmcodes und der Test bzw. die Fehlerbeseitigung im Programm. Weitere Werkzeuge kommen zur Verifikation der Programme, für den computergestützten Software-Entwurf (CASE) und die Projektverwaltung zum Einsatz.

### 9.5.1 Code-Generierung

Unter **Code-Generierung** versteht man die Umsetzung von für den Menschen lesbaren Anweisungen in eine vom Prozessor ausführbare Form, i. d. R. in Maschinencode. Dies geschieht meist offline vor der Programmausführung. Andere mögliche Formate sind **Token-Codes**, die zur Laufzeit vom Prozessor in Maschinencode umzusetzen sind.

9

**Assembler**. Ein Assembler übersetzt Maschinenbefehle in mnemonischer Schreibweise in eine vom Prozessor direkt verarbeitete Binärform, den Maschinencode. I. d. R. ist das erzeugte binäre Programmabbild adreßverschieblich (relokatibel), d. h. eine konkrete Bindung auf eine physische Speicheradresse fehlt.

**Linker**. Ein Linker ordnet ein oder mehrere, vom Assembler erzeugte Code-Module im Speicher an, löst gegenseitige Referenzen zwischen diesen Modulen auf und trägt konkrete physikalische Adressen in den Code ein. Es entsteht ein lauffähiges Programm.

**Compiler**. Er dient der Übersetzung von Hochsprachanweisungen in Assembleranweisungen bzw. Maschinencode. Teilschritte zur Übersetzung umfassen die Umsetzung der Anweisungen in Maschinencode (inklusive *Syntaxprüfung*), die Deklaration von Datenstrukturen und die Prüfung auf deren korrekte Nutzung (*Typprüfung*), die Deklaration von Prozeduren und die Umsetzung von Parameterübergaben sowie eine eventuelle Optimierung des erzeugten Maschinencodes.

**Integrierte Entwicklungsumgebung** (IDE – *Integrated Development Environment*). Dies ist ein Rahmenprogramm, welches alle wesentlichen Komponenten des Entwicklungsprozesses in eine gemeinsame Oberfläche integriert.

Die IDE präsentiert sich meist als Quelltexteditor, der einen direkten Aufruf von Übersetzungs- und Testprogrammen erlaubt. Fehlerhafte Programmzeilen werden oft markiert und erlauben eine prompte Rückkopplung vom Übersetzer bzw. Debugger zum entsprechenden Quellcode-Abschnitt.

### 9.5.2 Programmtest/Debugging

Insbesondere im Embedded-Control-Umfeld kommt es häufig vor, daß ein generierter Programmcode nicht korrekt arbeitet. Dies hat eine Reihe von Gründen:

- Das zu lösende Problem wurde noch nicht vollständig verstanden. Der angewandte Lösungsalgorithmus ist dem Problem nicht angemessen.
- Das Programm enthält semantische Fehler. Der Algorithmus wurde nicht korrekt bzw. unter Verwendung unangemessener Datenstrukturen, Betriebssystemfunktionen o. ä. umgesetzt.
- Die gewählte Software-Lösung kann durch die anzusteuernde Umgebung vorgegebene Zeitbedingungen nicht einhalten.
- Die anzusteuernde Hardware (Controller-Schaltung) wurde neu entwickelt und ist noch fehlerhaft.

In der Inbetriebnahmephase muß der erzeugte Code getestet, und eventuelle Fehler müssen mittels geeigneter Werkzeuge analysiert werden (*Debugging*) (→ 7.4.2). Bei der Analyse des Zeitverhaltens des Programmsystems ist insbesondere darauf zu achten, daß die zum Test eingesetzten Mittel das Zeitverhalten nicht verändern.

Das Debugging kann entweder auf der Ebene des Maschinencodes (*Maschinencode-Debugging*) oder auf der Ebene des Quelltextes (*Source-Level-Debugging*) erfolgen. Moderne Debug-Werkzeuge unterstützen meist beide Varianten.

**Maschinencode-Debugging** beinhaltet die Ausführung einzelner Maschinenbefehle, die Inspektion der Registerinhalte und einzelner Speicherinhalte. Es liefert einen sehr genauen Überblick über die Ausführung des Codes. Informationen über die Bedeutung von Speicherinhalten (Datentypen) oder Kommentare zum Quelltext sind i. d. R. nicht zugänglich. Dadurch ist der Zusammenhang zum Quelltext nur schwer herstellbar, eine Bewertung der Korrektheit des Programmalgorithmus ist insbesondere bei komplexeren Programmen fast unmöglich.

**Source-Level-Debugging** erlaubt die Abarbeitung des Quelltextes Anweisung für Anweisung und die Inspektion der Programmvariablen. Die Produktivität des Testers ist wesentlich größer, der Blick auf Feinheiten der Programmausführung geht allerdings verloren. Eine Bewertung des Programmalgorithmus ist relativ leicht möglich.

Folgende Mittel und Verfahren werden zur Inbetriebnahme und zum Test eingesetzt:

**Trial-and-Error**. Der erzeugte Programmcode wird ins Zielsystem transportiert und dort gestartet. Aus der beobachteten Reaktion wird auf notwendige Quelltextänderungen geschlußfolgert und der Zyklus Edit-Compile-Test so lange wiederholt, bis das Produkt funktioniert. Zur effektiven Änderung des Programmcodes im Zielrechner werden oft FLASH-Bausteine oder *EPROM-Emulatoren* eingesetzt.

Das zu testende Programm läuft in realer Zeit ab, die anzusteuernde Hardware ist voll einbezogen.

Um den internen Programmfluß verfolgen zu können, müssen von außen beobachtbare Testsignale (Blinken einer LED, Textausgabe o. ä.) an bestimmten kritischen Programmstellen erzeugt werden.

**EPROM-Emulator**. Der den Programmcode enthaltende EPROM wird durch einen RAM ersetzt, der in der Zielschaltung durch eine geeignete Beschaltung vom Host-Rechner mit einem neuen Binär-Inhalt geladen werden kann. Das zeitraubende Löschen und Programmieren der EPROMs entfällt. Die Voraussetzung für den Einsatz ist ein externer Programmbus, was insbesondere bei kompakten Mikrocontrollerapplikationen nicht immer gegeben ist.

**Simulator**. Die Abarbeitung des Programmcodes wird auf dem Host-PC simuliert, oft sogar auf der Ebene der Maschinenbefehle. Interne Abläufe und Datenänderungen lassen sich sehr gut beobachten.
Problematisch ist die langsamere Abarbeitung des Codes und die fehlende Kopplung zur realen Prozeßperipherie. Reaktionen der Prozeßperipherie können meist über vorgegebene Signalstimuli nachgebildet werden. Einige Systeme erlauben auch, die reale Prozeßperipherie über I/O-Schnittstellen des Host-Rechners anzusprechen.



Der Simulator liefert allerdings keine Aussagen über die korrekte Funktion des Steuerrechners selbst. Dies muß zusätzlich geprüft werden.

**Target-Monitor**. Der Zielrechner enthält neben dem auszuführenden Programmcode ein *Monitorprogramm* welches mit einem Host-Rechner kommuniziert und einen interaktiven Test des Programms erlaubt. Es unterstützt i. d. R. das Laden von Programmcode, die Inspektion und Änderung von Registern und Speicherinhalten und die Ausführung des Codes. Schrittweise Befehlsbearbeitung und Haltepunkte ermöglichen eine detaillierte Beobachtung des Programmverhaltens.

Nachteilig ist der zusätzliche Platzbedarf für den Monitor (ca. 500 ... 32 000 Byte Programm-ROM und 40 ... 2 000 Byte RAM für Arbeitszellen) und die Blockierung einer Hardware-Ressource des Zielrechners für die Kommunikationsverbindung zum Host (serielle Schnittstelle, ein oder mehrere Pins).

**Host-basierter Debugger**. Teilt man die Monitorfunktionalität zwischen Host und Zielsystem auf, kommt man mit einem sehr kleinen Monitorkern im Zielsystem aus, welches nur elementare Funktionen (Register bzw. Speicher lesen und schreiben, Haltepunkte setzen, Programm starten) unterstützen muß. Der Hauptteil der Funktionalität (Visualisierung, Kommandointerface) wird im Host-Rechner realisiert.

Host-basierte Debugger unterstützen i. d. R. ein Source-Level-Debugging.

**Background-Debugging**. Um die Nachteile von Debug-Monitoren (Speicherbedarf und Ressourcenbelegung) zu umgehen, werden zunehmend dedizierte Debugging-Einheiten auf den Prozessoren integriert. Diese *On-Chip-Debug-Einheiten* übernehmen den Datentransfer zum Host und unterstützen Zugriffe auf Speicher und Register sowie die Steuerung der Programmbearbeitung (Start, Stop, Haltepunkte); oft sogar, ohne das Laufzeitverhalten des Prozessors wesentlich zu beeinflussen.

Verbreitete Varianten sind der *Background-Debug-Mode* (BDM) bei den Prozessoren der Motorola-Familien 68HC12 und 683xx sowie der *On-Chip-Debug-Support* für die Siemens-TriCore-Architektur. Neue Prozessoren nutzen zunehmend eine Erweiterung des JTAG-Test-Acces-Ports, der u. a. für den Produktionstest der Prozessoren ohnehin vorhanden ist.

Ein weiterer Vorteil der Background-Debugging-Einheiten besteht darin, daß sie lediglich eine funktionierende CPU (inklusive Taktversorgung) voraussetzen und u. a. zum Test der restlichen Außenbeschaltung des Prozessors einsetzbar sind.

**In-Circuit-Emulatoren** (**ICE**) erlauben eine vollständige Beobachtung des Verhaltens eines Prozessors/Controllers ohne Beeinträchtigung des Zeitablaufs. Dazu werden alle relevanten Signale (Adressen, Daten, Steuerleitungen) abgegriffen und ihr zeitlicher Verlauf in einem *Trace-Speicher* aufgezeichnet, wo sie zur nachfolgenden Analyse zur Verfügung stehen.

Oft wird zum Abgriff der relevanten Signale der eigentliche Prozessor aus der Schaltung entfernt und durch einen Adapter (*Pod*) ersetzt, der den Prozessor enthält und die Schaltung mit dem Emulator verbindet. Bei komplexen Mikrocontrollern werden hierfür spezielle Versionen mit herausgeführten internen Signalen, sogenannte *Bond-Out-Versionen*, verwendet, um die vollständige Beobachtbarkeit zu gewährleisten.

ICE sind meist sehr teuer, aber in Situationen mit extrem zeitkritischem Verhalten unverzichtbar.

# 10 Auswahl eines Mikroprozessors

Meist in einer sehr frühen Phase eines Projektes muß ein *geeigneter Mikroprozessor* bzw. *Mikrocontroller* ausgewählt werden. Ein Projekt zerfällt meist nach dieser Entscheidung in zwei Teilprojekte. Das eine Teilprojekt entwickelt die Hardware, und das andere Teilprojekt entwickelt die Software. Daher ist eine nachträgliche Korrektur der Auswahl in der Regel nicht möglich. Für diese Entscheidung muß deshalb überprüft werden, ob die sehr verschiedenartigen Anforderungen einer Applikation erfüllt werden.

## 10.1 Klassifizierung der Applikationen

Mikroprozessoren werden heute in einer Vielzahl von Applikationen eingesetzt. Nachfolgend werden verschiedene Kriterien aufgeführt, welche geeignet sind, die unterschiedlichen Applikationen zu klassifizieren.

### 10.1.1 Echtzeit-Anforderung

Applikationen können entsprechend ihrer *zeitlichen Limits* bezüglich der Ausführungszeit in folgende Klassen eingeteilt werden:

- wertebasierte Anforderungen,
- weiche Echtzeit-Anforderungen,
- harte Echtzeit-Anforderungen.

10

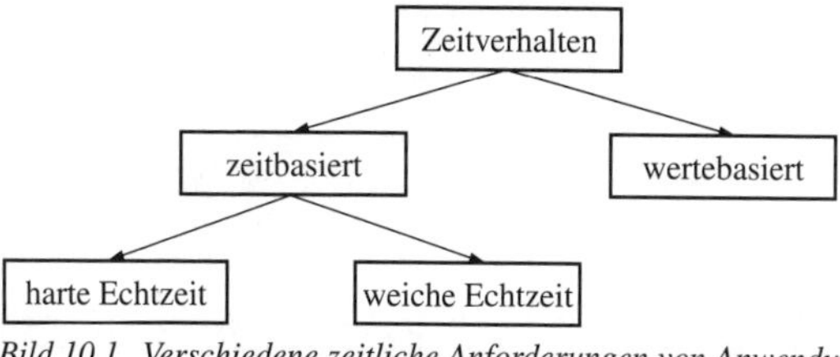


*Bild 10.1 Verschiedene zeitliche Anforderungen von Anwendungen*

**Wertebasierte Applikationen**

Eine Applikation ist **wertebasiert** (*Value Domain*), wenn die Antwort auf eine Eingangsgröße nicht innerhalb einer eindeutig begrenzten Zeitspanne generiert werden muß.

Daten von wertebasierten Applikationen haben *keine begrenzte zeitliche Gültigkeitsdauer*. Lediglich die *Richtigkeit des Wertes* ist für das Funktionieren der Applikation von Bedeutung. Typische wertebasierte Applikationen sind z. B. PCs.

❑ *Beispiel*: Der genaue Zeitpunkt des Schreibens einer MS-Word-Datei auf die Festplatte eines PCs ist für den Nutzer ohne große Bedeutung. Einzig die fehlerfreie Abspeicherung wird gefordert.

► *Beachte*: Wertebasierte Applikationen erfordern Mikroprozessoren mit einer großen mittleren Performance, z. B. mit hierarchischem Speicher, tiefer Pipeline.

### Weiche Echtzeit-Applikationen

Eine **weiche Echtzeit-Applikation** (*Soft Real-Time, Value And Soft Time Domain*) verlangt eine Antwort auf eine Eingangsgröße innerhalb einer eindeutig *begrenzten Zeitspanne*. Wird die Antwort nicht innerhalb der Zeitspanne generiert, so ist das Antwortdatum ungültig. Jedoch existiert eine weitere Zeitspanne zu einem späteren Zeitpunkt, innerhalb derer die Antwort wieder gültig ist.

Daten von weichen Echtzeit-Applikationen haben lediglich eine *Gültigkeit während zeitlich wiederkehrender Zeitintervalle*. Wenn eine Antwort nicht innerhalb einer Zeitspanne erfolgt, so hat dies keine katastrophale Auswirkung auf die Applikation. Jedoch hat es einen einschneidenden Einfluß auf die Leistungsfähigkeit der Applikation.

❑ *Beispiel*: Das Bereitstellen von Daten zum Schreiben eines Festplattensektors ist eine typische weiche Echtzeit-Applikation. Werden die Daten nämlich erst bereitgestellt, nachdem der Anfang des Sektors bereits den Schreib-/Lesekopf passiert hat, so muß der Festplattencontroller eine volle Umdrehung der magnetischen Platte abwarten, bevor die Daten geschrieben werden können.

### Harte Echtzeit-Applikationen

Eine **harte Echtzeit-Applikation** (*Firm Real-Time, Value And Firm Time Domain*) verlangt eine Antwort auf eine Eingangsgröße innerhalb einer eindeutig begrenzten Zeitspanne. Wird die Antwort nicht innerhalb der Zeitspanne generiert, so ist der Wert ungültig.

Daten von harten Echtzeit-Applikationen *verlieren ihre Gültigkeit nach einer begrenzten Zeitspanne*. Wenn eine Antwort nicht innerhalb dieser Zeitspanne erfolgt, so führt dies zur Funktionslosigkeit der gesamten Applikation (katastrophale Auswirkung).

❑ *Beispiel*: Das Airbag-System ist ein typischer Vertreter für eine harte Echtzeit-Applikation. Wenn der Airbag-Controller das Zündsignal für den Airbag nicht generiert, bevor der Körper des Insassen in Folge eines Crashs sich in Richtung der Fahrzeugkonsole bewegt hat, so ist die Zündentscheidung ungültig. Ein zeitlich zu spät gezündeter Airbag kann den Insassen schwer verletzen.

► *Beachte*: Echtzeit-Applikationen (weiche und harte) erfordern von einem Mikroprozessor eine hohe Minimumperformance (geringe Schwankungsbreite zwischen Minimum- und Maximumperformance). Daher können große Schwankungsbreiten der Performance eines Mikroprozessorsystems (z. B. Cache-Miss, arithmetische Einheiten mit datenabhängigen Ausführungszeiten: Early-Out) die Tauglichkeit für eine Applikation ausschließen.

### 10.1.2 Ablaufsteuerung

Die zeitliche Ablaufsteuerung einer Applikation kann auf verschiedene Art und Weise erfolgen (→ Bild 10.2):

- zeitgesteuert
- ereignisgesteuert:
  - Interrupt-gesteuert
  - Ereignis-Polling

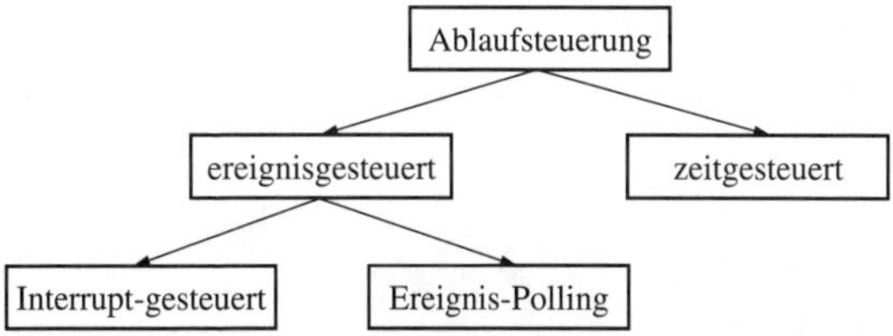


*Bild 10.2 Verschiedene Arten der Ablaufsteuerung von Anwendungen*

10

#### Zeitgesteuerte Applikationen

Eine Applikation ist **zeitgesteuert** (*Time Triggered*), wenn jede Aktivität des Systems zu vorher festgelegten Zeitpunkten erfolgt.

Die Eingangsgrößen von zeitgesteuerten Systemen werden *Zustandsgrößen* genannt, da sie den Zustand eines Systems für eine ganze Zeitspanne darstellen /10.12/.

❑ *Beispiel*: Der Time-Triggered-Architektur (TTA /10.13/), welche für verschiedene sicherheitskritische Applikationen (z. B. elektronische Bremse, Brake-By-Wire) zur Zeit geplant ist, liegt eine zeitgesteuerte Ablaufsteuerung zugrunde.

► *Beachte*: Zeitgesteuerte Applikationen erfordern in der Regel Peripheriemodule, welche Ein- und Ausgabedaten zwischenspeichern können, z. B. Queued ADC von Motorola bzw. ein leistungsfähiges DMA-System, z. B. PCP von Siemens. Des weiteren erfordern zeitgesteuerte Systeme eine Vorrichtung, mit der eine global gültige Zeit für alle verteilten Knoten zur Verfügung gestellt werden kann, z. B. TTP/C /10.13/.

**Ereignisgesteuerte Applikationen**

Eine Applikation ist **ereignisgesteuert** (*Event Triggered*), wenn jede Aktivität zeitunabhängig (asynchron) durch äußere Ereignisse initiiert wird.

Die Eingangsgrößen von ereignisgesteuerten Systemen werden *Ereignisgrößen* genannt, da sie den Zustand eines Systems für einen Zeitpunkt darstellen /10.12/. Ereignisse können durch eine spezielle Hardware direkt den Programmfluß beeinflussen (*Interrupt-Steuerung*) oder müssen von der Software abgefragt (*Polling*) werden.

► *Beachte*: Ereignisgesteuerte Applikationen erfordern in der Regel eine *kurze Reaktionszeit auf externe Ereignisse*. Daher eignen sich vor allem Mikroprozessoren mit kurzen Interrupt-Antwortzeiten und Kontextwechselzeiten. Des weiteren dürfen Mikroprozessoren für solche Applikationen keinen großen Interrupt-Overhead aufweisen.

## 10.1.3 Systempartitionierung

Die örtliche Partitionierung kann verschiedenen Grundsätzen folgen (→ Bild 10.3):

- zentrale Systeme
- verteilte Systeme:
  - Smart-Systeme
  - Multiprozessorsysteme

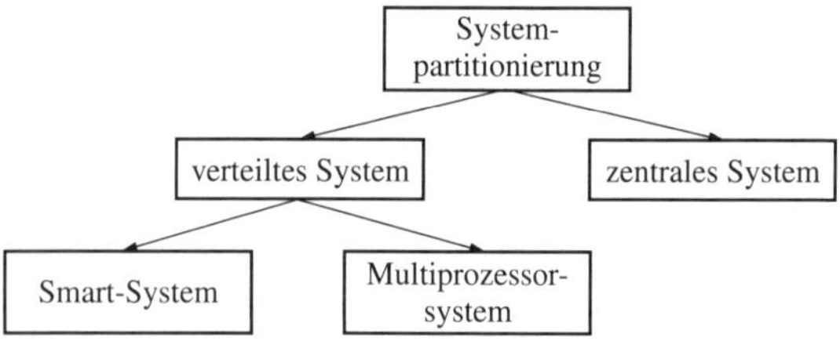


*Bild 10.3 Arten der Partitionierung von Systemen*

**Zentrale Systeme**

Ein zentrales System besitzt nur eine Einheit, mit der die Eingangssignale und Ausgangssignale verarbeitet werden. Alle Sensoren wie auch Aktuatoren sind mit diskreten Leitungen mit der zentralen Einheit verbunden (→ Bild 10.4).

► *Beachte*: Zentrale Systeme erfordern Mikroprozessorsysteme mit einer großen Anzahl von *Ein-* und *Ausgabeleitungen*, da alle Aktuatoren und Sensoren diskret verbunden werden müssen. Weiterhin müssen diese Ein- und Ausgabeleitungen *gut adressierbar* sein (z. B. Memory-Mapped-IO).

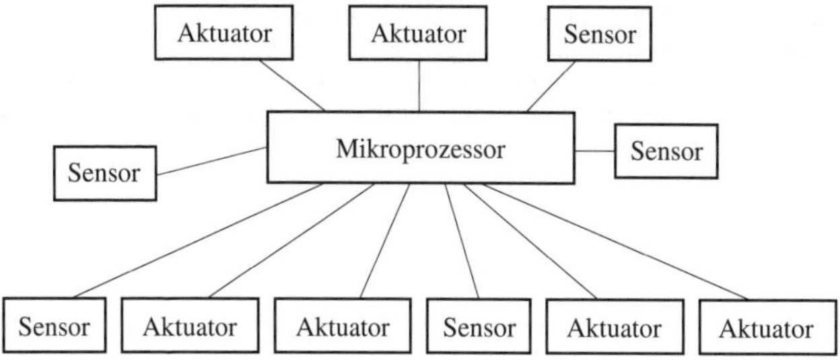


*Bild 10.4 Aufbau eines zentralen Systems*

### Smart-Systeme

Smart-Systeme bestehen aus einer zentralen Einheit und einer Vielzahl von Sensoren bzw. Aktuatoren mit integrierter Vor- bzw. Nachverarbeitung der Signale (lokale Intelligenz). Aktuatoren und Sensoren kommunizieren über gemeinsame Busse mit der zentralen Einheit (→ Bild 10.5).

► *Beachte*: Smart-Systeme erfordern für die intelligenten Aktuatoren und Sensoren Halbleitertechnologien, welche verschiedenartigste Eigenschaften in sich vereinen (*Mixed Signal Technologies*), z. B. Spannungsfestigkeit, Hochstromfestigkeit, Sensorik, digitale Technik, analoge Technik etc. (beisüielsweise die CMOS-Technologie von EPOS (Siemens) oder die PRISM-Halbleitertechnologie von Texas Instruments).

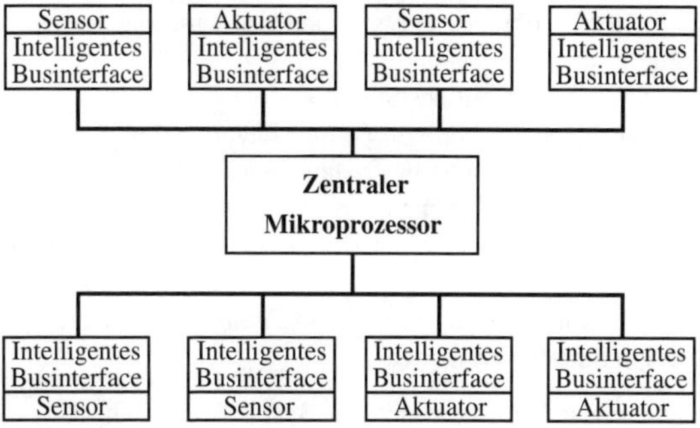


*Bild 10.5 Aufbau eines Smart-Systems*

### Multiprozessorsysteme

Verteilte Multiprozessorsysteme bestehen aus einer begrenzten Anzahl von örtlich verteilten Einheiten, an welche jeweils mehrere Sensoren bzw. Aktuatoren mit diskreten Leitungen angeschlossen sind (→ Bild 10.6). Die einzelnen Einheiten kommunizieren über einen Bus mit hoher Bandbreite miteinander. Dieser Bus muß multiple Busmaster unterstützen.

10

► *Beachte*: Verteilte Multiprozessorsysteme erfordern einen Systembus mit hoher Bandbreite, z. B. High-Speed-CAN, welcher die verteilten Mikroprozessoren miteinander verbindet. Weiterhin wird ein komplexer Kommunikationstreiber benötigt, der die unterschiedlichen Eigenschaften (verschiedene Hersteller, Leistungsfähigkeit, Datenbreite) der einzelnen Mikroprozessoren von einander abschirmt.

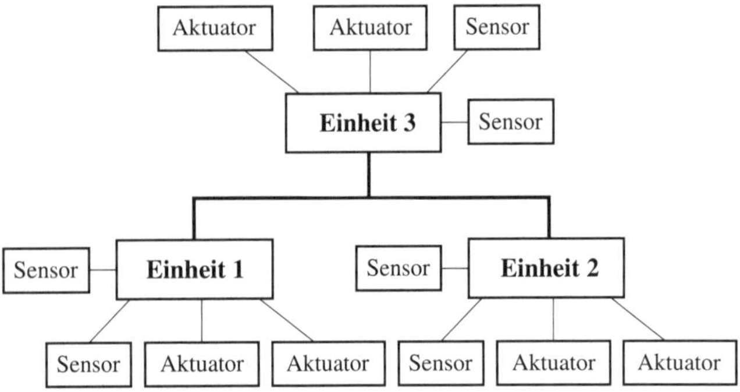


*Bild 10.6 Aufbau eines Multiprozessorsystems*

## 10.1.4 Fehlerverhalten

Falls ein Fehler in einem Mikroprozessorsystem auftritt, wird unterschiedliches Verhalten gefordert:

- keine Vorkehrungen für den Ausfall des Systems,
- Identifizierung und Anzeigen des Fehlers (*Failure Identification*),
- Umschalten in einen definierten, sicheren Zustand bei Auftreten eines Fehlers (*Fail Safe*), z. B. bei Airbag-Systemen,
- Bereitstellung einer Minimalfunktionalität (*Limb Home*), z. B. bei ABS-Systemen,
- volle Funktionalität auch im Falle eines Fehlers (*Failure Redundant*, *Fail Operational*), z. B. bei Satellitensystemen.

Um auf Fehler reagieren zu können, benötigen Systeme mit Fehlererkennung (*Failure Identification*, *Fail Safe*, *Limb Home*, *Failure Redundant*) eine redundante Systemfunktionalität. Hierzu stehen folgende Möglichkeiten zur Verfügung:

- Redundanz durch eine zeitlich versetzte mehrfache Berechnung (*Temporal Redundancy*),
- Redundanz durch die Berechnung von Kontrollroutinen und den Vergleich des Ergebnisses mit vorher abgelegten Ergebnissen (*Control Redundancy*),
- Redundanz durch zusätzliche Schaltkreise (*Hardware Redundancy*),

- Redundanz durch die Modellierung des Mikroprozessorsystems und des Regelsystems (*Software Redundancy*).

**Zeitliche Redundanz**. Indem ein Applikationsprogramm mehrfach zeitlich hintereinander durchgeführt wird, können sporadische bzw. statische Fehler, welche während des Betriebes entstehen, erkannt werden. Diese Art von Redundanz erlaubt lediglich eine Fehlererkennung und eine eingeschränkte Fail-Safe-Funktionalität.

**Kontrollredundanz**. Periodisch werden festgelegte Funktionen durchgeführt und die Ergebnisse verglichen mit hinterlegten Erwartungswerten. Dies erlaubt es, statische Fehler zu identifizieren. Kontrollredundanzen werden häufig verwendet zur Identifizierung von Fehlern im Speichersystem.

❑ *Beispiel*: Zyklisch wird von dem Inhalt des Speichers eine Quersumme (z. B. *Parity*, CRC) berechnet und mit einem Sollwert verglichen.

**Hardware-Redundanz**. Redundante Hardware führt das Applikationsprogramm parallel aus. Eine Hardware vergleicht die Ergebnisse der parallel arbeitenden zweiten Hardware. Im Falle einer Ungleichheit kann je nach Redundanz Fail-Safe-, Failure-Redundancy- und Limb-Home-Funktionalität implementiert werden. Beispielsweise besteht das Triple-Redundancy-Konzept aus drei unabhängigen Systemen, von denen jedes das komplette Applikationsprogramm ausführt (oft drei verschiedene Implementierungen, um denselben Software-Fehler auszuschließen). Diese drei Systeme treffen eine Mehrheitsentscheidung, um ein eventuell fehlerhaftes System zu identifizieren und aus der Applikation auszuschließen. Sie sind dazu geeignet, einen Fehler vollständig zu tolerieren, ohne Einschränkung der Systemfunktionalität.

❑ *Beispiel*: Bei sicherheitskritischen Systemen in der Luftfahrtindustrie werden in der Regel $3 \times 3$ Redundanzsysteme implementiert. Jeweils drei verschiedene Applikationsprogramme werden auf drei Mikroprozessorsystemen von verschiedenen Herstellern ausgeführt. Jedes dieser Systeme besteht wiederum aus drei gleichen Mikroprozessoren, welche jedoch aus unterschiedlichen Produktchargen (*Production Lots*) stammen.

► *Beachte*: Die einfachste Form der Hardware-Redundanz besteht aus einem Mikroprozessorsystem und einem „Watchdog-Timer“. Dieser Watchdog-Timer muß periodisch innerhalb einer bestimmten Zeitspanne ein Signal von dem Mikroprozessor erhalten. Wenn dieses Signal durch einen Soft- oder Hardware-Fehler nicht zeitlich korrekt generiert wird, so wird das System in einen sicheren Zustand gebracht (*Fail Safe*), eine Fehlermeldung ausgegeben (*Failure Identification*) und der Mikroprozessor neu gestartet.

**Modellredundanz**. Bei der Modellredundanz wird das Verhalten des Systems mit dem durch ein Modell berechneten Verhalten verglichen. Wenn die beiden Verhalten unterschiedlich sind, so liegt ein Fehler vor.

❑ *Beispiel*: Solche Modellredundanz wird in der Regel eingesetzt, um fehlerhafte Sensoren zu identifizieren (Hardware-Redundanz der Sensorik durch Software auf dem Mikroprozessor) und gegebenenfalls durch virtuelle Sensoren (Modellparameter) zu ersetzen.

## 10.2 Maßzahlen zur Bewertung von Mikroprozessoren

Um die Anforderungen einer Anwendung bewerten zu können, werden definierte Maßzahlen benötigt. Diese Maßzahlen sind stets nur für eine spezifische Applikation bzw. für eine spezifische Hardware-Umgebung (Hardware-Plattform) gültig. Einige dieser Maßzahlen werden nachfolgend definiert. Ein Index $X$ dient der Kennzeichnung, daß diese Maßzahl nur für eine spezifische Applikation und für eine spezifische Hardware-Umgebung (Hardware-Plattform) gültig ist.

### Leistungsfähigkeit

> Die **Leistungsfähigkeit** (*Performance*) eines Mikroprozessors ist definiert als der Kehrwert der Zeitspanne, welche benötigt wird, um eine spezifische Applikationsaufgabe zu erfüllen.

$$Leistungsfähigkeit_X = \frac{1}{Ausführungszeit_X} \tag{10.1}$$

Die Leistungsfähigkeit ist eine Maßzahl zur Bewertung des *Gesamtsystems* eines Mikroprozessors, z. B. des Kerns, der Speicher, der Ein- und Ausgabemodule (I/O-Module), der Busse.

❑ *Beispiel*: Bild 10.7 zeigt exemplarisch die Steigerung der Leistungsfähigkeit verschiedener Komponenten von Mikroprozessorsystemen, welche zur Steuerung unterschiedlicher Generationen von Kfz-Verbrennungsmotoren eingesetzt wurden.

► *Beachte*: In der Literatur wird die Ausführungszeit zum Teil in einem kontinuierlichen (analogen) Koordinatensystem (z. B. Sekunden) und zum Teil in einem diskreten (digitalen) Koordinatensystem (z. B. Mikroprozessor-Takte, CPU-Clocks) angegeben. Daher muß bei Vergleichen stets auf eine korrekte Umrechnung und auf eine Angabe der verwendeten Einheit geachtet werden!

► *Beachte*: In der Literatur wird die Leistungsfähigkeit eines Mikroprozessors für einige weitverbreitete Programme (Dhrystone Benchmark, Whetstone Benchmark, Spec Suite etc.) durch eine spezifische Umrechnung in eine einheitenlose Maßzahl umgerechnet, z. B. Whetstones, Dhrystone, SpecMarks.

### Applikationsspezifischer Leistungsbedarf

Der mittlere Bedarf eines Mikroprozessors an elektrischer Leistung zur Erzeugung der Funktionalität für eine Applikation ist eine weitere wichtige Maßzahl für Mikroprozessoren, vor allem wenn diese durch Batterien versorgt werden.

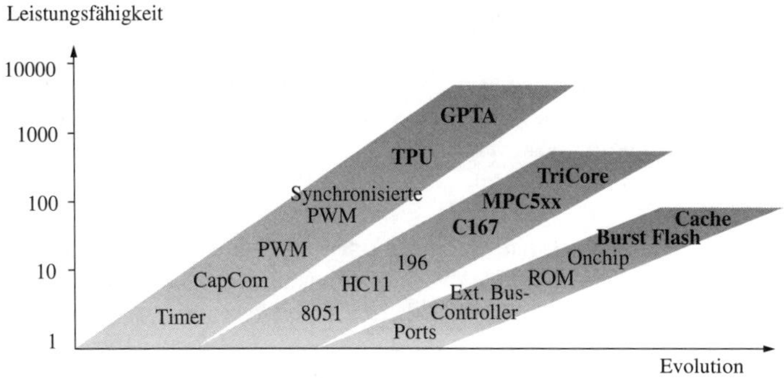


*Bild 10.7 Entwicklung der Leistungsfähigkeit des Mikroprozessorkerns, der Timer und der integrierten Speichereinheiten eines Mikroprozessors für die Steuerung eines Verbrennungsmotors*

Der **applikationsspezifische Leistungsbedarf** (*Power Consumption*) ist definiert als der Quotient aus dem mittleren Bedarf an elektrischer Leistung bei der Bearbeitung einer Anwendung und der Leistungsfähigkeit.

$$\text{applikationsspez. Leistungsbedarf}_X = \frac{\overline{\text{elektr. Leistungsbedarf}_X}}{\text{Leistungsfähigkeit}_X} \qquad (10.2)$$

► *Beachte*: In der Literatur werden zum Teil der anwendungsspezifische Leistungsbedarf und der anwendungsspezifische Strombedarf (Quotient aus mittlerem Strom und der Performance einer Anwendung) synonym verwendet. Daher muß bei Vergleichen stets auf eine korrekte Umrechnung und auf eine Angabe der verwendeten Einheit geachtet werden!

10

## Instruction-Count

Der **Instruction-Count** ist definiert als die Anzahl der Befehlsworte (Instruktionen), welcher ein Mikroprozessor benötigt, um die spezifische Funktionalität einer Applikation zu generieren.

Der Instruction-Count ist ein Maß der Güte des *Befehlssatzes*, der Software-*Entwicklungswerkzeuge* und der Ein- und Ausgabemodule (I/O-Module).

## Mittlere Ausführungszeit pro Instruktion

Die **mittlere Ausführungszeit pro Instruktion** (*CPI, Clock Per Instruction*) ist definiert als das Verhältnis der Ausführungszeit zum Instruction-Count.

$$CPI_X = \frac{\mathit{CPU\text{-}Taktrate}_X \cdot \mathit{Ausführungszeit}_X}{\mathit{Instruction\text{-}Count}_X} \tag{10.3}$$

Diese Maßzahl eignet sich hauptsächlich, um die Güte der *Implementierung* zweier Mikrocontroller, welche den gleichen oder einen sehr ähnlichen Instruktionssatz besitzen, zu vergleichen.

### Taktrate

Fast alle Mikroprozessoren verwenden einen Takt mit einer konstanten Rate, welcher festlegt, wann die Hardware bestimmte Funktionen ausführt. Diese diskreten Zeitintervalle werden Zyklen genannt (*Clock Cycles*, *Clock Ticks*). Der Kehrwert der Zyklendauer wird als Taktrate (*Clock Rate*) bezeichnet. Signallaufzeiten, die Verlustleistung etc. beschränken die maximale Taktrate (spezifizierte maximale Taktrate). Jedoch beschränken auch dynamische Effekte die Taktrate nach unten (spezifizierte minimale Clock-Rate).

### Instruktionsdichte

Die **Instruktionsdichte** (*Code Density*) ist definiert als der Kehrwert der Größe des Instruktionsspeichers, der benötigt wird, um eine spezifische Applikationsfunktionalität zu generieren.

$$\mathit{Instruktionsdichte}_X = \frac{1}{\mathit{Größe\ des\ benötigten\ Instruktionsspeichers}_X} \tag{10.4}$$

Die Instruktionsdichte ist eine Maßzahl zur Bewertung des Gesamtsystems eines Mikrocontrollers, z. B. des Kerns, des Compilers und der I/O-Module.

► *Beachte*: In der Literatur wird die Größe des benötigten Instruktionsspeichers in Byte wie auch in Instruktionen angegeben. Daher muß bei Vergleichen stets auf eine korrekte Umrechnung und auf eine Angabe der verwendeten Einheit geachtet werden!

### Kontextwechselzeit

In Applikationen werden häufig mehrere Aufgaben (*Tasks*, *Threads*, *Prozesse* etc.) quasi gleichzeitig ausgeführt.

❑ *Beispiel*: Die Steuerung einer Waschmaschine muß quasi zeitgleich die Ströme für den Elektromotor (Synchronmotor) generieren, die nächste Aktion bestimmen und die Temperatur des Wassers regeln. Jede parallel ablaufende Aufgabe wird zeitlich nacheinander bzw. zeitlich verschachtelt ausgeführt.

Jedem Task wird virtuell ein eigener Mikroprozessor zugewiesen. Ein Betriebssystem beziehungsweise eine Ereignissteuerung (*Interrupt*) steuert die Ausführung. Bei jedem Task-Wechsel muß der aktuelle Zustand des Mikroprozessors abgespeichert und der Zustand für den als nächstes zu bearbeitenden

Task wiederhergestellt werden. Der Zustand eines Mikroprozessors setzt sich zusammen aus der Summe der gemeinsam genutzten und veränderten Ressourcen.

Die **Kontextwechselzeit** ist als die Zeitspanne definiert, in der ein Mikroprozessor den aktuellen Kontext in den Arbeitsspeicher schreibt und einen nächsten aus dem Arbeitsspeicher lädt.

$$\begin{aligned} \text{Kontextwechselzeit}_X = & \text{ Zeit zum Sichern des Kontextes}_X \\ & + \text{Zeit zum Laden des Kontextes}_X \end{aligned} \qquad (10.5)$$

► *Beachte*: Da der Umfang des Kontextes abhängig ist von der Implementierung einer Anwendung, ist die Kontextwechselzeit keine absolute Konstante für eine Mikroprozessorarchitektur, sondern nur im Zusammenhang mit der Definition des Kontextes allgemein aussagekräftig.

❑ *Beispiel*: Der Kontext eines Siemens C166 enthält:

- Den Instruktionszeiger (*Instruction Pointer*), welcher die niederwertigen 16 bit der Adresse, und das Segmentregister für den Instruktionsspeicher (*Code Segment Pointer*), welches die höchstwertigen 8 bit der Adresse der nächsten auszuführenden Instruktion enthält.
- Das Prozessorstatusregister (*Program Status Word*), welches den aktuellen Zustand des Interrupt-Systems und die Eigenschaften des letzten arithmetischen Ergebnisses enthält.
- Das arithmetische Kontrollregister (*Multiply Control*), welches den Zustand der Multiplizier- und der Dividiereinheit enthält, sowie das Multiplikationsdatenregister.
- Den Kontextzeiger (*Context Pointer*), welcher die Lage der Register im Arbeitsspeicher angibt.
- Den Stack-Zeiger (*Stack Pointer*), welcher die Adresse des nächsten freien Eintrags im Systemstack enthält und zwei weitere Register, welche zur Kontrolle eines Überlaufes des Stacks dienen (*Stack Underflow*, *Stack Overflow*).
- Die Segmentregister für den Datenspeicher (*Data Page Pointer*), welche die höchstwertigen 10 bit der Datenbereiche enthalten.
- Andere Systemregister, welche von Tasks verändert werden, z. B. Prioritäten von Interrupts, die Intervallänge von Zählern etc.



## Interrupt-Antwortzeit

Die **Interrupt-Antwortzeit** (*Interrupt Response Time*) ist definiert als die Zeitspanne zwischen dem Auftreten eines Interrupts und dem Bearbeiten der ersten Instruktion der entsprechenden Interrupt-Service-Routine (ISR).

► *Beachte*: Die Interrupt-Antwortzeit ist in der Regel abhängig von der Anzahl aktiver Interrupt-Quellen, der Tiefe der möglichen Verschachtelung von ISRs, dem Interrupt-Kontext, welcher gewechselt werden muß etc. Weiterhin ist zu beachten, daß das Interrupt-System in der Regel ein eigenständiges System ist. Daher können innerhalb verschiedener Produkte desselben Mikroprozessorcores sehr unterschiedliche Interrupt-Antwortzeiten auftreten. Daher müssen bei der Angabe einer Interrupt-Antwortzeit genau die Randbedingungen angegeben werden.

### Interrupt-Overhead

Der **Interrupt-Overhead** ist definiert als die Zeit, über welche eine Interrupt-Anforderung den Core belegt, bis die erste Instruktion der entsprechenden ISR bearbeitet werden kann.

❑ *Beispiel*: Die M200-Familie des M·Cores von Motorola benötigt 6 bis 9 Taktzyklen, bis ein Interrupt die Ausführung des laufenden Programmes unterbricht. Zur Überprüfung der Priorität des Interrupts muß der M·Core ≈ 10 Instruktionen ausführen (≈ 17 Taktzyklen). Für den Wechsel des Interrupt-Kontextes muß der M·Core weitere 25 Instruktionen ausführen (≈ 45 Taktzyklen). Zur Auswahl und zum Starten der ISR werden weitere 6 Instruktionen (≈ 11 Taktzyklen) benötigt. Somit beträgt der Interrupt-Overhead ≈ 73 Taktzyklen. Die Interrupt-Antwortzeit beträgt ≈ 79 ... 82 Taktzyklen.

---

## 10.3 Ungeeignete Maßzahlen

Nachfolgend werden einige wichtige Maßzahlen zusammengefaßt, welche in der Regel ungeeignet sind für die Auswahl eines Mikroprozessors /10.10/. Diese Maßzahlen bewerten lediglich die mittlere Rate der in einem Programm ausgeführten Operationen, nicht jedoch deren Komplexität. Somit sind diese in der Regel nur im Zusammenhang mit dem Instruktion-Count geeignete Maßzahlen.

### Instruktionsrate (Native MIPS)

Für die Instruktionsrate (*Million Instruction Per Seconds*) gibt es in der Literatur sehr unterschiedliche Definitionen, z. B.:

Die **Instruktionsrate** (MIPS) ist definiert als das arithmetische Mittel der Rate, mit der $10^6$ Befehlsworte (Instruktionen) von einem Mikroprozessor in einem spezifischen Programm abgearbeitet werden.

$$Instruktionsrate_X = \frac{Instruction\text{-}Count_X}{Ausführungszeit_X \cdot 10^6} \tag{10.6}$$

► *Beachte*: Die Maßzahl MIPS ist nicht, wie in der Literatur oft verwendet, eine Konstante für eine Mikroprozessorarchitektur, sondern nur gültig für ein spezifisches Programm, welches auf einer spezifischen Hardware-Plattform läuft /10.1/.

► *Beachte*: Die Maßzahl MIPS darf nicht verwechselt werden mit der Maßzahl der DHRYSTONE_MIPS oder VAX_MIPS, welche eine geeignete Performance-Maßzahl darstellt.

Die Maßzahl **DHRYSTONE_MIPS** ist definiert als die relative Ausführungszeit eines bestimmten Programmes (Dhrystone /10.5/) auf einem Mikroprozessorsystem im Verhältnis zu einer VAX-11/780.

$$VAX\_MIPS_X = \frac{1}{Dhrystone\ Ausführungszeit_X \text{ in } \mu\text{s} \cdot 1\,757} \qquad (10.7)$$

**MFLOPS (Fließkommainstruktionsrate)**

Für die Instruktionsrate von Fließkommaoperationen (*Million Floating Point Operations Per Second*) gibt es in der Literatur sehr unterschiedliche Definitionen, z. B.:

Die **Instruktionsrate von Fließkommaoperationen** (MFLOPS) ist definiert als das arithmetische Mittel der Rate, mit der $10^6$ Befehlsworte für arithmetische Fließkommaoperationen von einem Microcontroller in einem Programm abgearbeitet werden.

$$MFLOPS_X = \frac{Anzahl\ Fließkommaoperationen\ im\ Programm_X}{Ausführungszeit_X \cdot 10^6} \qquad (10.8)$$

## 10.4 Programme zur Bewertung der Leistungsfähigkeit

Mit der größten Aufmerksamkeit wird meist die Performance des Mikroprozessorkerns (Core) betrachtet. In der Vergangenheit wurde hierzu häufig die Datenlänge der Operanden (Wortbreite), die maximale Taktfrequenz und die Ausführungszeit einzelner komplexer Operationen (z. B. Multiplikation, Division) zur Klassifizierung herangezogen. Die Komplexität heutiger Mikroprozessorarchitekturen läßt diesen Ansatz nicht mehr zu. Die Eignung eines komplexen Mikroprozessors kann in der Regel nur im Kontext (Software und Hardware) der gesamten Applikation bestimmt werden. Dies setzt jedoch eine vollständige Implementierung der Applikationsplattform (Hardware und Software) voraus, was in der Regel nicht möglich ist. Verschiedene Ansätze (*Benchmarks*) verringern diesen Aufwand (→ Tabelle 10.1).



**Datenflußanalyse**. Für eine Anwendung wird die Häufigkeit der unterschiedlichen Operationen bzw. Instruktionen abgeschätzt (z. B. statistisch aus bestehenden Programmen bzw. analytisch aus dem Algorithmus). Diese so ermittelte Häufigkeit der Operationen wird multipliziert mit der maximalen Bandbreite (Kehrwert der Ausführungszeit) für diese Operation auf dem untersuchten Mikroprozessor und damit die Auslastung des Mikroprozessors bestimmt.

► *Beachte*: Die Datenflußanalyse bestimmt die Leistungsfähigkeit des gesamten Mikrocontrollersystems, z. B. von Peripherie, Kern, Speicher.

**Basisfunktionen**. Die Regelungstechnik bzw. die allgemeine Datenverarbeitung hat einen Satz von Basisalgorithmen entwickelt, mit denen entsprechende Aufgaben in der Regel angegangen werden, z. B. PID, IIR, FIR, Heap Sort, Quick Sort, DES, Park Clark Transformation, Spline. Fachbezogene Sammlungen fassen diese Basisalgorithmen zusammen, z. B. /10.8/, /10.9/. Diese Basisalgorithmen werden entsprechend den Anforderungen einer Applikation für die Leistungsbewertung herangezogen.

► *Beachte*: Da die Basisfunktionen oft einen großen Anteil an der Ausführungszeit einer Applikation haben, eignen sich diese zur Abschätzung der Ausführungszeit einer gesamten Applikation. Diese Basisalgorithmen bestehen jedoch meist nur aus 10 ... 100 Programmzeilen. Dies ist in der Regel eine zu kleine und zudem nicht repräsentative Teilmenge einer Applikation, und die Basisalgorithmen eignen sich daher nicht zur Bestimmung der Instruktionsdichte, CPI, etc.

**Standardbenchmarks** (Synthetische Benchmarks). PCs, Workstations oder Minicomputer werden in der Mehrzahl der Fälle eingesetzt, um Standardsoftware, z. B. MS Office, Corel, Spiele etc., auszuführen. Zeitaufwendige Operationen (z. B. Textsuche, Aktualisierung einer Tabellenkalkulation, Drehen eines Bildes) können mit einer Standardsoftware durchgeführt und der Ressourcenbedarf (Speicherbedarf, Ausführungszeit etc.) bestimmt werden, z. B. Spec Suite, EEMBC Benchmark /10.3/, /10.4/. Da diese Programme allgemein zugänglich sind, stellen die meisten Hersteller von Mikroprozessoren die Ergebnisse dieser Benchmarks auf Anfrage zur Verfügung. Diese Benchmarks erlauben daher oft einen schnellen Überblick über die allgemeine Leistungsfähigkeit des Mikroprozessors. Leider stehen heute zur Bestimmung des Echtzeit-Verhaltens und der Leistungsfähigkeit der Peripherie wenig „Standardbenchmarks“ zur Verfügung. Auch optimieren fast alle Compilerhersteller ihre Produkte speziell auf diese Benchmark-Programme, z. B. übersetzen einige Compiler den Dhrystone-Benchmark nicht mehr, sondern liefern lediglich eine handoptimierte spezielle Dhrystone-Routine.

**Applikationsbibliothek**. Die strukturierte Programmierung von Mikroprozessoren erfordert eine sorgsame Isolierung der spezifischen Eigenschaften einer Mikroprozessorarchitektur von dem Anwendungsprogramm, entsprechend dem ISO-Schichten-Modell. Die Software-Schicht der Peripherietreiber (*Driver*) und die Bibliothek der Grundoperationen dienen in einer solchen Software als „Übersetzer“ der abstrakten Operatoren einer Applikation in die Grundoperationen des spezifischen Mikroprozessors (Kern und Peripherie). Wenn diese Bibliotheken einen signifikanten Anteil des Ressourcenbedarfs einer Applikation ausmachen ($>$ 10 % in der Regel), dann können diese zur Abschätzung des

Ressourcenbedarfs der gesamten Applikation verwendet werden, z. B. Floating Point Library, Siemens AT22 Benchmark.

► *Beachte*: Meist sind Bibliotheken jedoch ungeeignet, den Speicherbedarf einer Applikation abzuschätzen, da sie einen zu kleinen Umfang im Vergleich zur gesamten Applikation haben. Eine exakte quantitative Bestimmung der Performance des Mikroprozessorkerns und der Peripherie ist jedoch oft möglich.

*Tabelle 10.1 Eigenschaften der verschiedenen Benchmarks*

| | Datenfluß-analyse | Basisfunktionen | Standard-programm | Bibliothek | Sequenz | Routine |
|---|---|---|---|---|---|---|
| Leistungsmessung | | | | | | |
| Core | ungenau | genau | ungenau | genau | sehr genau | sehr genau |
| Peripherie | ungenau | — | ungenau | genau | sehr genau | sehr genau |
| Compiler | — | begrenzt | genau | begrenzt | sehr genau | sehr genau |
| Interrupt-System | ungenau | — | begrenzt | genau | sehr genau | sehr genau |
| Code-Dichte | — | begrenzt | genau | ungenau | begrenzt | genau |
| Aufwand | klein | mittel | mittel | groß | sehr groß | groß |
| Kosten | sehr klein | klein | klein | mittel | mittel | mittel |
| Gefährdung des System-Know-how | sehr groß | sehr klein | sehr klein | mittel | klein | sehr groß |
| Kosten | sehr klein | klein | klein | mittel | mittel | mittel |

10

**Programmsequenzen (Kernels) einer Anwendung**. Applikationen werden häufig aus sich wiederholenden Grundoperationen aufgebaut /10.6/. Das System-Know-how steckt vor allem in der geeigneten Wahl der Reihenfolge dieser Grundoperationen und der verwendeten Parameter. Durch die gezielte Veränderung dieser Reihenfolge und die Wahl willkürlicher Parameter verändert sich in der Regel der Ressourcenbedarf (Performance, Speicher Bedarf etc.) eines Anwendungsprogramms nicht, jedoch geht der größte Teil des System-Know-hows verloren. Ein solch verändertes Programm kann daher verwendet werden, um die Eignung eines Mikrocontrollers für eine Anwendung zu überprüfen, ohne firmeninternes System-Know-how zu gefährden. Solche Benchmarks haben den Vorteil, alle von einer Anwendung benötigten Ressourcen zu bewerten, z. B. die Performance der IO-Module, die Core-Performance, den Speicherbedarf etc. Der ITT-Teves-Benchmark ist ein Beispiel für einen solchen Benchmark.

**Applikationsroutinen**. Applikationen benötigen in der Regel nur zu bestimmten Betriebszeitpunkten die maximale Leistungsfähigkeit eines Mikroprozessors (z. B. um die Echtzeitanforderungen zu erfüllen). In einem Airbag-System ist beispielsweise die Überprüfung der Einsatzbereitschaft (Auto-Diagnose) des Systems nicht zeitkritisch. Jedoch ist die Routine zur Bestimmung eines Zusammenstoßes (*Crash*) eine Echtzeit-kritische Routine. Die Ausführungszeit ist daher von primärer Bedeutung bei der Auslegung des Systems. Häufig stellen diese entscheidenden Programmsequenzen nur einen kleinen Bruchteil der gesamten Anwendungssoftware dar.

❑ *Beispiel*: Nur ca. 20 % eines Anwendungsprogrammes zur Steuerung eines Kfz-Verbrennungsmotors sind für die eigentliche Steuerung des Motors notwendig, hingegen ca. 80 % für die Diagnose etc.

Für solche Anwendungen ist es daher sinnvoll, diese im Verhältnis kurzen Programmabschnitte (*Routinen*) auf dem zu untersuchenden Mikroprozessor zu implementieren und die Performance (Ausführungszeit) zu messen. Solch kurze Programmabschnitte erlauben es jedoch nicht, Aussagen zur Instruktionsdichte zu machen. Der DELCO-Benchmark 2 ist ein solcher Benchmark, welcher die zentralen Routinen zur Steuerung eines Verbrennungsmotors enthält.

## 10.5 Durchführung von Benchmarks

Zur Durchführung der Benchmarks werden Werkzeuge benötigt, welche die Funktionalität und den Zeitbedarf eines Mikroprozessors zur Abarbeitung des Benchmark-Programms bestimmen. Verschiedene Werkzeuge stehen hierfür zur Verfügung (→ Bild 10.8):

- Instruktionssimulator (*Instructionset Simulator*),
- zyklenakkurater Simulator (*Cycle Accurate Instructionset Simulator*),
- Emulator,
- Testhardware (*Evaluation Boards*).

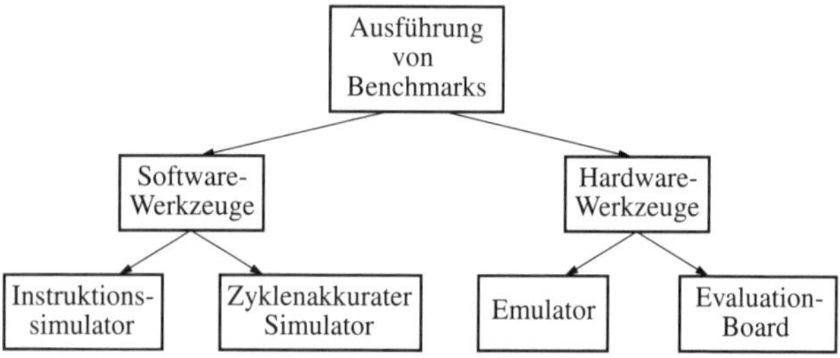


*Bild 10.8 Verschiedene Arten der Durchführung von Benchmarks*

### Instruktionssimulator

► *Wirkungsweise*: In einer Software-Hochsprache wird das funktionale Verhalten des Mikroprozessors beschrieben. Dieses Modell wird auf einer Workstation, einem PC etc. ausgeführt. Eine spezielle Benutzeroberfläche erlaubt eine Darstellung und Veränderungen aller Ressourcen eines Mikroprozessorsystems.

Instruktionssimulatoren sind meist integriert in Entwicklungswerkzeuge (z. B. C-Compiler). Sie werden meist eingesetzt zur detaillierten Fehlersuche in einem Programm. Sie simulieren eine Sekunde Echtzeit häufig in 100 Sekunden. Diese Simulatoren lassen sich oft sehr gut in System-CASE-Werkzeuge integrieren, mit welchen sich eine komplette Applikation simulieren läßt.

**Instruktionssimulatoren** simulieren lediglich die Funktionalität eines Mikroprozessors auf einer Workstation oder einem PC. Das zeitliche Verhalten wird nicht korrekt simuliert.

❑ *Beispiel*: Der RTA-Simulator (*Real Time Analysis*) von DIAB simuliert das funktionale Verhalten des Motorola-PowerPC. Für das zeitliche Verhalten wird lediglich angenommen, daß jede Instruktion einen Taktzyklus benötigt, was eine grobe Vereinfachung darstellt.

Bei der Darstellung eines neuen Mikroprozessorkerns werden meist sehr früh im Entwicklungsstatus Instruktionssimulatoren erzeugt, um den Instruktionssatz und das Programmiermodell zu verifizieren. Weiterhin ist ein solches Modell hilfreich bei der Entwicklung erster Prototypcompiler (*Alpha Release*).



### Zyklenakkurater Simulator

► *Wirkungsweise*: In einer Software-Hochsprache (in der Regel objektorientiert) wird die Architektur des simulierten Mikroprozessors beschrieben. Dieses Modell wird auf einer Workstation, einem PC etc. ausgeführt. Eine spezielle Benutzeroberfläche erlaubt eine Darstellung und Veränderungen aller Ressourcen eines Mikroprozessorsystems.

Zyklenakkurate Simulatoren werden meist als eigenständiges Entwicklungswerkzeug angeboten. Sie werden häufig eingesetzt zur detaillierten, zeitgenauen Fehlersuche in einem Programm. Sie simulieren eine Sekunde Echtzeit meist in 1000 Sekunden. Diese Simulatoren lassen sich oft in System-CASE-Werkzeuge integrieren, mit welchen sich eine komplette Applikation simulieren läßt.

**Zyklenakkurate Simulatoren** simulieren die komplette Mikroarchitektur (Funktionalität und das *taktgenaue zeitliche Verhalten*) eines Mikroprozessors auf einer Workstation oder einem PC.

Bei der Entwicklung eines neuen Mikroprozessorkerns wird vermehrt ein zyklenakkurater Simulator verwendet, um durch umfangreiche Systemsimulationen Designfehler zu identifizieren. In der Vergangenheit wurde hierzu meist eine Hardware-Beschreibungssprache (VHDL, VerilogHDL) verwendet. Jedoch erlauben Software-Beschreibungssprachen wie C++ meist eine umfangreiche Debug-Unterstützung, eine schnellere Simulation und einen besseren Schutz des Know-hows der Mikroarchitektur (*Intellectual Properties*).

### Emulator

- *Wirkungsweise*: Das zeitliche wie funktionelle Verhalten eines Mikroprozessors wird durch speziell konfigurierte Hardware simuliert.

Diese Hardware kann bestehen aus FPGA, ASICs, Bond-out-Chips, etc. Die Kosten solcher Emulatoren betragen meist einige 10 000 DM. Das zeitliche Verhalten bewegt sich in der Regel in Echtzeit (1 Sekunde Echtzeit benötigt 1 ... 10 Sekunden Emulationszeit). Jedoch sind die elektrischen Eigenschaften (Mikrotiming, EMV etc.) in der Regel nicht identisch zum emulierten Mikroprozessor. Emulatoren werden meist zur Fehlersuche in einem Mikroprozessorsystem verwendet (Echtzeit).

Die Tabelle 10.2 zeigt die Eigenschaften der dargestellten Methoden noch einmal im Überblick.

*Tabelle 10.2 Eigenschaften der verschiedenen Methoden zur Bewertung eines Mikroprozessors*

| | Instruktions-simulator | zyklenakkurater Simulator | Emulator | Testhardware |
|---|---|---|---|---|
| Ausführungszeit | langsam $\approx$ Faktor 100 | sehr langsam $\approx$ Faktor 1 000 | schnell $\approx$ Faktor 1 ... 10 | sehr schnell $\approx$ Faktor 1 |
| funktionales Verhalten | gleich | gleich | ähnlich bzw. gleich | gleich |
| zeitliches Verhalten | sehr ungenau | genau | begrenzt genau | sehr genau |
| elektrisches Verhalten | — | — | ähnlich | gleich |
| Verfügbarkeit | sehr gut | schlecht | sehr gut | begrenzt |
| Kosten | gering | verschieden | sehr hoch | moderat |
| integrierbar in Systemsimulation | sehr gut | gut | begrenzt | schlecht |
| Debug-Möglichkeiten | sehr gut | sehr gut | gut | begrenzt |

# 11 Entwurf und Technologie von Mikroprozessoren

## 11.1 Entwurf

Unter dem **Entwurf** versteht man im technischen Sinne einen Teil des Prozesses, der die Überführung („Transformation") eines Modells in eine technische Realisierung zum Gegenstand hat.

Beim Entwurf (*Design*) elektronischer Schaltungen ist die aktuelle Situation gekennzeichnet durch

- ständige Steigerung der Schaltungskomplexität,
- anhaltenden Drang zur Miniaturisierung,
- starken Zeit- und Kostendruck für Schaltkreisanwender und -hersteller.

► *Hinweis*: Die ersten beiden Punkte resultieren aus dem Bestreben, die elektronischen Systeme immer leistungsfähiger zu gestalten bei immer kleineren äußeren Abmessungen und möglichst geringem Energiebedarf.

Der dritte Punkt ist dem Umstand geschuldet, daß nur derjenige Anwender oder Hersteller Gewinne mit seinem Produkt erzielen kann, der frühzeitig, möglichst als erster, damit auf den Markt kommt. Man ist infolge der starken Konkurrenz gezwungen, die *Zeit bis zur Markteinführung eines Produktes* (*Time To Market*) so kurz wie möglich zu halten, was sich in der Forderung nach extrem kurzen Produktentwicklungszeiten unmittelbar im Entwurfsprozeß in Form von Anforderungen an die *Entwurfssoftware* (*Tools*) und an die *Entwurfsmethodik* niederschlägt.

11

Als Konsequenz aus der Betrachtung der aktuellen Situation folgt:

- VLSI-Schaltkreise können nur mit Rechnerunterstützung in Form von CAD- bzw. EDA-Tools entworfen werden (CAD … *Computer Aided Design*, EDA … *Electronic Design Automation*).
- Die Entwurfsaufgabe selbst ist so komplex, daß sie auch beim Einsatz modernster Rechentechnik nur durch eine hierarchische Vorgehensweise beherrscht werden kann.

### 11.1.1 Entwurfssichten und -ebenen

VLSI-Schaltkreise, wozu auch moderne Mikroprozessoren zählen, enthalten heute bis zu 19 Millionen Transistoren (z. B. Intel-Celeron-Prozessor 333/300 MHz, /11.65/). Selbst wenn allgemeiner Konsens über die Vorgehensweise beim Entwurf besteht, existieren doch verschiedene Ausgangspunkte zur Lösung der Entwurfsaufgabe. Von Gajski /11.11/ und anderen /11.54/

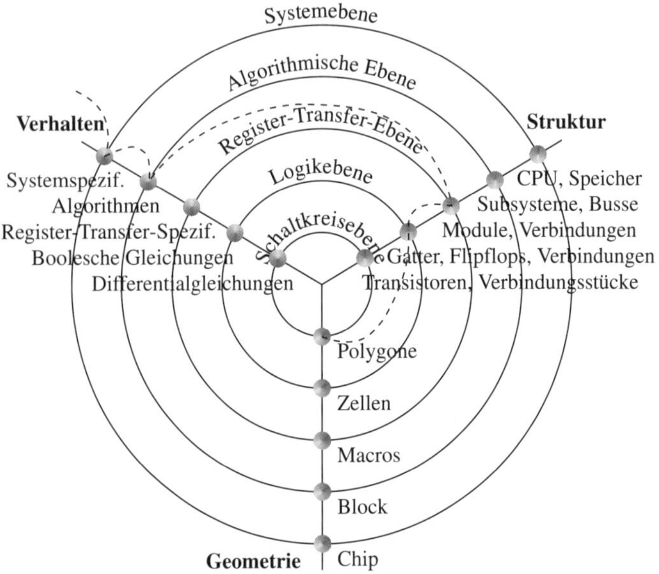


*Bild 11.1 Gajski-Diagramm (Y-Diagramm)*

wurde mit dem sog. *Y-Diagramm* (*Y-Chart*) eine schematische Darstellung (→ Bild 11.1) eingeführt, die in sehr kompakter Form sowohl verschiedene **Entwurfssichten** (Ausgangspunkte) als auch **Entwurfsebenen** (Hierarchien) darstellt.

Zunächst lassen sich drei verschiedene Entwurfssichten, dargestellt als Y-artig angeordnete Radialstrahlen, erkennen:

- **Verhalten** (*Behavior*)
  Das System wird aus der Sicht seines Verhaltens über die Zeit betrachtet.
- **Struktur** (*Structure*)
  Hier interessiert, aus welchen Subsystemen das System zusammengesetzt ist und wie diese miteinander verbunden sind.
- **Geometrie** (*Geometry*)
  Bei dieser Entwurfssicht werden die geometrischen Eigenschaften des Systems und seiner Subsysteme betrachtet. Für den Entwurf entscheidend sind vor allem die relative Lage zueinander sowie die Realisierbarkeit und Länge von Verbindungen.

In /11.41/ wird als zusätzliche 4. Entwurfssicht die Testsicht (*Testing*) eingeführt, so daß aus dem Y-Diagramm ein X-Diagramm wird.

► *Hinweis*: Konzentrische Kreise mit unterschiedlichen Radien symbolisieren die verschiedenen Hierarchieebenen im Entwurfsprozeß, wobei ein großer Radius für einen hohen Abstraktionsgrad steht. Der Charakter (hier Abstraktionsgrad) des Modells – im Sinne der obigen Definition – ändert sich mit der Entwurfsebene.

Entwurfsebenen sind in Bild 11.2 dargestellt.

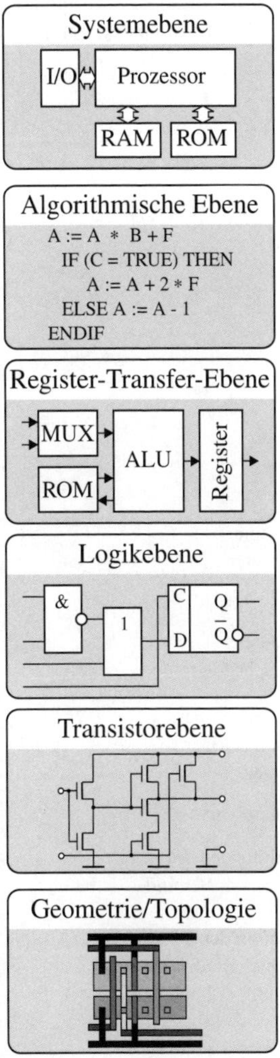


Systemebene: Blöcke (Speicher, Prozessor(en), Schnittstellen, I/O-Blöcke), Prozesse, Kommunikationsprotokolle

Algorithmische Ebene: nebenläufige (parallele) Algorithmen, Funktionen, allgemeine Blöcke, die über Signale miteinander kommunizieren

Register-Transfer-Ebene: Operationen, Datentransfer zwischen Registern, Register-Transfer-Module (Register, Multiplexer, ALUs, . . .)

Logikebene: logische Verknüpfungen, deren zeitliche Eigenschaften, Zusammenschaltung von Macros (Kombinatorik, Flipflops)

Transistorebene: Netzwerkgleichungen, Zusammenschaltung von Transistoren, symbolisches Layout

Geometrie/Topologie: Polygonzüge (für alle technologisch erforderlichen Ebenen)

*Bild 11.2 Entwurfsebenen, siehe auch /11.13/ und /11.31/*

### 11.1.2 Entwurfsablauf

Der Entwurfsprozeß kann als Weg zwischen Entwurfssichten und -ebenen aufgefaßt werden. Es ist dabei i. allg. nicht möglich, diesen direkt und ausschließlich von der abstraktesten zur detailliertesten Entwurfsebene oder, wie in Bild 11.3 skizziert, von „oben" nach „unten" (*Top-Down*) zu verfolgen. Es müssen auch Bewegungen zwischen unterschiedlichen Entwurfssichten aus-

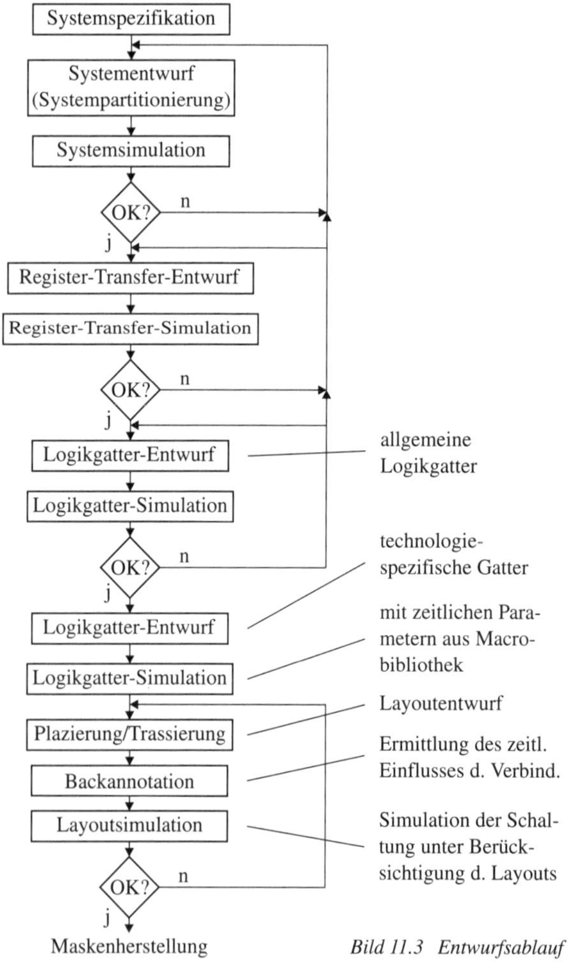


*Bild 11.3 Entwurfsablauf*

geführt werden, muß doch beispielsweise die Struktur aus dem Verhalten synthetisiert, aus der Struktur eine Geometrie generiert oder die Struktur optimiert werden. Außerdem ist es häufig erforderlich, Entwurfsergebnisse einer Ebene durch Veränderungen auf der nächsthöheren gezielt zu beeinflussen, was einen Aufstieg (*Bottom-Up*) im Entwurfsprozeß bedeutet. Letztlich kommt auf diese Weise ein „Auf und Ab" im Entwurfsprozeß zustande, d. h., eine Kombination aus Top-Down- und Bottom-Up-Schritten, so daß man diese Entwurfsstrategie „Jo-Jo-Design" oder auch (z. B. beim Entwurf von Mikrosystemen) „Meet-in-the-Middle" /11.38/ nennt.

In Bild 11.4 sind prinzipiell mögliche Schritte und damit verbundene Aktivitäten im Entwurfsablauf im Y-Diagramm dargestellt.

► *Hinweis*: Zu beachten ist, daß es keine Möglichkeit gibt, aus dem Verhalten direkt eine Geometrie zu erzeugen, dies setzt immer das Vorhandensein einer Struktur voraus.

Ein (typisches) Beispiel für einen Entwurfsablauf ist als gestrichelte Linie /11.42/ in Bild 11.1 eingetragen. Andere Darstellungen sind z. B. in /11.31/ und /11.33/ zu finden.

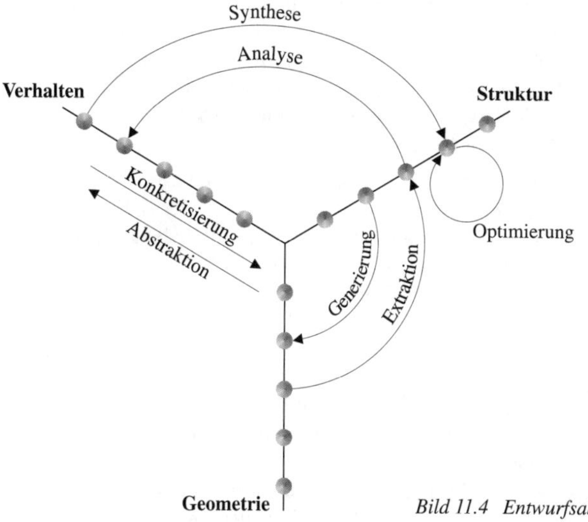


*Bild 11.4 Entwurfsablauf*

Die folgenden Definitionen (nach /11.37/) sollen das Verständnis weiterer Entwurfsschritte erleichtern:

**Verifikation** (*Verification*): Überprüfung der Ergebnisse eines Entwurfsschrittes bezüglich der Vorgaben durch die vorangegangene Phase.

**Validierung** (*Validation*): Überprüfung der Ergebnisse eines Entwurfsschrittes bezüglich der initialen Anforderungen.
**Simulation** (*Simulation*): Nachbildung der Funktionsweise einer elektronischen Schaltung mit Hilfe von Modellen.
**Modelle** (*Models*): Software-Komponenten, die Hardware-Komponenten repräsentieren.
**Synthese** (*Synthesis*): rechnergestützte Transformation von Beschreibungen elektronischer Systeme von einer höheren zu einer niedrigeren Abstraktionsebene, verbunden mit einem Wechsel der Entwurfssicht.

#### 11.1.2.1 Systementwurf

Der Ausgangspunkt für den Systementwurf ist meist eine verbale Aufgabenstellung sowie Tabellen, Diagramme o. ä., in denen die Funktion des zu realisierenden Systems (Spezifikation) beschrieben wird. Die erste Aufgabe für den Entwerfer besteht darin, diese „Beschreibungen" zu formalisieren, um den weiteren Entwurf einer Rechnerunterstützung zugänglich zu machen. Man betrachtet das System als ein System von kooperierenden/kommunizierenden Prozessen (Subsystemen), von Ein-/Ausgabeblöcken, von Verbindungen und Schnittstellen. Die Module werden durch ihre Funktionalität charakterisiert. Man trifft Festlegungen bezüglich der Leistungsfähigkeit von Hard- und Software und bezüglich dessen, was in Hard- und was in Software zu realisieren ist (**Hardware/Software-Co-Design**).

Für ein vorgegebenes Verhalten existiert stets eine Vielzahl von möglichen Strukturen. Der Raum möglicher und/oder wünschenswerter Lösungen, der sog. *Entwurfsraum*, muß deshalb durch sinnvolle Einschränkungen (Restriktionen) begrenzt werden. Dies können z. B. sein:

- maximal erforderliche Verarbeitungsleistung,
- Betriebsspannung, Verlustleistung,
- Zeitregime für Ein-/Ausgaben (I/O-Verhalten),
- Testbarkeit, geforderte Zuverlässigkeit,
- Anforderungen, die sich aus dem zukünftigen Einsatz des Chips ergeben, z. B. Umwelteinflüsse, wie Arbeitstemperaturbereich, Empfindlichkeit gegenüber Strahlung, ...,
- technologische Randbedingungen, wie z. B. Fertigungstechnologie (CMOS, BiCMOS, GaAs, ...), Gehäuse, Zahl der Pins, ...,
- Kosten.

Der Übergang von der Systemebene zur algorithmischen Ebene vollzieht sich dadurch, daß der Entwerfer das gewünschte Verhalten des Systems mit Hilfe von Algorithmen und Funktionsblöcken formuliert, eine der kreativsten Phasen im Entwurf, da hier keinerlei Rechnerunterstützung verfügbar ist. Der Befehlssatz, die Datenwegbreite, die Speicherorganisation usw. werden definiert. Die Beschreibung erfolgt hardwareunabhängig, auch zeitliche Details (Takt, Reset, ...) bleiben unberücksichtigt.

Ein geeignetes Mittel für die Beschreibung eines Systems stellen sog. **Hardware-Beschreibungssprachen** (*Hardware Description Language, HDL*) dar. Eine HDL

- beschreibt Verhalten und Struktur (nicht die Geometrie!) von Hardware-Systemen auf unterschiedlichen Abstraktionsebenen mit verschiedenen Sichten,
- ist eine Sprache, deren Aufbau einer Programmiersprache ähnelt und die um parallele (nebenläufige), sequentielle Anweisungen sowie strukturbeschreibende Elemente erweitert wurde,
- gestattet eine formale Beschreibung des Systems, die simulierbar ist,
- gestattet eine abstrakte, technologieunabhängige Beschreibung,
- ermöglicht die Modellierung und Validierung der Hardware durch Simulation und Synthese,
- fungiert als Kommunikationsmedium zwischen Hardware-Entwicklern und Tools,
- dient der Dokumentation (nach /11.37/).

Es existieren mehrere praxisrelevante HDLs, z. B.: VHDL, Verilog, ..., von denen nach /11.31/, S. 28 ff. VHDL zukünftig die wichtigste sein dürfte. Andererseits wird besonders der amerikanische Raum von Verilog dominiert, so daß eine endgültige Aussage dazu derzeit nicht möglich ist. Die folgenden Ausführungen beziehen sich auf VHDL.

VHDL steht für VHSIC Hardware Description Language und wurde als Teil der Very-High-Speed-IC-Initiative des Verteidigungsministeriums der USA (U.S. Department of Defense – DoD) entwickelt. 1987 wurde es vom IEEE als Standard 1076–1987 akzeptiert. Literatur dazu siehe /11.18/ ... /11.50/.



Das Verhalten des Systems wird also mit z. B. VHDL beschrieben, und auf der Basis dieses Verhaltensmodells kann eine erste Simulation des Systems erfolgen (**funktionelle Simulation**). Bereits hier können Unzulänglichkeiten/Fehler korrigiert werden. Außerdem ist es gerade in dieser Entwurfsphase, in der innerhalb der vorgegebenen Restriktionen und Parameter noch viele Freiräume existieren, sehr vorteilhaft, Varianten „durchzuspielen“, um so das System optimieren zu können.

#### 11.1.2.2 Register-Transfer-Entwurf/High-Level-Synthese

Die Eigenschaften der Schaltung werden durch Operationen und den Transfer der Daten zwischen Registern charakterisiert. Das System wird in einer hardwarenahen Sicht durch eine Verschaltung von Register-Transfer-Modulen

(RT-Modulen) beschrieben. Typische Elemente sind dabei Multiplexer, Register, ALUs, ..., die durch Datenpfade und Operatoren miteinander verbunden sind. Die Schaltung wird zerlegt in speicherlose Berechnungsmodule und zentral taktgesteuerte Register. Die Register übernehmen die an ihren Eingängen anliegenden Daten mit einem zu spezifizierenden Teil des Taktes (Flanke, Pegel) und legen sie an die Ausgänge an. Alle Signaländerungen während einer Taktperiode sind damit unwirksam, es wird lediglich der unmittelbar zum Zeitpunkt der gewählten Taktflanke/des gewählten Pegels anliegende Wert übernommen.

**Digitale Systeme** werden zweckmäßig in einen Steuer- und einen Datenteil zerlegt, was zum einen die Problemgröße durch die Teilung in zwei Subsysteme verringert und damit die Beherrschbarkeit verbessert. Zum anderen bietet sich dadurch die Möglichkeit, auf jedes der Subsysteme speziell zugeschnittene Tools anzuwenden, was (meist) bessere Ergebnisse liefert. Problematisch dagegen ist die Reihenfolge des Entwerfens von Steuer- und Datenteil, da beide sich stark wechselseitig beeinflussen. Das Entwurfsergebnis kann im ungünstigen Fall stark vom (theoretisch) erreichbaren Optimum abweichen, weil der Steuerteil vor dem Datenteil entworfen wurde – und umgekehrt.

▶ *Ansatz*: Bei komplizierten Datenverknüpfungen sollte mit dem Datenteil begonnen werden /11.35/.

Nachdem im Ergebnis der funktionellen Simulation das Verhalten des Systems verifiziert ist, kann nun eine technologieunabhängige Blockstruktur des Systems erzeugt werden, womit sich der Übergang von der algorithmischen Ebene auf die RT-Ebene vollzieht. Die **Behavior-Compiler** (z. B. /11.60/), die in der sog. High-Level- oder RT-Synthese dazu verwendet werden, sind vereinzelt bereits verfügbar, aufgrund der Komplexität der Problemstellung können sie aktuell jedoch meist nur auf kleinere Schaltungen angewendet werden. Die Alternative besteht nach wie vor darin, die algorithmische Beschreibung manuell – ohne Rechner – in eine RT-Beschreibung umzusetzen, wozu eine profunde Kenntnis der später zum Einsatz kommenden Synthesetools vonnöten ist, will man in absehbarer Zeit weiterverwendbare Ergebnisse erzielen.

▶ *Hinweis*: Bei der Beschreibung z. B. muß auf Synthesefähigkeit geachtet werden, außerdem ist sie vom verwendeten Tool abhängig; der VHDL-Sprachumfang, der von den verfügbaren Tools unterstützt wird, unterscheidet sich von Tool zu Tool (meist ist nur eine bestimmte Untermenge von Sprachkonstrukten erlaubt). Näheres dazu ist in /11.2/ zu finden.

Für die Planung und Beschreibung von Abläufen in der Schaltung stellt man ein zeitliches Modell auf, das den Taktzyklen entspricht. Jeder zeitliche Schritt *n* der Schaltung entspricht einem Taktzyklus. Zwei Entwurfsaktivitäten auf der RT-Ebene haben nun wiederum erheblichen Einfluß auf die Qualität des Entwurfsergebnisses:

- **Zuweisung der oben erwähnten Operatoren zu den Taktzyklen** (*Scheduling*). Das Ziel besteht in der Minimierung der Steuerschritte (Taktzyklen) und des erforderlichen Hardware-Aufwandes; beide Kriterien widersprechen sich.
- **Zuordnung von Variablen, Operationen zu Hardware-Ressourcen** (*Allocation*). Das Ziel besteht in der Minimierung von erforderlichen Hardware-Ressourcen und in der Minimierung von Verarbeitungszeit. Auch diese beiden Kriterien widersprechen sich.

**Scheduling und Allocation** wirken stark wechselseitig aufeinander, auch hier ist die Reihenfolge von wesentlicher Bedeutung. Die Suche nach einer optimalen Lösung im Entwurfsraum (s. o.) gestaltet sich dementsprechend sehr schwierig, ein globales Optimum ist oft nicht erreichbar. Bei einem idealen Entwurfsablauf sollte beides gleichzeitig erfolgen. (Siehe dazu auch /11.24/, S. 16 f.) Algorithmen für Scheduling und Allocation sind u. a. in /11.33/, S. 55 ff. sowie in /11.10/, S. 213 ff. aufgeführt.

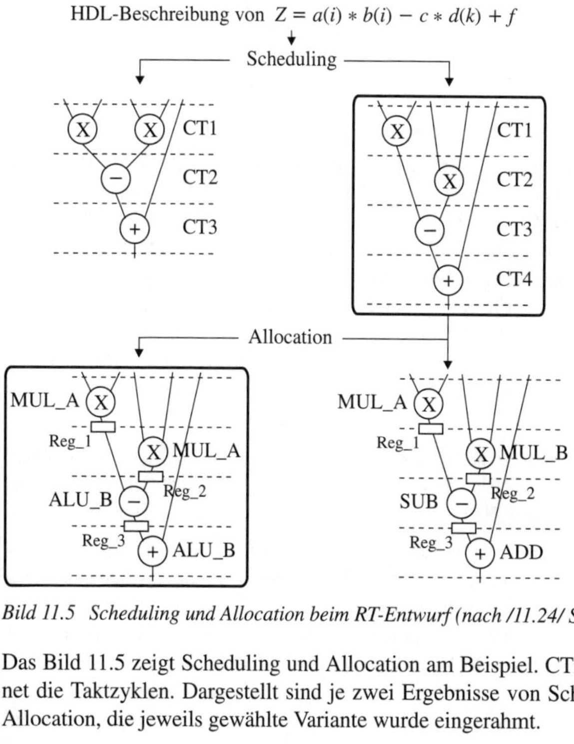


*Bild 11.5 Scheduling und Allocation beim RT-Entwurf (nach /11.24/ S. 14)*

Das Bild 11.5 zeigt Scheduling und Allocation am Beispiel. CTn kennzeichnet die Taktzyklen. Dargestellt sind je zwei Ergebnisse von Scheduling und Allocation, die jeweils gewählte Variante wurde eingerahmt.

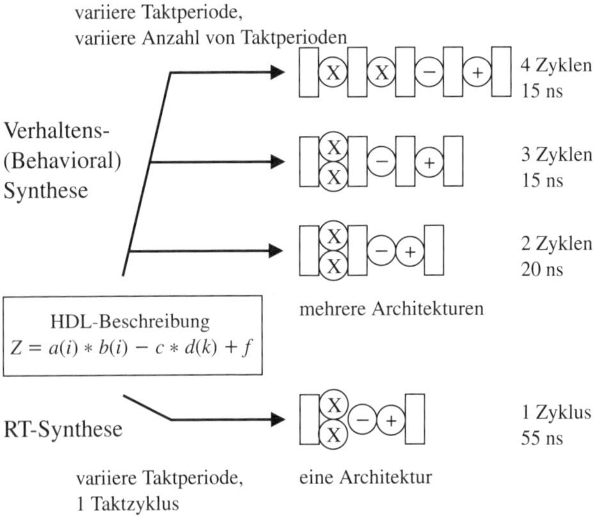


*Bild 11.6 Vergleich Design-Compiler mit Behavior-Compiler (nach /11.60/, © Synopsys Inc. 1998)*

Beim Vergleich der im Bild 11.6 dargestellten Ergebnisse der RT-Synthese (erhalten mit dem *Design-Compiler* von Synopsys /11.60/) und dem Ergebnis des Behavior-Compilers von Synopsys zeigt sich ein Vorteil des Behavior-Compilers. Er kann (bei entsprechender Codierung) mehrere Architekturen aus der gleichen Hardware-Beschreibung erzeugen (automatisches Scheduling), der Design-Compiler hingegen nur eine Variante. Bei dieser werden alle Operationen der als Beispiel gegebenen Gleichung in einem Zyklus abgearbeitet (Optimierungskriterium), was mehr Zeit beanspruchen kann (im dargestellten Beispiel ist das der Fall) als bei den auf mehrere Zyklen aufgeteilten Termen der Gleichung.

► *Hinweis*: Selbstverständlich kann ein Entwerfer bei hinreichend kleinen Schaltungen ähnliche Ergebnisse erzielen, Voraussetzung ist allerdings, daß er über genügend Entwurfserfahrung verfügt.

In einer anschließenden Simulation muß das RT-Modell mit dem algorithmischen Modell verglichen werden. Wegen der enormen Rechenzeiten, die dafür bei komplexeren Schaltungen entstehen, lassen sich nur ausgewählte Funktionen/Zustände des Systems überprüfen. Zukünftig führt man statt der Simulation eine **formale Verifikation** (*Formal Verification*) in Form eines *Äquivalenzchecks* (*Equivalence Check*) durch, bei der die Reaktionen beider Modelle auf gleiche Eingangssignale auf Übereinstimmung geprüft werden.

Im Beitrag /11.28/ ist dafür ein Algorithmus angegeben, /11.23/ beschreibt die Anwendung der formalen Verifikation auf ein praktisches Beispiel (Airbag- und Gurtcontroller-Schaltkreis für Kfz).

Der RT-Ebene bzw. dem RT-Entwurf kommt im Entwurfsprozeß eine besondere Bedeutung zu (siehe auch /11.51/, S. 33 f.), die sich daraus ergibt, daß

- komplexe Entwürfe nicht mehr auf Gatterniveau verifiziert werden können, da die benötigten Simulationszeiten zu lang sind (Wochen an Rechenzeit!),
- eine Simulation auf Register-Transfer-Niveau wesentlich effizienter ist,
- Synthesetools zur Logiksynthese verwendet werden können, diese aber eine Register-Transfer-Beschreibung erwarten.

### 11.1.2.3 Logikgatter-Entwurf/Logiksynthese

Im Ergebnis des RT-Entwurfs entsteht eine technologieunabhängige RT-Beschreibung der Schaltung in VHDL, die als Eingangsinformation für die sich im Logikgatter-Entwurf anschließende Logiksynthese verwendet wird. Mit dem Logikgatter-Entwurf vollzieht sich der Übergang von der Verhaltensbeschreibung zu einer Strukturbeschreibung der Schaltung (Wechsel der Entwurfssicht).

Logik in Verhaltenssicht wird dargestellt in Form Boolescher Gleichungen, z. B. $y = (a \text{ AND } b) \text{ OR } c$ bzw. durch Funktionstabellen. Bei struktureller Sicht wird die Schaltung charakterisiert durch die entsprechende Zusammenschaltung von Grundelementen (**Macros**), wie NAND, NOR, Flipflop usw., die Bestandteile einer generischen (allgemeinen) Bibliothek (**Macrobibliothek**) sind. Das logische Verhalten dieser Macros wird simuliert, so daß Aussagen über das Verhalten der Schaltung getroffen und ggf. Korrekturen vorgenommen werden können. Um jedoch zeitliche Verhältnisse modellieren zu können, müssen die verwendeten Macros auf die gewünschte, spezielle und schaltkreisherstellertypische Technologie abgebildet („gemappt", *Mapping*) werden.

11

► *Hinweis*: Das Verwenden einer solchen Macrobibliothek bedeutet gleichzeitig den Verlust der bis dahin vorhandenen Technologieunabhängigkeit.

Für jedes Bibliothekselement oder Macro muß, um dem Verhalten eines realen Bauelementes möglichst nahe zu kommen, dessen reales Verhalten bei einer bestimmten Technologie (Schaltkreisfamilie, Strukturbreiten usw.) nachgebildet werden. Von Interesse sind auf der Logikebene neben der Funktion vor allem das zeitliche Verhalten und Lastfaktoren, weil diese sich wieder auf das Zeitverhalten auswirken. Zur Nachbildung des Zeitverhaltens existieren Modelle der Macros; je nach Anspruch an die Genauigkeit der Simulation verwendet man einfache oder komplexe Modelle mit bis zu ein(igen) Hundert Zeilen Quelltext. Das Zeitverhalten eines Macros kann durch die Verzögerungszeiten und die Anstiegs- und Abfallzeiten der Flanken des Eingangs- und des Aus-

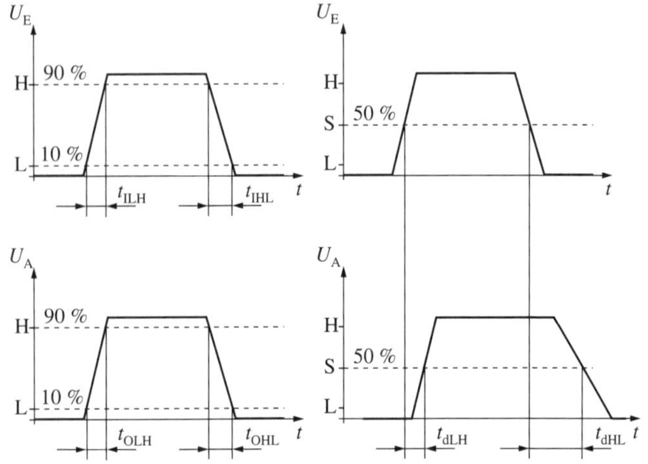


*Bild 11.7 Verzögerungszeiten ($t_{dLH}, t_{dHL}$), Anstiegs- ($t_{ILH}, t_{OLH}$) und Abfallzeiten ($t_{IHL}, t_{OHL}$) von Eingangs- und Ausgangssignalflanke*

gangssignals beschrieben werden /11.8/, S. 154; (→ Bild 11.7). (Bei CMOS-Schaltungen liegt der Schaltpunkt S bei der Hälfte der Betriebsspannung, bei I/O-Schaltungen mit TTL-Pegel nimmt man 1,5 V an /11.8/, S. 153.)

Die Nachbildung eines Macros setzt sich dann beispielsweise zusammen aus einem idealen Logikmodell, gekoppelt mit einem Verzögerungsmodell (→ Bild 11.8).

Es ist üblich, weitere, präzisere Modelle zu verwenden /11.9/. Die **Verzögerungszeiten** werden z. B. in Bild 11.8 nach den Modellen aus /11.8/ berechnet. Danach ergibt sich:

$$t_d = t_{d0} + K_{L1}C_{Lx} + K_{L2}C_{Ly} + K_{L3}t_{fe}$$
$$t_{fa} = t_{f0} + K_{L4}C_{Lx} + K_{L5}C_{Ly} + K_{L6}t_{fe}$$

$t_{d0}$ Verzögerungszeit des Macros ohne externe Belastung
$C_{Lx}$ externe Lastkapazitäten am wahren Ausgang
$C_{Ly}$ externe Lastkapazitäten am negierten Ausgang
$t_{fe}$ Eingangsflankensteilheit, die auf die nachfolgenden Gattereingänge wirkt
$t_{fa}$ Ausgangsflankensteilheit
$t_{d0}, t_{f0}; K_{L1} \ldots K_{L6}$ Konstanten, modellabhängig, müssen mit Netzwerkanalyseprogrammen bestimmt werden

Zunächst wird also die technologieunabhängige Blockstruktur der RT-Beschreibung hinsichtlich der enthaltenen FSMs (*Finite State Machines* = Automaten) und der Logik (Kombinatorik) mit Hilfe z. B. des Design-Compilers

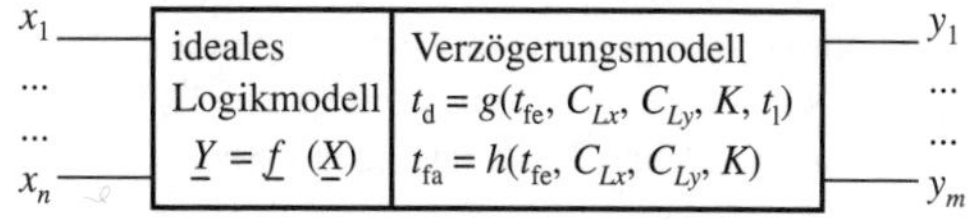


*Bild 11.8 Modell eines Macros (Kombinatorik, asynchron /11.9/)*

(Synopsys) optimiert. Daraus wird die technologieunabhängige (generische) Gatterstruktur erzeugt. Nach der Wahl der gewünschten Technologie erfolgt im sog. **Technology-Mapping** die Umsetzung der Gatterstruktur in eine technologiespezifische Gatternetzliste. Die zur Realisierung der Schaltungsfunktion erforderlichen Macros werden auf die technologiespezifische Macrobibliothek gemappt, so daß man nun eine Überprüfung auf Einhaltung der **Entwurfsrestriktionen** (*Constraints*) vornehmen kann. Eine dazu durchgeführte *statische Timing-Analyse* (*Static Timing Analysis*) gestattet es, den *kritischen Pfad* (*Critical Path*, Pfad mit der längsten Laufzeit) in der Schaltung zu finden. Dabei müssen auch die Effekte berücksichtigt werden, die durch das später zu erzeugende Layout entstehen.

► *Hinweis*: Heute sind Transistorlängen von weit unter 1 µm üblich. Damit hat eine Verbindungsleitung, die am Ausgang eines Transistors angeschlossen und z. B. 30 µm lang ist, einen nicht mehr zu vernachlässigenden Einfluß in Form von parasitären Kapazitäten und Widerständen (RC-Netzwerk aus aneinandergeschalteten Tiefpässen = Verbindungsbaum eines Netzes) auf das zeitliche Verhalten des betreffenden Schaltungsteiles. Die so entstehenden Verzögerungszeiten betragen oft ein Vielfaches der Gatterverzögerungszeiten.

Es ist deshalb wesentlich, die erst später tatsächlich vorhandenen Verbindungslängen bereits in diesem Entwurfsstadium durch eine Abschätzung qualitativ zu berücksichtigen. Bei dem z. B. im Design-Compiler (Synopsys) dazu verwendeten **Wire-load-Modell**



- werden zunächst die Flächen aller zu einem elektrischen Netz gehörenden Macros (entweder absolut in µm$^2$ oder in Flächeneinheiten (z. B. Inverter = 1 Basic Cell = kleinste Fläche, größere Macros = Vielfache davon)) addiert,
- wird danach aus der Fläche der Umfang des Quadrates gleicher Fläche ermittelt; damit ist der geometrische Umfang des betreffenden elektrischen Netzes bekannt,
- sucht man anschließend in der Bibliothek der vorhandenen Wire-load-Modelle ein Quadrat passenden Umfanges, im Zweifelsfall das nächstgrößere (bei der hier besprochenen Bibliothek verwendet man als Modellnamen die Angabe des Umfanges),
- enthält das Modell einen Satz von Werten (z. B. Fanout, Länge, Kapazität, …), die mit den korrespondierenden Werten jedes Macros des betreffenden Netzes multipliziert werden und in die Verzögerungszeiten eingehen.

Im Design-Compiler sind mehrere Modi des Wire-load-Modells implementiert /11.61/. Damit ist es möglich, für verschiedene Netze auch verschiedene Wire-load-Modelle auszuwählen, um so eine gewisse Anpassung an die Schaltungsgegebenheiten und die später zu erwartende Topologie zu erreichen.

Hat die statische Timing-Analyse eine Verletzung der Entwurfsconstraints ergeben, müssen Änderungen (Zusammenfassung von Gattern u. ä.) vorgenommen werden, eine Aufgabe, die üblicherweise von den Entwurfstools automatisch gelöst wird.

Konnte die Einhaltung der Entwurfsconstraints erreicht werden, so läßt sich durch die anschließende **zeitliche Simulation** (*Timing Simulation*) mit Hilfe von Stimulifolgen, die an die „virtuellen" Eingänge der Schaltung angelegt werden, die Funktion der Schaltung bei bestimmten Eingangssignalen überprüfen. Man ist bestrebt, solche Stimulifolgen zu verwenden, die nach Möglichkeit alle im späteren Betrieb der Schaltung benötigten Zustände simulieren. Dabei kann sich dann auch herausstellen, daß eine Schaltung mit schlechtem kritischen Pfad hier gute Ergebnisse liefert, weil z. B. der kritische Pfad für die später interessierende Funktion der Schaltung nicht benutzt werden muß.

► *Hinweis*: Das Problem bei dieser Art der Verifizierung der Funktion besteht darin, daß es nicht trivial ist, die „richtigen" Stimulifolgen zu finden; eine vollständige Simulation ist bei aktuell praxisrelevanten Systemen nicht mehr möglich. Die Zahl der Zustände ist so groß, daß eine Simulation Jahre dauern würde. Man beschränkt sich deshalb nur auf bestimmte, interessierende Zustände; doch auch da entstehen noch Rechenzeiten von Wochen.

Eine Lösung stellt die bereits erwähnte **formale Verifikation** dar, die auch auf dieser Entwurfsebene genutzt werden kann, um einen *Equivalence-Check* (→ /11.28/) der Gatter- gegen die RT-Ebene vorzunehmen. Allerdings befindet sich diese Methode noch in der Entwicklungsphase. Viele Schaltkreishersteller fordern daher bei der Übernahme der Entwurfsdaten vom Kunden nach wie vor den Funktionsnachweis in Form der Protokolle der funktionellen und der zeitlichen Simulation.

#### 11.1.2.4 Transistorentwurf

Jedes für die gewünschte Schaltungsfunktion benötigte Macro muß aus einzelnen Transistoren und Verbindungen zwischen ihnen zusammengesetzt werden (→ Bild 11.9). Das erfordert, jeden Transistor elektrisch zu entwerfen, zu dimensionieren und seine Funktion mit geeigneten Netzwerkanalyseprogrammen (z. B. PSpice, /11.59/) zu simulieren. Im anschließenden Layoutentwurf konstruiert man dann entsprechend seinen gewünschten elektrischen Parametern in allen technologisch erforderlichen Ebenen die Geometrie. Die so gewonnenen Daten werden zur Maskengenerierung genutzt.

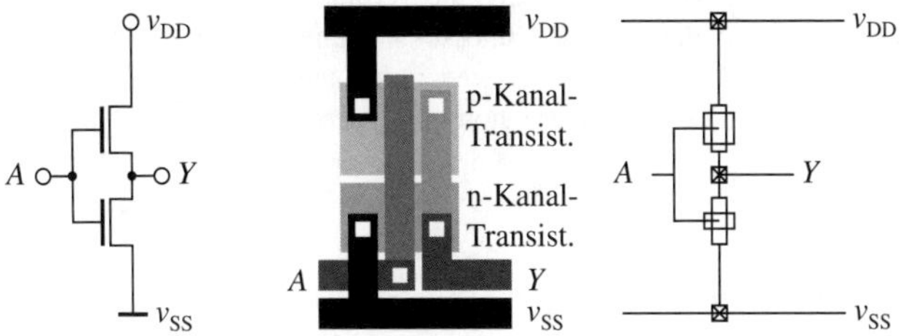


*Bild 11.9 Grundschaltung (CMOS-Inverter, Layoutbeispiel, symbolisches Layout nach /11.8/)*

Für den Entwurf eines Macros oder einer Schaltung aus einzelnen Transistoren stehen inzwischen Tools zur Verfügung, die einen symbolischen Entwurf auf Transistorniveau ermöglichen und dem Entwerfer das Einhalten exakter geometrischer Regeln abnehmen (/11.8/, S. 103 f.). Er kann sich ganz auf die zu realisierende Schaltung konzentrieren, das Entwurfstool prüft im Hintergrund die Einhaltung von Entwurfsregeln und Maßen, die durch technologische bzw. zeitliche Restriktionen vorgegeben sind, wie z. B. das Länge/Breite-Verhältnis des Transistors.

► *Hinweis*: Dem Vorteil, einen Transistor durch eine speziell für ihn entworfene Geometrie optimal an seinen Verwendungszweck anpassen zu können, stehen gewichtige Nachteile entgegen, die die dabei erreichbare Flexibilität mehr als aufwiegen. So muß jeder Transistor mit allen technologisch erforderlichen Ebenen auf diese Weise entworfen werden, was einen beträchtlichen Zeitaufwand zur Folge hat. Außerdem ist für jeden Entwurf ein kompletter Maskensatz für die Präparation zu erstellen, was Zeit- und Kostenaufwand erhöht. Diese Methode dürfte damit speziellen Fällen vorbehalten sein.



### Tendenzen

Statt dessen wird man heutzutage, wo es möglich ist, eher block- bzw. macroorientiert entwerfen, bevor man für die benötigten Macros jeden Transistor einzeln entwirft. Dazu stützt man sich auf Macrobibliotheken, bereits vorhandene **Kerne** (*Cores*) und auf die *Wiederverwendung* von Teilen bzw. kompletten Schaltungen (*Reuse*), die evtl. zu skalieren sind. Die Ursachen für die wachsende Bedeutung von Reuse (allerdings effektiver auf höheren Entwurfsebenen angewandt /11.24/) liegen in der zwingend notwendigen Verkürzung der Entwurfszeiten, aber auch in der Erhöhung der Fehlersicherheit beim Entwurf. Die Macrobibliotheken enthalten dabei unter dem Namen des jeweiligen Macros die zur Realisierung der elektrischen/logischen Funktion des Macros erforderlichen Bauelemente/Transistoren einschließlich der elektrischen Verbindungen und außerdem noch die Geometrie der Transistoren und Verbindungen in den zur technologischen Realisierung benötigten Ebenen.

Letztlich besteht jedes Bauelement und jede Verbindung einer Schaltung aus Polygonen mit genau definierten Abmessungen und in mehreren Ebenen. Diese können, wie oben erwähnt, entweder manuell oder mit Rechnerunterstützung bzw. mehr oder weniger automatisch erzeugt werden.

### 11.1.2.5 Layoutentwurf

Im Ergebnis der vorangegangenen Entwurfsschritte liegt nun eine **Gatternetzliste** vor, welche die Namen aller verwendeten Macros und aller Netze (= elektrische Verbindungen, die zum gleichen Signal gehören) enthält. Die Struktur kann z. B. wie folgt aussehen (→ Bild 11.10):

| | | | | |
|---|---|---|---|---|
| NAND2 | N1 E1 | N2 E2 | N3 A | |
| NOR2 | N3 E1 | N4 E2 | N5 A | |
| NAND3 | N5 E1 | N6 E2 | N7 E3 | N8 A |
| NOR2 | N3 E1 | N4 E2 | N9 A | |
| ... | | | | |
| ... | | | | |

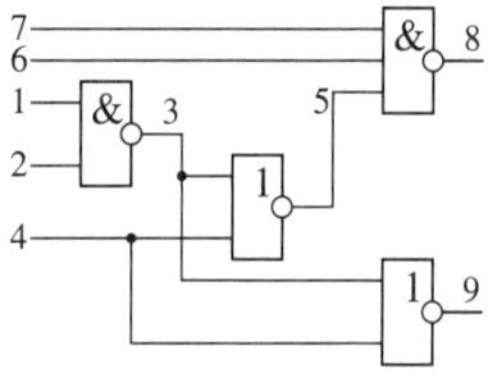


*Bild 11.10 Beispiel für eine Gatternetzliste*

Aus einer solchen (oder anders strukturierten) Liste muß im Rahmen des Layoutentwurfs die Topologie der Schaltung erzeugt werden. Da die Anordnung der Macros (**Plazierung**, *Placement*) auf der Chipfläche und die Erzeugung der Verbindungstopologie (**Trassierung**, *Routing*) stark miteinander zusammenhängen (eine bestimmte Plazierung kann zu unzulässig langen Verbindungen führen, eine bestimmte Trassierung kann mit einer vorgegebenen Plazierung bei Einhaltung der Entwurfsregeln nicht realisierbar sein), müßte beides in einem Schritt durchgeführt werden. Hinzu kommt, daß das zu erstellende Layout gewissen Optimierungskriterien genügen muß. Die wesentlichsten Kriterien sind:

- **Minimierung der Chipfläche** (betrifft vor allem den Entwurf von Vollkunden-, Standard- und Standardzellenschaltkreisen, d. h., Schaltkreise, die „von Grund auf" neu präpariert werden, bei denen nicht – wie bei Gate-Arrays – große Stückzahlen bis zu einem bestimmten technologischen Schritt vorgefertigt, gelagert und bei Bedarf kundenspezifisch komplettiert werden),
- **Minimierung der Verbindungslängen**,
- **Minimierung der Verlustleistung** (auf technologischem Wege, aber auch über die Topologie, indem Transistorabmessungen reduziert und Verbindungslängen minimiert werden),

- **Gewährleistung der Trassierbarkeit** (bei Schaltkreisen mit vorgegebener Fläche und/oder definierten Verbindungskanälen mit begrenzter Aufnahmefähigkeit für Verbindungen).

Einige Optimierungskriterien wirken einander entgegen, z. B. die Minimierung der Verbindungslängen und die Gewährleistung der Trassierbarkeit, was die Kompliziertheit der Aufgabe erhöht.

Es handelt sich dabei um ein außerordentlich schwieriges Optimierungsproblem, das von vielen Parametern, Variablen und Bedingungen abhängt. Aufgrund seiner Komplexität zählt es zu den sog. **NP-vollständigen Problemen**. Mit NP (*Non-Polynomial*) wird die Klasse von Problemen bezeichnet, für deren Lösung es keinen effektiven Algorithmus gibt. Ein typisches Beispiel dafür stellt das *Problem des Handelsreisenden* (*Travelling Salesman Problem*) dar. Im Gegensatz dazu sind Algorithmen effektiv, wenn Rechenaufwand und Speicherplatzbedarf eine polynomiale Funktion des Problems sind. /11.12/; /11.32/, S. 40 ff.

Ein bewährtes Mittel, derartige Probleme dennoch zu lösen, besteht darin, sie in kleinere – und damit besser beherrschbare – Subprobleme zu teilen. Beim Layoutentwurf trennt man dazu zunächst das Plazierungs- vom Trassierungsproblem und löst beide nacheinander. Dem Vorteil der Verringerung der Problemgröße steht der Nachteil gegenüber, daß u. U. für eine bestimmte Plazierung keine Trassierung gefunden werden kann. Damit muß die Plazierung verworfen und nach einer neuen gesucht werden.

Selbst durch die Teilung in Subprobleme lassen sich nicht alle Probleme des Layoutentwurfs in annehmbarer Zeit mathematisch exakt lösen, man ist deshalb auf Näherungsverfahren oder heuristische Algorithmen angewiesen. Diese sind naturgemäß mit Ungenauigkeiten bezüglich der Lösung behaftet. Es muß je nach Anwendungsfall entschieden werden, ob dies toleriert werden kann. Oft werden verschiedene Verfahren/Algorithmen miteinander kombiniert, um das Gesamtergebnis zu verbessern.



### Plazierung

Die Plazierungsaufgabe besteht darin, jedem Macro/Bauelement einen Platz auf der Chipfläche zuzuordnen. Je nach Schaltkreisart wird die Qualität des Ergebnisses unterschiedlich zu beurteilen sein: Während für Vollkunden- und Standardschaltkreise die Minimierung der Chipfläche ein wesentliches Optimierungskriterium darstellt, steht bei Gate-Array-Schaltkreisen, bei denen die Chipfläche bereits festgelegt ist und nicht mehr verändert werden kann, die Gewährleistung der Trassierbarkeit im Vordergrund. Für beide Arten gilt es außerdem, die Gesamtverbindungslänge (Summe der zu diesem Zeitpunkt noch hypothetischen Längen aller Verbindungen) zu minimieren.

Das exakte Verfahren zur Lösung dieser Aufgabe ist die Ausführung der **vollständigen Permutation**:

1. Alle Macros werden initial auf der Fläche plaziert und der Wert der Zielfunktion/des Gütekriteriums berechnet, also entweder Gesamtverbindungslänge und Chipfläche oder Gesamtverbindungslänge und Trassierbarkeit.
2. Umplazierung der Macros und erneute Berechnung der Zielfunktion.
3. Sind alle möglichen Varianten abgearbeitet, d. h., jedes Macro wurde einmal auf jedem Platz angeordnet, erfolgt der Übergang zu 4., sonst zu 2.
4. Das Verfahren ist abgeschlossen, alle Werte der Zielfunktion werden miteinander verglichen, der niedrigste liefert die zugehörige, optimale Plazierung.

Versuche, eine optimale Plazierung auf diesem Wege zu finden, sind schon für kleine $n$ ($n$ Anzahl der Macros) erfolglos, da insgesamt $n!$ Plazierungsvarianten existieren, bei $n = 15$ also bereits $15! = 1{,}307\,674\,368 * 10^{12}$ verschiedene Plazierungen. Man wendet statt dessen heuristische oder Näherungsverfahren an. Aus der Vielzahl von Algorithmen (für eine Auswahl siehe z. B. /11.33/, S. 119 ff.; /11.32/, S. 303 ff.) sollen hier stellvertretend nur zwei kurz dargestellt werden.

**Kräftemodelle**. Das Grundprinzip derartiger Modelle besteht darin, die zu plazierenden Macros als Massepunkte (mit einheitlicher Masse) zu betrachten, auf welche Kräfte wirken. Nach einer Einschwingzeit geht das System in einen statischen Endzustand über, in dem die Summe der an jedem Punkt angreifenden Kräfte gleich Null ist, die Punkte haben die für sie optimale Lage eingenommen. Damit befindet sich das Gesamtsystem in einem Optimum, das die Lösung des Plazierungsproblems darstellt.

Bild 11.11 zeigt die einfachste Art eines Kräftemodells, ein Feder-Masse-System. Die oben erwähnten Punkte werden zu Ösen (= Macros) und die elektrischen Verbindungen zu Federn. Dabei ist

$t_n$ feste I/O-Stufe
$M_m$ auf der Fläche bewegliches Macro
$k_i^*$ Federkonstante einer Verbindung zwischen fester I/O-Stufe und Macro
$k_n$ Federkonstante einer Verbindung zwischen zwei Macros
$P_{nx}$ $x$-Koordinate der auf der Fläche festen I/O-Stufe
$M_{mx}$ $x$-Koordinate des auf der Fläche beweglichen Macros

Da man nur anziehende Kräfte zuläßt, können, nachdem man die Kräfte auf die Achsen projiziert hat, zwei lineare Gleichungssysteme, je eins für die $x$-Achse (→ Bild 11.11, nur für Macro 1) und eins für die $y$-Achse, aufgestellt werden.

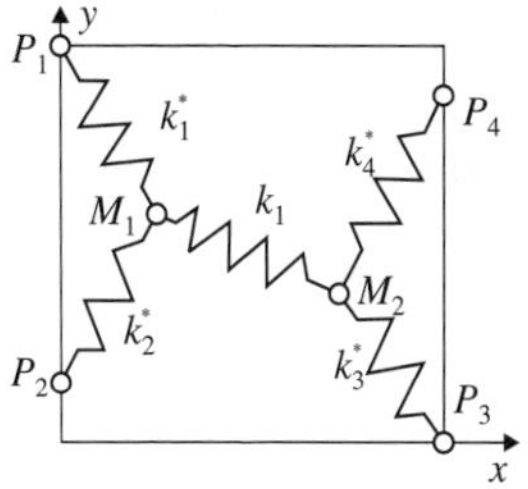


für Punkt $M_1$:

$$k_1^* (P_{1x}-X_{1x}) + k_2^* (P_{2x}-X_{1x}) + k_1(X_{1x}-X_{2x}) = 0$$

$$k_3^* (P_{3x}-X_{2x}) + k_4^* (P_{4x}-X_{2x}) + k_1(X_{1x}-X_{2x}) = 0$$

jeweils für die auf die $x$-Achse projizierten Kräfte

*Bild 11.11 Feder-Masse-Modell zur Plazierung und Gleichungen für Macro 1*

Der Nachteil des Modells besteht darin, daß man, um das System aufzuspannen, am Rand befestigte Punkte benötigt. Beim Schaltkreisentwurf können das z. B. die I/O-Stufen sein, die an allen vier Seiten des Chips (ringartig) angeordnet sind. Problematisch daran ist, daß von der Schaltung benötigte Ein- und Ausgänge willkürlich an den Seiten vorgegeben werden, was letztlich das Ergebnis stark beeinflußt. Eine (unwissentlich) ungünstig vorgegebene Anordnung der Randpunkte kann zwar zu einer (in sich) optimalen Plazierung führen, das erreichte Optimum kann aber u. U. weit vom globalen entfernt sein.

Indem man weitere Kräfte zuläßt, kann man erreichen, daß die Randpunkte nicht mehr vorgegeben werden müssen. Man führt zunächst abstoßende Kräfte zwischen den Macros ein, die verhindern, daß sich die Macros an einem Punkt zusammenziehen. Um auszuschließen, daß sich die Macros über die Begrenzung der zulässigen Fläche hinaus bewegen, müssen Kräfte eingeführt werden, die vom Rand her nach innen wirken. Damit das ganze System nach dem Anstoß auch zur Ruhe kommt, benötigt man letztlich noch eine Trägheit des „umgebenden Mediums“.



► *Hinweis*: Dieses erweiterte Modell ist zwar unabhängig von den willkürlichen Vorgaben der Randpunkte, man erkauft sich dies aber mit einer höheren Komplexität, da jetzt nicht mehr nur lineare Gleichungssysteme, sondern gekoppelte Differentialgleichungssysteme zweiter Ordnung gelöst werden müssen.

**Min-Cut**. Außer der Klasse von Plazierungsalgorithmen, die auf Kräftemodellen bzw. deren Analogien beruhen, existiert u. a. auch eine Klasse, deren Prinzip in der sukzessiven Teilung (Partitionierung) der Chipfläche besteht. Dabei wird die Schaltung in immer kleiner werdende Gruppen von Macros geteilt, bei gleichzeitiger Präzisierung der Lage dieser Gruppen auf der Fläche. 1969 zum ersten Mal beim Leiterplattenentwurf angewendet /11.14/, wurde das Verfahren vielfach modifiziert, z. B. /11.6/, /11.29/, und findet auch heute noch meist in Kombination mit anderen Verfahren in Entwurfstools seinen Einsatz.

Zunächst schätzt man die zu erwartende Chipfläche ab, indem man die (bekannten) Flächen der für die Schaltung benötigten Macros addiert. Die sich ergebende Gesamtfläche sei der Einfachheit halber zu Beginn des Algorithmus quadratisch. Diese Fläche werde durch zwei Graphen $G_x = (V_x, E_x)$ und $G_y = (V_y, E_y)$ repräsentiert, deren Kanten $(e_x^i, e_y^i)$ ein Rechteck der Dimension $l(e_x^i) \times l(e_y^i)$ beschreiben. Die Zuordnung der Kanten beider Graphen zueinander kommt dadurch zum Ausdruck, daß sich beide Kanten schneiden (inzidieren). Zur besseren Unterscheidung wird einer von beiden gestrichelt dargestellt (→ Bild 11.12a).

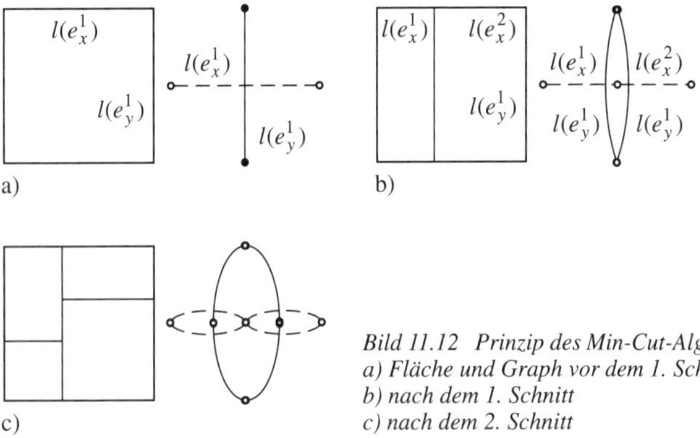


*Bild 11.12 Prinzip des Min-Cut-Algorithmus*
*a) Fläche und Graph vor dem 1. Schnitt*
*b) nach dem 1. Schnitt*
*c) nach dem 2. Schnitt*

Zu Beginn des Algorithmus enthalten die beiden Graphen also je eine Kante. Im nächsten Schritt (→ Bild 11.12b) wird eine (virtuelle) Schnittlinie über die Fläche gelegt, welche die Menge der Macros in zwei Untermengen teilt. Dabei ist als wesentlichstes Kriterium zu beachten, daß die Zahl von Netzen, die die Schnittlinie überqueren („belasten“) minimal sein soll („Min-Cut“). Außerdem soll die Differenz der neu entstandenen Flächen einen bestimmten, vorzugebenden Wert nicht überschreiten. Im folgenden Schritt werden Schnittlinien über die Teilflächen gelegt, diesmal jedoch um 90° gedreht (→ Bild 11.12c), es gelten die gleichen Kriterien. Es folgen immer jeweils um 90° versetzte Schnitte aufeinander, so lange, bis die Schnittflächen nur noch ein Macro enthalten und dessen Größe angenommen haben. Damit ist das Ziel des Algorithmus erreicht und eine Zuordnung der Macros zu Plätzen gefunden.

**Optimierung**

Oft versucht man, eine erhaltene Plazierung noch weiter zu optimieren, d. h., den Verbrauch an Chipfläche und/oder die (zu diesem Zeitpunkt noch hypothetische) Gesamtverbindungslänge weiter zu minimieren. Vielfach wendet man dazu andere Algorithmen an. Der „klassische“ Weg ist in Bild 11.13 dargestellt.

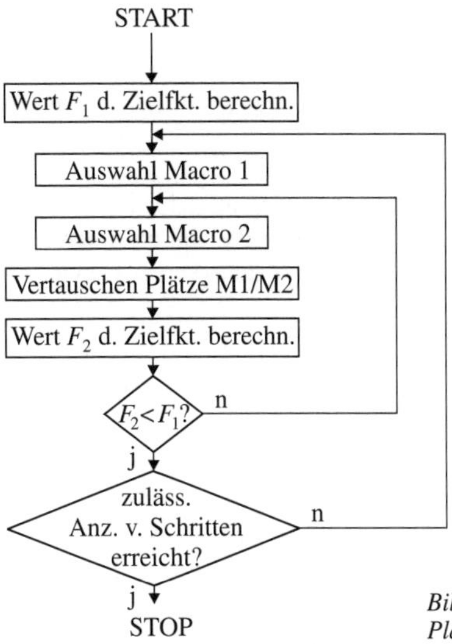


*Bild 11.13 Ablauf einer klassischen Plazierungsoptimierung*

► *Hinweis*: Dieses Verfahren ist zeitaufwendig und die Wahrscheinlichkeit groß, in einem lokalen Minimum steckenzubleiben, da nur bergabführende Suchschritte zugelassen sind. Eher klein dagegen ist die Wahrscheinlichkeit, das globale Minimum zu finden.

Erst eine neue Klasse von Algorithmen, die unter bestimmten Umständen auch Verschlechterungen des Wertes der Zielfunktion beim Suchprozeß zuläßt, brachte hier eine Verbesserung. Es handelt sich dabei um Algorithmen, die auf Analogien zu Vorgängen in der Natur beruhen. Zwei Vertreter sollen kurz dargestellt werden.

11

**Simulated Annealing**. Beim *simulierten Abkühlen* (*Simulated Annealing*) sind die Vorgänge beim Abkühlen eines kristallinen Stoffes (z. B. eines Metalls) aus der Schmelze von Interesse. Die Teilchen der Schmelze schwingen wegen der hohen Temperatur mit großer Weite um ihre Ruhelage. Wird nun die Schmelze schockartig abgekühlt, werden die Teilchen an ihrem momentanen Aufenthaltsort „eingefroren“, es entsteht eine amorphe Struktur, der Stoff wird hart und spröde (= instabil). Kühlt man hingegen die Schmelze langsam und sorgfältig ab (Verringerung von $T_i$), bilden sich ab einer bestimmten Temperatur Kristallisationskeime, an denen sich in einer für jeden Stoff typischen Art und Weise weitere Teilchen anlagern, die Schwingungsweite wird immer kleiner, so daß letztlich ein kristallines Gefüge entsteht. Der Stoff hat auf energetisch niedrigem Niveau einen stabilen Endzustand eingenommen und ist zäh. (Für eine ausführliche Darstellung des physikalischen Hintergrundes sei auf /11.25/ und /11.20/ verwiesen.)

Zur Anwendung auf das Plazierungsproblem werden folgende Analogien hergestellt:

- Schmelze → Plazierung,
- Energie → zu minimierende Zielfunktion (z. B. Gesamtverbindungslänge),
- Wahrscheinlichkeit $\varrho_i$, ein Teilchen im $i$-ten Mikrozustand der Energie $E_i$ anzutreffen → Akzeptanzwahrscheinlichkeit für eine Vertauschung von Macros,
- Temperatur $T_i$ → „Pseudotemperatur" als Steuerparameter.

Im Bild 11.14 ist der Ablauf zur Plazierungsoptimierung beispielhaft dargestellt.

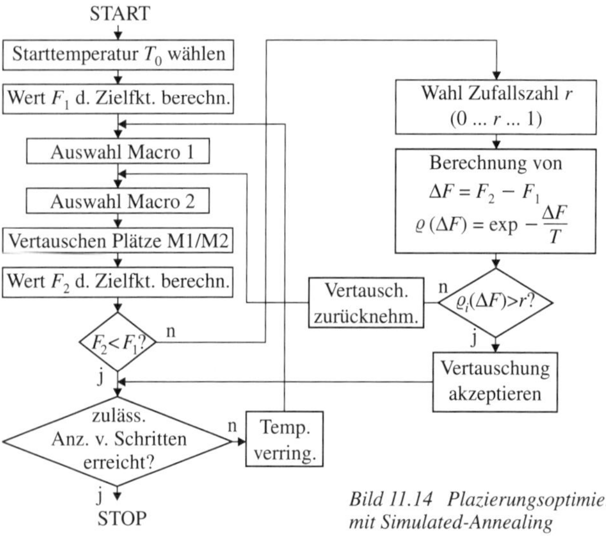


*Bild 11.14 Plazierungsoptimierung mit Simulated-Annealing*

Inzwischen existieren mehrere Modifikationen des ursprünglichen Verfahrens /11.26/, die alle mit dem Ziel der Verbesserung der Leistungsfähigkeit und der Verringerung der Rechenzeit eingeführt wurden /11.49/ … /11.19/.

**Genetische Algorithmen**. Es ist bekannt, daß unter bestimmten Umweltbedingungen in der Natur nur die bestangepaßten Individuen erfolgreich sind oder daß sich in sich selbst überlassenen Biotopen ein Gleichgewicht zwischen Räuber- und Beutetieren einstellt. Ähnliche Gedankengänge macht man sich zunutze, indem man folgende Analogien herstellt:

- **Population** = Gesamtheit der artgleichen Individuen eines begrenzten Lebensraumes → Gesamtheit aller vorhandenen Plazierungen,
- **Individuum** = Lebewesen mit Chromosomen → eine Plazierung aus der Population, besitzt ein Chromosom,
- **Chromosom** = enthält Gene → Bitstring, enthält Symbole, jedes Symbol stellt z. B. ein Macro mit seinen aktuellen Koordinaten dar,
- **Kreuzung** = Vermischung des Erbgutes zweier Individuen/der Eltern einer Population → Kombination von Teilen verschiedener Plazierungen (problematisch!),
- **Mutation** = zufällige, von außen verursachte Veränderung im Erbgut → zufällige Änderung einer Plazierung (z. B. Verschieben eines Macros, Vertauschen zweier Macros),
- **Selektion** = Auswahl der neuen Generation aus den Kindern und der Elterngeneration mit Hilfe einer Zielfunktion,
- **Vitalität** = Tauglichkeit (*Fitness*) des Individuums in seiner Umwelt → Bewertung der Zielfunktion (im Vergleich aller Plazierungen der Population).

Die Auswahl von Plazierungspaaren (Individuen) erfolgt zufällig, sie werden gezielt verändert (z. B. mutiert), ihre Vitalität berechnet und der Population hinzugefügt. Die besten Individuen werden als Eltern der nächsten Generation ausgewählt (selektiert).

Selbstverständlich besitzen Algorithmen, wie *Simulated-Annealing* und *genetische Algorithmen* (*Genetic Algorithms*), nicht nur Vorteile, sondern auch Nachteile, die vor allem den Rechenzeit- und Speicherplatzbedarf betreffen. Auch Fragen, wie die Wahl der Starttemperatur, der Schleifenparameter beim simulierten Abkühlen oder die Frage der Bitstringcodierung bei einem genetischen Algorithmus, spielen eine wichtige Rolle, wenn es um die Leistungsfähigkeit geht. In /11.27/ wird die Verwendung genetischer Algorithmen zur Programmierung ausführlich dargestellt, /11.22/ enthält einen Vergleich zwischen Simulated-Annealing und genetischen Algorithmen.



### Trassierung

Im Ergebnis der Plazierung liegt nun eine um die Koordinaten der Macros bzw. der beschalteten Ein- und Ausgänge der Macros ergänzte *Gatternetzliste* vor. Die zur Realisierung der Schaltungsfunktion notwendigen elektrischen Verbindungen existieren nur hypothetisch, d. h., als gedachte Verbindungen in „Luftlinie“, kreuz und quer über die (ebenfalls noch hypothetische) Chipfläche.

Die *Aufgabe der Trassierung* ist es nun, unter Einhaltung der Entwurfsregeln die Topologie der Verbindungen herzustellen. Auch dieses Problem ist sehr komplex, da z. B. Hunderttausende von Macros mit jeweils mehreren Anschlüssen verbunden werden müssen. Deshalb verringert man die Problemgröße, indem das Trassierungsproblem in eine **Grob-** oder **Globaltrassierung**

(*Global Routing, Rough Routing*) und eine anschließende **Feintrassierung** (*Detailed Routing, Channel Routing*) geteilt wird.

Üblicherweise benutzt man für die Verbindungen Kanäle – Flächen zwischen den i. allg. zeilen- oder blockweise angeordneten Macros, die ausschließlich Verbindungen vorbehalten sind. Sie entstehen z. B. im Verlaufe der Plazierung, wenn der dort verwendete Algorithmus eine solche Anordnung begünstigt/erzwingt. Falls der Algorithmus nichts Derartiges vorsieht, muß die Plazierung aufgelockert werden, um Platz für die Verbindungen zu schaffen. Die Ausgangssituation hängt auch von der Schaltkreisart ab, Gate-Arrays weisen oft eine zeilenartige Struktur auf. Macros können nur in bestimmten, vorgegebenen Zeilen angeordnet werden, die Kanäle verlaufen zwischen den Zeilen. Die Zahl von Verbindungen, die sie maximal gleichzeitig in einer Richtung (meist in $x$-Richtung) aufnehmen können, ist vordefiniert und kann nicht geändert werden, ein Umstand, der das Trassierungsproblem erschwert. Bei Standardzellen- und anderen Schaltkreisen kann die Weite der Kanäle in gewissem Umfang den Bedürfnissen angepaßt werden.

Das Ziel der **Grobtrassierung** besteht darin, die bis dahin kreuz und quer verlaufenden Verbindungen zu orthogonalisieren und den Kanälen zuzuweisen. Dabei ist zu diesem Zeitpunkt die genaue Lage einer Verbindung innerhalb eines solchen Kanals noch uninteressant. Es kommt lediglich darauf an, möglichst minimale Verbindungslängen einzuhalten und beim Gate-Array-Entwurf die maximale Aufnahmefähigkeit des Kanals für Verbindungen nicht zu überschreiten.

Für die Lösung dieser Aufgabe sind verschiedene Algorithmen bekannt, eine ausführliche Darstellung ist in /11.32/, S. 69 ff. und S. 379 ff. zu finden, relativ kompakt werden die Algorithmen in /11.33/, S. 141 ff. und /11.7/, S. 179 ff. beschrieben. Vielfach bildet man die Netze auf Graphen ab, deren Kanten mit Wichten versehen werden. Man will damit verhindern, daß z. B. enge/kritische Kanäle überlastet werden. Demzufolge sucht man einen Weg im Graphen, der die geringsten Kantengewichte erbringt. Typische Algorithmen sind Steiner-Tree-on-Graph oder der Dijkstra-Algorithmus, der – so vorhanden – in jedem Fall den kürzesten Weg zwischen einem festen und den übrigen Knoten eines Graphen findet.

Ebenfalls verwendet man hierarchische Algorithmen, die sich besonders dann anbieten, wenn zur Plazierung ein Partitionierungsalgorithmus (z. B. Min-Cut) zum Einsatz kam. Dabei werden Informationen über die Art und Weise des Schneidens im sog. *Cut-Tree* festgehalten. Dieser liefert Aussagen über die Belastung der Schnittlinien mit Netzen, gleichzeitig stellt er mit zunehmender Verkleinerung der Flächen, die von Schnittlinien eingerahmt werden, auch ein immer detaillierteres Bild der erforderlichen Verbindungen dar. Man löst also mehrere „kleine“ Trassierungsprobleme anstatt eines großen, indem man Trassierungsalgorithmen nacheinander auf die Hierarchieebenen anwendet.

Auch solche Algorithmen, wie Simulated-Annealing und genetische Algorithmen, werden zur Lösung des Grobtrassierungsproblems genutzt.

Im Ergebnis der Grobtrassierung entsteht eine Verbindungsliste, die neben den Identifikatoren für die Netze auch die Feinkoordinaten der zu verbindenden Macroein- und -ausgänge enthält.

In der **Feintrassierung** steht die Aufgabe, die genaue Topologie einer jeden Verbindung herzustellen. Man unterscheidet zwei Vorgehensweisen:

- **sequentielle Algorithmen** → die Verbindungen werden nacheinander abgearbeitet,
- **„parallele“ Algorithmen** → mehrere Verbindungen werden „gleichzeitig“ abgearbeitet. (Die „ “ könnten bei einem Parallelrechnersystem entfallen, ansonsten kann bei üblichen Rechnern nur von einer quasi-Parallelität ausgegangen werden.)

Ein sequentieller *Trassierungsalgorithmus* (*Router*) entnimmt ein Netz aus der Verbindungsliste und versucht, die Topologie dazu herzustellen. Gelingt dies, wird die nächste Verbindung entnommen, andernfalls wird das Netz mit einem Konfliktattribut versehen und in einer „Handverdrahtungsliste“ dem Entwerfer zur manuellen Bearbeitung übergeben.

Der erste Algorithmus, der speziell für die Trassierung entwickelt wurde, ist der **Lee-Algorithmus** /11.30/, von dem inzwischen viele Modifikationen existieren. Bild 11.15 zeigt den prinzipiellen Ablauf.

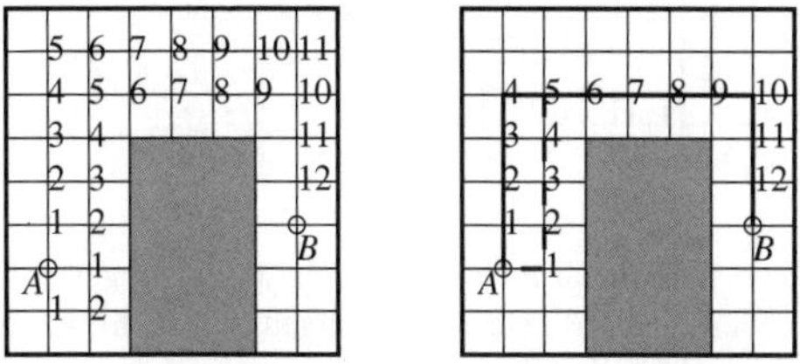


*Bild 11.15 Prinzip des Lee-Algorithmus*

1. Ausgehend vom Startpunkt *A* werden alle benachbarten Kreuzungspunkte, die nicht von einem Hindernis oder dem Rand belegt sind, mit einem Index gekennzeichnet.
2. Der Index wird um 1 erhöht und wieder alle benachbarten Kreuzungspunkte, sofern nicht belegt, markiert. (Vereinbarungsgemäß sollen nur rechtwinklige Verbindungen zugelassen sein, so daß mit „benachbart“ keine diagonalen Punkte gemeint sind.) Der Vorgang wiederholt sich, bis der Zielpunkt *B* erreicht ist.

3. Vom Zielpunkt aus wird der markierte Weg ausschließlich in Richtung fallender Indizes zurückverfolgt und die nicht benötigten Markierungen entfernt. Ob von Schritt 5 zu Schritt 4 der mit Vollinie oder der gestrichelt dargestellte Weg begangen wird, muß anhand von implementierten Kriterien entschieden werden.

Allen sequentiellen Trassierungsalgorithmen ist gemeinsam, daß die Verbindungen nacheinander abgearbeitet werden und demzufolge immer ein Auswahlproblem besteht, kann doch die Realisierung einer Verbindung $N_x$ vor der Verbindung $N_y$ zu einem nicht lösbaren Trassierungskonflikt führen. Hätte man statt dessen $N_y$ vor $N_x$ trassiert, wäre der Konflikt gar nicht aufgetreten. Man versucht, dieses Problem durch die Einführung von Auswahlkriterien, Wichtungen u. ä. zu umgehen. Außerdem fügt man in den Trassierungsalgorithmus eine sog. Rip-up-and-Reroute-Prozedur ein, die Trassierungskonflikte beheben soll.

Parallele Trassierungsalgorithmen bearbeiten mehrere Verbindungen „gleichzeitig". Sie sind vor allem dort anzutreffen, wo die Verbindungen in regelmäßigen *Kanälen* (*Channels*) angeordnet werden, sie werden deshalb auch *Channel-Router* genannt. Das Prinzip ist in Bild 11.16 dargestellt.

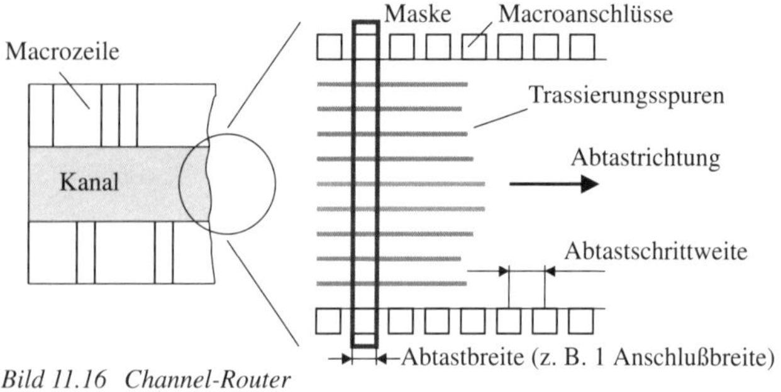


*Bild 11.16 Channel-Router*

Die Kanäle werden z. B. von links nach rechts mit einer Maske abgetastet und geprüft, ob bei der aktuellen $x$-Koordinate Verbindungen beginnen, enden oder weiterzuführen sind. Es wird ein Kriterium (z. B. die mittlere Länge aller Verbindungen des aktuellen Kanals) eingeführt, welches darüber entscheidet, ob eine Verbindung als „kurz" oder „lang" zu betrachten ist und deshalb vorwiegend in mittlere Trassierungsspuren des Kanals einzubringen ist, während kurze Verbindungen vorzugsweise am Rand angeordnet werden. Die Trassierungsspuren entstehen durch technologisch bedingte Mindestabstände.

► *Hinweis*: Die implementierten Regeln für die Bearbeitung der Verbindungen und für die Konfliktbehandlung beeinflussen die Leistungsfähigkeit des Algorithmus wesentlich.

Für eine detailliertere Beschreibung der Algorithmen sei auf /11.7/, S. 180 ff., /11.33/, S. 151 ff. und vor allem auf /11.32/, S. 461 ff. verwiesen. Angaben zu schwierigen Aufgaben, *Benchmarks*, mit denen die Leistungsfähigkeit eingeschätzt werden kann, sind ebenfalls in /11.33/, S. 160 f. zu finden.

#### 11.1.2.6 Backannotation, Layoutsimulation

Als Ergebnis des Layoutentwurfs entstehen die für die Funktion der Schaltung benötigten Bauelemente (Transistoren) und die Verbindungen in Form geometrischer Gebilde (Polygone) für alle technologisch erforderlichen Ebenen. Lediglich bei einigen kundenspezifischen Schaltkreisen, wie Gate-Arrays, sind bereits Ebenen/Teile, z. B. die Transistoren, vorgefertigt, die durch die kundenspezifischen Schaltungsteile (Verbindungen, Kontaktierungen der Transistoren) ergänzt werden müssen.

Der Einfluß auf das zeitliche Verhalten des Systems, der aus den verwendeten Macros (Transistoren und macrointerne Verbindungen) resultiert, wurde bereits durch das Technology-Mapping mit anschließender Logikgatter-Simulation berücksichtigt. Nachdem das Layout entworfen wurde, müssen nun dessen Einflüsse untersucht werden. Die beim Logikgatter-Entwurf vorgenommene Abschätzung durch die Einbeziehung von Modellen (Wire-Load-Modell) ist zu präzisieren, indem man die tatsächlichen Verbindungslängen mit ihren parasitären Effekten als RC-Netzwerke (Tiefpässe) betrachtet und die sich daraus ergebenden Signalverzögerungen für jede Verbindung ermittelt. Die Gatternetzliste wird um diese Angaben ergänzt (**Backannotation**) und die Schaltung erneut simuliert (**Layoutsimulation**). Dabei erweist sich, ob sie mit dem konkreten Layout unter den geforderten zeitlichen Restriktionen funktioniert oder ob (im ungünstigsten Fall) das Layout durch eine neue Plazierung/Trassierung verändert werden muß.



Hat die Layoutsimulation keine Fehler ergeben, kann zur Maskenherstellung/Präparation (→ 11.2.4.1) übergegangen werden.

### 11.1.3 Alternativen

Bei der Darstellung des Entwurfsprozesses blieb bisher weitgehend unberücksichtigt, mit welcher Art von Schaltkreis das System (der Mikroprozessor) letztlich realisiert wird. Historisch gesehen, verlief die Entwicklung von der ausschließlich mit diskreten Bauelementen bestückten Leiterplatte über hybride Formen zu *klein-* und *mittelintegrierten* (**SSI**, *Small Scale Integration*; **MSI**, *Medium Scale Integration*) Standardschaltkreisen, die Logikfunktionen realisieren (im digitalen Bereich). Ein typisches Beispiel sind die TTL-Schaltkreise, die in großen Stückzahlen produziert werden, ohne daß man auf Anwenderwünsche Rücksicht nehmen muß. (Das dabei gewachsene Typenspektrum ist allerdings auch Ausdruck von Anwenderwünschen.) Vom Anwender wurde die gewünschte Schaltung dann aus einzelnen Schaltkreisen auf Leiterplatten zusammengesetzt. Immer höhere Anforderungen an Zuverlässigkeit, kleinere Abmessungen, geringeren Energiebedarf, größere Verarbeitungsgeschwindigkeiten und geringeren Preis zwangen jedoch zu höherer Integration, *hoch-* und *höchstintegrierte* Schaltkreise entstanden (**LSI**, *Large Scale Integration*; **VLSI**, *Very Large Scale Integration*; **ULSI**, *Ultra Large Scale Integration*). Im Zuge dieser Entwicklung steht heute die Aufgabe, komplette Systeme auf einem Chip zu realisieren (*System on Chip*, **SoC**; *System on Silicon*, **SoS**), was zur Einengung der Einsatzbreite eines Chips führt. Durch die Integration des gesamten Systems auf dem Chip kann damit nur die Systemfunktion realisiert werden. Eine geringere Einsatzbreite führt ihrerseits zu einer Verringerung der Anzahl von absetzbaren Schaltkreisen, was wiederum eine Erhöhung des Stückpreises zur Folge hat. Dieser „Teufelskreis" wird auch als das „*Dilemma der Mikroelektronik*" bezeichnet: Ein steigender Integrationsgrad führt zu höherer Komplexität und damit zu sinkenden Kosten pro Transistor. Die mit der hohen Komplexität verbundene Spezialisierung des Systems verkleinert die mögliche Einsatzbreite der Schaltkreise, was wiederum zu höheren Kosten führt. Um wirtschaftlich fertigen zu können, müßten aber hohe Stückzahlen (> 100 000 pro Typ) dieser **Vollkundenwunsch-Schaltkreise** (*Full Custom Circuits*) produziert werden, um die Kosten (> 250 TDM je Prototyp) zu senken.

Daß Mikroprozessoren – obwohl sie zu den Standardschaltkreisen gezählt werden und in ihrer Funktion spezialisiert sind – dem „Dilemma" nicht unterliegen, resultiert daraus, daß ihre Hardware zwar fest vorgegeben ist, sie aber durch den Anwender per Software an vielfältigste Aufgaben angepaßt werden können.

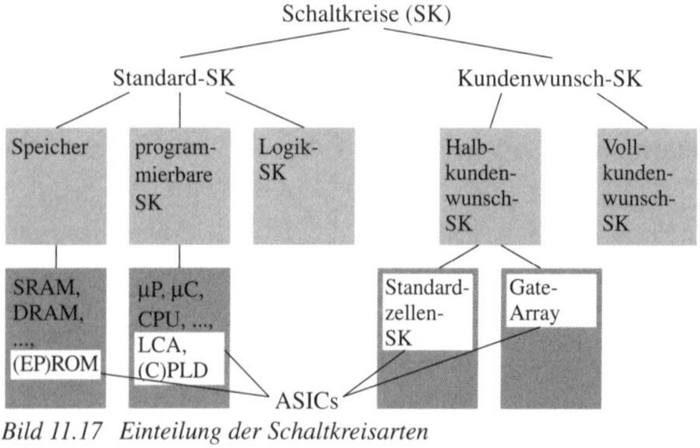

*Bild 11.17 Einteilung der Schaltkreisarten*

Die **Einteilung der Schaltkreise** nach Bild 11.17 (nach /11.36/, besonders hervorgehoben ASICs) ist in gewissem Sinne als historisch zu bezeichnen, da der Begriff *Halbkundenwunsch-Schaltkreis* (*Semi Custom Circuit*) nur noch wenig verwendet wird und durch die ständig steigende Bedeutung der anwenderprogrammierbaren Schaltkreise eine „Verschiebung“ dieser Klasse in Richtung Kundenwunsch-SK zu verzeichnen ist. Die Tabelle 11.1 zeigt Unterschiede und Gemeinsamkeiten von Schaltkreisklassen. Die angegebenen Zahlenwerte sind der Versuch einer groben Charakterisierung, selbstverständlich existieren darüber hinaus Extremwerte.

*Tabelle 11.1 Unterschiede und Gemeinsamkeiten der Schaltkreisklassen (nach /11.36/)*

| | Standard-, Vollkundenwunsch-SK | Standardzellen-SK | Gate-Array-SK |
|---|---|---|---|
| Bibliotheken mit vorentworfenen Transistoren/ Macros | nicht vorhanden | je nach Hersteller große Auswahl von Macros in Bibliotheken vorhanden | |
| Entwurf | jeder Transistor einzeln | nur die Verdrahtung zwischen den Macros | |
| Entwurf und Fertigung | alle Ebenen und Masken | | nur Verdrahtungsebenen und Masken |
| Restriktionen beim Entwurf | keine | wenige | mehrere |
| Vorfertigung | nicht möglich | | möglich |
| Stückzahl | > 100 000 | 5 000 … 100 000 | 200 … 10 000 |
| Kosten | sehr hoch | mittel | gering |
| Integrationsgrad (Transistoren) | bis mehrere Mio. | 1 000 … 50 Mio. | 500 … 5 Mio. |



### 11.1.3.1 Gate-Arrays

Im Ergebnis der Suche nach kostengünstigen, flexiblen und möglichst vom Anwender anpaßbaren Lösungen entstanden die **ASICs** (*Application Specific Integrated Circuit*, *Anwendungsspezifischer Integrierter Schaltkreis*), bei denen man besonders mit den **Gate-Arrays** bereits einen recht guten Kompromiß zwischen wirtschaftlich herstellbarer Stückzahl, Preis und Anwendungsflexibilität erreichte.

Die Bezeichnung **Gate-Array** rührt von der regelmäßigen Anordnung digitaler Grundelemente/Zellen (enthalten aneinandergereihte Transistoren/Gruppen von Transistoren, siehe Bild 11.18) her. Der Untergrund, auch

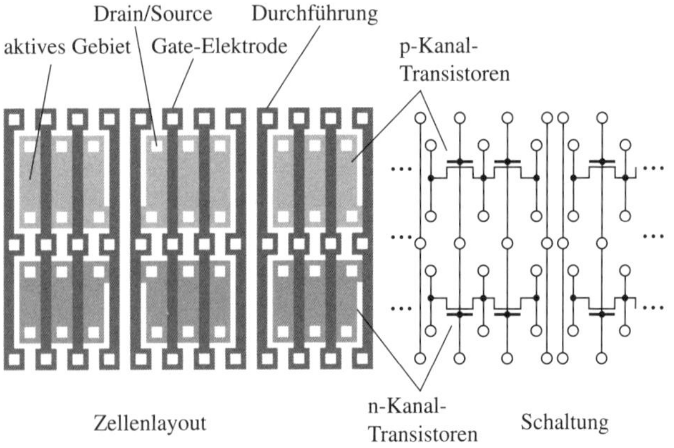


*Bild 11.18 Beispiel einer Zellenstruktur von Gate-Arrays*

Master genannt, wird in großen Stückzahlen vorgefertigt (ohne Metallisierungsebenen), mit einer $SiO_2$-Abdeckung versehen und beim Schaltkreishersteller gelagert. Das prinzipielle Layout verschiedener Arten von Gate-Array-Mastern ist in Bild 11.19 dargestellt. Die Zellen können dabei in Zeilen oder zu Blöcken gruppiert angeordnet sein. Die dazwischenliegenden Flächen (Kanäle) sind ausschließlich für die Verbindungen zwischen den Zellen reserviert, wodurch das Verhältnis der Chipfläche zur Zahl aktiver Elemente (Transistoren) auf der Fläche zuungunsten der aktiven Elemente beeinflußt wird.

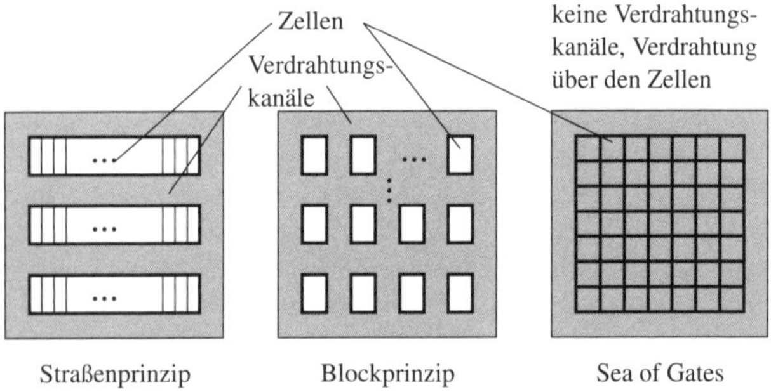


*Bild 11.19 Layout von Gate-Array-Mastern*

Die technologische Beherrschung der *Mehrlagen-Metallisierung* (*MLM*) führte zum Entwurf von **Sea-of-Gates**, deren Architektur diesen Nachteil nicht mehr aufweist. Für die Verbindungen zwischen den Zellen stehen nunmehr

Metallisierungsebenen über den Zellen zur Verfügung. Dies ist technologisch anspruchsvoller, ermöglicht es aber, die sonst für Kanäle benötigten Flächen ebenfalls für Transistoren/Zellen zu nutzen. Die Anordnung der Transistoren unterscheidet sich auch insofern von den kanal- oder blockorientierten Mastern, als die aktiven Gebiete der Transistoren gleichen Typs (n- bzw. p-Kanal) nicht mehr voneinander abgegrenzt sind (siehe Bild 11.20), sondern fast die gesamte Chipbreite einnehmen. Die zur Realisierung bestimmter Schaltungsfunktionen notwendige Abgrenzung von Transistoren erfolgt, indem das Gate des dazwischenliegenden Transistors auf Masse bzw. Betriebsspannung gelegt wird und der Transistor somit sperrt.

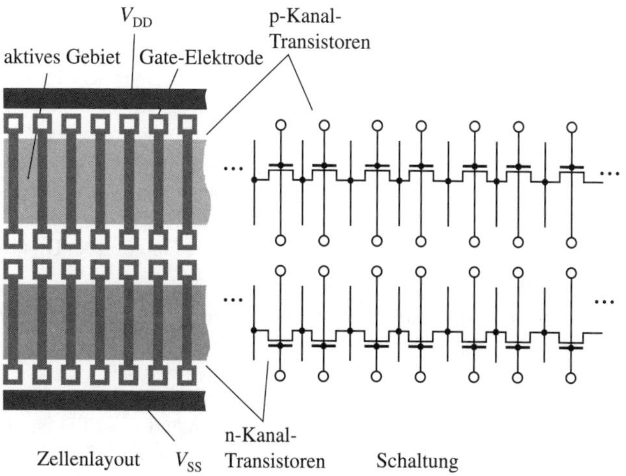


*Bild 11.20 Beispiel einer Sea-of-Gates-Struktur*



Der Anwender entwirft mit Hilfe von Entwurfstools und einer Macrobibliothek des Gate-Array-Herstellers macroorientiert sein System (in diesem Fall nur noch die letzten 2 ... 5 Metallisierungsebenen) und generiert die zur Verifikation der Systemfunktion notwendigen Stimulifolgen. Wo dabei die Schnittstelle zwischen Anwender und Hersteller liegt, hängt im wesentlichen davon ab, in welchem Maße der Anwender über die erforderliche Entwurfshard- und -software und das nötige Know-how verfügt. Dies reicht vom kompletten Eigenentwurf einerseits bis zur Übergabe eines Pflichtenheftes an ein Entwurfsbüro (*Design House*), das mit dem Schaltkreishersteller identisch sein kann, andererseits.

Aus den anwenderspezifischen Datensätzen werden durch den Hersteller die Masken für die letzten technologisch erforderlichen Ebenen erzeugt und der

Schaltkreis fertig präpariert. Als Technologie hat sich überwiegend CMOS (neuerdings auch BiCMOS) durchgesetzt. Da die Anwenderfunktion mit Hilfe von Masken realisiert wird, bezeichnet man diese Gate-Arrays auch als **maskenprogrammierbare Gate-Arrays** (**MPGA**).

### 11.1.3.2 Anwenderprogrammierbare Schaltkreise

Der Wunsch nach noch größerer Funktionsvielfalt, Mehrfachverwendbarkeit, nach Realisierbarkeit der Systemfunktion allein durch den Anwender (keine Preisgabe von Systemwissen!), vor allem aber der anfangs des Kapitels 11 erwähnte Zeit- und Kostendruck für die Anwender führte dazu, daß die Schaltkreishersteller programmierbare Logikschaltkreise auf den Markt brachten. Diese sind vollständig durch den Anwender („im Feld") programmierbar (*Field Programmable*), die zugrundeliegende Technologie ist je nach Hersteller unterschiedlich. Auch sie müssen, um möglichst vielen Einsatzfällen gerecht zu werden, universelle Strukturen aufweisen. Die Realisierung der vom Anwender gewünschten Funktion erfolgt im Gegensatz zum Gate-Array nicht mehr durch die Erzeugung von Masken und das Abarbeiten der letzten Prozeßschritte, sondern nur noch durch von außen herstellbare/unterbrechbare elektrische Verbindungen = Programmierung. Damit wird die Funktion der Grundelemente und deren Verbindungen konfiguriert.

Grundsätzlich unterscheidet man bei den programmierbaren Logikbausteinen zwischen *PLDs* (*Programmable Logic Device*) und *FPGAs* (*Field Programmable Gate Array*).

**PLD**. Bild 11.21 zeigt ein PLD. Wesentlichster Bestandteil des PLD ist eine programmierbare, zweistufige UND/ODER-Matrix, mit der jede beliebige kombinatorische Verknüpfung der Eingangssignale realisiert werden kann. Nicht immer sind beide Matrizen programmierbar, in praxi hat sich die Konfiguration von programmierbarer UND- mit festverdrahteter ODER-Matrix bewährt. Tabelle 11.2 enthält weitere Varianten. Die Komplexität dieser auch als *SPLD* (*Simple Programmable Logic Device*) bezeichneten Schaltkreise liegt etwa bei 1 000 GE (1 *GE* (*Gatteräquivalent*, *Gatter Equivalent*) entspricht der Anzahl von Transistoren, die man zur Realisierung eines Grundgatters (2-Eingangs-NAND) benötigt).

*Tabelle 11.2 Konfigurationen von UND/ODER-Matrizen*

| Baustein | UND-Matrix | ODER-Matrix |
|---|---|---|
| PLA (*Programmable Logic Array*) | programmierbar | programmierbar |
| PAL (*Programmable Array Logic*) | programmierbar | fest |
| PROM (*Programmable Read Only Memory*) | fest | programmierbar |

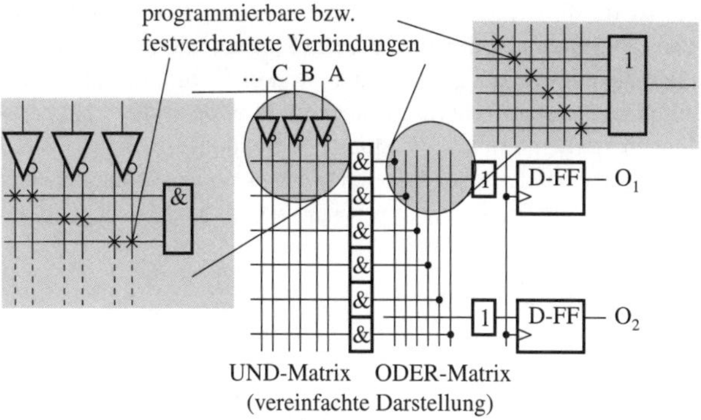


*Bild 11.21 Programmable-Logic-Device*

**Complex-PLD (CPLD)**. Da eine größere Zahl von Gatteräquivalenten durch eine Vergrößerung der UND/ODER-Matrizen allein nicht realisierbar ist, wurden Complex-PLDs entwickelt, bei denen PLD-ähnliche Strukturen – hier mit *LAB* (*Logic Array Block*) bezeichnet – um eine Schaltmatrix angeordnet sind. Mit Hilfe dieser Schaltmatrix werden die Verbindungen der LABs untereinander hergestellt, wobei auch Rückführungen gestattet sind. In Bild 11.22 ist der prinzipielle Aufbau eines CPLD dargestellt.

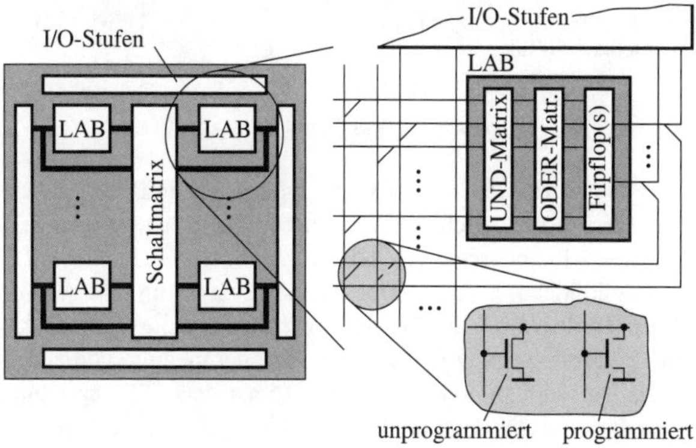


*Bild 11.22 Prinzipieller Aufbau eines CPLD*

**FPGA**. Noch höhere Komplexitäten lassen sich mit *FPGAs* (*Field Programmable Gate Array*) erreichen, deren Aufbau sehr stark den traditionellen Gate-Array-Schaltkreisen ähnelt; 100 000 GE und mehr sind bereits verfügbar. Bild 11.23 zeigt eine Architektur, die Kanäle (Straßen) für die Verdrahtung vorsieht und bei der die Module in Zeilen angeordnet sind. Der Hersteller dieser FPGAs ist die Firma Actel (siehe auch /11.57/). Als Module kommen neben den I/O-Stufen und den für Test und Programmierung benötigten Schaltungsteilen die mit C und S bezeichneten Strukturen zum Einsatz. Beide enthalten Multiplexer, wobei S zusätzlich über ein Flipflop verfügt. Horizontale Verbindungen werden durch segmentierte Verbindungsstücke realisiert, die sich bei Bedarf aneinanderreihen lassen. Für vertikale Verbindungen nutzt man **LVTs** (*Long Vertical Track*), lange vertikale Verbindungen, die über die Zeilen hinwegführen.

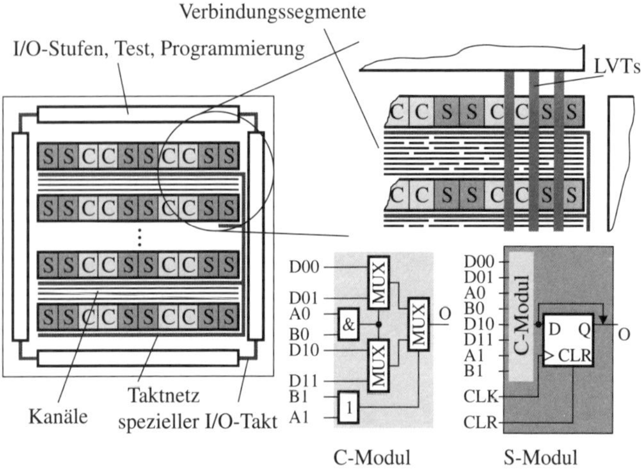


*Bild 11.23 FPGA – Zeilenorientierte Anordnung, z. B. bei Actel*

In FPGAs der Firma Xilinx /11.63/ findet man dagegen, wie in Bild 11.24 ersichtlich, eine blockorientierte Architektur, die neben I/O-Blöcken, dem Verbindungssystem mit Schaltmatrizen aus **CLBs** (*Configurable Logic Block*, konfigurierbare Logikblöcke) besteht. Dabei handelt es sich um eine Anordnung aus **Look-up-Table** (*LUT*), aus Flipflops und aus Multiplexern (MUX). Hinter der Look-up-Table, von der je nach Typ eine oder mehrere vorhanden sind und die oft auch als Function-Generator (Funktionsgenerator) bezeichnet wird, verbirgt sich ein statisch programmierbarer RAM (SRAM) z. B. der Dimension $16 \times 1$. Dementsprechend kann die LUT entweder als schneller Speicher oder zur „Nachbildung“ kombinatorischen Verhaltens genutzt werden, indem man einer Eingangsbelegung einen Ausgangswert zuordnet.

Jeder Punkt der Schaltmatrix verkörpert sechs **Durchgangstransistoren** (*Pass Transistor*), die das Herstellen einer Verbindung in alle sechs möglichen Richtungen am Kreuzungspunkt gestatten.

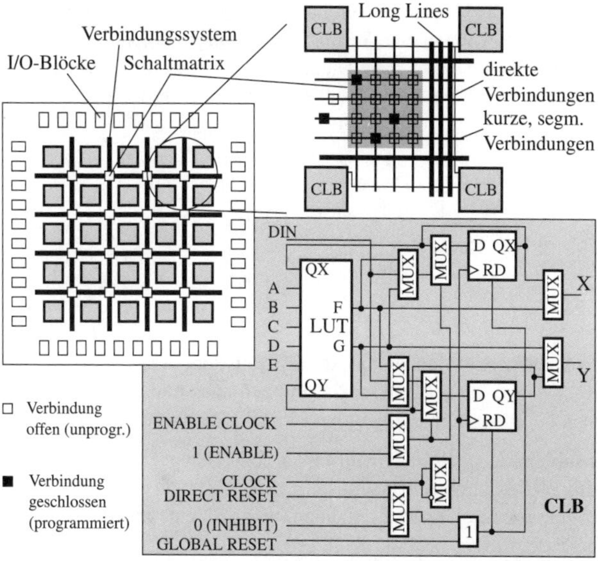


*Bild 11.24 Vereinfachte Darstellung der Architektur der Reihe XILINX XC3000 /11.52/*

Zum **Verbindungssystem** gehören *direkte Verbindungen*, mit denen man CLBs unmittelbar miteinander verbinden kann. Weiterhin gehören dazu kurze, segmentierte *Verbindungen für die allgemeine Verwendung* (*General Purpose*), deren Länge sich durch das Anreihen weiterer Segmente (mittels Durchgangstransistoren) beliebig gestalten läßt, sowie die *langen Verbindungen* (*Long Lines*), die nur eine sehr kurze Leitungsverzögerung aufweisen und mit denen man Signale über große Strecken führen kann.

11

Die vorhandenen Multiplexer werden durch die Anwenderprogrammierung gesteuert, so daß sich zusammen mit den Flipflops und der LUT jeder CLB an vielfältigste Erfordernisse anpassen läßt. Für weitere Details sei auf /11.52/ verwiesen.

**Programmierungstechnologie**. Auch die Technologie, mit der die Programmierung vorgenommen wird, ist je nach Hersteller verschieden. Die in Bild 11.25 links dargestellte **Antifuse-Technologie** entspricht dem umgekehrten („Anti-") Prinzip der z. B. bei den PLDs verwendeten Fuses. Im unprogrammierten Zustand hochohmig, wird die dünne Oxidschicht (200 nm = 2 000 Atomlagen) aufgeschmolzen, und es entsteht eine gut leitende Verbindung. Die Antifuse hat Abmessungen von 1,2 µm × 1,6 µm und ist damit 15mal kleiner als eine SRAM-Zelle. Der entscheidende Vorteil von Antifuses gegenüber Fuses besteht darin, daß man bei ersteren nur dort programmieren muß, wo man eine Verbindung benötigt (üblicherweise unter 5 % aller Antifuses), bei Fuses dagegen alle übrigen. Auf diese Weise kann Zeit gespart werden, und die Zuverlässigkeit steigt.

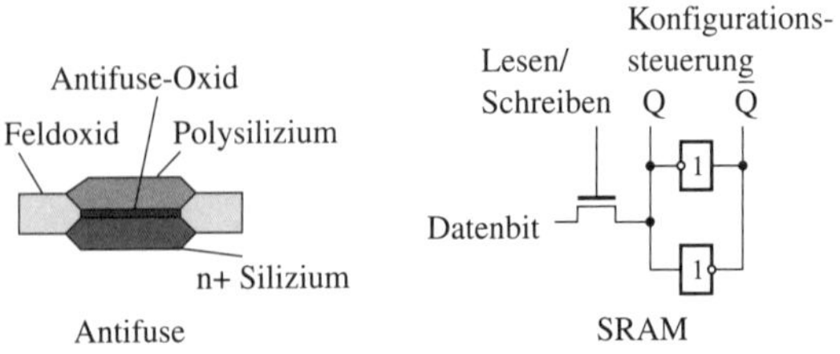


*Bild 11.25 Verschiedene Programmiertechnologien bei FPGAs*

Inzwischen sind weitere Varianten von Antifuses auf dem Markt, z. B. ViaLink (QuickLogic), MicroVia (XILINX) u.a. Darüber hinaus findet man auch solche, bei denen die Programmierung durch EPROM-Zellen erfolgt.

**Systemauswahl**. Welches System man wählen sollte, hängt z. B. davon ab, ob

- der Schaltkreis rekonfigurierbar sein soll,
- ob die Programmierung flüchtig sein kann (was evtl. eine erneute Konfigurierung bei jeder Inbetriebnahme erfordert),
- ob eine *In-System-Programmierung* (*ISP*) wünschenswert ist (beispielsweise sind SRAM-basierte FPGAs In-System-Programmable, sie können während des Programmiervorgangs auf der Leiterplatte („im System") verbleiben),
- ob und wie das Systemwissen geschützt werden muß usw.

Für Details und einen Vergleich der Technologien sei auf /11.55/, S. 106 ff. verwiesen.

### 11.1.3.3 Tendenzen

In den letzten Jahren hat die Entwicklung von FPGAs einen rasanten Aufschwung erfahren. Konnte man anfangs nur einige Tausend GE in einem FPGA unterbringen, so sind es mit der von einigen Herstellern angekündigten bzw. verfügbaren neuen Generation von FPGAs bis zu 1 Mio. Systemgates (z. B. /11.64/, /11.58/, /11.57/).

Mit Taktfrequenzen bis zu 320 MHz, On-chip-RAM bis 500 Kbit, 5-Ebenen-Metallisierung für die Verdrahtung (die begrenzten Ressourcen bei der Verdrahtung waren bisher ein Haupthindernis bei dem Streben nach maximaler Auslastung eines FPGA) und bis zu 560 Pins deutet sich hier eine starke Konkurrenz für die MPGAs an.

Bei weitem nicht so verbreitet wie digitale ASICs sind solche mit analogen, gemischt analog-digitalen und Leistungskomponenten. Es zeichnet sich jedoch ab, daß sich auch auf diesem Gebiet in den nächsten Jahren wegen des ständig steigenden Bedarfs eine starke Entwicklung vollziehen wird. Detailliertere Aussagen zu diesem Thema, verbunden mit einer reichhaltigen Literaturübersicht, können /11.1/, S. 192 ff. entnommen werden.

Der potentielle Anwender steht vor dem Problem, aus der breiten Palette von Bauelementen/Schaltkreisarten die geeignetste Plattform für die Realisierung der gewünschten Mikroelektronikapplikation wählen zu müssen. Der Einsatz eines Mikroprozessors, der sich als Standardschaltkreis zu günstigen Preisen erwerben läßt, dürfte, wenn er denn für die Applikation erforderlich ist, in vielen Fällen alternativlos die beste Wahl darstellen. Bei der Umsetzung von sonstigen Schaltungsteilen, die man früher aus der Zusammenschaltung von Standardlogikschaltkreisen und LSI- bzw. VLSI-Schaltkreisen auf der Leiterplatte realisierte, wird man heute – schon aus Gründen der höheren Zuverlässigkeit, des Energiebedarfs und der Miniaturisierung – eine integrierte Lösung bevorzugen, die meist problemlos mittels FPGA realisiert werden kann. Ob dies wirtschaftlich ist und welcher Typ gewählt werden sollte, hängt neben der Komplexität der Schaltung und der benötigten Stückzahl von vielen weiteren Faktoren ab, die hier zum Teil besprochen wurden und die jeder potentielle Anwender für sich selbst untersuchen muß. Immer wenn es eine schnelle Lösung (im Sinne von Time-To-Market) sein soll, sind FPGAs unschlagbar (*Rapid Prototyping*). Auch dann, wenn in moderaten Stückzahlen Speziallösungen (Prozessoren, die Implementierung von Algorithmen in Hardware (z. B. /11.34/) benötigt werden, eine Schaltung anstelle einer zeitaufwendigen Simulation mit programmierbarer Hardware emuliert werden soll, sind FPGAs konkurrenzlos.

Für einen breiten Überblick über die Problematik FPGA sei /11.55/ ausdrücklich empfohlen. Hier findet der interessierte Leser eine Darstellung der unterschiedlichen FPGA-Familien, Ausführungen zum Einsatz von ASICs in Applikationen im Vergleich zu anderen Lösungen nebst einer ausführlichen Baustein- und Herstellerübersicht.



## 11.2 Technologie der Mikroprozessorfertigung

### 11.2.1 Grundbegriffe

Mikroprozessoren sind vorzugsweise in Siliziumhalbleitertechnik realisierte *mikroelektronische Bauelemente*.

> Die **Mikroelektronik** (*Microelektronics* umfaßt den Entwurf, die Fertigung und die Applikation *integrierter Schaltkreise*.

Ein **integrierter Schaltkreis** (IC – *Integrated Circuit*) stellt eine elektronische Funktionseinheit dar, die gekennzeichnet ist durch eine auf einem gemeinsamen *Halbleitersubstrat* (*Chip*) realisierte Vielzahl elektrisch und mechanisch untrennbar miteinander verbundener *elektronischer Funktionselemente* (Transistor- und Diodenfunktionen, Widerstände, Kondensatoren etc.) mit Abmessungen im Mikrometer- und Submikrometer-Bereich.

Die wichtigsten Kriterien für das technologische Niveau der IC-Fertigung sind der *Integrationsgrad* und die *minimale Strukturbreite* (*Strukturfeinheit*).

Der **Integrationsgrad** (*Level Of Integration*) kennzeichnet die Anzahl der Funktionselemente pro Chip.

Unter der **minimalen Strukturbreite** (*Minimum Linewidth*) versteht man die kleinste laterale Abmessung auf dem Chip.

Die **halbleiterelektronische Grundlage** zur Realisierung von Mikroprozessoren bildet die *MOS-Technik* (*Metal Oxide Semiconductor*). Bei der *SGT-Technik* (*Silicon Gate Technology*) als moderne Variante der IC-Fertigung wird die metallische Tor-(Gate-)Elektrode durch eine polykristalline Siliziumschicht ersetzt (→ Bild 11.26). Aufgrund der enorm hohen erreichbaren Packungsdichte bei gleichzeitig hoher Grenzfrequenz und geringer Verlustleistung ist die *CMOS-Technik* (*Complementary MOS*) die wichtigste Basistechnologie zur Fertigung hochintegrierter Schaltkreise. Hierbei werden sowohl n- als auch p-Kanal-Transistoren gemeinsam auf einem Chip integriert.

## 11.2.2 Hauptprozeßschritte

### 11.2.2.1 Grundlegender Fertigungsablauf

Die **IC-Fertigung** wird in drei große Etappen unterteilt (→ Tab. 11.3):

- *Si-Scheiben-*(Wafer-)*Herstellung* umfaßt alle Fertigungsschritte von der Rohsiliziumherstellung bis zur fertigen Substratscheibe.
- *Chipfertigung* beinhaltet alle Prozeßschritte im Waferverbund.
- *Chipmontage* umfaßt alle Fertigungsschritte mit Einzelchips.

*Tabelle 11.3 Hauptschritte der IC-Fertigung*

| Hauptprozeßschritt | zugehörige Fertigungsverfahren |
|---|---|
| Darstellung Si-Substratmaterial | Rohsiliziumherstellung /11.40/, Trichlorsilanherstellung /11.40/, Polysiliziumherstellung /11.40/ |
| Hochreinigung und Einkristallziehen | Czochralski-Verfahren /11.40/, Zonenfloating /11.40/ |
| Waferschneiden und Oberflächenbearbeitung | Innenbord-Trennschleifen, Läppen, Polieren, Politurätzen /11.44/ |
| Herstellung der isolierten Gebiete (Sperrschicht- oder dielektrische Isolation) und der Funktionselemente | Schichtherstellung (→ 11.2.3)<br>• Therm. Oxydation, Epitaxie, CVD, Schleuderbeschichtung<br>Lithographie (→ 11.2.4)<br>• Foto-, Elektronenstrahl-, Ionenstrahllithographie<br>Ätzen (→ 11.2.5)<br>• Naß- und Trockenätztechniken<br>Dotierung (→ 11.2.6)<br>• Diffusion, Ionenimplantation |
| Herstellung von Zwischenverbindungen (Leitbahnebenen) und Schutzpassivierung | Schichtherstellung (→ 11.2.3)<br>• Sputtern, CVD, Hochvakuumbedampfen<br>Lithographie und Ätztechnik (s. o.) |
| Elektrischer Zwischentest | Sondentaster (Waferprober) |
| Vereinzeln der Wafer | Außenbord-Trennschleifen, Lasertrennen, Ritzen und Brechen /11.44/, /11.45/ |
| Chipbonden | Anlegieren, Kleben, Löten /11.15/, /11.45/, /11.47/ |
| Chipkontaktierung | Ultraschall-, Thermokompressions-, Thermosonicbonden, Simultanbonden /11.15/, /11.46/, /11.45/, /11.47/ |
| Verkappen | Plast-, Keramik-, Metallgehäuse /11.15/, /11.45/ |
| Endmessung | |



### 11.2.2.2 Grundzüge der Chipfertigung

Verschiedene **Schaltkreisfamilien** unterscheiden sich aus technologischer Sicht im wesentlichen durch die Anzahl und Aufeinanderfolge einer Vielzahl von Einzelschritten (mehrere Hundert bei hochintegrierten IC) im Rahmen der Chipfertigung. Diese widerspiegeln in hohem Maße das technologische Know-how der Chipproduzenten. Das Standardverfahren zur Herstellung von integrierten Schaltkreisen, darunter auch Mikroprozessoren, ist die *Planartechnologie*.

Unter **Planartechnologie** (*Planar Technology*) versteht man die gleichzeitige Einarbeitung einer großen Anzahl von Funktionselementen und deren elektrische Verschaltung nur von einer Seite aus in eine ebene Halbleiterscheibe mit weitgehend planer Oberfläche, so daß sich alle Anschlüsse außer dem Substratanschluß auf dieser Seite befinden /11.48/.

Im Rahmen der Planartechnologie lassen sich die Einzelschritte in vier große Prozeßgruppen *Schichtherstellung*, *Lithographie*, *Ätzen* und *Dotierung* einteilen, wobei die Gruppen vorzugsweise in dieser Reihenfolge mit mehrfacher zyklischer Wiederholung abgearbeitet werden (→ Bild 11.26 und Tab. 11.3).

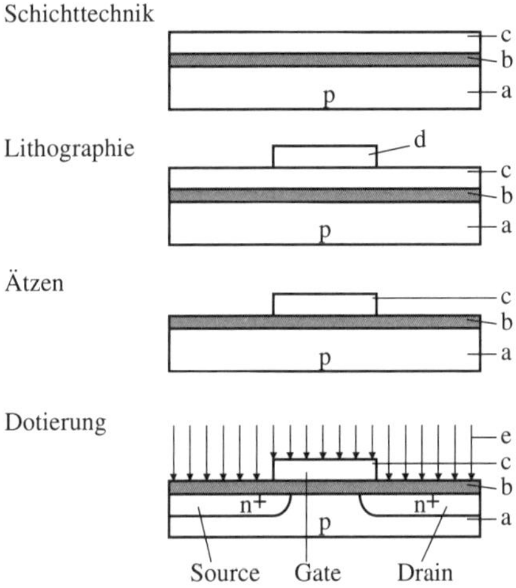


*Bild 11.26 Prinzipieller (vereinfachter) Fertigungsablauf für einen integrierten MOS-Transistor in SGT-Technologie /11.56/ a – Si-Substrat, b – $SiO_2$-Schicht (Gateoxid), c – $Si_{poly}$-Schicht (Gate-Elektrode), d – strukturierter Resist, e – Dotanten*

### 11.2.3 Schichtherstellung

Die **Schichtherstellung** dient dem Auftrag verschiedenartiger Schichtmaterialien mit definierten Eigenschaften auf den Si-Wafer. Nach anschließender Strukturierung (→ 11.2.4 und 11.2.5) üben diese Schichten folgende Funktionen aus:

- Maskier- und Dotierschichten während der IC-Herstellung,
- Leit-, Kontakt-, Isolations-, Schutz- und halbleitende Schichten im fertigen Schaltkreis.

### 11.2.3.1 Thermische Oxydation

Die **thermische Oxydation** (*Thermal Oxydation*) ist ein Hochtemperaturprozeß (ca. 900 ... 1 200 °C), bei dem das Substrat – Si bzw. eine Si-Schicht – mittels geeigneter Oxydationsmittel (Sauerstoff, Wasserdampf) in Siliziumdioxid umgewandelt wird.

Der **Oxydationsvorgang** läuft in drei Etappen ab (→ Bild 11.27):
1. Diffusion des Oxydationsmittels aus dem Gasraum an die $SiO_2$-Oberfläche,
2. Diffusion des Oxydationsmittels durch die $SiO_2$-Schicht,
3. chemische Reaktion des Oxydationsmittels mit Silizium.

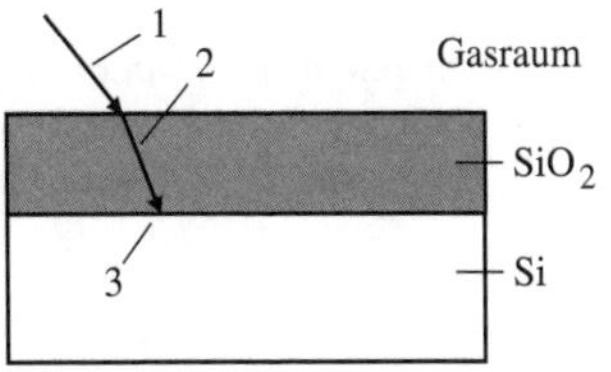


*Bild 11.27 Darstellung der Etappen der thermischen Oxydation (Erläuterung s. Text)*

Die zeitliche Abhängigkeit der Oxidschichtdicke ändert sich mit wachsender Schichtdicke (*linear-parabolisches Gesetz*) /11.45/, /11.56/.

Für geringe Schichtdicken gilt:

$$\boxed{d_{ox} = k_1 t_1}$$

$k_1$ lineare Oxydationskonstante

Bei größeren Schichtdicken erhält man:

$$\boxed{d_{ox}^2 = k_2 t_2}$$

$k_2$ parabolische Oxydationskonstante

Die *Oxydationskonstanten* sind eine Funktion der Temperatur, der Orientierung und Dotierung des Siliziums sowie der Zusammensetzung des Oxydationsmittels /11.45/, /11.56/. Da Silizium verbraucht wird, wächst die $SiO_2$-Schicht zu 45 % ihrer Schichtdicke ins Silizium hinein. In Abhängigkeit vom eingesetzten Oxydationsmittel unterscheidet man verschiedene **Oxydationsarten**.

**Trockenoxydation**. Reaktion des Si mit reinem (trockenem) Sauerstoff

$$Si + O_2 \longrightarrow SiO_2$$

- sehr gute Schichtqualität, geringe Produktivität
- einziges Verfahren zur Herstellung eines hochwertigen Gateoxids (Gateoxydation)

11

**Naßoxydation**. Reaktion des Si mit Wasserdampf

$$Si + 2H_2O \longrightarrow SiO_2 + 2H_2$$

- hohe Produktivität, schlechte Schichtqualität
- keine Anwendung als reine Naßoxydation

**Feuchtoxydation**. Reaktion des Si mit einem Gemisch aus Sauerstoff und Wasserdampf

$$Si + mO_2 + nH_2O \longrightarrow SiO_2 + \ldots$$

- mittlere Schichtqualität und Produktivität
- breite Anwendung (z. B. Herstellung von Feldoxid, Isolation von Polysilizium-Leitbahnen etc.)

Die **technische Realisierung** erfolgt vorzugsweise in einem *Horizontalrohrofen* nach Bild 11.28. Das Gasflußsystem stellt das benötigte Gemisch $O_2/H_2O$ bereit.

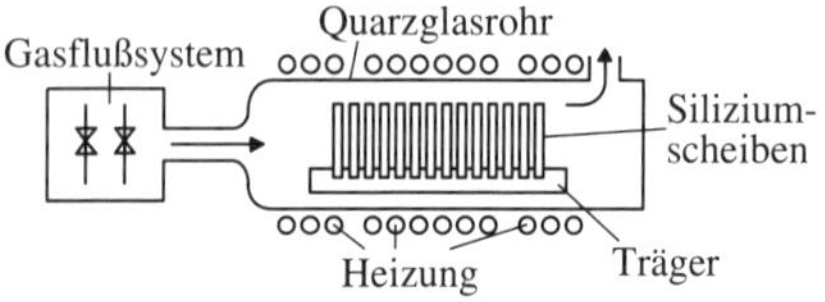


*Bild 11.28*
*Horizontalofen für die thermische Oxydation /11.40/, /11.56/*

## 11.2.3.2 Chemische Dampfabscheidung

Unter **chemischer Dampfabscheidung** (CVD – *Chemical Vapour Deposition*), auch Gasphasenabscheidung genannt, versteht man entsprechend der allgemeinen Gleichung

$$A_{gas} + B_{gas} \longrightarrow C_{fest} + D_{gas}$$

die chemische Reaktion eines oder mehrerer gasförmiger Ausgangsstoffe zu einem festen Stoff, der sich als Schicht abscheidet, und gasförmigen Nebenprodukten.

Der **Abscheidevorgang** läuft in drei Etappen ab (→ Bild 11.29):

1. Adsorption der Ausgangsstoffe bzw. Zwischenreaktionsprodukte an der Oberfläche,
2. chemische Reaktion an der Oberfläche und Schichtabscheidung,
3. Desorption und Abtransport der gasförmigen Reaktionsprodukte.

Die *Schichtaufwachsrate* besitzt einen zeitlinearen Charakter und hängt im wesentlichen von der Konzentration der Reaktionspartner, der Temperatur und dem Druck im Reaktor sowie der Abscheideart (s. u.) ab.

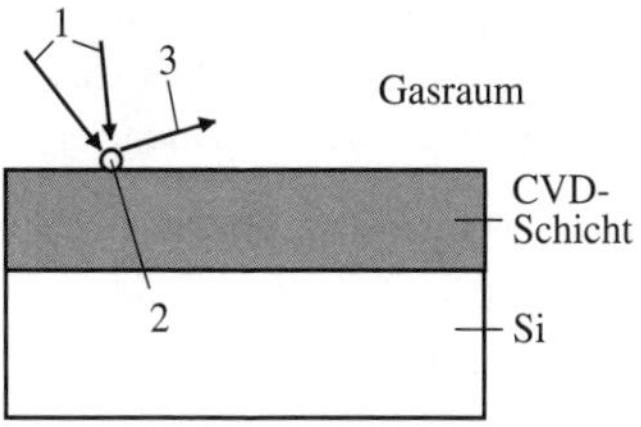


*Bild 11.29*
*Darstellung der Etappen der Gasphasenabscheidung (1… 3 s. Text)*

Aus der Vielzahl von Möglichkeiten sind in Tab. 11.4 einige wichtige praxisrelevante **Reaktionsbeispiele** aufgeführt.

*Tabelle 11.4 Reaktionsbeispiele für CVD-Verfahren /11.45/, /11.56/*

| Bezeichnung | Reaktionsgleichung | Prozeßparameter |
|---|---|---|
| *Silanoxid-Verfahren* | $SiH_4 + O_2 \longrightarrow SiO_2 + 2H_2$ | 430 °C, 1 bar |
| *LTO-Verfahren (Low Temperature Oxide)* | $SiH_4 + O_2 \longrightarrow SiO_2 + 2H_2$ | 430 °C, 40 Pa |
| *TEOS-Verfahren (Tetra-Ethyl-Ortho-Silicate)* | $Si(OC_2H_5)_4 \longrightarrow SiO_2 + \ldots$ | 700 °C, 40 Pa |
| *HTO-Verfahren (High Temperature Oxide)* | $SiH_2Cl_2 + 2N_2O \longrightarrow SiO_2 + \ldots$ | 900 °C, 40 Pa |
| *PECVD-Verfahren (Plasma Enhanced CVD)* | $SiH_4 + 4N_2O \longrightarrow SiO_2 + \ldots$ | 350 °C, 40 Pa, Plasma |
| *Hochtemperaturnitrid-Verfahren* | $3SiH_2Cl_2 + 4NH_3 \longrightarrow Si_3N_4 + \ldots$ | 750 °C, 70 Pa |
| *Plasmanitrid-Verfahren* | $3SiH_4 + 4NH_3 \longrightarrow Si_3N_4 + 12H_2$ | 300 °C, 30 Pa, Plasma |
| *Silan-Pyrolyse* | $SiH_4 \longrightarrow Si_{poly} + 2H_2$ | 630 °C, 60 Pa |
| *Tetrachlorsilan-Epitaxie* | $SiCl_4 + 2H_2 \longrightarrow Si_{mono} + 4HCl$ | 1 150 °C, 1 bar |

11

Zur **technischen Realisierung** sind neben *Horizontalrohröfen* mit Widerstandsheizung (→ Bild 11.28) für hohe Prozeßtemperaturen vor allem *Kaltwandreaktoren* gebräuchlich (→ Bild 11.30).

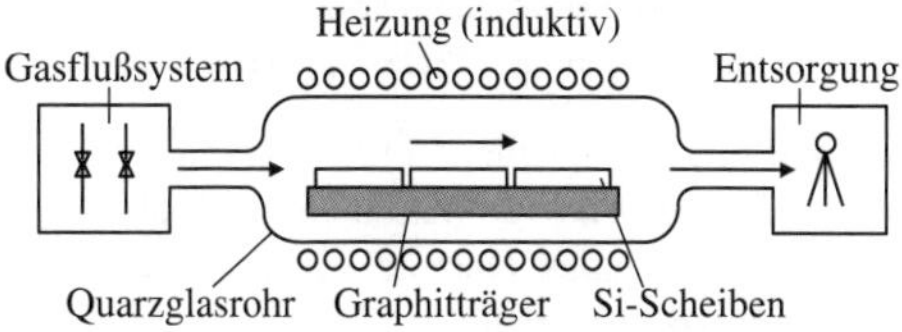


*Bild 11.30*
*Schematischer Aufbau eines Kaltwandreaktors*

Die Heizung erfolgt hier über einen *Suszeptor* (Graphit), in den induktiv eine Hochfrequenz eingekoppelt wird. Auf den kaltgehaltenen Reaktorwänden kann sich somit keine (bzw. nur eine sehr geringfügige) Schicht abscheiden.

Weitere **technische Ausführungsformen** sind in Tab. 11.5 zusammengefaßt (→ s. a. Tab. 11.4):

*Tabelle 11.5 Technische Varianten des CVD-Verfahrens /11.56/*

| Bezeichnung | Besonderheiten | Effekte |
|---|---|---|
| *Niederdruck-CVD* (LPCVD – *Low Pressure CVD*) | Abscheidung bei verringertem Druck | Verbesserung der Schichtdickenhomogenität |
| *Plasmaunterstütztes CVD* (PECVD – *Plasma Enhanced CVD*) | zusätzliche Auslösung der chemischen Reaktion durch Plasma | Verringerung der Reaktions- bzw. Substrattemperatur |
| *Strahlungsunterstütztes CVD* (RECVD – *Radiation Enhanced CVD*) | Auslösung der chemischen Reaktion durch Strahlung (z. B. Excimer-Laser) | Reduzierung der Substrattemperatur, selektive Schichtabscheidung möglich |

### 11.2.3.3 Epitaxie

Mit **Epitaxie** (*Epitaxy*) wird das Aufwachsen einer einkristallinen Schicht auf einem einkristallinen Substrat bezeichnet.

Man unterscheidet folgende **Epitaxiearten**:

- *Homoepitaxie*: Schicht und Substrat bestehen aus dem gleichen Material (z. B. $Si_{mono}$ n-dotiert auf $Si_{mono}$ p-dotiert).
- *Heteroepitaxie*: Schicht und Substrat sind unterschiedliche Materialien.

❑ *Beispiel*: *SOS-Technik* (SOS – *Silicon on Sapphire*), d. h. $Si_{mono}$ auf $Al_2O_{3\,mono}$ (Saphir)

Einkristalline Schichten wachsen nur unter bestimmten **Bedingungen**:

- einkristallines Substrat (gibt kristallographische Orientierung vor),
- gleiche Gittertypen und ähnliche Gitterkonstanten von Schicht und Substrat,
- entsprechende thermodynamische Bedingungen (z. B. Mindesttemperatur).

Die epitaktische **Schichtabscheidung** erfolgt meist mittels *CVD-Verfahren* (→ 11.2.3.2, Tab. 11.4). Eine *Schichtdotierung* erreicht man durch die Zugabe einer definierten Konzentration bestimmter Dotantenverbindungen (z. B. $B_2H_6$, $PH_3$) in das Gasflußsystem (→ Bild 11.30).

### 11.2.3.4 Kathodenzerstäubung

Bei der **Kathodenzerstäubung** (*Sputtering*), meist Sputterverfahren bzw. kurz Sputtern genannt, wird die Schicht durch die Zerstäubung des Schichtmaterials auf der Kathode (*Target*) mittels energiereicher Ionen gebildet.

Bild 11.31 zeigt den prinzipiellen **technischen Aufbau** einer Sputteranlage, in der folgende Vorgänge ablaufen:

- durch Anlegen einer Hochspannung (ca. 1 kV) zwischen Target- und Substratelektrode Zündung einer Gasentladung im *Arbeitsgas* (meist Argon),
- Beschleunigung der positiven Argonionen zum negativ vorgespannten Target,
- Zerstäubung des Targetmaterials durch Wechselwirkung mit den hochenergetischen Ionen,
- Bewegung der Targetteilchen zum Substrat und Schichtbildung.

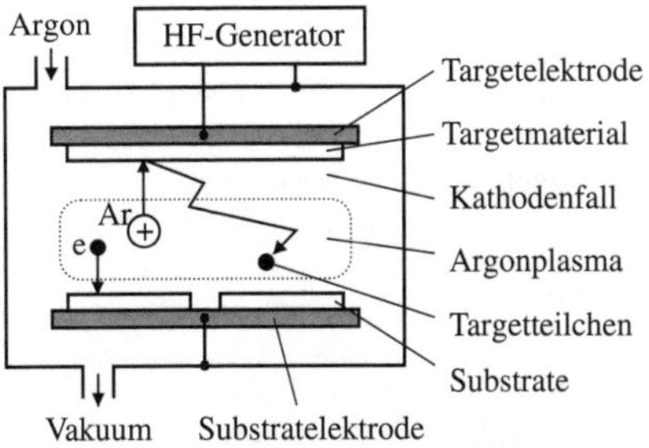


*Bild 11.31 Schematischer Aufbau einer Hochfrequenz-Sputteranlage mit Darstellung des Funktionsprinzips /11.40/, /11.56/*

11

Spannt man die Substratelektrode gegenüber der Targetelektrode negativ vor, so läßt sich ein Schichtabtrag von den Substraten erzielen (*Trockenätzen*, → 11.2.5.2).

In Abhängigkeit von aufzubringendem Schichtmaterial, der Schichtqualität und Kantenüberdeckung werden unterschiedliche **Sputterarten** eingesetzt (→ Tab. 11.6).

Die **Sputterrate (Stoßausbeute)** kennzeichnet die Anzahl vom Target abgestäubter Teilchen pro einfallendes Ion.

Sie ist vorrangig eine Funktion der Energie der Ionen (Elektrodenspannung), des Einfallswinkels der Ionen auf das Target sowie des Verhältnisses der relativen Atommassen von Arbeitsgas und Targetmaterial /11.44/, /11.45/. Bei

*Tabelle 11.6 Sputterarten /11.44/, /11.56/*

| Bezeichnung | Besonderheiten | Effekte |
|---|---|---|
| *Gleichspannungs-Sputtern* | Gleichspannung zw. Target- und Substratelektrode | Abscheidung elektrisch leitfähiger Schichten |
| *Hochfrequenz-(HF-) Sputtern* (→ Bild 11.31) | HF-Spannung zw. Target- und Substratelektrode | Abscheidung nahezu beliebiger Schichten |
| *Bias-Sputtern* | getrennte (unabhängige) Einkopplung von HF an die Elektroden | Kantenabschrägung, Einebnung von Oberflächenreliefs |
| *Co-Sputtern* | Sputtern von zwei Targets | Abscheidung zusammengesetzter Schichten |
| *Reaktives Sputtern* | Zugabe reaktiver Gase zum Arbeitsgas | Abscheidung zusammengesetzter Schichten |
| *Hochrate-Sputtern* | Anordnung von Magneten hinter die Targetelektrode (Magnetron) | Erhöhung der Abscheiderate |

gegebener Sputterrate läßt sich durch die Verstärkung des Ionisierungsgrades in der Gasentladung mittels Magnetron (→ Tab. 11.6) die Anzahl der einfallenden Ionen erhöhen, wodurch die Schichtaufwachsrate wächst.

### 11.2.3.5 Hochvakuumbedampfen

Das **Hochvakuumbedampfen** (*High Vacuum Evaporation*), auch kurz Bedampfen genannt, ist ein Abscheideverfahren, das durch das Verdampfen des Schichtmaterials im Hochvakuum mit anschließender Kondensation auf dem zu beschichtenden Substrat gekennzeichnet ist.

Durch das in der **Bedampfungsanlage** (→ Bild 11.32) erzeugte Hochvakuum (ca. $10^{-4}$ Pa) werden folgende Effekte erzielt:

- starke Reduzierung der Verdampfungstemperatur bis in die Größenordnung des Schmelzpunktes bei Normaldruck,
- wesentliche Erhöhung der mittleren freien Weglänge der verdampfenden Teilchen, dadurch geradlinige Teilchenausbreitung,
- Verhinderung chemischer Reaktionen (z. B. Oxydation) mit den verdampfenden Teilchen, dadurch sehr saubere Schichten.

Der **Bedampfungsvorgang** läßt sich in drei Etappen einteilen:

- Verdampfen der Teilchen aus dem Verdampfer,
- Transport der Teilchen aufgrund ihrer Eigenenergie zum Substrat,
- Kondensation der Teilchen und damit Schichtbildung auf dem Substrat.

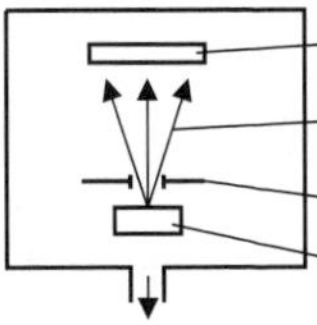


*Bild 11.32 Prinzipdarstellung einer Hochvakuumanlage*

Die **Schichtabscheiderate** als aufwachsende Schichtdicke pro Zeiteinheit ist im wesentlichen abhängig von der Verdampfer- und Substrattemperatur, den Eigenschaften des Verdampfungsmaterials (Sättigungsdampfdruck, molare Masse) und der Geometrie der Bedampfungsanlage /11.45/. Aufgrund unterschiedlicher Dampfdrücke der Einzelkomponenten können Legierungen nicht kontinuierlich aus einem Widerstandsverdampfer hergestellt werden (→ Tab. 11.7).

Die **Schichtdickenverteilung** auf dem ebenen Substrat gehorcht einer ausgeprägten $\cos^4 \psi$-Funktion /11.44/, /11.45/, die jedoch mittels Relativbewegung der Substrate zum Verdampfer während des Bedampfungsvorganges (Planetengetriebe, → Tab. 11.7) umgangen werden kann. Aufgrund einer, durch die geradlinige Teilchenausbreitung bedingten, ungenügenden Überdeckung von Schichtstufen /11.40/ wurde in der Mikroprozessorfertigung (hochintegrierte IC) das Bedampfen weitgehend vom Sputtern abgelöst.

Die unterschiedlichen **Realisierungsvarianten** sind in Tab. 11.7 zusammengefaßt.

*Tabelle 11.7 Varianten des Hochvakuumbedampfens /11.40/, /11.45/*

| Bezeichnung | Besonderheiten | Effekte |
|---|---|---|
| *Widerstandsverdampfen* bzw. *Induktionsverdampfen* | Widerstands- bzw. induktive Heizung des Verdampfers | Verdampfung elementarer, niedrig- bis mittelschmelzender Stoffe |
| *Mehrtiegel-Verfahren (Co-Evaporation)* | Einsatz mehrerer Verdampferquellen | Verdampfen von Legierungen möglich |
| *Impuls-(Flash-) Verdampfung* | impulsweises Verdampfen | Verdampfen von Legierungen möglich |
| *Elektronenstrahl-Verdampfung* | Einsatz einer Elektronenstrahlheizung | Verdampfen von Legierungen, präzise Steuerung |
| *Planetenverdampfer* | Substratbewegung über Planetengetriebe | gute Schichtdickenhomogenität |

### 11.2.3.6 Schleuderbeschichtung

Unter **Schleuderbeschichtung** (*Spin-Coating*) versteht man den Schichtauftrag von Flüssigkeiten mittels Zentrifugieren (→ Bild 11.33).

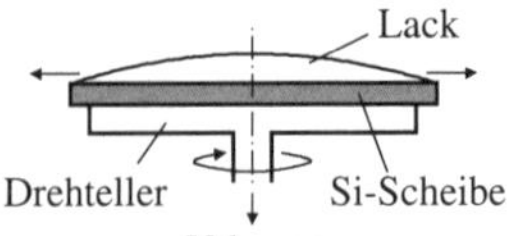


*Bild 11.33 Prinzipdarstellung der Schleuderbeschichtung /11.56/*

Die Flüssigkeit (Fotolack, Dotierlack etc.) definierter Viskosität wird mittels Dosiereinrichtung auf das zu beschichtende Substrat aufgetragen und in Rotation (ca. 3 000 ... 6 000 $\text{min}^{-1}$) versetzt. Durch die wirkende Zentrifugalkraft bildet sich eine homogene Schicht, wobei überflüssiger Lack abgeschleudert wird.

Die resultierende **Schichtdicke** $d$ ergibt sich aus der Winkelgeschwindigkeit $\omega$ der Zentrifuge und dem Feststoffgehalt $s$ des Lackes nach folgender empirischer Formel:

$$d = ks^2\omega^{-0,5}$$

Die Konstante $k$ ist eine Funktion der Materialeigenschaften des Lackes, der Beschleunigung der Zentrifuge und der Oberflächeneigenschaften des Substrates /11.45/.

## 11.2.4 Lithographie

**Lithographie** (*Lithography*) bedeutet Strukturierung, d. h. die Festlegung der lateralen Geometrie auf dem Chip.

### 11.2.4.1 Fotolithographie

Unter **Fotolithographie** (*Photolithography*) versteht man die Strukturierung mittels Licht.

Die wesentlichen **Prozeßschritte** der Fotolithographie sind in Tab. 11.8 dargestellt.

*Tabelle 11.8 Grundprinzip der Fotolithographie /11.40/, /11.45/, /11.56/*

| Prozeßschritt | Bemerkungen | Querschnittsskizze |
|---|---|---|
| *Beschichten* mit Fotoresist | mittels Aufschleudern (→ 11.2.3.6) | 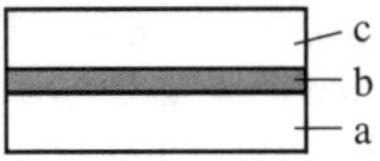  |
| *Resisttrocknung* (*Pre-* bzw. *Soft-Bake*) | Bildung einer festen Schicht durch Entweichen des Lösungsmittels | |
| *Belichten* über eine Maske (Schablone) | mittels UV-Licht, Strukturübertragung von der Schablone in die Resistschicht (latentes Bild) | 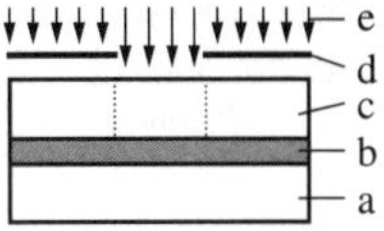  |
| *Entwickeln* | Umwandlung des latenten in ein reales Bild durch Entfernen der löslichen Bestandteile | 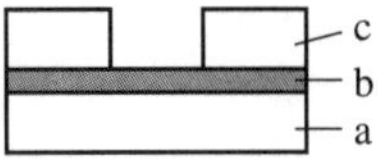  |
| *Resisttempern* (*Post-* bzw. *Hard-Bake*) | Erzielung der Ätzresistenz und Fixierung des Resists | |
| *Ätzen* | Übertragung der Resiststruktur in die Schicht | 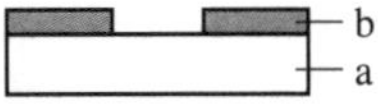  |
| *Resistablösen* (*Strippen*) | Entfernen des Resists | |

a Si-Substrat,
b Schicht (z. B. $SiO_2$, $Si_{poly}$, Al),
c Resist,
d Maske,
e UV-Licht



> Mit **Fotoresist** (*Photoresist*) bezeichnet man einen lichtempfindlichen Stoff (Fotopolymer), der zusätzlich eine Resistenz gegenüber Ätzmitteln aufweist und somit als Ätzmaske eingesetzt werden kann.

Er besteht aus einem Basislack, einer fotochemischen Komponente und einem Lösungsmittel.

In Abhängigkeit von der fotochemischen Umwandlung wird zwischen Positiv- und Negativresisten unterschieden:

- Bei **Positivresisten** werden die belichteten Stellen so umgewandelt, daß sie im anschließenden Entwicklungsprozeß ablösbar sind.
- **Negativresiste** besitzen die Eigenschaft, unter Lichteinwirkung höher zu vernetzen, so daß beim Entwickeln nur die unbelichteten Stellen abgelöst werden.

In der Mikroprozessorfertigung werden aufgrund wesentlicher Vorteile (Auflösung, technologische Verarbeitbarkeit) bevorzugt Positivresiste eingesetzt.

Die **Masken-(Schablonen-)Herstellung** (→ Bild 11.34) erfolgt in Abhängigkeit vom eingesetzten *Belichtungsverfahren* (→ Tab. 11.9).

Die **Belichtungsverfahren** dienen der lichtoptischen Übertragung der Maskenstruktur in den *Fotoresist* (→ Tab. 11.8). Einen Überblick über die technischen Realisierungsvarianten zeigt Tab. 11.9:

*Tabelle 11.9 Belichtungsverfahren /11.40/, /11.46/, /11.45/, /11.56/*

| Belichtungsverfahren | wesentliche Merkmale | Vor-/Nachteile (+/−) |
|---|---|---|
| *Kontaktbelichtung* (*Contact Printing*) | direkter mechanischer Kontakt zwischen Maske und Resistschicht | + hohes Auflösungsvermögen<br>+ geringe Anlagenkosten<br>− hoher Maskenverschleiß<br>− hohe Defektdichte im Resist |
| *Abstands-(Proximity-) Belichtung* | definierter Abstand (ca. 10 ... 50 µm) zwischen Maske und Resistschicht | + geringe Anlagenkosten<br>+ verringerter Maskenverschleiß<br>+ verringerte Defektdichte<br>− verringertes Auflösungsvermögen |
| *Projektionsbelichtung* (*Projection Scanning*) | Projektion der Maskenstruktur über Linsen- bzw. Spiegeloptiken auf die Resistschicht | + geringe Defektdichte<br>+ geringer Maskenverschleiß<br>− hohe Anlagenkosten<br>− bei großem Waferdurchmesser verringertes Auflösungsvermögen<br>− Schärfentiefeprobleme über komplette Waferfläche |
| *Schrittweise 1 : N-Projektion* (*Waferstepper*) | schrittweise und verkleinernde Projektion der Maskenstruktur auf die Resistschicht | + geringe Defektdichte<br>+ geringer Maskenverschleiß<br>+ hohes Auflösungsvermögen<br>+ geringe Schärfentiefeprobleme<br>− sehr hohe Anlagenkosten |

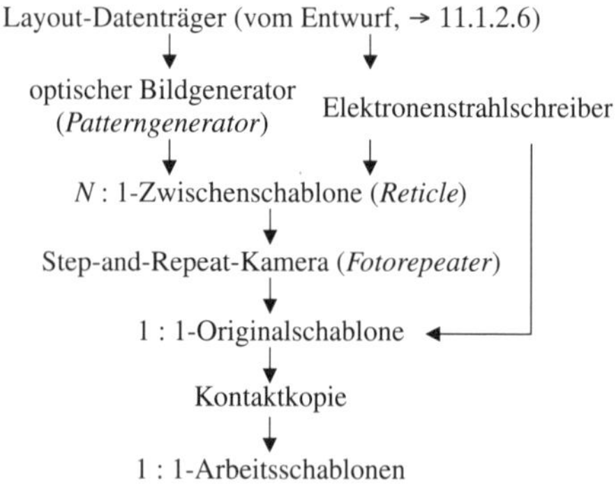


*Bild 11.34 Masken-(Schablonen-) Herstellung /11.44/, /11.56/*

Bedingt durch die sehr geringen Strukturbreitenabmessungen im Submikrometerbereich und eine geforderte sehr geringe *Defektdichte* auf dem Wafer werden in der Mikroprozessorfertigung trotz hoher Kosten bevorzugt Waferstepper eingesetzt. Eine weitere Erhöhung des *Auflösungsvermögens* ist mittels kurzwelligerer Lichtquellen im tiefen ultravioletten Bereich (z. B. Excimer-Laser) erreichbar.

### 11.2.4.2 Lithographiearten

Neben der Fotolithographie (→ 11.2.4.1) sind vorrangig unter dem Blickwinkel der Erhöhung des *Auflösungsvermögens* weitere Lithographiearten entwickelt worden, die sich prinzipiell in der Wellenlänge $\lambda$ der für die Strukturherstellung eingesetzten elektromagnetischen Strahlung unterscheiden:

- **Röntgenstrahl-(*X-Ray*-)Lithographie**: Einsatz von Röntgenstrahlung ($\lambda$ ca. 1 nm)
- **Elektronenstrahl-(*Electron-Beam*-)Lithographie**: Benutzung von Elektronenstrahlen ($\lambda$ ca. 0,01 nm)
- **Ionenstrahl-(*Ion-Beam*-)Lithographie**: Einsatz von Ionenstrahlung ($\lambda$ ca. $10^{-4}$ nm)

Derzeit findet die Elektronenstrahl-Lithographie bei der Herstellung der Masken für die lichtoptische Strukturübertragung (→ Bild 11.34) Anwendung.

### 11.2.5 Ätzen

Unter **Ätzen** (*Etching*) versteht man einen definierten Schichtabtrag mittels flüssiger oder gasförmiger Ätzmedien.

11

Der Ätzprozeß dient in der IC-Fertigung entweder dem ganzflächigen Schichtabtrag oder der Übertragung einer Fotoresiststruktur in eine zu strukturierende Schicht (→ Tab. 11.8).

Beim **isotropen Ätzen** ist der Ätzabtrag in allen Richtungen gleich. Unterscheiden sich die Ätzraten (z. B. Ätzabtrag in vertikaler Richtung größer als in horizontaler Richtung), liegt ein **anisotroper Ätzprozeß** vor (→ Bild 11.35).

Die **Ätzrate** nennt den Schichtabtrag pro Zeiteinheit.

Die **Selektivität** charakterisiert den selektiven Ätzangriff auf das zu ätzende Schichtmaterial in bezug auf andere Materialien (z. B. Maskierungsschicht, Substratmaterial etc.).

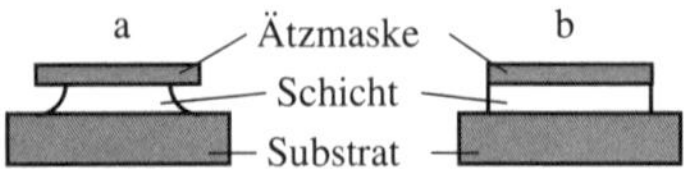


*Bild 11.35 Typische Ätzgeometrien /11.40/, /11.56/*
*a) isotropes Ätzen,*
*b) anisotropes Ätzen*

### 11.2.5.1 Naßchemisches Ätzen

**Naßchemisches Ätzen** (*Wet Etching*) heißt ein Schichtabtrag in chemischen Lösungen (Säuren, Laugen bzw. deren Verbindungen).

In Abhängigkeit vom zu ätzenden Schichtmaterial, der Maskierungsschicht, den konkreten Prozeßbedingungen etc. existiert eine Vielzahl unterschiedlicher **Ätzlösungen** /11.56/, denen jedoch einheitliche funktionelle Grundbestandteile gemein sind:

- *Oxydationsmittel*: chemische Oxydation des Schichtmaterials,
- *Komplexbildner*: Lösung der Oxydationsprodukte,
- *Lösungsmittel*: Festlegung von Viskosität und Konzentration,
- *Beschleuniger* bzw. *Verzögerer*: Beeinflussung der Ätzrate,
- *spezielle Zusätze*: Erhöhung der Selektivität der Ätzlösung.

Die **Eigenschaften** naßchemischer Ätzer sind bei der Wahl einer geeigneten Ätzlösung gekennzeichnet durch eine gut einstellbare und reproduzierbare *Ätzrate*, eine hohe *Selektivität* und eine geringe Oberflächenschädigung bzw. -kontamination. Mit Ausnahme des anisotropen Ätzens von Einkristallen wirken naßchemische Ätzer isotrop, was zu einer hohen *Unterätzung* in der Größenordnung der geätzten Schichtdicke führt (→ Bild 11.35a). Demzufolge ist eine Anwendung zur Strukturierung sehr kleiner Strukturbreiten nicht mehr gegeben.

### 11.2.5.2 Trockenätzen

**Trockenätzen** (*Dry Etching*) bedeutet Ätzen in gasförmigen Ätzmedien.

Bei den praktizierten **Trockenätzvarianten** kann der Ätzabtrag **physikalisch** durch Beschuß mit inerten Ionen in einem *Plasma*, **chemisch** durch eine Reaktion mit hochreaktiven *Radikalen* (F, Cl, Br, O) oder in Kombination auf **chemisch-physikalische Art** erfolgen (→ Tab. 11.10).

Die **Anwendung** der verschiedenen Trockenätzverfahren ergibt sich aus deren Eigenschaften (→ Tab. 11.10). Die physikalischen Verfahren (IE,IBE) kommen vor allem beim ganzflächigen Schichtabtrag mit geringer geforderter Anisotropie zum Einsatz (z. B. Einebnung von Oberflächenreliefs). Das chemische

*Tabelle 11.10 Trockenätzverfahren /11.45/, /11.56/*

| Bezeichnung | wesentliche Merkmale | Vor-/Nachteile (+/−) |
| --- | --- | --- |
| *Ätzsputtern* (IE – *Ion Etching*) | Beschuß mit inerten Ionen aus Plasmaentladung (Prinzip s. Sputtern, → 11.2.3.4) | + Abschrägung von Stufen<br>+ mittlere Anisotropie<br>− geringe Selektivität<br>− mäßige Ätzrate |
| *Ionenstrahlätzen* (IBE – *Ion Beam Etching*) | Beschuß mit separat erzeugtem inertem Ionenstrahl | |
| *Chem. Trockenätzen* (CDE – *Chemical Dry Etching*) | chem. Reaktion mit hochreaktiven Radikalen (→ Bild 11.36) | + hohe Selektivität<br>+ hohe Ätzraten<br>− keine Anisotropie |
| *Reaktives Ionenätzen* (RIE – *Reactive Ion Etching*) | Auslösung einer chemischen Reaktion durch Ionenbeschuß aus einem Plasma | + sehr hohe Anisotropie<br>+ hohe Ätzraten<br>− mittlere Selektivität |
| *Reaktives Ionenstrahlätzen* (RIBE – *Reactive Ion Beam Etching*) | Auslösung einer chemischen Reaktion durch einen separat erzeugten Ionenstrahl | |

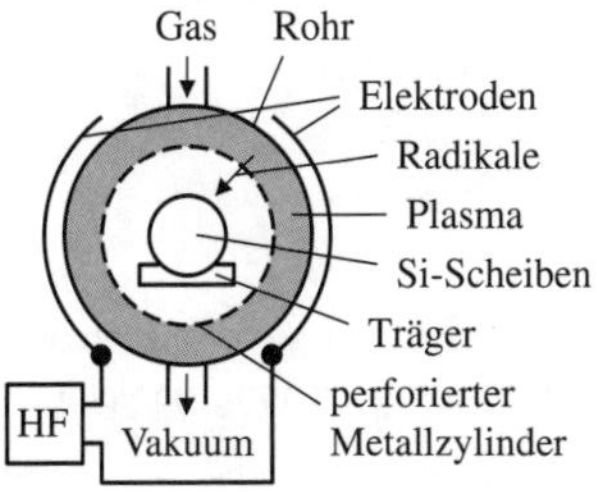


*Bild 11.36 Prinzipdarstellung eines Tunnel-(Barrel-)Reaktors für das chemische Trockenätzen /11.45/*



Trockenätzen findet bevorzugt beim hochselektiven ganzflächigen Schichtabtrag Anwendung (z. B. Resistablösen im $O_2$-Plasma). Auf Grund der hohen Anisotropie und der damit verbundenen sehr geringen Unterätzungen (→ Bild 11.35b) nehmen die chemisch-physikalischen Verfahren eine zentrale Stellung in der Strukturierung von hochintegrierten IC mit Strukturbreiten im Sub-μm-Bereich ein.

## 11.2.6 Dotierung

Unter **Dotierung** (*Doping*) versteht man das gezielte Einbringen von Fremdstoffen in einen Halbleiter zur Schaffung definierter elektronischer Eigenschaften (elektrische Leitfähigkeit, Leitfähigkeitstyp, Rekombinationsverhalten etc.).

Die wesentlichsten *Dotierstoffe* für Silizium sind Bor (p-leitende Gebiete) bzw. Phosphor, Arsen und Antimon (n-leitende Gebiete). Die Dotierung geschieht größtenteils selektiv über eine zuvor hergestellte Dotierungsmaske (→ Bild 11.26) mittels *Diffusion* (→ 11.2.6.1) oder *Ionenimplantation* (→ 11.2.6.2).

### 11.2.6.1 Diffusion

Mit **Diffusion** bezeichnet man eine gerichtete Teilchenbewegung unter dem Einfluß eines Konzentrationsgefälles.

Der *Teilchenfluß F* erfolgt i. d. R. in Richtung ($x$-Koordinate) der Abnahme des Konzentrationsgradienten ($\mathrm{d}N/\mathrm{d}x$). Diesen Sachverhalt widerspiegelt das 1. Ficksche Gesetz (in eindimensionaler Form)

$$F = -D\frac{\mathrm{d}N}{\mathrm{d}x}$$

wobei der Proportionalitätsfaktor $D$ als *Diffusionskoeffizient* bezeichnet wird. Die Änderung der *Konzentrationsverteilungen* $N = f(x)$ über die Diffusionszeit $t$ beschreibt das 2. Ficksche Gesetz (Diffusionsgleichung):

$$\frac{\mathrm{d}N}{\mathrm{d}t} = D\frac{\mathrm{d}^2N}{\mathrm{d}x^2}$$

Durch Festlegung praxisrelevanter Randbedingungen lassen sich die **Konzentrations-(Dotanten-)Verteilungen** aus der Diffusionsgleichung berechnen. Den prinzipiellen Dotantenverlauf zeigt Bild 11.37.

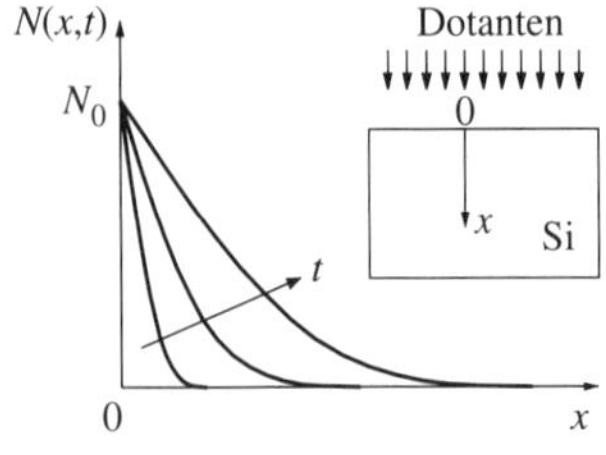


*Bild 11.37 Schematische Darstellung der Dotantenverteilungen bei der Diffusion ($N_0$ Dotantenkonzentration an der Oberfläche) /11.40/, /11.45/*

Die **technische Realisierung** erfolgt vorzugsweise in *Horizontalrohröfen* ähnlich der *thermischen Oxydation* nach Bild 11.28 mit entsprechenden Modifizierungen in Abhängigkeit von den benutzten Dotantenquellen. Die Prozeßtemperaturen liegen je nach eingesetzten Quellen bei ca. 200 . . . 1 200 °C. Aufgrund der starken thermischen Abhängigkeit des *Diffusionskoeffizienten* muß eine sehr hohe Temperaturkonstanz eingehalten werden.

Als **Dotantenquellen** werden feste (z. B. BN, As), flüssige (z. B. $BBr_3$, $POCl_3$, dotierstoffhaltige Lacke) und gasförmige Stoffe (z. B. $B_2H_6$, $PH_3$, $AsH_3$) eingesetzt /11.56/. Ähnlich der Unterätzung beim naßchemischen Ätzen (→ Bild 11.35a) ist eine Unterwanderung (*Unterdiffusion*) der Dotierungsmaske zu verzeichnen, wodurch die Diffusion im hochintegrierten Bereich an Bedeutung verliert und trotz vergleichsweise geringer Prozeßkosten durch die *Ionenimplantation* (→ 11.2.6.2) ersetzt wird.

### 11.2.6.2 Ionenimplantation

Bei der **Ionenimplantation** (*Ion Implantation*) wird eine Dotierung durch den Beschuß des Halbleitermaterials mit hochbeschleunigten, energiereichen Dotantenionen erzielt.

In einer **Ionenimplantationsanlage** (→ Bild 11.38) laufen folgende Hauptprozesse ab:

- Plasmaionisation geeigneter *Dotantenverbindungen* (z. B. $BF_3$, $PH_3$, $AsH_3$) in der Ionenquelle,
- Extraktion der Ionen aus der Ionenquelle und Formierung zu einem *Ionenstrahl*,
- Reinigung des Ionenstrahls durch elektromagnetische Massentrennung im *Massenseparator*,
- Strahlfokussierung über elektromagnetische Linsen, Strahlablenkung (rasterförmig) und Einschuß der Ionen in die Si-Scheibe.

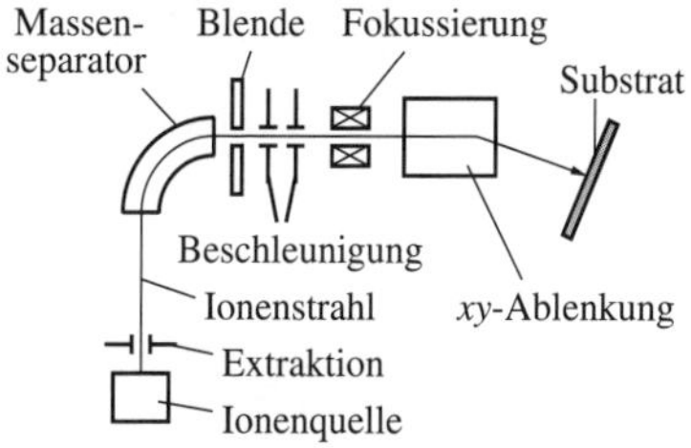


*Bild 11.38 Prinzipdarstellung einer Ionenimplantationsanlage /11.45/, /11.56/*

Je nach erforderlichem Dotantenprofil (→ Bild 11.39) liegt die Energie der Ionen im Bereich von ca. 25 ... 180 keV. Die Anzahl der eingeschossenen Ionen (*Implantationsdosis*) kann über Ladungsmessungen an der Implantationsanlage genau eingestellt werden, wodurch im Unterschied zur Diffusion sehr gut reproduzierbare Dotantenverteilungen realisierbar sind.

Die typischen **Dotantenverläufe** bei der Ionenimplantation (→ Bild 11.39) folgen näherungsweise einer Gauß-(Normal-)Verteilung.

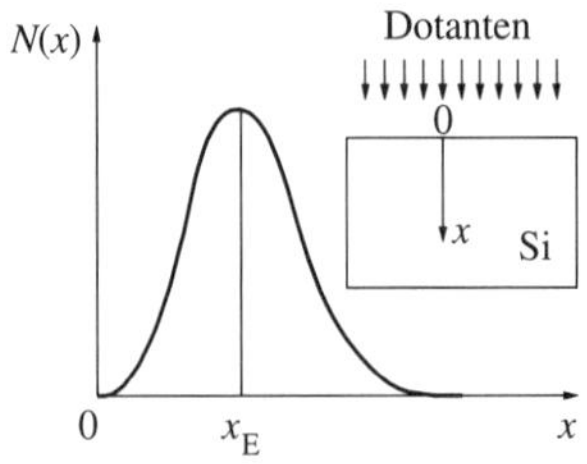


*Bild 11.39 Typische Dotantenverteilung bei der Ionenimplantation ($x_E$ mittlere Eindringtiefe bzw. Reichweite) /11.40/*

Die *mittlere Eindringtiefe* ist im wesentlichen eine Funktion der Einschußenergie (Beschleunigungsspannung) und des Einschußwinkels der Ionen und damit genau reproduzierbar /11.45/, /11.56/. Die durch Streueffekte der Ionen an den Gitterbausteinen des Siliziums hervorgerufene Maskenunterwanderung ist im Vergleich zur Diffusion sehr gering, so daß trotz hoher Prozeßkosten die Ionenimplantation das dominierende Dotierungsverfahren in der Fertigung hochintegrierter Schaltkreise darstellt.

Aufgrund der Wechselwirkungen der eingeschossenen Ionen mit dem Atomgitter (Kern- und Feldbremsung) kommt es während der Implantation zu einer Zerstörung des einkristallinen Siliziums. Dieser nachteilige Effekt wird durch ein nachfolgendes **Ausheilen** (Rekristallisation) mittels *Tempern* (Temperaturbehandlung) rückgängig gemacht, wobei gleichzeitig eine elektrische Aktivierung der Dotanten durch deren Plazierung auf reguläre Gitterplätze erreicht wird. Das Ausheilen erfolgt in Abhängigkeit vom Zerstörungsgrad des Gitters bei ca. 600 . . . 1 000 °C /11.45/ und wird oftmals in Kombination mit dem Eintreiben der Dotanten in die Tiefe des Siliziums mittels *Diffusion* (→ 11.2.6.1) verbunden.

# 12 Architektur ausgewählter Mikroprozessoren

## 12.1 Intel-Prozessoren

### 12.1.1 Einleitung

Unter dem Fokus der zunehmenden Fragmentierung des IT-Marktes und den stärker divergierenden Anforderungen in den einzelnen Marktsegmenten hat Intel seine Produktstrategie neu definiert. Mit dem Ziel, den jeweils optimalen Prozessor für den Desktop-, Mobil-, Server- und Workstation-Markt anzubieten, entwickelte Intel spezielle dafür angepaßte Produkte (→ Bild 12.1). Die Basistechnologie der verschiedenen Plattformen ist die P6-Mikroarchitektur, die entsprechend den Anforderungen der einzelnen Segmente diversifiziert wurde.

### 12.1.2 Intel-Prozessoren-Typenübersicht

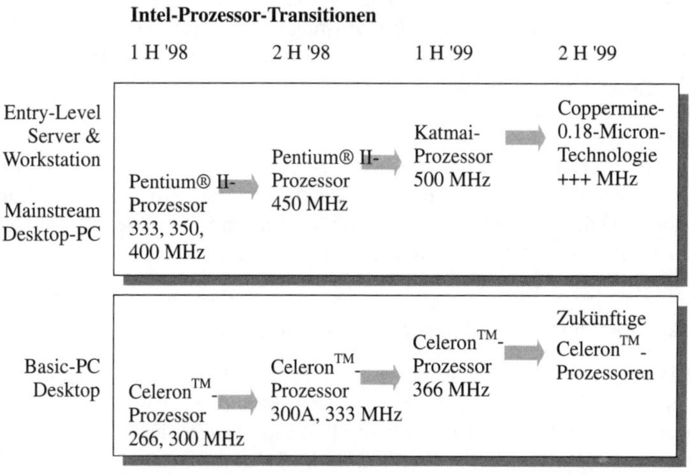


*Bild 12.1 Intel-Prozessor-Transitionen*

### 12.1.3 Hauptmerkmale des P6-Prozessorkerns

#### 12.1.3.1 Dual-Independent-Bus-Architektur

Um den gestiegenen Anforderungen von Anwendungen gerecht zu werden und Reserven für kommende Prozessorgenerationen zu schaffen, hat Intel die Dual- Independent-Bus-Architektur zur Überwindung noch bestehender Grenzen der Bandbreite in der Architektur der PC-Plattform entwickelt. Die Dual-Independent-Bus-Architektur wurde erstmals im Pentium® Pro-Prozessor implementiert und wird mit dem Pentium® II-Prozessor nunmehr auf breiter Basis verfügbar. Intel entwickelte die Dual-Independent-Bus-Architektur, um die Bandbreite des Prozessorbusses zu erweitern. Durch das Vorhandensein zweier voneinander unabhängiger Busse kann der Pentium® II-Prozessor gleichzeitig und parallel über jeden Bus auf Daten zugreifen, anstatt die Zugriffe nacheinander ausführen zu müssen.

Die Dual-Independent-Bus-Architektur setzt sich aus einem Bus zwischen Prozessorkern und Zwischenspeicher (L2-Cache-Bus) sowie aus einem Bus zwischen Prozessorkern und Hauptspeicher (Systembus) zusammen. Der Pentium® II-Prozessor kann beide Busse gleichzeitig nutzen. Die Geschwindigkeit des dedizierten L2-Cache-Busses auf dem Pentium® II-Prozessor paßt sich automatisch der Taktfrequenz des Prozessors an. Mit der wachsenden Taktfrequenz der künftigen Pentium® II-Prozessoren wird demnach auch die Geschwindigkeit des L2-Cache steigen.

Der Systembus in Pipeline-Technologie wiederum gestattet beim Pentium® II-Prozessor die gleichzeitige, parallele Ausführung von Transaktionen – im Gegensatz zu der einzelnen, sequentiellen Abarbeitung beim Systembus älterer Prozessoren für den Socket 7. Dies beschleunigt den Informationsfluß innerhalb des Systems und verringert die Wartezeiten des Prozessors. Diese Verbesserungen durch die Dual-Independent-Bus-Architektur ermöglichen einen bis zu dreimal höheren Datendurchsatz gegenüber Prozessoren mit nur einem Bus. In Zahlen bedeutet dies, die Geschwindigkeit zwischen dem Prozessor im Slot 1 und dem Second-Level-Cache erhöht sich von 533 MByte/s auf bis zu 3,2 GByte/s gegenüber einer Sockel-7-Implementierung.

#### 12.1.3.2 Intels 0,25-Mikrometer-Technologie

Die P6-Mikroarchitektur wird mit der 0,25-Mikrometer-Prozeßtechnologie gefertigt und enthält etwa 7,5 Millionen Transistoren. Um zu verdeutlichen, in welchen Größenverhältnissen sich eine Fertigung bewegt, die 0,25 Mikrometer realisiert, bietet sich der Vergleich zu der Dicke des menschlichen Haares an. Das menschliche Haar ist ca. 400mal dicker als die Strukturbreiten auf einem Intel-Pentium® II-Prozessor. Durch die reduzierte Strukturbreite des P6-Kerns auf 0,25 Mikrometer und eine Technologie von Intel zur Reduktion der elektrischen Spannung von Prozessoren ist eine Absenkung der Versorgungsspannung des Prozessorkerns möglich. Die Toleranz der Signale zu den äußeren Komponenten wie Chipset und Speicher bleibt unverändert. Dies erlaubt der Industrie, die bestehenden Komponenten auch mit dieser Prozessorgeneration weiterzuverwenden. Für den Anwender resultieren daraus zwei Vorteile. Zum einen bleiben die Preise für die Neuanschaffung stabil, und zum anderen steigt der Stromverbrauch nicht überproportional. Daher werden keine zusätzlichen Lüfter mit den damit verbundenen Geräuschentwicklungen benötigt. Außerdem unterstützt diese Prozessorgeneration jegliche Formen des Powermanagements.

#### 12.1.3.3 Dynamic-Execution

Dynamic-Execution wurde erstmals mit dem Pentium® Pro-Prozessor eingeführt und ist eine innovative Kombination aus drei Verarbeitungsverfahren, mit denen der Prozessor Daten effizienter verarbeiten kann. Die Verfahren heißen multiple Sprungvoraussage, Datenflußanalyse und spekulative Ausführung. Dynamic-Execution ermöglicht dem Prozessor eine effizientere Verarbeitung von Daten als das sequentielle Abarbeiten einer vorgegebenen Liste von Befehlen. Die Art, wie Software programmiert ist, kann die Leistung eines Prozessors beeinflussen. Der Intel-Pentium® II-Prozessor ist sehr viel besser in der Lage, mit Sprüngen oder Verzweigungen umzugehen, als seine Vorgänger.

**Multiple Sprungvoraussage**. Dieses Verfahren ermöglicht die Vorausbestimmung des Programmablaufs über mehrere Verzweigungen hinweg. Der Algorithmus für die multiple Sprungvoraussage erlaubt es dem Prozessor, Sprünge, d. h. die Adresse, an der sich der nächste auszuführende Befehl befindet, sehr genau im voraus zu bestimmen. Die Genauigkeit dieser mehrfachen Sprungvoraussage liegt bei ca. 90 %. Zusätzlich ist der Prozessor auch in der Lage, sich auf Sprünge in verschiedene Richtungen optimal vorzubereiten. Das bedeutet zum Beispiel das Füllen von sogenannten Prefetch-Queues.



**Datenflußanalyse**. Die Datenflußanalyse erlaubt dem Prozessor, die auszuführenden Befehle zu analysieren und in eine optimale Ausführungsreihenfolge zu bringen. Dies erfolgt mehr oder weniger unabhängig von der ursprünglichen Reihenfolge im Programm. Der Prozessor untersucht hierbei die decodierten Befehle und stellt fest, ob die für die Ausführung benötigten Daten zur Verfügung stehen. Ist dies nicht der Fall, wird geprüft, ob es andere von dem aktuellen Befehl unabhängige Befehle mit verfügbaren Daten (Daten im

First-Level-Cache) gibt. Diese werden dann in der Zwischenzeit ausgeführt. Stehen die Daten für den ersten Befehl zur Verfügung, wird dieser ausgeführt. Es gibt fünf solcher Ausführungseinheiten. Die ausgeführten Befehle wandern dann in einen sogenannten Instruktionspool. Im nächsten Schritt müssen diese Befehle natürlich wieder in die ursprüngliche Reihenfolge gebracht werden. Das wird von einer eigenen Einheit des Prozessors parallel zu den vorhergehenden Aktivitäten erledigt. Damit wird die Wartezeit minimiert und zwar unabhängig von den Resultaten, die ein Software-Compiler liefert. Die Software muß also nicht für den Pentium® II-Prozessor zusätzlich optimiert werden.

**Spekulative Ausführung**. Die spekulative Ausführung in Verbindung mit der Datenflußanalyse und der multiplen Sprungvoraussage erlaubt durch Analyse des Programmcodes die Anweisungen auszuführen, die am wahrscheinlichsten an der Reihe sein werden. Daraus resultiert eine höhere Auslastung und auch höhere Verarbeitungsgeschwindigkeit. Im Rahmen der superskalaren Architektur findet diese Technologie Anwendung auf alle fünf Ausführungseinheiten. Die spekulativ verarbeiteten Befehle, welche auf vorausgesagten Verzweigungen basieren, werden als „spekulative Ergebnisse“ zwischengespeichert. Wird die Stelle der Verzweigung erreicht, tritt im Fall der korrekten spekulativen Vorhersage keine Wartezeit auf.

### 12.1.3.4 Intel-MMX™-Technologie

Die MMX™-Technologie verbessert die Kompression und Dekompression von Videodaten, die Bildbearbeitung, die Verschlüsselung und die I/O-Verarbeitung, welche alle in verschiedenen modernen Office-Paketen und fortschrittlichen geschäftlich genutzten Multimedia-, Kommunikations- und Internet-Anwendungen Verwendung finden. Auch profitieren Spiele und andere multimediale Anwendungen, die hauptsächlich zu Hause im privaten Sektor genutzt werden, von dieser neuen Technologie.

Die MMX™-Technologie basiert auf einigen architektonischen Erweiterungen des Prozessorkerns. Zunächst wurden 8 Register hinzugefügt, welche den Mantissen der Floating-Point(Gleitkomma)-Register überlagert sind. Sie haben eine Breite von 64 bit.

Genutzt werden sie entweder mit 8-, 16- oder 32-bit-Datentypen. Bei 8 bit breiten Typen können acht gleichzeitig bearbeitet werden, bei 16 bit vier und bei 32 bit zwei. Die Daten werden innerhalb der 64-bit-MMX™-Register in gepackter Art verwendet. Die Register werden zwar den Floating-Point-Registern überlagert, arbeiten selbst aber mit gepackten Integer-Daten (Ganzzahlarithmetik). 8-bit-Integer werden z. B. im Zusammenhang mit Videodaten, Farben und Pixeldaten verwendet, 16-bit-Datentypen sind zu finden im Bereich Videokompression (und Dekompression) sowie Audio.

Die MMX™-Technologie ermöglicht es, 8, 4 oder 2 gleiche Datentypen in einem Durchlauf (Taktzyklus) zu verwenden. Diese Technologie der Bearbeitung von gleichen Datentypen mit einer Instruktion (Befehl) nennt man SIMD, Single-Instruction-Multiple-Data.

Natürlich werden zur Realisierung dieser Architekturerweiterung neue Befehle zum Laden dieser neuen Register, zum Bearbeiten, zum Verändern der Inhalte (Addieren, Subtrahieren, Multiplizieren, Dividieren etc.), zum Umschalten in den Modus, zum Sichern des alten Zustandes und Wiederherstellen der Zustände benötigt. Daraus resultieren 57 neue Instruktionen im Zusammenhang mit der Einführung der MMX™-Technologie.

Der Vorteil dieser Art der Implementierung, der Überlagerung von vorhandenen Registern gegenüber der Einführung neuer Register, liegt für Betriebssystemhersteller klar auf der Hand. Sie brauchen aus ihrer Sicht nichts anzupassen. Für die Anwendungsentwickler, die die MMX™-Befehle nutzen möchten, bot Intel ca. 18 Monate vor der Einführung der Erweiterung schon Software-Entwicklungswerkzeuge, erste Compiler, Code-Analysewerkzeuge und personelle Unterstützung an. Diese Werkzeuge sind heute über Intel zu erhalten unter dem Namen VtuneT. VtuneT erlaubt es, Stellen innerhalb des Programmcodes zu finden, die durch die Verwendung von MMX™-Befehlen einen hohen Grad an Optimierung erfahren können. Dies enthebt den oder die Entwickler zwar nicht vom Finetuning in einer maschinennahen Programmiersprache, wie Assembler, aber erlaubt schon sehr viele und effiziente, hochanspruchsvolle Optimierungen, vorzugsweise in C, C++ oder Visual Basic, vorzunehmen. Es werden hier Routinen optimiert, die vielleicht nur 10 % des Programmcodes einnehmen, aber 90 % der Laufzeit ausmachen, da sie mehrfach durchlaufen werden.



- *Beispiel*: Als Beispiel läßt sich ein Filter der DTP-Anwendungssoftware Photoshop aus dem Hause Adobe Software anführen. Beim Einsatz von Filtern werden Pixeldaten bearbeitet, d. h. 8-bit-Datentypen. Anstatt nun eine sequentielle Bearbeitung mit Pixelschrittweite zu verwenden, ermöglicht die MMX™-Technologie, diese auf $(8 \times 8)$ bit pro Schleifendurchlauf zu erhöhen. Im Rahmen der Gesamtanwendung macht sich das mit dem Faktor 4 bemerkbar, was in diesem Fall schon eine erhebliche Beschleunigung bedeutet.

Der Anwendungsentwickler hat die Möglichkeit, zwei Typen von Bibliotheken bei seinen Produkten mitzuliefen und während der Programmlaufzeit zu entscheiden, welche er im gegebenen System nutzen möchte bzw. kann. Er prüft in einem der Prozessorstatusregister das Bit 23 und stellt entweder einen Prozessor mit MMX™-Erweiterung fest, verwendet dann die Bibliothek für MMX™-Technologie optimiert oder im anderen Fall eben die herkömmliche.

In heutiger Software finden die MMX™-Erweiterungen fast ausnahmslos Anwendung. Selbst Betriebssystem-APIs (*Application Program Interfaces*) wie DirectX™ greifen schon auf die MMX™-Technologie zurück. Textverarbeitungsprogramme verwenden die neuen Befehle bei der Rechtschreibprüfung.

Die MMX™-Technologie des Pentium® II-Prozessors ist binärkompatibel zur MMX™-Technologie des Pentium®-Prozessors, sorgt jedoch in enger Verbindung mit der fortschrittlichen Architektur im Kern des Pentium® II-Prozessors für noch höhere Leistung. Die MMX™-Implementierung im Pentium® II-Prozessor profitiert zum einen von Dynamic-Execution und zum anderen von der leistungsstarken und engen Anbindung des Second-Level-Caches. Somit wird maximale Leistung für Multimedia- und Kommunikationsfunktionen (Softaudio und Softmodem) geboten.

## 12.1.4 Besonderheiten

### 12.1.4.1 Pentium® II-Prozessor

**SEC-Kassette (*Single Edge Contact Cartridge*, S.E.C.C.)**

Die **SEC-Cartridge** (*Single Edge Contact*) ist ein innovatives Gehäusedesign, welches die Integration von Prozessorkern und L2-Cache innerhalb einer Kassette ermöglicht. Diese Technologie besteht aus einem Kunststoff- und Metallverbund. Die Subkomponenten sind im SMD-Verfahren direkt auf ein Substrat innerhalb der Kassette aufgebracht, so daß sehr hohe Taktfrequenzen möglich werden. Die Technologie der SEC-Kassette ermöglicht die Verwendung weithin verfügbarer hochleistungsfähiger Burst-SRAM-Speicherbausteine für den dedizierten Second-Level-Cache.

Im Gegensatz zu den vielen Pins der herkömmlichen PGA(*Pin Grid Array*)-Gehäuse wird der Pentium® II-Prozessor durch Kontakte auf einer Steckerleiste mit dem Motherboard verbunden. Entsprechend ersetzt der Slot-1-Steckplatz den Sockel 7 früherer Systeme. Alle Versionen des Pentium® II-Prozessors sind ebenfalls kompatibel mit dem Slot-1-Steckplatz.

Um die Kosten anzupassen und die Wärmeabführung zu optimieren, wird das S.E.C.C. gerade durch ein neues, leicht modifiziertes S.E.C.C. 2-Gehäuse abgelöst. Das bestehende Gehäuse wurde um die wärmeabführende Metallplatte erleichtert und erlaubt es den Herstellern von Systemen, die Kühlkörper in direkter Form auf dem Prozessorkern anzubringen. Zwei Verpackungsvarianten sind seit der Einführung des S.E.C.C. 2 und der 0,25-Mikrometertechnologie möglich: das PLGA(*Pin Large Grid Array*)-Gehäuse und das OLGA(*Organic Large Grid Array*)-Gehäuse, eine Form des C4-Flip-Chip.

Intel ist dadurch in der Lage, neue Prozessorkernverpackungen anzubieten, die bessere thermische Eigenschaften aufweisen und somit die Verlustleistung reduzieren und die Qualität verbessern.

**Leistung**

Mit der zunehmenden Verbreitung von grafisch anspruchsvollen Anwendungen wird die Leistung von Mikroprozessoren und PCs immer mehr gefordert. Videokonferenzen, Bildbearbeitung, 3-D-Grafik, Stereoton und andere multimediale und rechenintensive Anwendungen stehen beispielhaft für typische Applikationen von Visual-Computing.

Diese werden mehr und mehr zu Standardanwendungen in Unternehmen. Zusätzlich zur traditionell wichtigen Rechenleistung bei Operationen mit ganzen Zahlen („Integer -Leistung") fußen diese Anwendungen auf Berechnungen mit Fließkommazahlen (wichtig z. B. bei 3-D-Grafiken) und auf der direkten Ausführung von Multimediabefehlen. Die Leistungsfähigkeit entlang dieser drei Vektoren – Ganzzahl-, Fließkomma- und Multimediaberechnungen – ist entscheidend für die schnelle Ausführung von modernen Anwendungen im Bereich des Visual-Computing. Alle drei Vektoren zusammen bestimmen maßgeblich die Geschwindigkeit, mit der Software von Mikroprozessoren bearbeitet wird.

Hinzu kommt noch ein erhöhter Bedarf an Daten bei bestehenden Bussystemen. Die Pentium® II-Architektur erlaubt neue Formen der Befehlsabarbeitung, wie schon gezeigt in dem Absatz über Dynamic-Execution. Um das Bild aus der Systemsicht zu komplettieren, wurde auch ein neuer Prozessorbus entwickelt und implementiert. Dieser Bus heißt **P6-Bus**. Er wurde erstmalig mit dem Pentium Pro realisiert und ist heute der Standardprozessorbus in Pentium® II-Prozessor-basierenden Systemen. Dieser Bus hat die Multiprozessorfähigkeit schon als Grundbaustein. Das bedeutet, es wird keine zusätzliche Hardware (Komponenten, wie spezielle ASICs) benötigt, um die Multiprozessorfähigkeit des Busses zu erlangen. Ein zusätzlicher Vorteil gegenüber dem Pentium Bus oder Sockel-7-Bus liegt noch in der Menge der Anfragen, die gleichzeitig auf dem Bus liegen können. Bei dem Sockel 7 war dies eine, d. h. mit einer Anfrage war der Bus blockiert. Bei dem P6-Bus sind es vier. Dies führt dazu, daß der Prozessor nicht unbedingt lange auf die Beantwortung einer Speicheranfrage warten muß, sondern gleich mit einer nächsten folgen kann. Der Second-Level-Cache wiederum kann auch mehrere Anfragen gleichzeitig bearbeiten, ist also nicht geblockt. Auch dies ist eine wesentliche Veränderung zu Sockel-7-basierenden Systemen. Diese Busprotokollerweiterungen verfolgen nur ein Ziel: Die Wartezeit eines immer schneller werdenden Prozessors soll minimiert werden. Mit anderen Worten, Daten sollen in kürzerer Zeit dem Prozessor zur Verfügung gestellt werden. Multimediale,

3-D-Audio-, grafische, Video- und Standarddaten sollen einerseits von dem Prozessor mit seinen leistungsstarken Abarbeitungseinheiten schnell ausgeführt werden, andererseits müssen diese neuen Datenmengen aber auch mit bestehender Speicher- und Peripheriebusarchitektur sehr effizient bereitgestellt werden. Der P6-Bus spielt hier eine entscheidende Rolle.

### Weiterentwicklungen

Mit einer Taktfrequenz von zunächst 500 MHz wird Anfang 1999 der Nachfolger des Pentium® II-Prozessors auf dem Markt eingeführt. Sein Code-Name ist **„Katmai"** und steht sowohl für die erste Generation des neuen Prozessors als auch für den neuen Befehlssatz, der „Katmai New Instructions" oder auch „Streaming SIMD Extensions" genannt wird. Von diesen rund 70 neuen Anweisungen werden vor allem gleitkommaintensive Anwendungen profitieren. Moderne Spiele mit realistischen 3-D-Darstellungen (mehreren Lichtquellen, mehreren exakt berechneten Schatten, vielen eigenständigen Objekten, veränderbaren Texturen), Videowiedergabe und -aufzeichnung (gleichzeitig) in MPEG-II-Qualität, 3-D-Grafik für professionelle Anwendungen, professionelle Audioandwendungen (LPs rauschfrei digitalisieren, Dolby AC 3 erzeugen, wiedergeben) und Spracherkennung gehören zu den komplexen Aufgaben, die der Hauptprozessor dann erledigen kann. Bei Katmai wird dies realisiert unter Zuhilfenahme von neuen Registern. Die neuen Prozessoren verfügen über acht zusätzliche 128-bit-Register, in denen in erster Linie Gleitkommazahlen mit einfacher Genauigkeit (d. h. 23-bit-Genauigkeit oder Mantisse) verwendet werden können. Es können eine Vielzahl von Operationen durchgeführt werden, die es dem Programmierer erlauben, Gleitkommavorteile erfolgreich und leistungsstark zu verwenden. Auch hier wurde wieder eine Werkzeugkiste für Entwickler bereitgestellt.

Im Unterschied zu der MMX™-Implementierung wurden hier neue Register eingeführt, was eine Unterstützung der Betriebssystemhersteller bedingt. Sie müssen sicherstellen, daß bei dem Umschalten von einer Katmai-Anwendung zu einer anderen, die neuen Registerzustände gesichert werden. Alle großen Hersteller von Betriebssystemen haben hier ihre Unterstützung zugesagt. Die neue Einheit SIMD-FP (*Single Instruction Multiple Data-Floating Point*) ermöglicht das gleichzeitige Bearbeiten mehrerer Daten, aber eben nicht nur Integer wie bei der herkömmlichen MMX™-Erweiterung, sondern Gleitkommawerte mit einfacher Genauigkeit. Dabei ist der Katmai in der Lage, SIMD-FP zusammen mit MMX™ oder den gewöhnlichen Gleitkommaoperationen auszuführen. Dies kann wiederum gleichzeitig geschehen.

Das Memory-Streaming ist eine weitere neue Eigenschaft des Katmai-Prozessors und wird mittels einiger der neuen Instruktionen realisiert. Es stellt eine Erweiterung des P6-Busses dar, mit welcher der Einsatz des Speichers dem schnelleren Prozessor angepasst werden soll. Hier erhält der Entwickler die Möglichkeit, mehr Kontrolle über seine Daten im Level-1- oder Level-2-Cache auszuüben. Diese stellen sehr wirksame Erweiterungen dar, um größere Datenmengen im Level-1- und Level-2-Cache und im Speicher zu verwalten, da jetzt nicht nur mehr Datenmengen aufgrund höherer Taktraten benötigt werden, sondern auch wegen der größeren Register von 128 bit.

Schließlich sind einige Befehle, die bei MPEG-2 oder bei der Sprachwiedergabe vorkommen, direkt in den Prozessor integriert, man denke hier an die Funktionen aus der Statistik, MIN, MAX und Durchschnitt oder Standardabweichung. Diese Befehlssatz- und Registererweiterung erlaubt es, dem PC-Benutzer wieder einen neuen Level von Anwendungen zugänglich zu machen.

#### 12.1.4.2 Pentium® II Xeon™-Prozessor

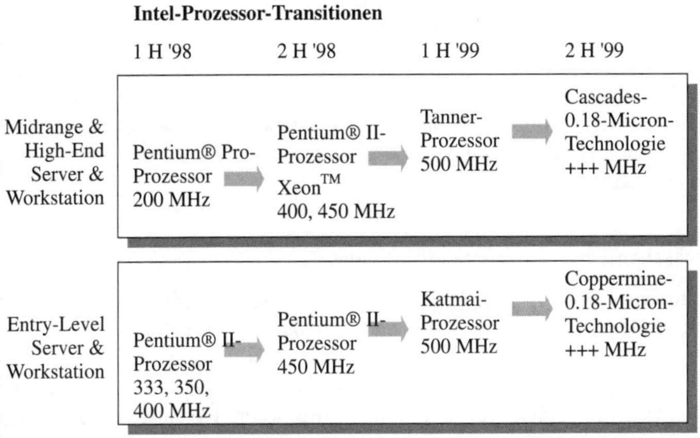


*Bild 12.2 Intel-Prozessor-Transitionen*

Der Pentium® II Xeon-Prozessor wurde entwickelt, um den Anforderungen von Server- und Workstation-Anwendungen, wie Internet-Dienstleistungen oder Datenbankanwendungen in Unternehmen gerecht zu werden (→ Bild 12.2). Eine Vielzahl innovativer Funktionen ermöglichen den Server-Plattformen eine verbesserte Überwachung und den zuverlässigeren Schutz ihrer Betriebsumgebung. Diese Funktionen unterstützen den Aufbau einer stabilen IT-Umgebung, die Reduzierung von Systemausfallzeiten und die Gewährleistung einer optimalen Konfiguration und Funktion der Server.

- *Beispiele* für typische Workstation-Applikationen sind Programme zum Erstellen von digitalen Videos und Animationen, zum Entwurf von elektronischen Schaltungen und mechanischen Konstruktionen, zur Finanzanalyse und zur Software-Entwicklung sowie zum CAD (*Computer Aided Design*) und CAM (*Computer Aided Manufacturing*).

Auch wissenschaftliche und technische Workstation-Anwendungen mit Single- und Multithread-Verarbeitung aus den Bereichen MCAD (*Mechanical Computer Aided Design*), Analyse finiter Elemente, ECAD (*Electronic Computer Aided Design*), wissenschaftliche Modellierung und Analyse, Software-Engineering, Grafik- und Bildverarbeitung sowie andere Anwendungen mit hohem Rechenaufwand profitieren von der hohen Leistungsfähigkeit und Verarbeitungsgeschwindigkeit des Pentium® II Xeon-Prozessors. Um umfangreiche Anwendungen, große Datenstrukturen und die hohen Anforderungen dieser Anwendungen an die I/O-Bandbreite unterstützen zu können, sind Server und Workstations mit Hochleistungssystembussen zwischen Prozessor und Speicher mit PCI-Bussen für Hochgeschwindigkeitsverbindungen zwischen Peripherieeinheiten, SCSI-Bussen für die Unterstützung von Hochleistungslaufwerken und mit der entsprechenden Hardware zur Beschleunigung von Grafikanwendungen ausgerüstet.

Basierend auf der P6-Mikroarchitektur des Pentium® II-Prozessors bietet der Pentium® II Xeon-Prozessor neben der Kompatibilität zur Architektur früherer Generationen von Intel-Mikroprozessoren sowie der Dynamic-Execution und DIB-Architektur (*Dual Independent Bus*) weitere neue Leistungsmerkmale.

### Fortschrittliche Managementfunktionen

**Temperatursensor**. Zum Schutz vor Schäden durch Überhitzung, die durch einen Lüfterausfall oder durch das Entfernen des Kühlkörpers entstehen kann, verfügt der Pentium® II Xeon-Prozessor über einen Temperatursensor. Mittels einer in den Chip integrierten temperaturabhängigen Diode wird die Temperatur des Chips laufend überwacht und bei Bedarf das Herunterfahren des Systems veranlaßt, bevor Schäden am Prozessor oder am System entstehen. Die zum erweiterten Investitionsschutz beitragende Funktion des Temperatursensors kann von Systemherstellern in Anwendungen für die Hardware-Diagnose integriert werden, um die Managementfähigkeiten und die Zuverlässigkeit des gesamten Systems zu verbessern.

**Fehlerkorrektur durch ECC** (*Error Checking and Correction*). Der Error-Correction-Code trägt zum Schutz unternehmenswichtiger Daten bei. Der Pentium® II Xeon-Prozessor unterstützt ECC für die Datensignale aller L2-Cache-Bus- und Systembus-Transaktionen, korrigiert automatisch Ein-Bit-

Fehler und alarmiert das System bei auftretenden Zwei-Bit-Fehlern. Alle Fehler werden protokolliert. Auf diese Weise kann das System die Häufigkeit von Fehlern überprüfen, um Systemkomponenten mit Fehlfunktionen zu ermitteln.

**Funktionelle Redundanzprüfung** (*Functional Redundancy Checking*, FRC). Der Pentium® II Xeon-Prozessor unterstützt die vollständige funktionelle Redundanzprüfung zur Erhöhung der Datenkonsistenz bei wichtigen Anwendungen. Bei vollständigem FRC werden die Ausgabedaten mehrerer Prozessoren auf Gleichheit überprüft. Je zwei Prozessoren bilden ein FRC-Paar, dabei gibt ein Prozessor den Sollwert vor, während der andere Prozessor den Vergleich durchführt. Der letztere alarmiert das System, wenn er Unterschiede bei den Ausgabedaten feststellt.

**System-Management-Bus**. Als erster Intel-Mikroprozessor mit System-Management-Bus erweitert der Pentium® II Xeon-Prozessor die Funktionsmerkmale der Intel-Prozessoren mit zusätzlichen Managementfunktionen. Innerhalb der SEC-Kassette nutzen (zusätzlich zum Temperatursensor) das PI-ROM und das Scratch-EEPROM als zwei neu hinzugekommene Bausteine diese Schnittstelle für die Kommunikation mit anderen Hardware- und Software-Komponenten des Systemmanagements. Das PI-ROM (*Processor Information ROM*) ist ein Nur-Lese-Speicher (ROM, *Read-Only Memory*), der eine Vielzahl für den einzelnen Prozessor spezifischer Daten über Betriebsparameter, Funktionsmerkmale und Daten zu seiner Identifikation enthält. Dies sind unter anderem:

- Adreß-Header für eine flexible Programmierung und zur Gewährleistung einer Aufwärtskompatibilität,
- QDF/S-spec (Version) des Prozessors und Status-Bit der Fertigung,
- Informationen über den Prozessorkern, z. B. CPUID, maximale Taktfrequenz, Betriebsspannung und Spannungstoleranz,
- Informationen über den L2-Cache, z. B. Größe, Anzahl der Bausteine, Betriebsspannung und Spannungstoleranz,
- Angaben zur Version der SEC-Kassette und der Prozessorplatine,
- Artikelnummer des Prozessors und einmalige elektronische Signatur,
- Referenzwerte für die Temperaturüberwachung,
- Flags für die Funktionsmerkmale des Prozessorkerns und der Kassette.



Das Scratch-EEPROM (*Electrically Erasable and Programmable Read-Only Memory*) ist werkseitig nicht vorprogrammiert. Systemhersteller oder Vertreiber von Prozessoren haben die Möglichkeit, in diesem ROM beliebige Daten zu speichern. Es kann außerdem von einem entsprechend ausgestatteten System dazu verwendet werden, die unterschiedlichsten Informationen über das System oder den Prozessor zu speichern, z. B. die technischen Daten des

Systems, Änderungen an der Ausstattung, durchgeführte Service-Aktionen, Voreinstellungen für die Installation, Werte zur Überwachung der Umgebungsvariablen, Daten über die Nutzung des Systems oder andere Daten, die der Systemhersteller für sinnvoll hält.

Zu den fortschrittlichen Managementfunktionen, die die Wartung erleichtern, gehört außerdem die Austauschbarkeit einzelner Komponenten, beispielsweise defekter Festplatten oder Netzteile während des Betriebes, der sogenannte „Hot-Swap“.

### Technologien zur Leistungssteigerung

**Integrierter L2-Cache**. Der Pentium® II Xeon-Prozessor ist wahlweise mit 512 KByte, 1 MByte oder 2 MByte L2-Cache ausgestattet. Diese Auswahl erlaubt es den Anwendern, den Prozessor mit der für ihre jeweiligen Anwendungen optimalen Cache-Größe einzusetzen. Entsprechend kann bei wachsender Komplexität der Server- und Workstation-Anwendungen sowie bei zunehmend größeren Datenstrukturen der Prozessor durch einen Pentium® II Xeon-Prozessor mit größerem L2-Cache ersetzt werden, um die bestmögliche Leistung zu erzielen. Die Leistung wird außerdem durch die Non-blocking-Architektur des Cache-Speichers gesteigert, welche bewirkt, daß der L2-Cache gleichzeitig die Daten erfolgreicher Cache-Zugriffe (Cache-Hit) an den Prozessor weiterleiten und einen nicht erfolgreichen Zugriff (Cache-Miss) verarbeiten kann. Selbst bei komplexer Software, deren Leistungsfähigkeit durch den L1-Cache nicht positiv beeinflußt wird, bietet die Kombination aus skalierbarem L2-Cache und mit voller Frequenz des Prozessorkerns getaktetem L2-Cache-Bus eine hohe Leistung.

Ein Hauptmerkmal des Pentium® II Xeon-Prozessors ist sein L2-Cache-Bus, der mit derselben hohen Frequenz getaktet wird wie der Prozessorkern selbst. Bei einer Taktfrequenz von 400 MHz bedeutet dies für Befehle und Daten eine Übertragungsrate von 3 200 MByte/s an den Prozessorkern. Während kleine Programmschleifen oftmals noch innerhalb des L1-Caches ablaufen, werden Server- und Workstation-Anwendungen den L2-Cache intensiv nutzen. Bei Anwendungen im Konstruktionsbereich, die mit umfangreichen Datenmengen operieren, bewirkt der gegenüber bisherigen Prozessoren doppelt so hohe Datendurchsatz auf dem Cache-Bus des Pentium® II Xeon-Prozessors deshalb eine erhebliche Leistungssteigerung.

**100-MHz-Systembus**. Der 100-MHz-Systembus ermöglicht sowohl für die Kommunikation zwischen Prozessoren als auch für I/O- und Speichertransaktionen eine verbesserte Systembandbreite. Um den Datenfluß innerhalb des Systems zu beschleunigen und die Gesamtleistung zu optimieren, verfügt der

Systembus über eine Pipeline-Technologie, welche die gleichzeitige Verarbeitung mehrerer Transaktionen ermöglicht. Hierdurch werden beim Systembus Spitzenwerte von 800 MByte/s erreicht.

Der Datendurchsatz wird zusätzlich dadurch verbessert, daß der Systembus des Pentium® II Xeon-Prozessors mehrere Transaktionen gleichzeitig unterstützt. Bei den herkömmlichen Verfahren für den Buszugriff wird der Bus vom Zeitpunkt der Einleitung des Datentransfers bis zum endgültigen Abschluß exklusiv von den beiden Transaktionspartnern belegt. Bei Intels neuem Systembus für aufgespaltene Transaktionen (*Split-Transaction Bus*) ist die Übertragungsanforderung eine von der eigentlichen Datenübertragung getrennte Transaktion, wodurch andere Prozessoren den Bus zwischen diesen beiden Operationen nutzen können. Da die angeforderten Daten in vielen Fällen erst nach einer kurzen Verzögerung übertragen werden, führt dieses neue Verfahren zu einer besseren gemeinsamen Nutzung des Systembusses und zu einer beträchtlichen Steigerung der Busauslastung.

**Symmetrisches Multiprocessing**. Ohne zusätzliche Schaltlogik ist der Pentium® II Xeon-Prozessor skalierbar für Multiprozessorsysteme mit bis zu acht Prozessoren. Beim symmetrischen Multiprocessing (SMP) haben alle Prozessoren im System dieselbe Funktion. Jeder Prozessor kann die Aufgaben eines anderen Prozessors übernehmen; wenn Anwendungen in Threads aufgeteilt sind, können diese parallel auf jedem verfügbaren Prozessor ausgeführt werden. SMP kann sowohl die Leistung der Anwendung selbst als auch die Produktivität von Benutzern verbessern, die gleichzeitig mehrere Programme auf SMP-Systemen einsetzen. Der Intel Pentium® II Xeon-Prozessor unterstützt symmetrisches Multiprocessing für Workstations und Server mit bis zu vier Prozessoren. Die von Intel für die Sicherung der Eindeutigkeit von Cache-Daten verwendeten Schaltungen basieren auf dem MESI-Protokoll. Der Inhalt des L2-Caches jedes Prozessors ist ein Abbild des jeweiligen Hauptspeicherinhalts und konsistent mit dem der anderen Prozessoren.



**AGPsets und PCIsets**. Die Leistung von Servern und Workstations richtet sich nicht nur nach der Prozessorleistung. Für eine hohe Leistung ist auch die ausgewogene und reibungslose Zusammenarbeit mit Grafikbausteinen, dem Speicher und I/O-Modulen erforderlich. Um die Implementierung von Servern und Workstations zu erleichtern, bietet Intel zwei Chipsets an, die den Intel Pentium® II Xeon-Prozessor unterstützen: das 440GX AGPset und das 450NX PCIset.

**440GX AGPset**. Das 440GX AGPset nutzt den 100-MHz-Systembus für eine zusätzliche Aufgabe und bietet eine AGP-Verbindung (*Accelerated Graphics Port*) mit 533 MByte/s zu Hochleistungsgrafikkarten sowie eine Schnittstelle mit 800 MByte/s zum bis zu 2 GByte großen Hauptspeicher und einen 33-MHz-PCI-Bus.

**450NX PCIset**. Als Server dienende Hochleistungsworkstations benötigen unter Umständen noch eine höhere Rechenleistung und Hauptspeicherkapazität sowie einen höheren I/O-Datendurchsatz. Für die Unterstützung derartiger Konfigurationen hat Intel das 450NX PCIset entwickelt. Dieses Chipset unterstützt bis zu vier Pentium® II Xeon-Prozessoren, 8 GByte Hauptspeicher und eine flexible PCI-Bus-Konfiguration. Das 450NX PCIset bietet keine AGP-Unterstützung. Das PCIset enthält zwei PCI-Exchange-Bridge-Chips (PXB) für 33 MHz, von denen jeder entweder einen 64-bit-PCI-Bus oder zwei 32-bit-PCI-Busse unterstützen kann. Hierdurch wird eine enorme Verbesserung für den Datendurchsatz von PCI-Schnittstellen gegenüber dem 440GX AGPset erzielt, was vor allem bei Workstations, an die höchste Anforderungen im I/O-Bereich gestellt werden, von Vorteil ist.

### Clusterunterstützung

Pentium® II Xeon-Prozessor-basierende Systeme eignen sich besonders für das Clustering. Bei dieser Technologie werden mehrere Server zusammengeschlossen, so daß sie logisch eine große Rechenmaschine bilden. Damit lassen sich auch komplexe Rechenaufgaben in einem Server-Verbund lösen, ohne daß auf Supercomputing-Lösungen zurückgegriffen werden muß. Unter Einsatz von Clustering-Technologien wie der NUMA(*Non Uniform Memory Architecture*)- und VI(*Virtual Interface*)-Architektur werden auch Systeme mit mehr als acht Prozessoren unterstützt.

### Leistung

Zahlreiche Benchmarks beweisen die Leistung von Servern basierend auf dem Pentium® II Xeon-Prozessor. Ein Beispiel ist der Industirebenchmark TPC-C, der Datenbankzugriffe ausführt und deren Geschwindigkeit mißt. Als Beispiel der Leistungsfähigkeit von Workstations mit dem Pentium® II Xeon-Prozessor dient das Resultat des industrieweit anerkannten CAD-Benchmarks Pro/ENGINEER Bench98*. Er wird von der Zeitschrift „Pro/E The Magazine“ publiziert, um die Leistungsunterschiede verschiedener Workstations bei der Bearbeitung typischer CAD-Anwendungen zu bestimmen. Intel erzielte bei diesem Benchmark mit einer Workstation mit einem 400-MHz-Pentium® II Xeon-Prozessor mit 512 KByte einen Wert von 48, das beste Ergebnis, das eine Workstation bisher erreichte.

### Weiterentwicklungen

Als Nachfolger des Pentium® II Xeon-Prozessors wird es vom Katmai-Prozessor (Nachfolger des Pentium® II-Prozessors) auch eine Variante für Server und Workstations geben, die unter dem Code-Namen „Tanner" entwickelt wird und in der zweiten Jahreshälfte 1999 zu erwarten ist.

### 12.1.5 Ausblick

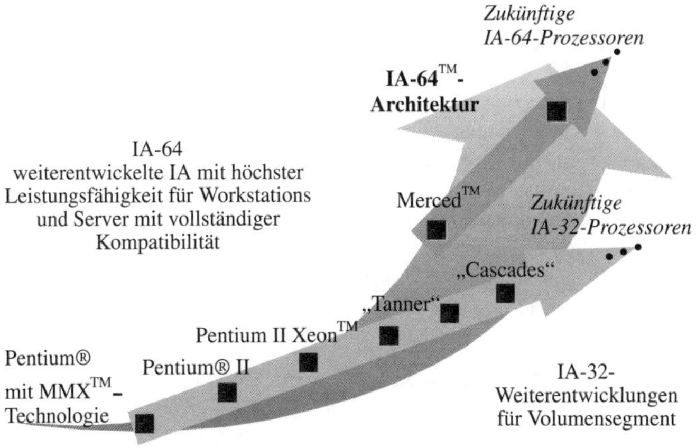


*Bild 12.3 Intel-Architektur-Roadmap*

Die **IA-64**, eine von Intel und Hewlett-Packard gemeinsam entwickelte 64-Bit-CPU-Architektur, gilt als die Nachfolge der 32-bit-basierenden x86-Architektur von Intel (→ Bild 12.3). Die technologische Grundlage der IA-64 bilden die Parallelverarbeitung auf Befehlsebene, lange oder sehr lange Befehlswörter (LIW/VLIW: *Long/Very Long Instruction Words*) und Sprung-Predication (*Branch Predication*, nicht zu verwechseln mit Sprungvoraussage, Sprungvorhersage). Diese Funktionsmerkmale werden unter dem Begriff EPIC (*Explicitly Parallel Instruction Computing*) zusammengefaßt.

12

**Merced** ist der Code-Name des ersten IA-64-Prozessors, der im Jahr 2000 ausgeliefert werden soll.

**EPIC** versucht, die Schwächen der RISC- und CISC-Architekturen, wie die Grenzen der verborgenen Parallelität und die steigende Komplexität des dynamischen Instruction-Scheduling, zu beseitigen. Um die Leistungsfähigkeit der CPU zu steigern, gilt es zum einen, die Taktfrequenz und zum anderen die Anzahl der Befehle zu erhöhen, die die CPU pro Takt ausführen kann. Moderne RISC- und CISC-Prozessoren verwenden hierzu zwei Verfahren: die Pipeline-Verarbeitung und superskalare Mikroarchitekturen.

Die *Pipeline-Verarbeitung* funktioniert wie ein Fließband. Der Ausführungspfad wird in Etappen unterteilt, so daß die CPU mehrere Instruktionen gleichzeitig bearbeiten kann, wobei sich die Instruktionen in unterschiedlichen Stadien der Ausführung befinden. *Superskalare Prozessoren* verfügen über zwei oder mehrere dieser Pipelines, so daß sie mehrere Instruktionen parallel bearbeiten können. Ein normaler Programmcode eignet sich jedoch nur selten für die Parallelverarbeitung, weil er mit Flußkontrollanweisungen durchsetzt ist, die den Ausführungspfad ändern. Zu diesen Instruktionen gehören Verzweigungen, Schleifen, Sprünge zu Unterroutinen und Fehlerbehandlungsprogramme. Da die CPU nicht in der Lage ist, zu erkennen, welcher Weg durch eine Verzweigung einzuschlagen ist, muß sie die Verzweigung auflösen, bevor sie die dahinterliegenden Anweisungen ausführen kann. Um dieses Problem zu umgehen, greifen moderne RISC- und CISC-Prozessoren auf eine Reihe von Verfahren zurück: Sprungvorhersage, spekulative Ausführung und Out-Of-Order-Execution. Jedoch erzeugen diese drei Lösungen neue Probleme. Wenn die CPU einen Sprung falsch vorhersagt, muß sie ihre Pipelines mit den teilweise ausgeführten Instruktionen leeren, um den Platz für die richtigen Anweisungen zu schaffen.

Mit dem Codieren der Parallelverarbeitung auf Befehlsebene und der Sprung-Predication wird EPIC in der Lage sein, die Beschränkungen des heutigen Prozessor-Designs zu umgehen.

**Parallele Codierung**. Die Voraussetzung für die Parallelität auf der Befehlsebene ist ein Compiler, der die Bearbeitungsreihenfolge der Instruktionen statisch zum Zeitpunkt der Kompilierung festlegt und Informationen über die Parallelität des Codes für die CPU bereitstellt. Die CPU wertet das Template zur Laufzeit aus und weiß dadurch sofort, welche Instruktionen parallel auf die verschiedenen Funktionseinheiten gelegt werden können. Das Template informiert die CPU nicht nur darüber, welche Instruktionen im selben Wort parallel ausgeführt werden können, sondern auch, mit welchen Instruktionen im Folgewort dies möglich ist.

**Sprung-Predication**. Die Wirkung der Predication besteht darin, mit Hilfe bedingter Ausführung einige Sprünge aus dem kompilierten Code zu entfernen. Wenn ein IA-64-Compiler eine Verzweigung prädiziert, weist er alle Instruktionen im Ausführungspfad einem bestimmten Predicate-Register und alle Instruktionen im Alternativpfad einem komplementären Predicate-Register zu. Zur Laufzeit beginnt die CPU mit der Ausführung der Instruktionen in beiden Pfaden zugleich. Sobald die CPU die Verzweigungsbedingungen ausgewertet hat, setzt sie das eine Predicate-Register auf TRUE und das andere auf FALSE. Die Instruktionen werden nur dann zu Ende ausgeführt, wenn das entsprechende Predicate-Register den Wert TRUE hat. Da der Sprung eliminiert wurde, gibt es nichts vorherzusagen und somit auch keine Möglichkeit, sich zu irren. Somit verschwendet die CPU zwar einige Takte auf Instruktionen, die nicht zu

Ende ausgeführt werden, jedoch ist dies wesentlich günstiger als eine falsche Vorhersage. Aufgrund der fehlenden Sprünge und der entsprechend größeren ununterbrochenen Code-Abschnitte ist die CPU besser in der Lage, den Code parallel auszuführen, was zu einer höheren Leistungsfähigkeit führt.

## 12.2 Motorola-Mikrocontroller

### 12.2.1 Übersicht

Die Vielfalt der Anwendungen hat eine ganze Reihe von Mikroprozessorarchitekturen entstehen lassen. Dabei kann generell eine Aufteilung in die folgenden Anwendungsklassen durchgeführt werden:

**Bürodatenverarbeitung durch den PC oder ähnliche Strukturen**

Hierbei handelt es sich um anwendergetriebene Programme, die in der Interaktion mit dem Benutzer über die Tastatur und den Bildschirm kommunizieren. Motorola hat für diesen Bereich die PowerPC-Architektur entwickelt (*MPC800*-Familie), aber auch die älteren *MC68000*-Architekturen finden in Peripheriegeräten Anwendung (Printer, Scanner, Keyboard, Display ...)

Steuer- und Regelungstechnik wird auch **Embedded-Control** genannt und umfaßt eine Vielfalt von Applikationen. Diese Applikationen können als Steuerung komplexer Zustandsvariablen aufgefaßt werden, die Abfrage von Betriebszuständen und deren bedingte Interaktion sind die Hauptaufgaben. Aufgrund der Vielzahl von Applikationen hat sich auch eine Vielzahl von Architekturen entwickelt bei einer fast unüberschaubaren Zahl an Derivaten mit den diversen I/O-Funktionen.

Motorolas wesentliche Architekturen in diesem Gebiet sind:

- die *MC68HC05*-Architektur, eine sehr populäre 8-bit-Architektur, in der es bis heute etwa 200 Varianten gibt,
- die *MC68HC08*-Architektur, die die HC05-Architektur Code-kompatibel fortsetzt,
- die *HC68HC11*-Architektur, eine 8-bit-Architektur, die Elemente von 16-bit-Architekturen enthält und eine für die C-Programmierung sehr gut tauglichen Struktur,
- die *MC68HC12*-Architektur setzt die HC11-Architektur fort, mit Erweiterungen, die diese Architektur sehr effizient bezüglich der Code-Dichte, also hinsichtlich geringem Speicherplatzbedarf, guter Rechenleistung und Programmierleichtigkeit (C, C++), gemacht haben,
- die *MC68HC16*-Architektur, eine wirkliche 16-bit-Architektur aufwärtskompatibel vom HC11,

- die *MC683xx*-Architektur wurde von deren ursprünglichem Einsatz im Rechnerbereich in den „Embedded"-Bereich übernommen und hat mit hoher Leistungsfähigkeit und Entwurfsflexibilität viele Einsatzmöglichkeiten im Consumer-, Desktop- (Printer, Scanner, ...) und Telekombereich,
- die *M•CORE*-Architektur, eine 32-bit-RISC-Architektur mit Erweiterungen für extrem hohe Code-Dichte, ohne die hohe Rechenleistung zu beeinflussen,
- die *PowerPC*-Architektur findet in ihren „Embedded"-Varianten Einsatz für extrem hohe Rechenanforderungen im Automobil (elektronische Motorsteuerung), in der Büroperipherie und anderen Bereichen.

Bild 12.4 schematisiert die Familienzugehörigkeit für „Embedded-Control"-Applikationen.

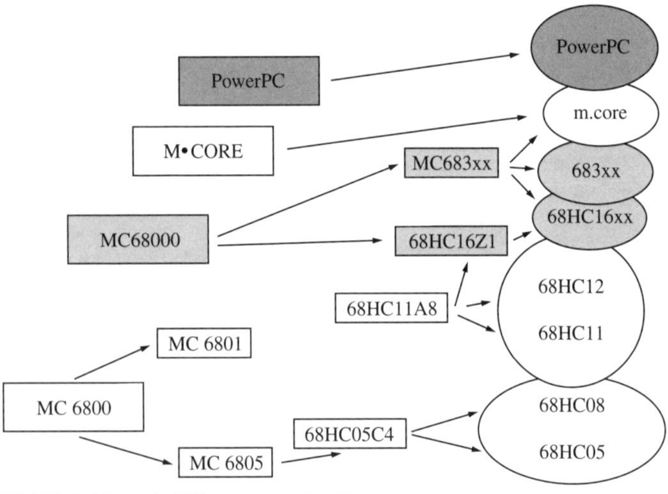


*Bild 12.4 Motorola-Mikroprozessorfamilien*

**Echtzeit-Datenverarbeitung**. In der Echtzeit-Datenverarbeitung kommt es nicht darauf an, besonders schnell zu sein, sondern das Ergebnis der Datenverarbeitung zu einem vorher bestimmten Zeitpunkt abgeschlossen zu haben. Weiterhin gehört es zur Kennzeichnung dieser Anwendungen, daß eine relative Entkopplung zwischen dem Datenwert und dem Signalfluß besteht. Das gilt für alle algorithmischen Kontrollflüsse, die analoge Steuerungen nachbilden und Zustandsvariable zur Darstellung verwenden. Durch die Trennung von Datenfluß und Steuerfluß kommen hier Strukturen der „Digitalen Signal-Verarbeitung" (DSP) zur Anwendung, die diese Trennung in ihrer Architektur abgebildet haben.

Motorola stellt hier im wesentlichen die folgenden Typenfamilien zur Verfügung:

- die *MC56000*-Familie,
- die *MC96000*-Familie.

Die oben ausgeführte Einteilung in drei Klassen (PC-, Kontroll-, DSP-Architekturen) ist selbstverständlich überlappend. In der Regel sind die Rechnerfunktionen weder reine Signalflußberechnungen, noch durch reine Kontrollgraphenmaschinen realisiert, sondern es kommen beide Rechentypen in unterschiedlicher Wichtung vor. Das hat dazu geführt, daß DSPs zunehmend beschleunigte „Branch-Instruktionen" besitzen und RISC-Rechner mit DSP-Coprozessoren oder Multiplizier-Akkumulatorrechenwerken ausgestattet werden.

Im folgenden sollen die Architekturen des HC12, des M•CORE und des PowerPC genauer beschrieben werden. Der HC12 ist ein typischer Vertreter einer CISC-Architektur mit knappen Hardware-Ressourcen, und der PowerPC ist ein typischer Vertreter einer RISC-Architektur mit einem hohen Grad an Parallelisierung. Der M•CORE steht etwa dazwischen für eine kostengünstige Lösung im mittleren Bereich. Ausführliche Informationen zu den angegebenen Mikroprozessoren sind unter den folgenden Web-Adresssen abzurufen /12.17/, /12.18/, /12.19/.

### 12.2.2 Hauptmerkmale der HC12-Architektur

Der HC12 ist eine 16-bit-CISC-Architektur, mit 16 bit breitem internen Datenpfad. Die Instruktionen bestehen aus einzelnen oder mehreren Worten, je nach Komplexität der Operation. Der Adreßraum wird primär durch 16 bit definiert (64 KByte) mit Paging-Erweiterungen auf über 4 MByte.

12

#### 12.2.2.1 Rechnerstruktur

Der Prozessorkern des HC12 ist eine von der 8-bit-HC11-Architektur abgeleitete 16-bit-Struktur. Das bedeutet, daß die Datenwortbreite der Register und der Datenbusse 16 bit beträgt. Ebenso weist der Adreßbus 16 bit Breite auf, welches eine primäre Adressierfähigkeit von 64 KByte ergibt, die durch später beschriebene Paging-Verfahren erweitert werden.

Das Programmiermodell in Bild 12.5 zeigt einen 16-bit-Akkumulator, der auch in zwei 8-bit-Teile (A und B) aufteilbar ist. Es sind zwei Indexregister IX und IY vorhanden, die sich als besonders nützlich bei der Umsetzung von C-Programmen auf den HC12 erweisen. Sie sorgen für schnelle Programmausführung bei gleichzeitig hoher Code-Dichte.

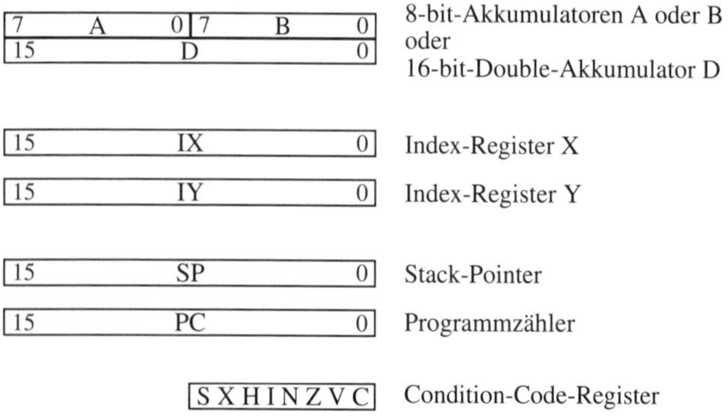


*Bild 12.5 Programmiermodell des HC12*

Beim Befehlssatz wird deutlich, daß es sich um eine CISC-Architektur handelt. (*Complex Instruction Set Computer*), in der es eine variable Befehlssatzwortbreite und auch variable Ausführungszeiten je nach Befehl gibt. Dies wirkt sich sehr positiv auf die Code-Dichte aus, beeinträchtigt aber auch die Ausführungsgeschwindigkeit etwas. Da es sich um eine klassische Load-Store-Architektur mit Akkumulator handelt, sind die Befehle zudem unterschiedlich lang hinsichtlich ihres Speicherbedarfs, je nachdem ob es um mehrfach indizierte Instruktionen geht oder nicht. Im einzelnen sind die Befehle dem HC12-Handbuch zu entnehmen, an dieser Stelle sollen nur die Befehlsgruppen vorgestellt werden:

- Load-and-Store-Befehle,
- Transfer- und Exchange-Befehle,
- Move-Befehle,
- Additions- und Subtraktionsbefehle,
- BCD-Instruktionen,
- Dekrement und Inkrement,
- Boolesche Operationen,
- Clear, Complement und Negation,
- Multiplikation und Division,
- Bit-Test und Bit-Set-Manipulationen,
- Schieben und Rotationen,
- Fuzzy-Logic-Instruktionen (auch Maximum-und-Minimum-Operationen),
- Branch,
- Loop,
- Jump-to- und Return-from-Unterprogramm-Instruktionen,
- Interrupt-Instruktionen,
- Stacking-Instruktionen,

- Pointer- und Indexberechnungen,
- Condition-Codes,
- Stop- und Wait-Instruktionen,
- Background-Modes und die Null-Operation.

#### 12.2.2.2 Speicherstruktur

Die HC12-Architektur ist für Embedded-Control-Anwendungen vorgesehen, in denen typischerweise zwischen 32 KByte und 512 KByte ROM- oder FLASH-Speicher mit dem Prozessorkern zusammen mitintegriert werden. Deshalb wurde bei der Konzeption des Befehlssatzes großer Wert auf die Code-Dichte gelegt, um eine möglichst effektive Nutzung des Speichers (ROM oder Flash) zu erlangen. Im Zusammenspiel mit *Compilern*, insbesondere für C und C++, ist eine Maschine entstanden, die für vergleichbare Funktionen erstaunlich wenig Speicherplatz benötigt. Dies senkt die Kosten des Gesamtsystems, da weniger Speicher für dieselbe Programmierroutine benötigt wird.

Die in Bild 12.6 dargestellte *Memory-Map* zeigt, wie typischerweise HC12-Controller konfiguriert sind: im unteren Adreßbereich ab $0000 liegt der RAM-Bereich. Der Stack reicht von $0000 hinauf incrementierend. Die Daten werden von der anderen RAM-Seite belegt. Die *I/O-Systeme* des HC12-Prozessors werden in der Regel direkt über Register angesprochen, die einen festen Platz in der *Map* belegen. Diese Register liegen von $1000 aufwärts zählend.

❑ Zum Beispiel kann dann ein Datenregister zur Portsteuerung auf $1001 liegen und das zugehörige Daten-Richtungs-Register (*Data-Direction-Register*) auf $1002.

Ebenso werden die Register der Timer-Strukturen, des A/D-Umsetzers, des PWMs usw. über direkt zugewiesene Speicherplätze angesprochen.

Am anderen Ende der Memory-Map ($FFFF) liegen zuerst die *Reset-* und *Interrupt-Vektoren*. Darunter werden dann in der Regel die Programmdaten fest im *ROM-* oder *FLASH-Memory* gespeichert.

Der Bereich von $8000 bis $BFFF, auch *PPAGE* genannt, kann durch *Paging-Verfahren* erweitert werden. Das geschieht durch zuschaltbare *BANKS* von 16 Kbit, die in den PPAGE-Bereich eingeblendet werden. Die Steuerung erfolgt durch das PPAGE-Register oder durch *Long-Calls*, wenn Unterprogramme, die in einem PPAGE-Fenster liegen, angesprungen werden.

Es sind bis zu 256 (00 bis FF) Banks adressierbar, was einen maximalen Adreßraum von über 4 MByte ergibt. Mit dem gleichen Verfahren werden auch ROM-Datenbereiche der DPAGE erweitert, die von $7000 bis $7FFF liegen

12

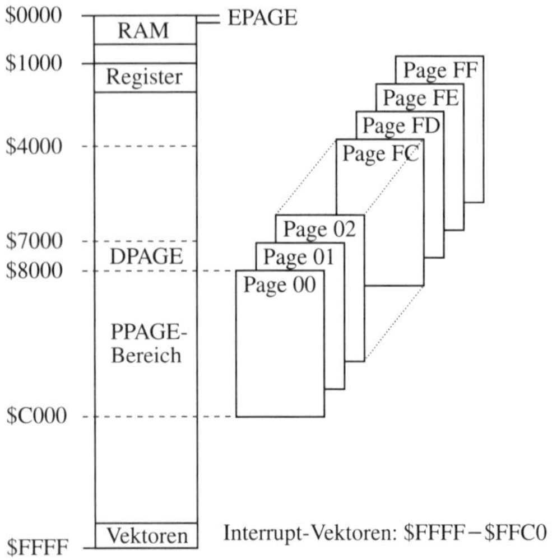


*Bild 12.6 Memory Map des HC12*

und analog durch das DPAGE-Register gesteuert werden. Die EPAGE reicht von $0000 bis $07FF und kann als *Extra-Window* den RAM-Bereich pagen. Analog wird der Bereich durch das *EPAGE*-Register gesteuert.

Die hier beschriebenen Speicherbereiche werden durch die Architektur ermöglicht. Die einzelnen HC12-Bausteine enthalten aber in der Regel nur eine Untermenge der beschriebenen Möglichkeiten. Die entsprechenden Unterlagen für den gewünschten Baustein beschreiben im einzelnen die Lage der Speicher in der *Map*.

### 12.2.2.3 Interrupt-Struktur und Handhabung von Exceptions

Der HC12 kann bis zu 64 Interrupt-Vektoren in dem oberen Bereich der *Memory-Map* von $FF80 bis $FFFF plazieren. Die obersten 8 Vektoren, in Tabelle 12.1 dargestellt, sind nicht maskierbar und entsprechen in der hier genannten Reihenfolge ihrer Priorität. Das heißt, daß der Interrupt höherer Priorität zuerst bedient wird. Der Interrupt mit der höchsten Priorität ist selbstverständlich der *RESET*. Wird er ausgelöst, holt sich der Programmzähler die Adresse der nächsten auszuführenden Instruktion aus dem Inhalt des Reset-Vektors $FFFE,$FFFF. Die Vektoren zeigen demnach alle auf den Start der Unterprogrammroutine, welche die entsprechende *Exception* bedient.

*Tabelle 12.1 Interrupt-Vektoren des HC12*

| Priorität | Vektoradresse | Exception |
|---|---|---|
| 1. | $FFFE, $FFFF | Power-On-Reset, Externer Reset |
| 2. | $FFFC, $FFFD | Clock-Monitor-Reset |
| 3. | $FFFA, $FFFB | Computer-Operating-Properly (COP-Watchdog-Timer) |
| 4. | $FFF8, $FFF9 | Nichtimplementierter Befehl |
| 5. | $FFF6, $FFF7 | Software-Interrupt (SWI) |
| 6. | $FFF4, $FFF5 | XIRQ |
| 7. | $FFF2, $FFF3 | IRQ |
| 8. | $FFF0, $FFF1 | Typenspezifischer Interrupt von einem Hardware-Modul (z. B. Timer) |

#### 12.2.2.4 On-Chip-Peripherie

**Embedded-Mikroprozessoren** haben nicht nur den Systemspeicher integriert, sondern in der Regel auch die notwendige Peripherie, um mit der analogen Welt zu kommunizieren. Im allgemeinen sind dies die folgenden Strukturen:

**A/D-Umsetzer**. Typischerweise ist dies ein Analog-Digital-Umsetzer mit 8- oder 10-bit-Auflösung, der über einen Eingangsmultiplexer auf mehrere Eingänge geschaltet werden kann.

**Timer**. Die verwendeten Timer basieren auf einem freilaufenden Zähler, der mit einem einstellbaren Tastverhältnis an die Quarzzeitbasis gekoppelt ist. Üblicherweise können die Timer für die Funktionen *Input-Capture* oder *Output-Compare* verwendet werden.

Im ersten Fall bedingt eine Eingangsflanke auf dem zugeordneten Eingangspin den Übertrag des aktuellen Zählerstandes in ein Register und generiert einen Interrupt. Die CPU kann dann den Zeitpunkt der Schaltflanken auswerten. Die *Input-Capture*-Funktion wird demnach zur Zeitmessung eingesetzt.

12

Im zweiten Fall generiert der Zähler ein Umschaltsignal für einen Ausgangspin, wenn ein vorher eingestellter Wert im Compare-Register erreicht wird. Auch hier kann ein Interrupt ausgelöst werden, falls dies erwünscht ist. Die *Output-Compare*-Funktion wird deshalb zur Ausgabe zeitgenauer Signale verwendet sowie als „Wecker", um den Programmablauf mit der wirklichen, quarzgenauen Zeit zu synchronisieren.

**PWM** steht für *Pulse-Width-Modulation* und ist ein Modul, das auf einer einstellbaren Zeitbasis ein bestimmtes Tastverhältnis ausgibt. Bei einem 8-bit-PWM steuert ein 8 bit freilaufender Zähler für die im PWM-Register eingestellte Zeit (0 bit 255 Zeiteinheiten) den zugehörigen Ausgang auf „1“ und den Rest der 256 Zeiteinheiten auf „0“. Beträgt der Registerwert beispielsweise $3F, so wird für die ersten 64 Zyklen der Ausgang auf „1“ gesetzt und für die restlichen 192 Zyklen auf „0“. Durch ein außerhalb des Bausteins nachgeschaltetes *RC*-Glied kann eine Glättung des Signals durchgeführt werden, so daß sich ein Mittelwert von 25 % ergibt.

**I/O**. Eingangs- oder Ausgangssignale werden über 2 Register gesteuert: Ein Bit des zugeordneten Datenregisters (*Data Register*) enhält den logischen Wert des Pins, dem bei der Eingabe der Wert des von außen angelegten Signals entspricht (High = 1; Low = 0), bei der Ausgabe wird der Wert der Registerbits nach außen getrieben. Das Datenrichtungsregister (*Data Direction Register*) steuert die Richtung des Informationstransfers, also die Eingabe oder Ausgabe.

**Serielle Schnittstellen**. Das *SCI* genannte *Serial-Communications-Interface* gehorcht in den wesentlichen Zügen dem alten Fernschreiberprotokoll nach RS232-Standard, das erst ein Startbit schickt, dann 8 Nutzbits und anschließend ein Stoppbit. Mit 4,8; 9,6 oder auch 19,2 kbit/s ist dies heute eine relativ langsame Form der Datenübertragung. Das *SPI-Interface* (*Serial Parallel Interface*) ist ein Baustein, der mit einer 3-Pin-Verbindung Daten synchron überträgt, da es die Taktflanken zur Validierung der Bits zur Verfügung stellt.

#### 12.2.2.5 Typenübersicht

Ständig werden neue Derivate mit HC12-Kern und -Peripherie entwickelt. Dies ist aus mehreren Gründen notwendig, denn viele Anwendungen sind Massenanwendungen, die aufgrund der hohen Stückzahlen genau zugeschnittene Prozessoren benötigen, da sonst die Kostenvorgaben nicht erreicht werden können. Andererseits sind für Spezialanwendungen bestimmte Peripherieschaltungen erforderlich, die nicht durch die übliche Standardhardware, wie sie oben beschrieben wird, abgedeckt werden kann.

Beispielsweise erfordert die Motorsteuerung für Verbrennungsmotoren bestimmte Timer-Strukturen, die sensorlose Kontrolle von Asynchronmotoren bestimmte A/D-Umsetzer, automobile Anwendungen im Komfortbereich benötigen eine serielle Schnittstelle für das CAN-Format usw ...

Die Tabelle 12.2 enthält deshalb nur eine Teilmenge der existierenden HC12-Versionen. Die entsprechenden Web-Pages erhalten jedoch die weiterführenden Informationen.

Diese Angaben dienen der Orientierung, bitte die aktuellen Angaben zum Schaltungsentwurf heranziehen!

*Tabelle 12.2 Typenübersicht HC12*

| Typ | ROM (Bytes) | RAM | Timer | I/O | seriell | A/D | PWM | Package |
|---|---|---|---|---|---|---|---|---|
| 68HC812A4 | 4K EEprom | 1 K | 8 Kanal<br>16 bit | 94 pin | 2 SCI<br>1 SPI | 8 Kanal<br>8 bit | — | 112TQFP<br>100TQFP |
| 68HC912B32 | 786EEprom<br>32 K FLASH | 1 K | 8 Kanal<br>16 bit | 64 pin | 1 SCI<br>1 SPI | 8 Kanal<br>8 bit | 8 Kanal<br>8 bit | 80QFP |
| 68HC912BC32<br>(mit CAN-Interface) | 786EEprom<br>32 K FLASH | 1 K | 8 Kanal<br>16 bit | 64 pin | 1 SCI<br>1 SPI<br>1CAN | 8 Kanal<br>8 bit | 4 Kanal<br>8 bit | 80QFP |
| 68HC912D60 | 60 K FLASH<br>1 K EEprom | 2 K | 8 Kanal<br>16 bit | 62 I/O<br>18 nur Input | CAN<br>2 SCI<br>1 SPI | 2 × 8 Kanäle<br>10 bit | 4 × 8 bit<br>oder<br>2 × 16 bit | 80QFP<br>112TQFP |
| 68HC912DG128 | 128 K FLASH<br>2 K EEprom | 8 K | 8 Kanal<br>16 bit | 60 I/O<br>18 nur Input | 2 CAN<br>2 SCI<br>1 SPI | 2 × 8 Kanäle<br>10 bit | 4 × 8 bit<br>oder<br>2 × 16 bit | 112TQFP |

12

#### 12.2.2.6 Entwicklungswerkzeuge

Der HC12 verfügt über den sogenannten **Background-Debug-Mode**. Über eine serielle Schnittstelle kommuniziert der HC12 mit dem Entwicklungssystem, in der Regel einem einfachen *Personal-Computer* mit RS232-Schnittstelle. Der besondere Vorteil gegenüber dem normalen Entwicklungssystem, das über ein *Target-Kabel* in das Anwendungssystem eingesteckt wird, ist der Umstand, daß der HC12 in seiner normalen Umgebung eingelötet oder eingesteckt bleiben kann und im wesentlichen das gleiche elektrische Verhalten aufweist.

Konventionelle Entwicklungssysteme erzeugen Veränderungen der Hardware-Umgebung, die das elektrische Verhalten des Systems beeinflussen. Der *Background-Debug-Mode* ist jedoch nicht dazu vorgesehen, die traditionellen Entwicklungssysteme mit ihren komfortablen *Trace-* und *Debug-Modi* zu ersetzen, sondern dient vielmehr als Komplement zu diesen in der finalen Phase der Software-Entwicklung und Validierung.

#### 12.2.2.7 Weitere Hersteller von Entwicklungshilfen

Es existiert eine Vielzahl von Entwurfsmitteln für den HC12 (auch **Tools** genannt), die sowohl von Motorola als auch von unabhängigen Herstellern angeboten werden. Unter der Webadresse /12.20/ existiert ein Auswahlmenü zum Auffinden von unabhängigen Anbietern von Entwicklungssoft- und -Hardware im Bereich:

- Assembler,
- Compiler,
- Debugger,
- Real-Time-Operating-Systems,
- Simulations-tools,
- EVBs (*Evaluation Boards*),
- Programmierer,
- In-Circuit-Emulatoren,
- Logikanalysatoren
- und vieles mehr.

### 12.2.3 Hauptmerkmale der M•CORE-Architektur

Der Prozessorkern des M•CORE ist eine 32-bit-RISC-Architektur mit 16 bit breiten Instruktionsworten. Der interne Datenpfad ist überall 32 bit breit. Die Instruktionen bestehen immer nur aus einem Wort. Der Adreßraum wird durch 32 bit definiert (4 GByte).

### 12.2.3.1 Rechnerstruktur

Die Registerarchitektur besteht aus sechzehn 32 bit breiten Registern, die dem Benutzerprogramm zur Verfügung stehen. Ein *Schattenregistersatz*, auf den alternativ zugegriffen werden kann, dient schnellem *Kontextswitching*. Um z. B. einen Interrupt schnell zu bedienen, wird auf diesen Registersatz umgeschaltet, so daß die Notwendigkeit entfällt, Teile oder die Gesamtheit des Registersatzes sichern zu müssen.

Die meisten Register-zu-Register-Operationen werden in einem Prozessorzyklus ausgeführt. *Load*- und *Store*-Befehle, also Operationen vom Register in den Speicher oder umgekehrt, benötigen zwei Zyklen, ebenso wie *Branches*, *Jumps* oder *Calls*. Die Multiplikation und auch die Division benötigen sehr viel mehr Zyklen, solange keine Architekturerweiterungen existieren, die diese Befehle durch eine zusätzliche Hardware-Unterstützung verkürzen.

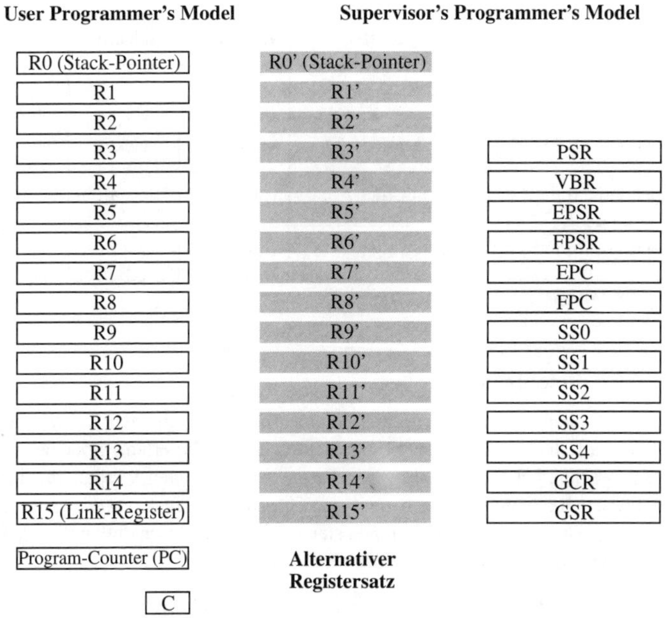


*Bild 12.7 Programmiermodell des M•CORE*

Die Architektur unterscheidet zwischen *User-Mode* und *Supervisor-Mode*. Im User-Mode sind nur die 16 Register, der Programmzähler (PC) und das *Condition-Code-Register*, welches aus einem Bit besteht, zugänglich. Der

*Supervisor-Mode* besitzt das Recht, zusätzlich zu den *User-Mode-Registern* auf alle anderen Überwachungsregister zuzugreifen. Bild 12.7 verdeutlicht diesen Zusammenhang.

### 12.2.3.2 Speicherstruktur und Programmiermodell

Der Speicherbereich der 32-bit-Architektur ist dem 32-bit-Adreßbereich entsprechend in mehrere reservierte Zonen gemäß Bild 12.8 eingeteilt. Dabei gilt uneingeschränkter Zugang zu den Bereichen immer für den *Supervisor-Mode* aber oft in eingeschränkter Weise im *User-Mode*.

| Adreßbereich | Verwendung | Supervisor-Zugang | User-Mode-Zugang |
|---|---|---|---|
| 00000000–00000003 | Off-Chip-Boot-Vector | vollständig | – |
| 00000004–0FFFFFFF | On-Chip-ROM | vollständig | selektiv |
| 10000000–1FFFFFFF | On-Chip-Peripherie | vollständig | nein |
| 20000000–2FFFFFFF | Off-Chip-Peripherie | vollständig | selektiv |
| 30000000–3FFFFFFF | Off-Chip-Boot-Vector | vollständig | selektiv |
| 40000000–4FFFFFFF | reserviert | vollständig | – |

*Bild 12.8 Adreßbereiche des M•CORE*

### 12.2.3.3 Befehlssatz

Im wesentlichen wird zwischen drei Befehlstypen unterschieden: *Load-* und *Store-*Befehle transferieren Daten vom (externen oder internen) Speicher in die entsprechenden Register. Register-Register-Operationen werden für die eigentlichen Rechenoperationen oder den Zugang zu den Kontrollregistern verwendet, *Flow-Control-*Operationen steuern den Instruktionsfluß und treten meist in der Form von *Branches* oder *Calls* auf.

Zur Verdeutlichung der Orthogonalität des Instruktionssatzes dient Bild 12.9. Alle Registeradressen sind grundsätzlich beliebig austauschbar in der Instruktion und immer auf einem festen Platz zu finden. Allerdings sind die Register R0 und Register R15 durch Konventionen zusätzlich definiert. Eine Reihe weiterer Instruktionsformate existiert, für zusätzliche Präzisierungen wird an dieser Stelle auf das *Reference-Manual* verwiesen.

Monadisches Format (nur ein Register angesprochen)

| Opcode | SubOpcode | Register X |
|---|---|---|
| 15 | 4 | 3 0 |

Dyadisches Format (zwei Register angesprochen)

| Opcode | SubOpcode | Register Y | Register X |
|---|---|---|---|
| 15 | 8 | 7 4 | 3 0 |

Skaliertes 4-bit-Immediate-Format (Load/Stores)

| Opcode | Register Z | IMM4 | Register X |
|---|---|---|---|
| 15 12 | 11 8 | 7 4 | 3 0 |

LOAD- und STORE-Instruktionen nutzen dieses Format, um das Speicherwort in das Zielregister Z zu laden (LOAD) oder als Quelle für STOREs. Die Speicheradresse berechnet sich aus der Addition des Registerwertes von X mit dem Wert des Immediate-Feldes (IMM4).

*Bild 12.9 Instruktionsformate des M•CORE*

### 12.2.3.4 Anwendungen

Der M•CORE ist für vielseitige Embedded-Control-Anwendungen im *Wireless-* und *Automotive/Industrial*-Bereich entworfen worden. Eine Reihe von Eigenschaften soll hier hervorgehoben werden, um diesen Anspruch zu unterstreichen:

- Modulkompatibilität mit der 683xx-Familie und der HC08/HC12-Familie: Die Designteams arbeiten daran, die Kompatibilität der Peripheriemodule weitestgehend zu erhalten, um die Portierung von Anwendungssoftware zu erleichtern.
- Low-Power: Der Kern verbraucht 0,25 mW/MHz. Dies ist unter den günstigsten Werten der Industrie.
- Große Auswahl an *STOP*- und *WAIT*-Modi zur Stromverbrauchssenkung
- On-Chip-Debug-Support (ONCE)
- 1,8 ... 3,6 V Betriebsspannung: besonders auch für Batterieanwendungen geeignet
- Benchmark-Code-Dichten: Vergleiche ergeben beste Werte für den M•CORE im Vergleich zu ähnlichen Maschinen
- *Development-Tools*: Alle Werkzeuge wurden zusammen mit dem Kern entworfen. Eine weite Palette von Entwicklungshilfen ist heute erhältlich.
- Aufwärtskompatibilität: Der Kern wurde so entworfen, daß die Integration von zusätzlicher Kernhardware vorgesehen ist. Das betrifft *Floating-Point*, Multiplizier-Akkumulator-Beschleuniger sowie eine komplette Memory-Management-Unterstützung.
- ABI-Standard-Kompatibilität (ABI – *Application Standard Interface*)
- JAVA-Kompatibilität und -Unterstützung

### 12.2.4 Die PowerPC-Architektur

Die PowerPC-Architektur ist eine flexible RISC-Architektur, die Implementationen für verschiedene Wortbreiten zuläßt. Die *MPC500*-Familie für *Embedded-Control* enthält die *RCPU-Implementation*, welche auf einer 32-bit-Wortbreite basiert. Weitere Implementationen ermöglichen die Erweiterung auf 64 bit und darüber hinaus als superskalare Architektur, in der mehrere Worte parallel geladen werden.

Das 32-bit-Instruktionswort ist breit genug, um in einem Wort den Befehl, die Quellenadressen, die Zieladresse und qualifizierende weitere Daten oder Befehlszusätze unterzubringen. Bild 12.10 zeigt am Beispiel der Instruktion *addx* die orthogonale Befehlsstruktur, in der von Bit 0 bis Bit 5 der primäre Befehl (*Primary Opcode*) liegt, in diesem Beispiel mit \$1F. Die Adresse des Zielregisters wird von Bit 6 ... 10 codiert, die beiden Quellregisteradressen von Bit 11 ... 15 sowie von Bit 16 ... 20. Die jeweils fünf Bits adressieren die 32 Register der CPU, welche für diese Art von Verknüpfungsoperation bereits 15 bit des 32-bit-Opcode-Wortes belegt.

Zusätzlicher Opcode oder weitere Qualifier wie Index, Offset usw. werden dann von Bit 21 ... 31 hinzugefügt. Dadurch, daß die Registeradressen immer an derselben Stelle im Opcode stehen, wird das Decodieren des Befehls sehr einfach und erleichtert außerdem das Instruktionspipelining, da kein aufwendiges *Sequencing*, also das serielle Ausführen von Instruktionseinheiten durch *Microcode*, mehr benötigt wird. Allerdings ist bei solchen Strukturen naturgemäß die Code-Dichte nicht mehr so hoch wie bei den klassischen CISC-Architekturen. Daher kommen für diese Architekturen Code-Kompressionsverfahren zur Anwendung.

**addx**

| Ox1F | D | A | B | OE | Ox10A | Rc |
|---|---|---|---|---|---|---|
| 0 5 | 6 10 | 11 15 | 16 20 | 21 | 22 30 | 31 |

Ox1F primärer Opcode hex: 1F
D Zielregister D
A Quellregister A
B Quellregister B
OE für Extended-Arithmetik
Rc Record-Bit zum Update des Condition-Registers
Ox10A zusätzlicher Opcode: hex 10A

rD ⟵ rA + rB

Die Summe von Register A und Register B wird in Register D geschrieben

*Bild 12.10 Opcode der Instruktion addx*

### 12.2.4.1 Die Architektur der RCPU

Die Architektur besteht aus einem orthogonalen Registersatz von zweiunddreißig 32 bit breiten *General-Purpose*-Registern, die alle gleichwertig sowohl als Quelle (*Source*) als auch als Ziel (*Destination*) verwendet werden können. Das **Integer-Rechenwerk** (ALU/BFU in Bild 12.11) hat unabhängig von den anderen Werken Zugang zu den 32 Registern.

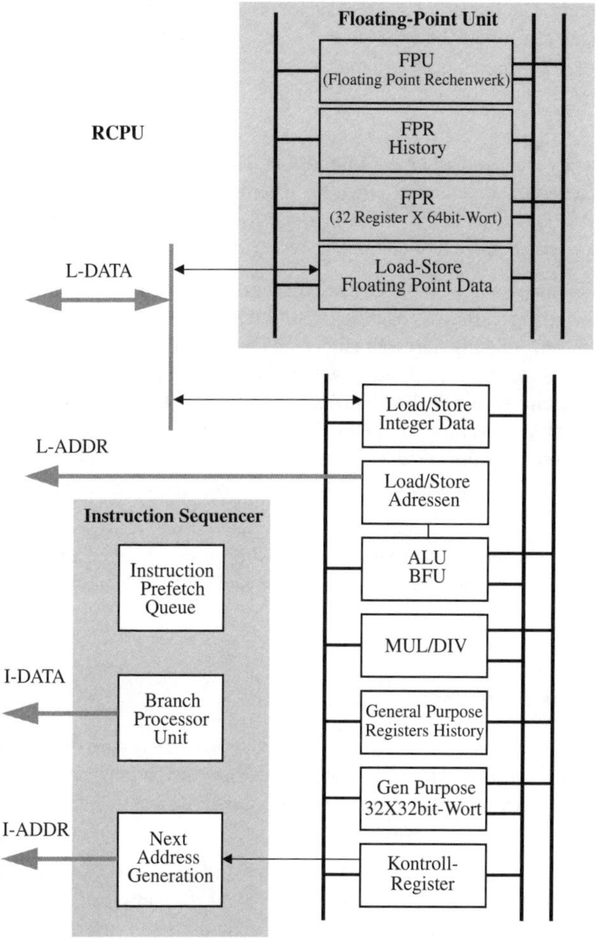


*Bild 12.11 RCPU-Architektur*

Des weiteren existiert ein Registersatz aus zweiunddreißig 64 bit breiten Registern für die Floating-Point-Verarbeitung. Diese folgt dem *ANSI/IEEE-754-Standard* und unterstützt sowohl *Single-Precision*-32-bit- als auch *Double-Precision*-64-bit-Verarbeitung.

Die Floating-Point-Instruktionen folgen einem ebenso orthogonalen Prinzip wie die Integerstruktur. Die **Floating-Point-Rechenmaschine** (FPU) hat unabhängig von den anderen 3 Rechenwerken Zugang zu den 32 Floating-Point-Registern. Die PowerPC-Architektur ist für den Betrieb in *Multitasking*-Anwendungen konzipiert. Es wird vorausgesetzt, daß ein Betriebssystem die verschiedenen Anwendungsprogramme voneinander separiert, damit diese sich nicht gegenseitig stören, d. h. im wesentlichen ohne Speicherüberlappung laufen.

Dies ist eine der Hauptaufgaben der **Load/Store-Unit**, die für den Datentransfer zwischen den internen und externen Speichern in die Register und zurück sorgt. Die Adreßberechnungen finden hier statt, so daß hier auch die Zuordnungen der internen und externen Speicher erfolgen.

Als viertes Rechenwerk dient die **Branch-Processing-Unit**, eine Einheit, die sich um das Herbeischaffen der nächsten Instruktionen kümmert. Dazu gehört, die nächsten Verzweigungsadressen zu berechnen und auch zu „erraten", um den Instruktionscache (*Instruction Cache*) optimal zu bedienen. Dies ist eine lokale Speichereinheit, die die Befehle vorrätig hält, die in dem gerade bearbeiteten Programmbereich am wahrscheinlichsten benötigt werden. Ausgeklügelte Strategien zum *Caching* versuchen, die Wahrscheinlichkeit, die nächste Instruktion im Cache und nicht im langsameren externen Speicher vorzufinden, zu erhöhen.

Diese vier Rechenwerke (Load/Store, Branch-Processing, Integer, Floating-Point) können ihren Dienst gleichzeitig versehen und steigern dadurch die Rechenleistung wesentlich.

#### 12.2.4.2 Das Programmiermodell

Die *PowerPC*-Architektur unterstützt effektiv das Betriebssystem durch die Unterscheidung von *User-Mode*, in dem das aktuelle Anwendungsprogramm läuft, und dem *Supervisor-Mode*, der nur dem Betriebssystem und dem sogenannten *Exception-Handling* vorbehalten ist.

Der User-Mode benutzt die *User-Instruction-Set-Architecture* (*UISA*), in der entsprechend Bild 12.12 nur auf die Register für Integer und Floating-Point, die entsprechenden Condition-Code-Register sowie die *User-Level-Special-Purpose-Register* (*User Level SPRs*) zugegriffen werden kann.

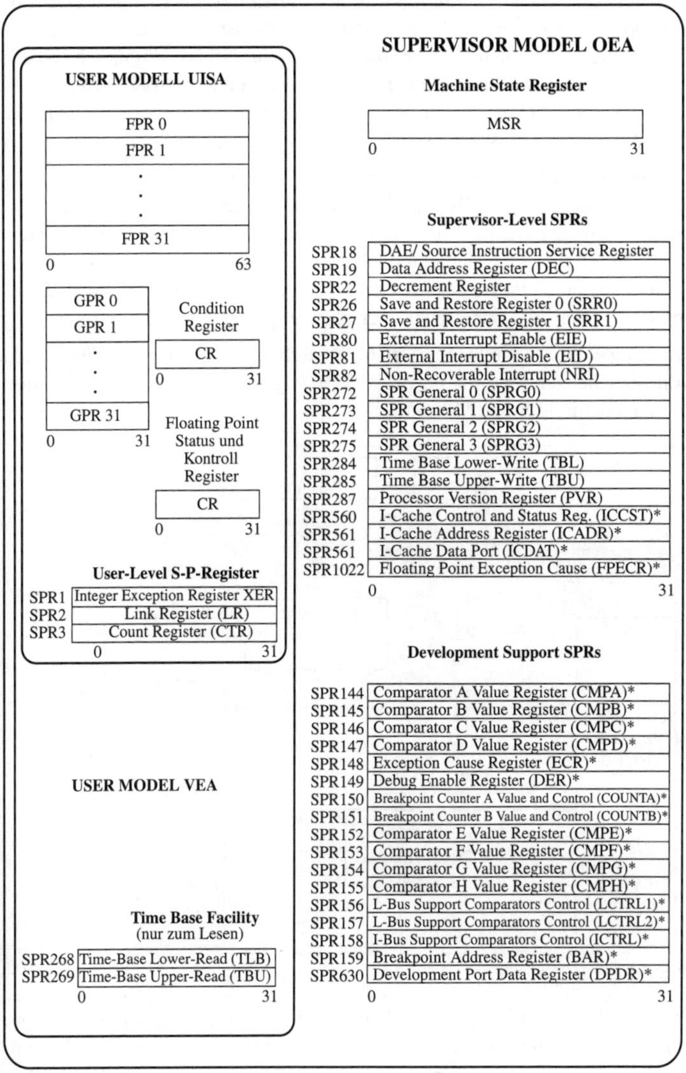


*Bild 12.12 Registersatz der RCPU*

Das Programmiermodell des *Supervisor-Mode* enthält zusätzlich zu den o. g. Registern das *Machine-State-Register* und die *Supervisor-Level-Special-Purpose-Register* (*Supervisor Level SPRs*) sowie Register für die Entwicklungs- und Debug-Unterstützung (*Development Support SPRs*). Zusätzlich werden im *Virtual-Environment-Architecture* (*VEA*) genannten Betriebszustand weitere Register definiert, die für die interne (*Real Time*) Zeitbasis sowohl vom *User-Mode* als auch vom *Supervisor-Mode* her zugänglich sind.

*Exceptions* sind Unterprogrammansprünge (*Subroutine Calls*) oder Interrupts an das Betriebssystem, die von der Rechenmaschine erzeugt werden, wenn ein bestimmter Befehl nicht in der vorbestimmten Form ausgeführt werden kann. Zum Beispiel erzeugt eine Floating-Point-Division durch Null eine Exception, die durch Betriebssystemsoftware beendet werden muß. Auch Timer-Interrupts oder Speicherbereichsüberschreitungen erzeugen Exceptions.

Die *PowerPC*-Architektur erfordert zuzüglich zur *CPU* die Einbindung von Speicher und Peripherie. Bild 12.13 zeigt eine komplette *Single-Chip*-Implementation für den MPC555.

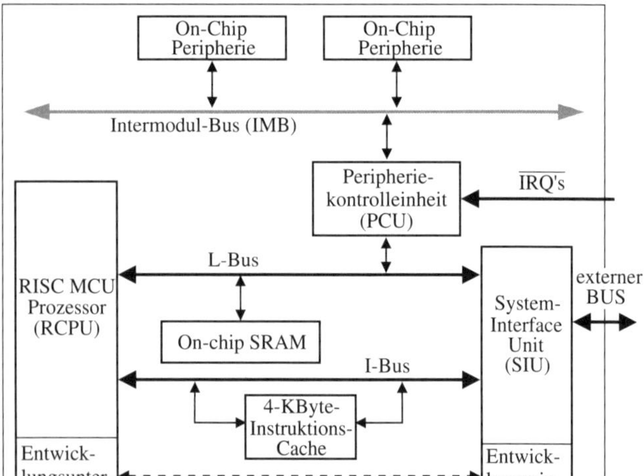


*Bild 12.13 MPC555 Blockschaltbild*

Es sind die L- und I-Busse zu erkennen, die über die *System-Interface-Unit* (*SIU*) Zugang zum externen, außerhalb des Bausteins liegenden Bus bekommen. Über die Peripheriekontrolleinheit (*PCU*) erreichen die externen Interrupts die *Machine*, und auch die On-Chip-Peripherie wird über die SIU gesteuert.

### 12.2.5 Ausblick

Es wurde versucht, einen Überblick über die Mikroprozessoren der Firma Motorola zu geben. Diese Darstellung ist aufgrund ihrer Kürze leider unvollständig und wird der Komplexität der Bausteine kaum gerecht. Die entsprechende Literatur, insbesondere die *Reference-Manuals*, enhalten die ausführlichen Beschreibungen, auf die hier zum weiterführenden Studium verwiesen sei.

Die zunehmende Integration ermöglicht es, immer mehr Komponenten monolithisch auf einem Siliziumchip zu integrieren; allein der MPC555 enthält etwa 8 Millionen Transistoren und ist damit zur Zeit seiner Erscheinung das am höchsten integrierte kommerzielle elektronische Logikbauteil. Bei einer Verdoppelung der Transistorzahl alle 18 bis 24 Monate ist schon jetzt absehbar, daß in der Zukunft noch mehr Speicher mitintegriert wird, noch mehr Peripheriefunktionen als Zusatzblöcke mit auf dem Chip gefertigt werden sowie eine Erweiterung der Architektur stattfinden wird.

Diese Erweiterung ist in der Architekturdefinition des *PowerPC* bereits vorweggenommen; die RCPU-Implementation ist nur eine Untermenge der gesamten *PowerPC*-Architektur. Diese Vorgehensweise ist identisch mit der Entwicklung der 68000-Architektur in den 80er Jahren, in denen eine mächtige Architektur definiert wurde, aber nur ein *Subset* implementiert. Das hat dann zu einer Reihe von immer leistungsfähigeren Bausteinen geführt (68000, 68020, 68030, 68040), ohne die Architekturdefinition zu verlassen. Auch die M•CORE-Architektur ist für diesen Integrationszuwachs ausgelegt.

Im *Embedded*-Bereich ist die reine Leistungsfähigkeit des Prozessorkerns weniger ausschlaggebend als vielmehr die Fähigkeit, weitere Peripheriefunktionen monolithisch mitzuintegrieren, um den Platzbedarf auf der Leiterplatte und damit die Baugröße der gesamten Elektroniksteuerung zu senken. Hier kommt es dann darauf an, nicht nur den gesamten Speicher (RAM, ROM, FLASH, EEprom), sondern in zunehmendem Maße auch analoge Funktionen mit zu verwirklichen.



Zu nennen sind hier: A/D-Umsetzer, Operationsverstärker und Komparatoren sowie Elemente zur Versorgungsspannungserzeugung. In Zukunft kommt jedoch besonders den Hochspannungsein- bzw. -ausgängen bei 40...80 V Spannungsfestigkeit sowie den höheren Ausgangstreiberströmen bis in den Amperebereich eine steigende Bedeutung zu.

Die zugehörigen Mischtechnologien, die diese Integration ermöglichen, sind heute schon zum großen Teil existent und werden in der Zukunft eine ganz besondere Rolle für den Bereich des *Embedded-Control* spielen.

## 12.3 Infineon-Mikrocontroller

### 12.3.1 Übersicht

Siemens Halbleiter hat in den letzten Jahren große Fortschritte in der Verbreiterung der Produktpalette erzielt. Bisher wurden im wesentlichen 8- und 16-bit-Mikrocontroller angeboten. In der Markteinführung befindet sich eine 32-bit-Architektur, die wesentliche Eigenschaften von RISC und DSP vereinigen soll.

Darüber hinaus sind dedizierte Architekturen für Chipkarten-ICs und weitere Embedded-Anwendungen, z. B. Mobiltelefone, im Einsatz. Erwähnt sei hier auch die DSP-Architektur Carmel. Die 8-bit-Mikrocontroller basieren auf der 8051-Architektur, die mit mächtiger On-Chip-Peripherie versehen wurde. Als beinahe Industrieklassiker sind hier der SAB 80C515 und der SAB 80C517 zu nennen. Daneben gibt es eine Vielzahl von Derivaten, um den unterschiedlichen Anforderungen mit einem günstigen Preis-/Leistungsverhältnis gerecht zu werden. Unterstützt werden die einzelnen Architekturen durch eine Vielzahl von Entwicklungswerkzeugen, die überwiegend durch Dritte angeboten werden. Getrieben durch die immer kleineren Strukturen bei DRAMs werden diese Technologien auch für die Mikrocontroller genutzt.

Siemens Halbleiter wurde zum 1. April 1999 rechtlich eigenständig und firmiert nun als Infineon Technologies AG.

### 12.3.2 Hauptmerkmale der C166-Familie

Die C166-Familie ist eine leistungsstarke **16-bit-Architektur**, die von Infineon Technologies (vormals Siemens Halbleiter) für den Embedded-Control-Markt entwickelt wurde. Sie ist eine Verschmelzung aus RISC und CISC, um gleichzeitig eine hohe Performance und hohe Code-Dichte zu erzielen. Vorbilder bei der Entwicklung der C166-Familie waren die 8051-Architektur von INTEL, der Am29000 von AMD und die Ideen des Berkley RISC. Das Ergebnis ist eine sehr schnelle echtzeitfähige 16-bit-CPU, die in ihrer Rechenleistung manchen 32-bit-CPUs überlegen ist.

**Einsatzfeld**. Die C166-Familie ist vor allem für Embedded-Applikationen mit hohen Echtzeit-Leistungsanforderungen entwickelt worden. Zudem ist die C166-Architektur ein echtes 16-bit-Upgrade für die bisherigen 8-bit-Anwendungen, insbesondere für die auf der Basis des 8051. Die Grenze von 64 KByte bei Code und Daten sowie die Rechenleistung werden um eine Größenordnung bei vergleichbarer Code-Dichte übertroffen. Die C166-Mikrocontroller-Familie ist heute sehr populär und wird in zahlreichen Embedded-Anwendungen innerhalb von Kfzs, bei Mobiltelefonen, von Computerperipherie und Consumer-Produkten eingesetzt. Die C166-Familie wird von SGS-Thomson als ST10 in Lizenz hergestellt und von Lucent Technologies nachgebaut.

#### 12.3.2.1 Aufbau des Prozessorkerns

Die C166-Architektur besitzt eine vierstufige Pipeline, eine 16-bit-ALU und einen Befehlssatz variabler Instruktionslänge. Sie ist im wesentlichen eine Speicher-Speicher-Architektur, obwohl es einige Befehle gibt, die hiervon abweichen. Zusätzlich gibt es einen Hardware-Multiplizierer für die Multiplikation/Division, einen Barrelshifter sowie einen bit-Maskengenerator für die Verarbeitung der Bit-Befehle. Die meisten Instruktionen werden in einem Zyklus ausgeführt. Sprung-, Multiplizier- und Dividierbefehle benötigen allerdings oft mehr als einen Zyklus. Jedoch sind die Sprungbefehle so optimiert, daß sie in maximal zwei Zyklen ausgeführt werden. In Schleifen wird sogar dieser zweite Zyklus durch einen Branch-Target-Buffer vermieden. Die meisten Befehle unterstützen eine Datenbreite von 1, 8 und 16 bit.

Die C166-CPU hat fünf Busse, wobei einer exklusiv für den Anschluß von interner Peripherie vorgesehen ist. Dieser Bus hat eine Datenbreite von 16 bit. Zwei weitere Busse zu 16 bit werden benötigt, um gleichzeitig auf Daten lesend und schreibend zuzugreifen, was einer Extended-Havard-Architektur entspricht. Auf den Code-Speicher wird über einen weiteren 32-bit-Bus zugegriffen. Ein Buscontroller stellt einen weiteren Bus mit 16 bit Breite für den Zugriff auf den externen Speicher und die externe Peripherie zur Verfügung. Diese parallelen Busse sind ein Grund für die Überlegenheit der Leistungsfähigkeit der C166-Architektur verglichen mit anderen Harvard-RISC-Architekturen.

#### 12.3.2.2 Pipeline

Der C166 hat eine 4stufige Pipeline (Fetch, Decode/Operanden Fetch, Execute, Writeback). 90 % aller Instruktionen verweilen nur einen Maschinenzyklus in jeder Pipeline-Stufe. Die Pipeline ist vollständig interlocked, so daß sie für den Programmierer fast transparent ist.

#### 12.3.2.3 Datentypen

Die C166-Architektur unterstützt Unsigned-Character-, Signed-Character-, Unsigned-Integer- und Signed-Integer-Datentypen, die ihr direktes Pendant in der Sprache C finden. Die C166 ist eine 16-bit-Architektur, kann jedoch auch direkt 1-bit-, Bitstring- oder 8-bit-Daten verarbeiten. 32-bit-Datentypen können durch einen reichhaltigen Befehlssatz mit Hilfe des Carry-Flags verarbeitet werden.

**Integralpromotion**. Die 8-bit-Character-Formate können optional beim Laden entsprechend ANSI C automatisch auf 16 bit unter Berücksichtigung des Vorzeichens erweitert werden.

**Bit- und Bitstring-Datentypen**. Um die speziellen Anforderungen des Embedded-Bereiches zu erfüllen, besitzt die C166-Architektur Bit- und Bitstring-Datentypen, welche direkt im Speicher oder den Peripheriemodulen durch einen reichhaltigen Satz an logischen Operatoren verknüpft werden können.

### 12.3.2.4 Adressierungsarten

Alle Register, bis auf den Instruction-Pointer (*IP*), können sowohl über ihre Registernamen als auch über eine Speicheradresse angesprochen werden. Der C166 stellt einen internen Speicher von bis zu 4 KByte Multi-ported-RAM zur Verfügung, aus dem pro Instruktionszyklus vier Daten gleichzeitig gelesen bzw. geschrieben werden können.

**Effektive Adresse**. Der Adreßraum des C166 kann über eine 24 bit lange effektive Adresse angesprochen werden.

Die effektive Adresse wird im allgemeinen aus einem 8/10-bit-Segment/Page-Register, welches das Segment bzw. die Page enthält, und einem 16/14-bit-Offset gebildet (→ Bild 12.14).

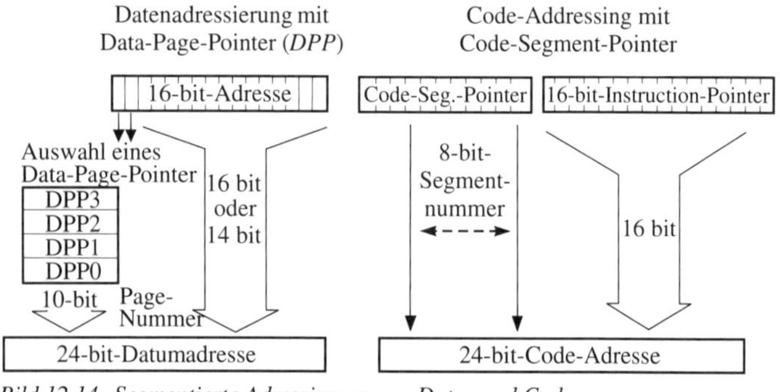


*Bild 12.14 Segmentierte Adressierung von Daten und Code*

**Multiport-RAM-(Register-)Adressierung**. Die effektive Adresse wird aus einem 16-bit-Basisregister und einem 4-bit-Offset gebildet.

**Absolute Adressierung**. Daten können absolut adressiert werden.

**Datenbreite**. Alle Zugriffe unterstützen 8- und 16-bit-Daten.

Insgesamt verfügt der C166 über sieben verschiedene Adressierungsarten:

- Absolut mit 16- oder 14-bit-Konstante
- Speicher indirekt mit 16-bit-Offset
- Speicher indirekt
- absolut mit 3-bit/4-bit-Konstante
- absolut mit 8- bzw. 16-bit-Konstante
- Preinkrement mit 10- oder 16-bit-Offset
- Postinkrement mit 10- oder 16-bit-Offset
- direkt mit 8-bit-Adresse

**Adreßraum**. Der C166 unterstützt einen bis zu 16 MByte großen Adreßraum („Von-Neumann-Adreßstruktur"), der Daten, Programmcode und Peripherieinformationen enthält.

**Segment**. Der Adreßraum ist in 256 nicht überlappende, 64 KByte große Code-Segmente unterteilt. Jedes dieser Segmente ist für die Adressierung der Daten nochmals in 4 Seiten zu 16 KByte aufgeteilt. 512 Byte sind direkt adressierbar als Bit- und Bitstring-Datentypen.

**Adreßraum der Peripherie**. 256 Byte sind für externe und interne Memory-Mapped-I/O-Einheiten bestimmt. Die Register können über eine Speicheradresse sowie eine 8-bit-Registeradresse angesprochen werden, was die Code-Dichte verbessert. Weitere Adressen stehen dann für externe Peripheriekomponenten zur Verfügung.

**Adreßraum der On-Chip-Speicher**. Bis zu 4 KByte Multiported-RAM stellt der C166 wahlweise für Speicher-Speicher-Operationen, für den Systemstack und als schneller Allzweckspeicher im Segment 0 zur Verfügung. Weiteres XRAM und Code-Speicher können in Segment 0 bzw. in anderen Segmenten adressiert werden.

**Adreßraum des Stacks**. In den Multiport-RAM kann der Systemstack gelegt werden. Die Stack-Größe ist variabel zwischen 64 Byte und 42 KByte einstellbar. Über- oder unterschreitet eine Applikation den vorgegebenen Stack-Bereich, löst dies einen Hardware-Trap aus.



#### 12.3.2.5 Instruktionssatz

Der C166 vereinigt den Befehlssatz eines RISC- und CISC-Mikrocontrollers und erlaubt sowohl eine effiziente C- wie auch Assembler-Programmierung. Da der Befehlssatz nicht vollständig orthogonal aufgebaut ist, sind einige Adressierungsarten nicht für alle Befehle anwendbar.

**Kontextinstruktionen**. Da der C166 eine Speicher-Speicher-Architektur hat, müssen keine Registerinhalte bei einem Kontextwechsel gerettet werden. Lediglich die Pointer müssen neu gesetzt werden.

**MOV-Instruktionen**. Diese Instruktionen bewegen Daten zwischen Speicher bzw. Register hin und her. Weiterhin speichern diese Instruktionen Daten zwischen den Registern um oder dienen der Kontextverwaltung.

**Arithmetische und logische Instruktionen**. Der C166 besitzt die Grundoperationen ADD, SUB, MUL, DIV, ROTATE, SHIFT, COMPARE. Die Booleschen Operationen sind in Hardware implementiert.

**Kombinierte Vergleichsinstruktionen**. Der C166 besitzt Instruktionen zum gleichzeitigen Vergleichen und De-/Inkrementieren. Diese sind nützlich für komplexe Operationen in Programmschleifen.

**Bit- und Bitstring-Instruktionen**. Die Bit-Instruktionen arbeiten alle mit Bit-Operanden und erzeugen ein bit als Ergebnis. Neben diesen reinen Bit-Befehlen besitzt der C166 Befehle, die mit Byte-Operanden arbeiten, aber mehrere Bit-Resultate erzeugen.

#### 12.3.2.6 Interrupt-System

Der C166 hat ein frei programmierbares Interrupt-System mit 16 Prioritätsebenen, um seine vielfältigen Peripherieeinheiten zu bedienen. Es umfaßt einen Interrupt-Controller mit bis zu 56 verschiedenen Interrupt-Quellen. Jedem Interrupt ist ein Kontrollregister zugeordnet, mit dem seine Priorität konfiguriert wird. Die Interrupt-Priorisierung erfordert keine Unterstützung vom Core.

#### 12.3.2.7 Peripherie

Zu den On-Chip-Peripheriemodulen der C166-Familie zählen ein mehrkanaliger A/D-Wandler, ein UART, das synchrone serielle Interface, der CAN-Controller, der $I^2C$-Buscontroller, USB-Controller, Echtzeit-Uhr, Einheiten zur Pulsweitenmodulation (*PWM*), Capture-Compare-Modul (*CAPCOM*) und verschiedene Timer. Alle diese Module sind durch einen leistungsstarken 16 bit breiten Peripheriebus mit der CPU verbunden. Zusätzlich sind alle Peripheriekomponenten durch einen separaten Bus an den Interrupt-Controller angeschlossen und können durch eine DMA-Funktion des C166 (*PEC*) unterstützt werden. Der PEC ist jedoch kein vollwertiger DMA-Controller, da er die CPU bei jedem Transfer noch mit einem Zyklus für die Datenbewegung belastet, ohne aber den Programmkontext zu verändern.

Das volle Verständnis für die einzelnen Peripherals erschließt sich erst unter Einbeziehung von applikationsspezifischem Know-how. Daher würde eine vollständige Darstellung aller Peripheriekomponenten den Rahmen dieses Buches sprengen. Bei einer konkreten Anwendung ist es allerdings sehr wichtig, die Leistungsfähigkeit der Peripherie mit einzubeziehen und zu analysieren, da oft die CPU-intensiven Aufgaben besser von den On-Chip-Peripheriekomponenten gelöst werden können. Entsprechende Handbücher zum C166 beschreiben diese eingehend.

*Bild 12.15 Chipfoto des C167-CR-Mikrocontrollers*

#### 12.3.2.8 Typenübersicht

Die Architektur dieser 16-bit-Mikrocontroller erlaubt zur Zeit in der schnellsten Variante die Abarbeitung eines Befehls in 25 ns bei 40 MHz. Eine 16-bit-Multiplikation läßt sich in 250 ns ausführen, eine 32-bit-Division benötigt 500 ns. Die Interrupt-Response-Zeit liegt zwischen 150 ns und 250 ns. Von der einfachen Ausführung bis zur komplexen Version stehen auch im Rahmen dieser 16-bit-Familie verschiedene Typen zur Verfügung. Eine Kombination mit applikations- oder kundenspezifischen Peripherie-Funktionen erweitert die Anwendungsvielfalt. Nachfolgend werden einige Hauptmerkmale der verfügbaren Bausteine hervorgehoben.

12

**C167** (→ Bild 12.15). Er enthält 2 oder 4 KByte On-Chip-RAM, Timer mit PWM-Ausgang und eine flexible Bussteuerung. Es gibt Versionen ohne ROM, mit maximal 128 KByte ROM oder Flash-Speicher. Integriert sind On-Chip-PLL-Oszillator, USART, SSC und ein 16-Kanal-10-bit-A/D-Wandler. Einige Typen binden über den X-Bus zusätzliche Komponenten, wie z. B. einen CAN-Controller, ein.

**SAB8xC166**. Er war ursprünglich die erste Version der 16-bit-Familie und zielt auf den Bereich der Echtzeit-Applikationen. Ausgestattet ist er mit

1 KByte RAM, 32 KByte Mask-ROM oder Flash. Eine Low-Cost-Ausführung verzichtet auf den Oszillator-Vorteiler.

**C165**. Dieser Controller ist die Nachfolgeentwicklung des C167, bietet ebenfalls 16 MByte Adreßraum und den gleichen Buscontroller. Die weitere Konfiguration zielt auf die Verwendung in prozessororientierten Embedded-Applikationen mit High-End-Echtzeit-Erfordernissen und hohem Datenaufkommen. Die schnellste Ausführung des C165 ist der SAB-C165-L25M, der nur 80 ns benötigt, um bei 25 MHz CPU-Takt jeden Befehl zu erledigen. Für batteriebetriebene Anwendungen läßt sich hier ein 2,7-V-Betrieb realisieren. Der Chip kommt im MQFP-100 oder als TQFP-100.

**C164**. Er bietet als Einchiplösung erweiterte Echtzeit-Funktionalität, die z. B. für Sicherheits- und Steuerungsfunktionen im Automobil oder für unterbrechungsfreie Stromversorgungen in der Industrie notwendig ist. Integriert sind 64 KByte OTP mit 32-bit-Zugriff und 2 KByte RAM. Die Netzwerkfähigkeit sichert das CAN-Interface (2.0B). Mit dem vorhandenen 16-bit-3/6-Kanal-PWM-Modul lassen sich ohne weitere Komponenten Dreiphasen-Asynchronmotoren oder Steppermotoren ansteuern. Energiesparfunktionen reduzieren den Stromverbrauch auf unter 1 mA. Verfügbar sind weiterhin ein 10-bit-A/D-Wandler, eine Echtzeit-Uhr, Timer sowie Capture-Compare-Funktionen mit Inkrementaleingang.

**C163**. Dieser Controller ist eine prozessororientierte Version, die für preissensitive Embedded-Applikationen mit hohem Datendurchsatz konzipiert wurde. Neben einer Reihe von Standardperipherie enthält der C163 1 KByte RAM, ein serielles 12,5-Mbit/s-Interface und ist auch als Thin-MQFP erhältlich. Für batterieversorgte Produkte gibt es eine 3-V-Version. Ein Typ mit 128 KByte Flash erhöht die Leistungsfähigkeit.

**C161**. Er liegt vom Preis her trotz 16-bit-Performance im Bereich von 8-bit-Mikrocontrollern. Neben einem 16-MHz-Kern sind diverse RAM-Kapazitäten, Timer-Konfigurationen, Chip-Selects und externe Busmodi wählbar. Der C161RI realisiert zusätzlich Energiesparfunktionen, enthält einen linear adressierbaren Adreßraum von 8 MByte sowie ein Peripherieset aus 4-Kanal-8-bit-A/D-Wandler und I$^2$C-Interface. Dieser Controller kommt zum Einsatz, wenn hinsichtlich der CPU-Leistung oder des Adreßbereiches die Leistungsfähigkeit eines 8-bit-Mikrocontrollers nicht mehr ausreicht.

► *Besonderheiten*:
- FullCAN-Controller: C167CR, C164CI
- CCU für Mehrphasen-DC-MotorControl: C164CI
- I$^2$C-Bus-Interface: C161RI
- SSP: C163
- Erweiterte Power-Saving-Modes: C161RI, C164CI
- RTC: C161RI, C164CI

### 12.3.3 Hauptmerkmale der TriCore™-Architektur

TriCore™ ist eine **32-bit-Architektur**, die von Infineon (vormals Siemens Halbleiter) für den Embedded-Control-Markt entwickelt wurde. Sie ist eine Verschmelzung aus RISC und 16-bit-Fix-Point-DSP, um gleichzeitig Steuerungs- wie auch Signalverarbeitungsaufgaben zu bewältigen.

**Einsatzfeld**. TriCore™ ist besonders für Anwendungen geeignet, in denen heute ein Mikrocontroller zusammen mit einem digitalen Signalprozessor eingesetzt wird (z. B. Festplatten, Abstandscontroller, Modems und Handies). Die Zielmärkte der Architektur sind das Automobil, die Telekommunikation, Consumer-Produkte und die Computerperipherie.

#### 12.3.3.1 Aufbau des Prozessorkerns

Der TriCore™ ist eine 32-bit-Architektur, die insbesondere für die Programmiersprachen C und C++ optimiert wurde. Der Prozessorkern besteht im wesentlichen aus den Adreß- und Datenregistern, der Instruction-Fetch-Einheit, der Load-Store-Einheit, der Integer-Pipeline, dem Speicherschutzsystem und einem On-Chip-Debug-System. Die Anbindung der Peripherie wird durch das mit dem Kern stark verflochtene Interrupt-System geleistet. Für die erste Implementierung des TriCores™ wurde eine superskalare Architektur mit drei getrennten Verarbeitungseinheiten gewählt:

**Integer-Einheit**. Diese Einheit verarbeitet alle arithmetischen Befehle. Sie umfaßt eine ALU, einen Barrelshifter und eine MAC-Einheit, die in einem Befehl eine Multiplikation und Addition bewältigt. Lediglich Daten in Registern werden verwendet, was das Merkmal einer Load-Store-Architektur ist.

**Load-Store-Einheit**. Diese Einheit verarbeitet alle Load-Store- und Adreßarithmetikoperationen, wie auch Sprungbefehle. Weiterhin werden all jene Befehle von der Load-Store-Einheit verarbeitet, die sowohl auf Daten- und Adreßregister zugreifen, wie die Mov-Befehle und auch die konditionalen Befehle.

**Loop-Einheit**. Diese Einheit verarbeitet die Zero-Overhead-Loop-Befehle.

12

#### 12.3.3.2 Pipeline

Jede der Einheiten (Load-Store-, Loop- und Integer-Einheit) arbeitet die Befehle in einer eigenen Pipeline ab. Eine gemeinsame Instruction-Fetch-Stufe verteilt die eingelesenen Instruktionen auf die Ausführungseinheiten. Durch diese getrennten Pipelines können bis zu drei Befehle parallel eingelesen/verarbeitet werden.

**Instruction-Fetch-Stufe**. Diese Pipeline-Stufe holt und klassifiziert die nächste Instruktion. Die Instruktion wird an die entsprechende Einheit weitergeleitet. Beim Einsatz von Cache überprüft die Instruction-Fetch-Stufe das Vorhandensein der Daten im Cache. Die Instruction-Fetch-Stufe kann bis zu drei Befehle (acht Byte) gleichzeitig an die Ausführungseinheiten verteilen.

**Pipelines der Ausführungseinheiten**. Die Pipeline besteht sowohl für die Verarbeitung der Integer-Befehle als auch die der Load-Store-Befehle aus drei Stufen:

- Decode (Identifizieren der Instruktion)
- Execute (Ausführung der Operation)
- Write-Back (Zurückschreiben der Ergebnisse)

### 12.3.3.3 Datentypen

Die TriCore™-Architektur kennt die Typen **Unsigned-Character**, **Signed-Character**, **Unsigned-Integer** und **Signed-Integer**, die ihr direktes Pendant in der Sprache C finden. Da TriCore™ eine 32-bit-Architektur ist, werden Integer-Daten im 32-bit-Format verarbeitet.

**Integralpromotion**. Das 16-bit-Short-Integer-Format und die 8-bit-Character werden beim Laden entsprechend ANSI C automatisch auf 32 bit unter Berücksichtigung des Vorzeichens erweitert.

**Bit- und Bitstring-Datentypen**. Um die speziellen Anforderungen des Embedded-Bereiches zu erfüllen, besitzt der TriCore™ Bit- und Bitstring-Datentypen. Eigene Lade- und Speicherbefehle sowie ein reichhaltiger Satz an logischen Befehlen unterstützen diesen Datentyp.

**Festkommadatentypen**. Für DSP-Algorithmen steht der 16-bit-Q15-Festkommadatentyp zur Verfügung. Bei dem Q15-Datentyp (→ Bild 12.16) steht der Dezimalpunkt zwischen dem ersten Vorzeichenbit und der nachfolgenden Mantisse, so daß der Wertebereich $[-1, 1)$ dargestellt wird.

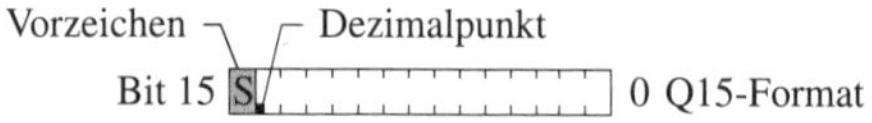


*Bild 12.16 Q15-Datentyp*

Sein Einsatz ist besonders vorteilhaft bei Multiplikationen.

**Vektordatentypen** (→ Bild 12.17). Zusätzlich können Character, 16-bit-Integer- und Fixkommatypen zu sogenannten 32-bit-**Packed-Datentypen** zusammengefaßt werden. Dadurch ist es möglich, entsprechend eines Vektorprozessors mehrere Daten in einem Befehl zu verarbeiten. Die Packed-Datentypen sind deshalb den von Intel her bekannten MMX-Datentypen ähnlich.

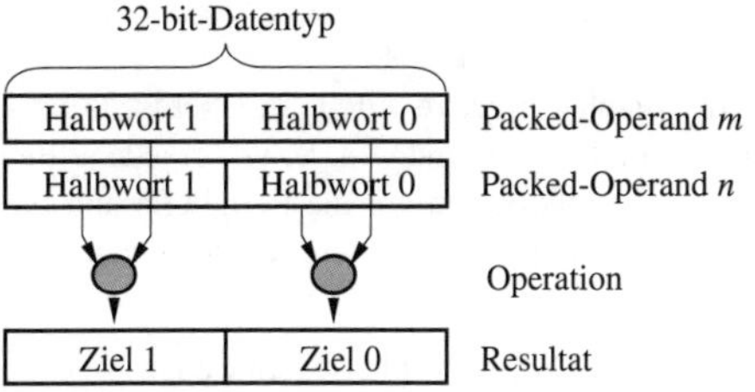


*Bild 12.17 Vektordatentyp*

Die Integer-, die Fixpunkt- und die Packed-Datentypen werden durch einen umfassenden arithmetischen und logischen Befehlssatz unterstützt.

### 12.3.3.4 Adressierungsarten

**Effektive Adresse**. Der Adreßraum des TriCore™ kann über eine 32 bit lange effektive Adresse angesprochen werden.

**Basis-Offset-Adressierung**. Die effektive Adresse wird im allgemeinen aus einem 32-bit-General-Purpose-Adreßregister, welches als Basis benutzt wird, und einem 16-bit-Offset gebildet.

**Absolute Adressierung**. Daten können absolut adressiert werden.

**Datenbreite**. Alle Zugriffe unterstützen 8-, 16-, 32- und 64-bit-Daten.

Insgesamt verfügt TriCore™ über sieben verschiedene Adressierungsarten:

- absolut mit 18-bit-Konstante,
- Basis + 10-bit-Offset,
- Basis + 16-bit-Offset,
- Preinkrement mit 10-bit-Offset,
- Postinkrement mit 10-bit-Offset,
- zirkular (virtuelle Ringspeicher),
- Bit-Reverse.

**Adreßraum**. TriCore™ unterstützt einen bis zu 4 GByte großen linearen Adreßraum („Von-Neumann-Adreßstruktur"), der Daten, Programmcode und Peripherie enthält.

**Segment**. Der Adreßraum ist zusätzlich in 16 Segmente zu je 256 MByte eingeteilt. Die ersten 16 KByte eines jeden Segmentes sind direkt adressierbar als bit- und Bitstring-Datentypen (insgesamt 256 KByte).

**Adreßraum der Peripherie**. Zwei Segmente sind für externe und interne Memory-Mapped-I/O-Einheiten bestimmt.

**Adreßraum der On-Chip-Speicher**. Zwei Segmente sind für On-Chip-Datenspeicher vorgesehen und zwei weitere Segmente für On-Chip-Code-Speicher.

#### 12.3.3.5 Zugriffsschutz

Der TriCore™ kann **unbefugte Speicherzugriffe** durch ein Überwachungssystem kontrollieren und gegebenenfalls unterbinden. Drei verschiedene Betriebsmodi mit unterschiedlichen Zugriffsrechten auf die Peripherie und die CPU bilden eine Objektschale. Falls eine Applikation ihre Rechte überschreitet, wird ein Trap ausgelöst.

**USER0-Mode**. In diesem Modus können keine Peripheriegeräte angesprochen werden und Interrupt-Sperren sind nicht möglich.

**USER1-Mode**. Dieser Modus erlaubt, ungeschützte Peripherie zu nutzen und fallweise Interrupts zu sperren.

**Supervisor-Mode**. In diesem Modus sind alle Zugriffsrechte erteilt. In ihm dürfen alle Systemregister verändert werden. Außerdem können in ihm die geschützten Peripherie verändert werden und die geschützten Befehle ausgeführt werden.

#### 12.3.3.6 Registersatz

Der TriCore™ hält seinen Zustand in einem General-Purpose-Register-File (*GPR*) und den Special-Functions-Registern fest. Das GPR-File besteht aus sechzehn 32-bit-Datenregistern D0 bis D15 und sechzehn 32-bit-Adreßregistern A0 bis A15. Die Unterteilung in Daten- und Adreßregister erleichtert vor allem die superskalare Implementierung des TriCores™.

Zur Verbesserung der Code-Dichte können einige GPR-Allzweckregister explizit wie auch implizit adressiert werden.

Alle übrigen Register sind **Special-Function-Register** (*SFR*). SFR sind Memory-Mapped, das heißt, ihr Inhalt kann immer mit Hilfe einer gewöhnlichen Speicheradresse ausgelesen werden. Die SFR werden in **Core-SFR** (*CSFR*) und die SFR der Peripherieeinheiten unterteilt.

Die Core-SFR gliedern sich in die folgenden Gruppen:
- Programmzustand,
- Stack-Verwaltung,
- Kontextverwaltung,
- Interrupt- und Trap-Steuerung,
- Systemsteuerung,
- Speicherschutz,
- Debug-Steuerung.

Abgesehen von den GPR wird der Programmzustand vom Programmzähler (*PC*), dem Processor-Status-Word (*PSW*) und dem Previous-Context-Information-Register (*PCXI*) festgehalten. Die Peripherie-SFR dienen der Kommunikation und Steuerung der Peripherieeinheiten und sind daher derivatspezifisch.

**Kontextwechsel** (→ Bild 12.18). In Embedded-Control-Anwendungen ist es oft nötig, schnell auf unterschiedliche Anforderungen zu reagieren und zwischen verschiedenen Aufgaben zu wechseln. Dies erfordert unter anderem das Sichern der Arbeitsregister. TriCore™ bietet hierfür eine umfassende Hardware-Unterstützung (1 Takt), die bei Interrupts, Traps und Call-Befehlen automatisch die folgenden Arbeitsregister (*Upper Context*) sichert bzw. wiederherstellt:

- Adreßregister A10... A15,
- Datenregister D8... D15,
- PSW Processor-Status-Word,
- PCXI Previous-Context-Information-Register.

Die restlichen Register (Lower Context) werden durch eine Instruktion gerettet bzw. wieder hergestellt.

**Globale Adreßregister**. Vier Adreßregister unterliegen nicht dem Kontextwechsel und stehen dadurch als globale Adreßregister zur Verfügung. Ein Compiler oder Betriebssystem kann sie zum Beispiel für den Heap, globale Daten und die Small-Data-Section nutzen.

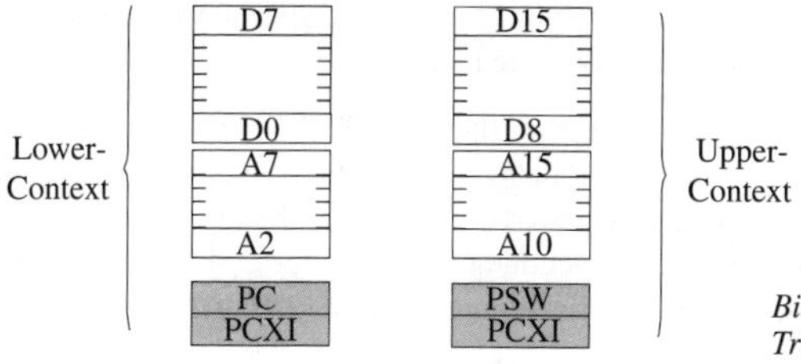


*Bild 12.18*
*TriCore™-Registersatz*

12

Der Upper- und Lower-Context werden in einer sogenannten Context-Save-Area gesichert, welche sich typischerweise im lokalen On-Chip-Datenspeicher befindet. Dieser Speicher wird von der CPU mit Hilfe des Free-Context-Pointers (*FCX*) und des Previous-Context-Pointers (*PCX*) als verkettete Liste verwaltet.

### 12.3.3.7 Instruktionssatz

Der TriCore™ vereinigt den Befehlssatz eines 32-bit-Mikrocontrollers und eines 16-bit-Fixpunkt-DSPs. Die superskalare Architektur erlaubt die gleichzeitige Ausführung eines Load-Store- und eines arithmetischen Befehls. Im Befehlssatz sind daher getrennte Instruktionssätze für Daten und Adreßregister implementiert, wodurch Zugriffskonflikte von vornherein verhindert werden. Für Optimierungen der Compiler ist der Befehlssatz orthogonal aufgebaut. So sind die meisten Befehle mit allen Adressierungsarten ausgestattet und auf alle Datentypen anwendbar.

**Load-Store-Instruktionen**. Diese Instruktionen bewegen Daten zwischen den Registern und dem Speicher hin und her. Weiterhin speichern diese Instruktionen Daten zwischen den Registern um oder dienen der Kontextverwaltung. Alle diese Befehle werden von der Load-Store-Einheit des TriCore™ verarbeitet. Für das Laden und Speichern von gepackten Daten können standardmäßig Wort- bzw. Doppelwortbefehle genutzt werden.

**Arithmetische und logische Instruktionen**. Neben den Grundoperationen ADD, SUB, MUL und den Booleschen Operationen verfügt der TriCore™ über einen arithmetischen Befehlssatz, der geeignet ist, sowohl Kontrollaufgaben als auch Signalverarbeitungsaufgaben zu bewältigen.

Da die Implementierung der **Division** mehrere Zyklen benötigt und dies zu langen Interrupt-Sperren führen würde, ist bei dem TriCore™ die Division aufgeteilt in eine Sequenz von Befehlen: Ein Befehl dient der Initialisierung der Division, ein weiterer Befehl der Berechnung von bis zu 8 Ergebnisbits (kann iterativ aufgerufen werden) und ein Befehl zum Abschluß der Division. Diese Befehlssequenz kann beliebig durch Interrupts unterbrochen werden, da die Zwischenergebnisse immer in den Datenregistern festgehalten werden.

**Bedingte Instruktionen**. Sprungbefehle führen zum Verlassen der linearen Programmausführung und benötigen daher zusätzliche Zyklen. Zur Vermeidung dieses Performance-Verlustes besitzt der TriCore™ bedingte Befehle für die Operationen, welche häufig Verwendung finden. Diese Operationen erfordern nur einen Zyklus, egal ob die Bedingung wahr ist oder nicht.

**Bit- und Bitstring-Instruktionen**. Die Bit-Instruktionen arbeiten alle mit Bit-Operanden und erzeugen ein Bit als Ergebnis. Neben diesen reinen Bit-Befehlen besitzt TriCore™ einen großen Satz an Befehlen, die mit Wortoperanden arbeiten, aber ein Bit-Resultat erzeugen. Für das Laden eines Bits in ein Register wird ein Byte, Halbwort oder Wort geladen.

**Instruktionen für Zustandsmaschinen**. Für die Programmierung von Zustandsautomaten verfügt der TriCore™ über kombinierte Befehle, die eine Boolesche Operation mit einer weiteren Booleschen Operation, einer Schiebeoperation oder einer Vergleichsoperation kombinieren.

**Instruktionen für weitere Datentypen**. Um weitere Datentypen zu unterstützen, besitzt der TriCore™ einen Satz von Befehlen, z. B. um in Datenregistern die Anzahl von führenden Nullen, Einsen und Vorzeichenbits zu zählen. Diese Befehle sind nützlich zur Normierung von Zahlen, wie dies bei der Floating-Point-Emulation nötig ist, oder auch um Prioritätssteuerungen von Betriebssystemen aufzubauen.

### 12.3.3.8 DSP-Instruktionssatz

Für die Anforderungen der digitalen Signalverarbeitung bietet der TriCore™ einen eigenen Befehlssatz an.

**Multiplizier- und Addierinstruktion**. Der kombinierte Multiplizier- und Addierbefehl, kurz MAC (*Multiply And Accumulate*) genannt, wird in einem Zyklus ausgeführt. Diese Instruktion ist optional mit Rundung ausgestattet.

**Behandlung des Überlaufs**. Ein Satz von arithmetischen Instruktionen führt anstelle des Vorzeichenwechsels beim Überlauf eines Datums eine Sättigung durch. Sogenannte Guard-Bits speichern diese Überläufe ab.

### 12.3.3.9 Interrupt-Verarbeitung

Der TriCore™ hat ein Interrupt-System, welches selbständig (Hardware-Implementierung) bis zu 256 gleichzeitig aktive Interrupt-Quellen verwalten kann. Die Anzahl der Interrupt-Quellen ist nicht durch die Architektur begrenzt. Dadurch hebt sich TriCore™ von vielen Architekturen im 32-bit-Bereich ab, die einen in Software implementierten Interrupt-Handler benötigen.

**Hardware-Interrupt-System**. Durch die Hardware-unterstützte Arbitrierung zwischen den verschiedenen Quellen wird eine kurze Interrupt-Reaktionszeit erzielt. An dieser Arbitrierung nehmen alle Interrupt-Anfragen und die CPU selbst teil. Jede Quelle einschließlich der CPU trägt dabei eine individuelle Priorität. Der Sieger erhält die CPU. Die CPU verzweigt dann, nach der automatischen Sicherung des oberen CPU-Kontextes, in die zur Priorität gehörende Interrupt-Service-Routine (*ISR*).

Die einzelnen ISR werden durch ihre Priorität eindeutig identifiziert, über welche die Zuordnung zu den Interrupt-Quellen erfolgt. Dieser Ansatz ist flexibler als der beim 8051 gewählte Ansatz, bei dem eine Interrupt-Quelle fest einem Eintrag in der Interrupt-Vektortabelle zugewiesen war. Dies beschränkte die Menge der Interrupt-Quellen auf die maximale Anzahl von potentiell aktiven Quellen, auch wenn nicht alle gleichzeitig aktiv sein können.

Bei TriCore™ ist jede Interrupt-Quelle durch einen Service-Request-Node (*SRN*) an die ICU angeschlossen. Jeder SRN besitzt ein Service-Control-Register (*SRC*), welches die Interrupt-Priorität, das Request-Flag und das

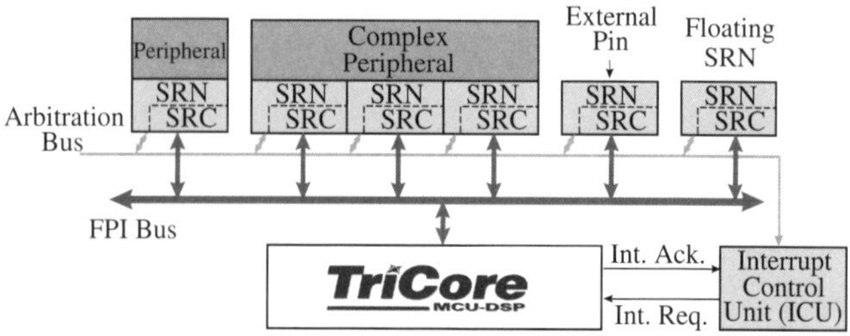


*Bild 12.19 Service-Request-Nodes an Interrupt-Control-Unit*

Enable-Flag umfaßt. Die zu Interrupts gehörenden Service-Routinen sind in einer Vektortabelle organisiert. Dort sind für jede Routine 32 Byte reserviert. Die einzelnen Tabelleneinträge sind gemäß ihrer Priorität geordnet. Falls 32 Byte für einen ISR nicht ausreichen, kann natürlich an eine beliebige Stelle des Code-Speichers verzweigt werden. Die Lage der Interrupt-Vektortabelle kann über das BIV-Register, welches die Basisadresse enthält, frei gewählt werden. Obgleich jede Interrupt-Quelle ihre individuelle Priorität besitzt, können Interrupts beliebig gruppiert werden, so daß sie sich nicht gegenseitig unterbrechen. Dies wird dadurch möglich, daß jede ISR ihre Priorität dynamisch ändern kann. Falls also eine ISR nicht von einer anderen unterbrochen werden möchte, hebt sie einfach ihre eigene Priorität auf das Niveau der Gruppenpriorität an. Dies vermeidet die Unterbrechung durch einen nachfolgenden Interrupt-Wunsch.

#### 12.3.3.10 Typenübersicht

1999 wird eine Reihe von applikationsspezifischen Produkten erwartet. Die breite Markteinführung der Architektur ist mit dem TC10 geplant. Das Bild 12.20 zeigt das Foto des ersten Chips, der im Herbst 98 fertiggestellt wurde.

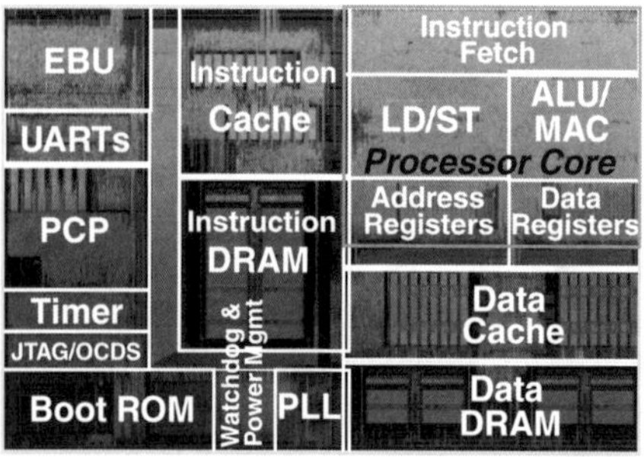


*Bild 12.20*

### 12.3.4 Ausblick

Die 16-bit-Architektur des C16x war richtungsweisend innerhalb ihrer Klasse. Die neu entwickelte TriCore™-Architektur hat ebenso gute Voraussetzungen, eine Vorreiterrolle zu spielen. Geplant ist, diese Architekturplattform zu noch größeren Leistungsklassen hin zu erweitern. So wird daran gearbeitet, die Leistung um den Faktor 2 ... 3 zu vergrößern. Auch wird zur Zeit an einer reduzierten Layoutversion gearbeitet. Die Entwicklung von Embedded-Control-Anwendungen in diesem Leistungsbereich verlangt unabdingbar On-Chip-Debug-Systeme ebenso wie die Unterstützung komplexer Betriebssysteme. Hier wird einer der Schwerpunkte zukünftiger Entwicklungen liegen.

Durch die Fertigung in fortschrittlichsten Technologien im Bereich von einem zehntel Mikrometer und kleiner wird die Realisierung solcher Komplexitäten auf einem Chip möglich. Anwendungen, denen bisher der hochvolumige kommerzielle Einsatz versagt war, werden hierdurch machbar. Als Beispiel sei ein Fahrzeugnavigationssystem mit Sprachein- und -ausgabe genannt, das zusätzlich Online-Informationen zu den nächsten Einkehrmöglichkeiten bereithält. Dem Fahrer wird es dann überlassen sein, zu entscheiden, ob er dorthin selbst fahren möchte oder die Fahrerassistenzsysteme nutzt.

## 12.4 Philips-Mikrocontroller

### 12.4.1 Übersicht



#### 12.4.1.1 Die 8-bit-Mikrocontroller der 80C51-Familie

Die Mikrocontroller der 80C51-Familie (→ Tabelle 12.3 und Bild 12.21) verfügen über getrennte Speicherbereiche für Programme und Daten (jeweils max. 64 KByte). Der Befehlssatz unterstützt direkt die vier arithmetischen Grundoperationen. Logische Operationen und Datentransportbefehle können ohne Benutzung des Akkumulators ausgeführt werden. Einzelbitoperationen werden mit eigenen Befehlen unterstützt. Die Peripheriefunktionen werden über Special-Function-Register (*SFR*) gesteuert, die wie Speicheradressen angesprochen werden. Auch hier sind Einzelbitoperationen möglich.

*Tabelle 12.3 Eigenschaften der 80C51-Familie*

| Eigenschaft | 80C51-Basistyp | In der Familie |
|---|---|---|
| Taktfrequenz | 0...33 MHz | 0...40 MHz |
| Befehlszyklus | min. 364 ns | min. 300 ns |
| Speichertechnologie | Maske, OTP, Flash | wie Basistyp |
| Programmspeicher intern | 4 KByte | 2...64 KByte |
| Programmspeicher extern | max. 64 KByte | max. 64 KByte |
| Datenspeicher intern | 128 Byte | 64...2 048 Byte |
| Datenspeicher extern | max. 64 KByte | max. 64 KByte |
| Timer/Counter | $2 \times 16$ bit | $1 \times 16 \ldots 4 \times 16$ bit |
| serielle Schnittstelle | UART | UART, $I^2C$, CAN, USB |
| Betriebsspannung | 2,7...5,5 V | 1,8...6,0 V |
| Analog/Digital-Wandler | — | 8-... + 10-Bit-Auflösung |
| Pulsbreitenmodulation | — | 6...14 bit, bis zu 5fach |
| Watchdog | — | ja |
| Oszillatorüberwachung | — | ja |
| Unterspannungserkennung | — | ja |
| Verbesserte EMV | ja | ja |
| Temperaturbereiche (°C) | 0...70, −40...+85 | teilweise auch −40...+125 |
| Gehäuse | DIL, PLCC, QFP | teilweise auch SSOP, SO |

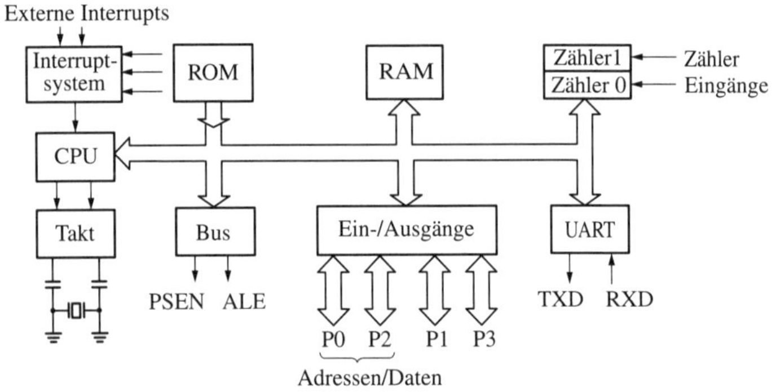


*Bild 12.21 Blockdiagramm 80C51*

### 12.4.1.2 Die 16-bit-Mikrocontroller der XA-Familie

Die Mikrocontroller der XA-Familie verfügen über eine leistungsfähige 16-bit-Architektur. Die Speicherbereiche für Programme und Daten können jeweils max. 16 MByte enthalten. Der Befehlssatz unterstützt die vier arithmetischen Grundoperationen, logische Operationen und Datentransportbefehle sowie Einzelbitoperationen. Es steht ein Register-File mit acht 16-bit-Registern zur Verfügung, die für 1-bit-, 8-bit-, 16-bit- und 32-bit-Operationen verwendet werden können. Die Peripheriefunktionen werden wie beim 80C51 über *Special-Function-Register* (*SFR*) gesteuert. Die Tabelle 12.4 enthält eine Zusammenfassung der Eigenschaften.

*Tabelle 12.4 Eigenschaften der XA-Familie*

| Eigenschaft | XA-Basistyp (G3) | In der Familie |
|---|---|---|
| Taktfrequenz | 0 . . . 30 MHz | 0 . . . 30 MHz |
| Befehlszyklus | min. 100 ns | min. 100 ns |
| Speichertechnologie | Maske, OTP, Flash | wie Basistyp |
| Programmspeicher intern | 32 KByte | bis 64 KByte |
| Programmspeicher extern | max. 1 MByte | max. 16 MByte |
| Datenspeicher intern | 512 Byte | 256 . . . 4 096 Byte |
| Datenspeicher extern | max. 1 MByte | max. 16 MByte |
| Timer/Counter | 3 × 16 bit | 3 × 16 . . . 4 × 16 bit |
| serielle Schnittstelle | UART (2x) | UART, $I^2C$, CAN, USB |
| Betriebsspannung | 2,7 . . . 5,5 V | 2,7 . . . 5,5 V |
| Analog/Digital-Wandler | — | 8- . . . + 10-bit-Auflösung |
| Pulsbreitenmodulation | — | via PCA |
| Watchdog | — | ja |
| Verbesserte EMV | ja | ja |
| Temperaturbereiche (°C) | 0 . . . 70, −40 . . . + 85 | 0 . . . 70, −40 . . . + 85 |
| Gehäuse | PLCC, QFP | PLCC, QFP |

## 12.4.2 Hauptmerkmale der 80C51-Familie

### 12.4.2.1 Architektur



**Speicherorganisation**

Alle Mikrocontroller der 80C51-Familie haben separate Speicherbereiche für Programme und Daten.

**Programmspeicher**. Aus dem Programmspeicher kann nur gelesen werden. Nach einem Reset beginnt die CPU an der Adresse 0000H mit der Programmabarbeitung. Der Programmspeicher kann bis zu 64 KByte groß sein. Ein gemischter Betrieb mit internem und externem Programmspeicher ist möglich (→ Bild 12.22). Die CPU adressiert automatisch den externen Programmspeicher, wenn der Programmzähler die höchste Adresse des internen Programmspeichers überschreitet. Wenn der EA(External-Access)-Anschluß fest auf Masse gelegt ist, wird der interne Programmspeicher nicht verwendet.

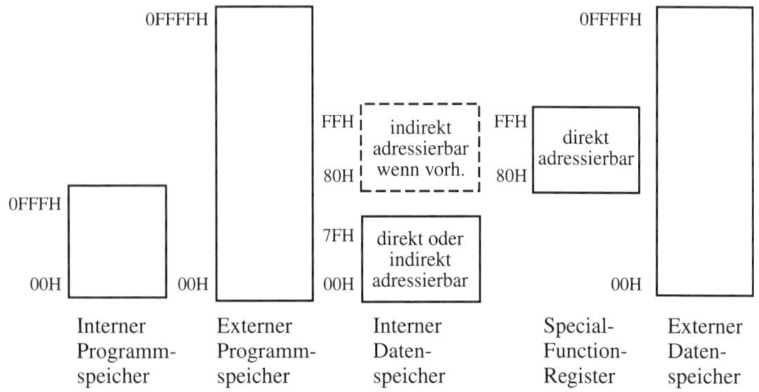


*Bild 12.22 Speicherorganisation*

Jeder Programmspeicherzugriff liest dann aus dem externen Programmspeicher. Der Zugriff auf den externen Programmspeicher wird mit den Signalen PSEN (*Program Store Enable*) und ALE (*Address Latch Enable*) gesteuert. Die Adressen für den Programmspeicher werden an den Ports P2 (High Byte) und P0 (Low Byte) ausgegeben. Mit dem Signal ALE bewirkt die CPU, daß das niederwertige Byte der Adresse in einem Latch zwischengespeichert wird. Am Port P0 wird dann die so adressierte Programminformation eingelesen (Multiplexbetrieb).

**Externer Datenspeicher**. Der externe Datenspeicher kann wie der Programmspeicher bis zu 64 KByte umfassen. Die Adressen werden genau wie für den Programmspeicher über die Ports P2 und P0 generiert. Die Zugriffssteuerung erfolgt jedoch über die Signale Read (*RD*) und Write (*WR*), die die Richtung des Zugriffs festlegen. Für den externen Datenspeicherzugriff wird die Adresse in den Registern DPH und DPL, zusammengefaßt als Data-Pointer (*DPTR*), festgelegt.

**Interner Datenspeicher**. Der interne Datenspeicherbereich (→ Bild 12.23) kann bis zu 256 Byte enthalten (8-bit-Adressen). Die ersten 128 Byte (00H–7FH) können sowohl direkt als auch indirekt adressiert werden. Die ersten 32 Byte in diesem Bereich sind in 4 Bänke mit je 8 Registern (R0–R7) gegliedert. Dadurch ergibt sich eine sehr schnelle Zugriffsmöglichkeit mit der Adressierungsart registerdirekt. Die Registerbank wird durch zwei Bits im *Program-Status-Word* (*PSW*) ausgewählt. Die nächsten 16 Byte über den Registerbänken bilden einen Bereich, der zusätzlich auch bitweise adressiert werden kann.

Die zweiten 128 Byte (80H–FFH) können, so vorhanden, nur indirekt angesprochen werden.

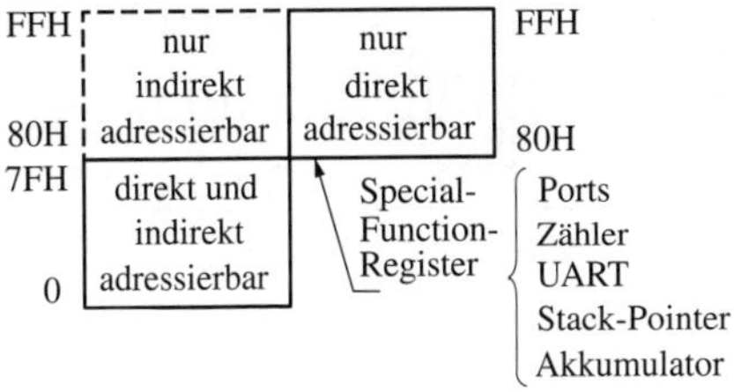


*Bild 12.23 Interner Datenspeicher*

Eine direkte Adressierung in diesem Adreßbereich ermöglicht den Zugriff auf die *Special-Function-Register*, mit denen alle Funktionen des Mikrocontrollers gesteuert werden. In diesem Bereich liegen auch 16 *Special-Function-Register* (→ Bild 12.24), bei denen jedes einzelne Bit individuell adressiert werden kann. Diese Adressen der Register enden mit 0H oder 8H.

| | | | | | | | | | |
|---|---|---|---|---|---|---|---|---|---|
| F8 | | | | | | | | | FF |
| F0 | B | | | | | | | | F7 |
| E8 | | | | | | | | | EF |
| E0 | ACC | | | | | | | | E7 |
| D8 | | | | | | | | | DF |
| D0 | PSW | | | | | | | | D7 |
| C8 | | | | | | | | | CF |
| C0 | | | | | | | | | C7 |
| B8 | IP | | | | | | | | BF |
| B0 | P3 | | | | | | | | B7 |
| A8 | IE | | | | | | | | AF |
| A0 | P2 | | | | | | | | A7 |
| 98 | SCON | SBUF | | | | | | | 9F |
| 90 | P1 | | | | | | | | 97 |
| 88 | TCON | TMOD | Tl0 | Tl1 | Th0 | TH1 | | | 8F |
| 80 | P0 | SP | DPL | DPH | | | | PCON | 87 |

↑ BIT ADRESSIERBAR

*Bild 12.24 Special-Function-Register*

12

## CPU-Funktionen

**CPU-Timing**. Der 80C51 kann seinen Arbeitstakt mit einem eingebauten Oszillator erzeugen oder einen externen Takt verwenden. Ein Instruktionszyklus besteht aus 12 (in einigen Fällen 6) Oszillatorperioden (→ Bild 12.25).

**Interrupt-Struktur**. Der 80C51 hat 5 Interrupt-Quellen: 2 externe Interrupts, Timer-Interrupts und den Interrupt der seriellen Schnittstelle (→ Tabelle 12.5). Das Interrupt-System wird mit den Special-Function-Registern IE und IP gesteuert. In IE werden die Interrupts eingeschaltet, während in IP die Zuordnung zu einer von zwei Prioritätsebenen stattfindet.

**Reset**. Der 80C51 wird zurückgesetzt, indem der Anschluß RST für mindestens 2 Maschinenzyklen (24 Oszillatorperioden) auf HIGH gelegt wird,

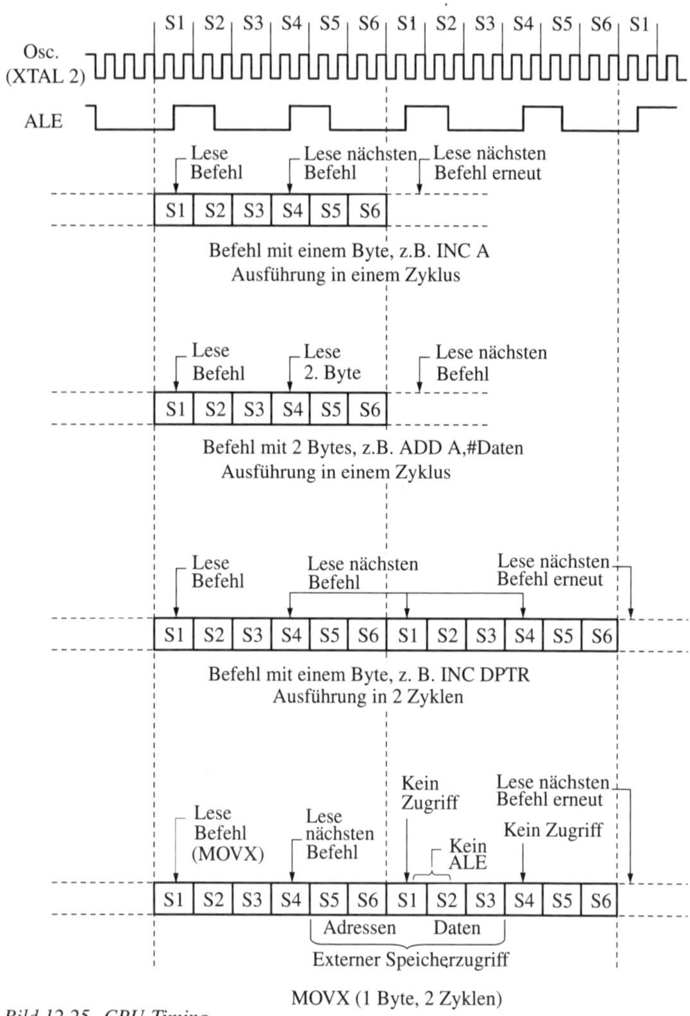


*Bild 12.25 CPU-Timing*

während der Oszillator läuft (→ Bild 12.26). Alle Special-Function-Register (SFR) werden auf ihren Reset-Wert zurückgesetzt. Bei einem Power-On-Reset nach dem Einschalten der Betriebsspannung muß das Reset-Signal so lange auf HIGH bleiben, bis der Oszillator angeschwungen ist. So lange befinden sich auch die Portanschlüsse in einem undefinierten Zustand.

*Tabelle 12.5 Interrupt-Vektor-Adressen*

| Interrupt-Quelle | | Adresse |
|---|---|---|
| Externer Interrupt 0 | IE0 | 03H |
| Timer-0-Interrupt | TF0 | 0BH |
| Externer Interrupt 1 | IE1 | 13H |
| Timer-1-Interrupt | TF1 | 1BH |
| UART-Interrupt | RI&TI | 23H |

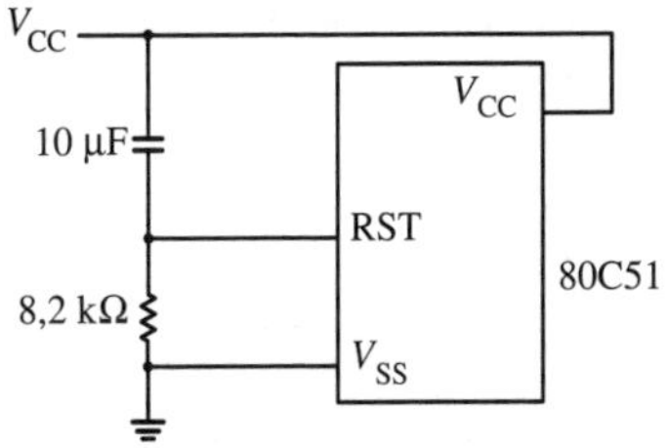


*Bild 12.26 Reset-Schaltung*

**Energiesparende Betriebsarten**. Der 80C51 besitzt zwei Betriebsarten, die die Leistungsaufnahme reduzieren (→ Bild 12.27). Im IDLE-Modus läuft der Oszillator weiter. Das Interrupt-System, die serielle Schnittstelle und die Timer bleiben in Betrieb, während die CPU abgeschaltet ist. Im POWER-DOWN-Modus ist der Oszillator vollständig abgeschaltet. Erhalten bleibt der Inhalt des internen Datenspeichers. Diese Betriebsarten werden mit dem Special-Function-Register PCON gesteuert.

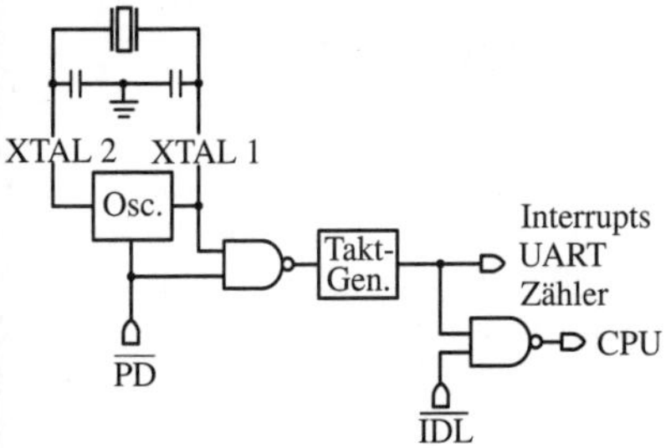


*Bild 12.27 Steuerung von IDLE- und POWER-DOWN-Modus*

## 12.4.2.2 Befehlssatz

Der Befehlssatz des 80C51 enthält Adressierungsarten, die einen schnellen Zugriff auf den internen Datenspeicher ermöglichen, und eine große Anzahl von Befehlen, die die Einzelbitbearbeitung erlauben.

**Program-Status-Word (PSW).** Das Program-Status-Word enthält Bits, die den Status der CPU beschreiben. Das Carry-Bit C enthält den Übertrag bei arithmetischen Operationen, wird aber auch als Akkumulator bei der Einzelbitverarbeitung benutzt. Das Auxiliary-Carry-Bit AC enthält den Übertrag nach dem vierten Bit bei BCD-Operationen. Mit den Bits RS0 und RS1 wird eine von vier Registerbänken im internen Datenspeicher ausgewählt. Einige Befehle greifen auf die Register in der jeweils eingestellten Bank unter den Bezeichnungen R0 bis R7 zu. Das Overflow-Bit OV enthält den Überlauf nach arithmetischen Operationen. Das Parity-Bit P enthält eine 1, wenn im Akkumulator eine ungerade Anzahl von Einsen steht, und eine 0, wenn diese Anzahl gerade ist (→ Bild 12.28).

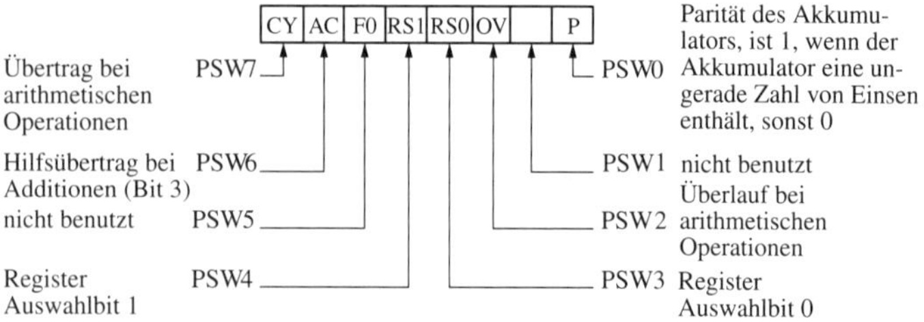


*Bild 12.28 Special-Function-Register PSW*

## Adressierungsarten

**Direkte Adressierung.** Direkt werden die ersten 128 Byte des internen Datenspeichers und die Special-Function-Register (SFR) adressiert.

❑ *Beispiel*: ADD A,7FH

**Indirekte Adressierung.** Der Befehl bezeichnet ein Register, das die Adresse des Operanden enthält. Auf den internen Datenspeicher wird über die Register R0 , R1 oder den Stack-Pointer zugegriffen. Zugriffe auf den externen Datenspeicher erfolgen über das 16-bit-Register Data-Pointer (DPTR).

❑ *Beispiel*: ADD A,@R0

**Registeradressierung.** Die Register R0 bis R7 können durch 3 Bits adressiert werden. Das zusätzliche Adreßbyte entfällt, und das Programm wird kürzer.

❑ *Beispiel*: ADD A,R7

**Registerspezifische Befehle.** Einige Befehle wirken nur auf spezifische Register (z. B. Akkumulator A, Data-Pointer DPTR), so daß kein Adreßbyte erforderlich ist.

❑ *Beispiel*: INC A

**Adressierung von Konstanten**. Der Wert einer Konstanten kann im Programm auf den Befehlscode folgen.

❑ *Beispiel*: ADD A,#32

**Indizierte Adressierung**. Diese Adressierungsart kann für das Lesen des Programmspeichers und für einen Sprungbefehl, der mehrere Fälle unterscheidet, verwendet werden.

Das Lesen von Daten aus Tabellen erfolgt über ein 16-bit-Register (Programmzähler oder Data-Pointer DPTR), das die Basisadresse der Tabelle enthält. Der Tabelleneintrag wird durch die Addition des Akkumulatorinhaltes zu diesem Basiswert erreicht.

*Beispiel 1*:
```
        MOVC    A,@A+DPTR
```

*Beispiel 2*:
```
        MOV     DPTR,#FAELLE
        MOV     A,INDEX
        RL      A
        JMP     @A+DPTR

FAELLE: AJMP    FALL1
        AJMP    FALL2
        AJMP    FALL3
        AJMP    FALL4
```

**Arithmetische Befehle** (→ Tabelle 12.6)

*Tabelle 12.6 Arithmetische Befehle*

| Befehl | Operanden | Bytes/Instruktionszyklus |
|---|---|---|
| ADD/ADDC/SUBB | A, Rn | 1/1 |
| ADD/ADDC/SUBB | A, direct | 2/1 |
| ADD/ADDC/SUBB | A, @Ri | 1/1 |
| ADD/ADDC/SUBB | A, #data | 2/1 |
| INC/DEC | A | 1/1 |
| INC/DEC | Rn | 1/1 |
| INC/DEC | direct | 2/1 |
| INC/DEC | @Riv | 1/1 |
| INC | DPTR | 1/2 |
| MUL | AB | 1/4 |
| DIV | AB | 1/4 |
| DA | A | 1/1 |

► *Besonderheiten*: Jedes Byte des internen Datenspeichers kann direkt (ohne Umweg über den Akkumulator) inkrementiert oder dekrementiert werden. Dies gilt auch für die Special-Function-Register.

Mit INC DPTR steht ein Befehl für ein 16-bit-Inkrement zur Verfügung.

12

**Logische Befehle** (→ Tabelle 12.7)

*Tabelle 12.7 Logische Befehle*

| Befehl | Operanden | Bytes/Instruktionszyklus |
|---|---|---|
| ANL/ORL/XRL | A, Rn | 1/1 |
| ANL/ORL/XRL | A, direct | 2/1 |
| ANL/ORL/XRL | A, @Ri | 1/1 |
| ANL/ORL/XRL | A, #data | 2/1 |
| ANL/ORL/XRL | direct, A | 2/1 |
| ANL/ORL/XRL | direct, #data | 3/2 |
| CLR/CPL | A | 1/1 |
| RL/RLC/RR/RRC | A | 1/1 |
| SWAP | A | 1/1 |

► *Besonderheiten*: Logische Verknüpfungen können direkt (ohne Umweg über den Akkumulator) auf alle Byte des internen Datenspeichers und die Special-Function-Register wirken.

Mit XRL Px, #Maske können die Ports sehr schnell umgeschaltet werden.

**Datentransport** (→ Tabelle 12.8)

► *Besonderheiten*: Der 80C51 kann Daten zwischen zwei Speicherstellen des internen Datenspeichers oder der Special-Function-Register direkt ohne Umweg über den Akkumulator verschieben. Der externe Datenspeicher kann nur indirekt adressiert werden.

**Einzelbitverarbeitung** (→ Tabelle 12.9)

Die Befehle für Boolesche Operationen stellen einen wesentlichen Unterschied zu anderen Mikrocontroller-Architekturen dar.

► *Besonderheiten*: Der Befehl JBC (*Jump if Bit set and Clear*) testet den Zustand eines Bits, verzweigt, wenn das Bit eins ist, und löscht es gleichzeitig.

Alle Portanschlüsse sind Bit-adressierbar, so daß jeder einzelne Anschluß direkt geschaltet werden kann.

**Sprungbefehle** (→ Tabelle 12.10)

► *Besonderheiten*: Mit dem Befehl DJNZ (*Decrement and Jump if Not Zero*) kann sehr einfach eine Zählschleife aufgebaut werden.

❑ *Beispiel*:

```
           MOV     ZÄHLER, #10
SCHLEIFE:  Beginn der mehrfach zu durchlaufenden Schleife
           —
           Ende der Schleife
           DJNZ    ZÄHLER,SCHLEIFE
           weiter
```

*Tabelle 12.8 Datentransportbefehle*

| Befehl | Operanden | Bytes/Instruktionszyklus |
|---|---|---|
| MOV | A, Rn | 1/1 |
| MOV | A, direct | 2/1 |
| MOV | A, @Ri | 1/1 |
| MOV | A, #data | 2/1 |
| MOV | Rn, A | 1/1 |
| MOV | Rn, direct | 2/2 |
| MOV | Rn, #data | 2/1 |
| MOV | direct, A | 2/1 |
| MOV | direct, Rn | 2/2 |
| MOV | direct, direct | 3/2 |
| MOV | direct, @Ri | 2/2 |
| MOV | direct, #data | 3/2 |
| MOV | @Ri, A | 1/1 |
| MOV | @Ri, direct | 2/2 |
| MOV | @Ri, #data | 2/1 |
| MOV | DPTR, #data 16 | 3/2 |
| MOVC | A, @A+DPTR | 1/2 |
| MOVC | A, @A+PC | 1/2 |
| MOVX | A, @Ri | 1/2 |
| MOVX | A, @DPTR | 1/2 |
| MOVX | @Ri, A | 1/2 |
| MOVX | @DPTR, A | 1/2 |
| PUSH | direct | 2/2 |
| POP | direct | 2/2 |
| XCH | A, Rn | 1/1 |
| XCH | A, direct | 2/1 |
| XCH | A, @Ri | 1/1 |
| XCHD | A, @Ri | 1/1 |

12

### 12.4.2.3 Peripheriefunktionen

**Special-Function-Register (SFR).** Die Peripheriefunktionen werden über Special-Function-Register gesteuert.

**I/O-Ports.** Die bidirektionalen Ports des 80C51 bestehen aus einem Latch (Special-Function-Register P0 bis P3), einem Ausgangstreiber und einem Eingangspuffer (→ Bild 12.29).

**Timer/Counter.** Die beiden 16-bit-Timer des 80C51 bestehen aus den Special-Function-Registern TH0/TL0 und TH1/TL1. Die Steuerung der Betriebsarten erfolgt über die Special-Function-Register TMOD und TCON. Die Be-

*Tabelle 12.9 Einzelbitbefehle*

| Befehl | Operanden | Bytes/Instruktionszyklus |
|---|---|---|
| ANL/ORL | C, bit | 2/2 |
| ANL/ORL | C, /bit | 2/2 |
| CLR/CPL | C | 1/1 |
| CLR/CPL | bit | 2/1 |
| SETB | C | 1/1 |
| SETB | bit | 2/1 |
| MOV | C, bit | 2/1 |
| MOV | bit, C | 2/2 |
| JC | rel | 2/2 |
| JNC | rel | 2/2 |
| JB | bit, rel | 3/2 |
| JNB | bit, rel | 3/2 |
| JBC | bit, rel | 3/2 |

*Tabelle 12.10 Sprungbefehle*

| Befehl | Operanden | Bytes/Instruktionszyklus |
|---|---|---|
| ACALL | addr11 | 2/2 |
| LCALL | addr16 | 3/2 |
| RET | | 1/2 |
| RETI | | 1/2 |
| AJMP | addr11 | 2/2 |
| LJMP | addr16 | 3/2 |
| SJMP | rel | 2/2 |
| JMP | @A+DPTR | 1/2 |
| JZ | rel | 2/2 |
| JNZ | rel | 2/2 |
| CJNE | A, direct, rel | 3/2 |
| CJNE | A, #data, rel | 3/2 |
| CJNE | Rn, #data, rel | 3/2 |
| CJNE | @Ri, #data, rel | 3/2 |
| DJNZ | Rn, rel | 2/2 |
| DJNZ | direct, rel | 3/2 |
| NOP | | 1/1 |

triebsart 0 stellt einen 8-bit-Zähler mit 5-bit-Vorteiler wie im 8048 dar. Die Betriebsart 1 schaltet zwei 8-bit-Register zu einem 16-bit-Zähler ohne Vorteiler zusammen. Die Betriebsart 2 ergibt einen 8-bit-Zähler mit Auto-Reload-Funktion. Die Betriebsart 3 beeinflußt beide Timer. Der Timer 0 wird in zwei 8-bit-Timer aufgeteilt, während der Timer 1 gestoppt ist und nicht verwendet wird.

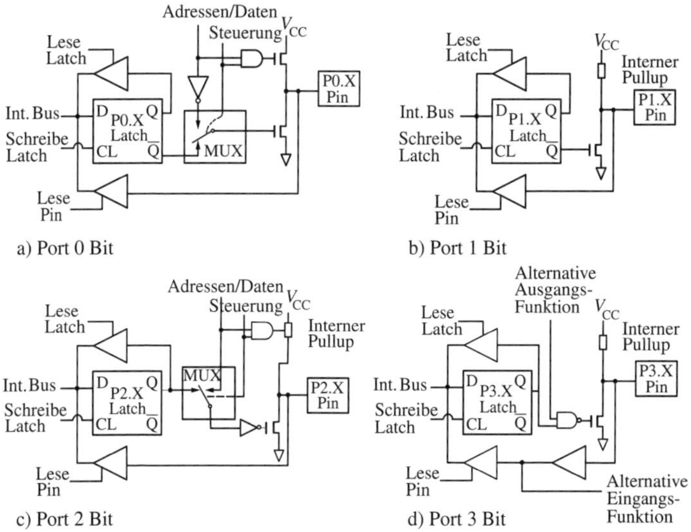


*Bild 12.29 Portstruktur*

**Serielle Schnittstelle**. Diese Schnittstelle kann für synchrone (Halbduplexbetrieb) oder asynchrone (Vollduplexbetrieb) Datenübertragungen verwendet werden. Das zu sendende oder empfangene Byte wird im Special-Function-Register SBUF gehalten. Die Steuerung erfolgt über das Special-Function-Register SMOD. In der Betriebsart 0 (Synchronbetrieb) werden die Daten über den Anschluß RxD übertragen. Am Anschluß TxD steht der Takt für die synchrone Übertragung zur Verfügung. Es werden 8 Bits mit einer festen Baudrate von 1/12 der Oszillatorfrequenz übertragen.



#### 12.4.2.4 Das Typenspektrum der 80C51-Familie

| Typ | ROM in KByte | RAM | Timer | I/Os | weitere Eigenschaften |
|---|---|---|---|---|---|
| 80C31 | — | 128 | 2 | 32 | UART |
| 8xC51 | 4 | 128 | 2 | 32 | UART |
| 80CL31 | — | 128 | 2 | 32 | UART, 1,8 V |
| 83CL51 | 4 | 128 | 2 | 32 | UART, 1,8 V |
| 80C31 | — | 128 | 2 | 32 | UART |
| 8xC51 | 4 | 128 | 2 | 32 | UART |
| 8xC51 | 4 | 128 | 2 | 32 | UART |
| 80C32 | — | 256 | 3 | 32 | UART |

| Typ | ROM in KByte | RAM | Timer | I/Os | weitere Eigenschaften |
|---|---|---|---|---|---|
| 8xC52 | 8 | 256 | 3 | 32 | UART |
| 8xC54 | 16 | 256 | 3 | 32 | UART |
| 8xC58 | 32 | 256 | 3 | 32 | UART |
| 80C51FA | — | 256 | 3 | 32 | UART, PCA |
| 8xC51FA | 8 | 512 | 3 | 32 | UART, PCA |
| 8xC51RA+ | 8 | 512 | 3 | 32 | UART, PCA |
| 8xC51RB+ | 16 | 512 | 3 | 32 | UART, PCA |
| 8xC51RC+ | 32 | 512 | 3 | 32 | UART, PCA |
| 8xC51RD+ | 64 | 1024 | 3 | 32 | UART, PCA |
| 80CL410 | — | 128 | 2 | 32 | $I^2C$, 1,8 V |
| 83CL410 | 4 | 128 | 2 | 32 | $I^2C$, 1,8V |
| 80C451 | — | 128 | 2 | 56 | UART |
| 8xC451 | 4 | 128 | 2 | 56 | UART |
| 8xC524 | 16 | 512 | 3 | 32 | UART, $I^2C$ |
| 80C528 | — | 512 | 3 | 32 | UART, $I^2C$ |
| 8xC528 | 32 | 512 | 3 | 32 | UART, $I^2C$ |
| 80C550 | — | 128 | 2 | 32 | UART, ADC, PWM |
| 8xC550 | 4 | 128 | 2 | 32 | UART, ADC, PWM |
| 80C552 | — | 256 | 3 | 48 | UART, ADC, CCT, PWM, $I^2C$ |
| 8xC552 | 8 | 256 | 3 | 48 | UART, ADC, CCT, PWM, $I^2C$ |
| 8xC554 | 16 | 512 | 3 | 48 | UART, ADC, CCT, PWM, $I^2C$ |
| 8xC557E2 | 16 | 1024 | 3 | 48 | UART, ADC, CCT, PWM, $I^2C$ |
| 8xC557E4 | 32 | 1024 | 3 | 48 | UART, ADC, CCT, PWM, $I^2C$ |
| 83C557E6 | 48 | 1536 | 3 | 48 | UART, ADC, CCT, PWM, $I^2C$ |
| 8xC557E8 | 64 | 2048 | 3 | 48 | UART, ADC, CCT, PWM, $I^2C$ |
| 80C562 | — | 256 | 3 | 48 | UART, ADC, CCT, PWM |
| 83C562 | 8 | 256 | 3 | 48 | UART, ADC, CCT, PWM |
| 80C575 | — | 256 | 3 | 32 | UART, PCA, CMP |
| 8xC575 | 8 | 256 | 3 | 32 | UART, PCA, CMP |
| 80C576 | — | 256 | 3 | 30 | UART, ADC, PWM, PCA, CMP |
| 8xC576 | 8 | 256 | 3 | 30 | UART, ADC, PWM, PCA, CMP |
| 80CL580 | — | 256 | 3 | 40 | UART, ADC, PWM, $I^2C$ |
| 83CL580 | 6 | 256 | 3 | 40 | UART, ADC, PWM, $I^2C$ |
| 80C591 | — | 512 | 3 | 30 | UART, ADC, PWM, $I^2C$, CAN |
| 8xC591 | 16 | 512 | 3 | 30 | UART, ADC, PWM, $I^2C$, CAN |
| 80C592 | — | 512 | 3 | 48 | UART, ADC, PWM, CAN |
| 8xC592 | 16 | 512 | 3 | 48 | UART, ADC, PWM, CAN |
| 80CE598 | — | 512 | 3 | 48 | UART, ADC, PWM, CAN |
| 8xCE598 | 32 | 512 | 3 | 48 | UART, ADC, PWM, CAN |
| 80C652 | — | 256 | 2 | 32 | UART, $I^2C$ |
| 8xC652 | 8 | 256 | 2 | 32 | UART, $I^2C$ |

| Typ | ROM in KByte | RAM | Timer | I/Os | weitere Eigenschaften |
|---|---|---|---|---|---|
| 80C654 | — | 256 | 2 | 32 | UART, $I^2C$ |
| 8xC654 | 16 | 256 | 2 | 32 | UART, $I^2C$ |
| 8xC748 | 2 | 64 | 2 | 19 | $I^2C$ |
| 8xC749 | 2 | 64 | 2 | 21 | $I^2C$, ADC, PWM |
| 8xC750 | 1 | 64 | 1 | 19 | |
| 8xC751 | 2 | 64 | 1 | 19 | $I^2C$ |
| 8xC752 | 2 | 64 | 1 | 21 | $I^2C$, ADC, PWM |
| 8xC754 | 4 | 256 | 2 | 11 | UART, ADC, PWM |
| 87LPC764 | 4 | 128 | 2 | 18 | UART, BOD, CMP, $I^2C$ |
| 87LPC766 | 4 | 128 | 2 | 18 | UART, ADC, BOD, CMP, $I^2C$ |
| 87LPC769 | 4 | 128 | 2 | 18 | UART, ADC, BOD, DAC, $I^2C$ |
| 83CL781 | 8 | 256 | 3 | 32 | UART, $I^2C$, 1,8 V |
| 83CL782 | 8 | 256 | 3 | 32 | UART, $I^2C$, 3,1 V |
| 80C851 | — | 128 | 2 | 32 | UART, EEPROM |
| 83C851 | 4 | 128 | 2 | 32 | UART, EEPROM |
| 83C852 | 6 | 256 | 2 | 2 | EEPROM, CCU |
| 83C855 | 20 | 512 | 2 | 2 | EEPROM |
| 83C858 | 16 | 512 | 2 | 2 | EEPROM |
| 83C864 | 16 | 256 | 2 | 2 | EEPROM |

x = 3 (ROM), 7 (EPROM/OTP), 9 (FLASH)

Abkürzungen:

| | |
|---|---|
| ADC | Analog to Digital Converter |
| BOD | Brown Out Detection |
| CAN | Controller Area Network |
| CCT | Capture/Compare-Timer |
| CCU | Cryptographic Calculation Unit |
| CMP | Comparator |
| DAC | Digital to Analog Converter |
| EEPROM | Electrically Erasable Programmable Read Only Memory |
| EPROM | Erasable Programmable Read Only Memory |
| $I^2C$ | Inter Integrated Circuit |
| OTP | One Time Programmable |
| PCA | Programmable Counter Array |
| PWM | Pulse Width Modulation |
| RAM | Random Access Memory |
| ROM | Read Only Memory |
| UART | Universal Asynchronous Receiver Transmitter |

12

#### 12.4.2.5 Besonderheiten

**Elektromagnetische Verträglichkeit (EMV).** Zur Verbesserung des EMV-Verhaltens ist bei einigen Mikrocontrollern der 80C51-Reihe ein SFR-Bit implementiert, das die Abschaltung des Signals Address-Latch-Enable (*ALE*) ermöglicht.

**Programmspeicher in Flash-Technologie.** Für Entwicklungszwecke, für die Programmierung im Fertigungsprozeß und für Software-Updates im Feld können Mikrocontroller mit Flash-Speichern eingesetzt werden. Diese Programmspeicher können durch den Anwender programmiert und elektrisch wieder gelöscht werden. Dabei kann der Mikrocontroller in der Schaltung verbleiben.

**Einmal-programmierbare Programmspeicher (OTP).** Die einmal-programmierbaren Varianten (*OTP*) können genauso wie die Flash-Typen durch den Anwender programmiert werden. Ein Löschen des Programmspeichers ist jedoch nicht möglich.

**Analog/Digital-Wandler (ADC).** ADCs stehen mit Auflösungen von 8 und 10 bit zur Verfügung.

**Low-Power/Low-Voltage.** Für Anwendungen, bei denen eine niedrige Leistungsaufnahme und/oder eine niedrige Stromaufnahme entscheidend sind, stehen Mikrocontroller zur Verfügung, die bei ab 1,8 V Betriebsspannung arbeiten. Einige dieser Mikrocontroller werden in Prozessen gefertigt, die eine besonders niedrige Leistungsaufnahme ergeben.

**On-Screen-Display (OSD).** Mikrocontroller mit OSD-Funktion werden sinnvoll in Anzeigegeräten (Fernseher, Monitore, Bedienterminals) eingesetzt. Diese Mikrocontroller sind in der Lage, Informationen für den Benutzer in das angezeigte Bild einzublenden.

**Control-Area-Network-Bus (CAN).** Der CAN-Bus ist eine serielle Schnittstelle, die hohe Übertragungsraten mit weitreichenden Möglichkeiten zur Fehlererkennung und -behebung verbindet.

**Universal-Serial-Bus (USB).** Die für Personal-Computer (*PC*) spezifizierte USB-Schnittstelle ist in Mikrocontrollern integriert, die in Monitoren, Tastaturen, Mäusen, Scannern, Druckern und anderen Geräten rund um den PC eingesetzt werden.

**$I^2$C-Bus.** Die Schnittstelle für den $I^2$C-Bus (*Inter Integrated Circuit Bus*) ermöglicht den Anschluß von Peripherieschaltungen über eine Zweidraht-Schnittstelle. Der Bus ist multimasterfähig, so daß mehrere Mikrocontroller in einem Netzwerk zusammen arbeiten können.

**Smart-Card-Controller.** In der 80C51-Familie existieren Mikrocontroller, die speziell für die Verwendung in Smart-Cards (Kreditkarten, Bankkarten,

Zugangskontrollkarten) entwickelt werden. Diese Mikrocontroller enthalten zusätzlich zu den üblichen Mikrocontrollerfunktionen eine spezielle Recheneinheit, die für Verschlüsselungszwecke verwendet wird.

**Programmable-Counter-Array (PCA)**. Das Programmable-Counter-Array (PCA) ist ein spezieller Timer, der mit bis zu fünf 16-bit-Capture/Compare-Modulen verbunden ist. Jedes Modul des PCA kann wahlweise als Timer, flankengetriggertes Capture-Modul, High-Speed-Output oder Pulsbreitenmodulator programmiert werden. Je ein Portpin an Port 1 steht pro Modul für Ein-/Ausgabefunktionen zur Verfügung.

**Hardware-Watchdog-Timer**. Der Hardware-Watchdog-Timer erhöht die Betriebssicherheit des Mikrocontrollers. Falls dieser Timer nicht rechtzeitig per Software zurückgesetzt wird, erfolgt ein Überlauf, der zum Neustart des Mikrocontrollers führt. Die Zeit bis zum Überlauf ist programmierbar.

**Extended-RAM (EXTRAM)**. Das Extended-RAM (EXTRAM) ist eine Erweiterung des internen Datenspeichers auf mehr als 256 Byte. Für die Adressierung des zusätzlichen Speichers wird der Befehl MOVX mit indirekter Adressierung über die Register R0, R1 oder DPTR, DPH + DPL benutzt. Bei einigen Mikrocontrollern mit mehr als 256 Byte RAM sind die ersten Byte im Bereich des externen Datenspeichers wegen der Überlappung mit dem Extended-RAM nicht nutzbar, während in einigen Fällen beide Bereiche nutzbar bleiben, indem eine zusätzliche Umschaltung zwischen Extended-RAM und externem Datenspeicher über das Special-Function-Register-Bit EXTRAM im Register AUXR gesteuert wird.

Der Stack-Pointer (SP) kann nicht im EXTRAM liegen.

## 12.4.3 Hauptmerkmale der XA-Familie

### 12.4.3.1 Architektur



#### Speicherorganisation

Alle Mikrocontroller der XA-Familie haben separate Speicherbereiche für Programme und Daten sowie ein Register-File für arithmetische und logische Operationen und Adreßberechnungen.

**Register-File**. Das Register-File besteht aus 16-bit-Registern, von denen mindestens 8 in jedem Derivat der XA-Familie vorhanden sind. Die XA-Architektur definiert insgesamt 16 Register. Innerhalb der ersten 8 Register kann auf einzelne Bits, Byte, Worte (16 Bits) oder Doppelworte (32 Bits) zugegriffen werden. Ein Register enthält den Stack-Pointer, der je nach Betriebsart auf den User- oder Supervisorstack zeigt.

**Programmspeicher**. Aus dem Programmspeicher kann nur gelesen werden. Nach einem Reset beginnt die CPU an der Adresse 0000H mit der Programmabarbeitung. Der Programmspeicher kann bis zu 16 MByte groß sein. Ein gemischter Betrieb mit internem und externem Programmspeicher ist möglich. Die CPU adressiert automatisch den externen Programmspeicher, wenn der Programmzähler die höchste Adresse des internen Programmspeichers überschreitet.

**Externer Datenspeicher**. Der externe Datenspeicher kann wie der Programmspeicher bis zu 16 MByte umfassen. Der Datenspeicherbereich ist in 256 Segmente zu je 64 KByte unterteilt. 32 Byte in jedem Segment sind bitweise adressierbar.

**Interner Datenspeicher**. Der interne Datenspeicherbereich enthält mindestens 512 Byte, beginnend bei Adresse 0. Eine direkte Adressierung im Adreßbereich 400H bis 7FFH ermöglicht den Zugriff auf die Special-Function-Register, mit denen alle Funktionen des Mikrocontrollers gesteuert werden. 64 Byte in diesem Bereich sind bitweise adressierbar.

### CPU-Funktionen

**CPU-Timing**. Der XA kann seinen Arbeitstakt mit einem eingebauten Oszillator erzeugen oder einen externen Takt verwenden.

**Interrupt-Struktur**. Der XA unterscheidet zwischen Exception-Interrupts, Event-Interrupts, Software-Interrupts und Trap-Interrupts. Exception-Interrupts (z. B. bei Stack-Überlauf, Division durch Null, Non-Maskable-Interrupt) werden immer sofort bei ihrem Auftreten behandelt. In Event-Interrupts werden Ereignisse im Bereich der Peripheriefunktionen behandelt. Software-Interrupts werden durch das Setzen entsprechender Bits im Special-Function-Register-Bereich ausgelöst. Event- und Software-Interrupts werden erst dann abgearbeitet, wenn ihre Priorität höher als die des aktuell laufenden Programmteils ist. Trap-Interrupts werden durch den Befehl TRAP ausgelöst.

**Reset**. Der XA wird zurückgesetzt, indem der Anschluß RST für mindestens 10 Taktzyklen auf LOW gelegt wird, während der Oszillator läuft. Alle Special-Function-Register (SFR) werden auf ihren Reset-Wert zurückgesetzt. Alle Segmentregister und die Register im Register-File werden mit 0 geladen. Der Stack-Pointer zeigt auf 0100h. Es werden 24 bit breite Adressen verwendet, der XA-Native-Mode ist eingestellt und das Interrupt-System ist abgeschaltet. Bei einem Power-On-Reset nach dem Einschalten der Betriebsspannung muß das Reset-Signal so lange auf LOW bleiben, bis der Oszillator angeschwungen ist.

**Energiesparende Betriebsarten**. Der XA besitzt zwei Betriebsarten, die die Leistungsaufnahme reduzieren. Im IDLE-Modus läuft der Oszillator weiter, die Programmausführung wird jedoch unterbrochen. Über das Interrupt-System können die weiterhin aktiven Peripheriefunktionen den IDLE-Modus beenden. Im POWER-DOWN-Modus ist der Oszillator vollständig abgeschaltet. Erhalten bleibt der Inhalt des internen Datenspeichers. Diese Betriebsarten werden mit dem Special-Function-Register PCON gesteuert.

### 12.4.3.2 Befehlssatz

Der Befehlssatz des XA enthält Adressierungsarten, die einen schnellen Zugriff auf den internen Datenspeicher ermöglichen, und eine große Anzahl von Befehlen, die die Einzelbitbearbeitung erlauben. Viele Befehle können wahlweise mit 8-bit-, 16-bit- oder 32-bit-Operanden verwendet werden.

#### Adressierungsarten

**Direkte Adressierung**. Direkt werden die Operanden in den Registern des Register-Files und die Special-Function-Register (SFR) adressiert.

❑ *Beispiel*: SUB R0, 200h

Der Inhalt der Speicherstelle 200h wird von R0 subtrahiert. Das Ergebnis steht in R0.

**Indirekte Adressierung**. Der Befehl bezeichnet ein Register, das die 16 bit breite Adresse des Operanden enthält.

❑ *Beispiel*: ADD R6, [R4]

Dieser Befehl addiert den Wert, der durch den Inhalt von R4 adressiert wird, zum Inhalt von R6. Das Ergebnis steht in R6.

**Indirekte Adressierung mit Autoinkrement**. Der Befehl bezeichnet ein Register, das die 16 bit breite Adresse des Operanden enthält.

❑ *Beispiel*: MOV R6, [R4+]

Dieser Befehl kopiert den Wert, der durch den Inhalt von R4 adressiert wird, in das Register R6. Der Inhalt von R4 wird anschließend inkrementiert.

12

**Indirekte Adressierung mit Offset**. Die 16 bit breite Adresse des zweiten Operanden wird aus der Summe des Inhaltes von R3 und 30h gebildet.

❑ *Beispiel*: ADD R5, [R3 + 30h]

Dieser Befehl addiert den Wert, der durch den um 30h erhöhten Inhalt von R3 adressiert wird, zum Inhalt von R5. Das Ergebnis steht in R5.

**Registeradressierung**. Die Register des Register-Files enthalten die Operanden und das Ergebnis der Operation.

❑ *Beispiel*: ADD R6, R4

Dieser Befehl addiert den Inhalt von R6 zum Inhalt von R4. Das Ergebnis steht in R6.

**Adressierung von Konstanten**. Der Wert einer Konstanten kann im Programm auf den Befehlscode folgen.

❑ *Beispiel*: ADD R0L, #0B9h

**Adressierung von einzelnen Bits**. Mit Befehlen, die die bitweise Adressierung zulassen, kann auf 256 Bits im Register-File, 256 Bits im Datenspeicherbereich und auf 512 Bits im Special-Function-Register-Bereich zugegriffen werden.

### Arithmetische Befehle

Der XA unterstützt die Addition, Subtraktion, Multiplikation und Division mit 4-bit-, 8-bit- und 16-bit-Operanden. Bei Divisionen sind auch 32-bit-Operanden möglich. Darüber hinaus sind Schiebe-, Negations- und Vergleichsoperationen sowie die Negation, Dezimalkorrektur und die Erweiterung unter Berücksichtigung des Vorzeichens implementiert.

### Logische Befehle

Zusätzlich zu den üblichen logischen Operationen AND, OR, XOR und den Schiebe-, Rotations- und Komplementierungsbefehlen bieten die XA-Typen einen Normierungsbefehl.

### Datentransport

Alle vom 80C51 bekannten Datentransportbefehle sind auch bei den XA-Typen vorhanden. Neu hinzugekommen sind Kombinationen mit neuen Adressierungsarten (Register-indirekt mit Autoinkrement) und Transportbefehle, die es erlauben, mehrere Registerinhalte mit einem Befehl zu verschieben. Bei den Stack-Operationen wird zwischen User- und Systemstack unterschieden.

### Einzelbitverarbeitung

Der XA-Befehlssatz enthält alle vom 80C51 bekannten Befehle für die Einzelbitverarbeitung.

### Sprungbefehle

Zusätzlich zu den vom 80C51 bekannten Sprungbefehlen, die in der XA-Familie für den größeren Adreßraum erweitert wurden, sind neue Branch-Befehle vorhanden, die Einzelbits testen oder Ergebnisse von Vergleichsoperationen verwenden.

### Ausnahmebehandlung

Für die Einleitung von Ausnahmezuständen stehen die Befehle Breakpoint, Reset und Trap zur Verfügung.

### 12.4.3.3 Das Typenspektrum der XA-Familie

| Typ | ROM in KByte | RAM | Timer | I/Os | weitere Eigenschaften |
|---|---|---|---|---|---|
| PXAC30 | - | 1024 | 3 | 32 | 2 UART, ADC, CAN, WDT |
| PXAC3x | 64 | 1024 | 3 | 32 | 2 UART, ADC, CAN, WDT |
| PXAG30 | - | 512 | 3 | 32 | 2 UART, WDT |
| PXAG3x | 32 | 512 | 3 | 32 | 2 UART, WDT |
| PXAG49 | 64 | 2048 | 3 | 32 | 2 UART, WDT |
| PXAS30 | - | 1024 | 3 | 48 | 2 UART, ADC, $I^2C$, PCA, WDT |
| PXAS3x | 32 | 1024 | 3 | 48 | 2 UART, ADC, $I^2C$, PCA, WDT |
| PXASCC | - | 256 | 2 | 32 | 4 SCC, IDL, 8 DMA, SCP, WDT |
| SAA1575 | - | 4096 | 3 | 8 | 2 UART, 8 GPS, RTC, WDT |
| SmartXA | 32 | 1568 | 3 | 2 | 16 K EEPROM, PKC |

x = 3 (ROM), 7 (EPROM/OTP), 9 (FLASH)

Abkürzungen:

| | |
|---|---|
| ADC | Analog to Digital Converter |
| CAN | Controller Area Network |
| DMA | Direct Memory Access |
| EEPROM | Electrically Erasable Programmable Read Only Memory |
| EPROM | Erasable Programmable Read Only Memory |
| GPS | Global Positioning System |
| $I^2C$ | Inter Integrated Circuit |
| IDL | Interchip Digital Link |
| OTP | One Time Programmable |
| PCA | Programmable Counter Array |
| PKC | Public Key Crypto with FameX 32 bit Coprocessor |
| PWM | Pulse Width Modulation |
| RAM | Random Access Memory |
| ROM | Read Only Memory |
| RTC | Real Time Clock |
| SCC | Serial Communication Channel |
| SCP | Serial Communications Port |
| UART | Universal Asynchronous Receiver Transmitter |
| WDT | Watchdog Timer |

12

## 12.4.4 Ausblick

Die Philips-Mikrocontroller-Familien 80C51 und XA werden kontinuierlich erweitert. Aktuell wird in beiden Familien die *Flash-Technologie* als neue Programmspeichertechnologie eingeführt. Anwender haben mit dieser Technologie die Möglichkeit, die Software in den Mikrocontrollern zu ändern, ohne die Bauelemente von der Platine nehmen zu müssen. Unter den Peripheriefunktionen liegt ein Schwerpunkt im Bereich der *CAN-Schnittstelle*, da sich dieses Bussystem inzwischen in vielen Anwendungsbereichen durchgesetzt hat. Mikrocontroller sind in den vergangenen Jahren so preiswert geworden, daß Applikationen, die bisher rein in Hardware aufgebaut wurden, zunehmend Mikrocontroller verwenden und damit verbunden eine höhere Flexibilität der Programmierung in der Software erreicht wurde. Dies gilt insbesondere für den Bereich, der durch Gehäusegrößen von 8 über 14 und 16 bis zu 20 Anschlüssen charakterisiert ist. Hier entstehen besonders viele neue Typen. In der 80C51-Familie bildet die Einführung eines rein statisch arbeitenden Kerns einen weiteren Schwerpunkt. Allgemein folgen beide Mikrocontrollerfamilien dem Trend zu niedrigeren Versorgungsspannungen. Heute sind 2,7 V als untere Grenze üblich. Eine Versorgungsspannung von 1,8 V bildet noch eine Ausnahme, ist aber der nächste Entwicklungsschritt.

## 12.4.5 Applikationsschriften

### 12.4.5.1 80C51-Familie

| | |
|---|---|
| 16-Bit SG | CMOS 16 bit Microcontroller Family |
| 8-Bit SG | CMOS & NMOS 8 bit Microcontroller Family |
| AN0302 | Microcontroller Power Management |
| AN0304 | Direct Memory Access (DMA) Controller |
| AN036 | I²C Bus Expander |
| AN040 | Switching Control Unit For Data Communication Via RS232 |
| AN408 | 80C451 Operation Of Port 6 |
| AN417 | 256k Centronics Printer Buffer Using The 87c451 Microcontroller |
| AN418 | Counter/Timer 2 Of The 83c552 Microcontroller |
| AN420 | Using Up To 5 External Interrupts On 80C51 Family Microcontroller |
| AN422 | Using The 8Xc751 Microcontroller As An I²C Bus Master |
| AN423 | Software Driven Serial Comm Routines For The 83c751/83c752 Microcontroller |
| AN424 | 8051 Family Warm Boot Determinations |
| AN426 | Controlling Air Core Meters With The 87c751 And SA5775 |
| AN427 | Timer I In Non-I²C Applications Of The 83/87c751/752 Microcontrollers |
| AN428 | Using The ADC And PWM Of The 83c752/87c752 |
| AN429 | Airflow Measurement Using The 83/87c752 And „C" |
| AN430 | Using The 8Xc751/752 In Multimaster I²C Applications |
| AN433 | I²C Slave Routines For The 83C751 |
| AN434 | Connecting A PC Keyboard To The I²C-Bus |
| AN435 | Multimaster I²C Routines For Byte-Oriented I²C Interfaces |
| AN436 | Opti-Mizer Power Management For Notebook Computers Using 8Xc |
| AN438 | I²C Routines For 8Xc528 |
| AN439 | 87c751 Fast Nicd Charger |
| AN440 | RAM Loader Program For 80C51 Family Applications |

| | |
|---|---|
| AN442 | (BCM) 87c751 Specification For A Bus-Controlled Monitor |
| AN443 | IEEE Micro Mouse Using The 87c751 Microcontroller |
| AN445 | Access Bus Mouse Application Code For The Microcontroller |
| AN446 | A Software Duplex UART For The 751/752 |
| AN447 | Automatic Baud Rate Detection For The 80C51 |
| AN448 | Determining Baud Rates For 8051 UART And Other UART Issues |
| AN449 | Measure Resistance And Capacitance Without An A/D |
| AN453 | Using the 87C751 microcontroller to gang program PCF8582/ PCF8581 EEPROMs |
| AN454 | Interfacing the 83C576/87C576 to the ISA bus |
| AN455 | In-Circuit Programming Of The Philips 87c576 Microcontrollers |
| AN456 | Using LC Oscillator Circuits with Philips Microcontrollers |
| AN457 | 80C51 External Memory Interfacing |
| AN458 | Dual Data Pointers For '51 Family |
| AN459 | 8XC750 watering controller |
| AN461 | In-circuit programming of the 89C51Rx+ microcontroller |
| AN80CHW | 80C51 Family Hardware Description |
| AN80CMDSS | 80C51 Microcontroller Development System Support |
| AN89001/ESG | Electro Magnetic Compatibility And Printed Circuit Board (PCB) Constraints |
| AN89004/ETV | PLM51 $I^2C$ Software Interface Lic51 (Version 0.5) |
| AN91001/EIE | Workbench EMC evaluation method |
| AN91007 | $I^2C$ driver routines for 8XC751/2 microcontrollers |
| AN91009/EIE | Driver for 8xC851 E2PROM |
| AN93017/EIE | Using ATOD Converter Of 8Xc552 Microcontroller |
| AN95092 | How to Handle Data Overrun Conditions of the 82C200, 8xC592 and 8xCE598 |
| AN DEVTOOLS | Development Support Tools |
| IC20 | 80C51-Based 8 bit Microcontrollers |

#### 12.4.5.2 XA-Familie

| | |
|---|---|
| AN700 | Digital filtering using XA |
| AN701 | SP floating point math with XA |
| AN702 | High level language support in XA |
| AN703 | XA benchmark versus the architectures 68000, 80C196, and 80C51 |
| AN704 | An upward migration path for the 80C51: the Philips XA architecture |
| AN705 | XA benchmark vs. the MCS251 |
| AN707 | Programmable peripherals using the PSD311 with the Philips XA |
| AN708 | Translating 8051 assembly code to XA |
| AN709 | Reversing bits within a data byte on the XA |
| AN710 | Implementing fuzzy logic control with the XA |
| AN711 | µC/OS for the Philips XA |
| AN713 | XA interrupts |
| AN96075 | Using the XA Ean/WAIT pin |
| AN96098 | Interfacing 68000 family peripherals for the XA |
| AN96119 | $I^2C$ with the XA-G3 |
| AN97019 | Using Flash memory with the XA |
| IC25 | 16 bit-XA Microcontrollers (eXtended Architecture) |

## 12.5 PICmicro$^{TM}$ – 8-bit-RISC-Mikrocontroller von Microchip Technology, Inc.

### 12.5.1 Übersicht

Der Hersteller aus Arizona/USA bietet mehrere 8-bit-Controllerfamilien an, die alle auf der gleichen Architektur basieren und zueinander aufwärtskompatibel sind. Microchip hat sich bis auf weiteres auf 8-bit-Controller spezialisiert, bietet hier aber eine Fülle von unterschiedlichen Derivaten in allen möglichen Speichertechnologien an. Alle PICmicros sind entweder in OTP/EPROM- oder FLASH-Technologie erhältlich, einige auch als Masken-ROM. Die Flexibilität, die ein Anwender durch die Feldprogrammierbarkeit erhält, ist ein wichtiger Entscheidungsgrund für PICmicro-Controller. Immer häufiger kommt es vor, daß Kundenwünsche erst in letzter Minute bekannt werden. Da ROM-basierende Controller Lieferzeiten von 8 bis 20 Wochen haben können, liegen die Vorteile der OTP- und FLASH-Technologie auf der Hand: Programmänderungen bis kurz vor der Auslieferung sind möglich, keine Maskenkosten, Möglichkeit zur Parametrierung der einzelnen Controller (z. B. Seriennummer), schnelle und preiswerte Behebung von Software-Fehlern. Die wichtigsten Merkmale der Controller der PIC12Cxxx-, PIC16Cxxx-, PIC17Cxxx- und PIC18Cxxx-Familien sind im folgenden beschrieben (→ Tabelle 12.11).

*Tabelle 12.11 Auswahl einiger Controller*

| Familie | OTP/Flash | RAM | Pins | Peripherie |
|---|---|---|---|---|
| PIC12C508 | 512x12 | 25 | 8 | Timer, WDT, POR, max. 6 I/O-Pins |
| PIC16C5x | 2Kx12 | 80 | 28 | Timer, WDT, POR, max 20 I/O-Pins |
| PIC16C7x | 8Kx14 | 368 | 40 | ADC, Timer, CCP, UART, SPI |
| PIC16F84 | 1Kx14 | 68 | 18 | Timer, 64 Byte EEPROM |
| PIC16F87x | 8Kx14 | 368 | 40 | Timer, ADC, CCP, UART, SPI, EE |
| PIC17C756 | 16Kx16 | 908 | 68 | ADC, Timer, 2xUART, SPI, CCP |

### 12.5.2 Hauptmerkmale der PICmicro$^{TM}$-Architektur

#### 12.5.2.1 Core

**Harvard-Architektur**. Bei der PIC12Cxxx- und PIC16Cxxx-Familie ist der 12 bzw. 14 bit breite Programmspeicher mit seinem Bussystem vollkommen getrennt vom 8 bit breiten Datenspeicher und Datenbus (Bild 12.30). Diese Architektur ermöglicht die Implementierung der für RISC-Controller typi-

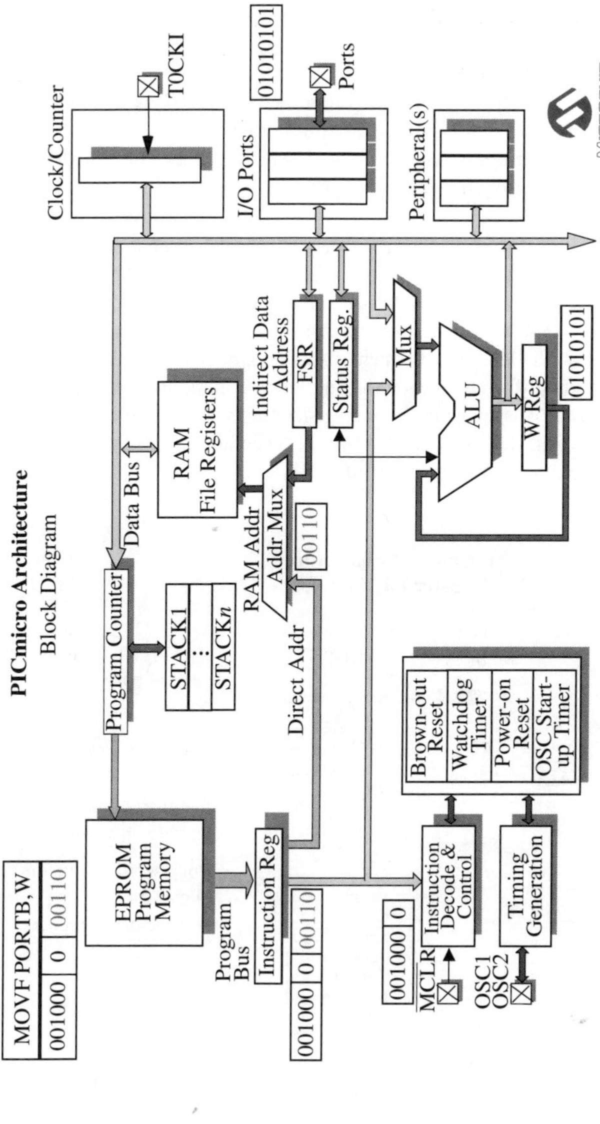


*Bild 12.30 Blockdiagramm*

schen Merkmale wie z. B. überlappende Befehlsverarbeitung (*Instruction Pipelining*) oder Ein-Wort-Befehle.

**Modifizierte Harvard-Architektur**. Bei der PIC17Cxxx- und PIC18Cxxx-Familie ist der 16 bit breite Programmspeicher ebenfalls getrennt vom 8-bit-Datenspeicher und Datenbus, aber es besteht ein zusätzlicher Datenpfad zwischen beiden Bussystemen, der es erlaubt, über spezielle Tabellenbefehle Daten mit dem Programmspeicher auszutauschen.

**Register-File-Konzept**. Der gesamte Datenspeicherbereich (*RAM*) ist als Register-File realisiert, d. h. jeder Befehl kann auf jede RAM-Zelle in gleicher Weise zugreifen. Der Akkumulator wurde durch ein spezielles Working-Register (*W-Register*) ersetzt, das hauptsächlich zur Speicherung des zweiten Operanden bei Befehlen, die mehr als einen Operanden benötigen, z. B. bei einem Additionsbefehl, dient. Alle speziellen Funktionsregister der Controller, z. B. Ein-/Ausgabeports, Statusregister oder selbst der Befehlszähler, sind Teil dieses Register-Files und stehen daher ebenfalls als Quelle oder Ziel eines jeden Befehles zur Verfügung (Bild 12.31).

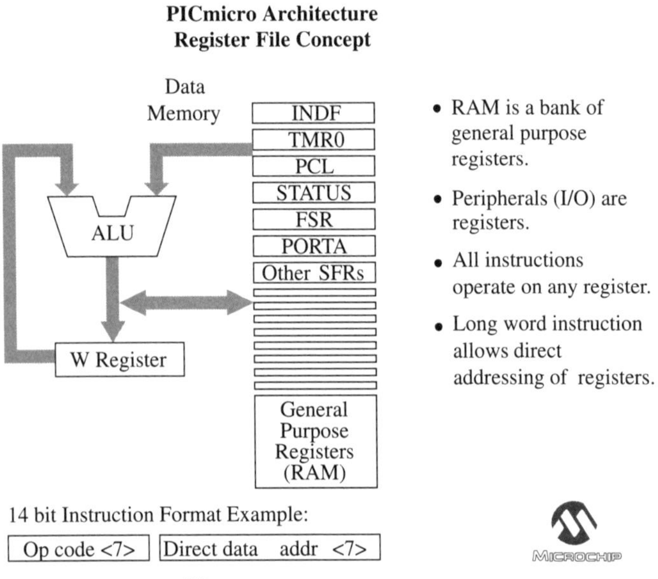


*Bild 12.31 PICmicro*$^{TM}$*-Architektur*

### 12.5.2.2 Befehlssatz

**Orthogonaler Befehlssatz**. Der Befehlssatz ist weitestgehend symmetrisch aufgebaut und teilt sich in drei Gruppen auf: registerorientierte Befehle, Einzelbitbefehle und Kontrollbefehle (Bild 12.32). Mit maximal 55 Befehlen (PIC17Cxxx-Familie) handelt es sich bei allen PICmicros um RISC-Architekturen im wahrsten Sinne des Wortes.

PICmicro MCU Instruction Set
14 bit Core Summary

Byte-Oriented Operation

| | | |
|---|---|---|
| NOP | - | No Operation |
| MOVWF | f | Move W to f |
| CLRW | - | Clear W |
| CLRF | f | Clear f |
| SUBWF | f,d | Subtract W from f |
| DECF | f,d | Decrement f |
| IORWF | f,d | Inclusive OR W and f |
| ANDWF | f,d | AND W and f |
| XORWF | f,d | Exclusive OR W and f |
| ADDWF | f,d | Add W and f |
| MOVF | f,d | Move f |
| COMF | f,d | Complement f |
| INCF | f,d | Increment f |
| DECFSZ | f,d | Decrement f, skip if zero |
| RRF | f,d | Rotate right f |
| RLF | f,d | Rotate left f |
| SWAPF | f,d | Swap halves f |
| INCFSZ | f,d | Increment f, skip if zero |

W Bit-Oriented Operation

| | | |
|---|---|---|
| BCF | f,b | Clear bit b of f |
| BSF | f,b | Set bit b of f |
| BTFSC | f,b | Test bit b of f and skip if 0 |
| BTFSS | f,b | Test bit b of f and skip if 1 |

Literal and Control Operations

| | | |
|---|---|---|
| SLEEP | - | Go into Standby Mode |
| CLRWDT | - | Clear Watchdog Timer |
| RETURN | - | Return from subroutine |
| RETFIE | - | Return, enable interrupts |
| RETLW | k | Return, place Literal in W |
| CALL | k | Call Subroutine |
| GOTO | k | Go to address (k is 9 bit) |
| MOVLW | k | Move Literal to W |
| IORLW | k | Inclusive OR Literal and W |
| ANDLW | k | AND Literal W |
| XORLW | k | Exclusive OR Literal W |
| ADDLW | k | Add Literal W |
| SUBLW | k | Subtract Literal from |

f file register address
d destination select: 0 = W register, 1 = file register

*Bild 12.32 PICmicro™-MCU-Instruction-Set*



**Ein-Zyklus-Befehle**. Alle Befehle werden in einem Befehlszyklus abgearbeitet, solange eine lineare Befehlsabfolge vorliegt. Bei Programmverzweigungen werden wegen des Instruction-Pipelining dagegen zwei Befehlszyklen benötigt. Ein Befehlszyklus besteht grundsätzlich aus 4 Oszillatorzyklen. D. h., bei einer Taktfrequenz von z. B. 20 MHz beträgt die Befehlszykluszeit 200 ns.

**Ein-Wort-Befehle**. Jeder Befehl benötigt nur einen Programmspeicherplatz. Dies ist ein wesentliches Unterscheidungsmerkmal zu anderen Controller-Architekturen. Die Befehle sind einheitlich innerhalb der PICmicro-Familien entweder 12, 14 oder 16 bit breit. Dadurch findet neben dem Op-Code immer auch eine Adresse oder eine Konstante direkt im Befehlswort Platz. Eine Ausnahme stellt die PIC18Cxxx-Familie dar, bei der zwei Doppelwortbefehle vorgesehen sind (*Long-Jumps* und *Register-zu-Register-Transfers*), um den Adreßraum linear gestalten zu können, was die Effektivität von höheren Programmiersprachen, inbesondere von „C", erhöht.

**Adressierungsarten**. Die Adressierung des Programmspeichers kann direkt oder relativ erfolgen. Da der Befehlszähler ein Teil des Register-Files ist, steht er für alle Befehle als Quelle und/oder Ziel zur Verfügung. Daher lassen sich durch eine Software-Manipulation des Befehlszählers auch andere Adressierungsarten realisieren. Der Datenspeicher kann direkt oder indirekt über ein sogenanntes „File-Select-Register" (*FSR*) adressiert werden. Natürlich können auch Daten direkt aus dem Befehlswort gewonnen werden (*Immediate Adressierung*, *„Literal-Befehle"*).

### 12.5.2.3 Interrupt-System

Bei allen PICmicros (außer PIC16C5x und PIC12C5xx) stehen mehrere interne und externe Interrupt-Quellen zur Verfügung. Jeder Interrupt kann individuell maskiert werden, wobei zusätzlich ein globales Interrupt-Enable-Bit zur Verfügung steht, mit dem sich alle Interrupts gleichzeitig freischalten oder sperren lassen. Die Verschachtelung von Interrupts ist möglich, muß aber über Software freigegeben werden. Je nach Controller-Familie sind insgesamt 1 oder 4 Interrupt-Vektoren mit festen Adressen vorhanden. Prioritäten lassen sich durch entsprechende Software-Abfragen festlegen. Die Interrupt-Latenzzeit beträgt bei allen PICmicros 3 Befehlszyklen bei internen Interrupts, unabhängig davon, ob gerade ein Ein- oder Zwei-Zyklus-Befehl ausgeführt wird. Bei externen Interrupts muß im Worst-Case ein weiterer Zyklus addiert werden. Hiermit lassen sich sehr kurze Interrupt-Antwortzeiten realisieren, insbesondere wenn nur einzelne Bits als Interrupt-Antwort manipuliert werden müssen.

**Stack**. Alle PICmicros besitzen einen Hardware-Stack, der ausschließlich der Speicherung der Rücksprungadresse im Falle von Interrupts und Unterprogrammaufrufen dient. Deshalb geht kein RAM für diesen Zweck verloren. Wegen des Register-File-Konzeptes läßt sich zusätzlich ein Software-Stack im RAM verwalten, der z. B. zur Zwischenspeicherung von Registerinhalten (z. B. *W-Register*, *STATUS-Register*) benutzt wird. Mit Ausnahme der PIC18xxx-Familie kann auf den Hardware-Stack nur über CALL- und RETURN-Befehle bzw. Interrupts zugegriffen werden. Die PIC18-Familie besitzt zusätzlich PUSH- und POP-Befehle.

**Peripheriemodule**

PICmicros gibt es in unterschiedlichsten Ausführungen mit einer Vielzahl von Peripheriemodulen. Hierzu gehören verschiedene Timer-Varianten und Subsysteme, Capture/Compare, PWM, serielle Schnittstellen (UART, SPI, $I^2C$, CAN), analoge Comparatoren, 8-, 10- und 12-bit-Analog-/Digital-Wandler, Referenzspannungsquellen und so weiter.

Im folgenden wird nur auf solche Peripheriefunktionen eingegangen, die sich von denen anderer Controller-Familien unterscheiden.

**Ein-/Ausgabeports** (I/O-Ports). Die Besonderheit aller PICmicro™-Controller sind die leistungsfähigen und flexiblen I/O-Ports. Alle Port-Pins sind individuell per Software als Eingang oder Ausgang zu konfigurieren. Als Ausgang geschaltet, können sie Ströme bis zu 25 mA bereitstellen, sowohl im Source- als auch im Sink-Modus. LEDs z. B. können somit direkt am Controller angeschlossen werden.

Andererseits fließt im Eingangsbetrieb weniger als 1 μA Leckstrom. Dadurch stellt der Controller für externe Schaltungen praktisch keine Belastung dar, und es können auch analoge Schaltungen problemlos angesteuert werden.

**PWM** (*Pulse Width Modulation*). Das PWM-Modul arbeitet mit einer Auflösung von 10 bit und erlaubt durch die Doppelpufferung des Duty-Cycle-Registers eine Glitch-freie Änderung des Tastverhältnisses.

**A/D-Wandler**. PICmicros werden je nach Modell mit einem 8-, 10- oder 12-bit-Analog/Digital-Wandler ausgeliefert. Es kommt das Verfahren der successiven Approximation zum Einsatz. Bis zu 12 analoge Eingänge können über einen Multiplexer mit dem A/D-Wandler verbunden werden. Durch einen integrierten Oszillator kann eine A/D-Wandlung auch dann durchgeführt werden, wenn der Controller im Standby-Mode (SLEEP) ist. Dies kommt der Ergebnisgenauigkeit zugute ($\pm$1 LSB). Unbenutzte Analogeingänge können als digitale I/O-Pins umkonfiguriert werden. Wird das A/D-Wandlermodul nicht benötigt, kann es über ein Steuerbit von der Stromversorgung getrennt werden, um den Stromverbrauch des Controllers in Standby-Betrieb zu minimieren.



**Analoge Comparatoren**. Ein solches Modul enthält immer zwei analoge Comparatoren und eine programmierbare Referenzspannungsquelle. Die Comparatoren können in 8 Betriebsarten konfiguriert werden, eine davon führt dabei den Comparatorausgang über einen Output-Pin wieder nach außen. Die maximale Offset-Spannung von 10 mV genügt schon gehobeneren analogen Ansprüchen.

Die in 24 Stufen programmierbare Spannungsquelle besteht aus einem Spannungsteiler mit $V_{dd}$ als Eingang.

### 12.5.3 Spezielle Funktionen

**Konfigurationsbits.** Eine Reihe von speziellen Controller-Funktionen kann bei der PIC-Serie über sog. Konfigurationsbits ausgewählt werden. Diese Bits werden bei der Programmierung der Controller (*OTP, EPROM, FLASH*) oder bei der Maskenerstellung (*ROM*) konfiguriert und geben dann die entsprechenden Funktionen frei.

**Power-On-Reset** (POR). Ein POR ist notwendig, um einen definierten Startpunkt für den Programmablauf des Controllers zu erhalten. Bei der PICmicro-Serie sorgt ein Anstieg der Versorgungsspannung von 0 V über 1,2 V hinaus für ein RESET-Signal im gesamten Controller. Ein spezieller Power-Up-Timer wird gestartet und hält daraufhin den Controller für ca. 70 ms im RESET-Zustand. Über ein Konfigurationsbit kann dieser Timer stillgelegt werden, falls schnellere Reaktionszeiten nach dem Anlegen der Betriebsspannung erforderlich sind. Ein sauberer $V_{dd}$-Anstieg wird dann allerdings vorausgesetzt.

**Brown-Out-Reset** (BOR). Unter „Brown-Out" versteht man ein Absinken der Versorgungsspannung unter den minimal zulässigen Wert, ohne jedoch 0 V zu erreichen. Dies ist eine kritische Situation für jeden Mikrocontroller, da in diesem Zustand eine einwandfreie Funktion nicht mehr gewährleistet ist. Deshalb ist es ratsam, den Controller unter solchen Bedingungen in den RESET-Zustand zu versetzen.

Viele PICmicros haben eine solche BOR-Schaltung bereits auf dem Chip integriert. Dadurch kann eine externe Schaltung eingespart werden, was die Systemkosten reduziert. Ein Absinken von $V_{dd}$ unter 3,8 V erzeugt ein RESET-Signal. Sobald $V_{dd}$ wieder über ca. 4,0 V ansteigt, wird ein Timer gestartet, der das RESET-Signal für weitere 70 ms aktiv hält. Durch diese Totzeit lassen sich unangenehme Schwingungszustände der Schaltung unterbinden, wenn z. B. $V_{dd}$ geringfügig um den Schaltpunkt der BOR-Logik pendelt. Sollte $V_{dd}$ wiederum absinken, während der Timer noch aktiv ist, dann wiederholt sich der gesamte Ablauf (Bild 12.33).

Die BOR-Funktion ist bei allen PICmicros über ein Konfigurationsbit abschaltbar. Einige neuere Controller bieten sogar eine programmierbare Schaltschwelle für den BOR, um z. B. diese Funktion auch in 3-V-Systemen nutzen zu können.

**Watchdog-Timer** (WDT). Er soll ein Hängenbleiben der Software in Endlosschleifen verhindern. Störsignale, die von außen in den Controller gelangen, können zu nicht definierten Inhalten im Befehlszähler und/oder Stack führen. Die Folge kann sein, daß das Programm nicht mehr richtig ausgeführt wird und zum Beispiel in einer Endlosschleife kreist. Ein Watchdog-Timer erzeugt beim Überlauf ein RESET-Signal für den Controller. Im normalen Be-

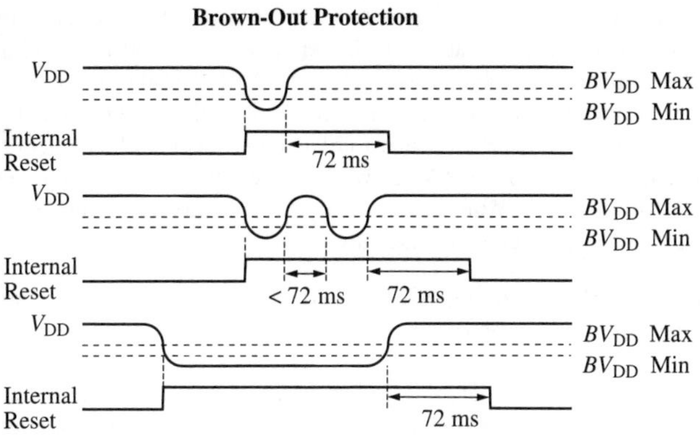


*Bild 12.33 Brown-Out-Protection*

trieb muß daher durch regelmäßiges Rücksetzen dieses Timers in der Software ein Überlauf verhindert werden. PICmicros haben einen sogenannten freilaufenden Watchdog-Timer auf dem Chip integriert. D. h., der WDT besitzt einen eigenen Oszillator, der unabhängig vom Haupttakt des Controllers läuft. Selbst wenn der Haupttakt abgestellt wird, z. B. durch einen gebrochenen Quarz oder Aktivierung des SLEEP-Modes, läuft der WDT weiter und wird dann, wegen des nun fehlenden Rücksetzsignales, einen Chip-RESET erzeugen und somit die normale Programmausführung wieder starten.

Die Rücksetzperiode ist bei den PICmicros einstellbar zwischen 18 ms und ca. 2,3 s. Über ein Konfigurationsbit kann der WDT vollständig abgeschaltet werden, wenn diese Funktion nicht erwünscht ist.

**Low-Voltage-Detect** (LVD). Dies ist eine Funktion, die vor allem bei batteriegespeisten Controller-Systemen sinnvoll ist. Sie erlaubt die Überprüfung der Versorgungsspannung innerhalb der normalen Programmabarbeitung. Sinkt z. B. die Versorgungsspannung unter einen einstellbaren Vergleichswert ab, dann wird ein Interrupt ausgelöst, und die Anwendungssoftware kann z. B. ein Warnsignal abgeben, daß es Zeit ist, die Batterie auszuwechseln. Die Schaltschwellen für den LVD müssen daher so gewählt werden, daß noch genügend Reserve bleibt, um solch eine Warnung abzugeben. Man beachte also den Unterschied zur Brown-Out-Reset-Schaltung, die im Falle der Schwellwertunterschreitung direkt einen Controller-RESET auslöst. Die LVD-Funktion ist unter Software-Kontrolle ein- und abschaltbar.



**SLEEP-Mode**. Er wird auch Standby genannt. In diesem Modus wird der Haupttakt des Controllers abgeschaltet. Damit fließen bei CMOS-Logik nur noch statische Leckströme, die im Vergleich zu den dynamischen Strömen sehr gering sind. Zusätzlich sollte der Anwender dafür sorgen, daß vorher alle internen und externen Stromverbraucher (z. B. der A/D-Wandler oder die LVD) abgeschaltet worden sind. Dadurch läßt sich z. B. die Lebensdauer der Batterien in der Stromversorgung dramatisch erhöhen, vor allem wenn der Controller häufig in diesen Zustand versetzt werden kann, was natürlich von der Applikation abhängt. Der SLEEP-Mode wird aktiviert durch die Ausführung des „SLEEP"-Befehles. Ein Aufwecken aus dem SLEEP-Mode kann durch ein RESET-Signal oder einen externen Interrupt erfolgen.

**In-Circuit-Serial-Programming** (ICSP). Es erlaubt das Einlöten unprogrammierter Controller in die Applikationsschaltung und das nachträgliche Programmieren des Speicherinhaltes. Dies dient der maximalen Flexibilität im Produktionsfluß, da die auszuliefernde Software-Variante praktisch erst in letzter Minute festgelegt wird. Es sind auch Varianten vorstellbar, bei denen die Software schon vorher programmiert wurde und durch ICSP nur noch ein paar Kalibrierwerte oder Seriennummern am Bandende programmiert werden. Dies ist vor allem dort interessant, wo nur wenig Testzeit am Bandende zur Verfügung steht.

### 12.5.4 Entwicklungswerkzeuge

Neben einer Vielzahl von Drittfirmen bietet Arizona Microchip Technology auch eigene Entwicklungswerkzeuge an. Unter der sehr komfortablen integrierten Entwicklungsumgebung MPLAB lassen sich Editor, Assembler, Compiler, Simulator, Emulator und Programmiergeräte aufrufen und bedienen. Die MPLAB-Software steht kostenlos auf Microchips CD-ROM und/oder Internet-Web-Seite zur Verfügung.

# Verzeichnis der verwendeten Abkürzungen

► *Hinweis*: In einigen Fällen ist eine wörtliche Übersetzung nicht sinnvoll, sondern es wird eine Erklärung angegeben.

**A**

| | | |
|---|---|---|
| ADU | | Analog-/Digital-Umsetzer |
| AGP | Accelerated Graphics Port | beschleunigste Schnittstelle zur Grafikkarte |
| AGP | Accelerated Graphics Port | Hochleistungschnittstelle zur Ansteuerung einer Grafikkarte |
| ALE | Address Latch Enable | Adreßübernahmesignal |
| ALU | Arithmetical Logical Unit | arithmetisch-logische Einheit |
| ASC | Asynchronous/Synchronous Channel | asynchroner/synchroner Kanal |
| ASCII | American Standard Code for Information Interchange | 7-Bit-Standardcodierung für alphanumerische Zeichen |
| ASIC | Application Specific Integrated Circuit | anwenderspezifischer Schaltkreis |
| ASIP | Application Specific Instruction Set Processor | applikationsspezifische Instruktionssatz-Prozessoren |
| ASSP | Application Specific Signal Processor | anwendungsspezifischer Signalprozessor |

**B**

| | | |
|---|---|---|
| BCD | Binary Coded Decimal | binär verschlüsselte Dezimalzahl |
| BDM | Background Debug Mode | spezielle Debuggingschnittstelle, insbesondere an Mikrocontrollern von Motorola |
| BFU | Bit Field Unit | Einheit zur Bitverarbeitung |
| BIOS | Basic Input Output System | elementares Ein-/Ausgabe-System, (Grundsoftware eines PC, bietet ein möglichst rechnerunabhängiges Interface zur konkreten Hardware) |
| BRG | | Baudratengenerator |

**C**

| | | |
|---|---|---|
| CAN | Controller Area Network | (Feldbussystem für Automatisierungszwecke, vorrangig in PKW eingesetzt) |

| | | |
|---|---|---|
| CAS | Column Access Strobe | Spalten-Zugriffssignal |
| CCM | Customized Computing Machine | angepaßte Rechenmaschine |
| CCR | Condition Code Register | Flagregister |
| CCT | Capture/Compare Timer | Zeitgebereinheit mit Capture- und Compare-Funktion |
| CCU | Cryptographic Calculation Unit | kryptographische Berechnungseinheit |
| CDE | Chemical Dry Etching | chemisches Trockenätzen |
| CD-R | Compact Disk Recordable | beschreibbare CD |
| CD-RW | Compact Disk ReWritable | wiederbeschreibbare CD |
| CISC | Complex Instruction Set Computer | Rechner mit komplexem Befehlssatz |
| CLB | Configurable Logic Block | konfigurierbarer Logikblock |
| CMOS | Complementary → MOS | komplementäre MOS-Logik |
| CMP | Comparator | Vergleicher |
| CPI | Clock per Instruction | Ausführungszeit (in Takten) pro Befehl |
| CPLD | Complex → PLD | komplexes PLD |
| CPU | Central Processing Unit | zentrale Verarbeitungseinheit |
| CSFR | Core Special Function Register | → SFR des Prozessorkerns |
| CSMA/CA | Carrier Sense Multiple Access/ Collision Avoidance | Mehrfachzugriff mit Kollisionsvermeidung |
| CSMA/CD | Carrier Sense Multiple Access/ Collision Detect | Mehrfachzugriff mit Kollisionserkennung |
| CU | Control Unit | Steuereinheit |
| CVD | Chemical Vapour Deposition | chemische Dampfabscheidung |

**D**

| | | |
|---|---|---|
| DAC | Digital to Analog Converter | Digital-Analog-Umsetzer |
| DAU | | Digital-Analog-Umsetzer |
| DCT | Discrete Cosine Transformation | diskrete Kosinus-Transformation |
| DFT | Discrete Fourier-Transformation | diskrete Fourier-Transformation |
| DIB | Dual Independent Bus | zweifacher unabhängiger Bus |
| DMA | Direct Memory Access | direkter Speicherzugriff |
| DNF | | disjunktive Normalform |
| DP | Decentralised Periphery | dezentralisierte Peripherie |
| DPI | Dot per Inch | Punkt pro Zoll |

| | | |
|---|---|---|
| DPTR | Data Pointer | Datenzeiger, Adreßregister |
| DRAM | Dynamic Random Access Memory | dynamischer Speicher mit wahlfreiem Zugriff |
| DSP | Digital Signal Processor (Processing) | digitaler Signalprozessor (-verarbeitung) |
| DVD | Digital Video Disk<br>Digital Versatile Disk | digitale Video-Disk |
| DX | Demultiplexer | Demultiplexer (1-zu-n) |

**E**

| | | |
|---|---|---|
| ECC | Error Checking and Correction | Fehlercheck und -korrektur |
| ECP | Enhanced Capability Port | Schnittstelle mit erweiterten Fähigkeiten |
| ECS | Erlanger Classification System | Erlanger Klassifikationssystem |
| EDO | Extended Data Out | (RAM-Organisation mit verbessertem Zeitverhalten) |
| eDRAM | embedded → DRAM | eingebetteter DRAM |
| EEPROM | Electrically Eraseable → EPROM | elektrisch löschbarer PROM |
| EIA | Electronic Industries Association | Verband der elektronischen Industrie |
| EISA | Extented Industry Standard Architecture | erweiterte Industriearchitektur (Bussystem) |
| ELD | Electroluminescent Display | Elektrolumineszenz-Display |
| EMV | | elektromagnetische Verträglichkeit |
| EOT | End of Transmission | Ende der Übertragung |
| EPIC | Explicitly Parallel Instruction Computing | Parallelverarbeitung mit expliziter Befehlsparallelität |
| EPP | Enhanced Parallel Port | erweiterte parallele Schnittstelle |
| EPROM | Erasable Programmable → ROM | löschbarer programmierbarer ROM |
| ESD | Electro Static Discharge | elektrostatische Entladung |
| ETB | End of Transmission Block | Ende des Übertragungsblockes |
| EVB | Evaluation Board | Test-Hardware |
| EXTRAM | Extended → RAM | erweiterter RAM |

**F**

| | | |
|---|---|---|
| FCS | Frame Check Sequence | Rahmenprüfsumme |
| FF | Flipflop | bistabiles Kippglied |
| FFT | Fast Fourier Transformation | Schnelle Fourier-Transformation |

| | | |
|---|---|---|
| FIFO | First In – First Out | zuerst hinein – zuerst hinaus (Speicherorganisation) |
| FIR | Finite Impule Responce | Filter mit endlicher Impulsantwort (Transversal-Filter) |
| FPGA | Field Programmable Gate Array | feldprogrammierbare Logikanordnung |
| FPLD | Field Programmable Logic Device | feldprogrammierbarer Logikbaustein |
| FPU | Floating Point Unit | Gleitkommaeinheit |
| FRC | Functional Redundancy Checking | funktionelle Redundanzprüfung |
| FSM | Finite State Machines | Automaten |
| FSR | File Select Register | Bank-Auswahlregister |

**G**

| | | |
|---|---|---|
| GAG | Generic Address Generator | universeller Adreßgenerator |
| GDT | Global Descriptor Table | globale Deskriptortabelle |
| GPIB | General Purpose Interface Bus | (verbreitetes Bussystem zur Kopplung von Meßgeräten (IEC-Bus, IEEE-Bus)) |
| GPR | General Purpose Register | Universalregister |
| GPS | Global Positioning System | Navigationssystem |

**H**

| | | |
|---|---|---|
| HDL | Hardware Description Language | Hardwarebeschreibungssprache |
| HDLC | High Level Data Link Control | (standardisiertes synchrones Datenübertragungsprotokoll) |

**I/J**

| | | |
|---|---|---|
| I/O-Devices | Input/Output-Devices | E/A-Geräte / Eingabe/Ausgabe-Geräte |
| $I^2C$-Bus | Inter Integrated Circuit Bus | (verbreitetes Zweidrahtbussystem zur Ankopplung peripherer Einheiten an Mikrocontroller) |
| IA | Instrumentation Amplifier | Instrumentationsverstärker, Meßverstärker |
| IBE | Ion Beam Etching | Ionenstrahlätzen |
| IC | Instruction Counter | Befehlszähler |
| IC | Integrated Circuit | integrierter Schaltkreis |
| ICE | In Circuit Emulator | (dient der Schaltungsnachbildung in der Zielhardware) |

| | | |
|---|---|---|
| ICSP | In Circuit Serial Programming | serielle In-System-Programmierung |
| IDE | Integrated Development Environment | integrierte Entwicklungsumgebung |
| IDL | Interchip Digital Link | digitale Verbindung zwischen Chips |
| IE | Ion Etching | Ätzspattern |
| IEEE | Institute of Electrical and Electronics Engineers | (der größte) Fachverband von Elektroingenieuren |
| IIR | Infinite Impulse Responce | Filter mit unendlicher Impulsantwort (rekursive Filter) |
| ILP | Instruction Level Parallelität | Parallelität auf Befehlsebene |
| IP | Instruction Pointer | Befehlszeiger, Program Counter |
| IrDA | Infrared Data Association | Standardprotokoll zur Datenübertragung über Infrarot-Schnittstellen |
| ISA | Industry Standard Architecture | von IBM eingeführter PC-Bus |
| ISP | In-System Programming | In-System-Programmierung |
| ISP-MC | In-System Programming MC | (Mikrocontroller, der im eingebauten Zustand programmiert werden kann) |
| ISR | Interrupt Service Routine | Interrupt-Service-Routine |
| JPEG | Joint Photographic Experts Group | Vereinigte Gruppe von Fotoexperten (Standard für die Komprimierung digitaler Standbilder) |

**K**

| | | |
|---|---|---|
| KNF | | konjunktive Normalform |
| KV-Tafel | | Karnaugh-Veitch-Tafel |

**L**

| | | |
|---|---|---|
| LAB | Logic Array Block | Logik-Array-Block |
| LAN | Local Area Network | lokales Netz |
| LCD | Liquid Crystal Display | Flüssigkristallanzeige |
| LDT | Local Descriptor Table | lokale Deskritortabelle |
| LED | Light Emitting Diode | lichtausstrahlende Diode, Leuchtdiode |
| LIW | Long Instruction Word | langes Befehlswort |
| LOCMOS | Local Oxidation of Silicon MOS | (spezieller MOS-Fertigungsprozeß mit lokaler Oxidation des Siliziums) |

| | | |
|---|---|---|
| LPCVD | Low Pressure → CVD | Niederdruck CVD |
| LPT | Line Printer | Zeilendrucker |
| LRU-Strategie | Least Recently Used Strategie | (Strategie zum Seitenaustausch, bei der die am längsten unbenutzte Speicherseite ausgelagert wird) |
| LSB | Least Significant Bit | niederwertigstes Bit |
| LSI | Large Scale Integration | hohes Integrationsniveau |
| LUN | Logical Unit | Unteradresse, Logikeinheit |
| LUT | Look-up Table | Nachschlag-Tabelle |
| LVD | Low Voltage Detct | Unterspannungserkennung |

**M**

| | | |
|---|---|---|
| MAC | Multiple and Accumulate | (kombinierter Multiplizier- und Addierbefehl) |
| MAC | Multiply and Accumulate Operation | Multiplikations und Additions-Operation |
| MAP | Manufacturing Automation Protocol | (Protokoll zur Automatisierung von Produktionsanlagen nach dem → OSI-Referenzmodell) |
| MC | Microcontroller | Mikrocontroller |
| MCA | Micro Chanel Architecture | Mikrokanalarchitektur |
| MFLOPS | Million Floating Point Operations per Second | Million Fließkommaoperationen pro Sekunde |
| MIMD | Multiple Instruction Multiple Data | (Computerarchitektur, bei der mehrere Prozessoren jeweils eigene Daten mit unterschiedlichen Befehlen parallel bearbeiten, Mehrprozeßrechner) |
| MIPS | Million Instructions Per Second | Million Instruktionen pro Sekunde |
| MISD | Multiple Instruction Single Data | (Computerarchitektur, bei der ein Datenwort nacheinander von mehreren Prozessoren mit jeweils einem eigenen Befehl bearbeitet wird, Pipeline-Prinzip) |
| MLM | | Mehrlagen-Metallisierung |
| MMS | Manufacturing Message Specification | (auf Client-Server-Modell basierendes objektorientiertes Nachrichtensystem für → MAP) |
| MMU | Memory Management Unit | Speicherverwaltungseinheit |
| MMX | Multi Media Extension | (Befehlssatzerweiterung zur Multimedia-Unterstützung) |

| | | |
|---|---|---|
| MOS | Metal Oxide Semiconductor | Metaloxid-Halbleiter |
| MO-Speicher | | magnetisch-optischer Speicher |
| MP | Microprocessor | Mikroprozessor |
| MPEG | Mouving Pictures Experts Group | Expertengruppe für bewegliche Bilder (Standard für die Komprimierung von digitalen Bewegtbildern, Toninformationen usw.) |
| MPGA | Mask Programmable Gate Array | maskenprogrammierbare Gate-Arrays |
| MPLAB | | (Produktname der zugehörigen Programmiersoftware) |
| MSB | Most Significant Bit | höchstwertiges Bit |
| MSI | Medium Scale Integration | mittleres Integrationsniveau |
| MUX | Multiplexer | Multiplexer (1-aus-n) |

**N**

| | | |
|---|---|---|
| NOVRAM | Nonvolatile SRAM | nichflüchtiger RAM-Speicher |
| NUMA | Non Uniform Memory Architecture | uneinheitliche Speicherarchitektur |

**O**

| | | |
|---|---|---|
| OC | Open Collector | Endstufen mit offenem Kollektor |
| Opcode | Operation Code | Operationscode |
| OPV | | Operationsverstärker |
| OSD | On Screen Display | Darstellung auf Bildschirm |
| OSG | Oscillator Safe Guard | Oszillatorüberwachung |
| OSI | Open System Interconnection | (offene Systemverbindung der ISO zur Rechnerkommunikation) |
| OTP | One Time Programmable | einmalig programmierbar |

13

**P**

| | | |
|---|---|---|
| PA | Process Automation | Prozeßautomation |
| PAL | Programmable Array Logic | programmierbares Logik-Array |
| PC | Program Counter | Befehls-, Programmzähler |
| PCA | Programmable Counter Array | programmierbares Zähler-Array |
| PCD | Page Cache Disable | Seitencache-Sperrung |

| | | |
|---|---|---|
| PCI | Peripheral Component Interconnect | (verbreitetes Bussystem zur Peripheriekopplung in Hochleistungscomputern) |
| PCU | Periphery Control Unit | Peripherie-Kontrolleinheit |
| PCXI | Previous Context Information | Information über den vorherigen Context |
| PDD-CCM | Procedurally Data Driven → CCM | prozedurale datengesteuerte CCM |
| PDP | Plasma Display Panel | Plasmadisplay |
| PEC | Peripheral Event Controller | Einheit zur Verarbeitung externer Ereignisse |
| PECVD | Plasma Enhanced → CVD | plasmaunterstütztes CVD |
| PGA | Pin Grid Array | Gehäuseform |
| PKC | Public Key Crypto | öffentlicher Kryptoschlüssel |
| PLD | Programmable Logic Device | programmierbarer Logikbaustein |
| PLGA | Pin Large Grid Array | Gehäuseform |
| PLL | Phase Locked Loop | phasengerastete Schleife |
| POR | Power On Reset | Einschalt-Reset |
| PPI | Programmable Parallel Interface | programmierbare parallele Schnittstelle |
| PROM | Programmable Read Only Memory | programmierbarer Nur-Lese-Speicher |
| PSD | Programmable System Device | programmierbares Systemgerät |
| PSEN | Program Store Enable | Auswahlsignal für Programmspeicher |
| PSW | Program Status Word | Programm-Status-Wort |
| PWM | Pulse Width Modulation | Pulsbreitenmodulation |
| PWT | Page Write Through | Seitenschreiben in Cache und Hauptspeicher gleichzeitig |
| PXB | PCI-Exchange Brigde (Chip) | Schaltkreis zur PCI-Ankopplung |

**R**

| | | |
|---|---|---|
| RAM | Random Access Memory | Schreib-/Lese-Speicher |
| RAS | Row Access Strobe | Zeilen-Zugriffssignal |
| RAW | Read After Write Hazard | Hazard beim Lesen nach Schreiben |
| RCO | Ripple Carry Output | serieller Übertrag |
| RCPU | → RISC → CPU | |
| RECVD | Radiation Enhanced → CVD | strahlungsunterstütztes CVD |
| RIBE | Reactiv Ion Beam Etching | reaktives Ionenstrahlätzen |

| | | |
|---|---|---|
| RIE | Reactiv Ion Etching | reaktives Ionenätzen |
| RISC | Reduced Instruction Set Computer | Rechner mit reduziertem Befehlssatz |
| ROM | Read Only Memory | Nur-Lese-Speicher, Festwertspeicher |
| RTA | Real-Time Analysis | Echtzeit-Analyse (Simulator) |
| RTC | Real-Time Clock | Echtzeit-Uhr |
| RT-Entwurf | | Register-Transfer-Entwurf |
| RTR | Remote Transmission Request | (Sendeanforderung am CAN-Bus) |
| RZI | Return to Zero | Rückkehr zu Null (Codierung) |

**S**

| | | |
|---|---|---|
| S&H | Sample and Hold | Abtast- und Halteschaltung |
| SBUF | Serial Channel Buffer Register | Pufferregister für seriellen Kanal |
| SCC | Serial Communication Channel | serieller Kommunikationskanal |
| SCI | Serial Communications Interface | serielle Kommunikationsschnittstelle |
| SCP | Serial Communication Port | serielles Kommunikationsport |
| SCSI | Small Computer System Interface | Bussystem zum Geräteanschluß (Festplatten, Scanner) an Computersysteme |
| SDRAM | Synchronous → DRAM | synchroner DRAM |
| SEC | Single Egde Contact | (Gehäusedesign) |
| SFR | Special Function Register | (Register zur Konfiguration und Ansteuerung von Mikrocontrollerkomponenten) |
| SGT | Silicon Gate Technology | Silizium-Gate-Technologie |
| SIMD | Single Instruction Multiple Data | (Computerarchitektur, bei der mehrere Daten gleichzeitig in mehreren Prozessoren mit ein und demselben Befehl bearbeitet werden, Vektorrechner) |
| SISD | Single Instruction Single Data | (Computerarchitektur, bei der nacheinander mit einem Befehl immer ein Datenwort abgearbeitet wird, Von-Neumann-Rechner) |
| SIU | System Interface Unit | Systemschnittstellen-Einheit |
| SLIC | Self Loading Integrated Code | selbstladender integrierter Code |
| SMP | Symmetric Multi-Processing | symmetrisches Multiprozessing |

| | | |
|---|---|---|
| SoC | System on Chip | System auf einem Chip |
| SoS, SOS | Silicon on Shapphire | Silizium auf Saphir (Halbleitertechnologie für sehr hohe Frequenzen) |
| SP | Stackpointer | Stapelzeiger |
| SPI | Serial Peripheral Interface | serielle Peripherie-Schnittstelle |
| SPI | Synchronous Peripheral Interface | synchrone serielle Schnittstelle |
| SPLD | Simple Programmable Logic Device | einfacher programmierbarer Logikbaustein |
| SPR | Special Purpose Register | Spezialregister |
| SPS | | Speicherprogrammierbare Steuerungen |
| SR | Shift Register | Schieberegister |
| SRAM | Static → RAM | statischer Schreib-Lese-Speicher |
| SSI | Small Scale Integration | niedriges Integrationsniveau |
| STN | Super Twisted Nematic | Realisierungsprinzip für LCD-Anzeigen |

**T**

| | | |
|---|---|---|
| TCB | Task Control Block | Tasksteuerblock |
| TFD | Thin Film Diode | Dünnfilmdiode |
| TFT | Thin Film Transistor | Dünnfilmtransistor, Realisierungsprinzip für LCD-Anzeigen |
| TLB | Translation Lookaside Buffer | Übersetzungs-Nachschlagspuffer |
| TMOD | Timer Mode Register | Zeitgeber-Betriebsart-Register |
| TP | Totem Pole | Gegentaktendstufen |
| TTL | Transistor-Transistor-Logic | Transistor-Transistor-Logik |

**U**

| | | |
|---|---|---|
| UART | Universal Asynchronous Receiver/Transmitter | universeller Empfangs- und Sendebaustein für asynchrone serielle Datenübertragung |
| UISA | User Instruction Set Architecture | (Befehlssatz im Usermode) |
| ULSI | Ultra Large Scale Integration | Höchstintegration |
| USART | Universal Synchronous/Asynchronous Receiver/Transmitter | universeller Empfangs- und Sendebaustein für synchrone asynchrone serielle Datenübertragung |
| USB | Universal Serial Bus | universeller serieller Bus |

**V**

| | | |
|---|---|---|
| VEA | Virtual Environment Architecture | virtuelle Umgebungsarchitektur |
| VFD-Anzeigen | | Vakuumfluoreszenz-Anzeigen |
| VHDL | Very High-Level Description Language | Hardwarebeschreibungssprache mit hohem Abstraktionsniveau |
| VI | Virtual Interface | virtuelle Schnittstelle |
| VLIW | Very Long Instruction Word | überlanges Befehlswort |
| VLSI | Very Large Scale Integration | sehr hohes Integrationsniveau |
| VME-Bus | VERSAmodule Europe Bus | (verbreitetes Multiprozessor-Bussystem für industriellen Einsatz) |

**W**

| | | |
|---|---|---|
| WAW | Write After Write Hazard | Hazard bei aufeinanderfolgendem Schreiben |
| WDT | Watchdog-Timer | Watchdog-Zeitgeber |
| WE | Write Enable | Schreiberlaubnis |

# Verzeichnis englisch-deutscher Begriffe

► *Hinweis*: In einigen Fällen ist eine wörtliche Übersetzung nicht sinnvoll, sondern es wird eine Erklärung angegeben.

**A**

| | |
|---|---|
| Absolute Addressing | absolute Adressierung |
| Acknowledge | Bestätigungssignal |
| Adder | Addierer |
| Address Register | Adreßregister |
| Address | Adresse |
| Advanced CMOS | weiterentwickelte CMOS |
| Aliasing | Unterabtastung |
| Allocation | Zuweisung |
| Analog Signal | analoges Signal |

**B**

| | |
|---|---|
| Background | Hintergrund |
| Background-Debug-Mode | Hintergrund-Debug-Modus |
| Behavior | Verhalten |
| Binary Character | Binärzeichen, Bit |
| Binary Signal | binäres Signal |
| Block Size | Blockgröße |
| Bottom-up | von unten nach oben |
| Branch Instruction | Verzweigungsbefehl |
| Branch Predicition | Sprungvorhersage |
| Branch Processing Unit | Sprungverarbeitungseinheit |
| Branch Target Cache | Sprungziel-Cache |
| Breakpoint | Unterbrechungspunkt |
| Broadcasting | Rundspruch |
| Burst Mode | Bündelmodus |

**C**

| | |
|---|---|
| Cache Block | Speichereintrag, Speicherblock |
| Cache Hit | erfolgreicher Cachezugriff |
| Cache Line | Speichereintrag, Speicherzeile |

| | |
|---|---|
| Cache Misses | erfolgloser Cachezugriff |
| Cache | (schneller Zwischen-)Speicher |
| Central Memory | Hauptspeicher |
| Central Processing Unit | zentrale Verarbeitungseinheit |
| Channel Routing | Feintrassierung |
| Channel | Kanal |
| Character | Zeichen |
| Clock Cycles | Taktzyklen |
| Clock Monitoring | Oszillatortakt-Überwachung |
| Clock Rate | Taktrate |
| Clock Tick | Taktzyklus |
| Code Density | Codedichte, Instruktionsdichte |
| Columns | Spalten |
| Commit Unit | Verteilungseinheit |
| Compiler Scheduling | Vertauschung der Befehlsreihenfolge durch den Compiler |
| Compiler | Übersetzer |
| Computer Program | Computerprogramm |
| Condition Code Register | Statusregister, Flagregister |
| Constraints | Entwurfsrestriktionen |
| Contact Printing | Kontaktbelichtung |
| Controller | Steuerwerk |
| Control Redundancy | Kontrollredundanz |
| Control Register | Steuerregister |
| Control Unit | Steuerwerk |
| Control Word | Steuerwort |
| Core | (Mikrocontroller-)Kern |
| Count up | Aufwärtszähler |
| Counter | Zähler |
| Critical Section | kritischer Abschnitt |
| Critical Section | kritischer Bereich |
| Custom Microcontroller | kundenorientierte Mikrocontroller |
| Cycle Accurate Instructionset Simulator | zyklenakkurater Befehlssatzsimulator |

**D**

| | |
|---|---|
| Data Alignment | Datenausrichtung |

| | |
|---|---|
| Data Capacity | Datenbreite, Datenkapazität |
| Data Direction Register | Daten-Richtungsregister |
| Data Register | Datenregister |
| Data-Forwarding | Datenweiterleitung |
| Dead Line | Frist |
| Debug Address Register | Hilfsregister zur Fehlersuche |
| Debug Control Register | dito |
| Debug Status Register | dito |
| Debugging | Fehlersuche, Test |
| Declaration | Vereinbarung |
| Dedicated Ressource | zugewiesene Ressource |
| Delay Slot Instruction | Befehle, die direkt einem Sprungbefehl folgen; werden manchmal noch ausgeführt (s. Pipelining) |
| Demand Paging | Paging auf Anforderung |
| Descriptor Privilege Level | Privilegierungsstufe des Deskriptors |
| Design House | Entwurfsbüro |
| Design | Entwurf |
| Detailled Routing | Feintrassierung |
| Development Tool | Entwicklungswerkzeug |
| Digital Integrated Circuit | digitaler integrierter Schaltkreis |
| Digital Signal Processor | digitaler Signalprozessor |
| Digital Signal | digitales Signal |
| Direct Addressing | direkte Adressierung |
| Direct-Mapped Cache Organization | direktabbildende Cache-Organisation |
| Directory | Verzeichnis |
| Discrete Cosine Transformation | Diskrete Kosinus-Transformation |
| Discrete Signal | diskretes Signal |
| Dispatching | Prozeßauswahl |
| Displacement | Adreßdistanz |
| Doping | Dotierung |
| Double Precision | doppelte Genauigkeit |
| Doubleword | Langwort |
| Down Counter | Rückwärtszähler |
| Dry Etching | trockenchemisches Ätzen |

**E**

| | |
|---|---|
| Electro Static Discharge | elektrostatische Entladung |
| Electron-beam Lithography | Elektronenstrahl-Lithographie |
| Embedded Control System | eingebettetes System |
| Embedded Control | eingebettete Steuerung |
| Epitaxy | Epitaxie |
| Equivalence Check | Äquivalenzprüfung |
| Evalution Board | Test-Hardware |
| Event Flag | Ereignis-Flag |
| Event triggered | ereignisgesteuert |
| Exception | Ausnahme, Unterbrechung |
| Extended Precision | erweiterte Genauigkeit |

**F**

| | |
|---|---|
| Failure Identification | Fehlererkennung |
| Fast Fourier Transformation | Schnelle Fourier-Transformation |
| Field programmable | feldprogrammierbar |
| Firm Real Time | harte Echtzeit |
| First Come First Serve | Bedienung in Reihenfolge des Eintreffens |
| Fixed Point Number | Festkomma-Dualzahl |
| Fixed Point | Festkomma |
| Flags | Flag-Register |
| Flat Model | spezielles Adreßmodell, flacher Adreßraum |
| Flipflop | bistabiles Kippglied |
| Floating Point Number | Gleitkomma-Dualzahl |
| Floating Point Operation | Gleitkomma-Operation |
| Floating Point Pipeline | Gleitkomma-Pipeline |
| Floating Point Unit | Gleitkomma-Einheit |
| Floating Point | Gleit-, Fließkomma |
| Foreground | Vordergrund |
| Formal Verification | formale Verifikation |
| Frame | Rahmen |
| Full Adder | Volladdierer |
| Full Custom Circuit | Vollkundenwunsch-Schaltkreis |

| | |
|---|---|
| Full Custom IC | Vollkunden-IC |
| Fully associative Organization | vollassoziative Organisation |

**G**

| | |
|---|---|
| General Purpose Processor | Universal-Prozessor |
| General Purpose Register | Universalregister |
| General Purpose Timer | Universal-Timer |
| Genetic Algorithms | genetische Algorithmen |
| Geometry | Geometrie |
| Global Routing | Globaltrassierung |

**H**

| | |
|---|---|
| Half Adder | Halbaddierer |
| Handshaking | Quittungsspiel |
| Hard Disk | Festplatte |
| Hardware Accelerator | Hardware-Beschleuniger |
| Hardware Redundancy | Hardware-Redundanz |
| Hardwired | festverdrahtet |
| Hazards | unerlaubter Signalzustand |
| High Level Languages | Hochsprachen |
| High Level | hoher Pegel |
| High Speed CMOS | schnelle CMOS |
| High-Vacuum Evaporation | Hochvakuumbedampfen |
| Host | Entwicklungssystem |

**I/J**

| | |
|---|---|
| Immediate Addressing | unmittelbare Adressierung |
| In-Circuit-Emulation | Nachbildung der Schaltung in der Zielhardware |
| Index-Register | Adreßzeigerregister |
| Input Capture | Registrierung des Zeitpunktes eines Eingangssignals |
| Input Unit | Eingabeeinheit |
| Input-Output Device | Ein-/Ausgabe-Gerät, peripheres Gerät |
| Insigned Integer | C-Datentyp |
| Instruction Count | Befehlsanzahl |
| Instruction Counter | Befehlszähler |

| | |
|---|---|
| Instruction Pointer | Befehlszähler |
| Instruction Set | Befehlssatz/-vorrat |
| Instructionset Simulator | Befehlssatz-Simulator |
| Instrumentation Amplifier | Instrumentationsverstärker, Meßverstärker |
| Interface | Schnittstelle |
| Interleaved Cache | verschränkter Cache |
| Interleaved Memory | Speicherverschränkung |
| Interprocess Communication | Interprozeßkommunikation |
| Interrupt Request | Unterbrechungsanforderung, Bedienanforderung |
| Interrupt Response Time | Interrupt-Antwortzeit |
| Ion Implantation | Ionenimplantation |
| Ion-beam Lithography | Ionenstrahl-Lithographie |
| Jump Instruction | Sprungbefehl |

**L**

| | |
|---|---|
| Latches | Zwischenspeicher |
| Latency Time | Latenzzeit |
| Level of Integration | Integrationsgrad |
| Line Size | Zeilenlänge |
| Lithography | Lithographie |
| Load | Laden |
| Look Ahead Carry | Übertragsbildung |
| Look Ahead Resolution | Vorwärts-Auflösung |
| Low Level | tiefer Pegel |

**M/N**

| | |
|---|---|
| Mapping Table | Zuordnungstabelle |
| Mapping | Abbildung |
| Memory | Speicher |
| Memory-Mapped-I/O | I/O-Einheiten, im Speicheradreßraum eingeblendet |
| Message | Nachricht, Datenblock |
| Message Queue | Nachrichten-Warteschlange |
| Microcontroller | Mikrocontroller |
| Microelectronics | Mikroelektronik |

| | |
|---|---|
| Microprocessor Technology | Mikroprozessortechnik |
| Microprocessor | Mikroprozessor |
| Micro-Program | Mikroprogramm |
| Minimum Linewidth | minimale Strukturbreite |
| Mnemonics | merkbare Befehlsabkürzungen |
| Models | Modelle |
| Multiplier Accumulator | Multiplizierer-Akkumulator |
| Multipoint Signal | Mehrpunktsignal |
| Mutal Exclusion | gegenseitiger Ausschluß |
| Number System | Zahlensystem |

**O**

| | |
|---|---|
| Offset Binary | Offset-Binär-Darstellung |
| On-Chip Integration | On-Chip-Integration, Integration auf einem Chip |
| Operating System | Betriebssystem |
| Operation Code | Befehlscode |
| Oscillator Safe Guard | Oszillatorüberwachung |
| Oscillator Watchdog | Oszillatorüberwachung mittles Watchdog |
| Out Of Order Execution | Befehlsausführung außerhalb der vorgegebenen Reihenfolge |
| Output Compare | Signalausgabe zu vorgegebenem Zeitpunkt |
| Output Unit | Ausgabeeinheit |
| Overflow | Zahlenbereichsüberlauf |

**P**

| | |
|---|---|
| Page Coloring | Seitenabbildung |
| Page Fault Interrupt | Seitenfehler-Interrupt |
| Page Fault Linear Address | lineare Seitenfehler-Adresse |
| Page Fault | Seitenfehler |
| Paging | Einteilung des Speichers in Seiten fester Größe |
| Parity Even | gerade Parität |
| Parity Odd | ungerade Parität |
| Performance | Leistungsfähigkeit |

| | |
|---|---|
| Phase Change Priciple | Phasenveränderungstechnik |
| Photolithography | Fotolithographie |
| Photoresist | Fotoresist |
| Pipeline Stall Cycles | Pipeline-Stillstandszyklus |
| Pipelining | mehrstufige Befehlsausführung |
| Placement | Plazierung |
| Planar Technology | Planartechnologie |
| Pointer | Adreßzeigerregister |
| Polling | Abfrage |
| Port Data Register | Port-Daten-Register |
| Power Consumption | Leistungsaufnahme |
| Power Saving Mode | Mode mit reduziertem Leistungsverbrauch, Stromsparmodus |
| Predicated Instruction | bedingter Befehl |
| Prefetch Buffer | Befehls-Lesepuffer |
| Prefetching | vorbeugendes Lesen |
| Program Counter | Befehls-(Programm-)Zähler |
| Programmable System Device | programmierbare Systemgeräte |
| Projection Scanning | Projektionsbelichtung |
| Propagation Delay | Verzögerungszeit |
| Protected Flat Model | spezielles Adreßmodell, flacher Adreßraum mit Schutzmechanismen |
| Protected Mode | spezielle Prozessorbetriebsart mit aktivierten Schutzmechanismen |
| Proximity Scanning | Abstandsbelichtung |

**R**

| | |
|---|---|
| Random Access Memory | Schreib-/Lese-Speicher |
| Rapid Prototyping | Prototypen-Entwurf |
| Reaction Time | Reaktionszeit |
| Read Hit | erfolgreicher Lesezugriff |
| Read Miss | erfolgloser Lesezugriff |
| Read Only Memory | Nur-Lese-Speicher, Festwertspeicher |
| Ready | bereit |
| Real Time | Echtzeit |
| Real-Time Clock | Echtzeit-Uhr |
| Real-Time Kernel | Echtzeit-Kern |

| | |
|---|---|
| Real-Time Operation System | Echtzeit-Betriebssystem |
| Reference Manual | Datenbuch |
| Refresh | Auffrischen |
| Register Indirect Addressing | registerindirekte Adressierung |
| Register Renaming | Register-Umbenennung |
| Register Set | Registersatz |
| Reuse | komplette Schaltung |
| Ripple Carry | serieller Übertrag |
| Rough routing | Grobtrassierung |
| Router | Trassierungsprogramm |
| Routing | Verbindungstopologie |
| Rows | Zeilen |
| Running | laufend |

## S

| | |
|---|---|
| Saturation | Sättigung |
| Scheduling | Prozeßumschaltung |
| Scrambler | Verschlüsseler |
| Semi Custom Circuit | Halbkundenwunsch-Schaltkreis |
| Semi Custom IC | Halbkundenwunsch-IC |
| Sequentiell Logic Systems | Folgeschaltungen, sequentielle Automaten |
| Service Time | Bedienzeit |
| Shared Memory | geteilter Speicher |
| Shared Ressource | geteilte Ressource |
| Sign Bit | Vorzeichenbit |
| Signal Parameter | Informationsparameter |
| Signed Character | C-Datentyp |
| Signed Integer | C-Datentyp |
| Simulated Annealing | simuliertes Abkühlen |
| Simulation | Simulation |
| Single Precision | einfache Genauigkeit |
| Sleeping | „schlafend“ |
| Snooping Logic | Schnupperlogik |
| Soft Real Time | „weiche“ Echtzeit |
| Software Development | Software-Entwicklung |

| | |
|---|---|
| Software Interrupt | Software-Unterbrechung |
| Software Redundancy | Software-Redundanz |
| Special Function Register | Spezial-Funktionsregister |
| Special Purpose Processor | Spezialregister |
| Speedup | Geschwindigkeitserhöhung |
| Spikes | Impulsspitzen |
| Sputtering | Kathodenzerstäubung |
| Stack | Kellerspeicher |
| Stackpointer | Stapelregister, Stapelzeiger |
| State Timing Analysis | statische Timing-Analyse |
| Statement | Anweisung |
| Store | Speichern |
| Stored-Program Machine | programmgesteuerter Universalrechner |
| Structure | Struktur |
| Subroutine Call | Unterprogrammaufrufe |
| Subroutine | Unterprogramm |
| Supervisor Call | Systemaufruf, s. Traps |
| Supervisor Mode | System-Modus |
| Swapping | Tausch von Daten zwischen Haupt- und Massenspeicher |
| Synthesis | Synthese |
| System Bus | Systembus |
| System Call | Systemruf |
| System Protection Unit | Systemüberwachungseinheit |

**T**

| | |
|---|---|
| Target | Kathode, Scheibe, Zielsystem |
| Target-Monitor | Monitorprogramm im Zielsystem |
| Task Control Block | Task-Steuerblock |
| Task Register | Task-Register |
| Task State | Task-Zustand |
| Task Status Register | Task-Statusregister |
| Task Switching | Prozeßumschaltung |
| Temporal Redundancy | zeitliche Redundanz |
| Testing | Testen |
| Thermal Oxydation | thermische Oxidation |

| | |
|---|---|
| Thread | leichtgewichtiges Task, separater Programmcode, gemeinsame Datenbereiche |
| Threaded Code | gefädelter Code |
| Time Triggered | zeitgesteuert |
| Timer | Zeitgeber |
| Tired Star Topology | mehrschichtige Stern-Topologie |
| Token Passing | deterministisches Medienzugriffsverfahren |
| Tools | Entwurfswerkzeug |
| Top-down | von oben nach unten |
| Transputer | Transputer |
| Traps | Systemaufruf |
| Trashing | Ein-/Auslagerung |
| Travelling Salesman Problem | Problem des Handelsreisenden |
| Trial and Error | Versuch und Irrtum |
| Two's Complement | Zweierkomplement |

**U**

| | |
|---|---|
| Unsigned Character | C-Datentyp |
| Up Counter | Vorwärtszähler |
| User Mode | Anwendermodus |

**V**

| | |
|---|---|
| Validation | Validation |
| Value Domain | wertebasiert |
| Variable Instruction Format | variables Befehlsformat |
| Verification | Verifikation |

**W**

| | |
|---|---|
| Waiting | wartend |
| Watchdog | Totmannschaltung zur Systemüberwachung |
| Watchdog-Timer | Watchdog-Zeitgeber |
| Wet Etching | naßchemisches Ätzen |
| Word | Wort |
| Worst Case | Maximalwerte |
| Wrap around | Zahlenbereichsumlauf |

# Literaturverzeichnis

## 1 Einführung

/1.1/ *Bundschuh, B.; Sokolowsky, P.*: Rechnerstrukturen und Rechnerarchitekturen. – Braunschweig; Wiesbaden: Vieweg Verlag, 1996

/1.2/ *Herrmann, P.*: Rechnerarchitektur. – Braunschweig; Wiesbaden: Vieweg Verlag, 1998

/1.3/ *Malone, M. S.*: The Microprocessor. – Berlin; Heidelberg; New York: Springer-Verlag, 1995

/1.4/ *Messmer, H.-P.*: Pentium. – Bonn; Paris: Addison-Wesley, 1994

/1.5/ *Rojas, R.*: Die Rechenmaschinen von Conrad Zuse. – Berlin; Heidelberg: Springer-Verlag, 1998

/1.6/ *Sjobbema, D. J. W.*: Geschichte der Elektronik. – Aachen: Elektor-Verlag, 1999

/1.7/ SPOERLE ELECTRONIC: Distribution Live – Mikrocontroller Special, 10/94

/1.8/ *Ungerer, T.*: Mikroprozessortechnik. Architektur und Funktionsweise superskalarer Mikroprozessoren. Internat. Thomson Publ., 1995

/1.9/ *Vorndran, E. P.*: Entwicklungsgeschichte des Computers. – Berlin; Offenbach: VDE-Verlag, 1986

/1.10/ *Werner, D.*: Taschenbuch der Informatik. – Leipzig: Fachbuchverlag, 1995

## 2 Technische Grundlagen

/2.1/ *Borgmeyer, J.*: Grundlagen der Digitaltechnik. – München; Wien: Carl Hanser Verlag, 1997

/2.2/ DIN 40900, Teil 12, Graphische Symbole für Schaltungsunterlagen, Binäre Elemente. 1984

/2.3/ DIN 44300, Teil 2, Informationsverarbeitung, Begriffe. 1988

/2.4/ *Horowitz, P.; Hill, W.*: Die Hohe Schule der Elektronik (Teil 2: Digitaltechnik). – Aachen: Elektor-Verlag, 1996

/2.5/ *Junge, H.-D.; Möschwitzer, A.*: Lexikon Elektronik. – Weinheim; New York; Basel: VCH Verlagsgesellschaft, 1994

/2.6/ *Kammerer, J. u. a.*: Elektronik III Grundschaltungen (HPI-Fachbuchreihe). – 6. Auflage. – München: Pflaum Verlag, 1991

/2.7/ *Kühn, E.*: Handbuch TTL- und CMOS-Schaltungen. – 4. Auflage. – Heidelberg: Hüthig Buchverlag, 1993

/2.8/ *Lehmann, C.*: Elektronik-Aufgaben (Band II: Analoge und digitale Schaltungen). – Leipzig; Köln: Fachbuchverlag, 1994

/2.9/ *Lichtberger, B.*: Praktische Digitaltechnik. – 2. Auflage. – Heidelberg: Hüthig Buchverlag, 1992

/2.10/ *Lindner, H.; Brauer, H.; Lehmann, C.*: Taschenbuch der Elektrotechnik und Elektronik. – 7. Auflage. – Leipzig; München: Fachbuchverlag, 1998

/2.11/ *Morgenstern, B.*: Elektronik 3, Digitale Schaltungen und Systeme. – 2. Auflage. – Braunschweig; Wiesbaden: Vieweg Verlag, 1997

/2.12/ *Pernards, P.*: Digitaltechnik. – 3. Auflage. – Berlin; Heidelberg: Hüthig Buchverlag, 1992

/2.13/ *Rübel, M.; Schaarschmidt, U.*: Elektronik-Aufgaben Digitale Schaltungen und Systeme. – Braunschweig, Wiesbaden: Vieweg Verlag, 1996

/2.14/ *Schaaf, B.-D.*: Digital- und Mikrocomputer-Technik. – 4. Auflage. – München; Wien: Carl Hanser Verlag, 1991

/2.15/ *Seifart, M.*: Digitale Schaltungen. – 4. Auflage. – Berlin: Verlag Technik, 1992

/2.16/ *Tietze, U.; Schenk, Ch.*: Halbleiter-Schaltungstechnik. – 10. Auflage. – Berlin; Heidelberg: Springer-Verlag, 1993

/2.17/ TTL-Taschenbuch (Teil 1). – 9. Auflage. – Bonn: Company-Verlag GmbH, 1996


## 3 Mikroprozessorarchitekturen


/3.1/ *Giloi, W. K.*: Rechnerarchitektur. – 3. Auflage. – Berlin, Heidelberg, New York: Springer-Verlag, 1997

/3.2/ *Oberschelp, W.; Vossen, G.*: Rechneraufbau und Rechnerstrukturen. – 5. Auflage. – München; Wien: R. Oldenbourg-Verlag, 1992

/3.3/ *Flynn, M. J.*: Some Computer Organizations and Their Effectiveness. IEEE Trans. On Computers C-21, 9, Sept. 1972, 948–960

/3.4/ *Bode, A.; Händler, W.*: Rechnerarchitektur; Band II: Strukturen. – Berlin; Heidelberg; New York: Springer-Verlag, 1983

/3.5/ *Flik, T.; Liebig, H.*: Mikroprozessortechnik. – 4. Auflage. – Berlin; Heidelberg; New York: Springer-Verlag, 1994

/3.6/ *Bode, A.*: RISC-Architekturen. – Mannheim: Wissenschaftsverlag, 1990

/3.7/ *Hennessy, J. L., Patterson, D. A.*: Computer Architecture: A Quantitative Approach. Second Edition. – San Francisco: Morgan Kaufmann Publishers, 1996

/3.8/ *Hennessy, J. L., Patterson, D. A.*: Rechnerarchitektur. – Wiesbaden: Vieweg Verlag, 1994

/3.9/ *Hennessy, J. L, Patterson, D. A.*: Computer Organization & Design: The Hardware/Software Interface, Second Edition. – San Francisco: Morgan Kaufmann Publishers, 1997

/3.10/ *Golze, U.*: VLSI-Entwurf eines RISC-Prozessors. – Wiesbaden: Vieweg Verlag, 1995

/3.11/ *Golze, U.*: Der RISC-Prozessor TOOBSIE. – Wiesbaden: Vieweg Verlag, 1995

/3.12/ Special Issue on Microprocessors: Proceedings of the IEEE, December 1995

/3.13/ *Hartenstein, R. W.; Becker, J.; Kress, R.*: Custom Computing Machines vs. Hardware/Software Co-Design: From a Globalized Point of View. Lecture Notes in Computer Science 1142, Springer-Verlag, 1996.

/3.14/ *Hartenstein, R. W.; Hirschbiel, A. G.; Riedmüller, M.; Schmidt, K.; Weber, M.*: A Novel ASIC Design Approach Based on a New Machine Paradim. IEEE Journal of Solid-State Circuits, Vol. 26, No. 7 (1991).

/3.15/ *Bähring, H.*: Mikrorechner-Systeme. – 2. Auflage. – Berlin, Heidelberg, New York: Springer-Verlag, 1994

/3.16/ *Hermann, P.*: Rechnerarchitektur. – Wiesbaden: Vieweg Verlag, 1998

/3.17/ *Liebig, H; Flik, T.*: Rechnerorganisation. – 2. Auflage. – Berlin, Heidelberg, New York: Springer-Verlag, 1993

/3.18/ *Schiffmann, W., Schmitz, R.*: Technische Informatik 1, Grundlagen der digitalen Elektronik. – Berlin, Heidelberg, New York: Springer Verlag, 1992

/3.19/ *Schiffmann, W., Schmitz, R.*: Technische Informatik 2, Grundlagen der Computertechnik. – Berlin, Heidelberg, New York: Springer Verlag, 1992

## 4 Programmiermodell eines Mikroprozessors

/4.1/ 8 Bit Microcontrollers C511/C511A, C513/C513A, C513A-H, 8-Bit CMOS Microcontroller, Siemens, 1996

/4.2/ *Anderson, D.; Shanley, T.*: Power PCTM System Architecture. – Bonn u. a.: Addison-Wesley, 1995

/4.3/ *Anderson, D.; Shanley, T.*: Pentium™ System Architecture. – Bonn u. a.: Addison-Wesley, 1995

/4.4/ *Anderson, D.; Shanley T.*: 80486 System Architecture. – Bonn u. a.: Addison-Wesley, 1995

/4.5/ *Bähring, H.*: Mikrorechner-Systeme, – 2. Auflage. – Berlin u. a.: Springer-Verlag, 1994

/4.6/ *Bode, A.*: Rechnerarchitektur I, Grundlagen und Verfahren. – Berlin u. a.: Springer-Verlag, 1980

/4.7/ *Bode, A.; Waldschmidt, K.*: Parallelrechner, Architekturen, Systeme, Werkzeuge. – Stuttgart: Teubner, 1995

/4.8/ *Bode, A.; Wilke P.*: RISC-Architekturen. – 2. Auflage. – Mannheim: BI-Wissenschaftsverlag, 1990

/4.9/ C16x Family Instruction Set. Siemens, 1994

/4.10/ *Dandamudi, S. P.*: Introduction to Assemble Language Programming. – Berlin u. a.: Springer-Verlag, 1998

/4.11/ *Fedtke, S.*: Vom Prozessorkonzept zur Programmierung. – Braunschweig u. a.: Vieweg, 1991

/4.12/ *Flik, Th.; Liebig, H.*: Mikroprozessortechnik. – 5. Auflage. – Berlin u. a.: Springer-Verlag, 1998

/4.13/ *Fuchs, J.; Liess, E.*: M-68300-Microcontroller. – Poing: Franzis, 1994

/4.14/ *Goldschlager, L.; Lister, A.*: Informatik Eine moderne Einführung. – 3. Auflage. – München u. a.: Carl Hanser Verlag, 1990

/4.15/ *Hansen, H. R.*: Wirtschaftsinformatik I. – 7. Auflage. – Stuttgart: Lucius & Lucius, 1996

/4.16/ *Hilf, W.*: Mikroprozessoren für 32-Bit-Systeme. – Haar b. München: Markt & Technik, 1991

/4.17/ *Hilf, W.*: M68000-Anwendungen. – Poing: Franzis, 1994

/4.18/ *Hilf, W.*: M68000-Grundlagen. – Poing: Franzis, 1995

/4.19/ *Hoffmann, R.*: Rechnerentwurf: Rechnerwerke, Mikroprogrammierung, RISC. – 3. Auflage. – München: Oldenbourg, 1993

/4.20/ *Horn, Ch.; Kerner, I. O.*: Lehr- und Übungsbuch Informatik. Band 4, Technische Informatik und Systemgestaltung. – München; Wien: Fachbuchverlag Leipzig im Carl Hanser Verlag, 1998

/4.21/ http://www.digital.com

/4.22/ http://www.epson-electronics.de

/4.23/ http://www.fh-augsburg.de/informatik/projekte/mebib/(→ Emiel)

/4.24/ http://www.intel.com, insbesondere
http://www.intel.com/education/mpuworks/intro.htm

/4.25/ http://www.microchip.com

/4.26/ http://www.mot.com

/4.27/ http://www.infineon.com

/4.28/ http://www.infineon.com/DAvE.html

/4.29/ http://www.tasking.com

/4.30/ http://www.whatis.com

/4.31/ *Hummel, R. L.*: Die Intel-Familie. – München: te-wi, 1992

/4.32/ *Kahlert, J.*: Fuzzy Control für Ingenieure. – Braunschweig u. a.: Vieweg Verlag, 1995

/4.33/ *Küveler, G.; Schwoch, D.*: Arbeitsbuch Informatik. – Braunschweig; Wiesbaden: Vieweg Verlag, 1996

/4.34/ *Lange, K.*: Motorola 68HC11. – Hannover: Heise, 1995

/4.35/ *Lutz, M.; Schmitt, F. J.*: Vom Prozessor zum Programm. – München; Wien: Fachbuchverlag Leipzig im Carl Hanser Verlag, 1997

/4.36/ *Malone, M. S.*: Der Mikroprozessor. – Berlin u. a.: Springer-Verlag, 1996

/4.37/ *Märtin, C.*: Rechnerarchitektur. – München; Wien: Carl Hanser Verlag, 1994

/4.38/ *Messmer, H. P.*: PC-Hardwarebuch. – 5. Auflage. – Bonn u. a.: Addison Wesley, 1998

/4.39/ *Mühlbacher, J.; Stadler, K.*: Mikroprozessor-Software-Labor. – München u. a.: Carl Hanser Verlag, 1982

/4.40/ *Müller, H.; Walz, L.*: Mikroprozessortechnik. – 4. Auflage. – Würzburg: Vogel, 1992

/4.41/ *Orgler, L.; Stauf, S.*: MC68HC11-Mikrocontroller. – Poing: Franzis, 1996

/4.42/ Pentium™ Family User's Manual, Volume 3, Architecture and Programming Manual. Intel, 1994

/4.43/ *Rector, R.; Alexy, G.*: Das 8086/8088-Buch. – München, te-wi, 1982

/4.44/ *Rembold, U.*: Einführung in die Informatik für Naturwissenschaftler und Ingenieure. – München u. a.: Carl Hanser Verlag, 1987

/4.45/ *Richard, B.*: Mikroprozessortechnik. – München u. a., Carl Hanser Verlag, 1989

/4.46/ *Rose, M.*: Mikroprozessor 68HC11. – 2. Auflage. – Heidelberg: Hüthig, 1994

/4.47/ *Schmidt, J.*: Spezialisten für 3D, c't, 18/98, Seite 100

/4.48/ *Schmitt, G.*: Mikrocomputertechnik mit 8086-Prozessoren. – 3. Auflage. – München; Wien: R. Oldenbourg Verlag, 1994

/4.49/ *Schmitt, G.*: Mikrocomputertechnik mit dem Prozessor 6809 und den Prozessoren 6800 und 6802. – 3. Auflage. – München; Wien: R. Oldenbourg Verlag, 1994

/4.50/ *Schmitt, G.*: Mikrocomputertechnik mit dem Prozessor 8085 A. – 6. Auflage. – München; Wien: R. Oldenbourg Verlag, 1993

/4.51/ *Schmitt, G.*: Mikrocomputertechnik mit dem Controller 68332. – München; Wien: R. Oldenbourg Verlag, 1998

/4.52/ *Schnell, G.; Hoyer, K.*: Mikrocomputerfibel: Vom 8-Bit-Chip zum Grundsystem. – 2. Auflage. – Braunschweig u. a.: Vieweg Verlag, 1983

/4.53/ *Schöne, A.*: Digitaltechnik und Mikrorechner. – Braunschweig, Wiesbaden: Vieweg Verlag, 1984

/4.54/ *Shanley, T.*: Protected Mode Software Architecture. – Bonn u. a.: Addison-Wesley, 1996

/4.55/ *Shanley, T.*: Pentium® Pro and Pentium® II System Architecture. – Bonn u. a.: Addison-Wesley, 1998

/4.56/ *Simpson, R. J.; Raveendran, P.*: Advanced 8-Bit Microprocessor: MC6809. – Berlin u. a.: Springer-Verlag, 1998

/4.57/ *Stahlknecht, P.; Hasenkamp, U.*: Einführung in die Wirtschaftsinformatik. – 8. Auflage. – Berlin u. a.: Springer-Verlag, 1997

/4.58/ *Tilli, Th.*: Fuzzy-Schaltungsbuch. – Poing: Franzis Verlag, 1994

/4.59/ *Tischer, M.; Jennich, B.*: PC intern 5. – Düsseldorf: Data Becker, 1995

/4.60/ TriCore µC-DSP, Architecture Manual. Siemens, 1997

/4.61/ *Ungerer, T.*: Mikroprozessortechnik. – Bonn u. a.: International Thomson Publ., 1995

/4.62/ *Walter, J.*: Mikrocomputertechnik mit der 8051-Controller-Familie. – 2. Auflage. – Berlin u. a.: Springer-Verlag, 1996

/4.63/ *Weber, H.*: Mikrorechnertechnik. – München u. a.: R. Oldenbourg Verlag, 1994

/4.64/ *Wohak, B.; Maurus, R.*: 80x86-Pentium-Assembler. – Bonn u. a.: IWT-Verlag, 1995

/4.65/ *Yeralan, S.; Ahluwalia, A.*: Programming and Interfacing the 8051 Microcontroller. – Bonn u. a.: Addison-Wesley, 1995

## 5 Speicherhierarchie und Bussysteme

/5.1/ *Borill, P. L.*: A Comparison of 32-Bit Buses. IEEE Micro, December 1985, 71–79

/5.2/ *Culler, D. E.; Pal Singh, J.; Gupta, A.*: Parallel Computer Architecture. A Hardware/Software Approach, Morgan-Kaufmann, 1999

/5.3/ Digital Equipment Corporation: Alpha Architecture Handbook. Digital Equipment Corporation, 1992

/5.4/ *Gwennap, L.*: PA-8500's 1.5 M Cache Aids Performance. But HP Chip Is Likely to Trail 21264 When It Ships in 2H98, Microprocessor Report, Vol. 11, No. 15, Nov. 17, 1997

/5.5/ *Hennessy, J.; Patterson, D.*: Computer Architecture. A Quantitative Approach, 2nd Edition, Morgan Kaufmann, 1996

/5.6/ Intel Corporation: Pentium II Processor Product Overview, Intel Corp., 1998

/5.7/ Intel Corporation: Pentium Pro Architecture Handbook, Intel Corp., 1996

/5.8/ *Kloth, A.*: PCI und VESA Local Bus: Multimastersysteme, Speichersubsysteme, intelligente Peripherie, – 2. Auflage. – Franzis Verlag, 1995

/5.9/ *Märtin, C.*: Rechnerarchitektur. Struktur, Organisation, Implementierungstechnik. – München; Wien: Hanser Verlag, 1994

/5.10/ *Messmer, H.-P.*: PC-Hardwarebuch, – 3. Auflage. – Bonn: Addison-Wesley, 1995

/5.11/ *Patterson, D.; Hennessy, J.*: Computer Organization. The Hardware/Software Interface, 2nd Edition. Morgan-Kaufmann, 1998

/5.12/ *Sachs, H.*: The Fairchild CLIPPER Microprocessor Familiy: A High-Performance 32-Bit Processor, Proc. WESCON '85, 1985

/5.13/ *Song, P.*: IBM's Power3 to Replace P2SC. Power3 to Complete IBM's Transition to PowerPC Architecture. Microprocessor Report, Vol. 11, No. 15, Nov. 17, 1997

/5.14/ *Waldschmidt, K. (ed.)*: Parallelrechnerarchitekturen. – Stuttgart: Teubner, 1995

## 6 Periphere Systemkomponenten

/6.1/ *Baginski, A.; Müller, M.*: Interbus. – 2. Auflage. – Heidelberg: Hüthig Verlag, 1998

/6.2/ *Bender, K.* (Hrsg.): Profibus. – München; Wien: Carl Hanser Verlag, 1990

/6.3/ *Bernstein, H.*: Hardware-Handbuch. – 3. Auflage. – Haar: Markt & Technik Verlag, 1990

/6.4/ *Blank, H.-J.; Bernstein, H.*: PC-Schaltungstechnik in der Praxis. – Haar: Markt & Technik Verlag, 1990

/6.5/ *Bonfig, W.* (Hrsg.): Feldbus-Systeme. – Renningen; Malmsheim: Expert-Verlag, 1992

/6.6/ *Borst, W.*: Der Feldbus in der Maschinen- und Anlagentechnik. – München: Franzis Verlag, 1992

/6.7/ Data Acquisition Circuits Data Book. Texas Instruments Incorp., Owensville, 1997

/6.8/ Data Transmission Circuits. Data Book Vol. 1 (Line Circuits). Texas Instruments, Hertfordshire, 1995

/6.9/ *Dembowski, K.*: Computerschnittstellen und Bussysteme. – Heidelberg: Hüthig Verlag, 1997

/6.10/ Design Considerations for Logic Products. Texas Instruments, Hertfordshire, 1998

/6.11/ *Etschberger, K.*: CAN Controller Area Network.– München; Wien: Carl Hanser Verlag, 1994

/6.12/ *Fembacher, W.*: Datenaustausch in der industriellen Produktion. – München; Wien: Carl Hanser Verlag, 1994

/6.13/ *Gevatter, H.-J.* (Hrsg.): Handbuch der Meß- und Automatisierungstechnik. – Berlin; Heidelberg; New York: Springer Verlag, 1998

/6.14/ *Güttler, F.* u. a.: Sensorbusse. Otto-von-Guericke Universität Magdeburg, IPE, Abschlußbericht zum DFAM-Vorhaben Nr. 610011, Febr. 1994

/6.15/ *Hering, E.; Bressler, K.; Gutekunst, J.*: Elektronik für Ingenieure. – 3. Auflage. – Berlin; Heidelberg; New York: Springer Verlag, 1998

/6.16/ *Hoffmann, J.*: Taschenbuch der Meßtechnik. – Leipzig; München: Fachbuchverlag, 1998

/6.17/ *Horowitz, P.; Hill, W.*: The Art of Electronics. Cambridge University Press, Cambridge, Second Edition 1989

/6.18/ *Jordan, J. R.*: Serial Networked Field Instrumentation. – Chichester, UK: John Wiley & Sons, 1995

/6.19/ *Kriesel, W.* u. a.: Bustechnologien für die Automation. – Heidelberg: Hüthig Verlag, 1998

/6.20/ *Lawrenz, W.* (Hrsg.): CAN Controller Area Network. – 2. Auflage. – Heidelberg: Hüthig Verlag, 1998

/6.21/ *Lichtberger, B.*: Praktische Digitaltechnik. – 3. Auflage. – Heidelberg: Hüthig Verlag, 1997

/6.22/ Linear Applications Handbook. National Semiconductor Corporation, Santa Clara, CA, 1994

/6.23/ Mehrere Artikel zu Compact Disk und DVD. Zeitschrift c't, Heise Verlag, 4/1997

/6.24/ Mixed Signal Products. BurrBrown Integrated Circuits Data Book. Burr-Brown Corporation, Tucson, AZ, 1996

/6.25/ New Release Date Book 1995/Volume IV. MAXIM Corporation, Sunnyvale, CA, 1995

/6.26/ *Pimentel, J. R.*: Communication Networks for Manufacturing. Prentice Hall, Englewood Cliffs, NJ, 1990

/6.27/ *Preuß, L.; Musa, H.*: Computerschnittstellen. München; Wien: Carl Hanser Verlag, 1994

/6.28/ *Roth, A.*: Das Computer-Peripherie Kochbuch. – Vaterstetten: iwt-Verlag, 1990

/6.29/ *Roth, A.*: Das Mikrocontroller-Kochbuch. – 4. Auflage. – Vaterstetten: iwt-Verlag, 1993

/6.30/ *Schnell, G.* (Hrsg.): Bussysteme in der Automatisierungstechnik. – Braunschweig; Wiesbaden: Vieweg Verlag, 1994

/6.31/ *Schumny, H.; Ohl, R.*: Handbuch digitaler Schnittstellen. – Braunschweig; Wiesbaden: Vieweg Verlag, 1994

/6.32/ *Seifart, M.*: Analoge Schaltungen. – 5. Auflage. – Berlin: Verlag Technik, 1996

/6.33/ *Seifart, M.; Beikirch, H.*: Digitale Schaltungen. – 5. Auflage. – Berlin: Verlag Technik, 1998

/6.34/ *Thieser, M.*: PC-Schnittstellen. – 2. Auflage. – München: Franzis Verlag, 1994

/6.35/ *Tietze/Schenk*: Halbleiter-Schaltungstechnik. – 10. Auflage. – Berlin; Heidelberg; New York: Springer Verlag, 1993

/6.36/ www.fujitsu.com; Internet-Homepage FUJITSU

/6.37/ www.intel.com; Internet-Homepage INTEL

/6.38/ www.mot.com; Internet-Homepage MOTOROLA

/6.39/ www.national.com; Internet-Homepage NATIONAL SEMICONDUCTOR

/6.40/ www.philips.com; Internet-Homepage PHILIPS

/6.41/ www.siemens.de; Internet-Homepage SIEMENS

/6.42/ www.ti.com; Internet-Homepage TEXAS INSTRUMENTS


## 7 Mikrocontroller


/7.1/ Atmel: AVR Enhanced RISC Microcontroller Data Book, 1997

/7.2/ Atmel Corporation: Configurable Microcontroller. Atmel Data Books (CD-ROM), 1997

/7.3/ *Baierl, H.*: 32-Bit-Embedded-Prozessor für KFZ-Motorsteuerungen. Elektronik Informationen, 07/98

/7.4/ *Barnard, Ph.; Hüppner, J.*: Using FLASH technology to implement testable generic hardware. Vorträge zur Embedded Intelligence 97. Design & Elektronik, 1997

/7.5/ *Blank, H.-J.*: Mikrocontroller-Entwicklung auf dem PC. – Haar bei München: Markt & Technik, 1990

/7.6/ *Buhl, F.; Jedrkowiak, A.*: 80C196-Mikrocontroller. – Aachen: Elektor-Verlag, 1996

/7.7/ *Carper, H.-J.*: Der „Fleck“ in einem ASIC. Systeme 10/98

/7.8/ Dallas Semiconductor: CD-ROM (Data Sheets, User's Guides), 1998

/7.9/ Dallas Semiconductor: Data Book. 1997

/7.10/ *Dembowski, K.*: Computerschnittstellen und Bussysteme. – Heidelberg: Hüthig Verlag, 1997

/7.11/ *Etschberger, K.*: CAN Controller-Area-Network. – München, Wien: 1994

/7.12/ elektronik JOURNAL: Mikrocontroller im ASIC/ASSP-Bett, 11/98

/7.13/ *Fredershausen, M.*: Mikrocontroller in der Praxis. – Poing: Franzis Verlag, 1995

/7.14/ *Fuchs, J.; Lies, E.*: M 68300-Mikrocontroller. Poing: Franzis-Verlag, 1994

/7.15/ *Genzken, H.*: Mikrocontroller MCS-151 und -251. Elektronik Informationen, 7/96

/7.16/ *Heesel, N.; Reichstein, W.*: Mikrocontroller-Praxis. – Braunschweig; Wiesbaden: Vieweg Verlag, 1993

/7.17/ Hitachi: H8S and H8/300H 16-bit Microcontrollers. Produktinformation. 1998

/7.18/ Hitachi: SuperH RISC engine 32-bit microcontrollers. Shortform 19–040

/7.19/ Hitachi: Unterlagen zum Hitachi Flash Seminar, 11/97

/7.20/ IEEE 1149.1: JTAG Test Access Port (JTAG TAP)

/7.21/ Infrared Data Association: Serial Infrared, Physical Layer Link Specification. Vers. 1.0

/7.22/ *Johannis, R.*: Handbuch des 80C166. – Traunstein: Feger + Co. Hardware + Software Verlags OHG, 1993

/7.23/ *König, A.; König, M.*: Mit dem PIC-Controller erfolgreich arbeiten. – Haar bei München: Markt & Technik, 1996

/7.24/ *Lemmens, L.*: ST62 Mikrocontroller. – Aachen: Elektor-Verlag, 1996

/7.25/ *Maier-Wolf, J.*: 8051 Mikrocontroller erfolgreich anwenden. – Poing: Franzis Verlag, 1994

/7.26/ *Malone, Michael S.*: The Microprocessor. – New York: Springer-Verlag, 1995

/7.27/ Markt & Technik: Mikrocontroller. Preisverfälle vom Feinsten, 45/98

/7.28/ *Martin, G.*: The First-Ever Global Embedded Processor Debug Interface Standard for Embedded Control Applikations. Vorträge zur Embedded Intelligence, 1999

/7.29/ *Mattheis, K.-H.; Storandt, S.*: Arbeiten mit C166-Controllern. – Traunreut: Feger Hardware- und Software-Verlag, 1995

/7.30/ Metronik: PICmicro Produktübersicht. Rev. 3, 1998

/7.31/ Microchip: PIC16/17 Microcontroller Data Book, 1997

/7.32/ Motorola: MC68332 User's Manual, 1991

/7.33/ Motorola: MC68HC11 Reference Manual, 1991

/7.34/ Motorola: M68HC16 Family MC68HC16Z1. User's Manual. 1992

/7.35/ Motorola: M68HC912B2 Technical Summary, 1997

/7.36/ National Semiconductor: COP8 FAMILY. Produktübersicht, 1998

/7.37/ NEC: Digital Data Book Microcontrollers, 1998

/7.38/ NEC: V850 family. Produktübersicht. 1997

/7.39/ *Pehrs, J.-U.*: 16-Bit-Controller verarbeitet auch 8051-Assembler. Design & Elektronik, 4/95

/7.40/ Philips Semiconductors: Data Handbook. 80C51-Based 8-Bit Microcontrollers, 1998

/7.41/ Philips Semiconductors: Data Sheet 89C51RC+/RD+. Spec, 09/98

/7.42/ Philips Semiconductors: Data Sheet 80C51XA, Architectural Overview, 12/94

/7.43/ *Rally, Michael S.*: Stromspar-Tricks bei Embedded Controllern. Design & Elektronik. Oktober 98

/7.44/ *Richter, T.; Hergel, H.-J.*: ATMEL AVR – Enhanced Risc Microcontroller, Vorträge zur Embedded Inteligence 98. Design & Elektronik, 1998

/7.45/ *Schmitt, F. J.; von Wendorff, W. Chr.; Westerholz, K.*: Embedded-Control Architekturen. – München Wien: Carl Hanser Verlag, 1999

/7.46/ *Schossig, D.*: Mikrocontroller. – München: te-wi-Verlag, 1993

/7.47/ *Schultes, R.; Pohle, I.*: 80C166-Mikrocontroller. Poing: Franzis-Verlag, 1994

/7.48/ *Schumny, H.; Ohl, R.*: Handbuch digitaler Schnittstellen. – Braunschweig; Wiesbaden: Vieweg-Verlag, 1994

/7.49/ SE Spezial-Elektronic GmbH: SE special, 10/98

/7.50/ SGS-Thomson Microelectronics: ST7 8-bit MCUs. Produktübersicht, 1998

/7.51/ SGS-Thomson Microelectronics: The ST9 8-16/Bit MCU FAMILY. Produktübersicht, 10/97

/7.52/ Siemens: 8-bit and 16-bit Microcontrollers CD-ROM, Edition 2.0

/7.53/ Siemens: C500 Microcontroller Family. Architecture and Instruction Set. User's Manual, 04/98

/7.54/ Siemens: Data Sheet zum 16-Bit CMOS Microcontroller C163-16F, 11/97

/7.55/ Siemens: SAB 80C517/80C537 8-Bit CMOS Single-Chip. User's Manual, 05/94

/7.56/ Siemens: SAB 80515/SAB80C515 8-Bit Single-Chip Microcontroller Familiy. User's Manual, 8/95

/7.57/ Siemens: TricCore. Architecture Overview Handbook, 1997

/7.58/ Siemens: User's Manual SAB 80C166/83C166, 1997

/7.59/ *Siemers, Chr.; Möller, D. P. F.; Roth, S.*: Die zukünftige Bedeutung von Hardware-Software Co-Design. Vorträge zur Embedded Intelligence, 1998

/7.60/ Spoerle Electronic: Mikrocontroller Special, 1994

/7.61/ Texas Instruments: MSP430-Family. User's Guide, 1998

/7.62/ *Thieser, M.; Finkler, A.*: PIC-Controller. – Poing: Franzis Verlag, 1998

/7.63/ USB Spezification, V1.1, USB-Organisation, 1998

/7.64/ *Volpe, F. P.; Volpe, S.*: PIC-µC-Praxis. – Aachen: Elektor-Verlag, 1996

/7.65/ *Volpe, S.; Volpe, F.*: AVR-Mikrocontroller-Praxis. – Aachen: Elektor-Verlag, 1999

/7.66/ *Wolinski, F.*: Kommunikativer Rechenzwerg. Elektronik, 4/99

/7.67/ WSI: PSD MCU Peripherals, 1998

/7.68/ XICOR: Memory Products NOVRAMs

/7.69/ XICOR: SLIC Application Brief X88C64 E2, 1993

/7.70/ *Yeralan, S.; Ahluwalia, A.*: Programming and Interfacing the 8051 Microcontroller. Massachusetts: Addison-Wesley Publishing Company, 1995

/7.71/ AMD: http://www.amd.com

/7.72/ ARM: http://www.arm.com

/7.73/ Atmel Corporation: http://www.atmel.com

/7.74/ CMX Company: http://www.cmx.com

/7.75/ Dallas Semiconductor: http://www.dalsemi.com

/7.76/ EPSON: http://www.epson-electronics.de

/7.77/ Hitachi: http://www.hitachi-eu.com

/7.78/ Infrared Data Association: http://www.irda.org

/7.79/ Integrated Silicon Solution Inc.: http://www.issiua.com

/7.80/ Intel: http://www.intel.com

/7.81/ Microchip Technology Inc.: http://www.microchip.com

/7.82/ Mitsubishi Electric: http://www.mitsubishi-chips.com

/7.83/ Motorola: http://www.mot.com/

/7.84/ National Semiconductor: http://www.national.com

/7.85/ NEC: http://www.nec.com

/7.86/ OKI: http://www.oki-europe.de

/7.87/ Panasonic: http://www.psdc.com

/7.88/ Parallax Inc.: http://www.parallaxinc.com

/7.89/ Philips: http://www.semiconductors.philips.com

/7.90/ Scenix Semiconductor: http://www.scenix.com

/7.91/ SGS-Thomson Microelectronics: http://www.st.com

/7.92/ Siemens: http://www.siemens.de/Semiconductor

/7.93/ TEMIC Semiconductors: http://www.temic.de

/7.94/ Texas Instruments: http://www.ti.com

/7.95/ Toshiba: http://www.toshiba-europe.com

/7.96/ USB-Organisation: http://www.ti.com/sc/usb

/7.97/ WSI: http://www.wsipsd.com


## 8 Signalprozessoren


/8.1/ Analog Devices, ADSP-2100 Family User's Manual. Norwood Mass., 1995

/8.2/ Analog Devices, ADSP-21000 Applications Handbook, Vol.1, Norwood Mass., 1994

/8.3/ *Azizi, S. A.*: Entwurf und Realisierung digitaler Filter. – München: R. Oldenbourg-Verlag, 1990

/8.4/ *Best, R.*: Digitale Signalverarbeitung und Signalsimulation. – Berlin: VDE-Verlag, 1993

/8.5/ *Brigham, E. O.*: FFT – Schnelle Fourier-Transformation. – München: R. Oldenbourg-Verlag, 1995

/8.6/ *Kammeyer, Karl D., Kroschel, K.*: Digitale Signalverarbeitung. Filterung und Spektralanalyse. – Stuttgart: Teubner, 1998

/8.7/ *Lüke, H. D.*: Signalübertragung. – Berlin: Springer-Verlag, 1999

/8.8/ *Zölzer, U.*: Digitale Audiosignalverarbeitung. – Stuttgart: Teubner, 1997

/8.9/ http://www.analog.com

/8.10/ http://www.bdti.com (Unabhängige DSP Consultants)

/8.11/ http://www.dsp-bayer.de (Unabhängige DSP Consultants)

/8.12/ http://www.elektronikladen.de (Starterkits für verschiedene DSP)

/8.13/ http://www.lucent.com/micro/products.html

/8.14/ http://www.mot.com/sps/dsp

/8.15/ http://www.ti.com/sc/docs/products/dsp/index.html




## 9 Software-Entwicklung


/9.1/ American National Standard For Information Systems: Programming Languages – Forth (ANSI X3.215-1994), American National Standard Institute

/9.2/ *Arnold, K.; Gosling, J.*: The Java Programming Language. The Java Series from the Source. Addison Wesley, Reading, MA, 1996

/9.3/ *Brooks, F. P.*: No silver bullet: Essence and accidents of software engineering. IEEE Computer, 20(4), April 1987

/9.4/ *Dalheimer, M. K.*: Java Virtual Machine – Sprache, Konzept, Architektur. – Köln: O'Reilly, 1997

/9.5/ *Ellis, M. A.; Stroustrup, S.*: The Annotated C++ Reference Manual. Addison-Wesley, Reading, MA, 1990

/9.6/ *Humphrey, W. S.*: Managing the Software Process. Addison-Wesley, 1989

/9.7/ *Jacobson, E.*: Einführung in die Prozeßdatenverarbeitung. – 2. Auflage. – München; Wien: Carl Hanser Verlag, 1996

/9.8/ *Laplante, Ph.*: Real-Time Systems Design and Analysis. – New York: IEEE Press

/9.9/ *Lowes, M.; Paulik, P.*: Programmieren mit C-ANSI-Standard. – Stuttgart: B. G. Teubner, 1990

/9.10/ *Miller, L. H.; Quilici, A. E.*: C in der Praxis. – 3. Auflage. – München; Wien: R. Oldenbourg Verlag, 1991

/9.11/ *Motsch, W.*: Prozeßrechnerstrukturen, Kapitel 7 – Echtzeitbetriebssystem. – Braunschweig; Wiesbaden: Vieweg & Sohn Verlagsgesellschaft mbH, 1995

/9.12/ Open Firmware – The Core Specification, IEEE Std 1275-1994: IEEE Standard for Boot Firmware: Core Requirements and Practices, IEEE Standard Organization

/9.13/ *Rather, E. D.*: Forth Programming Language, Encyclopedia of Physical Science & Technology (V.5) Academic Press, Inc., 1992

/9.14/ *Sommerville, I.*: Software Engineering. – 5th edition. Addison-Wesley, 1995

/9.15/ *ebenda*: Kapitel 8 – Software Prototyping

/9.16/ *Stroustrup, S.*: Die C++ Programmiersprache. – Bonn: Addison-Wesley, 1992

/9.17/ The Java Virtual Machine Specification. Technischer Report, Java-Soft, 1995

/9.18/ *Werner u. a.*: Taschenbuch der Informatik, Kapitel 6 – Betriebssysteme. – 2. Auflage. – Leipzig: Fachbuchverlag, 1995

/9.19/ *Werner u. a.*: Taschenbuch der Informatik, Kapitel 7 – Softwaretechnik und Programmiersprachen. – 2. Auflage. – Leipzig: Fachbuchverlag, 1995

/9.20/ *Zöbel, D.; Albrecht, W.*: Echtzeitsysteme – Grundlagen und Techniken. Internat. Thomson Publ., 1995

## 10 Auswahl eines Mikroprozessors

/10.1/ *Patterson, D. A.; Hennesy, J. L.*: Computer Organization & Design – The Hardware/Software Interface. Morgan Kaufmann Publishers, San Francisco, 1997

/10.2/ Motorola GmbH, Volkswagen AG, BMW AG: Open Report on OMI/FAST (Future Automotive Supercomputer Technologies), ESPRIT Project #OMI6666. European Commission, 1994

/10.3/ EDN Access, EDN Embedded Microprocessor Benchmark Consortium, Cahners Publishing Company. World Wide Web: http://www.ednmag.com/eembc.cfn, 1997

/10.4/ M. Levy, EDN Embedded Microprocessor Benchmark Consortium. World Wide Web: http://www.eembc.org, 1998

/10.5/ *Weicker, R. P.*: Dhrystone: A Synthetic Systems Programming Benchmark, Communications of the ACM, Jrg. 27 (1984), Heft 10, S. 1013 f.

/10.6/ *Curnow, H. J.; Wichman, B. A.*: A Synthetic Benchmark, The Computer Journal, Jrg. 19 (1976), Heft 1, S. 80.

/10.7/ *Smith, J. E.*: Characterizing computer performance with a single number, Communications of the ACM, Jrg. 31 (19884), Heft 10, S. 1202 f.

/10.8/ *Vetterling, W. T.; Teukolsky, S. A.; Press, W. H.; Flannery, B. P.*: Numerical Recipes – Example Book (Pascal), Second Edition. Cambridge University Press, Cambridge, 1989

/10.9/ *Press, W. H.; Flannery, B. P.; Teukolsky, S. A.; Vetterling, W. T.*: Numerical Recipes in C: The Art of Scientific Computing. Cambridge University Press, Cambridge, 1991

/10.10/ *Patterson, D. A.; Hennesy, J. L.*: Computer Architecture – A Quantitative Approach, Second Edition. Morgan Kaufmann Publishers, San Francisco, 1996

/10.11/ *Patterson, D. A.*: Graduate Computer Architecture. Vorlesungsscript der University of California at Berkeley, College of Engineering, Computer Science 252, Cal VIEW, 1995

/10.12/ *Kopetz, H.*: Real-Time Systems-Design Principles for Distributed Embedded Applications, Second Edition. Kluwer Academic Publishers, Dordrecht, 1998.

/10.13/ *Randell, B.; Laprie, J.-C.; Kopetz, H.; Littlewood, B.*: Predictably Dependable Computing Systems. – Berlin: Springer-Verlag, 1995.

/10.14/ *Walliser, G.* et al.: Elektronik im Kraftfahrzeugwesen – Steuerungs-, Regelungs- und Kommunikationssysteme. – 2. Auflage. – Renningen-Malmsheim: Expert-Verlag, 1997.

/10.15/ *Schmitt, F.-J.; von Wendorff, W.; Westerholz, K.*: Embedded-Control-Architekturen – Design für Embedded-Performance. – München: Hanser Verlag, 1999.

/10.16/ *Conte, T. M.; Gimarx, C. E.*: Fast Simulation of Computer Architectures. – Boston: Kluwer Academic Publishers, 1995.

## 11 Entwurf und Technologie von Mikroprozessoren



/11.1/ *Ammon, P.*: ASIC-Praxis: Grundlagen und Handhabung anwenderspezifischer ICs. – München: Franzis-Verlag GmbH, 1989

/11.2/ *Airian, R.; Bergé, J.-M.; Olive, V.*: Circuit Synthesis with VHDL. – Boston/London/Dordrecht: Kluwer Academic Publishers, 1994

/11.3/ *Ashenden, P. J.*: VHDL CookBook, original von:
http://www.fastsys.co.kr/~jwpark/Outside/Comp/EDA/Cookbook.html
(Achtung: langsam!)
in Deutschland z. B. von: Universität Bonn, Institut für Informatik II,
http://web.informatik.uni-bonn.de/II/www-tech/vhdl-uebung.html
Technische Universität München,
http://www.regent.e-technik.tu-muenchen.de/forschung/vhdl/index.html

/11.4/ VHDL-online, Universität Erlangen,
http://www.vhdl-online.de/~vhdl/

/11.5/ *Beneking, H.*: Halbleiter-Technologie: Eine Einführung in die Prozeßtechnik von Silizium und III-V-Verbindungen. – Stuttgart; Leipzig: Teubner Verlag, 1991

/11.6/ *Breuer, M. A.*: A Class of Min-Cut Placement Algorithms. Proc. 14th Design Automation Conference, New Orleans, 1977, pp. 284–290

/11.7/ *Eigler, H.*: Entwurf signalverarbeitender Mikrosysteme – Einführung und Grundlagen. – Heidelberg: Hüthig Buch Verlag GmbH, 1994

/11.8/ *Fischer, W.-J.; Schüffny, R.*: MOS-VLSI-Technik. – Berlin: Akademie-Verlag, 1987

/11.9/ *Fügert, E.; Mayas, R.; Purkert, S.; Porsch, U.*: Forschungsbericht zur Hierarchieauflösung und zur zeitlichen Logiksimulation. – TU Karl-Marx-Stadt, 1989

/11.10/ *Gajski, D.; Dutt, N.; Wu, A.; Lin, S.*: High Level Synthesis – Introduction to Chip and System Design. – 2nd Printing. – Publishers, Boston/London/Dordrecht: Kluwer Academic, 1993

/11.11/ *Gajski, D.; Kuhn, R.*: Guest Editor's Introduction: New VLSI Tools. IEEE Computer, 6(12): 11–14, 12 1983

/11.12/ *Girlich, E.; Kowoljow, M. M.*: Nichtlineare diskrete Optimierung. Mathematische Forschung, Bd. 6. – Berlin: Akademie Verlag, 1981

/11.13/ *Goser, K.*: Großintegrationstechnik. Teil 2: Von der Grundschaltung zum VLSI-System. – Heidelberg: Hüthig Buch Verlag, 1991, erschienen in der Reihe ELTEX Studientexte Elektrotechnik, Hrsg: Reinhold Pregla, Fernuniversität Hagen

/11.14/ *Günther, T.*: Die räumliche Anordnung von Einheiten mit Wechselbeziehungen. Elektronische Datenverarbeitung, Nr. 6, 1969, S. 209–212

/11.15/ *Hacke, H. J.*: Montage integrierter Schaltungen (Reihe Mikroelektronik). – Berlin; Heidelberg; New York u. a.: Springer Verlag, 1987

/11.16/ *Harth, W.*: Halbleitertechnologie. – 2. Auflage. – Stuttgart; Leipzig: Teubner Verlag, 1981

/11.17/ *Hilleringmann, U.*: Silizium-Halbleitertechnologie. – Stuttgart; Leipzig: Teubner Verlag, 1996

/11.18/ IEEE Design Automation Standards Committee (DASC)
http://www.vhdl.org/vi/dasc/

/11.19/ *Ingber, L.*: Adaptive simulated annealing (ASA): Lessons learned. Control and Cybernetics, Vol. 25, No. 1, 1996, pp. 33–54
http://www.ingber.com/asa96_lessons.ps.Z

/11.20/ *Ingber, L.*: Simulated annealing: Practice versus theory. Mathematical Computer Modelling, Vol. 18, No. 11, 1993, pp. 29-57, http://www.ingber.com/asa93_sapvt.ps.Z

/11.21/ *Ingber, L.*: Very fast simulated re-annealing. Mathematical Computer Modelling, Vol. 12, No. 8, 1989, pp. 967–973 http://www.ingber.com/asa89_vfsr.ps.Z

/11.22/ *Ingber, L.; Rosen, B.*: Genetic algorithms and very fast simulated reannealing: A comparison. Mathematical Computer Modelling, Vol. 16, No. 11, 1992, pp. 87–100, http://www.ingber.com/asa92_saga.ps.Z

/11.23/ *Jang, J.-Y.; Quadeer, S.; Kaufmann, M.; Pixley, A.*: Formal Verification of FIRE: A Case Study. 34th Design Automation Conference, Anaheim, California, 1997

/11.24/ *Jerraya, A. A.; Ding, H.; Kission, P.; Rahmouni, M.*: Behavioral Synthesis And Component Reuse With VHDL. – Boston/London/Dordrecht: Kluwer Academic Publishers, 1997

/11.25/ *Kammer, H.; Schwabe, K.*: Einführung in die statistische Thermodynamik. – Leipzig: Akademie Verlag, 1971

/11.26/ *Kirkpatrick, S.; Gelatt, C. D.; Vecchi, M. P.*: Optimization by Simulated Annealing. Science, Vol. 220, No. 4398, 1983, pp. 671–680

/11.27/ *Koza, J. R.*: Genetic Programming. Bradford Book MIT Press, Cambridge, Massachusetts; London, England; 2nd printing, 1993

/11.28/ *Kuehlmann, A.; Krohm, F.*: Equivalence Checking Using Cuts and Heaps. 34th Design Automation Conference, Anaheim, California, 1997

/11.29/ *Lauther, U.*: A Min-Cut Placement Algorithm for General Cell Assemblies Based on a Graph Representation. Proc. 16th Design Automation Conference, 1979, pp. 1–10

/11.30/ *Lee, C. Y.*: An Algorithm for Path Connections and its Applikation. IRE Transactions on Electronic Computers, Vol EC-10, 1961, pp. 346–365

/11.31/ *Lehmann, G.; Wunder, B.; Selz, M.*: Schaltungsdesign mit VHDL. – Poing: Franzis-Verlag GmbH, 1994

/11.32/ *Lengauer, T.*: Combinatorial Algorithms for Integrated Circuit Layout. – Stuttgart: B. G. Teubner Verlag; – Chichester: J. Wiley and Sons, 1990

/11.33/ *Marwedel, P.*: Synthese und Simulation von VLSI-Systemen. – München: Carl Hanser Verlag, 1993, S. 1 ff.

/11.34/ *Mauersberger, H.; Müller, D.*: VLSI-Implementierung von Algorithmen für die digitale Bildverarbeitung, Fachtagung „Informations- und Mikrosystemtechnik", Magdeburg, 25.–27. März, 1998, ISBN 3-930385-14-7

/11.35/ *Müller, D.*: Skript zur Vorlesung „Systementwurf". – TU Chemnitz, Fakultät für Elektrotechnik und Informationstechnik

/11.36/ *Müller, D.*: Skript zur Vorlesung „Schalkreisentwurf", TU Chemnitz, Fakultät für Elektrotechnik und Informationstechnik

/11.37/ *Müller, D.; Barthel, T.; Mauersberger, H.*: Entwurf elektronischer Systeme mit VHDL. – TU Chemnitz, Fakultät für Elektrotechnik und Informationstechnik, Lehrstuhl Schaltungs- und Systementwurf, Lehrmaterial für die Lehrveranstaltung „Systementwurf", Januar 1998

/11.38/ *Müller-Glaser, K.-D.; Rauch, H.*: Ablaufstrategien und Rechnerunterstützung beim Mikrosystementwurf. Abschlußbericht des Verbundprojektes „Untersuchungen zum Entwurf von Mikrosystemen“, Reihe: Innovationen in der Mikrosystemtechnik, Band 19, November 1994

/11.39/ *Münch, W. v.*: Einführung in die Halbleitertechnologie. – Stuttgart; Leipzig: Teubner Verlag, 1993

/11.40/ *Raasch, D.*: Technologie bipolarer integrierter Schaltungen: Einführung in die IC-Kristallfertigung (Mikroelektronik; Bd. 10). – Heidelberg: Hüthig Verlag, 1991

/11.41/ *Rammig, F. J.*: Systematischer Entwurf digitaler Systeme. – Stuttgart: B. G. Teubner, 1989, S. 14 ff.

/11.42/ *Röhm, E.*: Hardwarebeschreibungssprache VHDL. – TU Chemnitz, Vorlesung, SS92

/11.43/ *Ruge, I.; Mader, H.*: Halbleiter-Technologie. – 3. Auflage. – Berlin: Springer Verlag, 1991

/11.44/ *Schade, K.*: Halbleitertechnologie. Bd. 1. – Berlin: Verlag Technik, 1981

/11.45/ *Schade, K.* (Hrsg.): Mikroelektroniktechnologie. – Berlin: Verlag Technik, 1991

/11.46/ *Schade, K. u. a.*: Halbleitertechnologie. Bd. 2. – Berlin: Verlag Technik, 1983

/11.47/ *Scheel, W.* (Hrsg.): Baugruppentechnologie der Elektronik: Montage. – Berlin: Verlag Technik, 1997

/11.48/ *Scholz, K. P.* (Hrsg.): 1000 Begriffe für den Praktiker: Mikroelektronik und deren Bauelemente. – 2. Auflage. – Berlin: Verlag Technik, 1986

/11.49/ *Sechen, C.; Lee, K.-W.*: An Improved Annealing Algorithm for Row-Based Placement. IEEE Intern. Conf. on Computer-Aided Design (ICCAD), 1987, pp. 478–481

/11.50/ *Sjoholm, S.; Lindh, L.*: VHDL for Designers. Europe: Prentice Hall, 1997

/11.51/ *Ten Hagen, K.*: Abstrakte Modellierung digitaler Schaltungen: VHDL vom funktionalen Modell bis zur Gatterebene. – Berlin; Heidelberg; New York: Springer Verlag, 1995

/11.52/ The Programmable Logic Data Book, XILINX Inc., San Jose, 1995

/11.53/ VHDL International Home page, http://vhdl.org

/11.54/ *Walker, R.; Thomas, D.*: A Model of Design Representation and Synthesis. 22nd Design Automation Conference, Las Vegas, 1985

/11.55/ *Wannemacher, M.*: Das FPGA-Kochbuch. – Bonn: International Thomson Publishing Group, 1998

/11.56/ *Widmann, D.; Mader, H.; Friedrich, H.*: Technologie hochintegrierter Schaltungen. – 2. Auflage (Halbleiter- Elektronik; Bd. 19). – Berlin; Heidelberg; New York u. a.: Springer Verlag, 1996

/11.57/ http://www.actel.com/products/devices/SX/sxp.html

/11.58/ http://www.altera.com/apex/index.html

/11.59/ http://www.orcad.com/products/pspice/pspice_f.htm

/11.60/ http://www.synopsys.com/products/beh_syn/beh_syn.html

/11.61/ http://www.synopsys.com/products/logic/table5.html

/11.62/ http://www.xilinx.com/products/products.htm

/11.63/ http://www.xilinx.com/psguide/fpgas.htm

/11.64/ http://www.xilinx.com/psguide/virtex.htm

/11.65/ wysiwyg://30/http://www.intel.com/design/celeron/index.htm


## 12 Architektur ausgewählter Mikroprozessoren

### 12.1 Intel-Prozessoren


/12.1.1/ CPU12 Reference Manual, Motorola Inc, 1996

/12.1.2/ MC68HC912BC32TS/D Technical Summary, Motorola Inc, 1998

/12.1.3/ HC12A4EVBUM/D Evaluation Board Users Manual, Motorola Inc, 1998

/12.1.4/ MC68SDBUG/D Serial Debugger User's Manual, Motorola Inc, 1998

/12.1.5/ HC12 Application Notes, Motorola Inc, (diverse)

/12.1.6/ When 64 KBytes is not enough, Jim Sibigtroth, Circuit Cellar INK Magazine, 1996

/12.1.7/ M•CORE Programmer's Reference Manual, Motorola Inc, 1997

/12.1.8/ M•CORE Applications Binary Interface Standards Manual, Motorola Inc, 1997

/12.1.9/ M•CORE Evaluation Systems User Manual, Motorola Inc, 1997

/12.1.10/ M•CORE MMC2001 Reference Manual, Motorola Inc, 1997

/12.1.11/ Designing in Low Power, Motorola Inc, 1997

/12.1.12/ Motorola M•CORE Web site: http://www.motorola.com/mcore

/12.1.13/ MPC500 User's Manual, Motorola Inc, 1996

/12.1.14/ PowerPC RISC Central Processing Unit Reference Manual, Motorola Inc, 1996

/12.1.15/ MPC500 RCPU Reference Manual, Motorola Inc, 1996

/12.1.16/ http://www.intel.com

/12.1.17/ http://www.motorola.com und weiter unter Semiconductors und MCU's

/12.1.18/ http://www.mot.com/sps

/12.1.19/ http://www.mot-sps.com/sps/general/chips-nav.html

/12.1.20/ http://www.mcu.motsps.com/dev_tools


### 12.3 Infineon-Mikrocontroller


/12.3.1/ *DeFatta, D. J.; Lucas, J. G.; Hodgkiss, W. S.*: Digital Signal Processing. – United States: John Wiley & Sons, 1988

/12.3.2/ C167 Derivatives – User's Manual 03.96 Version 2.0. – München. Siemens AG, 1996

/12.3.3/ *Dörrhöfer; S., Hofer, J.*: Messen, Steuern und Regeln mit dem Mikrocontroller 80C166. – Poing: Franzis-Verlag, 1995

/12.3.4/ Instruction Set Manual for the C16x Family – Instruction Set Manual 03.94. – München. Siemens AG, 1994

/12.3.5/ *Johannis, R.*: Handbuch des 80C166. – Berlin: Siemens AG, 1993

/12.3.6/ *Mattheis, K. H.; Storandt, St.*: MC-Tools 17 – Arbeiten mit C166-Controllern. – Traunreut: Hardware + Software-Verlag, 1995

/12.3.7/ *Maurice Bellanger*: Digital Processing of Signals. – United States: B. G. Teubner, John Wiley & Sons, 1989

/12.3.8/ *Schmitt, F. J.; von Wendorff, W.; Westerholz, K.*: Embedded-Control-Architekturen – Design für Embedded-Performance. – München: Carl Hanser Verlag, 1999.

/12.3.9/ *Schultes, R.; Pohle, I.*: 80C166 Mikrocontroller. – Poing: Franzis-Verlag, 1994

/12.3.10/ TriCore™ Applikation Binary Interface. – Cupertino: Siemens Microelectronics Inc., 1997

/12.3.11/ TriCore™ Architecture Manual V1.2.1. – Cupertino: Siemens Microelectronics Inc., 1999

/12.3.12/ TriCore™ Architecture Overview. – Cupertino: Siemens Microelectronics Inc., 1997

/12.3.13/ www.tri-core.com. Web-Site mit vielen technischen Dokumenten und Artikeln zur TriCore™-Architektur

## 12.4 Philips-Mikrocontroller (Alle Referenzen: Philips Semiconductors)

/12.4.1/ Philips Mikrocontroller im Internet:

| | |
|---|---|
| Homepage: | www.semiconductors.philips.com |
| Software: | www.philipsmcu.com |
| | ftp.philipsmcu.com |
| Diskussions-Forum: | forum@philipsmcu.com (send messages to) |
| | webforum.philipsmcu.com (messages on the web) |
| | forum-request@philipsmcu.com [1] |
| Newsletter: | news-request@philipsmcu.com [1] |
| 80C51-Support: | 80C51_help@sv.sc.philips.com |
| XA-Support: | XA_help@sv.sc.philips.com |

## 12.5 PICmicro™ – 8-bit-RISC-Mikrocontroller von Microchip Technology, Inc.

/12.5.1/ Embedded Control Hand Book (Vol. I und Vol. II)

/12.5.2/ *König, A.; König, M*: Mit dem PIC-Controller erfolgreich arbeiten. Markt & Technik Verlag

/12.5.3/ Microchip CD-ROM Technical Library, January 1999

/12.5.4/ Microchip Technology, Inc. 10/96, DS000158B

/12.5.5/ Microchip Technology, Inc. 5/97, DS00092D, DS0016167A

/12.5.6/ *Peatman, J. B.*: Design with PIC-Microcontrollers. Prentice Hall

/12.5.7/ PICmicro Mid-Range MCU Family Reference Manual, Microchip Technology, Inc., DS33023A

/12.5.8/ PIC16/17 Microcontroller. Data Book 1996/97

/12.5.9/ *Volpe, F. P.; Volpe, S.*: PIC-MyC-Praxis. – Aachen: Elektor-Verlag, 1996

[1] Die Teilnahme an diesen Email-Services erfordert das Senden eines Emails mit dem Betreff „subscribe“ an die angegebene Adresse.

# Sachwortverzeichnis

## B



16

## C

# D

## E

## F



16

## G



## H

# I

## J



## K

## L

# M

## N

## O



## P



16

## Q



## R

## S

16

## T

## U

## V

## W



## X



## Y



## Z

- **Lindner, H. / Brauer, H. / Lehmann, C.**
  **Taschenbuch der Elektrotechnik und Elektronik**
  7. Auflage 1998; 704 Seiten, 618 Abb.

- **Lindner, K.**
  **Taschenbuch der Astronomie**
  1. Auflage 1997; 255 Seiten, 110 Abb.

- **Merkel, M. / Thomas, K.-H.**
  **Taschenbuch der Werkstoffe**
  1. Auflage 1994; 574 Seiten; 218 Abb.

- **Schwister, K.**
  **Taschenbuch der Chemie**
  2. Auflage 1996; 800 Seiten

- **Werner, D.**
  **Taschenbuch der Informatik**
  2. Auflage 1995; 776 Seiten; 392 Abb.

- **Winkler, J. / Aurich, H.**
  **Taschenbuch der Technischen Mechanik**
  1. Auflage 1991, 480 Seiten; 320 Abb.